Peter Arnold Heuser

Die Rostocker Theologen Quistorp des 17. und 18. Jahrhunderts im Spiegel ihrer Familienbibel

• • •

Kommentierte Edition einer Quelle zur Memorialkultur einer lutherischen ‚Universitätsfamilie' der Frühen Neuzeit

Rostocker Studien zur Universitätsgeschichte Band 33
Rostock 2021

Bibliografische Information der Deutschen Nationalbibliothek

Die Deutsche Nationalbibliothek verzeichnet diese Publikation
in der Deutschen Nationalbibliografie; detaillierte bibliografische Daten sind im Internet
über www.dnb.de abrufbar.

Herausgeber: Der Rektor der Universität Rostock
Redaktion: Kersten Krüger
Druckvorlage: Peter Arnold Heuser
Einband: IT- und Medienzentrum der Universität Rostock

Gedruckt mit finanzieller Unterstützung der Quistorp-Stiftung, Rostock

Herstellung und Verlag:
Druckerei Walther, Neubrandenburg
ß Verlag & Medien GbR, Rostock
ISBN 978-3-940835-68-0
Copyright 2021 by Universität Rostock

Inhaltsverzeichnis

Geleitwort der Quistorp-Stiftung, Rostock — 5
Einleitung, Danksagungen — 7

Teil I: Einführung — 11

1.1 Die Rostocker Theologen Quistorp 1615–1766 und ihre Hausbibel — 11
1.2 Die Goslarer Bibel des Johannes Voigt von 1614/15: ein Bibeldruck der lutherischen Orthodoxie — 21
Anhang: Bilddokumentation zur Voigt-Bibel (1614/15) — 37
1.3 Ein Einband als Bedeutungsträger. Bucharchäologische Studien zur Hausbibel Quistorp — 55
Anhang: Die Hausbibel Quistorp – Einband und Beschläge — 65
1.4 Zur Besitzgeschichte der Hausbibel — 73
1.5 Die Familie Quistorp in Rostock 1615–1766. Eine ‚Universitätsfamilie' an einer lutherischen ‚Familienuniversität' der Frühen Neuzeit — 77
1.6 Die Hausbibel der Theologen Quistorp: ein Zentrum familialer Memorialkultur — 91
Anhang: Gelehrtenporträts Quistorp vor / bis 1766 im öffentlichen und privaten Raum – Eine Bilddokumentation — 123
1.7 Die familienbezogenen Einträge in der Hausbibel Quistorp 1619–1766 — 133
   1.7.1 Ein Textkorpus zur Soziologie einer Rostocker ‚Universitätsfamilie' der Frühen Neuzeit — 133
   1.7.2 Ein Textkorpus zur Kultur-, Bildungs-, Universitäts- und Wissenschaftsgeschichte — 157

Teil II: Die Hausbibel Quistorp und ihre Einträge zur Familiengeschichte 1619–1766: Eine kommentierte Edition — 171

2.1 Johannes Quistorp d.Ä. (1584–1648): Einträge 1–40 — 171
2.2 Johannes Quistorp d.J. (1624–1669): Einträge Nr. 1–11 — 199
2.3 Johann Nicolaus Quistorp (1651–1715): Einträge Nr. 1–19 — 209
2.4 Lorenz Gottfried Quistorp (1691–1743): Einträge Nr. 1–13 — 227
2.5 Johann Jacob Quistorp (1717–1766): Einträge Nr. 1–29 — 239

2.6 ‚Ad familiam Quistorpianam spectantia.' Ein Verzeichnis
von Druckpublizistik mit Bezug auf die Familie Quistorp
1628–1722: Einträge Nr. 1–49   257

2.7 Die handschriftlichen Eintragungen zur Familiengeschichte:
Dokumentation der Schreiberhände   283

Teil III: Verzeichnisse und Register   289

3.1 Abkürzungen und Siglen   289
3.2 Abbildungsnachweis   293
3.3 Quellen und Literatur   295
   3.3.1 Ungedruckte Quellen   296
   3.3.2 Gedruckte Quellen und Literatur vor 1800   297
      3.3.2.1 Personalschriften / Universitätsprogramme   297
          a) LBMV Schwerin, Schmidtsche Bibliothek   297
          b) LBMV Schwerin, Personalschriften   308
          c) Weitere Personalschriften / Universitäts-
              programme in chronologischer Ordnung   309
      3.3.2.2 Sonstige gedruckte Quellen und Literatur
          vor 1800 in alphabetischer Reihenfolge   311
   3.3.3 Gedruckte Quellen und Literatur ab 1800   317
3.4 Personenregister   355

Geleitwort der Quistorp-Stiftung, Rostock

Vom Rostocker Stamm der Quistorps, deren familienbezogene Aufzeichnungen in der Familienbibel zwischen 1619 und 1766 die vorliegende Publikation untersucht und historisch einordnet, stammen alle heutigen Familienmitglieder ab. Die Bedeutung dieser sorgfältigen wissenschaftlichen Arbeit, die in der offiziellen Schriftenreihe der Universität Rostock zur Universitätsgeschichte erscheinen darf, kann daher auch aus der Sicht der Familie nicht hoch genug eingeschätzt werden. Obendrein zeigen die familiengeschichtlichen Aufzeichnungen die Ursprünge der engen Verbundenheit der Familie mit der Universität Rostock, die mit der Errichtung der Quistorp-Stiftung 1990 erneuert wurde und bis heute andauert.

Die Edition beleuchtet das Wirken der Familie, ihre Handlungs(spiel)-räume und Handlungsoptionen in Territorium, Stadt, Kirche und Universität. Sie zeigt damit am Beispiel dieser Theologenfamilie, wie im Rostock des 17. und 18. Jahrhunderts die vielfältigen Verknüpfungen und das Zusammenwirken von Rats-, Kirchen- und Universitätsfamilien zu einer gedeihlichen Stadtentwicklung beitragen konnten.

Dem Verfasser dieser Edition, Dr. Peter Arnold Heuser, gebührt für seine jahrelange, intensive Forschungsarbeit großer Dank. Denn die sozial- und ideengeschichtlich überaus interessanten und mit zahlreichen Abbildungen auch sehr ansprechenden Ergebnisse seiner Arbeit stehen nun auch weiterer wissenschaftlicher Forschung und Nutzung zur Verfügung, der Geschichtswissenschaft, der historischen Soziologie, der Kirchen- und Universitätsgeschichte. Seine große Sachkenntnis und sein Enthusiasmus haben aber auch in der Familie, die er in seine Forschung stets einbezogen hat, mit der er regelmäßig korrespondiert und sich ausgetauscht hat, großes und nachhaltiges Interesse geweckt: das Interesse, die Universitäts- und Familienhistorie und -kultur neu zu betrachten und sich vielleicht neu anzueignen.

Insofern ist diese Publikation nicht nur für die Wissenschaftler einer Universität, sondern gerade auch für die Familie und ihr Selbstverständnis ein Geschichtswerk geworden, das in die Gegenwart und in die Zukunft weist. Mit großem Interesse lesen wir heute, wie mit Epidemien, Katastrophen und Krankheiten umgegangen wurde; und mit großem Interesse finden wir uns bei der Lektüre in einem Verständnis von Bildung und der Rolle von Universitäten wieder, die Individuum und Gesellschaft im Blick haben. Wilhelm von Humboldt nannte es „Verknüpfung von Ich und Welt", in der es um Denkvermögen und Reflexionsfähigkeit geht, zur Selbstbestimmung und für das Gemeinwesen: Bildung also nicht nur als eine Ansammlung von Wissen, sondern als etwas, das einen verändert und prägt – und in das Handeln für das Gemeinwohl kommen lässt.

Dieser Gedanke stand auch hinter der Errichtung der Quistorp-Stiftung im Jahr 1990. Stiftungszweck ist die Förderung von Wissenschaft und Forschung an der Universität Rostock. Dieser Zweck wird insbesondere durch die Gewährung von inzwischen mehr als 20 Doktoratsstipendien verwirklicht. Dazu veranstaltet die Quistorp-Stiftung in Zusammenarbeit mit der Universität Rostock alle zwei Jahre wissenschaftliche Symposien, zu denen breite Teile der Zivilgesellschaft eingeladen werden, um über aktuelle Themen mit der Wissenschaft und untereinander ins Gespräch zu kommen.

In diesem Sinn, sich Geschichte, Bildung und Kultur anzueignen und daraus Anstöße für das zukünftige Handeln abzuleiten, wünscht die Quistorp-Stiftung dieser schönen Publikation viele interessierte Leserinnen und Leser.

Alexandra von der Wenge Gräfin Lambsdorff geb. von Quistorp
Vorsitzende des Kuratoriums der Quistorp-Stiftung

Einleitung, Danksagungen

Im 17. und 18. Jahrhundert, genauer: zwischen 1619 und 1766, hielten fünf Generationen der Rostocker ‚Universitätsfamilie' Quistorp kontinuierlich familienbezogene Nachrichten in ihrer Hausbibel fest: einer großformatigen Lutherbibel, die der Drucker Johannes Voigt 1614 und 1615 in der Reichsstadt Goslar publiziert hatte und die der Rostocker Theologe Johannes Quistorp d.Ä. (1584–1648) um 1616 erwarb. Aufgabe des vorliegenden Bandes der *Rostocker Studien zur Universitätsgeschichte* ist es, die handschriftlichen Notizen mit Familienbezug, welche die Rostocker Theologen Prof. D. theol. Johannes Quistorp d.Ä. (1584–1648), Prof. D. theol. Johannes Quistorp d.J. (1624–1669) und Prof. D. theol. Johann Nicolaus Quistorp (1651–1715), der Rostocker Senator Lorenz Gottfried Quistorp (1691–1743) und der Rostocker Theologe Prof. D. theol. Johann Jacob Quistorp (1717–1766) in der Voigt-Bibel ihrer Familie hinterließen, durch eine Volltext-Edition zu sichern (Teil II der Studie) und sie vermittelst eines Personen- und eines Sachkommentars sowie eines Personenregisters für künftige Nutzer zu erschließen, die das Textkorpus als eine Quelle zur Familiengenealogie, zur Universitäts- und Wissenschaftsgeschichte sowie zur Kultur- und Sozialgeschichte des Luthertums in der Frühen Neuzeit heranziehen möchten.

Zugleich gilt es, die Hausbibel, die bis zur Gegenwart im älteren Rostocker Ast der Familie Quistorp von Generation zu Generation weitergereicht wird, in einer einführenden Kapitelfolge (Teil I der Studie) als ein materielles Objekt des konfessionellen Zeitalters und der lutherischen Orthodoxie zu würdigen: durch Studien zum Bibeldruck Voigts (Kapitel 1.2); durch kodikologische und bucharchäologische Studien zu jenem Einband, in den Johannes Quistorp d.Ä., der Begründer der Rostocker ‚Universitätsfamilie', den Goslarer Bibeldruck Voigts einschlagen ließ (Kapitel 1.3); schließlich durch Studien, welche die Hausbibel und ihre familienbezogenen Eintragungen in der Memorialkultur der Rostocker ‚Universitätsfamilie' Quistorp zwischen 1615 und 1766 verorten (Kapitel 1.6) und die Familiennachrichten als ein Textkorpus zur Sozialgeschichte einer Rostocker ‚Universitätsfamilie' der Frühen Neuzeit (Kapitel 1.5 und 1.7.1) sowie als ein Textkorpus zur Kultur-, Bildungs-, Universitäts- und Wissenschaftsgeschichte des 17. und 18. Jahrhunderts (Kapitel 1.7.2) würdigen.

Die Kapitelfolge 2.1 – 2.7, die das Korpus der handschriftlichen Familiennachrichten vermittelst einer kommentierten Edition für künftige Nutzer erschließt, steht mithin im Zentrum der vorliegenden Studie. Die Volltext-

Edition macht alle Einträge mit Familienbezug in der chronologischen Folge der fünf Einträger und im Wortlaut zugänglich und bereitet den Text durch Personen- und Sachanmerkungen auf (Kapitel 2.1 – Kapitel 2.5). Einträge, die von Hand Dritter eingefügt wurden, sind jeweils in eckigen Klammern [] gedruckt. Eine Liste von Drucken mit Bezug auf die Familie Quistorp, die Teil eines zur Hausbibel gehörigen Aktenfaszikels ist, wird in einem sechsten Unterkapitel (Kapitel 2.6) ediert. Die Liste führt Festprogramme und Trauerschriften der Universität Rostock (*Programmata festivalia*, *Programmata funebria*) sowie mehrere Leichenpredigten aus dem Jahrhundert zwischen 1628 und 1722 auf, außerdem die Abhandlung *De Meritis Quistorpiorum In Ecclesiam Et Rem Litterariam* von 1710, die der *Magister artium* Michael Lilienthal seinem Patron Johann Nicolaus Quistorp widmete, als der zum fünften Mal Rektor der Universität Rostock war. Eine Bild-Dokumentation der fünf Schreiberhände – Johannes Quistorp d.Ä., Johannes Quistorp d.J., Johann Nicolaus Quistorp, Lorenz Gottfried Quistorp und Johann Jacob Quistorp – schließt die Edition ab (Kapitel 2.7).

Die Textwiedergabe richtet sich nach den „Empfehlungen zur Edition frühneuzeitlicher Texte" der „Arbeitsgemeinschaft außeruniversitärer historischer Forschungseinrichtungen" von 1981.[1] Intendiert ist eine Lesefassung, kein diplomatisch genauer Abdruck, der auch sprachwissenschaftlichen Untersuchungskriterien umfassend Rechnung trüge. Aus Gründen der Einheitlichkeit gilt Kleinschreibung mit Ausnahme von Personen- und Ortsnamen sowie der Satzanfänge. Kürzungen und Ligaturen sind stillschweigend aufgelöst, sofern sie eindeutig sind; in unsicheren oder mehrdeutigen Fällen ist die gewählte Auflösung durch Klammern < > gekennzeichnet. Eckige Klammern [xyz] kennzeichnen Emendationen und Konjekturen, außerdem Zusätze und Hinweise des Editors, etwa auf Einträge, die von Hand Dritter stammen. Die Zeichenfolge [...] steht für Textauslassungen durch den Bearbeiter, die Zeichenfolge {...} für Textverlust, der infolge von Beschneidung oder Beschädigung der Blätter eingetreten ist. *** bezeichnet eine Textlücke in der Vorlage, die vom Schreiber bewusst freigehalten wurde. Die Zeichen u und v werden entsprechend dem jeweiligen Lautwert wiedergegeben. y wird beibehalten, jedoch als Ligatur für ii oder ij aufgelöst. uu, vu oder vv, die für w stehen, werden mit w wiedergegeben; i und j jeweils entsprechend ihrem Lautwert ediert. Der Konsonanten-Bestand bleibt gewahrt; jedoch wird zwischen Lang-s und Rund-s nicht unterschieden. Die

---

[1] In: Jahrbuch der historischen Forschung in der Bundesrepublik Deutschland 1981, 85–96.

Getrennt- und Zusammenschreibung von Komposita wird behutsam gemäß dem heutigen Gebrauch normalisiert. Dasselbe gilt für die Interpunktion, die in einer Lesefassung große Bedeutung als Verständnishilfe hat. Behelfsseiten sind als solche mit einem Asterisk (*) gekennzeichnet.

Für die einführende Kapitelfolge von Teil I der Studie (Kapitel 1.1 – 1.7.2) sowie für die Edition in Teil II der Studie (Kapitel 2.1 – 2.7) sind die Anmerkungen separat gezählt. Der Kurzverweis Anm. I 1 bezeichnet mithin die erste Anmerkung in Teil I der Studie; der Kurzverweis Anm. II 1 bezeichnet die erste Anmerkung in Teil II der Studie.

Der abschließende Teil III der Studie verzeichnet die im Buch benutzten Abkürzungen und Siglen (Kapitel 3.1), weist die Bildrechte an den Abbildungen nach (Kapitel 3.2) und verzeichnet die ungedruckten und gedruckten Quellen und die Literatur (Kapitel 3.3), die in den Anmerkungen von Teil I und II der Studie in Form von Kurztiteln zitiert sind.

Wird in den Anmerkungen sowie in den abschließenden Verzeichnissen auf Drucke des 17. Jahrhunderts verwiesen, ist jeweils, soweit das zum 31. Juli 2020 als Stichtag möglich war, die Normnummer des jeweiligen Drucks in der Datenbank VD 17 beigefügt (http://www.vd17.de/), die als Verzeichnis aller im deutschen Sprachraum erschienenen Drucke des 17. Jahrhunderts eine retrospektive Nationalbibliographie deutscher Drucke für den Zeitraum von 1601 bis 1700 bietet. Verweise auf Drucke des 18. Jahrhundert führen entsprechend, soweit das zum Stichtag des 31. Juli 2020 möglich war, die Normnummer auf, welche die seit 2009 im Aufbau befindliche Datenbank VD 18 vergeben hat, das Verzeichnis deutscher Drucke des 18. Jahrhunderts (http://www.vd18.de/). Und Verweise auf Drucke des 16. Jahrhunderts greifen auf die Normnummer des VD 16 zurück, des Verzeichnisses aller im deutschen Sprachbereich erschienenen Drucke des 16. Jahrhunderts (http://www.vd16.de/).

Wertvolle Hinweise zu Personalia geben die historischen Personalschriften und Universitätsprogramme, die teils in den Beständen der Universität Rostock lagern, deren *Juridica* Ryuichi Tsuno 1989 in einem zweibändigen Katalogwerk erschloss, teils in der Landesbibliothek Mecklenburg-Vorpommern in Schwerin aufbewahrt werden. Sie sind aktuell nur zum Teil im VD17 und im VD18 berücksichtigt. Immerhin hat die Landesbibliothek sie dankenswerterweise durch zwei Datenbanken erschlossen (http://www-db.lbmv.de/): den „Katalog der Historischen Personalschriften in der Landesbibliothek Mecklenburg-Vorpommern" und den „Katalog der Ditmarschen Sammlungen und der Schmidtschen Bibliothek", die der mecklenburg-schwerin'sche Jurist und Regierungsbeamte Johann Peter Schmidt

(1708–1790) in der zweiten Hälfte des 18. Jahrhunderts zusammentrug. Das Verzeichnis der Quellen und Literatur stellt die Personalschriften und Universitätsprogramme in Kapitel 3.3.2.1 zusammen, geordnet nach ihrem Sammlungskontext und jeweils mit einem Verweis auf die Textstelle in Teil I oder Teil II der Studie, an der die jeweilige Schrift zitiert ist.

Soweit das zum Stichtag am 31. Juli 2020 möglich war, wurde Drucken des 16., 17. und 18. Jahrhunderts, auf die im Text, in den Fußnoten sowie in den abschließenden Verzeichnissen verwiesen wurde, jeweils ein Link, möglichst ein Permalink, auf ein Digitalisat beigegeben, das im Internet frei zugänglich ist.

• • •

Allen, die an der Entstehung des vorliegenden Buches mitgewirkt haben, sei an dieser Stelle herzlich gedankt: Pfarrer i.R. Hans Joachim Quistorp (1920–2018), der die Studie anregte, vertraute mir die Hausbibel seiner Vorfahren an, so dass ich über einen längeren Zeitraum am Objekt selbst alle nötigen Untersuchungen vornehmen und insbesondere die Edition in aller gebotenen Sorgfalt ausarbeiten konnte. Achim von Quistorp (Berlin/Wien), der das Familienarchiv Quistorp betreut, gewährte dem Buchprojekt aus seiner reichen Kenntnis der Familiengeschichte heraus vielfältige Unterstützung. Die Quistorp-Stiftung an der Universität Rostock förderte die Drucklegung der Studie finanziell sowie mit einem Geleitwort, das Alexandra Gräfin Lambsdorff als die Vorsitzende des Kuratoriums der Quistorp-Stiftung beiträgt. Prof. Dr. Kersten Krüger (Rostock), der die Aufnahme der Studie in die *Rostocker Studien zur Universitätsgeschichte* vorschlug, begleitete die Erstellung der Druckvorlage unermüdlich mit seinem fachlichen Rat und übernahm als Redakteur der Schriftenreihe die Regelung aller Aufgaben, welche die Publikation der Arbeit stellte. Prof. Dr. Hillard von Thiessen (Rostock) zeichnete verantwortlich für das *Peer-Review*-Verfahren, das die Veröffentlichung der Arbeit in den *Rostocker Studien zur Universitätsgeschichte* empfahl, die Prof. Dr. Wolfgang Schareck als Rektor der Universität Rostock herausgibt.

‚Last but not least' geht mein Dank an meine Lebensgefährtin Margarete Quistorp-Prömper (Bonn-Bad Godesberg) sowie an Bernhard Quistorp (Bovenden-Eddigehausen), die meine Arbeit an der Familienbibel stets mit Interesse begleitet und unterstützt haben.

Bonn, den 15. März 2021   Peter Arnold Heuser

Teil I: Einführung

1.1. Die Rostocker Theologen Quistorp 1615–1766 und ihre Hausbibel

Die Hausbibel des älteren Rostocker Astes der ‚Universitätsfamilie' Quistorp von 1614/15 ist ein Objekt, das der „materiellen Kultur" des 17. und des 18. Jahrhunderts entstammt. Zwischen 1619 und 1766 hinterließen fünf Generationen der Familie im Einband sowie im Vorspann des Bibeldrucks handschriftliche Nachrichten mit Familienbezug, die der Forschung in Teil II der Studie in einer kommentierten Edition zugänglich gemacht werden.

Die historische Objekt- oder Sachkulturforschung, auch historische „Realienkunde" genannt, wird von der Geschichtswissenschaft traditionell allenfalls am Rand oder in Grenzbereichen ihres Faches verortet: als ein Arbeitsfeld für die Kunstgeschichte und die Archäologien, für die Kirchengeschichte und die vergleichende Religionswissenschaft, für die Volkskunde, die Kulturanthropologie und Europäische Ethnologie ebenso wie für die außereuropäischen Ethnologien, aber auch für die Architektur-, die Technik- und die Industriegeschichte.

Zugleich ist die historische Objektforschung eine Teildisziplin der Historischen Hilfs- oder Grundwissenschaften, die nicht zuletzt eine spezifische Expertise für die Objektgruppe der historischen Herrschaftszeichen ausgebildet haben: für Wappen, Siegel, Fahnen, Kronen, Feldzeichen, Orden und Heroldsstäbe, für Münzen und Medaillen. Außerdem erforschen die historischen Hilfs- oder Grundwissenschaften im Feld von Urkundenforschung (Diplomatik), Handschriftenkunde (Kodikologie) und Buchwissenschaft (Bucharchäologie) die Materialität historischer Schriftquellen: Gegenstand der Untersuchung sind die Beschreibstoffe vergangener Zeiten, die Tinten, welche die Schreiber und Drucker benutzten, die Schriften, Schreib- oder Drucktechniken, derer sie sich bedienten, die Wasserzeichen spätmittelalterlicher oder frühneuzeitlicher Papiermühlen, schließlich die Einbandgestaltung von Handschriften oder Drucken.

Die Geschichtswissenschaft adressiert die historische Objekt- und Sachkulturforschung außerdem als ein genuines Aufgabenfeld des Kunsthandels, insbesondere des Kunstgewerbe- und Antiquitätenhandels. Die

Verkaufskataloge der großen Auktionshäuser im In- und Ausland sind deshalb auch für Historiker und Historikerinnen vielfältig von Nutzen, sofern sie mit Detailgenauigkeit, mit Sachkompetenz und Sorgfalt erarbeitet wurden. Archive, Bibliotheken und Museen, die der Öffentlichkeit historische, kirchen-, kultur- oder technikgeschichtliche Sammlungen zugänglich machen, betreiben historische Objektforschung zur Bestands- und Sammlungserschließung; nicht zuletzt auch, um Raubkunst oder sonstiges Raubgut der Vergangenheit zu identifizieren. Auch die Betreuer der zahllosen historischen und archäologischen Denkmäler, die in Privatbesitz oder in öffentlicher Trägerschaft auf die Gegenwart überkommen sind, betreiben historische Objektforschung, um das materielle Inventar des jeweiligen Denkmals zu erschließen und zu sichern.

In jüngster Zeit rückt die Sachkulturforschung oder Realienkunde, mithin die Erforschung der materiellen Hinterlassenschaften von Gesellschaften vergangener Jahrhunderte, auch in das Zentrum der geschichtswissenschaftlichen Arbeit und der innerfachlichen Theoriedebatten vor. Grund dafür ist ein „material turn", eine „Wende zum Material und zum Materiellen": eine forschungsstrategische Neuorientierung (oder Wiederbesinnung?!) in den Geistes-, Kultur- und Sozialwissenschaften, die auch die Geschichtswissenschaft – in Theorie und Praxis – zu einer Höhergewichtung der „materiellen Kultur" als einer Forschungsaufgabe veranlasst.[1]

In Deutschland ist die historische Objekt- und Sachkulturforschung aktuell Gegenstand einer ambitionierten Drittmittelförderung durch das Bundesministerium für Bildung und Forschung (BMBF)[2] sowie durch die Deutsche Forschungsgemeinschaft (DFG).[3] Materielle Hinterlassenschaften, meist dingliche ‚Überreste' vergangener Jahrhunderte, finden Interesse als Funktions- und Bedeutungsträger, deren Erforschung wesentlich zu einem

---

[1] BACHMANN-MEDICK ¹2006 (⁶2018). Zum *material turn* in den Geistes-, Kultur- und Sozialwissenschaften s. einführend HICKS / BEAUDRY 2010; außerdem BENNETT / JOYCE 2010, die ebd., 7, den *material turn* als die wichtigste unter den jüngeren Neuorientierungen in den Geschichtswissenschaften bezeichnen.

[2] Hingewiesen sei exemplarisch auf das Förderprogramm „Die Sprache der Objekte – Materielle Kultur im Kontext gesellschaftlicher Entwicklungen" des BMBF (Link: https://www.bmbf.de/foerderungen/bekanntmachung-1363.html; Bundesanzeiger vom 26.05.2017). Alle Links zu web-Angeboten, die in diesem Band zitiert sind, wurden zuletzt am 31. Juli 2020 aufgerufen.

[3] Exemplarisch sei auf den Sonderforschungsbereich (SFB) 933 „Materiale Textkulturen. Materialität und Präsenz des Geschriebenen in non-typographischen Gesellschaften" der DFG an der UNI Heidelberg verwiesen (Link: https://www.materiale-textkulturen.de).

1.1 Die Rostocker Theologen Quistorp und ihre Hausbibel

Verständnis sozialer Konfigurationen und personaler Netzwerke, ja kultureller Systeme und Ordnungen der Vergangenheit beitragen kann. Physische Objekte werden als Erinnerungsspeicher, als Träger kulturellen Wissens erforscht, gegebenenfalls auch als Identitätsstifter oder als Konflikttreiber in Familien, Gruppen und Gesellschaften untersucht. Das Forschungsinteresse richtet sich auf Objektbezüge und materielle Praktiken, auf den Zeichen- und Symbolcharakter materieller Objekte, auf ihren gesellschaftlichen Stellenwert sowie auf ihre Rezeption als Gegenstände, die im historischen Wandel jeweils unterschiedlich bewertet oder angeeignet werden konnten, in symbolischen Zuschreibungen ebenso wie im Wandel des Dingverständnisses.[4]

Im Zentrum der folgenden Studie und Edition steht ein Objekt mit Bezug auf die Rostocker Kirchen- und Universitätsgeschichte der Frühen Neuzeit: jener Bibeldruck von 1614/15 aus Goslar, den der Theologe Johannes Quistorp der Ältere (1584–1648) um 1615/16 erwarb, als er an der Universität Rostock feierlich zum Doktor der Theologie promoviert wurde, heiratete, eine Theologieprofessur übernahm und an der Rostocker Marienkirche als zweiter Prediger, als Archidiakon, in die seelsorgerische Praxis eintrat. Johannes Quistorp ließ die Bibel in einen Prachteinband einschlagen, den er, um seine konfessionelle Zugehörigkeit und Parteinahme zu dokumentieren, in eine Einband-Tradition der kursächsischen Hofkunst unter Kurfürst August I. von Sachsen (1526–1586) stellte.[5] Und Quistorp begann 1619 damit, im Vorspann der Bibel familienbezogene Nachrichten zu notieren; eine

---

[4] Zur Unterscheidung zwischen ,Überresten' und Traditionsquellen in der Historik Droysens s. DROYSEN 1868, 14f; dazu BERNHEIM ³⁻⁴1926, 104–132; HEUSS 1935; SCHULZ / OPGENOORTH ⁷2010, 49–55, 86–179. – Zur historischen Objekt- und Sachkulturforschung s. BENNETT / JOYCE 2010; KNOLL 2014; CREMER / MULSOW 2019; SCHMIDT-FUNKE 2019; SCHORCH / SAXER / ELDERS 2020. Die Forschungsstelle Realienkunde am Zentralinstitut für Kunstgeschichte (ZI) in München, hervorgegangen aus der Redaktion des Reallexikons zur Deutschen Kunstgeschichte (RDK), widmet sich der kunsthistorischen Objektforschung in den drei zentralen Bereichen „Material", „Technik" und „Bild". Link: https://www.zikg.eu/forschung/forschungsstelle-realienkunde. Und die StaBi Berlin organisiert 2020/21 eine Vortragsreihe, die „textuelle Materialitätsforschung" als ein institutionalisiertes „wissenschaftliches Paradigma" zur Diskussion stellt; s. Christian MATHIEU: Die Materialität von Schriftlichkeit – Bibliothek und Forschung im Dialog, in: H-Soz-Kult, 31.07.2020, <www.hsozkult.de/event/id/event-93005>. Der Sammelband OBJECT LINKS 2019 des „Instituts für Realienkunde des Mittelalters und der Frühen Neuzeit" (IMAREAL) an der Universität Salzburg eröffnet die Schriftenreihe „Formate – Forschungen zur Materiellen Kultur", die eine Plattform für historisch-interdisziplinäre Perspektiven der materiellen Kulturforschung bieten möchte.

[5] S. Kap. 1.3.

Praxis, die seine Nachkommen bis zum Jahre 1766 kontinuierlich fortführten.[6] Alle Einträge sind *Autographa*, geschrieben von Hand des jeweiligen Familienoberhauptes. Vier Professoren der Universität Rostock (Johannes Quistorp d.Ä., Johannes Quistorp d.J., Johann Nicolaus Quistorp und Johann Jacob Quistorp) sowie ein Kaufmann und Ratsherr der Hansestadt Rostock (Lorenz Gottfried Quistorp) notierten sie sukzessive im vorderen Einband der Bibel und im Umfeld der Titelei: auf dem *Spiegel*, der Innenseite des vorderen Einbanddeckels, auf der Rückseite des Titelkupfers sowie auf einer Reihe von Blättern, die auf das Titelkupfer folgten (teils eingebunden, teils lose eingelegt). Weitere Eintragungen finden sich auf dem *Spiegel* des Rückdeckels.

Jene Blätter mit Familiennachrichten, die sukzessive lose in den Bibeldruck eingelegt worden waren, wurden der Familienbibel[7] zu unbekannter Zeit entnommen und bilden seither ein separates Aktenfaszikel, auf das eine unbekannte Hand des 19. Jahrhunderts den Aktentitel *Lose Blätter zur Quistorpschen Familien-Bibel* notierte. Das Aktenfaszikel, das im Folgenden als „Lose Blätter" bezeichnet wird, konnte im zweiten Teil der Studie in die Textrekonstruktion und in die kommentierte Edition der Familiennachrichten der Hausbibel Quistorp einbezogen werden.[8]

Die handschriftlichen Notizen zur Familiengeschichte, die fünf Generationen der Rostocker ‚Universitätsfamilie' Quistorp über einen Zeitraum von annähernd 150 Jahren, zwischen 1619 und 1766, fortlaufend und in dichter Folge in ihre Hausbibel eintrugen, sind eine Geschichtsquelle von Wert: für die Stadt-, Universitäts- und Kirchengeschichte der Hansestadt

---

[6] S. Kap. 2.1 – 2.6.

[7] Michael Lilienthal (1686–1750), ein Student und Konviktor des Rostocker Theologen Prof. D. theol. Johann Nicolaus Quistorp, bezeichnete die Bibel der Theologen Quistorp, deren Familiennachrichten er einsehen durfte, 1710 als deren *biblia domestica*: LILIENTHAL 1710, 15. In Anlehnung an Lilienthal (s. Kap. 2.6, Eintrag Nr. 14 mit Anm. II 477) spreche ich im Folgenden von der Hausbibel oder der Familienbibel der Theologen Quistorp. Belege, dass die Bibel als Traubibel in den Besitz des älteren Johannes Quistorp kam, liegen aktuell nicht vor (s.u. Text bei Anm. I 22). – Die Zählung der Anmerkungen erfolgt für die Teile I-III separat, die vorgestellte römische Zahl ordnet die jeweilige Anmerkung Teil I-III der Studie zu.

[8] HAUSBIBEL QUISTORP 1614/15, Aktenfaszikel *Lose Blätter zur Quistorpschen Familienbibel* im Nachlass des Pfr.s Hans Joachim Quistorp (1920–2018), Bonn-Bad Godesberg, der die Edition der Familiennachrichten anregte. Die Bibel und das Aktenfaszikel befinden sich im Privatbesitz der Familie Quistorp. Ansprechpartner ist aktuell (Stand: Februar 2021) Bernhard Quistorp, 37120 Bovenden-Eddigehausen.

1.1 Die Rostocker Theologen Quistorp und ihre Hausbibel

Rostock, für die Landes- und Kirchengeschichte Mecklenburgs und seiner Nachbarterritorien im Ostseeraum, für die Kirchen- und Theologiegeschichte des Luthertums im konfessionellen Zeitalter, des Pietismus und der Aufklärung, zugleich für eine historische Elitensoziologie, die Strategien des Statuserwerbs und des Statuserhalts in der europäischen Frühneuzeit studiert, hier am Beispiel eines lutherischen Pfarrhauses, das zwischen 1615 und 1766 sechs Professoren an der Universität Rostock stellte.[9] Überdies sind die Notizen von familiengeschichtlichem Wert, da sie den Rostocker Stamm[10] der Familie Quistorp betreffen, mithin den gemeinsamen Ursprung aller heute bestehenden Äste und Zweige der Familie Quistorp beziehungsweise von Quistorp.

Die Einträge, deren Aufbereitung durch eine kommentierte Edition Aufgabe der Kapitel 2.1 – 2.7 der Studie ist, legen die Heiratskreise der Familie im Untersuchungszeitraum offen. Die familienbezogenen Daten dokumentieren die Bedeutung, welche die Faktoren Familie und Verwandtschaft im 17. und 18. Jahrhundert für die Lebenschancen, die Karrierewege, das soziale, das bildungs- und wissenschaftssoziologische Kapital sowie für den Habitus einer frühneuzeitlichen Funktionselite in Stadt, Territorium, Kirche und Universität hatten.[11]

Das Datenmaterial, das die Hausbibel der Familie Quistorp zu den Taufpaten der einzelnen Familienmitglieder bereithält, informiert über die Patenschaften, die das jeweilige Elternpaar für seine Nachkommen organisierte. Die Personendaten führen – insbesondere für das 17. Jahrhundert – weit über die Datenlage hinaus, die sich aus der Taufmatrikel-Überlieferung im Stadtarchiv Rostock gewinnen lässt. Denn die Taufmatrikeln setzen für Rostock erst ab 1662 und 1679 ein, und auch das allein für einzelne Kirchengemeinden der Hansestadt. Die Auswertung der Informationen, welche die

---

[9] S.u. Kap. 1.5, insbesondere Text bei Anm. I 125 – I 130. Zu den Rostocker Theologen Quistorp s. einführend KAUFMANN 1997, passim; STROM, Die Geistlichen Quistorp, 1995, passim; STROM 1999, passim. – Zur Genealogie der Familie s. KOERNER XI, 1904, 385–413 (Artikel: Quistorp, von Quistorp, Ritter und Edler von Quistorp, aus Rostock in Mecklenburg); EHRENKROOK, Adelige Häuser B II, 1956, 333–336 (Artikel: Quistorp); QUISTORP 2006 (zu Aktualisierungen s. jeweils die Website www.quistorp.de); QUISTORP / VON QUISTORP 2014.

[10] Hinsichtlich der Bezeichnung der Quistorp'schen Familienlinien folge ich QUISTORP 2006, passim.

[11] Zur Bedeutung, die der Faktor Verwandtschaft in den drei Jahrhunderten der Frühneuzeit für Politik und Gesellschaft hatte, s. im europäischen Vergleich SABEAN / TEUSCHER / MATHIEU 2007; COSTER ²2017.

Bibel zur Patenwahl im Hause Quistorp enthält, vermittelt einen Eindruck von der Bedeutung, die das Patenamt als „geistliche Verwandtschaft"[12] für die Karriereverläufe der Patenkinder und damit sowohl für den individuellen Statuserwerb als auch für den Statuserhalt der Familie insgesamt hatte.

Die Einträge geben instruktive, fünf Generationen umgreifende Einblicke in die Sozial-, Bildungs- und Kulturgeschichte eines lutherischen Professoren- und Pfarrhaushaltes im Rostock des 17. und 18. Jahrhunderts.[13] Und sie dokumentieren Formen und Ausdrucksweisen der Erinnerungs- und Gedenkkultur einer lutherischen Gelehrtenfamilie der Frühen Neuzeit. Sie lassen den Leser zugleich „in nuce" teilhaben am Aufbau einer familienhistoriografischen Tradition. Reichhaltige Personendaten dokumentieren das Netzwerk sozialer, funktionsbezogener und intellektueller Beziehungen, das Mitglieder der Familie in Stadt und Universität Rostock, in den Hansestädten des Ostseeraumes, in den mecklenburgischen Herzogtümern, in Schwedisch-Pommern, im Fürstbistum Lübeck, in den Herzogtümern Schleswig und Holstein, im Königreich Dänemark sowie in der lutherischen Kirche Norddeutschlands, Skandinaviens und im Baltikum knüpften und pflegten.

Aufgabe der vorliegenden Studie ist die Volltext-Edition, zugleich die einführende wie auch die kommentierende Erschließung der Familiennachrichten, welche die Rostocker Theologieprofessoren Johannes Quistorp d.Ä., Johannes Quistorp d.J. und Johann Nicolaus Quistorp, der Rostocker Ratsherr Lorenz Gottfried Quistorp sowie der Rostocker Professor für Physik und Metaphysik Johann Jacob Quistorp zwischen 1619 und 1766 handschriftlich in die Hausbibel ihrer Familie eintrugen. Die kommentierte Edition im zweiten Teil der Studie (Kapitel 2.1 – 2.6) bietet mithin Grundlagenforschung. Sie sichert den Text einer Quelle zur Geschichte der Stadt und der Universität Rostock, die bislang in Privatbesitz einer wissenschaftlichen Nutzung entzogen war, und macht den Quellentext – unabhängig vom künftigen Schicksal des „Datenträgers", der Hausbibel des älteren Rostocker Astes der Familie Quistorp – einer Fachöffentlichkeit zugänglich. Eine Bild-Auswahl in Kapitel 2.7 dokumentiert die Schreiberhände.

---

[12] Zum Patenamt als „geistlicher Verwandtschaft" s. MITTERAUER 2009; MITTERAUER 2013, 27–50; ALFANI / GOURDON 2012; COSTER ²2016.

[13] Zum thematischen Kontext s. KOSCHNICK 2013; SCHORN-SCHÜTTE 2013.

1.1 Die Rostocker Theologen Quistorp und ihre Hausbibel

Auf der personengeschichtlichen Datenbasis der familienbezogenen Aufzeichnungen, welche die Rostocker ‚Universitätsfamilie' Quistorp ab 1619 und bis 1766 in ihrer Hausbibel hinterließ (Kapitel 2.1 – 2.7), fragt die einführende Kapitelfolge 1.1 – 1.7 nach dem „Sitz im Leben" der Haus- und Familienbibel sowie ihrer familienbezogenen Einträge. Die Kapitelfolge informiert über den materiellen ‚Datenträger', die Goslarer Voigt-Bibel von 1614/15 (Kapitel 1.2), sowie über die Einbandgestaltung des Bibeldrucks (Kapitel 1.3), über den Datenbestand familienbezogener Aufzeichnungen, den sie enthält (Kapitel 1.1, 1.6, 1.7), und gibt Hinweise auf zentrale Forschungsfelder, die von einer Auswertung der Quelle profitieren können. Die Frage etwa, weshalb Johannes Quistorp d.Ä., der Gründer der Rostocker ‚Theologendynastie', einen Goslarer Bibeldruck von 1614/15 zur Hausbibel seiner Familie machte, ist Gegenstand von Kapitel 1.2 der Studie. Bucharchäologische Studien stehen im Zentrum von Kapitel 1.3: anhand von Studien zur Einbandgestaltung der Hausbibel des älteren Rostocker Astes der Familie Quistorp gilt es, den konfessionsgeschichtlichen Gehalt der Hausbibel zu dokumentieren. Knappe Hinweise zur Besitzgeschichte der Bibel bis ins frühe 21. Jahrhundert schließen sich an (Kapitel 1.4), gefolgt von einer Verortung der Rostocker ‚Universitätsfamilie' Quistorp in der Universitätsgeschichte der Frühen Neuzeit (Kapitel 1.5). Wie sich die Hausbibel Quistorp in die Memorialkultur der Familie bis 1766 einfügte, wird in Kapitel 1.6 untersucht: Die familienbezogenen Einträge in der Hausbibel geben Einblick in eine übergenerationale Memorialkultur der Familie, die charakteristisch für die Gelehrtenkultur der europäischen Frühneuzeit ist.

Zugleich beleuchten die familienbezogenen Eintragungen der Hausbibel Aspekte der Soziologie und der Kulturgeschichte einer Rostocker ‚Universitätsfamilie' des 17. und 18. Jahrhunderts, indem sie

- die Heiratskreise der Familie Quistorp diachron, über einen Zeitraum von etwa 150 Jahren, erschließen,
- das Netzwerk der Patenschaften aufschlüsseln, welche die Eltern für ihre neugeborenen Kinder organisierten,
- Patronage- und Klientelbeziehungen anzeigen, in die Familienangehörige eingebunden waren,
- die Berufsfelder aufzeigen, in denen Mitglieder der Familie tätig wurden,
- und die Handlungsoptionen in Raum und Zeit dokumentieren, die prominente Mitglieder der Familie in Stadt, Kirche und Universität sowie in mehreren Territorien des Ostseeraumes nutzten.

Die aufgeführten Indikatoren zur Sozialgeschichte der Professorendynastie Quistorp – ihre Heiratskreise, das Netzwerk ihrer Patenschaften, ihre Patronage- und Klientelbeziehungen, schließlich ihre Berufsfelder sowie ihre Handlungs(spiel)räume und Handlungsoptionen in Territorium, Stadt, Kirche und Universität – haben einen spezifischen geschichtswissenschaftlichen Erkenntniswert. Sie dokumentieren Strategien des Statuserwerbs, des Statuserhalts und der Statusdemonstration, derer sich Angehörige der Familie Quistorp im 17. und 18. Jahrhundert bedienten. Grund genug, auch der soziologischen Dimension der Hausbibel Quistorp ein einführendes Kapitel (Kapitel 1.7.1) zu widmen, das zu einer Nutzung des Datenbestandes durch die historische Soziologie anregen möchte.

Abschließend, in Kapitel 1.7.2, werden die handschriftlichen Familieneinträge, die in der quistorpischen Familienbibel überliefert sind, als ein Quellenfundus vorgestellt, der eine Fülle von Informationen zur Wissenschafts- und Universitätsgeschichte, zur Ideen-, Bildungs- und Kulturgeschichte des 17. und 18. Jahrhunderts bereithält.

Ein Verzeichnis der benutzten Abkürzungen und Siglen, Abbildungsnachweise sowie Verzeichnisse der Quellen und Literatur, die im Anmerkungsapparat der Studie zitiert sind, runden den Band ab. Ein Personenregister erleichtert den schnellen, punktuellen Zugriff auf Familien und Einzelpersönlichkeiten, die mit den Quistorps versippt waren, zum Netzwerk ihrer Patenschaften gehörten oder anderweitig mit ihnen in Kontakt standen.

Barthold von Quistorp (1825–1913),[14] ein preußischer Generalleutnant und Militärschriftsteller, wies in einer handschriftlichen Studie von 1903 über die Wappen, welche die verschiedenen Zweige der Familie Quistorp führten und führen,[15] darauf hin, dass es eine weitere Hausbibel Quistorp in Rostock gegeben habe, die familienbezogene Personalnachrichten enthielt. Seine Quellenbelege deuten an, dass diese Bibel im jüngeren Rostocker Ast der Familie, den der Rostocker Apotheker Bernhard Balthasar Quistorp (um 1658–1724) begründet hatte,[16] ein Sohn des Theologieprofessors D. theol.

---

[14] QUISTORP 2006, 185, 217ff.

[15] Barthold von QUISTORP: Die Quistorp'schen Wappen, Eisenach, den 19. November 1903. Mit Bleistiftanmerkungen von Heinrich Quistorp, Minden 1981, Abschrift von Achim von Quistorp, Berlin im Juli 2020. – Für die Mitteilung danke ich Herrn Achim von Quistorp, Berlin (7. Juli 2020).

[16] Zur Person s.u. Anm. II 187; QUISTORP 2006, 46, 359.

1.1 Die Rostocker Theologen Quistorp und ihre Hausbibel

Johannes Quistorp d.J. (1624–1669), bis ins 19. Jahrhundert hinein tradiert wurde.[17] Der Bibeldruck und seine unbekannten Familiennachrichten waren zuletzt im Besitz des mecklenburgischen Majors Joachim Anton Friedrich Quistorp in Rostock (1792–1860),[18] der mit Friederike Franziska von Below (1797–1875) verheiratet war. Als Joachim Anton Quistorp im Jahre 1860 starb, wurde die Hausbibel im Rahmen einer Nachlass-Auktion verkauft und ist seither verschollen.

Über die Reichweite der familienbezogenen Notizen, die in der Hausbibel des jüngeren Rostocker Astes der Familie Quistorp verzeichnet waren, kann hier allenfalls spekuliert werden.[19] Vermutlich enthielt sie – ebenso wie die im älteren Rostocker Ast der Familie Quistorp überlieferte Bibel, die Gegenstand der vorliegenden Edition ist – Daten zu Geburt und Taufe, zu den Paten, Ehepartnern und Kindern, zu den Ämtern und zum Tod des jeweiligen Familienmitgliedes, und sie wird mehrere Generationen des jüngeren Rostocker Astes der Familie erfasst haben.

Vielleicht integrierte sie auch Abschriften jener älteren Autographa, welche die gemeinsamen Vorfahren beider Familien-Äste, die Theologen

---

[17] Barthold von QUISTORP: Die Quistorp'schen Wappen, Eisenach, den 19. November 1903. Mit Bleistiftanmerkungen von Heinrich Quistorp, Minden 1981, Abschrift von Achim von Quistorp, Berlin im Juli 2020, 1: „Die Familie hat über ein Jahrhundert lang zwei Bibeln gehabt, in welche die Personal-Änderungen eingetragen wurden. Die eine, noch vorhandene, ist im Besitz von Nr. 140 Wilhelm Q. in Schwerinsburg *{Anm. HQ: Seit 1952 im Besitz von Pfr Dr. Heinrich Q.}*. Von Nr. 2 Johann begonnen, wurde sie bis Nr. 44 Johann Jakob fortgeführt. Dann hören die Eintragungen auf. Die andere Bibel war zuletzt in Händen von Nr. 97 Major Anton Q in Rostock. Bei dessen Tod 1860 ist sie mit verauktioniert worden und aus der Familie gekommen. Diese Nachricht stammt von seiner Tochter Nr. 131 Frau Elise von Schreiber geb. Q. in Lübeck, und noch mal Nr. 140 Wilhelm Q. hat sie mir unter dem 2. Dezember 1902 brieflich mitgeteilt. Er hegte die Hoffnung, die Bibel noch ermitteln und zurückerwerben zu können. Nach Frau von Schreiber soll sie die ältesten Familien-Nachrichten enthalten; es lässt sich vermuten, daß sie ebenfalls von Nr. 2 Johann gestiftet und bei Abzweigung der jüngeren Linie (nach 1651) zu dieser übergegangen ist, während die andere Bibel bei der älteren blieb." – Freundliche Mitteilung von Herrn Achim von Quistorp, Berlin (7. Juli 2020).

[18] Zur Person s. QUISTORP 2006, 365.

[19] S. dazu die Aussage einer Tochter des Majors Anton Quistorp, Elise von Schreiber geb. Quistorp (1840–1912), in Anm. I 17. – Wer etwas über den Verbleib der verschollenen Bibel weiß, die familienbezogene Personal-Nachrichten aus dem jüngeren Rostocker Ast der Familie Quistorp überliefert, wird um Nachricht an den Verfasser dieser Studie oder an die Rostocker Quistorp-Stiftung gebeten.

Johannes Quistorp d.Ä. und Johannes Quistorp d.J., in die Hausbibel des älteren Astes der Familie eingetragen hatten.[20]

Jedenfalls ist die Hausbibel des jüngeren Rostocker Astes der Familie Quistorp nicht identisch mit einer *Kurfürstenbibel* der Auflage von 1692 aus dem Besitz der Familie Quistorp, die im Jahre 1700 bei *Johann Andreae Endters seelige Söhne* in Nürnberg gedruckt wurde.[21] Sie enthält keinerlei familienbezogene Eintragungen.

---

[20] S.u. Kap. 2.1 – 2.2.

[21] Zur *Kurfürstenbibel*, die in der Bibelforschung auch unter den Bezeichnungen *Weimarer* oder *Ernestinische Bibel* figuriert, sowie zu den Bibeldrucken der Nürnberger Offizin Endter s. OERTEL 1983; JAHN 1986; KOCH 2002; MICHEL 2017. Zum Exemplar (Nürnberg 1700) der Familie Quistorp s. QUISTORP 2006, 164ff; eine aktualisierte Textversion findet sich unter www.quistorp.de.

1.2 Die Goslarer Bibel des Johannes Voigt von 1614/15: ein Bibeldruck der lutherischen Orthodoxie

Der erste Quistorp, der Eintragungen in der Hausbibel des älteren Rostocker Astes der Familie Quistorp hinterließ, war Johannes der Ältere (1584–1648),[22] der Begründer der Rostocker ‚Universitätsfamilie' Quistorp. Der Magistrat der Hansestadt hatte ihn am 21. Mai 1614 in eine der *rätlichen* Theologieprofessuren an der Universität Rostock gewählt, deren Besetzungsrecht, die Kollation, beim Rostocker Stadtmagistrat lag. Bis zu seinem Tod am 2. Mai 1648 in Doberan, mithin fast über die gesamte Dauer des Dreißigjährigen Krieges (1618–1648), hatte Johannes Quistorp d.Ä. die Position des *Primarius* unter den *rätlichen* Theologieprofessoren an der Universität Rostock inne, der damals führenden Universität im Ostseeraum, die zwischen den Gründungstypen einer Fürsten- und einer Stadtuniversität changierte und deren Lehrkörper seit dem Einigungsvertrag von 1563, der *Formula Concordiae* zwischen den Herzögen von Mecklenburg und der Stadt Rostock, in zwei voneinander unabhängige Professorenkollegien zerfiel: in ein *herzogliches* und in ein *rätliches* Professorenkollegium. Für insgesamt elf Wahlperioden war Quistorp zugleich Rektor der Universität Rostock, was die Jurisdiktion über alle Universitätsangehörigen in Zivil- und Strafsachen einschloss.[23] Am 30. April 1616 wurde Quistorp zudem an der Marienkirche, der Hauptkirche der Hansestadt Rostock, zum *Archidiakon* gewählt: so nannte man dort den zweiten Prediger.[24] Erst spät, 1645,

---

[22] S. einführend STROM, Johannes Quistorp d.Ä., 1995, 183ff; KAUFMANN 1997, 60f, 96, 102, 111, 114f, 124, 135f, 138, 144–148, 150–155, 159, 161–176, 185, 196f, 206ff, 219f, 245, 247f, 274, 300–305, 307, 310ff, 314, 317, 331, 335f, 356, 358, 362, 369f, 374, 377–380, 384, 386f, 403, 437, 449ff, 455f, 458, 463, 498, 510, 570, 574f, 588, 591–602, 670–674; STROM 1999, passim; QUISTORP 2006, 50–65; KAUFMANN, Johann Quistorp I + II, 2003, Sp. 1872f (Link: http://dx.doi.org/10.1163/2405-8262_rgg4_COM_024521); Eintrag im CPR, URL: http://purl.uni-rostock.de/cpr/00001046.

[23] KAUFMANN 1997, 43, 366–370, 375ff; THIESSEN 2019, 167. – Zur Rostocker Universitätsverfassung im konfessionellen Zeitalter s. einführend KAUFMANN 1997, 52–69; zu den Rektoraten, die Quistorp übernahm, s.u. Kap.2,1, Einträge Nr. 4 u. 37 mit Anm. II 14.

[24] S. Kap. 2.1, Eintrag Nr. 4. – Zur Wahl der Pfarrer, Archidiakone und Diakone an den vier Rostocker Stadtpfarrkirchen, die ab 1573 gemeinsam durch Pfarrgemeinde und Stadtmagistrat erfolgte, s. KAUFMANN 1997, 59ff; ASCHE 2000, 26.

wechselte er auf die Stelle des Pastors oder *parochus* über, des Hauptpfarrers an St. Marien.²⁵ Am 15. Dezember 1645 folgte die Wahl zum Stadtsuperintendenten von Rostock; in ein Amt, das mit der Funktion eines Scholarchen der Großen Stadtschule auch die Aufsicht über das Primarschulwesen in Rostock umfasste.²⁶

Johannes Quistorp d.Ä. begann spätestens 1619, autobiografische Notizen und Familiennachrichten in seine Privatbibel einzutragen, einen Goslarer Druck von 1614/15. Die Bibel dürfte er 1615 oder 1616 erworben haben: wahrscheinlich im Umfeld jenes 3. Oktober 1616, als er in Rostock, wo er bereits zu Jahresbeginn 1615 eine Professur der Theologie angetreten hatte, seine Promotion zum Doktor der Theologie sowie seine Hochzeit mit Barbara Domann (1597–1663) feierte,²⁷ einer Nichte und Adoptivtochter des Hansesyndikus und Syndikus der Stadt Rostock Dr. iur. utr. Johannes Domann (1564–1618).²⁸ Die Verbindung von Hochzeit und feierlicher Doktorpromotion war im 17. Jahrhundert in Rostock eine gängige Praxis.²⁹ Die Eheschließung mit der Nichte des führenden Ratsjuristen der Stadt Rostock, der zugleich als Syndikus des Hansebundes im Zentrum eines weiträumigen Beziehungs-Netzwerkes stand, sicherte die gesellschaftliche Stellung des jungen Professors in Stadt, Universität und Kirche ab.

---

²⁵ S. Kap. 2.1, Einträge Nr. 4 und 37 mit Anm. II 15.

²⁶ Ebd.; LBMV Schwerin, Schmidtsche Bibliothek, Bd. 45, Nr. 12. – Zur Wahl des Rostocker Stadtsuperintendenten, die ab 1573 vom Geistlichen Ministerium und zwei Vertretern des Rates aus der Mitte der Hauptpastoren der vier Rostocker Pfarrkirchen erfolgte, s. KAUFMANN 1997, 59.

²⁷ Der Eintrag im Dekanatsbuch zur Doktorpromotion Quistorps am 3. Oktober 1616 lautet: *Anno Christi 1616 die 3. octobris decano Eilhardo Lubino* [Eilhard Lubinus / Lübben, 1565–1621] *et procancellario doctore Paulo Tarnovio* [1562–1633] *et rectore magnifico doctore Ernesto Cothmanno* [1557–1624] *superior in theologia doctoratus honor collatus fuit reverendo et clarissimo viro domino magistro Ioanni Quistorpio Rostochiensi, ecclesiae patriae ad Divam Virginem archidiacono et sacrae theologiae professori, cui solemnitati simul nuptiae coniunctae fuerunt*; s. HOFMEISTER III, 1893, 23; MPR, Link: http://purl.uni-rostock.de/matrikel/400070220. – Zu Barbara Quistorp geb. Domann, einer Tochter des Advokaten Stefan Domann und der Adelheid Appelboom in Osnabrück, s. Kap. 2.1, Eintrag Nr. 3; Kap. 2.6, Nr. 5; dazu QUISTORP 2006, 40.

²⁸ Stefan Domann und sein Bruder, der Hansesyndikus Dr. iur. utr. Johannes Domann, der seine Nichte Barbara als Adoptivtochter aufzog (s. Kap. 2.1: Edition, Eintrag Nr. 5), waren Söhne des Osnabrücker Bürgers Hans Domann; s. QUECKENSTEDT 1992; QUECKENSTEDT 1993. Johannes Domann hatte sich im April 1582 an der UNI Rostock eingeschrieben: s. MPR, Link: http://purl.uni-rostock.de/matrikel/100037396.

²⁹ KAUFMANN 1997, 155ff.

1.2 Die Goslarer Voigt-Bibel von 1614/15

Dass zwischen dem Erwerb der Bibel und der Trauung ein unmittelbarer Zusammenhang bestand, ist möglich, aber aktuell nicht beweisbar. Insbesondere fehlt jeder handschriftliche Eintrag, der die Bibel als eine Traubibel der Eheleute Johannes Quistorp und Barbara Domann kennzeichnet. Gewöhnlich nennt ein solcher Eintrag neben dem Hochzeitspaar und dem Datum der Trauung die Trauzeugen und den Pastor, der die Trauung vornahm. Nichts davon findet sich in der Bibel des älteren Johannes Quistorp. Im Folgenden wird deshalb, in Anlehnung an die Terminologie, die Michael Lilienthal 1710 wählte, von einer Haus- oder Familienbibel (*biblia domestica*)[30] gesprochen, nicht aber von einer Traubibel.

Für Johannes Quistorp, einen aufstrebenden Universitätstheologen und Akteur lutherischer Konfessionalisierung, lag es im Herbst 1616, also im unmittelbaren Umfeld seiner Doktorpromotion und seiner Hochzeit, nahe, eine Ausgabe von Luthers *Biblia Deutsch* als seine Hausbibel zu wählen und sie gegebenenfalls, nach erfolgter Familiengründung, als Familienbibel zum Träger einer familiären Gedenkkultur zu machen. Quistorp, der sich auf der Titelseite mit der eigenhändigen Unterschrift *Johannes Quistorpius* als der Eigentümer der Bibel zu erkennen gibt,[31] wählte dazu eine zweispaltig gesetzte Bibel in Folio-Format, die Johannes Voigt oder Vogt († 1625),[32] der 1604 das erste Druckhaus in der Reichsstadt Goslar eröffnet hatte, 1614 und 1615 in seiner Goslarer Offizin druckte.[33] Mit seiner niederdeutschen Bibel

---

[30] S.o. Anm. I 7 (mit Bezug auf Lilienthal 1710, 15).

[31] Hausbibel Quistorp 1614/15, I. Zählung, Bl. a I^r (= Titelblatt recto).

[32] Reske 2007 (^{2}2015), 302.

[33] *Biblia.* || *Das ist:* || *Die gantze Heilige* || *Schrifft / Deutsch.* || *D. Marth. Luth.* || *Jetzt von newen / nach dem letzten / Von D.* || *Luthero uberlesenem Exemplare / mit fleiß corrigirt / Neben den* || *Summarien Viti Dieterichs / uber jede Capitel / nützliche Zeit / || Historien / und LehrRegister / etc.* || *In der Keyser=freyen ReichsStadt* || *Goßlar* || *Druckts und verlegts Johannes Voigt /* || *Im Jahr 1614.* Umfang: 354 Bll.; Kolophon auf Bl. 354^v: *In der Keyserfreyen Reichsstadt* || *Goßlar* || *Druckts und verlegts Johannes Vogdt* || *Im Jahr 1615* ||. Neue Zählung ab Zwischentitel: *Die Pro*||*pheten Alle* || *Deutsch.* || *D. Marth. Luth.* || *Mit den Summarien Viti* || *Dieterichs.* || *In der Keyser=freyen ReichsStadt* || *Goßlar* || *Druckts und verlegts Johannes Voigt /* || *Im Jahr 1614.* || Umfang: 387 Bll.; Kolophon auf Bl. 387^v: *In der Keyserfreyen ReichsStadt* || *Goßlar* || *Druckts und verlegts Johannes Vogt /* || *Im Jahr 1615.* ||. Bibliografischer Nachweis im VD17 (Link: http://www.vd17.de/): VD17 23:673102B. – Die Hausbibel des älteren Johannes Quistorp gehört zu jenen Bibeldrucken in Folio-Format, die Voigt 1614 und 1615 anfertigte und die Strohm II 2/1, 1993, 56f Nr. E 678 anhand der Exemplare in der Bibelsammlung der WLB *Stuttgart* (Signaturen: Bb deutsch 161402; Bb deutsch 161501) detailliert beschreibt. Weitere Exemplare des Goslarer Bibeldrucks von 1614/15 befinden sich im

von 1613 und seinen Goslarer Bibeldrucken von 1614 und 1615 begründete Voigt seine Kooperation mit den Gebrüdern Johann (1582–1656) und Heinrich Stern (1592–1665) in Lüneburg, zwei Buchhändlern und Verlegern, die ab 1614 auch Inhaber einer Druckerei waren und 1645 von Kaiser Ferdinand III. geadelt wurden. Die von Stern'sche Druckerei, die aktuell in der 14. Generation als ein Familienunternehmen fortbesteht, machte Lüneburg ab 1614 für zwei Jahrhunderte zu einem Zentrum des lutherischen Bibeldrucks in Norddeutschland, das bis nach Skandinavien und ins Baltikum ausstrahlte.[34]

In seinem Widmungsschreiben vom 29. September 1614 an Bürgermeister und Rat der Stadt Goslar begründete Johannes Voigt seinen Entschluss, die Lutherbibel als eine großformatige Bibel zu drucken, mit dem großen Bedarf an Bibeln, der in der Region herrsche, und wies in diesem Zusammenhang auf seine Zusammenarbeit mit Johann (= *Hans*) Stern in Lüneburg hin:

> *Ob denn nu wol hin und wider / als sonderlich zu Wittenberg / Jena / Franckfurt am Mayn / und andern vielen Orten mehr / sich gute Leute und Buchhändeler gefunden / die den Druck der H. Bibel Herrn Lutheri, mit grossem fleisse und mercklicher Unkostung fördern / und sich hiemit umb die gantze Christenheit löblich und wol verdienen / wie man denn sonderlich den Wittenbergern solchs rühmlich nachsagen kan und muß / Also / daß jährlich sehr viel Exemplaria gedruckt und verhandelt werden: So ist doch zun zeiten dieser örter der Exemplarien sehr grosser mangel und nachfrage in den Buchläden gespüret worden.*
>
> *Habe derowegen / uff vieler frommen Christen gutachten und anhalten / mich dieses hohen / grossen und schweren Wercks / die rechte Teutsche Bibel zu verlegen und nachzudrucken / im Namen Gottes unternommen / und dessen Ehre zu förderst / Darnach aller Liebhaber des Göttlichen Worts / Und sonderlich meines*

Bibliotheks- und Medienzentrum der Nordkirche *Hamburg* (Signatur: MiQ 127), in der University of *Manchester* Library (John Rylands Library, Special collections), in der Regionalbibliothek der Stadt *Neubrandenburg* (Signatur: KB AT 042.1) und in der HAB *Wolfenbüttel* (Signatur: Bibel-S. 4° 42; dazu BÜRGER 1993, 17).

[34] Zu Johannes Voigt oder Vogt (†1625), zum Spektrum seiner Goslarer Drucke sowie zu seiner Zusammenarbeit mit den Gebrüdern Stern in Lüneburg s. DUMRESE 1956, 9, 11f, 16, 21, 23; SÜHRIG 1979, Sp. 386–391; REINITZER 1983, 280–304; REINITZER 1987; MÜHLEN 2001, 73, 152, 211; RESKE 2007 (²2015), 302; SCHELLMANN 2013; SCHELLMANN, Firmenjubiläum, 2014; SCHELLMANN 2015.

1.2 Die Goslarer Voigt-Bibel von 1614/15

geliebten Vaterlandes beste hierdurch gesucht. (Insonderheit / weil ich befunden / das die Bibel / so ich vorm Jahr in Sassischer Sprach in Verlag Hans Sterns Buchhändelers zu Lüneburg / gedruckt / bey jederman derer örter sehr angenehm ist.) Und diß Werck / mit gar grossem und schwerem verlag / (wie ein jeder verständiger wol erachten kan) deßgleichen mit schönen reinen Schrifften / gutem Papier / zierlichen Figuren / auch hochnützlichen Registern / Concordantzen / Summarien und andern hierzu gehörigen sachen / mügliches fleisses angeordnet / daß ich also hoffe / das Werck werde sich selbst bey jederman angenehm und bekandt machen.[35]

Für seine Bibel von 1614/15 reklamierte Voigt, sie mache ihren Lesern den Arbeitsstand ‚letzter Hand' Martin Luthers (1483–1546) an seiner Bibelübersetzung zugänglich und richte sich, wie das Titelblatt hervorhebt, textlich „nach dem letzten, von D<octore> Luthero uberlesenem Exemplare"[36] von 1545. Gemeint ist das letzte Handexemplar der Lutherbibel, das Luther benutzt und mit Marginalien und Korrekturvermerken versehen hatte, bevor er 1546 starb. Kurfürst August I. von Sachsen (1526–1586) hatte das Handexemplar Luthers 1581 im Streit, den lutherische Theologen um den letztgültigen und damit autoritativen Text der Lutherbibel ausfochten, zur Textrevision heranziehen lassen.[37] Die Voigt-Bibel repräsentierte mithin jenen Text der Lutherbibel, der im Ergebnis der kursächsischen Bibelrevision unter Kurfürst August seit Anfang der 1580er Jahre vorlag, zeitgleich mit dem lutherischen Einigungswerk der Konkordienformel und des Konkordienbuchs.

Die Goslarer Großbibel Voigts beschränkte sich nicht darauf, allein den Text von Luthers Bibelübersetzung zu verbreiten. Vielmehr enthielt sie, wie das im Zeitalter des konfessionellen Bibeldrucks nach Luthers Tod üblich geworden war, reiche Zusätze zum Bibeltext, die – nicht allein inhaltsbezogen, sondern auch mit typographischen Mitteln[38] – zur Rezeptionslenkung

---

[35] HAUSBIBEL QUISTORP 1614/15, I. Zählung, Bl. a II^v: Goslar, den 29. September 1614, Widmungsbrief des Druckers Johannes Voigt an Bgm., Syndikus und Stadtrat der reichsfreien Stadt Goslar.

[36] S.o. Anm. I 33.

[37] Zum Konflikt um Luthers Bibeltext „letzter Hand" s. MICHEL 2016, 84–107.

[38] Zur Verdichtung von „Drucktechnik, Schriftinhalt und Buchstabengestalt zu einer reformatorischen Typographie, die Produkt und Spiegel einer historisch eigenartigen

eingesetzt wurden. Jedem Kapitel des Alten und des Neuen Testaments war die zugehörige Textpassage aus Veit Dietrichs (1506–1549) *Summarien* der biblischen Bücher[39] als eine Kapitelsummarie vorangestellt. Aufgabe dieser Kapitelsummarien war es nicht allein, das jeweilige Kapitel des Bibeltextes in einer kurzen Inhaltsangabe zusammenzufassen, sondern sie leiteten zugleich zu einer Rezeption des Bibeltextes an, die im Einklang mit lutherischer Theologie und Orthodoxie stand.

In die Kapitel des Psalters führte die Voigt-Bibel nicht mit den *Summarien* Veit Dietrichs ein, sondern jeweils mit dem einschlägigen Abschnitt aus den *Summarien über die Psalmen*, mit denen Luther 1533 die Literaturgattung der Bibelsummarien für das Luthertum begründet hatte.[40] Die Praxis, den Kapiteln biblischer Texte Kapitelsummarien voranzustellen, war weit älter: sie gründete in der antiken Tradition literarischer Textauszüge, der sogenannten ‚Epitomen', und fußte zugleich auf einer mittelalterlichen Tradition biblischer Kapitelsummarien.[41] Als Bibelübersetzer hatte Luther, um das Schriftwort in das Zentrum der Aufmerksamkeit zu rücken, mit der Praxis der Kapitelsummarien gebrochen. Und an das Ende seiner Schrift *Summarien über die Psalmen* hatte er 1533 explizit die Bitte gestellt, seine *Summarien* niemals als Kapitelsummarien in den Psalter einzustreuen, „denn ich den Text für sich selbst gern allein fein ungemengt sehe".[42]

Zu Lebzeiten des Reformators enthielt die Lutherbibel mithin keine Kapitelsummarien, wohl aber schon die Vorreden Luthers zum Alten und zum Neuen Testament sowie zu einzelnen biblischen Büchern.[43] Außerdem enthielt sie jene Glossen, die Luther erklärend an den Textrand seiner „Deutschen Bibel" gesetzt hatte.[44] Beides, die Randglossen und Luthers Vorreden

---

Konstellation und Kommunikationssituation ist", s. MERVELDT 2008, 190, am Beispiel jener Ausgaben der Lutherbibel, die Georg Rörer (1492–1557) betreute, der Bibelkorrektor des Wittenberger Druckers Hans Lufft. – Zur Sammlung Rörer in der ULB Jena s. SPEER 2009; Link: http://roerer.thulb.uni-jena.de/roerer/start.html.

[39] KLAUS 1958.

[40] HAUSBIBEL QUISTORP 1614/15, I. Zählung, Bl. 293^r–333^r (*Summaria über den Psalter*). – Zu Luthers Schrift *Summarien über die Psalmen und Ursach des Dolmetschens* (1533) sowie zu den Bibelsummarien im Luthertum der Frühen Neuzeit s. JUNG 2008.

[41] Zur Geschichte der Kapitelsummarien zur Bibel s. die Übersicht bei MEYER I, 2015, 26–34.

[42] SCHOTT 1835, 35.

[43] SCHILD 1970; BORNKAMM ^{4}2005; QUACK 1975.

[44] WOLF 1988.

1.2 Die Goslarer Voigt-Bibel von 1614/15

auf das Alte Testament, den Psalter, die Propheten und das Neue Testament, zählen deshalb zum Textbestand auch der Voigt-Bibel von 1614/15.

Die Kapitelsummarien, welche die Voigt-Bibel enthält, hatten erst nach dem Tod des Reformators Eingang in die Lutherbibel gefunden. 1572 fügte der Wittenberger Drucker Hans Krafft (†1578) Luthers *Summarien über die Psalmen* (1533) sowie die Summarien, die Veit Dietrich zum Alten Testament (1541) und zum Neuen Testament (1544) publiziert hatte, als Kapitelsummarien[45] in die hochdeutsche Folio-Ausgabe der Lutherbibel ein, die er in Wittenberg herausbrachte.[46] Von dort aus entfalteten sie eine reiche Tradition im lutherischen Bibeldruck der Frühen Neuzeit, so auch in der Goslarer Voigt-Bibel von 1614/15.

Auch andere Konfessionsgemeinschaften der Frühen Neuzeit pflegten die Literaturgattung der Bibelsummarien, sowohl in eigenständigen Publikationen als auch in der Form von Kapitelsummarien, die dem Bibeltext beigefügt wurden. Summarien gaben Bibelrezipienten und Gottesdienstbesuchern, die nicht lesefähig waren oder die keine eigene Bibel besaßen, eine Verständnishilfe an die Hand, die den Bibeltext einprägsam zusammenfasste. Die Reformierten nutzten unter anderem die Bibelsummarien des Ambrosius Lobwasser (1584) und des Johannes Piscator (1623). Die Herrnhuter Brüdergemeine arbeitete die Kapitelsummarien des Grafen Nikolaus Ludwig von Zinzendorf (1700–1760) in ihre Ebersdorfer Bibel ein.[47]

Johannes Voigt stellte seiner Bibelausgabe ein Widmungsschreiben des Druckerverlegers an Bürgermeister, Syndikus und Magistrat der Reichsstadt Goslar voran, das er auf den Michaelis-Tag datierte, den 29. September 1614. Den Druck erschloss er durch Register und Konkordanzen, die er seiner Bibelausgabe voranstellte, um den Zugriff auf biblische Inhalte, Lehrkontexte und Liturgika zu erleichtern. Im Einzelnen enthielt Voigts Druck:

- Verzeichnisse der Bücher des Alten und des Neuen Testaments,
- eine *Chronologia oder Zeitregister der fürnembsten und gedenckwirdigsten Historien / so im Alten und Newen Testament geschrieben werden,*

---

[45] JUNG 2008, passim.
[46] REINITZER 1983, 259.
[47] MEYER I, 2015, 26–34.

- ein *Historienregister. Nach ordnung des Alphabeths / kürtzlich in sich begreiffende / das Leben / Thaten und Absterben / beydes der Frommen und Gottlosen: deren Namen unnd Geschichte / in der heiligen Bibel ausgedruckt und beschrieben werden,*
- ein Lehrregister (*Register der Hauptlehren / Register der fürnembsten Hauptarticul Christlicher lehr / welche bey den vorgemelten Historien in acht zu nemen / und wo solche Hauptarticul in den Prophetischen und Apostolischen Schrifften Altes und Newen Testaments gegründet sein*) sowie
- ein Register fremdsprachlicher Namen (*Register und erklerung der frembden Sprachen Namen / welche im Historienregister nicht gesetzt oder erkleret worden*),
- ein *Register und Verzeichnis / in welchem Buch / Capitel / und Vers / die fürnembste Zeugnis und Sprüche Mose und der Propheten / im newen Testament / von Christo und seinen Aposteln angezogen und erkleret werden,*
- ein *Register der Episteln und Evangelien / die man lieset auff Sontagen und namhafftigen Festen / durchs gantze Jahr* und
- ein *Register der Episteln und Evangelien / so man pflegt zu lesen auff die namhafftigen Fest.*

Von rezeptionslenkender Kraft waren in der Goslarer Voigt-Bibel die Vorreden zum Alten Testament, zum Psalter, zu den Propheten und zum Neuen Testament sowie zu einzelnen biblischen Büchern, die Martin Luther zwischen 1521 und 1545 verfasst hatte.[48] Die Voigt-Bibel stellte die Vorreden des Reformators jeweils dem Textabschnitt der Luther-Übersetzung voran, auf den sie sich beziehen, und folgte damit der Tradition der Lutherbibel seit der Wittenberger Folio-Bibel Hans Krafft s von 1572. Mit dieser Textkonfiguration gab und gibt die Voigt-Bibel, die Johannes Quistorp d.Ä. zur Hausbibel seiner Familie machte, ihren Rezipienten reichhaltige Verständnishilfen zum Bibeltext an die Hand, die Luther persönlich erarbeitet hatte.

Zugleich bewirkte und bewirkt die innige Verbindung, die der Bibeltext, die Vorreden Luthers und die Kapitelsummarien in der Lutherbibel miteinander eingingen, auch in der Goslarer Bibel von 1614/15 eine Rezeptionslenkung, die charakteristisch ist für den Bibeldruck im Luthertum des konfessionellen Zeitalters. Denn die Vorreden Luthers zur heiligen Schrift

---

[48] BORNKAMM [4]2005. – Zur Geschichte der Bibelprologe seit der Spätantike, in die sich Luther mit seinen Vorreden zur Bibel einfügt, s. SCHILD 1970.

1.2 Die Goslarer Voigt-Bibel von 1614/15

formulieren, in ihrer Gesamtheit betrachtet, „eine kurze Summe" seiner Theologie,[49] was nicht ohne Wirkung auf Rezipienten der Lutherbibel geblieben sein wird. Rezipienten der Voigt-Bibel von 1614/15 lasen in ihrer Bibelausgabe eben nicht „allein Gottes Wort" (*sola scriptura*) in Luthers Textübertragung, die wie jede Übersetzung auch für sich bereits eine Textauslegung war. Sondern sie wurden bei ihrer Bibellektüre zugleich, vermittelst der Vorreden des Reformators sowie vermittelst der Kapitelsummarien, auf Luthers Theologie eingeschworen, auf seine Bibelhermeneutik verpflichtet, mit seinen Interpretamenten und Wertungen konfrontiert.

Denn Luther präsentierte sich in seinen Vorreden, die sein Verständnis der heiligen Schrift nuancenreich ausbreiten, als der wissende Experte, der die Bibelleser zu einer rechten Lektüre des Bibeltextes „anweist", wie er selbst es explizit formulierte. Seine Vorrede auf den Propheten Daniel, die er 1530 publizierte, etwa leitete Luther mit den Worten ein: „*Auff das die einfeltigen / und die / so die Historien nicht wissen / noch lesen können / diß Buch S. Danielis doch etlicher massen mügen vernemen / wil ich mit dieser Vorrede e i n e k l e i n e a n w e i s u n g* [!] *geben.*"[50]

Leser und Leserinnen, die in der Goslarer Voigt-Bibel die Vorreden Luthers gemeinsam mit Luthers Bibeltext rezipierten, wurden etwa auf jene christologische Deutung des Alten Testaments verpflichtet, die für Luther das leitende Prinzip jeder Bibellektüre war: *Christum und das Evangelium zu suchen im alten Testament*.[51] Der Reformator und Schöpfer der Lutherbibel las und deutete die Bücher des Alten Testaments mithin nicht, wie das die jüdisch-rabbinische Theologie mit den Büchern des *Tanach* tat, als eine unabhängige, selbständige Offenbarung Gottes, sondern er interpretierte das Alte Testament von der Christusbotschaft des Neuen Testaments her. Mit Nachdruck formulierte Luther diesen hermeneutischen Ansatz in seiner Vorrede zum Psalter von 1528, den er als eine ‚Bibel im Kleinen' hochschätzte: als *eine kurtze Bibel*, als eine „*Summa*" und Essenz der biblischen Überlieferung. In der Orthografie der Hausbibel der Familie Quistorp lautet die Textpassage: „*Und solt der Psalter allein deshalben thewr und lieb seyn / daß er von Christus sterben und aufferstehung / so klärlich verheisset / und*

---

[49] So BORNKAMM [4]2005, 11.

[50] HAUSBIBEL QUISTORP 1614/15, II. Zählung, Bl. 91^v (*Vorrede uber den Propheten Daniel /D. Mart. Lutheri*, 1530); Hervorhebung PAH. Zum Text s. BORNKAMM [4]2005, 111; STROHM 2007.

[51] HAUSBIBEL QUISTORP 1614/15, I. Zählung, Vorspann, a VI^r (Luthers *Vorrede auff das alte Testament*, 1523); BORNKAMM [4]2005, 41–59, 57.

sein Reich unnd der gantzen Christenheit stand und wesen fürbildet. Daß es wol möchte eine Biblia heissen / darin alles auffs schönest und kürzest so in der gantzen Biblia stehet / gefasset / und zu einem feinen Enchiridion oder Handbuch gemacht unnd bereitet ist. Das mich dünckt / der H. Geist habe selbs wollen die mühe auff sich nemen / und eine kurtze Bibel unnd Exempelbuch von der gantzen Christenheit oder allen Heiligen zusammen bringen. Auff das / wer die gantze Biblia nicht lesen kündte / hette hierinnen doch fast die gantze Summa verfasset in ein klein Büchlein."[52]

Die jüdisch-rabbinische Exegese, die sich weigerte, die Bücher des *Tanach* von Jesus Christus als dem geweissagten Messias her zu deuten, war infolgedessen ein zentrales Feindbild Martin Luthers. In der Vorrede, die Luther 1541 zum Buch des Propheten Hesekiel verfasste, fand diese Haltung Ausdruck in einer scharfen antijüdischen Polemik des Reformators, die in Wortlaut und Orthographie der Voigt-Bibel von 1614/15 lautet: „*Denn Jesa. 29. v. 14. weissaget / das die gantze Heilige Schrifft den Ungläubigen Jüden versiegelt unnd verschlossen sey / wie S. Paulus / 2. Cor. 3. v. 14. auch saget / Das die Decke Mosi uber der Schrifft bleibe / so lang sie nicht an Christum gläuben. Das beweiset auch das Werck / denn sie zureissen unnd zumartern die Schrifft in ihren auslegungen / wie die unflätigen Sew einen Lustgarten zuwülen unnd umbkehren. Das zu wündschen were / sie blieben mit der Schrifft unverworren. Wiewol auch viel der unsern so fest an den Rabinen hangen / unnd ihnen trawen / das sie mehr Jüdentzen* [= judaisieren] */ denn die alten Jüden selbs gethan haben.*"[53]

Der Textabschnitt, der die rabbinische Auslegung des *Tanach* vermittelst des antijüdischen Stereotyps der „Judensau" in den Dreck, den *unflat*, zieht, sie verächtlich macht und Christen jegliche Form des „Judaisierens" untersagt, entstand 1541. Er gehört mithin zum Spätwerk des Reformators. Das Zitat zeugt von jenem unversöhnlichen Antijudaismus, den Luther in seinen späten Schriften vertrat und den er – vermittelst seiner Vorrede zum Propheten Hesekiel – 1545 auch zu einem Bestandteil jener Lutherbibel letzter Hand machte,[54] auf deren Text die Voigt-Bibel der Familie Quistorp fußt.

---

[52] HAUSBIBEL QUISTORP 1614/15, I. Zählung, Bl. 292ᵛ (*Vorrede auff den Psalter*, 1528); BORNKAMM ⁴2005, 65.

[53] HAUSBIBEL QUISTORP 1614/15, II. Zählung, Bl. 63ᵛ (*Newe Vorrede auff den Propheten Hesekiel*, 1541); BORNKAMM ⁴2005, 103.

[54] Zum Antijudaismus Luthers, seinen theologischen Motiven und rezeptionsgeschichtlichen Folgen s. KAUFMANN ²2013; KAUFMANN 2015; OELKE / KRAUS / SCHNEIDER-

1.2 Die Goslarer Voigt-Bibel von 1614/15

Seine Vorrede von 1530 zum Buch Daniel nutzte Luther, um seine Ablehnung allegorischer Deutungen biblischer Texte zu propagieren und um eine historische, auf den Wortsinn bezogene Interpretation der Visionen Daniels im Sinne der Lehre von den vier Weltreichen einzufordern.[55] Überdies baute er seine Vorrede zum zwölften Buch des Propheten Daniel, die 1541 entstand, zu einer mehrseitigen Philippika gegen den Papst als den Antichristen – den *Endechrist* – aus, mit dessen Niederlage das römische Reich als das vierte Weltalter an sein Ende komme und das Reich Gottes anbrechen werde.[56] Die Vorrede Luthers ist exemplarisch für den apokalyptisch grundierten bußtheologischen Ansatz des Reformators.[57] War es doch die Naherwartung des Weltendes, die Erwartung eines unmittelbar bevorstehenden Jüngsten Gerichts, aus der heraus Luther zum Reformator wurde und aus der er sein Selbstverständnis schöpfte, kämpfte und stritt.

Die Bibelvorreden Luthers konfrontieren Rezipienten der Lutherbibel mit weiteren Feindbildern des konfliktstarken Reformators: Der Islam, insbesondere in Gestalt des Kollektivsingulars „des Türken", der 1529 Wien belagerte, war für Luther nicht allein ein abgesagter Feind des Heiligen Römischen Reiches Deutscher Nation, sondern vor allem ein Zerstörer der von Gott gesetzten Weltordnung, ein gewalttätiger Häretiker und ein irrgläubiger Anhänger des *Mahomet*.[58] Unzählige Ausfälle Luthers zielten auf „Sektierer und Rotten" in Vergangenheit und Gegenwart. Zu Feinden der Christenheit wurden all jene erklärt, die von den theologischen Überzeugungen und Wertungen abwichen, die sich Luther erarbeitet hatte. In seiner Vorrede auf die Propheten von 1532, die hier in der Orthografie der Voigt-Bibel von 1614/15 zitiert sei, fügte Luther den Papst, „den" Türken und die Sektierer (*Rotten*)

LUDORFF / TÖLLNER / SCHUBERT 2016; KAUFMANN ³2017; KLÄN 2017; WALLMANN ²2019; BURNETT 2020; KAUFMANN 2020.

[55] HAUSBIBEL QUISTORP 1614/15, II. Zählung, Bl. 91ᵛ–94ᵛ; BORNKAMM ⁴2005, 111–124. – Zu Luthers Geschichtsverständnis s. WRIEDT 1996.

[56] HAUSBIBEL QUISTORP 1614/15, II. Zählung, Bl. 94ᵛ – 98ʳ (*Das XII. Capitel Danielis, Außgelegt durch D. Mart. Luther*, 1541). Die Auslegung betrifft Dan.11,36–12,13, da Luther mit Dan. 11,36 die Ansage der Endzeit beginnen sieht und Kap. 12 deshalb dort einsetzen lässt (im Gegensatz zur Textgeschichte!): STROHM 2007, 219. Zur Konzeption des Papstes als Antichrist bei Luther s. PREUSS 1906; RUSSELL 1994.

[57] KAUFMANN 2020, 103: „Luthers apokalyptisch grundierter bußtheologischer Ansatz". Zur Naherwartung der Endzeit und des Jüngsten Gerichts bei Luther s. OBERMAN 1982, 73–81; SOMMER, Luther, 1999; KAUFMANN 2007; KIRN 2010; FEIK 2013; beim nachreformatorischen Luthertum LEHMANN 1992.

[58] Zum Islam- und Türkenbild Luthers s. EHMANN 2008; EHMANN 2017.

zu einem zentralen Feindbild der Christenheit seiner Zeit zusammen: *Wie zu unser Zeit des Türcken / Papst / unnd andere Rotten / ons grosse gewaltige Ergerniß geben.* [...] *Und umb dieses Stücks willen / sind uns die lieben Propheten zu unser zeit / nütze und nötig zu lesen / Das wir mit solchen Exempeln und Predigten gesterckt und getröstet werden / wider der verdammeten Welt / unaußsprechliche / unzehliche / und / ob Got wil / die aller letzte Ergernisse. Denn wie gar für lauter nichts helt doch der Türcke unsern Herrn Jesum Christ und sein Reich / gegen sich selber und seinem Mahomet? Wie gar veracht ist auf dieser seiten bey uns / und unter dem Bapsthumb das liebe arme Evangelium und Gottes Wort / gegen dem herrlichen Schein und Reichthumb der Menschlichen Geboten und Heiligkeit? Wie gar sicher fahren die Rottengeister / Epicurer und andere ihres gleichen mit irem eigen dünckel wider die H. Schrifft? Wie gar frech und wilde lebt jederman / nach seinem mutwillen wider die helle Warheit so jetzt am Tage. Da es scheinet / als were weder Gott noch Christus etwas / schweige das Gottes erste Gebot solt so strenge sein.*[59]

Die Vorreden Luthers zur Heiligen Schrift sollten die Rezeption seiner Bibelübersetzung im Sinne seiner theologischen Überzeugungen lenken. Das erforderte zahlreiche Wertungen des Bibeltexts, etwa mit Blick auf die Rechtfertigungslehre. Die Auffassung, dass der Mensch allein durch den Glauben an das Versöhnungswerk Christi, lateinisch: *sola fide*, vor Gott Gnade finde (*sola gratia*), an seiner Rechtfertigung vor Gott jedoch nicht durch eigene gute Werke mitwirken könne, zählte zum Kern der reformatorischen Botschaft Luthers. Die Rechtfertigung allein durch den Glauben, die er aus dem Brief des Apostels Paulus an die Römer (Röm 3,21–28) herauslas, stand in einem direkten Spannungsverhältnis zu Geist und Wortsinn des Jacobusbriefes, der „gute Werke" für heilswirksam erklärte und dem Luther 1522 – unter anderem seiner „Werkgerechtigkeit" halber – den Charakter eines Apostelbriefes absprach.[60] Interessanterweise verzichtete die Voigt-Bibel von 1614/15 auf einen Abdruck der Luther-Vorrede *Welches die rechten und edelsten Bücher des neuen Testaments sind* (1522), die in der Lutherbibel ab 1572 gewöhnlich der Vorrede Luthers auf das Neue Testament von 1522 nachgestellt ist. Dort denunzierte Luther den Jacobusbrief als *eine*

---

[59] HAUSBIBEL QUISTORP 1614/15, II. Zählung, Bl. 2ʳ (*Vorrede auff die Propheten*, 1532); BORNKAMM ⁴2005, 82, 84.

[60] HAUSBIBEL QUISTORP 1614/15, II. Zählung, Bl. 371ʳ (*Vorrede auff die Epistel S. Jacobi und Jude*, 1522); BORNKAMM ⁴2005, 215–218.

1.2 Die Goslarer Voigt-Bibel von 1614/15

recht stroherne Epistel, die *keine evangelische Art* an sich habe.[61] Johannes Quistorp d.Ä. machte vermittelst einer handschriftlichen Marginalie, die er an das Ende der Luther-Vorrede auf das Neue Testament stellte, auf das Fehlen dieser Aussage im Bibeldruck Voigts aufmerksam.[62]

Die *Summarien* Veit Dietrichs, eines ehemaligen Hausgenossen und Mitarbeiters des Wittenberger Reformators, welche die Voigt-Bibel als Kapitelsummarien abdruckt, verstärkten die Rezeptionslenkung, die bereits in den Vorreden Luthers angelegt war. Dazu trugen nicht allein die Werturteile über biblische Texte bei, die Dietrich in seinen Summarien kolportierte, etwa seine Warnung vor der Werkgerechtigkeit des Jacobusbriefes, die *wider den Glauben* sei,[63] sondern auch die Vermerke *non legatur* oder *non legantur*, die am Anfang vieler seiner Kapitelsummarien stehen. Mit dem Hinweis, der folgende Text oder die folgenden Abschnitte solle / sollten *nicht gelesen werden*, markierte Veit Dietrich, aus der Praxis seiner Pfarrgemeinde Sankt Sebald in Nürnberg heraus, Texte, die er für die Epistellesung im Jahreskreis für ungeeignet hielt, und begründete diese Wertung in seinen *Summarien* auch. Als Bestandteil der Kapitelsummarien der Lutherbibel, mithin losgelöst von ihrem gottesdienstlichen Zweck in einer bestimmten Pfarrgemeinde, wurde die Formel zu einem generellen Leseverbot, zu einer allgemeinen Aussage über die Wertigkeit biblischer Texte, die im Zeitalter der lutherischen Konfessionalisierung nicht ohne Einfluss auf die Rezipienten jener Lutherbibeln geblieben sein dürfte, welche die *Summarien* Veit Dietrichs als Kapitelsummarien abdruckten.

Die Goslarer Voigt-Bibel von 1614/15 enthält 150 Holzschnitte, die ungleichmäßig über die biblischen Bücher verteilt sind. Die meisten Holzschnitte finden sich im Buch *Genesis* (1. Mose) mit 24 Abbildungen, im Buch *Exodus* (2. Mose) mit 27 Abbildungen sowie in der *Offenbarung des Johannes* mit 24 Abbildungen, die ihren Rezipienten die Schrecken der

---

[61] BORNKAMM ⁴2005, 174.

[62] HAUSBIBEL QUISTORP 1614/15, II. Zählung, Bl. 212ʳ (Marginalie des Johannes Quistorp d.Ä. zum Titel *Die Bücher des Newen Testaments*): *Quid illis Lutherus, quod eius Novi Testamenti versionem carpant, responde et vide Tom. 5 Ger. Jenensi p. 140.*

[63] HAUSBIBEL QUISTORP 1614/15, II. Zählung, Bl. 371ʳ (*Von der Epistel Jacobi / und Offenbarung Johannis / Vitus Dieterich*): *Denn die Epistel Jacobi nicht allein an etlichen orten strafflich ist / das sie wider den Glauben die werck so hoch hebt / sondern sie ist durchaus ein zusammen geflickte Lere von mancherley stücken / da keines an dem andern hange.*

Apokalypse bildreich vor Augen führen. Recht dünn illustriert sind die Bücher *Leviticus* (3. Mose) und *Numeri* (4. Mose) mit je drei Abbildungen, das Buch *Josua* mit sechs Abbildungen, das Buch der Richter mit sieben Abbildungen, das Buch *Ruth* mit einer Abbildung, das 1. Buch *Samuel* mit sieben Abbildungen, das 2. Buch *Samuel* mit zwei Abbildungen, das 1. Buch der Könige mit sieben Abbildungen, das 2. Buch der Könige mit vier Abbildungen, das Buch *Esther* mit einer Abbildung. Die Prophetenbücher weisen jeweils allein eine Abbildung auf; Ausnahmen sind die Bücher *Jeremia* und *Hesekiel* mit je zwei Abbildungen sowie das Buch *Daniel* mit vier Abbildungen. Nur wenige Bildbeigaben finden sich auch in den Apokryphen: das Buch *Judith* hat eine Abbildung, die beiden Makkabäer-Bücher haben je eine Abbildung, der apokryphe Zusatz zum Buch *Daniel* eine Abbildung.

Ganz ohne Abbildungen bleiben im Alten Testament die Bücher *Deuteronomium* (5. Mose), die beiden Bücher der *Chronik* (*Paralipomena* I und II), die Bücher *Esra* und *Nehemia* (*Esdra* I und II), das Buch *Hiob*, der *Psalter*, die *Sprüche Salomos*, der *Prediger Salomo* und das *Hohelied Salomos*; aus den Apokryphen die Bücher der *Weisheit Salomos* (*Sapientia Salomonis*), *Tobias*, *Syrach* (*Ecclesiastes*) und *Baruch*, im Neuen Testament die *Apostelgeschichte* des Lukas (*Acta Apostolorum*) und die Apostelbriefe (2. *Korinther*, *Epheser*, *Kolosser*, 2. *Thessalonicher*, *Timotheus*, *Titus*, *Philemon*, die *Petrus-Briefe*, die *Johannes-* und *Hebräer-Briefe*, der *Jacobus-* und der *Judasbrief*) mit Ausnahme des Briefes des Paulus an die *Römer*, des 1. *Korintherbriefes*, des Briefes an die *Galater* und des 1. Briefes an die *Thessalonicher*, denen jeweils ein Bild des schreibenden Paulus voransteht.

Auch auf eine Illustration der Evangelien des Matthäus, Markus, Lukas und Johannes wurde weitgehend verzichtet. Nicht einmal die Weihnachtsgeschichte bei Lukas, etwa die Krippenszene in Bethlehem, weder die Passion noch die Auferstehung Christi oder die Aussendung des Heiligen Geistes geben den Herausgebern Anlass, eine Illustration einzufügen.[64]

Die Illustrationen der Voigt-Bibel stehen in der Tradition der Frankfurter Bibeln, die der Verleger Sigismund Feyerabend (1528–1590) in der lutherischen Reichsstadt Frankfurt am Main herausbrachte. Ihre Holzschnitte, die zum Teil durch ein Klischee-Verfahren vervielfältigt wurden,[65] entfalteten eine reiche Tradition im lutherischen Bibeldruck des 16. und des 17.

---

[64] Die Evangelien nach Matthäus, Markus, Lukas und Johannes werden in der Voigt-Bibel von 1614/15 jeweils mit einem Evangelistenbild eröffnet.

[65] OERTEL 1983; O'DELL 1993; SCHELLMANN 2010; SCHELLMANN 2012; SCHELLMANN, Fehldruck, 2014.

1.2 Die Goslarer Voigt-Bibel von 1614/15

Jahrhunderts. Auf eine detailgenaue Rekonstruktion der Bildvorlagen der Voigt-Bibel und ihrer Druckgeschichte in den Bibeln Feyerabends kann im Rahmen der vorliegenden Studie verzichtet werden. Der Bildanhang zu Kapitel 1.2 dokumentiert anhand mehrerer Beispiele, dass die Illustrationen der Voigt-Bibel kompositorisch (über Zwischenstufen) auf jene Holzschnitte zur Bibel zurückgeführt werden können, die der Schweizer Jost Amman (1539–1591), aus Zürich gebürtig und in Nürnberg als Illustrator tätig, 1571 in einem Frankfurter Druck Feyerabends publizierte; zusammen mit erklärenden Gedichten in deutscher Sprache, die Heinrich Peter Rebenstock (1545–1591) beisteuerte, der lutherische Pfarrer der Gemeinde Eschersheim bei Frankfurt.[66] Die Bibelillustrationen Ammans von 1571 wiederum sind zum Teil inspiriert durch die „biblischen Figuren" Johann (*Hans*) Melchior Bocksbergers (um 1525/35–1587) aus Salzburg, die Amman 1564 für Feyerabend geschnitten hatte.[67] Feyerabend verwendete die ovalen Bibelillustrationen Ammans von 1571 für die Frankfurter Bibeln in Quartformat, die er 1571, 1572, 1579 und 1593 publizierte.[68]

In ihrer Folge präsentierte die Goslarer Voigt-Bibel von 1614/15 rechteckige Illustrationen, die aufgrund des gewählten Kopierverfahrens zum Teil seitenverkehrt zu ihrer ovalen Bildvorlage im Büchlein von Amman und Rebenstock (1571) sind, und umschließt sie mit einem zeittypischen, prachtvoll gestalteten Rollwerk der späten Renaissance.

Die Frankfurter Bibeln Sigismund Feyerabends, der aus Sicht der Wittenberger Drucker ein Konkurrent im Druck der Lutherbibel war, standen zwischen 1563 und 1571 im Fokus einer erbitterten Streitschriftenkontroverse um den authentischen Druck der Lutherbibel, die sich Christoph Walther (um 1515–1574),[69] der als Korrektor der Lutherbibel selbst noch mit Martin Luther zusammengearbeitet hatte und nach dem Tod des Reformators Bibelkorrektor in der Druckerei des Hans Lufft in Wittenberg war, mit Feyerabend in Frankfurt lieferte.[70]

---

[66] AMMAN / REBENSTOCK 1571; dazu SCHMIDT 1962, 271ff.

[67] BOCKSBERGER / AMMAN 1564; dazu SCHMIDT 1962, 245–263.

[68] SCHMIDT 1962, 485; O'DELL 1993.

[69] Zur Person s. MICHEL 2016, 47, 52, 56, 58ff, 64, 74, 134, 141, 144f, 159, 161, 181, 195–199, 202f, 209ff, 217f, 219, 304.

[70] Zur Streitschriftenkontroverse, die Christoph Walther und Sigismund Feyerabend um den Druck und die Illustration der Lutherbibel führten, s. MEISS 1994, 67–102.

Christoph Walther, der die Sprache, Ausstattung und Illustration der Lutherbibel Wittenberger Provenienz gegen jede Veränderung verteidigte, die er als Verfälschung denunzierte, kritisierte an den Bibeldrucken Feyerabends nicht zuletzt die Illustrationen, mit denen Feyerabend die Frankfurter Bibeln ausstattete. Besonders die Bilder des Virgil Solis zur Bibel waren Walther ein Dorn im Auge, da sie, wie Walther urteilte, die Aufmerksamkeit der Betrachter vom Bibelwort abführten und auf Exotismen aller Art lenkten. Dazu trugen auch die *losen Figuren* bei, die Feyerabend auf den manieristischen Rollwerkrahmen seiner Bibelillustrationen angebracht habe; insbesondere jene barocke Putten, die auch die Voigt-Bibel von 1614/15 abdruckt. Damit war für Walther der entscheidende Schritt hin zu einer „Veräußerlichung" getan, die von der Heiligen Schrift abführte.[71] Walthers Kritik galt mithin einer Praxis der Bibelillustration, die Rezipienten von der Konzentration auf Gottes Wort ablenkte, auf eine ästhetische Zeitgeist-Wirkung zielte und Betrachter der Bibel mit Exotismen unterhielt, die keine Grundlage im Bibelwort selbst hatten.

---

[71] SCHMIDT 1962, 25f.

Anhang zu Kapitel 1.2:
Bilddokumentation zur Voigt-Bibel (1614/15)

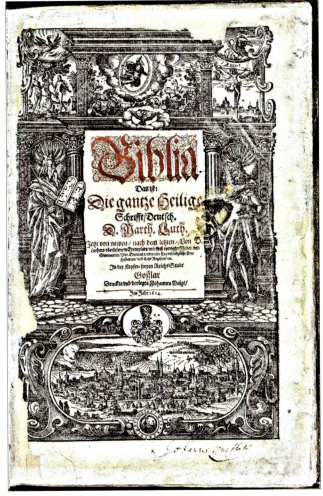

© Peter Arnold Heuser

Abb. 1: Hausbibel Quistorp 1614/15, I. Zählung, Vorspann, Bl. a I^r: Das Titelblatt I der Goslarer Voigt-Bibel (Kupferstich: beschädigt, restauriert, 36,5 x 23,5 cm) trägt einen Besitzvermerk des älteren Johannes Quistorp (1584–1648).

© Peter Arnold Heuser

Abb. 2: Hausbibel Quistorp 1614/15, Titelblatt I (Kupferstich, beschädigt und restauriert, Detail oben).

Der Bildausschnitt zeigt eine klassische Architektur: zwei Pfeiler mit korinthischen Kapitellen, die dem Architrav eines dreiteiligen Triumphbogens aufsitzen (*s. Abb. 1*), tragen einen prächtig ausgestalteten Architrav.

Die Figurengruppe links außerhalb der architektonischen Gestaltung visualisiert den Sündenfall (*1. Mose 3, 1–24*) als Ur- oder Erbsünde (*peccatum originale* oder *peccatum hereditarium*) der Menschheit: im Paradies stehen Adam und Eva unbekleidet unter dem Baum der Erkenntnis. Um den Stamm herum windet sich die Schlange. Sie reicht Eva den Apfel, die verbotene Frucht des Baumes. Über der Sündenfall-Szene fliegt, als ein Symbol der Auferstehung, der Phönix aus den Flammen auf.

Mitte: Innerhalb der Architekturkulisse schwebt Gott als ein bärtiger Greis im Strahlen- und Wolkenkranz inmitten seiner Schöpfung. Die friedliche Koexistenz aller Geschöpfe bezeichnet den abgebildeten Ort: das Paradies. Im Wolkenkranz darunter fliegt die nimbierte Taube des Heiligen Geistes dem Betrachter entgegen.

Rechts: Vor einer fiktiven Stadtvedute, die für Jerusalem steht, erleidet Christus am Kreuz von Golgotha den Opfertod, symbolisiert oben rechts durch den Pelikan, der sich für seine toten Kinder opfert, indem er sich die Brust öffnet und die Toten durch sein Blut zum Leben erweckt (Symbol der Auferstehung von den Toten). Der Unheilsgeschichte des irdischen Menschen, die sich vom alttestamentarischen Sündenfall Adams und Evas herleitet (links), steht rechts die Heilsperspektive des Neuen Testaments gegenüber, die Christus, der neue Adam (*Röm. 5, 12–21*), der Menschheit durch seinen Opfertod (rechts) und seine Auferstehung eröffnet.

1.2 Die Goslarer Voigt-Bibel von 1614/15

© Peter Arnold Heuser

Abb. 3a und 3b: Hausbibel Quistorp 1614/15, Titelblatt I (Kupferstich, beschädigt und restauriert, Detail unten): Vedute der Reichsstadt Goslar, mittig bekrönt mit dem Stadtwappen und von barockem Rollwerk umschlossen. Unten mittig ist das Emblem FINIS AB ORIGINE PENDET eingefügt (= *Das Ende hängt vom Anfang ab*), das sich auf ein Zitat aus dem Lehrgedicht *Astronomica* des Marcus Manilius aus dem 1. Jahrhundert nach Christus bezieht: NASCENTES MORIMUR, FINISQUE AB ORIGINE PENDET. Im Kreis, gebildet durch eine Schlange, die sich in den Schwanz beißt, zeigt es einen sinnierenden Putto, der die linke Hand auf einen Totenkopf legt.
Die Schlange Ouroboros, die sich in den eigenen Schwanz beißt, ist bereits im pharaonischen Ägypten ein Symbol kosmischer Kreisläufe, der Unsterblichkeit und der Selbsterneuerung. Im Hintergrund ist der Rammelsberg abgebildet, das Zentrum des Erzbergbaus bei Goslar.

© Peter Arnold Heuser

Abb. 4: HAUSBIBEL QUISTORP 1614/15, Titelblatt I (Kupferstich, beschädigt, restauriert, Detail): Vor einer antikisierenden Triumphbogen-Architektur steht Moses, der gemäß einer tradierten Ikonografie als Gehörnter (*cornutus*) abgebildet ist. In seiner Rechten hält er den Stab, in seiner Linken die Gesetzestafeln des alten Bundes. Auf dem Boden vor ihm liegt ein Zepter, Zeichen königlicher Macht, das gemäß der Verheißung an Abraham (*1. Mose, 49,10*) in jener königlichen Linie unter Abrahams Nachfahren vererbt wird, die (in christlicher Deutung) zu Christus als dem Weltenherrscher führt.

1.2 Die Goslarer Voigt-Bibel von 1614/15

© Peter Arnold Heuser

Abb. 5: Hausbibel Quistorp 1614/15, Titelblatt II (*Die Propheten*: II. Zählung, Vorspann Bl. a I^r; Kupferstich, Detail): Vor einer antikisierenden Triumphbogen-Architektur steht Jesus Christus, die rechte Hand zum Segensgestus erhoben. In der Linken hält er das Buch des Lebens, dessen Siegel beim Jüngsten Gericht erbrochen werden und auf dem das Lamm mit Kreuzesfahne (= Siegesfahne) ruht. Am Boden vor ihm liegt der grünende Stab Aarons, des Stammesführers der Leviten: Symbol der korrekten kultischen Ordnung im Heiligtum.

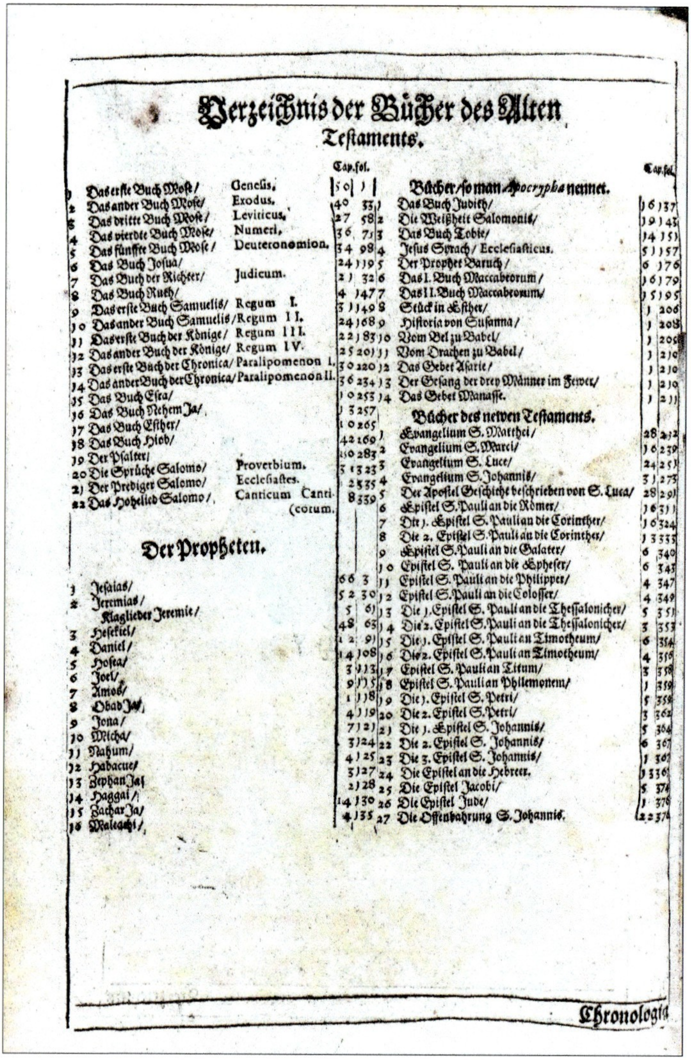

Verzeichnis der Bücher des Alten Testaments.

			Cap.	fol.
1	Das erste Buch Mose/	Genesis.	50	1
2	Das ander Buch Mose/	Exodus.	40	33
3	Das dritte Buch Mose/	Leviticus.	27	58
4	Das vierdte Buch Mose/	Numeri.	36	71
5	Das fünffte Buch Mose/	Deuteronomion.	34	98
6	Das Buch Josua/		24	119
7	Das Buch der Richter/	Judicum.	21	132
8	Das Buch Ruth/		4	147
9	Das erste Buch Samuelis/	Regum I.	31	149
10	Das ander Buch Samuelis/	Regum II.	24	168
11	Das erste Buch der Könige/	Regum III.	22	183
12	Das ander Buch der Könige/	Regum IV.	25	201
13	Das erste Buch der Chronica/	Paralipomenon I.	30	220
14	Das ander Buch der Chronica/	Paralipomenon II.	36	234
15	Das Buch Esra/		10	253
16	Das Buch Nehemia/		13	257
17	Das Buch Esther/		10	265
18	Das Buch Hiob/		42	269
19	Der Psalter/		150	283
20	Die Sprüche Salomo/	Proverbium.	31	323
21	Der Prediger Salomo/	Ecclesiastes.	12	335
22	Das Hohelied Salomo/	Canticum Canticorum.	8	339

Der Propheten.

		Cap.	fol.
1	Jesaias/	66	3
2	Jeremias/	52	30
	Klaglieder Jeremie/	5	61
3	Hesekiel/	48	63
4	Daniel/	12	91
5	Hosea/	14	108
6	Joel/	3	113
7	Amos/	9	115
8	Obadja/	1	118
9	Jona/	4	119
10	Micha/	7	121
11	Nahum/	3	124
12	Habacuc/	4	125
13	Zephanja/	3	127
14	Haggai/	2	128
15	Sacharja/	14	130
16	Maleachi/	4	135

Bücher/ so man Apocrypha nennet.

		Cap.	fol.
1	Das Buch Judith/	16	137
2	Die Weißheit Salomonis/	19	143
3	Das Buch Tobie/	14	151
4	Jesus Syrach/ Ecclesiasticus.	51	157
5	Der Prophet Baruch/	6	176
6	Das I. Buch Maccabeorum/	16	179
7	Das II. Buch Maccabeorum/	15	195
8	Stück in Esther/	1	206
9	Historia von Susanna/	1	208
10	Vom Bel zu Babel/	1	209
11	Vom Drachen zu Babel/	1	210
12	Das Gebet Asarie/	1	210
13	Der Gesang der drey Männer im Fewer/	1	210
14	Das Gebet Manasse.	1	211

Bücher des newen Testaments.

		Cap.	fol.
1	Evangelium S. Matthei/	28	232
2	Evangelium S. Marci/	16	239
3	Evangelium S. Luce/	24	251
4	Evangelium S. Johannis/	21	273
5	Der Apostel Geschichte beschrieben von S. Luca/	28	291
6	Epistel S. Pauli an die Römer/	16	311
7	Die 1. Epistel S. Pauli an die Corinther/	16	324
8	Die 2. Epistel S. Pauli an die Corinther/	13	333
9	Epistel S. Pauli an die Galater/	6	340
10	Epistel S. Pauli an die Epheser/	6	343
11	Epistel S. Pauli an die Philipper/	4	347
12	Epistel S. Pauli an die Colosser/	4	349
13	Die 1. Epistel S. Pauli an die Thessalonicher/	5	351
14	Die 2. Epistel S. Pauli an die Thessalonicher/	3	353
15	Die 1. Epistel S. Pauli an Timotheum/	6	354
16	Die 2. Epistel S. Pauli an Timotheum/	4	356
17	Epistel S. Pauli an Titum/	3	358
18	Epistel S. Pauli an Philemonem/	1	359
19	Die 1. Epistel S. Petri/	5	359
20	Die 2. Epistel S. Petri/	3	362
21	Die 1. Epistel S. Johannis/	5	364
22	Die 2. Epistel S. Johannis/	1	367
23	Die 3. Epistel S. Johannis/	1	367
24	Die Epistel an die Hebreer.	13	36[illegible]
25	Die Epistel Jacobi/	5	374
26	Die Epistel Jude/	1	376
27	Die Offenbahrung S. Johannis.	22	37[illegible]

Chronologia

Abb. 6: Hausbibel Quistorp 1614/15, I. Zählung, Vorspann Bl. a VI[v] (36,5 x 23,5 cm): Inhaltsverzeichnis. Die Voigt-Bibel von 1614/15 bietet zwei separate Blattzählungen. Die I. Zählung (Bl. 1[r] – Bl. 354[v]) umfasst die Bücher des Alten Testaments bis zum Hohelied Salomos. Die II. Zählung (Bl. 1[r] – Bl. 387[v]) umfasst die Propheten, die Apokryphen und die Bücher des Neuen Testaments.

1.2 Die Goslarer Voigt-Bibel von 1614/15

© Peter Arnold Heuser

Abb. 7: Hausbibel Quistorp 1614/15, I. Zählung, Bl. 1ʳ: Buch *Genesis* (*1. Mose 1*), Holzschnitt (16,1 x 12,3 cm): Gott als bärtiger Greis mit Krone, Nimbus und Segensgestus im Strahlenkranz inmitten seiner Schöpfung, doppelter Rahmen mit Rollwerk und Putten.

© Peter Arnold Heuser

Abb. 8: Die Holzschnitte der Hausbibel Quistorp gründen (über Zwischenstufen) mehrheitlich auf den *Neuwe*[n] *Biblische*[n] *Figuren*, die Sigismund Feyerabend 1571 in Frankfurt/Main verlegte. Die Holzschnitte des Illustrators Jost Amman (1539–1591) sind mit Versen von Heinrich Peter Rebenstock (1545–1591) unterlegt, dem luth. Pastor von Eschersheim. Abbildung: Gott als bärtiger Greis mit Krone, Nimbus und Segensgestus inmitten seiner Schöpfung = Amman / Rebenstock 1571, Bl. B Iʳ.

© Peter Arnold Heuser

Abb. 9: Hausbibel Quistorp 1614/15, I. Zählung, Bl. 2ᵛ: Der Sündenfall (*1. Mose 3*), der als Vergehen gegen Gott die ‚Erbsünde' (*peccatum originale*) des Menschen begründet. Holzschnitt, doppelter Rahmen mit Rollwerk und Putten, Simultanbild. Im Hintergrund rechts erschafft Gottvater, dargestellt als ein bärtiger Greis mit Krone im Strahlenkranz, Eva aus der Rippe Adams. Im Vordergrund links stehen Adam und Eva nackt unter dem Baum der Erkenntnis. Die Schlange reicht Eva die verbotene Frucht herab, die Eva an Adam weitergibt. Im Hintergrund links vertreibt der Erzengel Michael beide, die sich mit einem Lendenschurz bekleidet haben, aus dem Paradies.

© Peter Arnold Heuser

Abb. 10: Amman / Rebenstock 1571, Bl. B IIʳ: Der Sündenfall (*1. Mose 3*), Holzschnitt: Simultanbild als Bildvorlage für die spiegelbildliche Darstellung in *Abb. 9*. Der Holzschnitt Ammans ist von links nach rechts zu lesen, *Abb. 9* umgekehrt.

1.2 Die Goslarer Voigt-Bibel von 1614/15

© PETER ARNOLD HEUSER

Abb. 11: HAUSBIBEL QUISTORP 1614/15, I. Zählung, Bl. 3ᵛ: Kains Brudermord an Abel (*1. Mose 4, 1–24*), das erste horizontale, von Menschen aneinander begangene Verbrechen; Holzschnitt, innerer und äußerer Rahmen mit Rollwerk und Putten, Simultanbild. Im Hintergrund rechts ist das Motiv Kains (Neid) abgebildet: Gott nimmt Abels Brandopfer an (der Rauch steigt zum Himmel), verschmäht aber das Brandopfer Kains. Im Hintergrund links wird die Folge der Tat visualisiert: Kain wird von Gott (Strahlenkranz in den Wolken) verstoßen und mit dem Kainsmal gezeichnet.

© PETER ARNOLD HEUSER

Abb. 12: AMMAN / REBENSTOCK 1571, Bl. B IIIʳ, Holzschnitt: Kain erschlägt seinen Bruder Abel.

© Peter Arnold Heuser

Abb. 13: HAUSBIBEL QUISTORP 1614/15, I. Zählung, Bl. 4ᵛ: Einzug der Tiere in die Arche Noah (*1. Mose 6*); Holzschnitt, innerer / äußerer Rahmen mit Rollwerk und Putten.

© Peter Arnold Heuser

Abb. 14: AMMAN / REBENSTOCK 1571, Bl. B IVʳ, Holzschnitt (in *Abb. 13* spiegelbildlich kopiert): Einzug der Tiere in die Arche Noah.

1.2 Die Goslarer Voigt-Bibel von 1614/15

© PETER ARNOLD HEUSER

Abb. 15: HAUSBIBEL QUISTORP 1614/15, I. Zählung, Bl. 5ʳ: Die Sintflut (*1. Mose 6–9*); Holzschnitt, innerer und äußerer Rahmen mit Rollwerk und Putten.

© PETER ARNOLD HEUSER

Abb. 16: AMMAN / REBENSTOCK 1571, Bl. B Vʳ, Holzschnitt (in *Abb. 15* spiegelbildlich kopiert): Die Sintflut.

© PETER ARNOLD HEUSER

Abb. 17: HAUSBIBEL QUISTORP 1614/15, I. Zählung, Bl. 7ᵛ: Der Turmbau zu Babel (*1. Mose 11, 1–9*); Holzschnitt, innerer und äußerer Rahmen mit Rollwerk und Putten.

© PETER ARNOLD HEUSER

Abb. 18: AMMAN / REBENSTOCK 1571, Bl. B VIIʳ, Holzschnitt: Der Turmbau zu Babel.

1.2 Die Goslarer Voigt-Bibel von 1614/15

© PETER ARNOLD HEUSER

Abb. 19: HAUSBIBEL QUISTORP 1614/15, I. Zählung, Bl. 12^r: Die Zerstörung von Sodom und Gomorra; Lot und seine beiden Töchter auf der Flucht aus der brennenden Stadt Sodom, im Hintergrund am Weg die zur Salzsäule erstarrte Frau des Lot (*1. Mose 19*); Holzschnitt, innerer und äußerer Rahmen mit Rollwerk und Putten.

© PETER ARNOLD HEUSER

Abb. 20: AMMAN / REBENSTOCK 1571, Bl. C I^r, Holzschnitt: Sodom und Gomorra.

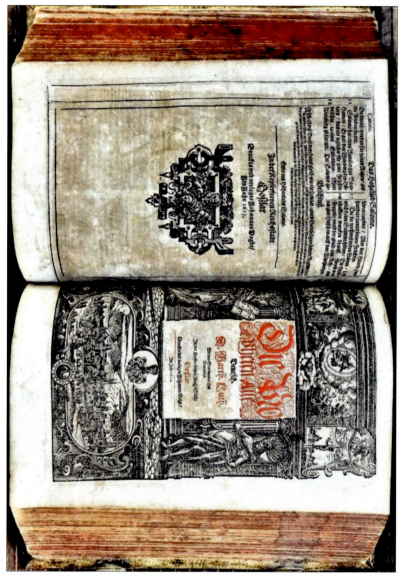

Abb. 21: HAUSBIBEL QUISTORP 1614/15, I. Zählung, Bl. 354ᵛ (Kolophon); II. Zählung, Vorspann Bl. a Iʳ (Titelblatt II).

1.2 Die Goslarer Voigt-Bibel von 1614/15

© Peter Arnold Heuser

Abb. 22: Hausbibel Quistorp 1614/15, II. Zählung, Bl. 387^v: Kolophon mit barockem Rollwerk.

© Peter Arnold Heuser

Abb. 23: HAUSBIBEL QUISTORP 1614/15, II. Zählung, Bl. 212ʳ, Holzschnitt: Der Evangelist Matthäus mit dem Engel. Doppelter Rahmen mit Rollwerk und Putten. Am Rand eine Marginalie von Hand des älteren Johannes Quistorp (1584–1648).

© Peter Arnold Heuser

Abb. 24: AMMAN / REBENSTOCK 1571, Bl. Y IVʳ, Holzschnitt: Der Evangelist Matthäus. Vorlage für die spiegelbildliche Darstellung in *Abb. 23.*

1.2 Die Goslarer Voigt-Bibel von 1614/15

© Peter Arnold Heuser

Abb. 25: Hausbibel Quistorp 1614/15, II. Zählung, Bl. 374^v: Johannes-Apokalypse, Kapitel 1; Holzschnitt im doppelten Rahmen mit Rollwerk und Putten: der Seher Johannes erhält in einer Vision den Auftrag vom himmlischen Christus, die Offenbarung niederzuschreiben (*Off. 1, 9–20*).

© Peter Arnold Heuser

Abb. 26: Amman / Rebenstock 1571, Bl. Z VII^r, Holzschnitt: Johannes-Apokalypse, Beauftragungsvision.

© Peter Arnold Heuser

Abb. 27: Hausbibel Quistorp 1614/15, II. Zählung, Bl. 376^v: Johannes-Apokalypse, Kap. 6: Die vier apokalyptischen Reiter (*Off. 1, 6, 1–8*).

© Peter Arnold Heuser

Abb. 28: Amman / Rebenstock 1571, Bl. a I^r, Holzschnitt: Die apokalyptischen Reiter.

1.3 Ein Einband als Bedeutungsträger. Bucharchäologische Studien zur Hausbibel Quistorp

Eine bucharchäologische Untersuchung des Bibeldrucks, den der ältere Johannes Quistorp als Hausbibel erwarb, erweist dessen Einband als einen eigenständigen Bedeutungsträger, auf dessen Gestaltung der Erstbesitzer der Bibel vermutlich persönlich und sehr bewusst Einfluss nahm. Der Druck und die Bindung eines Buches, mithin die Gestaltung des Bucheinbandes, erfolgten im 16. und 17. Jahrhundert oft separat voneinander und an unterschiedlichen Orten. Häufig wurde ein druckfrisches Buch erst dann zum Buchbinder gegeben, wenn es einen Käufer oder eine Käuferin gefunden hatte. Auftraggeber der Buchbinder waren mithin oft die Käufer, nicht notwendigerweise die Drucker oder Verleger eines Buches. Wohlhabende Käufer ließen ihre Bücher, ja ganze Bibliotheken, vom Buchbinder ihrer Wahl mit einheitlichen Einbänden ausstatten, die sowohl aufeinander als auch auf ihren künftigen Standort abgestimmt waren. Und es war ebenso in das Belieben der Käufer gestellt, gleich mehrere Bücher unter einem Einband vereinigen zu lassen, wenn ihnen das in der Sache als angemessen erschien.

Im Falle der Hausbibel des älteren Johannes Quistorp wurde der prachtvolle Goslarer Voigt-Druck von 1614/15 mit einem Einband aus gebleichtem, ursprünglich nahezu weißem Schweinsleder auf Holz (39,5 x 25 cm) ausgestattet, der auf dem Buchrücken fünf erhabene Bünde zeigt. Der Einband ist nachgedunkelt, berieben und bestoßen und weist zahlreiche Flecken, mehrere Risse und Löcher auf: Spuren, die von einer intensiven Benutzung der Bibel zeugen.[72] Die obere Hälfte des vorderen Einband-Gelenks ist angerissen. Der Buchrücken trägt einen verblassten handschriftlichen Titel, der vermutlich *Biblia Teutsch* lautete, sowie Reste eines aufgeklebten Rückenschildchens: eines Etiketts, auf dem einstmals eine Registriernummer oder eine Bibliotheks-Signatur stand, die heute nicht mehr lesbar ist. Der Einband wurde mit ursprünglich acht Eckbeschlägen aus Metall verstärkt. Die Buchbeschläge mit Buckel,[73] von denen aktuell noch sieben vorhanden sind, sind identisch gearbeitet: in einer Viereck-Form, die auf den beiden Innenseiten gezähnt ist, enthalten sie, mittig einbeschrieben in das feine

---

[72] S. 65, Abb. 29; S. 67, Abb. 32.

[73] S. 65, Abb. 29, S. 67, Abb. 32 (Rückdeckel: der Beschlag unten auf der Außenseite fehlt); Beschreibung S. 66, Abb. 31.

Arabesken-Ornament des plastisch hervortretenden Liliendekors, die Initialen LH, deren Auflösung bislang nicht gelungen ist.[74] Außerdem ist der Einband mit zwei originalen, identisch gearbeiteten Buchschließen aus Metall ausgestattet, die aufwändig ornamentiert sind. Es handelt sich um zwei Riemenschließen: Sie bestehen jeweils aus einem metallenen Stift-Lager, das auf dem Vorderdeckel befestigt ist, und aus einem verzierten Spiralhaken (Metallplatte) an einem Lederscharnier aus gebleichtem Schweinsleder, das rückwärtig, auf dem Rückdeckel, an zwei Metallplättchen befestigt ist und das in den 1980er Jahren im Rahmen einer Restaurierung erneuert wurde.[75]

Der Einband, in den Johannes Quistorp d.Ä. den Bibeldruck einschlagen ließ, lässt trotz aller Gebrauchsspuren noch immer die hohe Qualität erkennen, mit der er gearbeitet wurde. Die Bibel erhielt nicht einfach einen Gebrauchseinband, sondern sie wurde mit einem Prachteinband ausgestattet, dessen Ornamentik in Blindprägung auf gebleichtes, ursprünglich nahezu weißes Schweinsleder, die qualitätvolle Arbeit eines Weißgerbers, aufgebracht wurde. Der unbekannte Buchbinder bediente sich auf dem Vorder- wie auch auf dem Rückdeckel verschiedener Prägestempel: Einzel-, Rollen- und Plattenstempel kamen zum Einsatz. Außerdem applizierte er eine Streicheisen-Einteilung.

Ein Vorbild des Buchbinders, ja sein zentraler Bezugspunkt bei der Einband-Gestaltung der Hausbibel Quistorp, waren die prächtigen, in der Forschung als „Fürsteneinbände" bezeichneten Dresdener Wappeneinbände der späten Renaissance in blindgeprägtem Schweinsleder, die der Buchbinder Jakob Krause (1531/32–1585) aus Zwickau mehrere Jahrzehnte zuvor für Kurfürst August I. von Sachsen (1526–1586) geschaffen hatte, insbesondere für die Hofbibliothek des Kurfürsten, aber auch für das kursächsische Oberkonsistorium in Dresden.[76] Der Buchbinder der Hausbibel Quistorp erarbeitete eine handwerklich anspruchsvolle Einzelstempel-Verzierung des Einbandes, die im Stil der Dresdener Fürsteneinbände Krauses gehalten ist.

---

[74] S. 66, Abb. 31. Zum Stand der Forschung s. DÜRRFELD 2000 (Link: http://archimed.uni-mainz.de/pub/2003/0065/diss.pdf); ADLER 2010.

[75] S. 70, Abb. 37.

[76] Anschauungsmaterial bieten SCHMIDT 1923, Tafeln 1–6; SCHUNKE 1943, Tafel 15 (Jakob Krause, Dresden: „Einfacher Fürsteneinband"); RABENAU I/II, 1994; JANZIN / GÜNTNER ³2007, 199, 202; außerdem in der Einband-Datenbank www.hist-einband.de die Zitiernummern p002166 und r002274 (mit Digitalisaten). – Zur Geschichte des Bucheinbandes s. einführend MAZAL 1997.

1.3 Der Einband. Bucharchäologische Studien

Die Einzel- und Rollenstempel, die der Unbekannte benutzte, sowie die zentralen Plattenstempel, mit denen er den Vorder- und den Rückdeckel der Hausbibel Quistorp schmückte,[77] orientieren sich an Stempeln, die Krause am Dresdener Hof benutzt hatte.[78] Das gilt für die Bildrolle, welche die beiden Apostel Petrus und Paulus, den Täufer Johannes und Christus als den Weltenretter, den *Salvator mundi*, zeigt.[79] Das gilt ebenso für den Plattenstempel mit dem Wappen des Kurfürsten August I. von Sachsen[80] sowie für die Rollenstempel, die der Buchbinder zur Applikation des Palmetten-[81] und des Pflanzenfrieses nutzte.[82] In keinem Fall jedoch konnte eine Identität der Stempel nachgewiesen werden, mithin keine Benutzung von Stempeln, die zweifelsfrei bereits Krause benutzt hatte, auch für die Hausbibel der Familie Quistorp.

Die beiden zentralen Plattenstempel, die auf dem Vorder- und auf dem Rückdeckel der Bibel appliziert wurden, rücken den Kurfürsten August I. von Sachsen ins Zentrum der Einbandgestaltung: einmal als Porträtdruck auf dem Vorderdeckel, dann vermittelst seines Wappens auf dem Rückdeckel. Im Fokus der Einbandgestaltung stand mithin ein Reichsfürst, der seit 1553 regiert hatte. Er gehörte zur Generation jener Fürsten, die 1555 den Augsburger Religionsfrieden geschlossen hatten, und starb 1586.[83] Kurfürst August war somit bereits seit drei Jahrzehnten tot, als Johannes Quistorp d.Ä. den Goslarer Voigt-Druck der Lutherbibel von 1615 erwarb. Dasselbe gilt für Jakob Krause, den kurfürstlich sächsischen Hofbuchbinder, der 1585 starb.

Der Porträtdruck des Kurfürsten August I. von Sachsen, der im zentralen Plattenstempel den Vorderdeckel der Hausbibel Quistorp zierte, ist heute

---

[77] S. 65ff, Abb. 29–32; S. 69, Abb. 36a; S. 71, Abb. 40c.

[78] Zu den Rollen-, Platten- und Einzelstempeln, die Jakob Krause benutzte, s. Schmidt 1923; Haebler I/II, 1928–1929 (ND Nendeln 1968); Schunke 1943; Rabenau 1994; außerdem die Einband-Datenbank www.hist-einband.de, gefördert durch die DFG.

[79] S. 71f, Abb. 40a, 41–44. – Eine thematisch teilidentische Rolle Krauses dokumentiert Schmidt 1923, Tafel 45, Rolle 1 (statt des Apostels Petrus ist Kg. David mit der Harfe abgebildet).

[80] S. 69, Abb. 36a u. Abb. 36b, S. 71, Abb. 40c, dazu die Wappenplatte Krauses bei Schmidt 1923, Tafel 47, Platte 1, u. ebd. die Tafeln 1–3, 5.

[81] S. die Fotodokumentation im Anhang zu Kap. 1.3, bes. S. 70, Abb. 39; S. 71, Abb. 40b; dazu den Palmettenfries Krauses bei Schmidt 1923, Tafel 45, Rolle 5.

[82] Vgl. S. 70, Abb. 39; S. 71, Abb. 40b; dazu den Pflanzenfries Krauses bei Schmidt 1923, Tafel 45, Rolle 7.

[83] Müller / Schattkowski / Syndram 2017.

vollständig abrasiert. Die Identität des Dargestellten lässt sich aktuell allein noch aus der Bildunterschrift rekonstruieren. Deren Text lautet: VIRTVTES ANIMI MAIESTAS // EXPLICAT ORIS: AVGVSTI VVLTVS // INSPICE: NVMEN HABENT; ein lateinisches Epigramm auf Kurfürst August von Sachsen, das *Petrus Albinus Nivemontanus* alias Peter von Weiße (1543–1598) aus Schneeberg in Sachsen, Professor in Wittenberg und Begründer einer sächsischen Geschichtsschreibung, verfasst und 1580 in seiner Meißnischen Chronik publiziert hatte.[84] Auch das Epigramm, das dem Vorderdeckel der Hausbibel Quistorp eingeprägt ist, weist mithin in die Jahre zwischen 1580, dem Datum der Erstpublikation des Gedichts, und 1586 zurück, dem Todesjahr des sächsischen Kurfürsten August.

Das kurfürstliche Wappen des Albertiners August I. von Sachsen, das den zentralen Plattenstempel auf dem Rückdeckel der Hausbibel Quistorp ziert,[85] passt gleichfalls zu einem Zeitansatz des Einbandes um 1580–1586, fügt sich aber keineswegs in die Geschichtslandschaft um 1615 ein. Denn 1615 oder 1616, als der ältere Johannes Quistorp die Goslarer Voigt-Bibel von 1614/15 als einen Neudruck erwarb und binden ließ, hatten die Albertiner die heraldische Form des kursächsischen Wappens, das Kurfürst August benutzt hatte, bereits aufgegeben. 1609 war das Haus der Herzöge von Jülich, Kleve und Berg, Grafen von der Mark und von Ravensberg, im Mannesstamm ausgestorben. Das territoriale Erbe des traditionsreichen Adelshauses war daraufhin im Jülich-Klevischen Erbfolgestreit 1609–1614 unter den Häusern Kurbrandenburg und Pfalz-Neuburg aufgeteilt worden.[86] Kursachsen, das ebenfalls Anspruch auf die Erbfolge in den Territorien des jülich-klevischen Herzogshauses erhob und 1610 von Kaiser Rudolf II. mit den strittigen Herzogtümern belehnt wurde, nahm die Wappen von Jülich, Kleve, Berg und Mark umgehend in sein Wappen auf und behauptete, obwohl Kursachsen niemals in den Besitz der beanspruchten Territorien kam, bis zum Ende des Alten Reiches 1806 seinen Anspruch auf das jülich-klevische Erbe vermittelst eines Anspruchswappens, das den kursächsischen Besitzanspruch auf die Herzogtümer Jülich, Kleve, Berg, die Grafschaften

---

[84] ALBINUS 1580, o.S. – Digitalisat: http://mdz-nbn-resolving.de/urn:nbn:de:bvb:12-bsb10985465-6. Das Epigramm findet sich im Vorspann zwischen Widmung und Vorrede, Titel: *DE ILLVSTRISS*[imi] *ET POTENTISS*[imi] *PRINC*[ipis] *AC DOMINI, DOMINI AVGVSTI SAX*[oniae] *Ducis S*[acri] *R*[omani] *I*[mperii] *Pr*[incipis]. *Elect*[oris]. *etc. nomine EPIGRAMMA* [...]. *In Imaginem eiusdem Illustriss*[imi] *Principis*).

[85] S. 69, Abb. 36a; S. 71, Abb. 40c.

[86] GROTEN / GRAF VON LOOZ-CORSWAREM / REININGHAUS 2011.

1.3 Der Einband. Bucharchäologische Studien 59

Mark und Ravensberg heraldisch gegen Brandenburg-Preußen und Pfalz-Bayern unterstrich.[87]

Die bucharchäologische Untersuchung der Hausbibel Quistorp führt mithin zu einem paradoxen Befund, der erklärungsbedürftig ist: Der ältere Johannes Quistorp erwarb 1615 oder 1616 eine großformatige Bibel, die der Druckerverleger Johannes Voigt soeben, in den Jahren 1614 und 1615, in Goslar gedruckt hatte. Der Bibel-Neudruck Voigts wurde in hochwertiger Fadenheftung, deren fünf erhabene Bünde der Buchrücken der Bibel zeigt,[88] in einen Einband eingeschlagen, der bei kundigen Betrachtern den Eindruck erweckt, er sei drei bis vier Jahrzehnte älter als die Bibel, die er umhüllt: sowohl in technischer Hinsicht, das heißt mit Blick auf seine Anlehnung an die Buchbindekunst Jakob Krauses am Dresdener Hof vor/bis 1585, als auch inhaltlich, in den prominenten Verweisen der beiden zentralen Druckplatten, die in Porträt und Wappen den 1586 verstorbenen Kurfürsten August von Sachsen adressieren, auf Kursachsen. Jenes Epigramm des Petrus Albinus auf Kurfürst August, das der Zentralstempel auf dem Vorderdeckel zitiert, direkt unter dem heute nicht mehr erkennbaren Porträtdruck des Kurfürsten, wurde erstmals in der Meißnischen Chronik von 1580 publiziert, was eine Anfertigung des Einbandes ab 1580 möglich erscheinen lässt.

Es ist in der Tat nicht ausgeschlossen, dass der unbekannte Buchbinder die Voigt-Bibel Quistorps in einen wertvollen, damals etwa 30–35 Jahre alten Einband der Spätrenaissance aus dem Umfeld des kursächsischen Hofes einschlug, mithin für die Hausbibel der Familie Quistorp einen Einband in Zweitverwendung nutzte. Doch erscheint das angesichts der fein abgestimmten Proportionen von Bibel und Einband wenig wahrscheinlich, dessen Fadenheftung mit Sorgfalt in die Bünde eingebracht wurde. Möglich ist auch, dass Quistorp um 1615/16 für seine Neuerwerbung einen Einband neu gestalten ließ, der bewusst nach Art der Dresdener Buchbindekunst Jakob Krauses gearbeitet wurde. Der Einband kann mithin die Arbeit eines bislang unbekannten Schülers oder „Krause-Epigonen" gewesen sein, der im frühen 17. Jahrhundert in Norddeutschland arbeitete, vielleicht sogar in Rostock.

Warum ließ Johannes Quistorp d.Ä. den Einband seiner Goslarer Lutherbibel aber ausgerechnet auf den Kurfürsten August von Sachsen fokus-

---

[87] Zu Wappen als einem Gegenstand publizistikhistorischer Forschung s. RABBOW 1968, 56; dort auch zum Phänomen der „Anspruchswappen". Zur Geschichte des kursächsischen Wappens s. GRITZNER 1901.

[88] S. 68, Abb. 33–35.

sieren, der bereits seit drei Jahrzehnten tot war? Andere Orientierungen hätten ja durchaus nahegelegen: die Einband-Ornamentik hätte etwa auf Jesus Christus ausgerichtet werden können; sei es auf Christi Geburt, auf Christus am Kreuz, auf Christi Auferstehung, auf Christus als Weltenrichter oder Christus als *Salvator mundi*, als Weltenretter. Ebenso wäre eine Bezugnahme auf Martin Luther denkbar gewesen, den Reformator und Bibelübersetzer: Die beiden Goslarer Voigt-Bibeln von 1614/15, die sich in der Württembergischen Landesbibliothek Stuttgart erhalten haben und die ebenfalls in blindgeprägte Schweinslederbände der Zeit eingebunden sind, zeigen in der Tat Luther-Porträts auf dem Vorderdeckel.[89]

Indem Quistorp auf den Buchdeckeln seiner prachtvollen Hausbibel den Fokus kundiger Betrachter auf Kurfürst August I. von Sachsen und den Dresdener Hof richtete, machte er seine Neuerwerbung, die Goslarer Voigt-Bibel von 1615, zum Träger einer spezifisch lutherischen Gedenkkultur.[90] Denn vermittelst der Einbandgestaltung formulierte und visualisierte er ein persönliches Bekenntnis zur Konfessionsbildung in Kursachsen unter Kurfürst August, mithin zu einer spezifischen historischen und territorialen Ausprägung des Luthertums. Dieses Bekenntnis dürfte für Kundige im Umfeld der Universität Rostock, für kirchliche Amtsträger wie auch für Mitglieder der städtischen Ratselite „augenfällig" und lesbar gewesen sein, wenn sie die Buchdeckel der Quistorpischen Hausbibel betrachteten. Die Fokussierung des Bucheinbandes auf Kurfürst August von Sachsen, dessen Porträt und Wappen die zentralen Druckplatten des Vorder- und Rückdeckels zieren, dokumentiert eine klare Parteinahme des jungen Theologieprofessors: konfessions- und kirchenpolitisch. Denn Kurfürst August hatte nicht allein maßgeblich am Zustandekommen des Augsburger Religionsfriedens von 1555 mitgewirkt,[91] sondern er hatte auch die Ausarbeitung der Konkordienformel[92] von 1577 maßgeblich gefördert. Als Förderer und Schirmherr des Konkordienbuchs,[93] das 1580 in Dresden als die vollständige Sammlung aller symbolischen Bücher der lutherischen Kirche publiziert wurde, war er derjenige Reichsfürst, unter dessen Schutz die lutherische Konfessionskirche, in deren Dienst sich Johannes Quistorp d.Ä. ab 1614 als Prediger und

---

[89] STROHM II 2/1, 1993, 57 (E 678), 61 (E 684).

[90] Zur luth. Erinnerungs- und Gedenkkultur s. DORNHEIM, Glauben, 2013; DORNHEIM, Pfarrer, 2013.

[91] BRUNING 2007.

[92] DINGEL / BECHTOLD-MAYER / BRANDY 2014; dazu KOLB 2011.

[93] BRECHT / SCHWARZ 1980; WENZ I–II, 1996–1998; PETERS 2007.

1.3 Der Einband. Bucharchäologische Studien

Professor in Rostock stellte, in eben jener Form begründet und ausgeformt worden war, die das Luthertum des frühen 17. Jahrhunderts auch in Rostock prägte. Zugleich hatte sich Kurfürst August im Streit um den rechten Text der Lutherbibel Verdienste um die Festlegung einer „Normbibel" erworben, die dem Bearbeitungsstand „letzter Hand" durch Martin Luther Rechnung trug.[94]

Eine handschriftliche, mehrfach ergänzte Notiz, mit der Johannes Quistorp d.Ä. die Druckgeschichte der Lutherbibel von 1522 bis zum Tod des Reformators skizzierte,[95] zeugt von der Verehrung, die Quistorp der Übersetzungsleistung Luthers zollte, relativiert zugleich aber die Bedeutung jenes letzten Handexemplars Luthers von 1545, das Kurfürst August zur Textherstellung heranziehen ließ und das auch der Goslarer Druckverleger Johannes Voigt für seinen Bibeldruck von 1614/15 berücksichtigte. Mit seinen Anmerkungen zur Entstehungsgeschichte der Lutherbibel mag Quistorp nicht zuletzt beabsichtigt haben, seinen Nachkommen eine Orientierung in den Streitigkeiten an die Hand zu geben, die Lutheraner über den rechten Text der Lutherbibel geführt hatten.

> [Nr. 1:] *Obwol Lutherus vor anno 1534 stuckweis etliche bucher der bibel verdeu[t]schet herauser gegeben hat, so hat er sie doch hernacher in ettwas corrig[iret] anno 1534 in ein corpus gebracht, und sind alle biblische bucher zugl[eich e]diret, und dis wird genant die erste edition.*[96] *In volgenden jahren hat der herr Lutherus seine vorige editionem ubersehen, in ettwas gebessert, und ist die gantze bibel deutsch zum andern mal ausgangen anno 1541 und geendiget anno 1542. Vor dise edition hat herr Lutherus gesetzet eine warnung, die noch vor vielen editionibus wird gefunden. Eius hic titulus: „Warnungh doctor<is> Martin Luther<i>. Sanctus Paulus spricht: Der geitz ist ein wurtzel etc.".*[97] *Dise editio wird die ander und letz[t]e edition genennet. Und ist bey diser auch geblieben, und*

---

[94] MICHEL 2016, 84–107.

[95] HAUSBIBEL QUISTORP 1614/15, Lose Blätter (wie Anm. I 8), Bl. 2ᵛ. – Zur Druckgeschichte der Lutherbibel zwischen 1522 und 1546 s. VOLZ 1978, außerdem PIETSCH 1909 zur Bibliografie der Drucke der Lutherbibel 1522–1546.

[96] FÜSSEL 2002; MICHEL 2016.

[97] 1. Tim. 6, 10: *Denn Geiz ist eine Wurzel alles Übels; das hat etliche gelüstet und sind vom Glauben irregegangen und machen sich selbst viel Schmerzen.*

vom herrn Luthero von dem jahr an nicht geendert. Vide Matthesii concionem 12 de vita Lutheri.[98]

Vier spätere Zusätze ergänzen die Notiz:[99]

[Nr. 2:] *Mit was muhe und fleis Lutherus die bibel verdeutschet, besehe Tom. 5 Jenens. Ger. p. 141.*[100]

[Nr. 3:] *Testatur Matthesius concione XIII de vita Lutheri, quod Philippus <Melanchthon> Graeca biblia evolverit et cum textu authentico c*[ontu]*lerit, doctor Cruciger codicem authenticum et paraphrases Chaldaicas, doctor Bugenhagius vulgatam versionem professorum a*[tque] *rabbinorum commentarios adiunxerint. Si quis incidebat nodus, alios in literatura Ebraea et Chaldaea probe instructos* [con]*sulebant, studio hoc versio haec est adornata.*[101]

---

[98] Zur Luther-Vita in siebzehn Predigten, die Johannes Mathesius d.Ä. (1504–1565) verfasste, s. MATHESIUS III, 1906; außerdem VOLZ 1930. – In seiner zwölften Lutherpredigt zum Jahre 1540 vermerkte MATHESIUS III, 1906, 278: *Und weyl er desmals seine Deutsche Biblien zum letztern mal corrigirte unnd ubersahe, braucht er hierinn wunder grossen fleiß, das er den einfeltigen und richtigen verstand mit deutlichen worten gebe, fragt rath und erregt offt uber tische disputation, wie ein Hebreisch wort oder spruch auff gut vernemlich Deutsch zu geben were, wie wir hievon zur andern zeyt sagen wöllen.*

[99] HAUSBIBEL QUISTORP 1614/15, Lose Blätter (wie Anm. I 8), Bl. 2ᵛ.

[100] S. dazu in der Voigt-Bibel von 1614/15 den Widmungsbrief vom 29. September 1614, den der Drucker Johannes Voigt an Bgm., Syndikus und Rat der Stadt Goslar richtete (HAUSBIBEL QUISTORP 1614/15, I. Zählung, Bl. a IIʳ): *Wie denn hirvon nicht allein Lutherus selbst im 5. tomo Jenensi frey öffentlich bekennet und schreibet, Er habe in Dolmetschung der Bibel den sinn und verstand so fleissig in acht genommen, daß er offt von den Hebraischen worten, Syllaben, Buchstaben und Puncten abgewichen sey, und habe sich gerichtet nach der Teutschen Sprachen art und gewonheit.* – Der *5. tomus Jenensis* bezeichnet den fünften Band der Werkausgabe Luthers, welche die Erben des älteren Christian Rödinger 1555–1558 in Jena publizierten; s. LUTHER, Bücher und Schrifften V, 1557. Link zum Digitalisat: http://mdz-nbn-resolving.de/urn:nbn:de:bvb:12-bsb00089461-4.

[101] S. MATHESIUS III, 1906, 316 (13. Predigt): *Herr Philippus* [= Melanchthon] *bracht mit sich den Greckischen text, Doctor Creutziger neben dem Hebreischen die Chaldeische Bibel. Die Professores hatten bey sich ire Rabinen, D. Pommer* [= Bugenhagen] *het auch ein Lateinischen text für sich, darinn er sehr wol bekant war.*

[Nr. 4:] *Melchior Zancherus integrum scriptum Lutheri bibli*[a]*rum versioni Germanicae opposuit et mire exagitat.*[102] *Huic se opposuit Michael Beringerus professor linguae Hebraicae Tubingae in vindicatione Germanicae.*[103]

[Nr. 5:] *Novum testamentum doctore Luthero primo versum prodiit anno 1522. Anno 1523 vulgarit versionem 5 librorum proph<etarum>. Anno 1524 psalterium. Omnes prophetae Wormatiae excusae anno 1525, psal<terium> omne 1529 Witebergae.*[104]

Die Hausbibel Quistorp enthält außer den familiengeschichtlichen Notizen im Vorspann kaum handschriftliche Notizen ihrer Besitzer; Leserspuren, aus denen sich Schlüsse auf individuelle Lektüren ziehen lassen würden.[105] Allein Johannes Quistorp d.Ä. fügte eine Reihe von Marginalien zum Bibeltext hinzu. Zur Vorrede Luthers zum Buch Hiob notierte Quistorp:

Hiob in deutsch sprach zu bringen, hat Luthero viel muhe und arbeit gekostet. Tom. Jenens. 5. Germ. p. 141b.[106]

Zuvor hat sich ein jeder auff den text gerüst, davon man rathschlagen solte, Greckische unnd Lateinische neben den Jüdischen außlegern ubersehen. – Zur Mitarbeit von Philipp Melanchthon (1497–1560), Caspar Cruciger d.Ä. (1504–1548) und Johannes Bugenhagen (1485–1558) an Luthers Bibelübersetzung s. VOLZ 1978, 81–93.

[102] ZANGER 1605. – Der römisch-katholische Theologe Melchior Zanger (1538–1603) war ab 1561 Propst und Prediger zu Ehingen am Neckar bei Rottenburg: BREHM 1911.

[103] BERINGER 1613. – Dr. iur. utr. Michael Beringer (1566–1625) lehrte als Prof. für Hebräisch an der UNI Tübingen; s. WÜRTTEMBERGISCHE KIRCHENGESCHICHTE ONLINE; Link: https://www.wkgo.de/wkgosrc/pfarrbuch/cms/index/521.

[104] Zu den Ausgaben der Lutherbibel ab 1522 s. PIETSCH 1909.

[105] Zur Erforschung der Leserspuren in Bibeldrucken der Frühen Neuzeit s. einführend REINITZER 2005; RUBLACK 2010.

[106] HAUSBIBEL QUISTORP 1614/15, I. Zählung, Bl. 278ᵛ.

Zum Titel *Das I. Buch Maccabeorum* verwies der ältere Johannes Quistorp auf die Übersetzungsleistung Philipp Melanchthons:

> *Duos hos Maccabaeorum libros ex Graeca in Teutonicam linguam a Philippo Melanthone translatos esse testatus* [David] *Chytraeus in onomastico theologico in voce Maccabaei p. 25*[8].[107]

Zum Titel *Die Bücher des Newen Testaments* ergänzte Quistorp:

> *Quid illis Lutherus, quod eius Novi Testamenti versionem carpant, responde et vide Tom. 5 Ger. Jenensi p. 140.*[108]

Auch zum dritten Kapitel des Römerbriefes (*Röm. 3, 9–31*) fügte Quistorp eine handschriftliche Erklärung bei. Sie zielte auf ein Kernstück lutherischer Theologie: auf die Lehre von der Rechtfertigung des Christenmenschen „allein durch den Glauben" (*sola fide*). Das Wort „allein" (*Röm. 3, 28*) war kein Bestandteil der paulinischen Texttradition, kam insbesondere nicht im griechischen Urtext des Römerbriefes vor, auf den Luther und seine Mitarbeiter zurückgriffen. Vielmehr handelte es sich um einen erklärenden Zusatz Luthers. Der ältere Johannes Quistorp verwies Leser der Hausbibel deshalb auf die Gründe, die der Reformator anführte, um seinen Textzusatz zu rechtfertigen und seine Übersetzungspraxis zu erläutern:

> *Worumb Lutherus das wort ‚allein', das doch im griechischem nicht stehet, hat wollen an disem und andern orten in seiner bibel setzen, da von besich Tom. 5. Jenens. Germ. p. 141 et seqq.*[109]

---

[107] Ebd., II. Zählung, Bl. 179ᵛ.

[108] Ebd., Bl. 212ʳ.

[109] Ebd., Bl. 315ᵛ.

Anhang zu Kapitel 1.3:
Die Hausbibel Quistorp – Einband und Beschläge

© Peter Arnold Heuser

Abb. 29: Vorderdeckel der HAUSBIBEL QUISTORP (39,5 x 25,0 cm) mit vier Eckbeschlägen aus Metall und zwei metallischen Stift-Lagern der Buchschließen. Blindprägung mit Platten-, Rollen- und Einzelstempeln sowie Streicheisen-Einteilung auf gebleichtem Schweinsleder. Starke Gebrauchsspuren/Abrieb. Der Plattenstempel im Zentrum zeigte einst den Kurfürsten August I. von Sachsen (1526–1586) im Porträt, das aufgrund starker Abnutzung allein noch aus der Bildunterschrift rekonstruierbar ist (s. *Abb. 30*).

© Peter Arnold Heuser

Abb. 30: HAUSBIBEL QUISTORP: Vorderdeckel (Detail). Die Bildunterschrift unter dem Porträtdruck Kurfürst Augusts I. von Sachsen (1526–1586) im zentralen Plattenstempel zeigt ein Epigramm auf den Kurfürsten in Blindprägung, das Petrus Albinus (1543–1598) 1580 im Vorspann zu seiner Meißnischen Chronik (Wittenberg 1580) publizierte. Der Text lautet: VIRTVTES ANIMI MAIESTAS // EXPLICAT ORIS: AVGVSTI VVLTVS // INSPICE: NVMEN HABENT (ein Ornament schließt die Zeile ab).

© Peter Arnold Heuser

Abb. 31: HAUSBIBEL QUISTORP: Vorderdeckel, Eckbeschlag aus Metall unten rechts, viereckig, innen zweiseitig gezähnt mit Buckel, Pflanzenornamentik und plastisch hervorgehobenem Liliendekor, darin die Initialen LH.

1.3 Der Einband. Bucharchäologische Studien

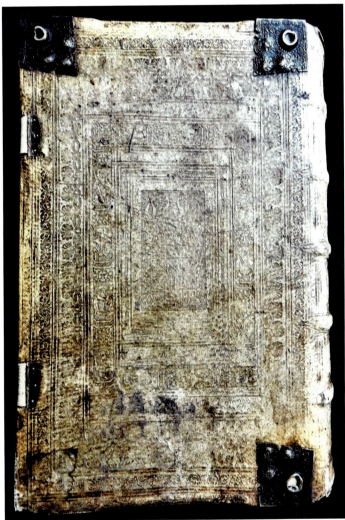

© Peter Arnold Heuser

Abb. 32: Rückdeckel der Hausbibel Quistorp mit drei von ursprünglich vier Eckbeschlägen aus Metall, dazu zwei Metall-Ansätzen für die Lederscharniere der beiden Buchschließen. Blindprägung mit Platten-, Rollen- und Einzelstempeln sowie Streicheisen-Einteilung auf gebleichtem Schweinsleder. Starke Gebrauchsspuren/Abrieb. Der zentrale Plattenstempel zeigt das Wappen des Kurfürsten August I. von Sachsen (1526–1586) (*s. Abb. 36a und Abb. 36b*).

© Peter Arnold Heuser

Abb. 33: HAUSBIBEL QUISTORP: Buchrücken mit verblasstem Rückentitel (wahrscheinlich: *BIBLIA TEUTSCH*), fünf erhabenen Bünden sowie Resten eines aufgeklebten Rückenschildchens, das einst eine Registriernummer oder Bibliotheks-Signatur trug.

© Peter Arnold Heuser

Abb. 34: HAUSBIBEL QUISTORP: Buchrücken.

© Peter Arnold Heuser

Abb. 35: HAUSBIBEL QUISTORP: Einband und Vorderschnitt mit zwei Riemenschließen.

1.3 Der Einband. Bucharchäologische Studien 69

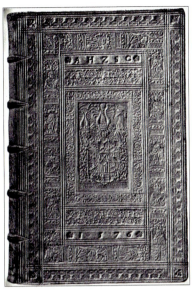

© PETER ARNOLD HEUSER

SCHUNKE 1943, Tafel 15

Abb. 36a: HAUSBIBEL QUISTORP: Rückdeckel, darauf der zentrale Plattenstempel mit dem Wappen Kurfürst Augusts I. von Sachsen (1526–1586).

Abb. 36b: Jakob KRAUSE, Dresden: Fürsteneinband von 1576; Vorderdeckel, darauf der zentrale Plattenstempel mit dem Wappen Kurfürst Augusts von Sachsen.

Der Wappenschild (s. auch Abb. 40c) ist in zwölf Felder geteilt. Sie zeigen, reihenweise von oben links [= heraldisch rechts] nach unten rechts [= heraldisch links] fortschreitend: 1. Herzogtum Sachsen; 2. Landgrafschaft Thüringen (oder 3); 3. Markgrafschaft Meißen (oder 2); 4. Pfalzgrafschaft Sachsen; 5. Herzschild (hervorgehoben mit Teilüberdeckung): gekreuzte Kurschwerter (für das Erzmarschallamt); 6. Pfalzgrafschaft Thüringen; 7. Grafschaft Orlamünde; 8. Herrschaft Landsberg; 9. Herrschaft Pleißen; 10. Burggrafschaft Altenburg; 11. Burggrafschaft Magdeburg; 12. Grafschaft Brehna.
Die Helmzier (oben) besteht aus drei adligen Turnierhelmen: Der mittlere, bekrönte Turnierhelm kombiniert als Kleinod einen gekrönten Spitzhut mit Hutkrone und Pfauenstoß, der das Wappenzeichen des Herzogtums Sachsen wiederholt, mit zwei Büffelhörnern, die außen mit je fünf Fähnchen besteckt sind und für das Erzmarschallamt des sächsischen Kurfürsten stehen. Der bekrönte Turnierhelm links (= heraldisch rechts) zeigt als Kleinod zwei Büffelhörner, die mit je fünf Lindenzweigen besteckt sind (Landgrafschaft Thüringen). Der unbekrönte Turnierhelm rechts (= heraldisch links) zeigt den Rumpf eines Mannes mit bärtigem Kopf und gestreifter Mütze, an der eine Pfauenquaste hängt (Markgrafschaft Meißen); Helmdecken.

© Peter Arnold Heuser

Abb. 37: Hausbibel Quistorp: Buchschließe: verzierter Spiralhaken (Metall) an Lederscharnier, befestigt im Stift-Lager auf dem Vorderdeckel.

© Peter Arnold Heuser

Abb. 38: Hausbibel Quistorp: Buchschließe: das Stift-Lager (Metall) auf dem Vorderdeckel.

© Peter Arnold Heuser

Abb. 39: Hausbibel Quistorp: Rückdeckel (Detail): Rollenstempel mit (von links nach rechts) einem Pflanzenfries, einem Palmettenfries und einem Figurenfries; links zwei rückwärtige Metall-Ansätze für die Lederscharniere der beiden Buchschließen.

1.3 Der Einband. Bucharchäologische Studien

Abb. 40b: HAUSBIBEL QUISTORP: Rückdeckel (Detail), Rollenstempel: Pflanzenfries und Palmettenfries.

Abb. 40c: HAUSBIBEL QUISTORP: Rückdeckel (Detail), zentraler Plattenstempel mit dem Wappen Kurfürst Augusts von Sachsen.

←*Abb. 40a:* HAUSBIBEL QUISTORP: Rückdeckel (Detail), Rollenstempel: Figurenfries (Paulus, Petrus, Johannes der Täufer, Christus *Salvator Mundi*).

Abb. 40a–44: © PETER ARNOLD HEUSER

Abb. 41: EBD. (Detail): Apostel Paulus mit Buch und Schwert, Unterschrift: APPARVIT B[*enignitas et humanitas salvatoris nostri Dei*].

Abb. 43: EBD. (Detail): Johannes der Täufer (Attribut: Zeigegestus). Unterschrift: ECCE AGN[*us*] DEI.

Abb. 42: EBD. (Detail): Apostel Petrus (Attribut: Schlüssel). Unterschrift: TV ES PETR[*us*].

Abb. 44: EBD. (Detail): Christus als *Salvator Mundi* (Attribut: Kreuz über Weltkugel, Segensgestus). Unterschrift: DATA EST M[*ihi omnis potestas in coelo et in terra*].

1.4 Zur Besitzgeschichte der Hausbibel

Mit den handschriftlichen Notizen zur Familiengeschichte, die der ältere Johannes Quistorp ab 1619 in seine Goslarer Voigt-Bibel von 1614/15 eintrug, begründete er eine Familientradition, die seine Nachkommen kontinuierlich bis 1766 fortführten, also bis in die zweite Hälfte des 18. Jahrhunderts hinein. Fünf Generationen der Rostocker Theologen Quistorp, vier Professoren und ein Ratsherr der Stadt, hinterließen ihre Spuren in der Familienbibel, indem sie eigenhändig Informationen zu ihrem Karriereweg, zu Familienereignissen wie Geburt, Heirat und Tod sowie zur Patenwahl für ihre Kinder beisteuerten. Die größte Zahl einschlägiger Familiennachrichten lieferte Johannes Quistorp der Ältere (1584–1648) selbst: Der Begründer der Rostocker Professorendynastie hinterließ in der Voigt-Bibel 40 Einträge mit Familienbezug.[110]

Elf Familiennachrichten trug sein Sohn Johannes Quistorp der Jüngere (1624–1669) in die Familienbibel ein.[111] Der jüngere Johannes Quistorp blieb vor allem durch seine Schrift *Pia desideria* von 1665 als ein Akteur jener Reformbestrebungen innerhalb des norddeutschen Luthertums in Erinnerung, die auf die Erneuerung individueller Frömmigkeit und einer christlichen Lebenspraxis zielten und die ihn zu einem Vorläufer des Pietismus machen.[112] Quistorp d.J. hatte 1645, anstelle seines Vaters, als Beobachter am konfessionsübergreifenden Religionsgespräch von Thorn teilgenommen. Nach Studien, die ihn nach Rostock, Greifswald, Königsberg, Leiden, Helmstedt und Wittenberg führten, folgte er, wie sein Vater, einem Ruf der Stadt Rostock auf eine *rätliche*, vom Stadtmagistrat vergebene Theologieprofessur in Rostock, die er am 30. August 1649 antrat, zunächst bis 1651 als

---

[110] S.u. Kap. 2.1, Einträge Nr. 1 – Nr. 40.

[111] S.u. Kap. 2.1, Einträge Nr. 8 und 38; Kap. 2.2, Einträge Nr. 1 – Nr. 11; Kap. 2.6, Eintrag Nr. 7 (*Programmata funebria*, Leichenpredigt). – Zu Biografie und Werk s. STROM, Quistorp, Johannes d.J., 1995, 186ff; KAUFMANN 1997, 61, 116, 123, 125, 149f, 159, 161, 164, 167, 170f, 173f, 176, 179f, 196, 198, 208, 226–231, 234f, 246, 250, 281, 301, 305f, 307–311, 313ff, 338, 342f, 374, 377, 379, 388, 404f, 443, 451f, 454, 457, 459, 461ff, 464, 466f, 506, 575ff, 610, 686–689; STROM 1999, passim; KAUFMANN, Johann Quistorp I + II, 2003, Sp. 1872f (Link: http://dx.doi.org/10.1163/2405-8262_rgg4_COM_024521); QUISTORP 2006, 66–73; Eintrag im CPR, URL: http://purl.uni-rostock.de/cpr/00001423.

[112] QUISTORP, Pia Desideria, 1665. S. dazu LEUBE 1924, 63–80; BRECHT 1993, 171ff; CORDES 2006, 82.

Inhaber einer außerordentlichen Professur, dann als *Secundarius* auf einer *rätlichen* Theologieprofessur. Viermal war er Rektor der Universität Rostock. Ebenso wie sein Vater stand der jüngere Johannes Quistorp zugleich im Pfarrdienst: Am 9. November 1649 wurde er zum Archidiakon, mithin zum zweiten Prediger an der Jakobikirche gewählt, wo er am 24. September 1653 Hauptpfarrer wurde. Inzwischen, am 19. Februar 1650, hatte er Sophia Scharffenberg geheiratet, die Tochter eines Rostocker Juristen, der als Ratsherr und langjähriger Bürgermeister von Rostock zum politischen „inner circle" der Hansestadt zählte: die Hochzeit feierte Johannes Quistorp d.J., ebenso wie sein Vater, am Tag seiner Doktorpromotion.

14 (ursprünglich mindestens 19) Einträge in die Familienbibel steuerte ein Sohn des Ehepaares Quistorp – Scharffenberg bei: Johann Nicolaus Quistorp (1651–1715), der nach Studien in den Humaniora und in der Theologie 1676 Diakon an St. Nikolai in Rostock wurde und 1682 an der Universität Greifswald zum Lizentiaten der Theologie graduiert wurde. Ab 1684 war Johann Nicolaus Quistorp Pastor an der Nikolaikirche in Rostock, wurde 1686 zum Doktor der Theologie promoviert und hatte ab 1693 als *Secundarius* eine *rätliche* Professur der Theologie in Rostock inne, wo er sechsmal Rektor der Universität war und 14 Mal zum Dekan gewählt wurde. Ab 1697 war er überdies Direktor des ‚Geistlichen Ministeriums', des Rostocker Konsistoriums, das sich als Instanz der Kirchenzucht aus den insgesamt dreizehn Predigern der vier Rostocker Pfarrkirchen St. Marien, St. Jakobi, St. Nikolai und St. Petri sowie der drei Hospitalkirchen St. Georg, St. Katharinen und Heilig Geist rekrutierte. Ab 1703 stand er als Stadtsuperintendent von Rostock dem ‚Geistlichen Ministerium' vor.[113]

Sein Sohn, der Rostocker Kaufmann und Ratsherr Lorenz Gottfried Quistorp (1691–1743), notierte 13 Einträge in die Familienbibel.[114]

29 Einträge steuerte der Theologe Johann Jacob Quistorp (1717–1766) bei,[115] der älteste Sohn des Lorenz Gottfried Quistorp und der Anna Maria

---

[113] S.u. Kap. 2.3, Einträge Nr. 1 – Nr. 19. – Zu seinen biografischen Daten s. QUISTORP 2006, 74ff; Eintrag im CPR, URL: http://purl.uni-rostock.de/cpr/00002540; dazu MPR, Links: http://purl.uni-rostock.de/matrikel/100029252 und http://purl.uni-rostock.de/matrikel/400071438. Zur Zusammensetzung des ‚Geistlichen Ministeriums' in Rostock s. ASCHE 2000, 84.

[114] S.u. Kap. 2.4, Einträge Nr. 1 – Nr. 13; dazu QUISTORP 2006, 75. Zu seiner Imm. an der UNI Rostock am 1. September 1708 s. MPR, Link: http://purl.uni-rostock.de/matrikel/100007344.

[115] S.u. Kap. 2.5, Einträge Nr. 1 – Nr. 29; dazu QUISTORP 2006, 77ff.

1.4 Zur Besitzgeschichte der Hausbibel

Quistorp geb. Berg (1695–1731). Nach Studien, die er in Rostock und Jena absolvierte, übernahm Johann Jacob 1743 einen außerordentlichen Lehrstuhl für Philosophie an der Universität Kiel[116] und heiratete in Eutin Catharina Theresia Dallin, eine Tochter des Offiziers und Hofbaumeisters Rudolph Matthias Dallin (um 1680–1743).[117] 1747–1754 war Johann Jacob Quistorp in Eutin Hofprediger und Kirchenrat des lutherischen Fürstbischofs von Lübeck aus dem Hause Schleswig-Holstein-Gottorf. Als Fürstbischöflich Lübeckischer und Schleswig-Holsteinischer Konsistorialrat kehrte er nach Rostock zurück, wo Quistorp 1754 zum Pastor an der Nikolaikirche gewählt wurde und 1755 eine *rätliche* Professur für Physik und Metaphysik übernahm, die innerhalb der Philosophischen Fakultät der Universität Rostock angesiedelt war. Am 26. Januar 1759 wurde Johann Jacob Quistorp in Göttingen zum Doktor der Theologie promoviert und verwaltete viermal das Rektorat der Universität Rostock.

Johann Jacob Quistorp begründete jenen älteren Rostocker Ast der Familie Quistorp, in dem die Hausbibel bis zur Gegenwart als ein zentrales Objekt des familiären Gedächtnisses weitergereicht wurde, im Verbund mit weiteren materiellen Hinterlassenschaften der Familiengeschichte. Zum Überlieferungskontext der Hausbibel zählten mehrere Porträtgemälde der Frühen Neuzeit in Öl, beginnend mit Prof. D. theol. Johannes Quistorp d.Ä. (1584–1648) und dessen Ur-Ur-Enkeln, den Theologieprofessoren D. theol. Johann Jacob Quistorp (†1766) und D. theol. Bernhard Friedrich Quistorp (†1788), der den mittleren Greifswalder Ast der Familie begründete. Der Bestand „Lose Blätter", der einst zur Familienbibel gehörte, enthält zudem ein Verzeichnis von Drucken mit Bezug auf die Familie Quistorp (*Ad familiam Quistorpianam spectantia*), das von 1628 bis 1722 reicht und vor allem Gelegenheitsschriften zu Todesfällen und Festanlässen aufführt. Das Schriftenverzeichnis wird bei der folgenden Edition berücksichtigt,[118] dokumentiert es doch, dass die Hausbibel der Familie Quistorp im 17. und 18. Jahrhundert im Zentrum einer familiären Memorialüberlieferung stand, zu der auch ein Fundus familienbezogener Drucke gehörte.

Seit Johannes Quistorp d.Ä., der die Hausbibel Quistorp um 1616 erworben hatte, 1648 starb, wurde die Bibel jeweils im Erbgang an die nächste Generation der Familie weitergereicht, gewöhnlich an den erstgeborenen Sohn. Bis heute befindet sie sich im Privatbesitz des älteren Rostocker Astes

---

[116] S.u. Kap. 2.5, Eintrag Nr. 2.
[117] Ebd., Eintrag Nr. 3.
[118] S.u. Kap. 2.6.

der Familie. Die letzten „Hüter" der Hausbibel Quistorp waren Pfarrer D. theol. Heinrich Quistorp (1911–1987),[119] ab 1981 dessen Bruder, Pfarrer Hans Joachim Quistorp (1920–2018),[120] der die kommentierte Edition der Familiennachrichten anstieß. Mit dessen Tod am 25. Januar 2018 ging die Bibel an seinen Sohn Bernhard Quistorp über, der aktuell Ansprechpartner in Sachen der Haus- und Familienbibel Quistorp und ihrer Annexe ist.

---

[119] Zur Biografie s. QUISTORP 2006, 144f.

[120] Zu Hans Joachim Quistorp (1920–2018) s. QUISTORP 2006, 153f.

1.5. Die Familie Quistorp in Rostock 1615–1766: Eine ‚Universitätsfamilie' an einer lutherischen ‚Familienuniversität' der Frühen Neuzeit

Die familienbezogenen Nachrichten, die fünf Generationen der „Professorendynastie"[121] Quistorp zwischen 1619 und 1766 in die großformatige Lutherbibel ihrer Familie eintrugen, geben instruktive Einblicke in die Lebenswelt einer protestantischen ‚Familienuniversität'[122] des 17. und 18. Jahrhunderts in Norddeutschland und im Ostseeraum. Im Fokus der handschriftlichen Einträge, die nachfolgend, in Teil II der Studie, im Volltext ediert,[123] durch Personal- und Sachanmerkungen sowie durch ein Register erschlossen werden, steht eine Rostocker ‚Universitätsfamilie' der Frühen Neuzeit: die Familie Quistorp, die in Rostock, an der 1419 gegründeten ältesten Universität im Ostseeraum,[124] im 17. und 18. Jahrhundert in dichter Folge Dozenten stellte. Mitglieder der Familie wurden in der Hansestadt an der Warnow als *magistri legentes* tätig, arbeiteten mithin, in heutiger Terminologie und ‚cum grano salis', als Lehrbeauftragte oder Privatdozenten. Und sechs Namensträger Quistorp erreichten im Zeitfenster zwischen 1615 und 1766 in Rostock die Position eines Universitätsprofessors. Ihre Professuren verteilen sich auf drei der vier Fakultäten der Universität:

- An der Theologischen Fakultät Rostock wurden zwischen 1615 und 1760 vier Namensträger als Professoren tätig, die alle aus dem älteren Rostocker Ast der Familie Quistorp stammten: Johannes Quistorp d.Ä. (1584–1648),[125] sein Sohn Johannes Quistorp d.J. (1624–1669)[126] und sein Enkel Johann Nicolaus Quistorp (1651–1715)[127]

---

[121] Zum Terminus „Professorendynastie" s. JAHNS II, 1–2, 2003, 992.

[122] Zu den Termini ‚Familienuniversität' und ‚Universitätsfamilie' s. KÜMMERLE, Niveau, 2008, 143–157; ASCHE 1998, 133–149. – Zur ‚Familienuniversität' Greifswald s. ALVERMANN 2006, 23–30; JÖRN, Herkunft, 2007, 155–190; zu Rostock s. ASCHE 2000, 137ff, 472–479; THIESSEN 2019, 172f.

[123] S.u. Kap. 2.1–2.7.

[124] PLUNS 2007; VON DER HÖH 2019.

[125] S.u. Kap. 2.1.

[126] S.u. Kap. 2.2.

[127] S.u. Kap. 2.3.

hatten *rätliche* Theologieprofessuren inne, über deren Besetzung der Magistrat der Hansestadt Rostock wachte. Bernhard Friedrich Quistorp (1718–1788)[128] hingegen, ein Ur-Ur-Enkel des älteren Johannes Quistorp und Begründer des mittleren Greifswalder Astes der Familie, war 1749–1760 Inhaber einer Professur für Theologie in Rostock, die von den mecklenburgischen Herzögen vergeben wurde, bevor er 1766 im Streit um die Berufung des Pietisten Christian Albrecht Döderlein Rostock verließ und an die Universität Greifswald in Schwedisch-Pommern wechselte, in den Einflussbereich König Adolf Friedrichs von Schweden (1710–1771, reg. 1751–1771) aus dem Hause Schleswig-Holstein-Gottorf.

- An der Medizinischen Fakultät hatte Johann Bernhard Quistorp (1692–1761),[129] ein Spross des jüngeren Rostocker Astes der Familie Quistorp, von 1743 bis 1761 als Mediziner eine *rätliche* Professur inne, die mit dem Amt des Rostocker Stadtphysikus, des Stadtarztes, verknüpft war.

- Und die *rätliche* Professur für Physik und Metaphysik, die der Theologe Johann Jacob Quistorp (1717–1766),[130] ein Spross des älteren Rostocker Familienastes, von 1755 bis zu seinem frühen Tod 1766 innehatte, war in der Philosophischen Fakultät der Universität Rostock verankert.

Ein weiterer Namensträger, der Jurist Dr. iur. utr. Johann Christian Quistorp (1737–1795),[131] ab 1792 nobilitiert mit dem Prädikat Edler von Quistorp, der aus dem jüngeren Rostocker Ast der Familie Quistorp stammte, übernahm 1772–1780 eine Rechtsprofessur an der Universität Bützow, in der Juristischen Fakultät der kleinen mecklenburgischen Hochschule, die von 1760 bis 1789 bestand.

Über ihre Professuren hinaus bekleideten die Genannten zentrale Ämter ihrer Universität: als Dekane ihrer jeweiligen Fakultät, als Mitglieder des Senats sowie als Rektoren.

Die Termini ‚Familienuniversität', ‚Universitätsfamilie' und ‚Professorendynastie', die vorstehend Verwendung fanden, verweisen auf die

---

[128] S.u. Anm. II 318.
[129] S.u. Anm. II 346.
[130] S.u. Kap. 2.5.
[131] S.u. Anm. II 438.

1.5 Die Familie Quistorp in Rostock 1615–1766

familialen Strukturen, die das Lehrpersonal nachreformatorischer Hochschulen im universitären Raum etablierte. Der Befund ist kein Alleinstellungsmerkmal der Universität der Frühen Neuzeit. Denn familiale Strukturen prägten in der europäischen Frühneuzeit generell die Führungszirkel von Staat und Kirche, von ständischen und berufsständischen Korporationen. Die Verflechtung von Amt und Familie war mithin ein Charakteristikum der ständischen Gesellschaft: in den politischen und kirchlichen Funktionseliten der Frühen Neuzeit ebenso wie in den universitären Eliten, in den Zentral- und Oberbehörden des frühmodernen Behördenstaats ebenso wie mit Blick auf das Personal der weltlichen und geistlichen Gerichte, ebenso für die Geistlichkeit bis hinab auf die Ebene des Pfarrklerus, in katholischen Territorien in Gestalt des Nepotismus.[132]

Die familialen Strukturen, welche die universitäre Gelehrtenkultur der Frühen Neuzeit prägten, fanden und finden – in Geschichte und Gegenwart – eine ambivalente Deutung und Bewertung. Auf der einen Seite stehen Äußerungen von Lob und Anerkennung: Zeitgenossen, welche die Verflechtung von Amt und Familie, darunter auch die Quasi-Erblichkeit universitärer Ämter, keineswegs als einen Makel, sondern als eine Selbstverständlichkeit ihrer ständisch geprägten Lebenswelt ansahen, lobten die Leistungen, die frühneuzeitliche Gelehrtenfamilien über Generationen hin für Universität, Wissenschaft, Lehre und Literatur erbrachten. Ein solcher Lobredner (,Panegyriker') der Familie Quistorp war, um nur ein Beispiel herauszuheben, der Ostpreuße Michael Lilienthal (1686–1750): ein junger *Magister artium* der Universität Rostock, der später als Theologe, Bibliothekar und Historiker in Königsberg lebte und als Honorarprofessor und Ehrenmitglied der Russischen Akademie der Wissenschaften in Sankt Petersburg ein wichtiger Kulturvermittler zwischen Preußen und Russland wurde.[133] In Rostock zählte Lilienthal zur Klientel des Theologen Johann Nicolaus Quistorp, in dessen Haus er als studentischer Konviktor lebte. 1710 publizierte er dort, adressiert an seinen Patron Johann Nicolaus Quistorp, die panegyrische Schrift *De Meritis Quistorpiorum In Ecclesiam Et Rem Litterariam, Ad Magnificum Joannem Nicolaum Quistorpium, Theologum Rostochiensem Gravissimum*,[134]

---

[132] Programmatisch dazu: REINHARD 1979.

[133] KNOLL 1998; SURKAU 2012.

[134] LILIENTHAL 1710. – Zu den studentischen Hausgenossen (*convictores*), welche die Theologen Johannes d.Ä. und Johannes d.J. Quistorp als „Hausväter" oder „geistige Väter" in ihr Haus aufnahmen und deren Versorgung zu den Aufgaben der Professorenfrauen zählte, s. KAUFMANN 1997, 387–390.

auf die in den folgenden Kapiteln der Studie mehrfach zurückzukommen sein wird. Die Abhandlung pries auf 32 Druckseiten die Verdienste, die sich die drei Theologieprofessoren Johannes Quistorp d.Ä., Johannes Quistorp d.J. und Johann Nicolaus Quistorp im Laufe eines Jahrhunderts um Kirche und Literatur erworben hätten.[135]

In seinem Panegyrikus von 1710 stellte Lilienthal die Familie Quistorp, die *gens Quistorpiorum*,[136] in eine Reihe mit anderen führenden Gelehrtenfamilien lutherischer Konfession im Heiligen Römischen Reich Deutscher Nation. Sein Vergleich umfasste

- die Familie Leyser, die vom 16. bis ins 18. Jahrhundert in Württemberg, Sachsen, Preußen und Hannover lutherische Theologen und Rechtswissenschaftler stellte;[137]
- die Gelehrtenfamilie Gerhard im sächsisch-ernestinischen Thüringen sowie im hessen-darmstädtischen Gießen, die der Jenaer Theologe Johann Gerhard (1582–1637) aus Quedlinburg begründet hatte, ein Altersgenosse des älteren Johannes Quistorp und aktuell eine der am besten erforschten Persönlichkeiten des Luthertums im 17. Jahrhundert;[138]
- die Gelehrtenfamilie Olearius in Sachsen, insbesondere in Halle an der Saale (Erzbistum Magdeburg), im Herzogtum Sachsen-Weißenfels-Querfurt sowie in Leipzig;[139]
- die Familie Carpzov[140] im Kurfürstentum Sachsen und im Herzogtum Sachsen-Altenburg, dann Sachsen-Gotha-Altenburg, sowie

---

[135] LILIENTHAL 1710, passim. – Johann Nicolaus Quistorp schrieb sich 1706 in das studentische Stammbuch Lilienthals ein; s. RAA, Link: https://raa.gf-franken.de/de/suche-nach-stammbucheintraegen.html?permaLink=1706_lilienthal;7.

[136] LILIENTHAL 1710, 5. – Zu den protestantischen „Gelehrtengeschlechtern" im frühneuzeitlichen Reich s. die noch immer grundlegende Studie von EULER 1970.

[137] RÜGER 1978; MAHLMANN / LUIG 1985; PETERS 2002; SOMMER 2006, 115–135.

[138] KÜMMERLE, Konfessionalität, 2008, 74ff. Zu Johann Gerhard s. einführend BAUR 1988; STEIGER 1997; RICHTER 1998; FRIEDRICH / SALATOWSKY / SCHORN-SCHÜTTE 2017; ILLG 2017; FLUEGGE 2018.

[139] WERMES 1999; FRIEDRICH 2004.

[140] SCHIECKEL, Leipziger Linie, 1960; SCHIECKEL 1964; SCHIECKEL 1966; SCHIECKEL 2003; SOMMER 2006, 239–248; KÜMMERLE, Konfessionalität, 2008, 76–79.

1.5 Die Familie Quistorp in Rostock 1615–1766

- die Familie Meibom an der Universität Helmstedt und in den Territorien der Herzöge von Braunschweig-Lüneburg.[141]

Zwar konnten einige der Familien, die Lilienthal aufführte, bereits auf eine ältere und damit ehrwürdigere akademische Tradition in Universität und Fürstendienst verweisen als die Quistorps, was Lilienthal auch keineswegs verschwieg. Ein Alleinstellungsmerkmal, das die *gens Quistorpiorum* unter den Gelehrtenfamilien der Leyser, Gerhard, Olearius, Carpzov und Meibom auszeichne, sah er jedoch in der außergewöhnlichen Ortstreue der Familie: in der besonderen Verbundenheit der Quistorps mit der Hansestadt Rostock, die Lilienthal das Vaterland, die *patria*, der Familie nannte. Dort hatten die Quistorps, als Lilienthal seinen Panegyrikus schrieb, als lutherische Theologen bereits hundert Jahre lang, seit 1614/15, führende Ämter in Universität und Kirche akkumuliert. Lilienthal verglich ihre Ämter mit Erbämtern, die *quasi haereditario iure* und in direkter Generationenfolge, vom erstgeborenen Sohn auf den erstgeborenen Sohn der Folgegeneration (*Filiis [...] semper primogenitis*), weitergegeben würden: als Theologieprofessoren an der Universität Rostock, als Pastoren an mittlerweile drei der vier Haupt- und Pfarrkirchen der Stadt (der Marienkirche, der Jakobikirche und der Nikolaikirche), als Direktoren der Rostocker Pfarrerschaft und als Superintendenten. Lilienthal führte aus:[142]

> *Dignum praeterea memoratu hoc est, quod gens Quistorpiorum velut sola voluerit sobole erudita inclarescere. Rostochium siquidem, patriam suam, inde iam per integrum fere seculum illustravit, nec porro, DEO annuente, desinet instrumento ac ornamento ei perpetuo esse. Quamvis enim et Lyserorum, Gerhardorum, Oleariorum, Carpzoviorum, Meibomiorumque apud Germanos gens illustres in omni doctrina Viros per plura propagaverit secula, et eruditionem in tot Filios suos transmiserit, vix tamen memineris, Vir optume, ullam in alia Europae natione familiam officia publica in uno eodemque loco gerenda quasi haereditario iure Filiis, iisque semper primogenitis, usque adeo longa temporis serie relliquisse, quam Tua hactenus fecit. Tres Tui Nominis Academia sibi vendicat Theologiae Doctores, eiusdemque Professores Publicos Ordinarios: divinae namque mentes sanctioribus unice sese manciparunt*

---

[141] SOSNITZA 2016.

[142] LILIENTHAL 1710, 5f.

studiis. Eosdem tres Ecclesiae Rostochienses habuerunt initio Diaconos, mox Pastores Primarios, QUISTORPIUM I. Marianam, QUISTORPIUM II. Jacobaea, QUISTORPIUM III. Nicolaitana aedes. Superest templum Petrinum, quod prolixae spei QUISTORPIO IV., ut auguror, patet. Omnes denique iterum tres Reverendum huius loci Ministerium Praesules suos veneratum est, diverso quanquam sub caractere; ita nimirum, ut primum Superintendentem statim viderit, alterum nonnisi Directorem, tertium vero et Directorem et Superintendentem, admirabili sane divinae directionis exemplo.

Es war diese adelsgleiche Ämtervergabe *quasi haereditario iure*, gleichsam nach Erbrecht, in Stadt, Staat, Kirche und Universität, an der sich nicht allein Panegyriker wie Lilienthal abarbeiteten, sondern an der sich zugleich auch heftige Kritik entzündete, die bis in die Geschichtswissenschaft der Gegenwart hinein anhält. Kritiker der familialen Strukturen, welche die universitäre Gelehrtenkultur der Frühen Neuzeit prägten, verwiesen und verweisen auf die negativen Folgen, welche die Formierung „geschlossene[r] Heiratskreise sozialer Inzucht" (so Hermann Mitgau 1968)[143] in der europäischen Frühneuzeit für die Wissenschaften, für die akademische Lehre und für die Gesellschaft im Allgemeinen gehabt habe. Der Historiker Anton Schindling sah die Universitäten Rostock und Greifswald zwischen 1650 und 1800 nicht allein von der lutherischen Orthodoxie geprägt, sondern zugleich auch von „einer Familienoligarchie von ‚Erb-Professoren'" gesteuert; sein Schüler Matthias Asche wertete die Universität Rostock über weite Strecken der Frühen Neuzeit hin als eine „Versorgungsanstalt für Angehörige des Lehrpersonals" und identifizierte „die Einheirat in eine der Rostocker Professorendynastien" als „die beste Voraussetzung, einen Lehrstuhl in Rostock zu bekommen".[144] Die soziale Verengung, ja Abschließung der Heiratskreise akademischer Eliten, Anzeichen für eine fortschreitende innergesellschaftliche Segmentierung oder „Versäulung",[145] hier auf konfessioneller, berufsständischer und ständisch-feudaler Grundlage, habe – so die Kritiker – im Raum der Universität vor allem eines begünstigt: Vetternwirtschaft = Nepotismus. Die „soziale Inzucht" einflussreicher Familien habe den Aufstieg fähiger

---

[143] MITGAU 1968. – Zum Terminus „soziale Inzucht" s. auch MITGAU 1951, 81–91; HAHN 1991, 129, 526; SCHMITZ 2002, 11, 138, 222, 344.

[144] Zitate: SCHINDLING ²1999, 24; ASCHE 2000, 476f.

[145] Zum Terminus „Versäulung": LUYKX 1991; VANDERSTRAETEN 1999; VAN DAM 2008.

1.5 Die Familie Quistorp in Rostock 1615–1766

Köpfe in Universität, Staat und Gesellschaft behindert und, indem sie die vertikale Mobilität begabter Studenten einschränkte, zu einem Absinken des fachlichen Niveaus an den betroffenen Universitäten und damit der Leistungsfähigkeit frühneuzeitlicher Gesellschaften insgesamt geführt: in Forschung und Lehre ebenso wie in ihrer Übersetzung in die Lebenspraxis.

Die ‚Familienuniversität' mit ihren Gelehrtenfamilien, die über Generationen hin universitäre Ämter bekleideten, wurde so zu einem Gegenbegriff zur ‚Leistungsuniversität' der Moderne mit ihrem spezialisierten Forschungs- und Lehrbetrieb.[146] Die Familien-Netzwerke,[147] die in der Frühen Neuzeit einen bestimmenden Einfluss auf die universitäre Lehrpraxis und auf die universitäre Selbstverwaltung erlangten, waren in dieser Sicht ein zentraler Faktor, der den Fortschritt in Wissenschaft und Lehre, in Staat, Kirche und Gesellschaft während der europäischen Frühneuzeit behindert und ausgebremst habe. Familien-Netzwerke, gleichgesetzt mit Vetternwirtschaft, wurden als ein Türöffner für Epigonentum und Filz (rheinisch: „Klüngel', bayerisch: „Spezlwirtschaft") verstanden, zugleich als ein wesentlicher Grund dafür, dass es im Raum der Universität sukzessive zu einer fachlichen und intellektuellen Erstarrung gekommen sei.

Die Theologie, die universitäre Leitwissenschaft der beginnenden Neuzeit, blieb von der Kritik, die sich an der protestantischen ‚Familienuniversität' entzündete, keineswegs ausgespart. Die Kritik galt und gilt insbesondere dem Aufstieg nachreformatorischer Familien-Netzwerke in der Theologischen Fakultät, der konfessionelle Unduldsamkeit und einen gruppenbezogenen Tunnelblick befördert habe. Die Pfarrer- und Theologendynastien der lutherischen Orthodoxie standen bereits von Seiten pietistischer Autoren wie auch von Seiten der Aufklärung im Fokus der Kritik, ebenso Einzelpersönlichkeiten unter den Theologen protestantischer ‚Familienuniversitäten'.

Derselbe Rostocker Theologieprofessor Johann Nicolaus Quistorp (1651–1715)[148] etwa, der 1710 als das Familienoberhaupt einer traditionsreichen lutherischen Theologenfamilie im Fokus der Panegyrik seines Klienten Michael Lilienthal stand, der die säkularen Verdienste der ‚Universitätsfamilie' Quistorp um Universität, Wissenschaft und Literatur feierte, gab dem Juristen und Frühaufklärer Jakob Friedrich Ludovici (1671–1723),

---

[146] HAACK, Einleitung, 2019, 18.

[147] Zum Einsatz der Netzwerkanalyse in der Frühneuzeitforschung s. einführend WEBER 2008; HÄBERLEIN 2008; THIESSEN / WINDLER 2010; FERTIG / LANZINGER 2016.

[148] S.u. Kap. 2.3.

der damals als Juraprofessor in Halle an der Saale, später im hessisch-darmstädtischen Gießen lehrte, Anlass zu empörter Kritik, die Ludovici 1699 und 1700 in einem pseudonymen Druck verbreitete.[149] Der Anlass für seine Empörung war Quistorps Schrift *De non speranda extra Ecclesiam Lutheranam salute*, die Quistorp 1699 zum Gegenstand einer akademischen Disputation seines Schülers Albert (Albrecht) Joachim von Krakewitz machte. Darin sprach Quistorp allen Menschen, die außerhalb der lutherischen Amtskirche standen, jede Perspektive ab, jemals die Gnade Gottes und damit das ewige Leben zu erlangen. Ludovici konterte die Schrift Quistorps, die, wie Martin Mulsow formuliert hat, „einen extremen Punkt an orthodoxer Selbstbefangenheit"[150] innerhalb des Rostocker Luthertums anzeigt, mit einer geistvollen Verteidigung des religiösen Indifferentismus.[151]

In der Tat wich Johann Nicolaus Quistorp in der Schärfe, mit der er 1699 den Ausschließlichkeitsanspruch der lutherischen Konfessionskirche als Heilsinstitution öffentlichkeitswirksam in einer von ihm verantworteten universitären Disputation zur Schau stellte, deutlich von dem eher gemäßigten, unpolemischen Sprachduktus ab, den sein Großvater und sein Vater, der ältere und der jüngere Johannes Quistorp,[152] in der Nachfolge der Gebrüder David und Nathan Chytraeus sowie des Theologen Paul Tarnow auch in kontroverstheologischen Fragen gewählt hatten. Inhaltlich bestand aber vermutlich eine hohe sachlich-positionelle Übereinstimmung zwischen den drei Theologen, denn konfessionelle Parteinahme und konfessioneller „Bekennermut" waren auch den beiden Johannes Quistorp keineswegs fremd.

Bereits Johannes Quistorp d.Ä. hatte ja, wie die Einbandgestaltung seiner Goslarer Lutherbibel von 1614/15 zeigt,[153] dezidiert Partei ergriffen für eine spezifische Traditionslinie lutherischer Konfessionalisierung im Reich: für ein lutherisches Kirchentum nach dem Muster, das Kurfürst August von Sachsen vermittelst der Konkordienformel und dem Konkordienbuch in seinem Territorium, dem Kurfürstentum Sachsen, etabliert hatte. Und es ist kein Zufall, dass sich unter den Theologen, die der ältere Johannes Quistorp

---

[149] Für die Details s. MULSOW 2018, 486f.

[150] Ebd., 486. Zur THEOL. FAK. Rostock, die sich nach dem Aussterben der „frühpietistische[n] Professorengeneration" um 1680 unter dem Einfluss der Straßburger Hochorthodoxie zu einer „Hochburg der lutherischen Orthodoxie" entwickelt habe, die im Ruf stand, „besonders streitbar und intolerant zu sein", s. ASCHE 2000, 91.

[151] MULSOW 2018, 486ff. Zu Krakewitz u. seiner Disputation s. auch DALMER 1862, 18f.

[152] S.u. Kap. 2.1 und 2.2.

[153] S. Kap. 1.3.

1.5 Die Familie Quistorp in Rostock 1615–1766

ausbildete, auch scharfzüngige Kontroversisten und Apologeten finden lassen, etwa Abraham Calov (1612–1686). Doch bei aller „sachlich-positionellen Übereinstimmung mit Calov",[154] die Thomas Kaufmann für Johannes Quistorp d.Ä. reklamiert, war dieser im Unterschied zu Calov bestrebt, zwischen konkurrierenden Strömungen im Luthertum seiner Zeit zu vermitteln. Insbesondere suchte er zu verhindern, dass innerlutherische Lehrstreitigkeiten in aller Öffentlichkeit ausgetragen wurden, was Skandal verursachen und von konfessionellen Gegnern ausgenutzt werden konnte, um die lutherische Position in der Konkurrenz mit anderen Konfessionskirchen zu schwächen.

Deutlich wird diese Pazifizierungsstrategie, die bei Quistorp vornehmlich taktisch bedingt gewesen sein mag, 1645 im Umfeld des Religionsgesprächs von Thorn, an dem Abraham Calov aus Königsberg und Georg Calixt (1586–1656) aus Helmstedt teilnahmen. Calov reiste in Begleitung von Quistorps Sohn an, dem jüngeren Johannes Quistorp.[155] Von Rostock aus versuchte Johannes Quistorp d.Ä., brieflich sowohl auf Calov als auch auf Calixt einzuwirken, um sicherzustellen, dass beide ihren theologischen Dissens nicht in aller Öffentlichkeit des Religionsgesprächs austrugen.[156]

---

[154] KAUFMANN 1997, 125.

[155] Ebd., 125; MÜLLER 2004, 329; THOMSEN 2018. – Zur irenischen Theologie Calixts und seinem kirchlichen Unionskonzept s. MAGER 1981; VAN DE SCHOOR 1993; BÖTTIGHEIMER 1996; BÖTTIGHEIMER 1998; WALLMANN, Union, 2000; BÖTTIGHEIMER 2003; HOFFMANN 2007.

[156] KAUFMANN 1997, 124f mit Anm. 384. – Unter den Familienunterlagen des älteren Rostocker Astes der Familie Quistorp, die Pfr. Hans Joachim Quistorp, Bonn – Bad Godesberg 2018 hinterlassen hat, fand sich auch das folgende Schreiben, das Johannes Quistorp d.Ä. in Rostock am 28. April 1641 an Abraham Calov in Königsberg richtete. Text:
S. et offic. plurimum reverende clarissime et excellentissime domine doctor, fautor et in Christo frater honorande. Qui has offert est magister Joachimus Göbelius, vir ut censeo pius, probus nec ineruditus. Eiecit illum suis sedibus vis bellica, apud nos aliquantisper substitit et saepicule ad populum conciones habuit. Quaerit vitae subsidia. Si eum sine tuo incommodo iuvare potes, ne desis rogo.
Apud nos omnia sunt eo, quo his proximis annis fuere, loco, nec meliora speramus, nisi pace Deus Germaniam bearit et nos a telonio liberarit. Speramus optima.
Dominus doctor Loeselius perhibetur divitem duxisse coniugem, velim mei meminerit et expungat id quod mihi apud illum restat nomen. Velim amice a me salutari et moneri. Idem si faceret Georgius Schreiber apud quem mihi 9 restant thaleri, non haberem quod de ipso amplius sollicitus essem.
Magister Taddelius ad pastoratum Ecclesiae Lutheranae Amstelrodamium vocatus est; an pariturus sit vocationi, an apud nos permansurus, nec dum scimus.
Vale raptim Rostochii 28. Aprilis anno 1641. R. V. E. St. Joh. Quistorp.

Und als 1645 der kalvinistische Remonstrant Hugo Grotius (1583–1645), von Stockholm kommend, auf dem Weg zum Westfälischen Friedenskongress, an dem er als schwedischer Gesandter teilnehmen sollte, erkrankte und in Rostock starb, verweigerte Johannes Quistorp d.Ä. dem Sterbenden seinen geistlichen Beistand nicht, womit er in Übereinstimmung mit den Grundsätzen lutherischer Beichtpraxis handelte.[157] 1646 suchte Quistorp gemeinsam mit Rostocker Kollegen im synkretistischen Streit zu vermitteln, der sich in Königsberg zwischen Coelestin Myslenta (1588–1653), einem scharfen Kritiker der Unionstheologie Georg Calixts, und Abraham Calov einerseits, dem Calixt-Schüler Prof. D. theol. Johannes Latermann (1620–1662) andererseits entzündet hatte, der 1645 ebenfalls am Religionsgespräch in Thorn teilgenommen hatte.[158]

Seinen Sohn und Stammhalter ließ der ältere Johannes Quistorp vielseitig und theologisch facettenreich ausbilden. Johannes Quistorp d.J. scheute nicht davor zurück, sich 1647, drei Jahre nach dem Thorner Religionsgespräch, offiziell im kalvinistischen Leiden zu immatrikulieren. Ein Jahr später schrieb er sich an der Universität Helmstedt ein, die David Chytraeus 1576 von Rostock aus organisatorisch und inhaltlich im Geiste der gemäßigten lutherischen Theologie seines Wittenberger Lehrers Philipp Melanchthon geformt hatte und die mittlerweile ein Zentrum des Späthumanismus im Alten Reich sowie das Zentrum der irenischen Theologie Georg Calixts

---

Adresse: *Pl. reverendo clarissimo et excellentissimo viro domino Abrahamo Calovio, sanctissimae theologiae doctori et in Regiomontana Academia professori celeberrimo, fautori meo et in Christo fratri plurimum colendo, Regiomontani.*

Zu Joachim Göbel MA aus Pyritz (Pyrzyce) in Pommern s. MPR, Link: http://purl.uni-rostock.de/matrikel/100021161. Zu Prof. Dr. med. Johannes Loeselius (Loesel, 1607–1655) in Königsberg s. MPR, Link: http://purl.uni-rostock.de/matrikel/100048539. Zu Georg Schreiber s. MPR, Link: http://purl.uni-rostock.de/matrikel/100048430. Zu Elias Taddel (1601–1660), 1630 Diakon und 1632 Pastor an St. Petri in Rostock, MA (Rostock 1633), der 1640–1643 als *Secundarius rätlicher* Prof. der Theologie in Rostock war, bevor er 1643 als Pfarrer und Präses des Kirchengerichts zur luth. Kirchengemeinde Amsterdam wechselte, s. CPR, Link: http://purl.uni-rostock.de/cpr/00001402; MPR, Links: http://purl.uni-rostock.de/matrikel/100021980;   http://purl.uni-rostock.de/matrikel/400070486. – Zur Vermittlung luth. Prediger durch Testimonia der THEOL. FAK. Rostock s. KAUFMANN 1997, 110f.

[157] KAUFMANN 1997, 220.

[158] EBD., 114ff. – Zur Irenik Latermanns s. VAN DE SCHOOR 1993. Zu seiner Teilnahme am *Colloquium Charitativum* 1645 in Thorn s. MÜLLER 2004, 329, 420, 445–452, 456, 462ff, 505. Zu seinem Studium in Rostock s. MPR, Links: http://purl.uni-rostock.de/matrikel/100050948; http://purl.uni-rostock.de/matrikel/400070753.

1.5 Die Familie Quistorp in Rostock 1615–1766

und seiner Schüler war.[159] In seinem protopietistischen Engagement für eine Reform der Kirche und der persönlichen Frömmigkeit und Lebensführung, für die er in seiner Schrift *Pia desideria* von 1665 warb,[160] profitierte der jüngere Johannes Quistorp von Anregungen, die er auf seiner *peregrinatio academica* in die Niederlande und ins Reich erhalten hatte. Das gilt für den Einsatz, mit dem er die Errichtung öffentlicher Bibliotheken und die Veranstaltung öffentlicher Buchauktionen nach holländischem Muster förderte, ebenso wie für seinen Einsatz für eine Reform der kirchlichen Selbstverwaltung und der Schulen, die Verbesserung der Armenversorgung oder die Schaffung einer Versorgungskasse für Pfarrwitwen in Mecklenburg.

Mit Distanz und Reserve blickte auch die Kirchengeschichtsschreibung des späten 19. und des frühen 20. Jahrhunderts, die sich vornehmlich an Fragestellungen und Interessenlagen der systematischen Theologie, kaum aber an Fragestellungen der praktischen Theologie orientierte, auf die lutherische Orthodoxie und auf die familialen Strukturen, die ihre Funktionseliten im Zeitalter der lutherischen Konfessionalisierung im Raum der Kirche etabliert hatten. Ernst Troeltsch (1865–1923) etwa stufte in seinen Arbeiten zur protestantischen Kirchengeschichte die theologische Leistung und den Einfluss, den der lutherische ‚Altprotestantismus' auf die Entstehung und Gestaltung der modernen Welt gehabt habe, als gering ein.[161] Alternative Sichten auf die lutherische Konfessionalisierung, insbesondere die zweibändige „Morphologie des Luthertums", die Werner Elert (1885–1954) 1931/32 vorlegte,[162] konnten sich gegenüber Troeltschs Verdikt zunächst kaum durchsetzen.

---

[159] Zum studentischen Itinerar des jüngeren Johannes Quistorp s. den Steckbrief, der Kap. 2.2 einleitet (mit Nachweisen). – Zum Einfluss, den David Chytraeus auf die Gründung der Universität Helmstedt 1576 nahm, s. BAUMGART 1961; ASCHE 2000, 85–88; MAASER 2010, 46–55; BOLLBUCK 2015. ASCHE 2000, 136 betont die „Rostocker Wurzeln" des Späthumanismus und der irenischen Theologie in Helmstedt. Zu Chytraeus als einem Schüler Melanchthons in Wittenberg sowie zu seiner Positionierung in den innerlutherischen Lehrstreitigkeiten seiner Zeit s. KAUFMANN 1997; KELLER 1997.

[160] QUISTORP, Pia Desideria, 1665; dazu LEUBE 1924, 63–80; BRECHT 1993, 171ff; CORDES 2006, 82.

[161] TROELTSCH 1919, 594ff. Zur Entgegensetzung von ‚Altprotestantismus' und ‚Neuprotestantismus' bei Troeltsch s. BIRKNER 1968, 1–15; KAUFMANN 1997, 18; RENDTORFF 1998, 317–330; SCHORN-SCHÜTTE, Altprotestantismus, 1999, 45–54; ALBRECHT 2015, 26–29.

[162] ELERT 1931/32; dazu KAUFMANN 1997, 18; KAUFMANN 1999, 55–86.

Heute steht das Personal frühneuzeitlicher Universitäten im Fokus einer ebenso facetten- wie ertragreichen Forschung, die in der ‚Verflechtung' eine zentrale Praxis historischer Führungsgruppen der europäischen Frühneuzeit studiert,[163] familiären Verbindungen und Patronagebeziehungen der Akteure Rechnung trägt, Gelehrtennetzwerke analysiert und akteurszentriert nach dem ‚Sitz im Leben' der soziologischen Formation ‚Familienuniversität' in der Ständegesellschaft der Frühen Neuzeit fragt, deren Strukturen keineswegs zwingend zu wissenschaftlicher Durchschnittlichkeit oder gar Irrelevanz führen mussten, und auch den kleineren Universitäten im Reich des 17. und 18. Jahrhunderts nicht länger pauschal das Etikett wissenschaftlicher Bedeutungslosigkeit anheftet.[164] Seit den 1990er Jahren finden in diesem Kontext auch die Pfarrer- und Professorendynastien des konfessionellen Zeitalters verstärkt das Interesse einer kirchengeschichtlichen Forschung, die soziologische und kulturwissenschaftliche Fragestellungen in ihre Studien integriert, die Frage nach dem berufsqualifizierenden Wert familiärer Sozialisation aufwirft und sich für die lebensweltlichen Kontexte und Rahmenbedingungen konfessioneller Semantiken interessiert. Im Fokus einer interdisziplinär ausgerichteten Theologie-, Kirchen-, Universitäts-, Wissenschafts- und Gesellschaftsgeschichte stehen seither die Amtspraxis und die Tätigkeitsfelder lutherischer Theologen des 16. bis 18. Jahrhunderts, die Ziele, die sie sich setzten, ihre Mentalität und ihr Habitus.[165]

Luise Schorn-Schütte etwa beschrieb 1996 in ihrer Habilitationsschrift „Evangelische Geistlichkeit der Frühneuzeit: deren Anteil an der Entfaltung frühmoderner Staatlichkeit und Gesellschaft"[166] am Beispiel des Fürstentums Braunschweig-Wolfenbüttel, der Landgrafschaft Hessen-Kassel und der Stadt Braunschweig die Konstituierung der protestantischen ‚Geistlichkeit' als einer distinkten Gruppe frühneuzeitlicher Gesellschaften, die als Funktionselite in Staat, Kirche, Universität und Schule einen eigenständigen Habitus ausbildete, soziokulturell wie auch ökonomisch.[167]

Thomas Kaufmann studierte in seiner Habilitationsschrift „Universität und lutherische Konfessionalisierung" von 1997 die Theologieprofessoren,

---

[163] REINHARD 1979; HÄBERLEIN 2008; WEBER 2008; THIESSEN / WINDLER 2010; FERTIG / LANZINGER 2016.

[164] ASCHE 2000, 12f; KÜMMERLE 2003; KÜMMERLE 2006; KÜMMERLE, Konfessionalität, 2008; KÜMMERLE, Niveau, 2008.

[165] S. exemplarisch FÜSSEL 2009.

[166] SCHORN-SCHÜTTE 1996.

[167] SCHORN-SCHÜTTE 1994; SCHORN-SCHÜTTE 1997; SCHORN-SCHÜTTE 2012.

1.5 Die Familie Quistorp in Rostock 1615–1766

die zwischen 1550 und 1675 in Rostock amtierten, und richtete den Fokus seiner Betrachtung auf den Beitrag, den Rostocker Theologen zur Genese einer Konfessionskultur in den mecklenburgischen Herzogtümern leisteten: „zur theologischen Bildung und kirchlichen Gestaltung im Herzogtum Mecklenburg", wie er im Untertitel seiner Studie formulierte.[168] Kaufmann berücksichtigte dort die Amtszeit und die Tätigkeitsfelder der beiden ältesten Rostocker Theologieprofessoren, die Einträge in der Hausbibel der Familie Quistorp hinterließen: der Theologen Johannes Quistorp d.Ä. (1584–1648) und Johannes Quistorp d.J. (1624–1669)[169]. Zugleich nahm er den Einfluss in den Blick, den Rostocker Theologieprofessoren des 17. Jahrhunderts mittelbar „an der sukzessiven Auflösung des Konfessionalisierungsprozesses" hatten, bedingt durch eine Tendenz zu religiöser Individualisierung, die Kaufmann für das 17. Jahrhundert beschreibt und die er als einen „bedingende[n] Faktor der Auflösung des konfessionellen Systems" wertet, identifiziert mithin die lutherische Geistlichkeit als eine Trägergruppe des Entkonfessionalisierungsprozesses im 17. und 18. Jahrhundert.[170]

Für seine Habilitationsschrift von 1997 erarbeitete Kaufmann eine Kollektivbiografie aller Theologieprofessoren, die zwischen 1550 und 1675 in Rostock amtierten:[171] als *herzogliche* Professoren, die von den mecklenburgischen Herzögen berufen wurden, und als *rätliche* Professoren, die ihre Berufung dem Magistrat der Hansestadt Rostock verdankten. Seine Studie fußt auf einer breiten Textbasis ungedruckter Archivalien und gedruckter Quellen, unter Einschluss der Leichenpredigten und der akademischen Trauerreden (der *Programmata funebria*), die für Rostocker Theologieprofessoren und deren Angehörige gehalten und im Druck publiziert wurden. Auf dieser Quellenbasis dokumentierte Kaufmann Grundzüge der Berufungspolitik der mecklenburgischen Herzöge und des Rostocker Stadtmagistrats, arbeitete Charakteristika der professoralen Besoldung heraus und stellte die Professorenschaft als eine „homogene Bildungselite"[172] vor,

---

[168] KAUFMANN 1997.

[169] S.u. Kap. 2.1 u. Kap. 2.2. – Leider fehlt eine Studie, welche die Rostocker Theologen nach 1675, insbesondere im 18. Jahrhundert, auf einem vergleichbar hohen Niveau wie bei Kaufmann und in Anknüpfung an seine Befunde erforscht. Für diese Periode ist weiterhin die Kirchengeschichte Mecklenburgs von Karl Schmaltz grundlegend: SCHMALTZ I-III, 1935–1952.

[170] KAUFMANN 1997, 613ff (Zitate ebd., 613 u. 614).

[171] Ebd., 131–177.

[172] Ebd., 140.

die Kaufmann anhand der Kategorien geografische Herkunft, soziales Milieu, Bildungswege, Karrieremuster und Karriereverläufe, Eheverbindungen, häusliches Leben, Frömmigkeit, Lebenserwartung und Sterben beschreibt. Kaufmann studierte das Amtsverständnis[173] der Rostocker Theologieprofessoren als Hochschullehrer, als Pastoren, als Mitglieder des geistlichen Ministeriums, als Superintendenten, Konsistorialräte und Konsistorialpräsidenten und stellte Grundzüge einer Rostocker Amtstheologie im historischen Wandel vor.[174] Weitere Hauptabschnitte der Studie galten der Lehrtätigkeit[175] und der Predigttätigkeit[176] Rostocker Theologieprofessoren in Praxis und theoretischer Reflexion.

Auch Jonathan Strom[177] stellte sich in seiner Dissertation „Orthodoxy and Reform: The Clergy in Seventeenth Century Rostock" der Aufgabe, die Reformansätze, die Rostocker Theologen wie Joachim Schröder (1613–1677),[178] Johannes Quistorp d.J. (1624–1669),[179] Theophilus Großgebauer (1627–1661)[180] und Heinrich Müller (1631–1675)[181] im Anschluss an den Dreißigjährigen Krieg entwickelten und publizistisch propagierten, nicht allein theologisch, religiös und frömmigkeitsgeschichtlich einzuordnen, sondern die Reformbemühungen jeweils auch lebensweltlich zu kontextualisieren. Zu diesem Zweck rekonstruierte Strom das Amts- und Selbstverständnis ausgewählter theologischer Akteure, wobei er die sozialen, die universitären und politischen Kontexte berücksichtigte, in denen ihre Amtsführung stand, darunter ihre Praxis als akademische Lehrer, als Pfarrer und als Autoren, und studierte ihre Sicht auf die Kirche, auf die Gemeinde, auf den einzelnen Christen und auf sich selbst.

---

[173] Ebd., 178–232.
[174] Ebd., 233–250.
[175] Ebd., 251–433.
[176] Ebd., 435–602.
[177] STROM 1999.
[178] Ebd., 169–179; zu Schröder s.u. Anm. II 190.
[179] STROM 1999, 180–194.
[180] Ebd., 195–221; zu Großgebauer s.u. Anm. II 186.
[181] STROM 1999, 122–238; zu Müller s.u. Anm. II 39 und Anm. II 461.

1.6. Die Hausbibel der Theologen Quistorp: ein Zentrum familialer Memorialkultur

In den drei Jahrhunderten der europäischen Frühneuzeit, zwischen 1500 und 1800, pflegten geburtsständische Führungsschichten, der Adel und das städtische Patriziat, Formen eines generationsübergreifenden Familiengedenkens, das sich auf Objekte der Sachkultur ebenso wie auf Gedenkorte und Gedenkdaten stützte. Charakteristische Träger der Familienmemoria im Spätmittelalter und in der Frühen Neuzeit waren Geschlechterbücher, die zeitgenössisch, etwa in der Reichsstadt Augsburg, auch „Ehrenbücher" genannt wurden,[182] Haus- und Familienbücher,[183] Wappenbilder im öffentlichen Raum, Wohnsitze und Herrenhäuser in Stadt und Land, Patronatsgestühle, Grabkapellen oder Grablegen der Familie im Kirchenraum. Inschriften und Wappenbilder auf Totenschilden,[184] auf Epitaphien, Porträtgemälden oder Grabplatten stellten die Ämter, Ehrenstellungen und Verdienste der Vorfahren öffentlich aus und informierten über ihre Heiratsbeziehungen. Und an der Familiengrablege erneuerte sich die Familienmemoria immer neu und gemeindeöffentlich: etwa im Totengedenken, das im Jahreskreis verankert war, sowie aus Anlass jeder neuen Beisetzung.

Auch die berufsständischen Funktionseliten,[185] die der frühmoderne Behördenstaat[186] in Verwaltung, Wirtschaft, Kirche und Universität

---

[182] STAUB 1999; EMMENDÖRFER / ZÄH 2011; BOCK 2012; STAUB 2015; PAWLIK 2019.

[183] SCHWERHOFF 2002; STUDT 2007.

[184] PUTZER 2018; PAWLIK 2020.

[185] Mit EXTERNBRINK 2003, 233 Anm. 23, wird im Folgenden unter einer ‚Funktionselite' eine Personengruppe verstanden, deren Angehörige über spezielle Fähigkeiten und Kenntnisse verfügen, die ihnen die Wahrnehmung wichtiger Tätigkeiten in Staat, Kirche oder UNI ermöglichen, und die sich durch Charakteristika ihrer Ausbildung, ein spezifisches Fachwissen, die Teilhabe an Entscheidungsprozessen, Repräsentation und Lebensstil, durch Rekrutierung und Sozialverhalten von anderen gesellschaftlichen Gruppen und Schichten abhebt. – Zur Begriffsgeschichte des Terminus ‚Funktionselite' sowie zu den Theoriekonzepten, die sich mit ihm verbinden, s. HARTMANN ²2008, 43–75; dazu (in Auswahl) für die europäische Frühneuzeit REINHARD 1979; REINHARD 1996; SCHULZ 2002; HÄBERLEIN 2008; WEBER 2008; THIESSEN / WINDLER 2010; FERTIG / LANZINGER 2016.

[186] REINHARD 1998; REINHARD 1999.

etablierte, bildeten eine familiale Memorialkultur[187] aus, die sich an den Gepflogenheiten der alten geburtsständischen Führungsgruppen orientierte und eine beachtliche transgenerationale Tiefenschärfe erreichen konnte. Ihre Erforschung ist Aufgabe der Kulturwissenschaften ebenso wie einer Elitensoziologie, die versucht, den ‚Sitz im Leben' familialer Gedenkkultur bei geburts- und berufsständischen Eliten der Frühen Neuzeit zu bestimmen.

Die familienbezogene Memorialkultur, die städtische, territoriale, kirchliche oder universitäre Eliten in der europäischen Frühneuzeit praktizierten, war kein Selbstzweck, war keine rückwärtsgewandte Geschichtserzählung, die sich allein einem antiquarischen Interesse verdankte. Ihr ‚Sitz im Leben' war vielmehr die jeweilige Gegenwart der Familie und die Gestaltung ihrer Zukunft. Nach innen, auf die Familie bezogen, galt es, durch eine Geschichtserzählung, die den Aufstieg, die Tätigkeitsfelder und die Verdienste der Vorfahren beschrieb, ja – wenn möglich – glorifizierte, Identität, hier: Familien- und Rollenbewusstsein, zu erzeugen und die Erfahrung familiärer Identität als ein gemeinschaftsbildendes Element transgenerational abzusichern. Nach außen hin, im sozialen Um- und Bezugsfeld der Familie, hatte familiale Memorialkultur vor allem einen legitimatorischen Charakter: Es galt, eine familiale „Geltungsgeschichte"[188] zu etablieren, die den sozialen Status legitimierte, den die Familie aktuell erreicht hatte oder den ihre jeweiligen Akteure anstrebten. Der soziale Status, einschließlich der Titel und Positionen, die Familienangehörige innehatten, sollte für die Zukunft gesichert und, wenn möglich, weiter ausgebaut werden. Gelang es, die jeweilige Geltungsgeschichte innerfamiliär sowie in den avisierten Zielgruppen zu etablieren,[189] so konnte das erheblich dazu beitragen, den Habitus

---

[187] Zum Terminus s. DE WEIJERT / RAGETLI / BIJSTERVELD / VAN ARENTHALS 2011.

[188] Zum Terminus s. MELVILLE / VORLÄNDER 2002.

[189] Familiale Geltungsgeschichten konnten scheitern, wenn sie sich als dysfunktional erwiesen und bei ihren Zielgruppen inner- wie außerhalb der Familie keine Anerkennung fanden. Ein Musterbeispiel für eine gescheiterte Geltungsgeschichte im großstädtischen Milieu des 16. Jahrhunderts bietet die Kölner Bürgerfamilie um den Rh.en und Chronisten Hermann Weinsberg (1518–1597). Dessen Versuche, seiner Familie in seinem Hausbuch, dem „Buch Weinsberg", und seiner Hauschronik eine römische Abkunft und adelsgleiche Qualität zuzuschreiben und nach adligem Brauch einen Familien-Fideikommiss zu begründen, der alle Familienmitglieder zwang, zugunsten des jeweiligen Hausvaters zu Weinsberg auf ihr individuelles Erbrecht zu verzichten, führten zu Erbstreitigkeiten und zu einem Mord, der den Untergang der Familie im Mannesstamm herbeiführte. Infolgedessen blieb das gerichtlich beschlagnahmte Hausbuch mitsamt der Hauschronik des Hermann Weinsberg als Prozessunterlage im Historischen Archiv der Stadt Köln erhalten. Für die Details s. SCHWERHOFF 2002.

einer Familie abzusichern. Im sozialen Bezugsfeld galt es, den familiären Anspruch auf Stellungen, Würden, Ämter und Ehren zu unterstreichen und den Geltungsanspruch der Familie gegebenenfalls gegen konkurrierende Geltungsansprüche Dritter zu verteidigen. Bereits der Mediävist Otto Gerhard Oexle (1939–2016), der den Terminus *Memoria* in die Geschichtswissenschaft einführte und auf die identitätsstiftende Funktion der *Memoria* hinwies, unterschied drei Dimensionen der *Memoria*, die sich auf vielfältige Weise wechselseitig durchdringen: eine religiöse, eine soziale und eine historiografische Dimension des Gedenkens.[190]

Die Rostocker Theologieprofessoren des 17. und 18. Jahrhunderts waren im Rahmen ihres akademischen Lehramtes, als Träger von Leitungsaufgaben innerhalb der Universität, als Hofprediger, als Kirchen- und Konsistorialräte norddeutscher Territorien, als Superintendenten und Generalsuperintendenten, als Mitglieder oder Direktoren des geistlichen Ministeriums in Rostock, als Pastoren der vier Rostocker Hauptkirchen (St. Marien, St. Jakobi, St. Nikolai, St. Petri), deren Kirchspiele zugleich die vier Quartiere der hansestädtischen Bürgerschaft bildeten, und als Seelsorge-Praktiker Teil der territorialen, der hansestädtischen, der kirchlichen und der universitären Funktionseliten im frühneuzeitlichen Reich. Die familialen Strukturen, die Professorendynastien wie die Quistorps ausbildeten, und die gesellschaftlichen Anspruchshaltungen, die sie in der Ständegesellschaft der Territorien, Städte und Universitäten, in denen sie tätig wurden, formulierten, spiegeln sich in ihrer Memorialkultur. Die Spezialforschung zur Memorialkultur geburts- und berufsständischer Eliten

- studiert die Ansatz- und Orientierungspunkte familialer Traditionsbildung in Raum und Zeit, insbesondere die Ursprungserzählung, die *origo*, welche die jeweilige Familie tradierte, und erforscht den realen oder fiktiven Spitzenahn oder die Spitzenahnen, dessen / deren Bedeutung für die Familiengeschichte die familiale Tradition hervorhob;
- studiert Aushandlungsprozesse, die in Zeit und Raum auf die jeweilige *Memoria* einwirkten, und ermittelt die Wandlungen, welche die familiale Gedächtniskultur im Generationenverlauf erfuhr;
- erforscht die Arenen, in denen sich die familiale Memoria jeweils als Geschichtserzählung und Geltungsgeschichte bewähren musste (gesellschaftlich, ständisch, amts- oder dienstbezogen);

---

[190] OEXLE 1994; GEUENICH / OEXLE 1994.

- studiert die Performanz familialer Gedenkkultur im öffentlichen und privaten Raum und untersucht die Medien, insbesondere auch die Objekte materieller Kultur, vermittelst derer sie bewahrt und weitergetragen wurde.

In seiner Studie „Konfessionalität und Gelehrtenkultur im Generationenverband", die Forschungsergebnisse zu protestantischen Theologen- und Juristenfamilien im Heiligen Römischen Reich Deutscher Nation, in Frankreich und in der Schweiz präsentiert, formulierte Julian Kümmerle 2008, die *„familiale Gelehrtenkultur"* sei als ein *„intra- wie intergenerationelles Bewusstsein zu verstehen, welches sich in der Erziehung und Ausbildung, in der beruflichen Tätigkeit, im soziokulturellen Umgang und in den gelehrten Ausdrucksformen der jeweiligen Familie manifestierte. Die Begründung, Berufung, gegebenenfalls die Überwindung und Neudefinition einer sozial- und bildungsgeschichtlichen Familientradition sind hierfür elementar. Vorrangig zu ermitteln ist dabei, inwieweit familiale Faktoren maßgeblich sind, um individuelles Denken und Handeln zu erklären. Durch die so gewonnenen Profile können Grundzüge einer Kulturgeschichte protestantischer Gelehrtenfamilien herausgearbeitet werden. Diese hat sich an den Erkenntnisinteressen einer nachzuweisenden familialen Konfessions-, Wissenschafts- und Gelehrtenkultur, einem spezifischen konfessionellen Kollektivbewusstsein, aber auch an der Existenz familienhistoriographischer Traditionsbildungen zu orientieren."*[191]

Als der ältere Johannes Quistorp um 1616 die Goslarer Voigt-Bibel von 1614/15 zu seiner Haus- und Familienbibel machte, stellte er seiner Familie nicht allein einen Zentraltext lutherischer Bibelfrömmigkeit als Grundlage für eine familiale *praxis pietatis* zur Verfügung, sondern er positionierte seine Familie mit dieser Entscheidung auch klar in den Konfessionskonflikten seiner Zeit. Quistorp wählte die *Biblia deutsch* des Reformators Martin Luther als seine Hausbibel.[192] Die *Biblia deutsch* beeinflusste die Bibellektüre nicht allein dadurch, dass ihr das Übersetzungswerk und damit das Bibelverständnis Luthers zugrundelag. Sondern sie lenkte die Bibelrezeption insbesondere dadurch, dass sie die Bibelvorreden Luthers und die *Summarien* Veit Dietrichs dem Bibeltext voranstellte. Zugleich formulierte die Voigt-Bibel mit ihrer reichen, durch Jost Amman geprägten Bildillustration, die in der Tradition der Frankfurter Feyerabend-Bibeln stand, ein Votum gegen

---

[191] KÜMMERLE, Konfessionalität, 2008, 72f.

[192] Kap. 1.2.

1.6 Familiale Memorialkultur

kalvinistische beziehungsweise deutsch-reformierte Bilderfeindlichkeit. Sie rehabilitierte die Bibelillustration als Historienbild, als Lehrbild und als Porträt, nicht aber als ein Kultbild, das es anzubeten galt. Mit der Einbandgestaltung bekannte sich der Begründer der Theologen'dynastie' Quistorp zur kursächsischen Variante einer lutherischen Konfessionalisierung, deren Stützpfeiler der Kurfürst August von Sachsen (1526–1586), die Konkordienformel von 1577 und das Konkordienbuch von 1580 waren.[193]

Die Hausbibel Quistorp wurde erst nach und nach zu einem familiengeschichtlichen Wissensspeicher ausgebaut, der auf die Memorialkultur der 'Universitätsfamilie' einwirkte, indem fünf Generationen[194] der Familie, sukzessive über einen Zeitraum von fast 150 Jahren, zwischen 1619 und 1766, Familiennachrichten in die Hausbibel eintrugen: ohne jeden kalligraphischen Pomp, in der geschäftsmäßigen Kursivschrift professoraler Vielschreiber. Aus dem Korpus der Einträge, das auf diese Weise in anderthalb Jahrhunderten zusammenkam, ergibt sich ein detailscharfes Bild vom sozialen Aufstieg der Familie, den Ämterlaufbahnen der fünf Hausväter im 17. und 18. Jahrhundert, den Heiratskreisen der Familie und ihren patenschaftlichen Verflechtungen über fünf Generationen hinweg. Nirgendwo in der Bibel jedoch sind die familienbezogenen Einzelnotizen zu einem familiengeschichtlichen Gesamtbild zusammengezogen, etwa in Form eines Stammbaumes oder vermittelst chronikalischer Überlieferungen, etwa zur *origo* der Familie oder zu den Heldentaten eines realen oder auch fiktiven Spitzenahns, wie sie charakteristisch für die Hausbücher adlig-patrizischer Provenienz im Spätmittelalter und in der Frühen Neuzeit sind.[195]

Inhaltlich hebt sich die Hausbibel der 'Universitätsfamilie' Quistorp damit grundlegend von jenen Haus- und Familienbibeln ab, die von adligpatrizischen Auftraggebern des 16. Jahrhunderts bekannt sind. Instruktiv ist ein Vergleich der Quistorp-Bibel mit der Pfinzing-Bibel aus der oberdeutschen Reichsstadt Nürnberg im Archiv der Freiherren Haller zu Hallerstein, Abteilung Hallerarchiv, in Nürnberg-Großgründlach, der die Kunsthistorikerin Maria Deiters zwei instruktive Studien gewidmet hat.[196] Der Nürnberger Patrizier und Ratsherr Martin (II.) Pfinzing (1521–1572), Burgherr zu Henfenfeld bei Nürnberg, der mit Catharina Martha Scherl (1529–1591) aus

---

[193] Kap. 1.3.

[194] Zur Generation (Einheit aus Hausvater mit Frau und Kindern) als Grundbegriff einer Geschichtskultur im 16. und frühen 17. Jahrhundert s. KUHN 2010.

[195] STUDT 2007.

[196] DEITERS 2013; DEITERS 2014.

Leipzig verheiratet war und sich ab 1554 Pfinzing von Henfenfeld nannte, ließ um 1568–1570 eine gedruckte Lutherbibel in Folio-Format, die Sigismund Feyerabend 1561 in Frankfurt am Main verlegt hatte und die mit zahlreichen Holzschnitten des Virgil Solis (1514–1562) ausgestattet war, künstlerisch aufwändig bearbeiten. Die Bibel wurde zu einem zweibändigen Werk erweitert: Pfinzing ließ zusätzlich zu den Druckbögen der Feyerabend-Bibel Holzschnitte einfügen, die unter anderem von Albrecht Dürer (1471–1528), von Virgil Solis und von Jost Amman (1539–1591) stammen. Die zahlreichen Holzschnitte, die bereits Bestandteil der Feyerabend-Bibel von 1561 waren, ließ Pfinzing prachtvoll kolorieren. Außerdem ließ er die Bücher des Neuen Testaments, die in der Feyerabend-Bibel, in Anlehnung an den Bilder-Kanon der Wittenberger Lutherbibeln, kaum illustriert waren, aufwändig mit Holzschnitten ausstatten, die er für das Alte Testament von Hans Bocksberger und Jost Amman, für das Neue Testament von Virgil Solis bezog, jeweils aus Holzschnitt-Serien, welche die drei Künstler zuvor bei Sigismund Feyerabend publiziert hatten. Im ersten Band, im Anschluss an die Sprüche des Salomo, ließ Martin Pfinzing überdies ein Geschlechterbuch der Familie Pfinzing einbinden, das neben einem großformatigen Stammbaum ganzfigurige Porträts seiner Vorfahren zeigt. Die Pfinzing-Bibel führte mithin, wie Deiters herausarbeiten konnte, im Zeitalter der Konfessionalisierung die gedruckte Lutherbibel und die oberdeutsche Tradition adliger und patrizischer Geschlechterbücher vermittelst einer Kollagetechnik programmatisch zu einer neuartigen, konfessionell geprägten Familienmemoria zusammen.

Im Unterschied zur Perspektive der familienbezogenen Eintragungen in der Hausbibel Quistorp, die beiläufig in der flüchtigen, akademisch geschulten Kursivschrift des jeweiligen Hausvaters notiert wurden und die Geschichte der ‚Universitätsfamilie' unmittelbar im Verlauf, das heißt: sukzessive in Einzelnachrichten abbilden, blickte der Nürnberger Patrizier Martin (II.) Pfinzing, der die Feyerabend-Bibel von 1561 erwarb und ihre Umgestaltung zu einem Zentralstück der Memorialkultur der Familie Pfinzing von Henfenfeld veranlasste, vermittelst der Pfinzing-Bibel auf eine reiche Vergangenheit seiner Familie zurück. Die Stammbäume und Vorfahren-Porträts, welche die Pfinzing-Bibel enthält, wurden von namhaften Künstlern hochwertig gestaltet und zum Zweck der Familien-Memoria ins Bild gesetzt. Ein umfangreiches, von einem unbekannten Theologen verfasstes Vorwort führt Text und Bildprogramm der Lutherbibel mit dem Themenfeld einer familialen Gedenkkultur zusammen.

1.6 Familiale Memorialkultur 97

Im Rostocker Stamm,[197] ab 1766 im älteren Rostocker Ast der Familie dokumentiert die bis zur Gegenwart durchgehaltene Praxis, die Hausbibel von 1614/15 im Erbgang weiterzureichen (im Regelfall an den erstgeborenen männlichen Erben),[198] die besondere Bedeutung, welche die Bibel mit ihren Eintragungen zur Familiengeschichte für die Memorialkultur der Theologen Quistorp hatte. Die Hausbibel wurde dabei nicht als ein Solitär vererbt, sondern in einem Erbkontext, der weitere Bild- und Textüberlieferungen mit Familienbezug umfasst, die bis in die Mitte des 17. Jahrhunderts zurückreichen.

Porträtgemälde machten in der familiären Erbpraxis einen wichtigen, memorialkulturell bedeutsamen Überlieferungskontext der Hausbibel aus. Charakteristischerweise behandelt noch das Testament, das Dr. theol. Heinrich Quistorp am 1. Februar 1981 in Minden unterzeichnete, die Familienbibel und drei Ahnenporträts als eine zusammengehörige Erbmasse, über die der Erblasser in einem einzigen Satz, mithin in einem unmittelbaren textlichen Zusammenhang, verfügt: *die Familienbibel und die 3 Quistorpschen Ahnenbilder in Oel.*[199] Gemeint sind drei Porträtgemälde, die Johannes Quistorp d.Ä. als den Spitzenahn der ‚Universitätsfamilie' sowie die beiden Begründer prominenter Familienzweige zeigen.

Das älteste der drei Bilder, ein Porträtgemälde in Öl auf Holz (ohne Rahmen: 57,5 cm x 45 cm), das aus den späten 1640er Jahren stammt, zeigt den Theologen Johannes Quistorp d.Ä. (1584–1648), den Gründer der Rostocker Professorendynastie.[200] Die Inschrift, die in goldener Kapitalis links und rechts des Kopfes notiert ist, lautet:

JOHANNES QUISTORPIVS. / THEOL: DOCTOR. EIVSDEM
FACVLT: PROF: ET SENIOR. / SVPERINTENDENS. NAT. ROST:
ANNO MDLXXXIV. / MORTVVS ANNO 1648.

---

[197] In der Terminologie der Quistorp'schen Familienlinien („*Rostocker Stamm*", „*älterer Rostocker Ast*" u.ä.) folge ich QUISTORP 2006.

[198] Kap. 1.4.

[199] Testament D. theol. Heinrich Quistorp (1911–1987), datiert Minden, den 1. Februar 1981, im Nachlass von Hans Joachim Quistorp, Bonn-Bad Godesberg: *Mein Bruder Hans-Joachim erhält für sich und seinen Sohn [= Bernhard Quistorp, *1951] die Familienbibel und die 3 Quistorpschen Ahnenbilder in Oel.*

[200] S. 123, Abb. 45, dazu S. 124, Abb. 46–51. Zur Person s. Kap. 2.1.

Das Todesjahr 1648 ist, abweichend vom Geburtsjahr, in arabischen Zahlzeichen geschrieben. Vermutlich entstand das Gemälde noch zu Lebzeiten des Theologen; das Todesjahr wurde später nachgetragen.

Zwei Gemälde des 18. Jahrhunderts in Öl auf Leinwand, beide ohne Inschrift, porträtieren den Rostocker Professor der Physik und Metaphysik Johann Jacob Quistorp (1717–1766)[201] und dessen Bruder Bernhard Friedrich Quistorp (1718–1788)[202], der zunächst Theologieprofessor in Rostock, dann ab 1766 in Greifswald war. Die Theologenporträts der beiden Brüder dokumentieren eine familiengeschichtliche Zäsur: Während Johann Jacob Quistorp den älteren Rostocker Ast der Familie begründete, der die Hausbibel von 1614/15 und die drei Ölgemälde bis zur Gegenwart in Familienbesitz weitergereicht hat, begründete Bernhard Friedrich Quistorp den mittleren Greifswalder Ast der Familie, aus dem die beiden adligen Linien der Familie hervorgingen: der Crenzower Zweig und der Bauersche Zweig der Familie Quistorp.

Ein memorialhistorisch bedeutsamer Teil der familiengeschichtlichen Aufzeichnungen, welche die Hausbibel der Familie Quistorp enthält, ist jene Liste, die in Kapitel 2.6 ediert wird. Sie führt in Kurztiteln Druckwerke des 17. und 18. Jahrhunderts auf, die einen direkten Familienbezug haben und die von wesentlicher Bedeutung für die Memorialkultur der Familie Quistorp in der Frühen Neuzeit gewesen sein dürften. Von einer Hand des frühen 18. Jahrhunderts niedergeschrieben, erlitt die Liste zu unbekannter Zeit Textverluste und ist in lose Blätter zerteilt. Im aktuellen, und das heißt: unvollständigen Erhaltungszustand nennt sie 49 Druckwerke mit familiärem Bezug. Durchwegs handelt es sich um anlassbezogene Drucke der Universität Rostock, die zwischen 1628 und 1722 publiziert wurden:[203] um Leichenpredigten, vor allem aber um *Programmata funebria* der Jahre 1628–1722, welche die Universität Rostock zur Beisetzung von Mitgliedern der Familie Quistorp in den Rostocker Pfarrkirchen St. Marien, St. Jakobi und St. Nikolai publizierte (*Ad familiam Quistorpianam spectantia*). Jeder dieser Drucke stellte der versammelten Trauergemeinde, die außer Familienangehörigen und befreundeten Familien Bürgermeister, Senatoren, kirchliche Amtsträger

---

[201] S. 130, Abb. 63; Maße ohne Rahmen: 75,5 cm x 59 cm. Zur Person s. Kap. 2.5.

[202] S. 132, Abb. 66. Zur Person s. Anm. II 318. – Das Porträtgemälde wurde 1993 von Herrn Pfarrer i.R. Hans Joachim Quistorp an seinen Patensohn Herrn Achim von Quistorp weitergegeben.

[203] S. Kap. 2.6.

1.6 Familiale Memorialkultur

und Mitglieder der Universität umfasste, eine Kurzfassung der Quistorpischen Familiengeschichte vor Augen.

Außerdem enthält die Liste akademische *Programmata funebria* der Jahre 1694–1713, die zur Beisetzung mehrerer Stadtmagistrate, die sich Verdienste um die Universität erworben hatten, sowie für verstorbene Mitglieder der Rostocker ‚Universitätsfamilien' gehalten wurden; ferner *Programmata festivalia* der Jahre 1693–1712, die der Theologieprofessor Johann Nicolaus Quistorp im Rahmen seiner Amtsgeschäfte als Rektor der Universität Rostock sowie als Dekan der Theologischen Fakultät verantwortete. Hinweise auf anlassbezogene Drucke (Leichenpredigten, akademische *Programmata funebria* und *Programmata festivalia*), die dessen Vorfahren, der ältere und der jüngere Johannes Quistorp, publiziert hatten, fehlen (erhaltungsbedingt?) in der Liste, desgleichen mancher Druck zu Familienereignissen im Hause Quistorp, der aus bibliothekarischer Sicht inhaltlich zu berücksichtigen gewesen wäre. Pars pro toto sei hier auf die Leichenpredigt und das *Programma funebre* verwiesen, die 1648 zur Beisetzung des älteren Johannes Quistorp publiziert wurden.[204]

Beim Versuch, den historischen Ort der Liste und ihren intendierten Memorialzweck zu bestimmen, hilft die Beobachtung weiter, dass die Liste ausschließlich anlassbezogene Drucke nennt: Leichenpredigten, *Programmata funebria* und *Programmata festivalia* sowie eine panegyrische Schrift von 1710; alles mithin sogenannte „Gelegenheitsschriften", die in der bibliothekarischen Praxis ebenso wie von der Geschichtswissenschaft lange Zeit als „graue Literatur" geringgeschätzt worden sind.[205] Hingegen verzeichnet die Liste keine Publikation aus den Bereichen Theologie, Erbauung und Seelsorge, welche die drei Professoren Johannes Quistorp d.Ä., Johannes Quistorp d.J. und Johann Nicolaus Quistorp im Laufe ihres Lebens vorlegten. Das kann selbstverständlich der unvollständigen Überlieferung der Liste geschuldet sein, kann aber auch als ein Hinweis auf das Motiv gelesen werden, aus dem heraus die Liste entstand.

Jedenfalls gab es im frühen 18. Jahrhundert, als die Liste entstand, keinen Grund, der Familienbibel ein handschriftliches Verzeichnis auch der Fachpublikationen der drei Theologen anzuhängen. Denn ein solches Verzeichnis war soeben erst im Druck erschienen: in der Abhandlung *De Meritis Quistorpiorum In Ecclesiam Et Rem Litterariam* des Theologiestudenten

---

[204] S. Anm. I 225, I 291; Anm. II 162, II 168.

[205] ADAM 1988.

Michael Lilienthal von 1710, auf die auch die Liste der Gelegenheitsschriften mit Familienbezug, die der Hausbibel Quistorp beiliegt, explizit hinweist.[206] Lilienthal verzeichnete dort die theologischen Publikationen der drei Professoren, außerdem mehrere ungedruckte Schriften der drei Theologen, die 1710 als Manuskripte im Hause Quistorp lagerten. Seine Abhandlung blendete jedoch konsequent all jene anlassbezogenen Schriften aus, die Gegenstand der in Kapitel 2.6 edierten Liste sind. Beide Publikationslisten mit Quistorp-Bezug sind mithin komplementär zueinander angelegt und ergänzen einander.

Der Befund legt nahe, dass die Liste der anlassbezogenen Schriften, die der Hausbibel der Familie Quistorp beiliegt, als eine bewusste Ergänzung zu den Publikationslisten der drei Theologen Quistorp zu deuten ist, die Lilienthal 1710 veröffentlicht hatte. Vermutlich beschrieb die Liste, die in Kapitel 2.6 als Fragment ediert ist, gemeinsam mit den Publikationslisten, die Lilienthal 1710 veröffentlichte, jenen Bestand an gedruckten „Quistorpiana", der um 1715 beziehungsweise 1722, als der letzte Eintrag erfolgte, im Hause Quistorp vorhanden war, mithin zu Lebzeiten des Rostocker Kaufmannes und Ratsherren Lorenz Gottfried Quistorp (1691–1743) und wenige Jahre, nachdem Johann Nicolaus Quistorp (†1715), der Patron und Auftraggeber Lilienthals, gestorben war.

Die Publikation der Schrift *De Meritis Quistorpiorum*, die Lilienthal 1710 vorlegte, und die Liste der Gelegenheitsschriften, die der Hausbibel um 1715/22 beigegeben wurde, fallen kaum zufällig in jene Zeit, als der Generationswechsel zwischen Johann Nicolaus Quistorp und Lorenz Gottfried Quistorp anstand. Um 1710, als Lilienthal seinen Panegyrikus publizierte, muss Johann Nicolaus Quistorp klar gewesen sein, dass unter seinen Kindern kein Erbe bereitstand, der unmittelbar seine Nachfolge als Theologieprofessor antreten und das Erbe des Vaters, Großvaters und Urgroßvaters im Lehrkörper der *Alma mater Rostochiensis* fortführen konnte. Mehrere seiner Söhne waren früh verstorben: Johann Daniel Quistorp (1679–1683),[207] Daniel Quistorp (*†1687),[208] Georg Daniel Quistorp (1688–1691),[209] 1692

---

[206] LILIENTHAL 1710.

[207] Kap. 2.3, Eintrag Nr. 4.

[208] Ebd., Nr. 8.

[209] Ebd., Nr. 9.

1.6 Familiale Memorialkultur

zwei namenlose Söhne,[210] Hugo Quistorp (1697–1701)[211] und Johann Zacharias Quistorp (1704–1711).[212]

Johann Nicolaus Quistorp d.J. (1684–1743), der gleichnamige Sohn des Theologieprofessors, hatte, als sein Vater 1715 starb, immerhin bereits den akademischen Grad eines *Magister artium* inne (1710). Seit dem Sommersemester 1712 war er zudem als *magister legens* in den Lehrbetrieb der Universität Rostock eingebunden.[213] Er blieb jedoch zeitlebens unverheiratet und erlangte keine Professur. Hugo Theodor Quistorp (1702–1732) begann, nachdem der Vater gestorben war, ein Studium erst der Theologie, dann der Jurisprudenz, starb aber schon im Alter von 30 Jahren.[214]

Immerhin hatte Professor Johann Nicolaus Quistorp seine Tochter Catharina Sophia Quistorp (1680–1706) standesgemäß verheiraten können: Sie heiratete am 22. April 1700 den Rostocker Theologieprofessor Zacharias Grape d.J. (1671–1713). Doch beide Eheleute waren bereits tot, als Quistorp 1715 starb.[215]

Im Mannesstamm führte Lorenz Gottfried Quistorp (1691–1743) die Familienlinie weiter. Dieser hatte sich noch zu Lebzeiten des Vaters, 1708, an der Universität Rostock eingeschrieben und ein Studium der Jurisprudenz begonnen. Bald aber wandte er sich, unterstützt von seinem Schwager, dem Kaufherren, Vorsteher der Nikolaikirche und Ratsherren Walther Stein (1668–1739),[216] dem Groß- und Fernhandel zu, heiratete in die Kaufherren- und Gutsbesitzerfamilie Berg ein und wurde Ratsherr der Hansestadt.[217]

Als Johann Nicolaus Quistorp 1715 starb, stand mithin keiner seiner Söhne bereit, als Professor in die Fußstapfen des Vaters zu treten. Bestrebt, den Status, den sich die Familie binnen eines Jahrhunderts in der Hansestadt Rostock, in den mecklenburgischen Herzogtümern, an der Universität Rostock sowie im Luthertum Rostocks, Mecklenburgs und des Ostseeraums erarbeitet hatte, über seinen Tod hinaus zu sichern und künftigen

---

[210] Ebd., Nr. 11.
[211] Ebd., Nr. 17.
[212] Ebd., Nr. 19.
[213] Ebd., Nr. 7 mit Anm. II 251.
[214] Ebd., Nr. 18.
[215] Kap. 2.3, Einträge Nr. 5 und Nr. 13, dazu Kap. 2.6, Eintrag Nr. 13.
[216] Kap. 2.3, Einträge Nr. 6 u. 14 mit Anm. II 249 und II 340.
[217] Kap. 2.3, Eintrag Nr. 10; Kap. 2.4.

Namensträgern ein Anknüpfen an das bislang Erreichte zu erleichtern, wird es Professor Quistorp begrüßt haben, dass sein Student und Kommensale Michael Lilienthal bereit war, in Rostock 1710 – im selben Jahr, als Johann Nicolaus Quistorp d.J. von der Philosophischen Fakultät der Universität Rostock zum *Magister artium* graduiert wurde – seinen Panegyrikus *De Meritis Quistorpiorum In Ecclesiam Et Rem Litterariam* zu publizieren. Dort stellte Lilienthal nicht allein eine Leistungsbilanz der drei Professoren Johannes d.Ä., Johannes d.J. und Johann Nicolaus Quistorp und ihrer Familie zusammen, die er mit führenden Gelehrtendynastien des Luthertums in Deutschland verglich – den Leyser, den Gerhard, den Olearius, den Carpzov und den Meibom,[218] sondern er gab auch explizit der Hoffnung Ausdruck, dass alsbald ein *QUISTORPIUS IV* hervortreten werde, der als Theologe die akademische Tradition der Familie in Rostock fortführe.[219]

Das handschriftliche Verzeichnis von Gelegenheitsschriften mit Bezug auf die Familie Quistorp, das in der familiären Umbruchssituation um 1715 Eingang in die Hausbibel fand und den Familienaufzeichnungen im Vorspann beigelegt wurde, stellte Texte einer Gattung zusammen, die für die Memorialkultur der Familie von kaum zu überschätzender Bedeutung war. Denn jede Leichenpredigt, die für ein Familienmitglied gehalten wurde, und jedes gedruckte *Programma funebre*, mit dem der Rektor der Universität und / oder der Dekan der jeweiligen Fakultät jeweils an der Trauerfeier mitwirkte, enthielt einen Abschnitt, der über den Lebenslauf des oder der Verstorbenen informierte und dabei die Gelegenheit nutzte, der versammelten Trauergemeinde die Geschichte und die verwandtschaftlichen Verbindungen der Familie vor Augen zu führen. Leichenpredigten, deren Bedeutung für die Erforschung der lutherischen Konfessionskultur des 17. und 18. Jahrhunderts die Spezialforschung längst erkannt hat,[220] und akademische *Programmata funebria* aktualisierten somit den Status, den die ‚Universitätsfamilie' Quistorp in Gesellschaft, Staat, Universität und Kirche erreicht hatte, bei jedem neu eintretenden Todesfall, selbst wenn der oder die Verstorbene ein Kleinkind war, indem die Redner Grundzüge der Familiengeschichte vor einer Öffentlichkeit in Rostock ausbreteten, die sich aus Amtsträgern und Mitgliedern der Universität, aus Stadträten sowie aus der

---

[218] S.o. S. 80f mit Anm. I 137 – I 141.

[219] S.o. S. 81f das Zitat mit Anm. I 142.

[220] S. exemplarisch für Rostock: CZAIKA 2017, 30f, nach CZAIKA 2005. – Zur Orientierung s. die Internetpräsenz der Forschungsstelle für Personalschriften der Akademie der Wissenschaften und der Literatur in Mainz: http://www.personalschriften.de.

lutherischen Geistlichkeit zusammensetzte. Die Angaben, die der jeweilige universitäre Amtsträger oder der Prediger, der die Leichenpredigt hielt, zur Familiengeschichte machte, fußten gewöhnlich auf Daten, welche die Familie des oder der Verstorbenen ihm zur Verfügung gestellt hatte, griffen mithin die jeweils aktuelle Version der Geltungsgeschichte der Familie auf. Personalschriften wurden gelesen und gesammelt und hielten so die Geltungsgeschichte der Familie im Gedächtnis.

Leichenpredigten und *Programmata funebria* waren mithin, insofern sie autobiografische Aufzeichnungen und familial tradierte Überlieferungen zur Familiengeschichte aufgriffen, ein Ergebnis familialer Memorialkultur, das im Rahmen der örtlichen Funeralkultur eine erhebliche Außenwirkung entfaltete. Zugleich wirkten die Texte aber auch wieder auf die Memorialkultur der jeweiligen Familie zurück, indem sie familiale Wissensbestände, aber auch bestimmte Ansichten und Behauptungen zur Familiengeschichte durch Wiederholung verfestigten und jeweils neu im Druck festhielten.

Im Falle der Quistorps lassen *a)* die familiengeschichtlichen Notizen in der Familienbibel, *b)* die Leichenpredigten und *Programmata funebria*, die für Familienmitglieder überliefert sind, und *c)* der Panegyrikus des Michael Lilienthal von 1710 einen signifikanten Gleichklang erkennen, der bereits mit Blick auf die *origo*, die Ursprungsgeschichte der ‚Universitätsfamilie', deutlich wird. Die Rostocker Quistorps verzichteten sowohl in ihrer Familienbibel als auch in den familiengeschichtlichen Daten, die sie bis 1766 für Leichenpredigten und *Programmata funebria* zur Verfügung stellten, konsequent darauf, der Familie eine vornehme Vergangenheit anzudichten. Und auch Michael Lilienthal dokumentierte 1710 diese Sicht der älteren Rostocker Quistorps auf ihre Familiengeschichte mit klaren Worten:[221] *Etsi igitur QUISTORPIORUM familia Maiores vilioris commatis, ignoratos et illaudatos habuerit, hoc tamen nihil aliud, nisi illos suae fortunae fabros fuisse ipsos; nil aliud, nisi laudis suae nullos participes admisisse.* Die Familie sei – so Lilienthal – von niedrigem sozialem Status (*vilioris comatis*) gewesen, bevor der ältere Johannes Quistorp 1615 seine Theologieprofessur in Rostock antrat, Doktor der Theologie wurde und die Adoptivtochter des Hansesyndikus Dr. iur. utr. Johannes Domann (1564–1618) heiratete. Lilienthal, der Schützling und Vertraute des Theologen Johann Nicolaus Quistorp, formulierte drastisch: die Vorfahren der drei Theologieprofessoren seien *vilioris comatis, ignoratos et illaudatos* gewesen: von geringem Stand, unbekannt und ohne Ehrenstellungen. Diesen Makel deutete Lilienthal, der

---

[221] LILIENTHAL 1710, 5.

Panegyriker der Quistorps, jedoch umgehend zu einem Ruhmesblatt für die Familie um. Denn die Quistorps – so seine These – hätten ihren sozialen Aufstieg allein aus eigener Kraft vollzogen, ohne jede Protektion, die sie Dritten zu Dank verpflichtet hätte. Als das Gründerpaar der ‚Universitätsfamilie' Quistorp benennen die familiengeschichtlichen Quellen des 17. und 18. Jahrhunderts übereinstimmend den Rostocker Theologieprofessor Dr. theol. Johannes Quistorp d.Ä. (1584–1648) und dessen Ehefrau Barbara Domann, die Adoptivtochter des Hansesyndikus Dr. iur. utr. Johannes Domann.

Die Eltern des ‚Dynastiegründers' Johannes Quistorp d.Ä. blieben hingegen ohne bleibenden Einfluss auf die *origo*, die Ursprungs- und Geltungsgeschichte der Theologen Quistorp. Einen geeigneten Anknüpfungspunkt hätte es in der Elterngeneration des älteren Johannes Quistorp durchaus gegeben, nämlich die zweite Ehe, welche seine Mutter, die Weißgerberstochter und Weißgerberswitwe Catharina Quistorp geborene Dumrath (1562–1647),[222] 1614–1631 mit Bernhard Bojemus (auch *Bohemus* oder *Böhme*, †1631) aus Schneeberg in Sachsen führte. Bernhard Bojemus war Pfarrer im mecklenburgischen Wittenburg. Sein Bruder Nicolaus Bojemus (1564–1635), Pfarrer in Eilenburg, war mit Katharina Luther (1554–1610) verheiratet gewesen, einer Enkelin des Reformators Martin Luther (1483–1546) und der Katharina von Bora (1499–1552). Katharina Bojemus geborene Luther war eine Tochter des brandenburgischen Hof- und Kanzleirats Johannes Luther (1526–1575) und der Elisabeth Luther geb. Cruciger (1526–1576), einer Tochter des Wittenberger Theologieprofessors und Reformators Dr. theol. Caspar Cruciger (1504–1548) und der Elisabeth von Meseritz.

Catharina Dumrath, die Witwe des älteren Johannes Quistorp, war mithin, als die Ehefrau des Pfarrers Bernhard Bojemus, weitläufig mit der Familie Martin Luthers verschwägert: mit den ‚Lutheriden' in Sachsen, in Brandenburg, im Mansfelder Land und in Goslar. Diese Schwägerschaft (lateinisch *affinitas*, Affinität) war durchaus ein familiengeschichtliches Detail, mit dem auch Johannes Quistorp der Ältere, ihr Sohn aus erster Ehe, in seinem Rostocker Umfeld hätte Eindruck machen können. In der Familie Carpzov beispielsweise, mit der Michael Lilienthal 1710 die Quistorps als lutherische Gelehrten- und ‚Universitätsfamilie' verglich, wurde die Erinnerung an die frühe Verwurzelung der Familie in Stadt und Universität Wittenberg über Generationen hin gepflegt; sie „blieb im Gedächtnis der Generationen präsent und begründete das familiale Bewusstsein von Alter und

---

[222] Kap. 2.1, Einträge Nr. 4 und Nr. 40.

1.6 Familiale Memorialkultur

Kontinuität."[223] Benedikt I. Carpzov (1565–1624), Juraprofessor in Wittenberg, lag in der Schlosskirche Wittenberg begraben, unweit des Reformators Martin Luther. Sein Schwiegervater, der Buchhändler und Verleger Samuel Selfisch (1529–1615) in Wittenberg, hatte den Reformator noch persönlich gekannt und Werke von ihm verlegt.

Dass Catharina Dumrath, die Witwe Quistorp, mit den Lutheriden versippt war, sprach Rektor Joachim Lütkemann (1608–1655) im akademischen *Programma funebre* an, das 1647 anlässlich ihrer Trauerfeier in Rostock publiziert wurde.[224] Langfristig fand die Erinnerung an ihre zweite Ehe und ihre Verbindung zu den Lutheriden jedoch keinen Platz in der *Memoria* der Familie Quistorp. Bereits Johannes Corfinius schrieb 1648 in seiner Leichenpredigt zum Tod des älteren Johannes Quistorp nichts dazu. Auch das *Programma funebre*, das Rektor Heinrich Rahne zu seiner Beerdigung publizierte, schweigt sich über die zweite Ehe der Catharina Dumrath aus.[225]

Ob oder inwieweit Catharina Dumrath, verwitwete Quistorp und verheiratete Bojemus, und ihr zweiter Gatte, der lutherische Pastor Bernhard Bojemus aus Schneeberg in Kursachsen, an der Auswahl oder der Einbandgestaltung der Goslarer Voigt-Bibel von 1614/15 mitwirkten, die der ältere Johannes Quistorp, ein Sohn Catharinas aus erster Ehe und Stiefsohn des Bernhard Bojemus, im Umfeld seines Amtsantritts, seiner Doktorpromotion und seiner Hochzeit mit Barbara Domann erwarb, lässt sich anhand der aktuellen Quellenlage nicht sagen; ebenfalls nicht, ob die Bibel ein Hochzeitsgeschenk von Mutter und Stiefvater war. Als Tochter eines Weißgerbers sowie als Ehefrau und Witwe des Weißgerbers Joachim Quistorp wird Catharina Quistorp geb. Dumrath jedenfalls einen Blick für die besondere Qualität gehabt haben, mit der der Ledereinband der Bibel gearbeitet war, sowohl hinsichtlich des Materials (der qualitätvollen Arbeit eines Weißgerbers!), als auch mit Blick auf die prachtvolle, an der kursächsischen Hofkunst des 16. Jahrhunderts orientierte Einbandgestaltung der künftigen Hausbibel der

---

[223] KÜMMERLE, Konfessionalität, 2008, 77.

[224] Kap. 2.1, Eintrag Nr. 40; LÜTKEMANN, Dumraths, 1647, Bl. 4^r: *Decennium integrum vidua, transit ad secunda vota, Anno 1614 nupta Viro Reverendo Dn. Magistro Bernhardo Bojemo, Verbi Divini in Ecclesia quae Christo in Wittenborg colligitur, suo tempore ministro. Hujus Frater conjugali amplexus est amore unicam filiam filii Beati Lutheri, quod in memoriam Magni Prophetae Germani negligi hic non debeat.*

[225] CORFINIUS, Subitanea, 1648, Bl. 21^r; LBMV Schwerin, Schmidtsche Bibliothek, Bd. 96, Nr. 170: PFUN der UNI Rostock (Rektor: Prof. Dr. iur. utr. Heinrich Rahne) für *Prof. D. theol. Johannes Quistorp d.Ä. (1584–1648)* am 5. Mai 1648, Bl. 4^v.

Theologen Quistorp. Auch mag die Verbindung, in der das Ehepaar Bojemus – Dumrath zu den Lutheriden stand, die in Mansfeld und in Goslar im Metallhandel tätig waren, nicht ohne Einfluss auf die qualitätvollen Metallarbeiten (Buchbeschläge, Buchschließen mit Spiralhaken) gewesen sein, die den Einband der Goslarer Voigt-Bibel zieren.

An den Familiennachrichten, die fünf Hausväter Quistorp zwischen 1619 und 1766 handschriftlich in ihrer Hausbibel niederlegten, sowie an den Gelegenheitsschriften mit Familienbezug, die das in Kapitel 2.6 edierte Verzeichnis des frühen 18. Jahrhunderts zusammenstellt, konnte sich ein „intra- wie intergenerationelles Bewusstsein"[226] orientieren und im Bedarfsfall auch munitionieren. Vor allem, wenn in der Familie Todesfälle eintraten, galt es ja jeweils aufs Neue, den Verfasser der Leichenpredigt sowie der akademischen Trauerrede, in der Regel mithin den Rektor der Universität und / oder den Dekan der jeweiligen Fakultät, zügig mit einschlägigen familiengeschichtlichen Daten zu versorgen. Die Daten und Fakten, welche die Hausbibel zur Familiengeschichte lieferte, lagen bereit, sobald ein Todesfall in der Familie, eventuell auch eine Hochzeit, die Übermittlung einschlägiger Informationen zur Familiengeschichte an den jeweiligen Redner erforderte. Die Akteure, die jeweils an dem öffentlichen Akt mitwirkten, konnten die gesammelten Daten anlassbezogen nutzen, ausdeuten und bewerten. Und die Liste der Gelegenheitsschriften mit Familienbezug, die den familienbezogenen Aufzeichnungen in der Hausbibel im frühen 18. Jahrhundert beigegeben wurde, erschloss einen reichen Fundus an Kurzbeschreibungen der Familiengeschichte, wie sie im Bedarfsfall, insbesondere bei Trauergottesdiensten, benötigt wurden.

Die Quistorp-Bibel als ein Prachtkodex, dessen Einbandgestaltung eine konfessionelle Parteinahme für die kursächsische Konkordie, mithin für das kursächsische Modell einer lutherischen Konfessionalisierung unter Kurfürst August I. von Sachsen (1526–1586) artikulierte,[227] war ein Repräsentationsgegenstand, der als ein Träger handschriftlicher Aufzeichnungen zur Familiengeschichte in erster Linie, aber keineswegs ausschließlich auf eine innerfamiliäre Wirkung hin angelegt war. Denn die Hausbibel Quistorp wurde nachweislich nicht allein innerhalb der Familie rezipiert, sondern hatte auch eine Außenwirkung. Michael Lilienthal etwa nutzte sie, als er seine Schrift über die Verdienste erarbeitete, die sich die Familie Quistorp um Kirche und Literatur erworben habe: *De meritis Quistorpiorum in ecclesiam*

---

[226] KÜMMERLE, Konfessionalität, 2008, 72.

[227] S. Kap. 1.3.

et rem litterariam (Rostock 1710). Lilienthal hatte Gelegenheit, im Hause seines Patrons und Förderers, des Theologieprofessors Johann Nicolaus Quistorp, jene Familieneintragungen zu lesen, die der ältere Johannes Quistorp zwischen 1619 und 1648 in der „Hausbibel" seiner Familie hinterlassen hatte: *in bibliis eius domesticis*.[228]

Die Hausbibel, deren familienbezogene Notizen fünf Hausväter Quistorp sukzessive über eineinhalb Jahrhunderte hin akkumuliert hatten, adressierte als ein materieller Träger familialer Gedenkkultur und als ein Wissensspeicher zur Familiengeschichte in erster Linie die Familie Quistorp selbst. Die Bewahrung und Pflege der Hausbibel durch das jeweilige Familienoberhaupt war ein Aspekt familialer Memorialkultur, der neben anderen Formen familialer Gedenkkultur und Statusrepräsentation stand, die vornehmlich auf außerfamiliäre Öffentlichkeiten in Kirche, Universität, Stadt und Territorium zielten. Bis heute sind es neben den zahlreichen Gelegenheitsdrucken – den Leichenpredigten, den Funeralprogrammen der Universitäten, den universitären Festprogrammen und panegyrischen Texten mit Bezug auf die Familie Quistorp, die aus dem 17. und 18. Jahrhundert vorliegen – vor allem die Grabplatten, die Epitaphien und die Porträtgemälde, die Angehörige der Familie im Rahmen ihrer Funeral- und Sepulkralkultur in Kirchenräumen der Frühen und der Neueren Neuzeit hinterließen,[229] die als materielle Zeugnisse ihrer Statusrepräsentation im öffentlichen Raum Beachtung finden: als Relikte und Zeugen einer visualisierten Geltungsgeschichte.

Im Zeitfenster zwischen 1619 und 1766, das die Familiennachrichten in der Hausbibel Quistorp abdecken, begründete der Rostocker Familienstamm Grablegen in drei der vier Haupt- und Pfarrkirchen der Hansestadt Rostock: in St. Marien, in St. Jakobi und in St. Nikolai. Die Hauptkirchen Rostocks hatten in der Frühen Neuzeit eine religiöse und zivile Doppelfunktion, waren zugleich „Bürgerbauten" und „Glaubensburgen".[230] Die Kirchspielsbezirke der vier Hauptpfarren – St. Marien, St. Jakobi, St. Nikolai und St. Petri – lagen der Einteilung der Hansestadt in vier bürgerschaftliche Quartiere zugrunde.

---

[228] S.o. Kap. 2.1, Eintrag Nr. 39 mit Anm. II 163; nach LILIENTHAL 1710, 15.

[229] Zur Bedeutung des Kirchenraums für die Memorialkultur im Luthertum der Frühen Neuzeit s. ZERBE 2013.

[230] STUTH 2016; STUTH, Kirchen, 2017, 64f.

Die Familiengrablege, die der ältere Johannes Quistorp, der Gründer der Rostocker Professorendynastie, in der Rostocker Marienkirche anlegen ließ und die noch 1777 als Erbgrablege im Besitz der Familie war,[231] war im 17. und 18. Jahrhundert ein zentraler Memorialort der Familie. Die Erbgrablege eignete sich hervorragend, um den Statusanspruch der Familie in Stadt, Kirche und Universität öffentlichkeitswirksam in Szene zu setzen. Denn St. Marien war die Pfarrkirche der Rostocker Mittelstadt. Sie lag im Zentrum der Hansestadt, in unmittelbarer Nachbarschaft zum Neuen Markt und zum Neuen Rathaus, und war seit dem Spätmittelalter die Hauptpfarrkirche der Hansestadt Rostock, zugleich die Pfarrkirche des Stadtmagistrates. Hier fanden religiöse Akte statt, die der Rat der Stadt verantwortete; die Marienkirche war ein Zentralort für die geistliche ebenso wie für die weltliche Stadtgemeinde.

Zugleich war die Marienkirche die Kirche der Universität Rostock. Sie fungierte gewissermaßen als die universitäre Aula, seit die Universität Rostock am 12. November 1419 feierlich in St. Marien eröffnet worden war.[232] Als Universitätskirche war die Marienkirche in den Jahrhunderten der Frühen Neuzeit Schauplatz unzähliger akademischer Akte. Im Kirchraum versammelte sich die Professorenschaft. Hier fanden feierliche Doktorpromotionen statt.[233] Hier trafen sich Mitglieder der Universität zu Festanlässen und zu akademischen Trauerfeiern, hier wurden akademische Fest- und Trauerreden gehalten.

Wenn sich die Rostocker Honoratioren, die Amts- und Würdenträger aus Stadt, Kirche und Universität, in der Marienkirche versammelten, dann hatten sie seit 1648 ebenso dauerhaft wie prominent Theologieprofessoren aus der Familie Quistorp im Blick. Denn im Kirchraum lagen nicht allein, in den Boden eingelassen, die Grabplatten der Familie, darunter die Gräber der Theologieprofessoren Johannes Quistorp d.Ä. (1584–1648), Johannes Quistorp d.J. (1624–1669) und Johann Jacob Quistorp (1717–1766) sowie des Medizinprofessors Johann Bernhard Quistorp (1692–1761), sondern auch an den Wänden und Pfeilern der gotischen Kirche setzte sich die Familie ins Bild. Dort hingen – und hängen bis heute – Porträtgemälde mehrerer

---

[231] SKOTTKI 2010, 80–82, 84, 140f. – Zur Rostocker Marienkirche s. SOFFNER-LOIBL 2010.

[232] HAACK, Gründung, 2019, 25.

[233] MICHAEL 2019, 53 mit Anm. 74 (Nachweis für 1587).

1.6 Familiale Memorialkultur

Professoren aus der Familie Quistorp: Ölgemälde, die ursprünglich unmittelbar über ihren Gräbern angebracht gewesen sein dürften.

Aktuell bewahrt die Rostocker Marienkirche in ihrem Inneren vier Porträts von Theologieprofessoren aus der Familie Quistorp auf. In allen vier Fällen handelt es sich um Ölgemälde auf Leinwand, die auf Holz aufgezogen wurde. Johannes Quistorp d.Ä. (1584–1648), der Gründer der ‚Universitätsfamilie' und Professorendynastie, ist gleich zweimal bildlich im Kirchraum präsent. Sein Memorialbildnis (ca. 80 cm x 65,5 cm)[234] hängt heute im Chorumgang der Kirche. Das Bruststück, das im Jahre 2017 restauriert wurde, zeigt ihn in Lebensgröße, im schwarzen Gewand seiner Amtstracht und mit einem spanischen Kragen. Ein Buch, das er in der Hand hält, weist ihn als einen Gelehrten aus. Oben, vom Betrachter aus rechts, erinnert eine lateinische Inschrift, die mit ungleichmäßiger Farbintensität in goldfarbenen Lettern aufgetragen wurde, an seine Ämter und Lebensdaten:

Johannes Quistorpius, S.S. [= Sanctissimae] *Theologiae*
D[octor]*, P*[rofessor] *P*[ublicus]*, Rever*[endi] *Minister*[ii] *Superintendens,*
Facultatis Suae Senior, Academiae
[un]*decies rector, natus Rostochii 1584*
den 18. Aug[usti]*, denatus Doberani*
1648 den 2. May, Aet[atis] *64.*

Das Porträtgemälde des Theologen dürfte 1648, im Anschluss an die Exequien, im Kirchraum aufgehängt worden sein.

Posthum, im Jahre 1670, mithin nach dem Tod des jüngeren Johannes Quistorp 1669, stifteten die Nachkommen zusätzlich ein überlebensgroßes Ölgemälde des älteren Johannes Quistorp in die Marienkirche.[235] Es zeigt den Gründer der Rostocker Professorendynastie in Viertelprofil-Ansicht mit spanischer Halskrause und in dem langen schwarzen Gewand eines lutherischen Theologen.[236] Das Pfarrer- und Gelehrtenporträt beschränkt sich im Unterschied zum Memorialporträt Quistorps nicht auf ein Bruststück, sondern ist als ein Kniestück gearbeitet: der Theologe ist vom Kopf herab bis

---

[234] KREY, Andenken, 1815, 44, 55; SCHLIE I, 1896, 59; QUISTORP / VON QUISTORP 2014, 8 (mit Abb.). – S. 126, Abb. 53.

[235] Das Epitaph, das dem Porträtgemälde anhängt, formuliert: „LIBERI. POSUERUNT. A<nno>. 1670": s. S. 125, Abb. 52, dazu SCHLIE I, 1896, 58.

[236] BRINGEMEIER 1974, 44–68.

etwa auf Kniehöhe porträtiert. In den Händen hält Quistorp ein Buch, das ihn als einen Gelehrten ausweist.

Die Bildunterschrift in goldener Kapitalis ist separat angebracht, auf einer Holzplatte unterhalb des Porträtgemäldes. Die Inschrift nennt die Lebensdaten des Theologen, erwähnt seinen Doktorgrad, bezeichnet ihn als *Professor publicus* („P.P.") sowie als den Superintendenten der Stadt, als den Senior der Theologischen Fakultät und als den zehnmaligen (*decies*) [!][237] Rektor der Universität Rostock. Außerdem weist die Inschrift auf die vertraute Beziehung hin, in der Quistorp zu den mecklenburgischen Herzögen gestanden habe. Als Quistorp 1648 zu Beratungen mit seinem Landesfürsten nach Doberan gereist war, sei er dort quasi in den Armen des Fürsten Adolf Friedrich zu Mecklenburg gestorben (*fere in Adolphi Friderici principis amplexibus mortuus*):[238]

JOHANNES. QUISTORPIUS

NATUS. HEIC. ROSTOCHI. A[nn]O 1584. S.S. TH. [= Sanctissimae Theologiae] DOCTOR. P[rofessor]. P[ublicus].

SUPERINT[endens]. FACULTATIS. SUAE. SENIOR. ACADEMIAE. [UN]DECIES. RECTOR.

[F]ERE. IN. ADOLPHI. FRIDERICI. PRINCIPIS. AMPLEXIBUS MORTU[U]S. EST. DOBBERANI. A[nn]O 1648.

EXUV[I]AE. HAC. IPSA. IN AEDE. REPOSTAE. SUNT.

LIBERI. POSUERUNT. A[nn]O. 1670.

RENOV[atum]. A[nn]O 1819. 1993.

Auch sein Sohn, der jüngere Johannes Quistorp (1624–1669), der 1669 im Alter von 45 Jahren starb und im Familiengrab in der Marienkirche bestattet wurde, ist im Chorumgang von St. Marien mit einem Porträtgemälde (ca. 78

---

[237] Möglicherweise liegt ein Restaurierungsfehler vor: aus der korrekten Form *undecies* = elfmal wurde *decies* = zehnmal.

[238] S. 125, Abb. 52. Das Porträtgemälde wurde in den Jahren 1819 und 1993 restauriert. Dabei wurde die Inschrift gekürzt (so QUISTORP 2006, 64), Teile des lateinischen Textes wurden bei der Arbeit verfälscht. Statt „DECIES" muss es heißen: „UNDECIES"; statt „EERE" muss es heißen: „FERE"; statt „MORTUS": „MORTUUS"; statt „EXUVTAE": „EXUVIAE".

1.6 Familiale Memorialkultur

cm x 65,5 cm) vertreten.[239] Das Porträt in Öl auf Leinwand, die auf Holz aufgezogen wurde, ist als Bruststück gearbeitet und wurde kürzlich, 2017, restauriert. Der Porträtierte hält als Gelehrtenattribut ein Buch in seiner rechten Hand. Vom Betrachter rechts oben zeigt das Gemälde eine Inschrift, die mit ungleichmäßiger Farbintensität in goldfarbenen Lettern aufgebracht wurde. Sie nennt die Ämter des Porträtierten (*Sanctissimae Theologiae Doctor, Professor publicus, Facultatis et Collegii Senatus Senior, Reverendi Ministerii Director, Universitatis Rostochiensis Rector Magnificus*) und führt seine Lebensdaten auf. Links oben scheint eine weitere Beschriftung durch, die jedoch übermalt wurde und aktuell unlesbar ist.

Ein weiteres Porträtgemälde in der Marienkirche zeigt den Rostocker Theologieprofessor Johann Nicolaus Quistorp (1651–1715) im Habit eines lutherischen Pastors (ca. 80,5 cm x 64 cm). Das Porträt in Öl auf Leinwand, die auf Holz aufgezogen wurde, wurde ebenfalls 2017 restauriert. Bereits 1896 gehörte das Gemälde zum Inventar der Rostocker Marienkirche.[240] Ein zweites, nicht überliefertes Porträtgemälde des Theologieprofessors hing zur Zeit derselben Inventarisierung durch Friedrich Schlie 1896 in der Rostocker Nikolaikirche.[241] Dort, in St. Nikolai, hatte Johann Nicolaus Quistorp als Pfarrer gewirkt und 1715 auch sein Grab gefunden.[242]

Das Porträtgemälde des Johann Nicolaus Quistorp, das rechts oben in goldfarbenen Lettern den Namen, die Ämter und die Lebensdaten des Porträtierten nennt, hängt heute im Chorumgang der Marienkirche, gemeinsam mit den Porträtgemälden seines Vaters und seines Großvaters:[243]

Johannes Nicolaus Quistorpius
S.S.[= Sanctissimae] *Theol*[ogiae]. *D*[octor]. *et P*[rofessor]. *P*[ublicus].
O[rdinarius]., *Collegii Senat*[us].
Senior et Reverendi Ministerii Ro-
stochii Superintendens, natus 1651
den 6. Jan[uarii]., *denatus 1715 den 9. Aug*[usti].
Aet[atis suae]. *65.*

---

[239] SCHLIE I, 1896, 58. – S.u. S. 129, Abb. 58.

[240] SCHLIE I, 1896, 59.

[241] Ebd., 165.

[242] S.u. Kap. 2.3.

[243] S. 130, Abb. 62.

Angesichts der starken Bildpräsenz, welche die ‚Universitätsfamilie' Quistorp in der Rostocker Marienkirche zeigte, erübrigte sich für sie vor 1800 eine separate Statusrepräsentation in anderen Gebäuden der Universität Rostock. Denn die Marienkirche war ja in den drei Jahrhunderten der Frühen Neuzeit, zwischen 1500 und 1800, nicht allein ein zentraler Versammlungs- und Memorialort von Kirche, Magistrat und Stadtgemeinde, sondern zugleich auch ein prominenter Versammlungs- und Memorialort der Rostocker Universität und ihrer ‚Universitätsfamilien'. Als Großherzog Friedrich Franz II. von Mecklenburg-Schwerin (1823–1883) im 19. Jahrhundert, zwischen 1867 und 1870, ein neues Hauptgebäude der Universität Rostock in den Formen der Neorenaissance errichten ließ, das auch eine zentrale Aula umfasste, wurde ein Neorenaissance-Rundporträt des älteren Johannes Quistorp, das der leitende Architekt Hermann Willebrand um 1870 nach einem Entwurf von 1866 schuf, in das Bildprogramm der Aula aufgenommen.[244]

Eine zweite Grablege begründeten die Rostocker Theologen Quistorp in den frühen 1650er Jahren in der Jakobikirche, der Pfarr- und Kirchspielskirche der Rostocker Neustadt. Die Jakobikirche wurde als Sitz eines landesherrlichen Domkollegiatstifts (bis 1574) auch der Rostocker Dom genannt und war neben der Marienkirche die reichste Pfarrei der Hansestadt. Johannes Quistorp d.J. war hier 1649 Archidiakon (= zweiter Prediger) geworden und rückte 1653 zum Pastor der Kirche auf. Die Grabstätte, die er für sich und seine Familie in St. Jakobi stiftete, war ab 1654 in Gebrauch: 1654 wurde hier Thomas Quistorp (1652–1654) bestattet, ein frühverstorbener Sohn des Theologieprofessors Johannes Quistorp d.J.[245] 1663 folgte seine Mutter Barbara Quistorp geb. Domann (1597–1663),[246] 1667 wurde der kleine Johannes Quistorp (*†1667) im Familiengrab in der Jakobikirche bestattet.[247]

Der Theologieprofessor Johannes Quistorp d.J. (1624–1669) selbst fand seine letzte Ruhestätte nicht in der Jakobikirche, sondern im Familiengrab in der Rostocker Marienkirche. Dort hat sich auch jenes Porträtgemälde

---

[244] HOLLACK 2017, 210f; KRÜGER / MÜNCH II, 2017, 95 (Abb. 10). – Vorlage des Porträtmedaillons ist Quistorps Kupferstich-Porträt in den *Monumenta inedita* des Ernst Joachim von Westphalen von 1743 (s. S. 128, Abb. 57).

[245] Kap. 2.6, Eintrag Nr. 3.

[246] Kap. 2.6, Eintrag Nr. 5.

[247] Kap. 2.6, Eintrag Nr. 6.

1.6 Familiale Memorialkultur

von ihm erhalten, das Friedrich Schlie 1896 beschrieb.[248] Ein zweites Porträtgemälde von ihm befand sich in der Jakobikirche, wo Friedrich Schlie es 1896 als ein „*überlebensgrosses Bildniss des Professors der Theologie Johann Quistorp jun., Prediger an St. Jakobi von 1649 bis 1669. Leinwand*"[249] bezeichnete und es dem Rostocker Porträtmaler Emanuel Block (1608 – nach 1688) zuschrieb. Offenbar war das Porträt signiert, im Unterschied zu dem Porträtgemälde in St. Marien, das den jüngeren Johannes Quistorp zeigt und das Schlie ebenfalls 1896 beschrieb.[250] Schlie überliefert die Signatur: „*Emanuel Block pinxit a*[nn]*o 1670*".[251] Das Porträtgemälde, das ursprünglich zur Ausstattung der Quistorp-Grablege in St. Jakobi gehört haben dürfte, ging mit der gesamten Innenausstattung der Kirche im Zweiten Weltkrieg verloren, am 26. April 1942 bei einem alliierten Luftangriff.[252] Immerhin konnte ein Foto des Porträtgemäldes aus der Zwischenkriegszeit ermittelt werden, das sich im Nachlass von Pfarrer Hans Joachim Quistorp (1920–2018) in Bonn-Bad Godesberg erhalten hat.[253]

Auch nachdem der jüngere Johannes Quistorp 1669 gestorben war, wurde die Quistorp-Grablege in der Rostocker Jakobikirche weiter genutzt, um Angehörige der Familie zu bestatten, auch in weiblicher Linie. Beispielsweise ließ Johann Moritz Poltz oder Poltzius (1638–1708),[254] der Pastor an St. Johannis in Rostock und Ehemann der Sophia Quistorp (um 1656–1743),[255] einer Tochter des jüngeren Johannes Quistorp, den erstgeborenen Sohn der Eheleute Poltzius-Quistorp, der wie sein Vater Johann Moritz Poltz (*Poltzius*) hieß, am 4. Februar 1691 *sehr honorifice begraben in St. Jacob bey der cantzel in der Quistorpischen begräbniß*.[256]

---

[248] SCHLIE I, 1896, 58. – S.u. S. 129, Abb. 58.

[249] SCHLIE I, 1896, 94.

[250] Ebd., 58.

[251] Ebd., 94.

[252] Link: http://www.mv-terra-incognita.de/gesamt.htm?http://www.mv-terra-incognita.de/beitraege/denkmale/verlorene/jakobi/jakobi1.htm~mainFrame.

[253] S. 129, Abb. 60.

[254] Anm. II 182.

[255] Ebd.

[256] Pastors Poltzius schrieb im AHR, 1.1.18.3.-Kirchenbuch St. Johannis, 1668–1816, 158: *Demortui anno 1691. [...] d. 27. jan. starb mein erstes söhnlein Johannes Mauricius, von der fr. Sophia Quistorpin gebohren, abends kurtz vor 11 uhr, ward den 4. febr. sehr honorifice begraben in St. Jacob bey der cantzel in der Quistorpischen begräbniß.*

Die Quistorp-Grablege in der Rostocker Nikolaikirche wurde vom Rostocker Theologieprofessor D. theol. Johann Nicolaus Quistorp (1651–1715) begründet, der ab 1676 Diakon, ab 1684 Pastor an St. Nikolai war. Als der Kunsthistoriker Friedrich Schlie 1896 sein Inventar der Kunst- und Geschichtsdenkmäler im Großherzogtum Mecklenburg-Schwerin publizierte, führte er darin auch zwei Porträtgemälde des Theologieprofessors Johann Nicolaus Quistorp auf: Ein heute verlorenes Bildnis, das Schlie als ein lebensgroßes Porträt mit separat angehängter Inschrift beschreibt, schmückte seine Wirkungsstätte, die Nikolaikirche in Rostock, wo Johann Nicolaus Quistorp auch seine letzte Ruhestätte fand.[257] Hinweise zur Bildgestaltung liegen nicht vor. Ein weiteres Porträtgemälde des Theologen Johann Nicolaus Quistorp, das vorstehend besprochen wurde, hat sich in der Rostocker Marienkirche[258] erhalten, wo das Hauptbegräbnis der Rostocker Theologen Quistorp lag.

Im Falle des Theologen Johann Nicolaus Quistorp wiederholt sich mithin eine Praxis, die vorstehend bereits für seinen Vater, den jüngeren Johannes Quistorp, beschrieben wurde. In beiden Fällen hing 1896, als Schlie die Kunstdenkmäler der Rostocker Pfarrkirchen inventarisierte, ein Porträtgemälde dort, wo der jeweilige Theologe als Pfarrer gewirkt hatte: Ein Porträtgemälde des jüngeren Johannes Quistorp hing in der Pfarrkirche St. Jakobi,[259] ein Porträtgemälde des Johann Nicolaus Quistorp in der Pfarrkirche St. Nikolai. Zugleich waren beide Theologieprofessoren zur Inventarisierung von 1896 auch mit jeweils einem Porträtgemälde in der Marienkirche vertreten,[260] die dort heute noch hängen. Die Inschriften beider Porträts in St. Marien enthalten keinen Hinweis auf das Pfarramt der Professoren in St. Nikolai und St. Jakobi. Beide Porträts waren vermutlich ein Bestandteil der Hauptgrablege der Familie Quistorp in der Marienkirche und gehörten dort zu einer Porträtgalerie der ‚Universitätsfamilie'.

---

[257] SCHLIE I, 1896, 165: „An der Westwand, südwärts vom Thurm, das lebensgroße Bild des Superintendenten Jo. Nikol. Quistorp, geb. zu Rostock den 6. Januar 1651, Diakonus 1676, Pastor 1684, gest. 9. August 1715. Inschrift auf einem Bilde unter dem Schilde." Über den Verbleib des Gemäldes konnte nichts ermittelt werden.

[258] S. Anm. I 239 u. Anm. I 241; dazu S. 129, Abb. 58, u. S. 130, Abb. 62.

[259] S. 129, Abb. 60.

[260] S. 129, Abb. 58 u. Abb. 62.

1.6 Familiale Memorialkultur

Die Porträtgemälde der Rostocker Theologen Quistorp des 17. und 18. Jahrhunderts, die sich im öffentlichen Raum der Rostocker Marienkirche wie auch im Privatbesitz der Familie erhalten haben, zeichnen sich durch eine gewisse Bescheiden- oder Nüchternheit in der sozialen Inszenierung der Porträtierten aus. In ihrer Kleidung (mit Schaube und Halskrause) sowie durch das Buch, das sie in den Händen halten, sind die Dargestellten durchwegs als Gelehrte und als lutherische Theologen charakterisiert. Inschriften, soweit vorhanden, informieren über die Positionen, die der Dargestellte jeweils in Universität, Kirche, Stadt und Territorium innehatte. Familiale Statussymbole fehlen hingegen auf den Quistorp-Porträts. Insbesondere zeigt kein Porträt das Familienwappen, ein wichtiges Medium der Oberschichten-Kommunikation in der Vormoderne,[261] das im Adel und beim städtischen Patriziat im Funeralkult und in der Totenmemoria, nicht zuletzt als Abbildung auf dem Totenschild, eine bedeutsame Rolle spielte.[262] Weder lässt sich eine Wappenmalerei entdecken, die für jeden sichtbar das jeweilige Porträt zierte, noch waren Wappen versteckt angebracht, etwa als Wappendarstellung auf einem Siegelring am Finger.

Der Befund lässt sich als ein Gestus der *humilitas* deuten. Im Zentrum der Porträts, welche die mehrheitlich anonymen Maler schufen, stand das Amt, das theologisch-kirchliche Aufgabenspektrum des Porträtierten, nicht dessen Rang als Person. Die Porträtmaler schufen Bildnisse von Amtspersonen, hier von Professoren der Theologie und Pfarrern. Alles Familiale steht demgegenüber zurück, sogar die in der Porträtmalerei übliche Abbildung des Familienwappens. Es erscheint insofern konsequent, dass sich bislang kein Porträtgemälde der Ehefrauen Quistorp bis 1766 gefunden hat. Auch fehlen bei den Theologen Quistorp, die zwischen 1615 und 1766 amtierten, Familienporträts, die den Hausvater im Kreise seiner Familie zeigen.

Auch die Porträtstiche des 17. und 18. Jahrhunderts, die Mitglieder der Familie Quistorp zeigen,[263] sind durchwegs Gelehrtenporträts: Das Ämterspektrum der Porträtierten steht jeweils im Zentrum der Abbildung. Kein Stich, der bislang bekannt geworden ist, zeigt das Familienwappen. Stiche der Ehefrauen oder von Kindern der Familie konnten nicht ermittelt werden.

Das Nutzungsspektrum der Porträtstiche passt, soweit es sich noch erschließen lässt, zur Inszenierung der Dargestellten als Gelehrte:

---

[261] WITTEKIND 2019.
[262] PUTZER 2018; PAWLIK 2019, 186f; PAWLIK 2020.
[263] S. 126ff, Abb. 54–57; S. 130ff, Abb. 64f, 67.

Porträtstiche der Theologen Quistorp und des Juristen Johann Christian Quistorp fanden Eingang in deren Bücher,[264] ebenso in biografische Lexika.[265] Außerdem schmückten sie Einträge, welche die Theologen Quistorp in die Stamm- oder Freundschaftsbücher (die *Libri* oder *Alba amicorum*) ihrer Studenten einschrieben. Johannes Quistorp d.Ä. etwa ließ in den 1640er Jahren bei Wolfgang Hartmann einen Porträtstich anfertigen, der die Techniken eines Kupferstichs und einer Radierung kombinierte, und ließ das Porträt durch Andreas Tscherning (1611–1659), einen Zögling des Breslauer Gymnasiums, Professor für Poesie in Rostock und Sprachreformer im Umfeld von Martin Opitz, in lateinischen Distichen unterlegen.[266] Der Porträtstich schmückte den Eintrag, den Quistorp im Oktober 1646 ins Stammbuch seines Studenten Johannes Grambs (1624–1680) notierte.[267] Grambs, der später Prediger in Frankfurt am Main wurde, war ein Schwiegersohn des Straßburger Theologen Johann Georg Dorsche (1597–1659), der 1653 einem Ruf als Theologieprofessor an die Universität Rostock folgte und ein Kollege des jüngeren Johannes Quistorp wurde.[268] Auch eine Porträtzeichnung des jüngeren Johannes Quistorp, die sich in der Grafiksammlung der Österreichischen Nationalbibliothek in Wien erhalten hat, entstand vermutlich im Kontext der damaligen Stammbuch-Mode.[269]

Der Befund, dass sich das Familienwappen der Quistorps im 17. und 18. Jahrhundert weder auf den Porträtgemälden der Theologen Quistorp noch auf ihren Porträtstichen finden lässt, überrascht. Denn im Zeitraum von 1619 bis 1766, den die Familiennachrichten der Quistorpischen Hausbibel umgreifen, nutzte der Rostocker Familienstamm kontinuierlich ein Wappen, um Urkunden und Briefe zu siegeln: privat ebenso wie amtlich, in Sachen

---

[264] Beispiel: S. 126, Abb. 54.

[265] Beispiel: S. 127, Abb. 56.

[266] S. 126, Abb. 54. – Zu Tscherning s. BORCHERDT 1912; dazu ASCHE 2000, 129; BOGNER 2010; AREND 2015. – ASCHE 2000, 129 wertet Rostock mit Blick auf „eine Reihe von ausgezeichneten neulateinischen Dichtern auf Rostocker Poesielehrstühlen" „neben Straßburg, Helmstedt, Heidelberg, Königsberg, Leipzig und Wittenberg im 17. Jahrhundert als ein Zentrum der späthumanistischen akademischen Dichtkunst und Rhetorik".

[267] KURRAS V/1, 1988, 82f.

[268] S. den Eintrag zu Prof. D. theol. Johann Georg Dorsche im CPR, URL: http://purl.uni-rostock.de/cpr/00001425.

[269] Johannes Quistorp d.J. (1624–1669), Zeichnung: ÖNB Wien, Bildarchiv und Grafiksammlung, Porträtsammlung, Inventar-Nummer: PORT_00132937_01. Link: http://www.portraitindex.de/documents/obj/oai:baa.onb.at:8416005.

der Universität ebenso wie in kirchlichen und städtischen Kontexten. Der Wappenschild und die Helmzier zeigten zunächst, unter den drei Theologieprofessoren D. theol. Johannes Quistorp d.Ä., D. theol. Johannes Quistorp d.J. und D. theol. Johann Nicolaus Quistorp, das Kreuz Christi, belegt mit der Dornenkrone; ein demonstrativer Verweis der Theologen Quistorp auf den Kreuzes- und Opfertod Christi als Grundlage der neutestamentarischen Erlösungsbotschaft. Später, seit dem Zeitalter der Aufklärung – nachweisbar zuerst bei den Brüdern Prof. D. theol. Johann Jacob Quistorp (1717–1766) und Prof. D. theol. Bernhard Friedrich Quistorp (1718–1788) – zeigte der Wappenschild das Kreuz und einen Lorbeerkranz als Siegeskranz oder Krone, gewiss in Anspielung auf den Bibelvers *Sei getreu bis an den Tod, so will ich dir die Krone des Lebens geben* (Offenbarung des Johannes).[270]

Bereits dem älteren Johannes Quistorp, von dem sich zahlreiche Abdrücke seines Siegels auf seinen Briefen erhalten haben, etwa in der Uffenbach-Wolfschen Briefsammlung in der Staats- und Universitätsbibliothek Hamburg,[271] aber auch in Familienbesitz,[272] war eine Nutzung des Familienwappens als ein Medium sozialer Repräsentation im kirchlichen Raum keineswegs fremd. 1645 hinterließ D. IOHANNES QUISTORPE gemeinsam mit elf weiteren Stiftern eine farbige, datierte Wappenscheibe[273] in einem Fenster der Dorfkirche des Ortes Rostocker Wulfshagen (Stadt Marlow) bei Ribnitz. Sie zeigt das Wappen mit Kreuz und Dornenkrone, das noch Dr. iur. utr. Theodor Johann Quistorp (1722–1776) in Wismar nutzte.[274]

Zum Wiederaufbau der Dorfkirche, der noch im Krieg erfolgte, trugen neben Quistorp elf Rostocker Honoratioren bei, die Wappenscheiben in den Kirchenfenstern hinterließen und der Familie Quistorp zum Teil durch

---

[270] Off. 2,10. – Zu den historischen Varianten des Familienwappens Quistorp s. QUISTORP 2006, 21–32 (dazu die jeweils aktualisierte Textversion unter www.quistorp.de).

[271] SuUB Hamburg, Supellex epistolica Uffenbachii et Wolfiorum, 4, 84; 8, 280 (mit gut erhaltenem Siegelabdruck in Wachs); 98, 54; 98, 60.

[272] Johannes Quistorp d.Ä. (1584–1648) an Abraham Calov (1612–1686) in Königsberg, Rostock 21. April 1641 (Nachlass Hans Joachim Quistorp, Bonn–Bad Godesberg). Adresse: *Pl. reverendo clarissimo et excellentissimo viro domino Abrahamo Calovio, sanctissimae theologiae doctori et in Regiomontana Academia professori celeberrimo, fautori meo et in Christo fratri plurimum colendo, Regiomontani.* Darunter Siegelstempel in rotem Wachs; Autograf Prof. D. theol. Johannes Quistorp d.Ä. (Text: s. Anm. I 156).

[273] SCHLIE I, 1896, 370; QUISTORP / VON QUISTORP 2014, 11.

[274] CRULL 1875, 115.

Patenschaften verbunden waren: Luttermann,[275] Petraeus[276] und Lembke,[277] Meincke, Lohrmann,[278] Clinge (Kling), Ross, Martens, Brun,[279] Bulten und Toppelius.

Joachim Anton Friedrich Quistorp (1792–1860), ein mecklenburgischer Major in Rostock,[280] berichtet in einem Schreiben vom 4. Oktober 1843, er habe in der Quistorp-Kapelle in der Rostocker Marienkirche jenes ältere Familienwappen der Quistorps gesehen, das auf dem Wappenschild und als Helmzier das mit einer Dornenkrone belegte Kreuz zeigt.[281] Wenngleich die aktuell überlieferten Theologenporträts der Quistorps, die zum Funeralkult der Familie in der Marienkirche gehörten, keine Wappen aufweisen, war das Familienwappen mithin doch im Kirchraum von St. Marien präsent, wo die zentrale Begräbnisstätte der Rostocker Quistorps lag. Nach Aussage des Majors Quistorp war die Erbgrablege der Familie in der Marienkirche bis in die erste Hälfte des 19. Jahrhunderts hinein in eine Kapellenkonstruktion eingefasst, über deren Aussehen aktuell nichts bekannt ist. Dort sah Joachim Anton Quistorp vor 1843 das Familienwappen des älteren Johannes Quistorp, des Begründers der Rostocker ‚Universitätsfamilie'. Ob er das Wappen auf Grabplatten oder Epitaphien sah, die heute verloren sind, oder ob es zur umgebenden Kapellenkonstruktion gehörte, bleibt unklar.

Inwieweit Familienwappen die Häuser in Rostock zierten, die Angehörige der Familie Quistorp im 17. und 18. Jahrhundert bewohnten,[282] ist unbekannt, ebenso andere Detail zur Statusrepräsentation, welche die Familie bis 1766 in ihren Privathäusern sowie in den Pastoraten betrieb, die Mitglieder der Familie bewohnten.

---

[275] Zu Johann Luttermann (1581–1657), Bgm. der Hansestadt Rostock und Patenonkel des Prof. D. theol. Johannes Quistorp d.J. (1624–1669), s. Anm. II 42.

[276] Zu Johann Petersen alias Johannes Petraeus (1597–1670), Bgm. der Hansestadt Rostock und 1654 Patenonkel des Stephan Quistorp (1654 – vor 1691), s. Anm. II 181.

[277] Zu Prof. Dr. iur. Hermann Lembke (1619–1674), dessen Gattin die Patentante der Anna Maria Quistorp (1663–1664) wurde, s. Anm. II 199.

[278] Zu Joachim Lohrmann, *decemvir* und Vorsteher der Kirche St. Johannis, dessen Gattin die Patentante der Anna Quistorp (1625–1664) war, s. Anm. II 48.

[279] S.u. Anm. II 134.

[280] S.o. bei Anm. I 18.

[281] Hinweis im handschriftlichen Beitrag des Barthold von Quistorp von 1903 (Nachweis: s.o. Anm. I 15).

[282] MULSOW 2005.

1.6 Familiale Memorialkultur

Bereits Johannes Quistorp d.Ä. legte Wert darauf, dass Familienmitglieder ehrenvoll im Kirchraum bestattet wurden, auch wenn sie auswärts gestorben waren. Als 1619 sein jüngerer Bruder Jochim in Stralsund der Pest zum Opfer fiel, ließ er ihn in der Stralsunder Hauptkirche St. Marien beisetzen.[283]

In der sächsischen Juristen- und Theologendynastie Carpzov, die sich in den Jahrhunderten der Frühen Neuzeit in mehrere Familienlinien aufspaltete, waren es die beiden Familienstipendien des Leipziger Juristen Benedikt II. Carpzov (1595–1666), des bekannten Strafrechtlers, die das historisch-genealogische Familienbewusstsein entscheidend förderten. Seine beiden Studienstiftungen entwickelten sich bald zu einem Zentralort der familiären Memoria.[284] Um eine korrekte Vergabe der Stipendien zu gewährleisten, entstand das Senioratsarchiv der Familie Carpzov, das Informationen über alle stiftungsberechtigten Mitglieder der einzelnen Familienzweige bereithielt und bald einen zentralen Quellenfundus bildete, aus dem sich die Memorialkultur der Familie munitionieren konnte.[285]

Im Falle der Theologen Quistorp war die Familienbibel von 1615, die Johannes Quistorp d.Ä. um 1615/16 in die Familie einbrachte und die bis 1766 im Rostocker Familienstamm der Familie Quistorp, seither im älteren Rostocker Ast der Familie aufbewahrt und weitergereicht wurde, mit ihren Familiennachrichten der Jahre 1619–1766 ein zentrales Medium familialer Memorialkultur; ein Medium, mit dessen Hilfe Statusanspruch und familialer Habitus intergenerational kommuniziert wurden: als ein Ansporn, aber auch als eine Erwartung und Mahnung an die Nachlebenden, die Familiengeschichte – orientiert am akademischen Habitus[286] der Rostocker Theologen Quistorp – standesgemäß fortzusetzen.

Die Familiennachrichten, die über fünf Generationen hinweg vom jeweiligen Familienoberhaupt in die Hausbibel eingetragen wurden, waren ein Fundus detailgenauer Informationen zur Familiengeschichte, wie sie fortwährend Eingang in Leichenpredigten und akademische *Programmata fune-*

---

[283] S. Kap. 2.1, Eintrag Nr. 1.
[284] KÜMMERLE, Konfessionalität, 2008, 77f.
[285] Ebd., 78f; nach SCHIECKEL, Familienstiftung, 1960.
[286] FÜSSEL 2009.

bria fanden. Durch ihren Vortrag bei Trauerfeiern sowie durch ihre Publikation im Druck erreichte die Memoria der Gelehrtenfamilie außerfamiliäre Öffentlichkeiten in Stadt, Territorium, Universität und Kirche. Das Bild der Familiengeschichte der Theologen Quistorp, das die Leichenpredigten und *Programmata funebria* der Rostocker Universität transportierten, munitionierte langfristig auch die Historiografie und Kirchengeschichtsschreibung.

Thomas Kaufmann wies 1997 darauf hin, dass Rostocker Theologieprofessoren seit dem zweiten Drittel des 17. Jahrhunderts autobiografische Lebensbeschreibungen hinterließen.[287] Und er nutzte bereits die Aufzeichnungen des Rostocker Theologen Stephan Klotz (1608–1668), der 1632–1636 *rätlicher* Theologieprofessor in Rostock, dann 1636–1668 Generalsuperintendent der königlich dänischen Anteile der Herzogtümer Schleswig und Holstein war und seine Lebensbeschreibung in seine Handbibel eintrug.[288] Zum Teil sind solche Selbstzeugnisse, die durchwegs bewusst konstruierte Ego-Dokumente sind,[289] noch im Original erhalten, liegen mithin in handschriftlicher Form vor. Zum Teil sind sie im Druck überliefert. Ein weiterer Teil von ihnen ist allein indirekt bezeugt: Denn autobiografische Texte, die Rostocker Theologieprofessoren zu ihren Lebzeiten verfassten, hinterließen deutliche Spuren in den Leichenpredigten, die Pfarrer aus Anlass ihrer Bestattung hielten, ebenso in den *Programmata funebria* der Universität Rostock: jenen akademischen Ansprachen, die der amtierende Rektor der Universität oder der Dekan der zuständigen Fakultät zur jeweiligen Trauerfeier im Familienkreis der Theologieprofessoren publizierte und die als Geschichtsquellen bislang ganz unzureichend erschlossen sind.

Der Kirchenhistoriker Kaufmann wertete den Wandel, den er in der Memorialpraxis Rostocker Theologen diagnostizierte, als ein Indiz für einen tiefgreifenden Individualisierungsschub um 1600, der Auswirkungen auf die Theologie des untersuchten Personenkreises ebenso wie auf seine Frömmigkeitspraxis gehabt habe und, indem er in ständigem Bezug auf die Heilsfrage religiöse Subjektivität und eine persönliche Perzeption des Glaubens förderte, eine Bewegung begründete, die dem Kollektiv der lutherischen Konfessionsgemeinschaft entgegenwirkte und damit in letzter Konsequenz entkonfessionalisierend wirkte.[290] Johannes Quistorp d.Ä. (1584–1648), der

---

[287] KAUFMANN 1997, 165f.

[288] Ebd., 166; nach: KLOTZ 1745. – Zu Stefan Klotz s. den Eintrag im CPR, URL: http://purl.uni-rostock.de/cpr/00001389.

[289] KRUSENSTJERN 1994; SCHULZE 1996.

[290] KAUFMANN 1997, 165f, 605–615.

1.6 Familiale Memorialkultur

Begründer einer der großen Rostocker ‚Universitätsfamilien' der Frühen Neuzeit, fügt sich in Kaufmanns Befund und Wertung ein: Nicht allein, weil seine Leichenpredigt von 1648 auf einer autobiografischen Lebensbeschreibung des Verstorbenen gründen dürfte, was schon Thomas Kaufmann herausarbeitete[291] und was jetzt anhand seiner Eintragungen in die Hausbibel Quistorp erhärtet werden kann. Sondern zugleich, weil dieser Akteur einer lutherischen Konfessionalisierung, dessen Wirken auf eine Reformation nicht allein der Lehre, sondern auf eine „Reformation des Lebens" der kirchlichen Amtsträger sowie aller Gläubigen zielte,[292] mit seinen Einträgen in die Haus- und Familienbibel von 1614/15 eine familiale Memorialkultur initiierte, die fünf Generationen der Theologen Quistorp sukzessive bis 1766 fortführten.

Die Einträge setzen mit dem Jahr 1619 ein. Insofern dokumentieren sie die Frühphase jenes Individualisierungsschubes, den Kaufmann für die Rostocker Theologenschaft des 17. Jahrhunderts konstatierte, die in ihrer Bezogenheit auf die für das Luthertum konstitutive Botschaft vom Heilszuspruch an den gerechtfertigten Sünder bestrebt war, Luthers „Reformation der Lehre" durch eine „Reformation des Lebens" und eine persönliche *praxis pietatis* zu vollenden; einer Bewegung, die in die unmittelbare Vorgeschichte des Pietismus gehört und in der sich Johannes d.Ä. und Johannes d.J. Quistorp engagierten.[293]

Die Langzeitperspektive von rund 150 Jahren, welche die familienbezogenen Eintragungen in der Hausbibel Quistorp über eine geschlossene Folge von fünf Generationen hinweg eröffnen, sichert ihnen eine Sonderstellung unter den autobiografischen und familiengeschichtlichen Aufzeichnungen Rostocker ‚Universitätsfamilien' der Frühen Neuzeit und motiviert

---

[291] KAUFMANN 1997, 138, mit Bezug auf CORFINIUS, *Subitanea*, 1648, sowie auf die beiden *programmata funebria* zum Tode Quistorps, die Prof. Dr. iur. Heinrich Rahne (1601–1662) als der amtierende Rektor der UNI Rostock (VD 17 14:070776K, Link zum Digitalisat: http://purl.uni-rostock.de/rosdok/ppn777388472), und Prof. Dr. theol. Hermann Schuckmann (†1686) als Dekan der THEOL. FAK. 1648 beim UNI-Drucker Nikolaus Keil publizierten (VD 17 14:070780V, Link zum Digitalisat: http://purl.uni-rostock.de/rosdok/ppn748728945). Außerdem legten Kollegen und Freunde 1648 eine Sammlung von Trauergedichten vor: VD17 14:070783T, Link zum Digitalisat: http://digital.slub-dresden.de/id379819384.

[292] KLUETING 2003, 83.

[293] Zum Forschungskontext s. KAUFMANN 1997, passim; zusammenfassend KLUETING 2003, 1–22; zur Stellung, die der ältere Johannes Quistorp in dieser Reformbewegung einnimmt, ebd., 83ff.

die kommentierte Edition dieser Quelle im zweiten Teil der Studie, zumal sich die Hausbibel von 1614/15 bis zur Gegenwart ununterbrochen im Privatbesitz der Familie Quistorp befindet und deshalb der Forschung nicht uneingeschränkt zur Verfügung steht. Die Familiennachrichten wurden in lückenloser Generationenfolge von 1619 bis 1766 fortgeschrieben, mithin von der Hochphase einer lutherischen Konfessionalisierung bis ins Zeitalter des Rationalismus, der Aufklärung und der Empfindsamkeit hinein; und das macht die Hausbibel der Familie Quistorp zu einer Quelle von historischem Wert, sowohl mit Blick auf die Frömmigkeitsgeschichte als auch unter einer elitensoziologischen und kulturhistorischen Forschungsperspektive.

Mit dem Tod des Rostocker Theologen Johann Jacob Quistorp 1766 bricht die Folge familienbezogener Eintragungen in der Hausbibel Quistorp ab. Warum seine Erben, die Rostock nach 1766 verließen, darauf verzichteten, diese Tradition fortzuführen, ist nicht bekannt. Es ist nicht einmal sicher, dass die Aufzeichnungspraxis tatsächlich 1766 ihr Ende fand. Denn in der Hausbibel kann es weitere, heute verschollene Blätter gegeben haben, die vielleicht nur lose eingelegt waren und familienbezogene Aufzeichnungen zu weiteren Generationen bereithielten. Oder fortan wurden Nachrichten mit Familienbezug außerhalb der alten Familienbibel notiert und sind heute verloren. Seit dem 19. und 20. Jahrhundert trat dann das gedruckte genealogische Schrifttum das Erbe der handschriftlichen Aufzeichnungen an und wurde zum entscheidenden Wissensspeicher in Fragen der Familiengeschichte. Wie dem auch sei: Die Hausbibel blieb im älteren Rostocker Ast der Familie Quistorp auch über die Zäsur von 1766, das Abbrechen der familiengeschichtlichen Eintragungen, hinaus erhalten und ein Kernstück der familiären Memoria, das bis zur Gegenwart im Familienbesitz gehalten wird.

Anhang zu Kapitel 1.6:
Gelehrtenporträts Quistorp vor / bis 1766 im öffentlichen und privaten Raum – Eine Bilddokumentation

© Peter Arnold Heuser

Abb. 45: Johannes Quistorp d.Ä. (1584–1648),
Öl auf Holz (ohne Rahmen: ca. 57,5 x 45 cm),
Inschrift in goldenen Lettern:
JOHANNES QUISTORPIVS. / THEOL: DOCTOR. EIVSDEM
FACVLT: PROF: ET SENIOR. / SVPERINTENDENS. NAT. ROST:
ANNO MDLXXXIV. / MORTVVS A[NN]O 1648.

Privatbesitz Familie Quistorp.

Abb. 46–51: © PETER ARNOLD HEUSER

Abb. 46: Johannes Quistorp d.Ä. (1584–1648), Öl auf Holz (wie Abb. 45), Detail.

Abb. 49: dito, Rückseite und Rahmung.

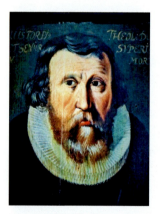

Abb. 47: dito.

Abb. 50: dito, Detail Rückseite.

Abb. 48: dito.

Abb. 51: dito; Detail des Gewandes aus Seidenbrokat.

1.6 Gelehrtenporträts Quistorp vor/bis 1766

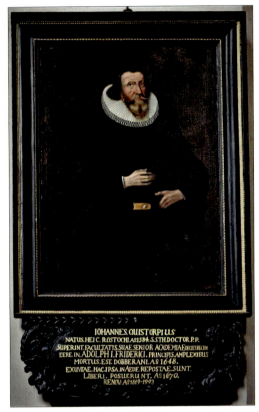

© Peter Arnold Heuser

Abb. 52: Johannes Quistorp d.Ä. (1584–1648),
Öl, Leinwand auf Holz (Maße nicht bekannt),
Bildunterschrift* in goldener Kapitalis:

JOHANNES. QUISTORPIUS
NATUS. HEIC. ROSTOCHI. A[nn]O 1584. S.S. TH. DOCTOR. P.P.
SUPERINT. FACULTATIS. SUAE. SENIOR. ACADEMIAE. [UN]DECIES. RECTOR
[F]ERE. IN. ADOLPHI. FRIDERICI. PRINCIPIS. AMPLEXIBUS
MORTU[U]S. EST. DOBBERANI. A[nn]O 1648.
EXUV[I]AE. HAC. IPSA. IN AEDE. REPOSTAE. SUNT.
LIBERI. POSUERUNT. A[nn]O. 1670.
RENOV. A[nn]O 1819. 1993.

Rostock, Marienkirche.

*Mit Korrektur mehrerer Fehllesungen, die bei den Restaurierungen im 19. und 20. Jahrhundert entstanden sind.

© PETER ARNOLD HEUSER

Abb. 53: Johannes Quistorp d.Ä. (1584–1648), Öl, Leinwand auf Holz (ca. 80 x 65,5 cm), nach der Restaurierung 2017. Inschrift in goldenen Lettern:

Johannes Quistorpius, S.S. Theologiae D., P.P., Rever. Minister. Superintendens Facultatis Suae Senior, Academiae [un]decies rector, natus Rostochii 1584 den 18. Aug., denatus Doberani 1648 den 2. May Aet. 64.

Rostock, Marienkirche.

© WIKIMEDIA COMMONS:
https://de.m.wikipedia.org/wiki/Datei:JohannesQuistorp.jpg
Link: http://www.portraitindex.de/documents/obj/33010417

Abb. 54: Johannes Quistorp d.Ä. (1584–1648), im Alter von 64 Jahren, Rostock 1648; Kupferstich / Radierung des Wolfgang Hartmann, Rostock.

Umschrift:

JOHANNES QUISTORPIUS THEOL. DOCTOR. EIUSDEM FACULT. PROF. ET SENIOR. SUPERINTENDENS.

Darunter: lateinische Distichen von Andreas Tscherning (1611–1659) aus Bunzlau / Schlesien, Professor für Poesie in Rostock:

Hos oculos, hac docta gerit QUISTORPIUS ora,
Coetera non potuit reddere sola graphis,
At spectes animi dotes, haud dicere promptum est,
Judicio num sit major an ingenio,
Ipse manu monumenta Viri tere, volve, revolve,
Philologum, Historicum, Theiologumque leges.

Blatt 17,8 x 15 cm; in QUISTORP, Annotationes, 1648, Vordereinband, Innenspiegel.

1.6 Gelehrtenporträts Quistorp vor/bis 1766

© WIKIMEDIA COMMONS,
https://de.wikipedia.org/wiki/Datei:Quistorp_d_Aeltere.png;

Link:
http://www.portraitindex.de/documents/obj/oai:baa.onb.at:841
6335

Abb. 55: Johannes Quistorp d.Ä. (1584–1648), Kupferstich (Blatt: 10,5 x 9,0 cm) des Melchior Haffner (1660–1704), Augsburg 1673, nach Wolfgang Hartmann (s. Abb. 54), in: SPITZEL 1673, 196.

Umschrift:

JOHANNES QUISTORPIUS THEOL.
DOCTOR. EIUSDEM FACULT. PROF.
SENI. ET SUPERINTENDENS.

© PETER ARNOLD HEUSER

Links:
http://www.portraitindex.de/documents/obj/33010415;
http://www.portraitindex.de/documents/obj/34017141;
http://www.portraitindex.de/documents/obj/oai:baa.onb.at:8
416353.

Abb. 56: Johannes Quistorp d.Ä. (1584–1648),

Kupferstich / Radierung (Blatt: ca. 4 x 8 cm) zugeschrieben an Johann Azelt (1654-1692) in Nürnberg, in: FREHER 1688, 530 mit Tab. 25.

Abb. 57: Johannes Quistorp d.Ä. (1584–1648),
Kupferstich in: WESTPHALEN III, 1743, nach Sp. 1258 (mit falschem Todesjahr).

1.6 Gelehrtenporträts Quistorp vor/bis 1766

© PETER ARNOLD HEUSER

Abb. 58: Johannes Quistorp d.J. (1624–1669),

Öl, Leinwand auf Holz (ca. 78 x 65,5 cm), restauriert 2017. Die goldene Inschrift oben rechts nennt Lebensdaten und Ämter des Porträtierten:

S.S. Theologiae Doctor, Professor publicus, Facultatis et Collegii Senatus Senior, Reverendi Ministerii Director, Universitatis Rostochiensis Rector Magnificus.

Rostock, Marienkirche, dort für 1896 Nachweis bei SCHLIE I, 1896, 58.

© PETER ARNOLD HEUSER

Abb. 60: Johannes Quistorp d.J. (1624–1669),

Öl, Leinwand auf Holz (Maße unbekannt). Das Gemälde ist allein von einem Foto der Zwischenkriegszeit bekannt. Vermutlich handelt es sich um das Porträtgemälde Quistorps in der Rostocker Jakobikirche, das SCHLIE I, 1896, 94 beschreibt und unter Verweis auf ein Signet dem Maler Emanuel Block (1608 – nach 1688) zuweist: *Emanuel Block pinxit anno 1670.* Das Gemälde ist seit 1942 Kriegsverlust.

Foto: Privatbesitz Familie Quistorp.

Abb. 59: Detail aus Abb. 58.

Abb. 61: Detail aus Abb. 60.

© Peter Arnold Heuser

Abb. 62: Johann Nicolaus Quistorp (1651–1715), Öl, Leinwand auf Holz (ca. 80,5 x 64 cm). Inschrift in goldenen Lettern:

Johannes Nicolaus Quistorpius S.S. Theol. D. et P.P.O., Collegii Senat. Senior et Reverendi Ministerii Rostochii Superintendens, natus 1651 den 6. Jan., denatus 1715 den 9. Aug. Aet. 65.

Rostock, Marienkirche, dort für 1896 Nachweis bei SCHLIE I, 1896, 58.

© Peter Arnold Heuser

Abb. 63: Johann Jacob Quistorp (1717–1766), Öl auf Leinwand (ohne Rahmen: ca. 78 x 62 cm), ohne Inschrift oder Signet.

Privatbesitz Familie Quistorp.

→ *Abb. 64:* Johann Jacob Quistorp (1717–1766),

Kupferstich, 26,1 x18,2 cm (Blatt), 24,0 x 16,7 cm (Platte); Stecher: Christian Fritzsch (1695–1769).

Nachstich eines Gemäldes von Johann Philipp Bleiel (†1775), 1754.

Link:
http://www.portraitindex.de/bilder/zoom/gmmp19230-0338

© Familienarchiv Quistorp

1.6 Gelehrtenporträts Quistorp vor/bis 1766

© Peter Arnold Heuser

Abb. 65: Johann Jacob Quistorp (1717–1766),
Kupferstich, 19,5 x 14,0 cm (Platte), 22,3 x 16,8 cm (Blatt); Stecher: Johann Martin Bernigeroth (1713–1767), datiert: Leipzig 1757.

Privatbesitz Familie Quistorp.

Link: *http://www.portraitindex.de/documents/obj/33207227*

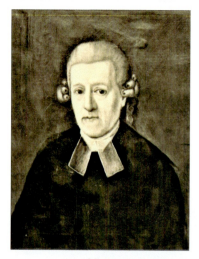

© FAMILIENARCHIV QUISTORP

Abb. 66: Bernhard Friedrich Quistorp (1718–1788), Öl auf Leinwand (ca. 75 x 55 cm), ohne Inschrift / Signet.

Privatbesitz Familie Quistorp.

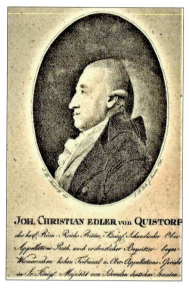

© PETER ARNOLD HEUSER

Abb. 67: Johann Christian Edler von Quistorp (1737–1795),

Punktiermanier und Radierung, 18,0 x 11,0 cm (Blatt).

Stecher: Johann Friedrich Bolt (1769–1836), datiert Berlin 1793, nach einer Zeichnung von Johannes Daniel Andorff (1765–nach 1819) in Rostock.

Privatbesitz Familie Quistorp.

Text:

Joh. Christian Edler von Quistorp, des Heil: Röm: Reichs Ritter, Königl: Schwedischer Ober-Appellations-Rath, auch ordentlicher Beysitzer beym Wismarschen hohen Tribunal u. Ober-Appellations-Gericht in Sr. Königl: Majestät von Schweden deutschen Staaten.

© PETER ARNOLD HEUSER

Abb. 68: Wappenscheibe des Johannes Quistorp d.Ä. in der Kirche des Ortes Rostocker Wulfshagen bei Ribnitz 1645.

1.7 Die familienbezogenen Einträge in der Hausbibel Quistorp 1619–1766

1.7.1. Ein Textkorpus zur Soziologie einer Rostocker ‚Universitätsfamilie' der Frühen Neuzeit

Die handschriftlichen Familiennachrichten, die zwischen 1619 und 1766 in der Hausbibel der Rostocker Theologen Quistorp notiert wurden,[294] bieten der historischen Elitensoziologie ein reichhaltiges Studienmaterial. Denn sie informieren über Strategien des Statuserwerbs, des Statuserhalts und der Status-Demonstration, auf denen die Erfolgsgeschichte der ‚Universitätsfamilie'[295] Quistorp in Rostock während des 17. und 18. Jahrhunderts gründete.

Michael Lilienthal[296] behauptete 1710 in seiner Abhandlung *De Meritis Quistorpiorum In Ecclesiam Et Rem Litterariam*, die Quistorps hätten ihren Aufstieg, der sie zu einer der angesehensten ‚Universitätsfamilien' des 17. und 18. Jahrhunderts in Rostock machte, ganz und gar aus eigener Kraft und Leistung geschafft. Als Ausgangspunkt und Basis des familiären Aufstiegs identifizierte er die Universitätslaufbahn des älteren Johannes Quistorp (1584–1648). Diesem sei es 1614/15 gelungen, als erster der Familie eine Professur als lutherischer Theologe in Rostock anzutreten, obwohl, wie Lilienthal wortreich betont, seine Vorfahren von einfacher, nichtakademischer Herkunft gewesen seien (*etsi igitur Quistorpiorum familia Maiores vilioris commatis, ignoratos et illaudatos habuerit*).[297]

Lilienthals Panegyrik charakterisiert Johannes Quistorp d.Ä. infolgedessen als den Spitzenahn der Professorendynastie. Auch in den folgenden Generationen seien die Quistorps immer „ihres eigenen Glückes Schmied" (*suae fortunae fabros*) geblieben, wie Lilienthal unter Rückgriff auf einen

---

[294] S. die kommentierte Volltext-Edition in Kap. 2.1 – Kap. 2.6.

[295] Zum Terminus s. KÜMMERLE, Profile, 2003; KÜMMERLE, Wissenschaft, 2006; KÜMMERLE, Konfessionalität, 2008; KÜMMERLE, Niveau, 2008.

[296] Zu Lilienthal s.o. S. 8, *14, 23, 79–83, 99f, 102ff, 106f, dazu Anm. II 477.

[297] LILIENTHAL 1710, 5. – Sozialaufsteiger aus Handwerkerfamilien hatten, wie ASCHE 2000, 475f statistisch nachweist, in der Tat nur einen marginalen Anteil an der Professorenschaft der Frühen Neuzeit in Rostock und Bützow.

Sinnspruch der römischen Antike betont:[298] *Etsi igitur Quistorpiorum familia Maiores vilioris commatis, ignoratos et illaudatos habuerit, hoc tamen nihil aliud, nisi illos suae fortunae fabros fuisse ipsos; nil aliud, nisi laudis suae nullos participes admisisse.* Nie habe sich ein Quistorp von externen Förderern oder Patronen abhängig gemacht.

Als Lilienthal diese Zeilen schrieb, war er in Rostock nicht allein ein Student im Range eines *Magister artium*, sondern er war als Konviktor im Hause Quistorp auch zugleich ein Klient des Rostocker Theologieprofessors D. theol. Johann Nicolaus Quistorp (1651–1715). Seine These eines Aufstiegs ganz aus eigener Kraft und durch eigene Leistung, der die Familie Quistorp im frühen 17. Jahrhundert aus einfachen sozialen Verhältnissen, im konkreten Fall aus Landwirten (Hufnern) im Fürstbistum Lübeck und einem Weißgerber in Rostock, zu einer Professorendynastie in Rostock habe aufsteigen lassen, wird Lilienthal deshalb kaum zum Druck gebracht haben, ohne sich dafür zuvor der Billigung durch seinen Patron Johann Nicolaus Quistorp versichert zu haben, dem er die Lobeshymne, die Lilienthal auf 32 Druckseiten ausführte, widmete.[299] Seine These wirft die Frage nach den Strategien sozialen Aufstiegs und des „Obenbleibens" auf, derer sich die Rostocker ‚Universitätsfamilie' Quistorp im 17. und 18. Jahrhundert bediente, und verweist damit auf die Grundfrage der Elitensoziologie nach den Strategien von Statuserwerb und Statuserhalt. Die Familiennachrichten, welche die Quistorps zwischen 1619 und 1766 in ihrer Hausbibel notierten, geben Teilantworten auf diese Frage,

- indem sie die Heiratskreise der Familie über fünf Generationen hinweg dokumentieren,
- indem sie helfen, das Netzwerk ihrer Patenschaften aufzudecken, über die Grenzen dessen hinaus, was die Überlieferung der kirchlichen Taufmatrikelbücher im Falle Rostocks zu erforschen erlaubt, und
- indem sie auf Patronage- und Klientelbeziehungen verweisen, in denen einzelne Familienmitglieder zu Dritten standen.

Für Studien zur Soziologie einer ‚Universitätsfamilie' der europäischen Frühneuzeit bieten die familienbezogenen Daten, welche die Quistorp-Bibel

---

[298] LILIENTHAL 1710, 5. – Der Sinnspruch *fabrum esse suae quemque fortunae* des römischen Staatsmannes Appius Claudius Caecus (um 340 – 273 v. Chr.) ist bei SALLUST, Epistolae ad Caesarem, I, 1, 2 überliefert.

[299] Zum historischen Ort der Panegyrik Lilienthals s.o. Text ab Anm. I 133 – I 142.

1.7.1 Ein Textkorpus zur Soziologie einer „Universitätsfamilie"

bereithält, kein abgeschlossenes Ganzes, aber immerhin ein beachtliches Korpus von Einzelnachrichten: Stückwerk, das im Rahmen der Auswertung immer auch des Abgleichs mit anderen Datenbeständen bedarf. Die Heiratsbeziehungen der Familie etwa, über die uns die Hausbibel Quistorp berichtet, dokumentieren allein einen Ausschnitt aus dem dichten Geflecht jener Ehen, welche die Rostocker ‚Universitätsfamilien' untereinander sowie mit anderen Oberschicht-Familien in Stadt und Region schlossen: mit Rostocker Stadtmagistraten, Groß- und Fernkaufleuten ebenso wie mit gelehrten Räten, Medizinern und Theologen, die in den Territorien und Hansestädten des Ostseeraumes Dienst taten. Für die Patenschaften gilt dasselbe: Die Hausbibel Quistorp dokumentiert, mit wenigen Lücken, allein jene Patenschaften, die das jeweilige Elternpaar anlässlich der Taufe ihrer Kinder organisierte. Nicht dokumentiert sind hingegen alle Patenschaften, die Angehörige der Familie Quistorp für Dritte – außerhalb der Familie – übernahmen. Und auch zur Aufklärung von Patronage- und Klientelbeziehungen leistet der familiengeschichtliche Datenbestand der Hausbibel allein einen Beitrag, der des Abgleichs mit und der Ergänzung durch andere Quellen bedarf.

Immerhin konstituiert der reichhaltige Datensatz, den die familienbezogenen Einträge in der Hausbibel Quistorp für die Sozialgeschichte der Hansestadt und der Universität Rostock enthalten, ein Korpus, dessen Edition geeignet erscheint, Studien zum Sozialprofil und zur Lebenswelt Rostocker ‚Universitätsfamilien' der Frühen Neuzeit sowie künftige Forschungen zum sozial- und bildungshistorischen Phänomen der frühneuzeitlichen ‚Familienuniversitäten' anzuregen und zu fördern. Denn das Datenkorpus zur Familiengeschichte der Rostocker Theologen Quistorp, das die Edition in Teil II der Studie verfügbar macht, ergänzt das Bild von Statuserwerb und Statuserhalt bei den Theologen Quistorp in Rostock, das Panegyriker wie Michael Lilienthal seit dem 18. Jahrhundert, Kirchengeschichtler seit dem 19. und 20. Jahrhundert erarbeitet hatten, erheblich, zuletzt vor allem Thomas Kaufmann und Jonathan Strom in ihren Monografien zur lutherischen Konfessionalisierung in Rostock.[300]

Im Rahmen dieser Einführung muss es genügen, auf das elitensoziologische Potenzial des Datenkorpus zur Familiengeschichte, das in der Hausbibel des Rostocker Stamms und des älteren Rostocker Astes der Familie Quistorp vorliegt, allein anhand von drei Beispielen hinzuweisen, ohne damit künftiger Forschung zur Elitenbildung und zur Elitenreproduktion im

---

[300] KAUFMANN 1997; STROM 1999.

Hanse- und Ostseeraum der Frühen Neuzeit vorgreifen zu wollen, deren Förderung Ziel und Zweck der Textedition im zweiten Teil der Studie ist.

Das erste Beispiel nimmt die Generation des älteren Johannes Quistorp (1584–1648) in den Blick, des Gründers der Rostocker Professorendynastie. Als Johannes Quistorp der Ältere, 64 Jahre alt, am 2. Mai 1648 in Doberan starb, wo er sich zu Gesprächen mit Herzog Adolf Friedrich I. zu Mecklenburg-Schwerin (1588–1568) aufhielt,[301] da hatte er über drei Jahrzehnte lang die Stellung des *Primarius* unter den *rätlichen* Professoren der Theologie in Rostock innegehabt, deren Lehrstühle vom Stadtmagistrat der Hansestadt vergeben wurden, nicht von den Herzögen zu Mecklenburg.[302] Zwar starb Quistorp plötzlich und unerwartet, doch hatte er vor seinem Tod den Boden dafür bereitet, dass sein ältester Sohn, der jüngere Johannes Quistorp (1624–1669), in die Fußstapfen des Vaters als Theologieprofessor in Rostock treten konnte.

Betrachtet man die Chronologie der Ereignisse allein oberflächlich, dann bietet die Datenlage den Anschein, als habe der jüngere Johannes Quistorp die entscheidenden Schritte zu seiner professoralen Karriere jeweils erst nach dem Tod des Vaters getan: 1649–1651 hatte der jüngere Quistorp als ein *Extraordinarius* eine außerordentliche Professur der Theologie an der Universität Rostock inne, die ihm vom Stadtmagistrat anvertraut wurde.[303] Von 1651 bis zu seinem frühen Tod im Jahre 1669 war er Ordinarius in Rostock: als ein *rätlicher* Professor der Theologie (*Secundarius*). Seine Hochzeit und die Promotion zum Doktor der Theologie feierte Johannes Quistorp d.J. am 19. Februar 1650, mithin fast zwei Jahre, nachdem sein Vater gestorben war. Und am 25. März 1650 wurde er in die Theologische Fakultät der Universität Rostock aufgenommen.

Doch der Schein trügt! Eine andere Chronologie zeichnet sich ab, wenn man den Text jener Leichenpredigt zur Kenntnis nimmt, die Johannes Corfinius oder Korff (1616–1664),[304] damals Archidiakon an der Rostocker Marienkirche, am 5. Mai 1648 zur Beisetzung seines Kollegen hielt, des älteren Johannes Quistorp, der als Pastor der Marienkirche und als Rostocker

---

[301] S.u. Kap. 2.1, Eintrag Nr. 37, dazu die Inschrift auf Abb. 54.

[302] Zum landesherrlichen Patronat über die Universität und zum Kompatronat des Rostocker Stadtmagistrats s. KRABBE 1854, 443, 454f, 557ff; KAUFMANN 1997, 43f, 47–62; dazu PLUNS 2007, 492–504 zur Rechtslage und Praxis bis zur Regelung des Patronats in der *Formula Conccordiae* von 1563. In vergleichender Perspektive s. WRIEDT 1983.

[303] Für die Einzelnachweise s. den Steckbrief einleitend zu Kap. 2.2.

[304] Zur Person s. Anm. II 130.

1.7.1 Ein Textkorpus zur Soziologie einer „Universitätsfamilie"

Superintendent bis unmittelbar zu seinem Tod eng mit Corfinius zusammengearbeitet hatte. Corfinius, ein Sohn des Diakons der Rostocker Jakobikirche Johannes Corfinius (1574–1638) und der Elisabeth geb. Pauli (†1635), war mütterlicherseits ein Spross der Rostocker Professorendynastie Pauli[305] und war selbst gut in der Universität Rostock vernetzt, wo er 1649 – im selben Jahr wie Johannes Quistorp d.J. – seine erste Professur antrat.[306]

Corfinius adressierte seine Leichenpredigt vorab an die Familienmitglieder, die der Verstorbene hinterließ, darunter an dessen erstgeborenen Sohn Johannes Quistorp d.J., von dem er als dem *Ehrenvesten / Vorachtbahren / und Wolgelarten Herren Johanni Quistorpio, Philosophiae Magistro, und designato Professori Theologiae in der Universität Rostock* spricht.[307] Damit nutzte Corfinius bereits am 5. Mai 1648 – drei Tage, nachdem Johannes Quistorp d.Ä. in Doberan gestorben war – eine stadt- und universitätsöffentliche Veranstaltung, nämlich die Trauerfeier für Quistorp in der Marienkirche, zu der – nach Ausweis der *programmata funebria*, die von Rektor und Dekan der Theologischen Fakultät vorliegen[308] – die Mitglieder und Amtsträger der Universität ebenso wie Rostocker Stadtmagistrate eingeladen waren, um den jüngeren Johannes Quistorp in seiner Leichenpredigt als einen designierten Theologieprofessor in Rostock anzusprechen und auf diese Weise stadt- und universitätsöffentlich kundzutun, dass Johannes Quistorp d.J. zum Zeitpunkt der Beisetzung seines Vaters bereits über eine Lehrstuhlexspektanz in Rostock verfügte.

Solche *Exspektanzen* – Anwartschaften, die auf Absprachen mit den Entscheidungsträgern in Universität, Territorium und Stadtregierung über eine künftige Berufung als Professor beruhten, hier des jüngeren Johannes Quistorp auf eine theologische Professur in Rostock – waren in frühneuzeitlichen ‚Universitätsfamilien' ein Instrument der generationsübergreifenden Statussicherung, das von grundsätzlicher Bedeutung für ein Verständnis der Karrierewege an den ‚Familienuniversitäten' der europäischen Frühneuzeit ist.[309] Im konkreten Fall lag am 5. Mai 1648 – am Tag der Bestattung des

---

[305] S. Anm. II 38, 44, 93, 130.

[306] S. Anm. II 130.

[307] CORFINIUS, Subitanea, [1648], Bl. A I^v; s. http://nbn-resolving.de/urn:nbn:de:gbv:3:1-23449; http://digitale.bibliothek.uni-halle.de/urn/urn:nbn:de:gbv:3:1-23449.

[308] Anm. I 291; II 162, 168.

[309] SIEBE, Berufungen, 2008, 166ff; WALLENTIN 2009, 229f; PIOTROWSKI 2018, 159f, 184–215, 223.

älteren Johannes Quistorp und nach Ausweis der Leichenpredigt des Corfinius – bereits eine Absprache mit den Entscheidungsträgern innerhalb der Theologischen Fakultät sowie im Rat der Hansestadt Rostock vor, die dem jüngeren Johannes Quistorp die Berufung auf eine *rätliche* Professur in Rostock zusicherte und die öffentlich – hier in der Bezeichnung des Kandidaten als *professor designatus* der Theologie in Rostock – kommunizierbar war. Mit hoher Wahrscheinlichkeit datierte die Absprache bereits aus der Amtszeit seines Vaters, des älteren Johannes Quistorp. Der Stadtmagistrat setzte die Zusage um, als er den jüngeren Johannes Quistorp 1649 zum *Extraordinarius* und 1651 zum *Ordinarius* ernannte. Damit kam im Falle des jüngeren Johannes Quistorp neben der *Exspektanz* ein weiterer Aufstiegsweg in universitäre Ordinariate zum Tragen, die *Substitution*:[310] Quistorp vertrat 1649–1651 als *Professor extraordinarius* den Inhaber eines Ordinariates, der wahrscheinlich gesundheitlich angeschlagen war, und folgte diesem schließlich selbst als ein Ordinarius nach.

Die ersten drei Theologieprofessoren, welche die Familie Quistorp an der Universität Rostock stellte (Johannes Quistorp d.Ä. 1614/15–1648, Johannes Quistorp d.J. 1649–1669 und Johann Nicolaus Quistorp 1693–1715), setzten in ihrer Laufbahn durchwegs auf Universitätskarrieren als *rätliche*, nicht aber als *herzogliche*, das heißt: von den Herzögen zu Mecklenburg benannte Professoren der Theologie. Das bedingte nicht allein, dass der jeweilige Kandidat in der Lage sein musste, hinreichend Unterstützung in den Leitungsgremien der Universität, insbesondere bei Rektor und Senat, sowie unter den Mitgliedern der Theologischen Fakultät zu mobilisieren, sondern erforderte vor allem auch gute Beziehungen zu jenen Bürgermeistern und Ratsherren der Hansestadt, die Personalentscheidungen des Stadtmagistrats in Angelegenheiten der Universität Rostock in ihrem Sinne beeinflussen konnten.

Johannes Quistorp d.Ä. hatte bereits als Schüler und als Student in Rostock Förderung durch einflussreiche kirchliche und politische Akteure erfahren, die ihm den Karriereweg zu einem theologischen Ordinariat an der Universität Rostock öffneten und ebneten. Bereits an der Großen Stadtschule in Rostock hatten die Schulrektoren Nathan Chytraeus (1543–1598),[311]

---

[310] WALLENTIN 2009, 229.

[311] Zur Person s. ELSMANN / LIETZ / PETTKE 1991; ASCHE 2000, 126–129; ELSMANN 2011; Eintrag im CPR, URL: http://purl.uni-rostock.de/cpr/00001105. Zu Nathan Chytraeus als dem ersten Rektor der Rostocker Lateinschule, der 1579 eröffneten „Großen Stadtschule", s. BEI DER WIEDEN 1991.

1.7.1 Ein Textkorpus zur Soziologie einer „Universitätsfamilie"

ein Absolvent des humanistischen Straßburger Gymnasiums unter Johann Sturm, und Paul Tarnow (1562–1633),[312] die beide zugleich Professoren an der Universität Rostock waren, seine Begabung erkannt. Durch die Förderung, die sie ihrem Schüler angedeihen ließen,[313] legten sie den Grundstein dafür, dass Quistorp ein theologisches Profil entwickeln konnte, mit dem er einerseits fest auf dem Boden der lutherischen Orthodoxie des Konkordienbuches stand,[314] zugleich aber nach außen hin in der Lage war, gemäßigt aufzutreten und auf einen Ausgleich in den innerprotestantischen Lehrstreitigkeiten seiner Zeit hinzuarbeiten.[315] Später, als Theologieprofessor in Rostock, trat Quistorp in die Fußstapfen der Gebrüder Nathan und David Chytraeus (1530–1600),[316] deren Theologie und Kirchenverständnis wiederum in einer direkten Nachfolge Philipp Melanchthons in Wittenberg stand.[317]

Der ältere Johannes Quistorp war hinsichtlich seiner Persönlichkeitsstruktur und seines konfessionellen Profils offenbar breit anschlussfähig an die politischen und kirchenpolitischen Präferenzen führender Magistrate der Hansestadt Rostock, die bereits auf den jungen Dozenten (*magister legens*) aufmerksam wurden und seine Karriere in Kirche und Universität förderten. Johannes Corfinius formulierte dazu 1648 in seiner Leichenpredigt:[318]

> *Nach abgeflossenen 2. Jahren ist Er widerumb anhero in sein Vaterland gekommen / und dieweil nicht allein ein vortreffliches* Ingenium, *und sonderliche* Erudition *bey Ihm verspüret worden / besondern daneben eine fertige* dexterität *in vorfallenden verrichtungen / alß ist Er in Kundschafft und sonderbahre Freundschafft gerahten / bey denen damahls berümbten Männern und Seulen dieser Stadt / Herrn D. Johanne Domanno Jcto [= Iurisconsulto], und der Hänse-Städte Generali-Syndico / Herrn D. Alberto Gryphio, und Herrn Bürgermeistern* Vincentio *Gladouwen / von welchen Er nicht allein sehr*

---

[312] Zur Person s. seinen Eintrag im CPR, URL: http://purl.uni-rostock.de/cpr/00001367.

[313] CORFINIUS, Subitanea, [1648], Bl. F I^v – F II^r.

[314] S.o. Kap. 1.3.

[315] S.o. S. 84–87.

[316] CZAIKA 2011; Eintrag im CPR, URL: http://purl.uni-rostock.de/cpr/00000220. – Die Edition seiner weitgespannten Korrespondenz ist ein Desiderat.

[317] Zum frömmigkeitsgeschichtlichen Profil des älteren Johannes Quistorp s. die in Anm. I 22 genannte Literatur, vor allem die Monografien KAUFMANN 1997 und STROM 1999.

[318] CORFINIUS, Subitanea, [1648], Bl. F II^v.

lieb und wehrt gehalten / besondern auch zu einer vornehmen Ehrenstelle ist befödert worden / zumahln Ihm bey dieser löblichen Universität *eine* Professio Theologica *ist auffgetragen / wozu Er* Anno 1614. den 2. Maji *ist beruffen / eben an demselbigen Tage / an welchem Ihm* [!] *auch nunmehr* [= am 2. Mai 1648] *der Allerhöheste aus dieser Weltlichen* Universität *in seine hohe Himmel-Schule anderweit beruffen / und von irdischer Mühseligkeit und Arbeit entfreyet hat.*

Die frühe Einbindung in ein politisch-konfessionelles Netzwerk innerhalb der Rostocker Führungsschicht, die Quistorp als ein Student und als ein angehender Theologe erfuhr, fand ihre Abbildung in der Ehe, die Johannes Quistorp d.Ä. 1616 mit Barbara Domann (1597–1663)[319] schließen konnte, der Nichte und Adoptivtochter des kinderlosen Hansesyndikus Dr. iur. utr. Johannes Domann (1564–1618), der zeitweise auch Stadtsyndikus von Rostock war.[320] Corfinius hatte Domann, der als ein graduierter Syndikus des Hansebundes im Rang neben oder direkt hinter den Bürgermeistern der Hansestadt stand, 1648 – in seiner Leichenpredigt zur Beisetzung des älteren Johannes Quistorp am 5. Mai 1648 – an erster Stelle unter den Patronen und Förderern gewürdigt, die Quistorp als junger, aufstrebender Akademiker innerhalb der politischen Eliten Rostocks für sich hatte gewinnen können.[321] Der frühe Tod des Hansesyndikus – Domann starb 1618, im Alter von 54 Jahren, in Den Haag, wo er im Dienst der Hanse handelspolitische Gespräche führte und wo er seine letzte Ruhestätte in der *Sint-Jacobskerk* fand, der *Grote Kerk*, der Hauptkirche von Den Haag – dürfte Hoffnungen zunichte gemacht haben, die Domann in eine künftige politische und kirchenpolitische Zusammenarbeit mit Quistorp gesetzt haben mag: Denn Domann war bestrebt, den konfessionell heterogenen Städtebund der Hanse, dessen Zusammenhalt durch die innerprotestantischen Lehrstreitigkeiten seiner Zeit gefährdet war, politisch, sowohl innenpolitisch als auch außenpolitisch, gegenüber den umgebenden Monarchien, „Fürstenstaaten" und Republiken, darunter den Vereinigten Provinzen der Niederlande, handlungsfähig zu halten. Ein Theologe wie Quistorp, der im Luthertum der Konkordienformel

---

[319] Zu Barbara Quistorp geb. Domann (1597–1663) s. Anm. I 27; dazu Kap. 2.1, Eintrag Nr. 3; Kap. 2.6, Eintrag Nr. 5.

[320] Zu Dr. iur. utr. Johannes Domann (1564–1618) s. Anm. I 28; dazu Kap. 2.1, Eintrag Nr. 5.

[321] S. das vorstehende Zitat aus CORFINIUS, Subitanea, [1648], Bl. F II^v.

1.7.1 Ein Textkorpus zur Soziologie einer „Universitätsfamilie"   141

fest gegründet war, zugleich aber befähigt erschien, mäßigend und unpolemisch auf die Protagonisten der streitenden Gruppierungen innerhalb der protestantischen Denominationen einzuwirken, konnte da nur hilfreich sein.

Der ausführliche, aber leider nur bruchstückhaft überlieferte Nachruf auf den Hansesyndikus, den der ältere Johannes Quistorp in seine Hausbibel notierte, unterstreicht die Bedeutung, die Domann für den Lebensweg des Rostocker Theologen hatte: als ein Patron Quistorps, zugleich auch gewissermaßen als sein Schwiegervater, denn der Hansesyndikus war zwar nicht der biologische Vater Barbara Domanns, aber doch ihr Adoptivvater.[322] Keineswegs zufällig ist der Nachruf auf den Hansesyndikus der längste familienbezogene Eintrag, den die Hausbibel der Familie Quistorp insgesamt aufweist. Zugleich ist er der einzige Eintrag mit Familienbezug, der ausschließlich in lateinischer Sprache gehalten ist: in der Sprache der Gelehrten. Der Eintrag würdigt Domann, der 1614 das Seerecht der Hanse kodifiziert hatte,[323] als einen Rechtsgelehrten von Format (*magnificus et consultissimus*), als einen herausragenden Diplomaten und politischen Redner (*orator*),[324] als einen neulateinischen Dichter (*poeta*) sowie als den Juristen (*syndicus*) der Städtehanse wie auch der Hansestadt Rostock: *Magnificus et consultissimus vir dominus Johannes Domannus iuris utriusque doctor, orator et poeta eximius, hansae Teutonicae et urbis Rostochiensis syndicus.*

Mit Sorgfalt listete Quistorp in der Hausbibel die dichte Folge der Gesandtschaftsreisen auf, die den Juristen Domann im Dienst der Hanse zu Reichsversammlungen, zu Reichsfürsten und in europäische Residenzen geführt hatten.

Die grundlegende Bedeutung, die der Hansesyndikus Domann, trotz seines frühen Todes im Jahre 1618, für die Karrierelaufbahn des älteren Johannes Quistorp hatte, des Gründers der Rostocker Theologendynastie Quistorp, wird von zahlreichen akademischen Gelegenheitsschriften zwischen 1615–1766 hervorgehoben: in Funeralprogrammen der Universität Rostock,

---

[322] Kap. 2.1, Eintrag Nr. 5.

[323] Zum hansischen Seerecht von 1614 s. LANDWEHR 2003, 57–142, 152–156; zu niederländischen Einflüssen auf das Seerecht der Hanse von 1614 s. ebd. 69f.

[324] Zum *orator politicus* als einem Bildungsideal in Renaissance und Barock sowie zum *sermo politicus*, den die Funktionseliten des frühmodernen Behördenstaates ausbildeten, s. den Artikel: Redner, Rednerideal, in: UEDING VII, 2005, Sp. 862–1061 (Autoren: Franz-Hubert ROBLING, Michael GRÜNBART, Sabine GREINER, Volker KAPP, Katharina NIEMEYER, Heinz-Joachim MÜLLENBROCK, Jürg GLAUSER), hier insbesondere GREINER 2005, Sp. 949–987.

in Leichenpredigten und in panegyrischen Texten.[325] Auch nach dem Tod des Hansesyndikus hielten mehrere Namensträger Domann, darunter Margarethe Domann geb. Hake, die Witwe des Hansesyndikus, und Angela (*Engel*) Domann in Stralsund, die Verbindung beider Familien aufrecht, indem sie Patenschaften für Kinder der Eheleute Quistorp-Domann übernahmen.[326] Motiviert nicht zuletzt durch diese Patenschaften, ging eine ganze Reihe von Vornamen von der Familie Domann auf die Familie Quistorp über: Barbara, Margaret(h)e, Angela (*Engel*) und Stephan.

Die drei Paten, im Duktus der Zeit: *gevattern* (lat.: *compatres*), die das junge Ehepaar Quistorp – Domann zur Taufe seines ersten Kindes, der Tochter Catharina,[327] am 22. Oktober 1619 wählte,[328] repräsentieren keineswegs zufällig genau jene drei Familien in der Rostocker Stadtregierung, denen Johannes Quistorp d.Ä., wie Johannes Corfinius 1648 in der zitierten Passage seiner Leichenpredigt betonte, seinen Aufstieg in eine Rostocker Theologieprofessur verdankte. Als Paten Catharinas nennt die Hausbibel den Ratsherren, ab 1622 Bürgermeister der Hansestadt Rostock Vinzenz Gladow (1565–1631),[329] außerdem Margarethe Domann geb. Hake († 1625), die Witwe des verstorbenen Hansesyndikus,[330] drittens Anna Gryphius (Greif) geb. Brucäus (Brock) (1570–1639), die Ehefrau des Juristen Dr. iur. Johann Albert Gryphius aus Schwerin (1570–1627), der 1616–1621 als Extraordinarius *rätlicher* Professor der Rechte in Rostock, Ratsherr und Syndikus der Hansestadt Rostock war.[331]

Die Paten, die Johannes Quistorp und Barbara Domann für ihre Kinder wählten, sollten diesen als „geistliche Verwandte"[332] eine erste Stütze im Leben sein: sowohl mit Blick auf ihr geistliches Wohl, insbesondere ihre christliche Erziehung, als auch mit Blick auf ihr „zeitliches" Wohlergehen

---

[325] S.o. Text bei Anm. I 222.

[326] S.u. Kap. 2.1, Einträge Nr. 6, 7, 10, 16, 26, 29.

[327] Zu Catharina Lindemann geb. Quistorp (1619–1684) s. Kap. 2.1, Einträge Nr. 6, 15–23.

[328] Kap. 2.1, Eintrag Nr. 6.

[329] Zur Person s. Anm. II 29.

[330] Zur Person s. Anm. II 30.

[331] Zur Person s. Anm. II 31.

[332] Zum Patenamt als einer „geistlichen Verwandtschaft" s. MITTERAUER 2009 u. 2013, 27–50; ALFANI / GOURDON 2012; COSTER ²2016.

1.7.1 Ein Textkorpus zur Soziologie einer „Universitätsfamilie" 143

in der Welt. In einer Zeit, wo medizinische Behandlungsmöglichkeiten begrenzt waren, wo Eltern und nahe Angehörige oft früh durch Krankheit oder Tod ausfielen und wo es allenfalls in Ansätzen Vorformen einer öffentlichen Sozial-, Witwen- und Waisenvorsorge gab, waren die Paten für die Heranwachsenden ein erstes soziales Netz, das sie im Notfall auffangen konnte. Auch mit Blick auf die Wahl eines Berufes, die Übernahme von Ämtern oder die Partnerwahl konnten sozial hochrangige Paten wichtige Hilfestellung leisten.

Die Reihe der Bürgermeister und Syndizi, der Ratsherren und Gemeindeverordneten von Rostock sowie ihrer Ehefrauen, die Patenschaften für die Kinder des älteren Johannes Quistorp und der Barbara Domann übernahmen, umfasst die Familien Dobbin,[333] Domann,[334] Gerdes[335] und Gladow,[336] Gryphius (Greif),[337] Kellermann,[338] Lohrmann[339] und Luttermann.[340]

Die Kollegen Quistorps stellten ein weiteres Reservoir für Patenschaften. Unter ihnen finden sich Dozenten der Universität Rostock aus allen vier Fakultäten, deren Ehefrauen, Witwen, Söhne und Töchter. Beispielsweise

---

[333] Kap. 2.1, Eintrag Nr. 7: Konrad Dobbin (um 1574–1629), Notar, Landschaftseinnehmer, Rh. von Rostock (s. Anm. II 36).

[334] Kap. 2.1, Einträge Nr. 6–7: Margarethe Domann geb. Hake (s. Anm. II 30, II 35). – Ebd., Eintrag Nr. 10: Engel (= Angela) Domann in Stralsund (s. Anm. II 53).

[335] Kap. 2.1, Eintrag Nr. 13: Margareta Gerdes (1583–1648; s. Anm. II 60), Witwe des Rostocker *patricius* Martin Moller (†1604), war ab 1605 mit dem Rostocker Rh.en und Bgm. Bacc. Johann Luttermann (1582–1657, s. Anm. II 42) verheiratet.

[336] Kap. 2.1, Eintrag Nr. 6: Vinzenz Gladow, ab 1602 Rh., ab 1622 Bgm. (1565–1631; s. Anm. II 29). – Ebd., Eintrag Nr. 7: Margarethe Schacht (1559–1626), Ehefrau des Vinzenz Gladow (s. Anm. II 36).

[337] Kap. 2.1, Eintrag Nr. 6: Anna Gryphius (Greif) geb. Brucäus (Brock) (1570–1639), Ehefrau des Dr. iur. Johann Albert Gryphius aus Schwerin (1570–1627), der 1616–1621 als Extraordinarius *rätlicher* Prof. der Rechte in Rostock, Rh. und Syndikus der Hansestadt Rostock war (s. Anm. II 31).

[338] Kap. 2.1, Eintrag Nr. 9: Anna Dobbin geb. Kellermann (1573–1640), Tochter des Rostocker Bgm.s Johann Kellermann (s. Anm. II 47) und Ehefrau des Rh.en Konrad Dobbin (um 1574–1629; s. Anm. II 36).

[339] Kap. 2.1, Eintrag Nr. 9: Metta Bergmann (*Berchmann*) (†1631), Ehefrau des Rostocker Bürgers Joachim Lohrmann, der Mitglied im Rostocker Zehnmännerkollegium (*decemvir*) war (s. Anm. II 48).

[340] Kap. 2.1, Eintrag Nr. 8: Bacc. Johann Luttermann (1581–1657), ab 1611 Rh., ab Juli 1623 Bgm. von Rostock (s. Anm. II 42). – Ebd., Eintrag Nr. 13: Margareta Gerdes (1583–1648; s. Anm. 60), Ehefrau des Bgm.s Luttermann (s. Anm. II 42).

hob Anna Gryphius geb. Brucäus (Brock) (1570–1639), die Gattin des Juristen Prof. Dr. iur. Johann Albert Gryphius (1570–1627), Catharina Quistorp, die erstgeborene Tochter des Theologen, aus der Taufe.[341] Patentante wurde auch Katharina Pauli geb. Papke (1580–1650),[342] die Witwe des Rostocker Mediziners Prof. Dr. med. Heinrich Pauli (1565–1610), Schwiegertochter des Theologen Prof. D. theol. Simon Pauli d.Ä. (1534–1591) und Mutter des Mediziners Prof. Dr. med. Simon Pauli d.J. (1603–1680). Dozenten an der Philosophischen Fakultät übernahmen weitere Patenschaften, darunter der Mathematikprofessor und Naturwissenschaftler Dr. med. Joachim Jungius (1587–1657)[343] gemeinsam mit seiner Braut Katharina Havemann (†1638), die nach dem frühen Tod ihrer Eltern im Haushalt des Mediziners Heinrich Pauli und der Katharina Pauli geb. Papke aufwuchs.[344] Jungius und seine Braut hoben 1624 den erstgeborenen Sohn des Theologen Johannes Quistorp d.Ä. aus der Taufe: den künftigen Theologieprofessor Johannes Quistorp d.J. (1624–1669), der die Universitätsfamilie Quistorp in zweiter Generation in Rostock fortführen sollte.

Auch Kollegen im Pfarramt, die als graduierte Akademiker zugleich der Universität Rostock als Korporation und Sonderrechtsbereich angehörten, engagierten sich als Paten für Kinder des älteren Johannes Quistorp: der *Magister artium* David Tunder (1583–1640), Diakon an der Rostocker Marienkirche,[345] ebenso Katharina Fidler geborene Battus (1597–1672), die Ehefrau jenes Theologen Konstantin Fidler d.Ä. (1579–1644), dem Quistorp jeweils im Amt des Archidiakons und Hauptpfarrers (*parochus*) an der Rostocker Marienkirche sowie im Amt des Stadtsuperintendenten von Rostock folgte.[346]

Weitere Paten gewann das Ehepaar Quistorp – Domann aus der Familie des Kindsvaters. Eine Patenschaft übernahm Catharina geb. Dumrath,[347] die Mutter des älteren Johannes Quistorp. Die Familien seiner Geschwister

---

[341] Kap. 2.1, Eintrag Nr. 6 (mit Anm. II 31).

[342] Kap. 2.1, Eintrag Nr. 7 (mit Anm. II 38, II 93).

[343] Kap. 2.1, Eintrag Nr. 8 (mit Anm. II 43).

[344] Kap. 2.1, Eintrag Nr. 8 (mit Anm. II 44).

[345] Kap. 2.1, Eintrag Nr. 12 (mit Anm. II 55).

[346] Kap. 2.1, Eintrag Nr. 12 (mit Anm. II 56).

[347] Kap. 2.1, Eintrag Nr. 7. – Zu Catharina Dumrath (1562–1647), Witwe Quistorp und Witwe Bojemus, s. Anm. II 9 u. 40.

1.7.1 Ein Textkorpus zur Soziologie einer „Universitätsfamilie"   145

stellten weitere Paten: Heinrich Quistorp,[348] dessen Stiefsohn Matthias Cadovius (1621–1679), der später Generalsuperintendent von Oldenburg und Delmenhorst, dann Generalsuperintendent von Ostfriesland war, der Stiefonkel Johannes Quistorp d.Ä. in Studium und Karriere unterstützte,[349] sowie Peter Quistorp, Gold- und Silberschmied in Rostock.[350]

Die Ehepartner, mit denen die Kinder des älteren Johannes Quistorp verheiratet wurden, kamen aus denselben Sozialgruppen der Stadtmagistrate, der Universitätsdozenten und der Pfarrerschaft, die auch einen Großteil der Paten der Geschwister Quistorp stellten. Als Partner für seine Töchter akzeptierte Quistorp insbesondere Mitglieder der Theologischen Fakultät. Michael Lilienthal betonte 1710 in seinem Panegyrikus auf die Familie Quistorp, wie sehr die Töchter des ‚Dynastiegründers' zum Erfolg und zur Ausbreitung der ‚Theologendynastie' beigetragen hätten, indem sie den Ehebund mit lutherischen Theologen schlossen: *Multas Avus Tuus habuit Filias, virtutum paternarum vere aemulas. Ex his illae, quae Theologis Lindemanno, Ridemanno et Falckio nupserunt, prae ceteris sorte optuma beati sunt, sanguinemque Quistorpiorum in remotissimas propagarunt regiones. Samueli Bohlio filiam Margaretham desponsaverat Parens, sed matrimonii consummationem mors subitanea impedivit.*[351]

In seinem Bestreben, die Tugenden (die *virtutes*) der Töchter des Hauses mit der Tugend (*virtus*) des Vaters gleichzusetzen und den Aufstieg der Familie zu einer ‚Universitätsfamilie' und ‚Theologendynastie' als ein Gesamtprojekt aller, also auch der weiblichen Familienmitglieder, darzustellen, zeichnet Lilienthal im vorstehenden Zitat ein durchaus in sich widersprüchliches Bild davon, wer die jeweilige Ehe initiiert habe. Einerseits bezeichnet er die Töchter kollektiv als Akteure, *quae [...] nupserunt*. Doch diese Formulierung darf nicht als ein Beleg dafür missverstanden werden, dass die Töchter in ihrer Partnerwahl frei und unabhängig agieren konnten. Das zeigt exemplarisch der Fall des Rostocker Theologieprofessors Samuel Bohl (1611–1639)[352] und seiner Verlobten Margareta Quistorp (*1622). Michael Lilienthal weist die Initiative für das Eheprojekt, dessen Realisierung der plötzliche Tod Bohls verhinderte, in seinem Panegyrikus von 1710 klar und

---

[348] Kap. 2.1, Eintrag Nr. 10 (mit Anm. II 51).

[349] Anm. II 51.

[350] Kap. 2.1, Eintrag Nr. 10 (mit Anm. II 50).

[351] LILIENTHAL 1710, 14.

[352] S.u. Anm. II 157.

ausschließlich dem Brautvater zu, dem älteren Johannes Quistorp: *Samueli Bohlio filiam Margaretham desponsaverat Parens.* Dasselbe Bild zeichnet die Hausbibel Quistorp, deren Einträge Lilienthal für seine panegyrische Schrift von 1710 einsehen und auswerten durfte.[353] Dort notierte der Professor und Doktor der Theologie Johannes Quistorp d.Ä. mit eigener Hand: *Ich hatte meine tochter Margaretam an seligen Samuel Bohl theologiae professorem verlobet, aber der ist mir fur der hochzeit abgestorben anno 1639 den 10. maii.*[354] Die Initiative für das Eheprojekt schrieb sich Johannes Quistorp d.Ä. mithin ausschließlich selbst zu, keineswegs aber seiner Tochter oder dem in Aussicht genommenen Ehekandidaten Samuel Bohl: *Ich hatte meine tochter [...] verlobet*, notierte er freimütig in seine Hausbibel, und sein Unwille darüber, dass der in Aussicht genommene Ehepartner unerwartet verstarb, ist im Text unverkennbar: *aber der [!] ist mir [!] fur der hochzeit abgestorben.* Über die Haltung, die das Brautpaar zur geplanten Hochzeit hatte, äußerte sich Quistorp in der Notiz mit keinem Wort, und auch über die Reaktion seiner gerade erst 17jährigen Tochter Margareta, der das obige Zitat ausschließlich einen Objektstatus zuweist, auf den plötzlichen Tod des Verlobten verlautet nichts.

Bereits am 8. September 1635 – mitten im Dreißigjährigen Krieg, der sich 1635 mit dem offenen Kriegseintritt Frankreichs und dem Scheitern des Prager Friedens weiter internationalisierte – war Quistorp ein familienpolitisch kluger Schachzug gelungen: Er verheiratete seine erstgeborene Tochter Catharina Quistorp (1619–1684),[355] die soeben das Alter von 16 Jahren erreichte, mit einem jungen Kollegen, dem 26jährigen D. theol. Thomas Lindemann d.J. (1609–1654),[356] der 1635–1638 in Rostock die vierte *herzogliche* Theologieprofessur innehatte. Lindemann war von 1638 bis zu seinem Tod 1654 in Kopenhagen Hauptpastor der deutschen lutherischen Gemeinde an der St.-Petri-Kirche. Zugleich gehörte er als lutherischer Domkanoniker dem Domkapitel der Domkirche von Roskilde an, die nicht allein ein Hauptwerk der skandinavischen Backsteingotik ist, sondern als die Begräbniskirche der dänischen Könige und als der Hauptsitz des Bischofs von Seeland, des *primus inter pares* der lutherischen Bischöfe Dänemarks, ein Zentralort der lutherischen Kirche Dänemarks wie auch der dänischen Krone war.

---

[353] S.o. Anm. I 7.

[354] Kap. 2.1, Eintrag Nr. 36.

[355] Kap. 2.1, Einträge Nr. 6, 15-23, dazu Anm. II 32.

[356] S.u. Anm. II 32.

1.7.1 Ein Textkorpus zur Soziologie einer „Universitätsfamilie" 147

Lindemann war der Sohn eines langjährigen, vertrauten Kollegen des Brautvaters: des Rostocker Juraprofessors und vielfachen Rektors der Universität Rostock Dr. iur. Thomas Lindemann (1575–1632)[357] und der Ursula Lindemann (1585–1614). Ursula wiederum war eine gebürtige Scharffenberg: eine Tochter des Sekretärs und Quästors der Universität Rostock Bernhard Scharffenberg (1544–1619),[358] der als Ratsherr und Bürgermeister der Stadt Rostock aus einer einflussreichen Ratsherren- und Bürgermeisterdynastie der Hansestadt stammte und im Magistrat eine besondere Expertise für Universitätsangelegenheiten hatte. Die Familie Quistorp baute ihre Beziehungen zur Bürgermeisterdynastie Scharffenberg weiter aus, als Professor D. theol. Johannes Quistorp d.J., der Stammhalter der Familie und Bruder Catharinas, 1650 – am Tag seiner Doktorpromotion – Sophia Scharffenberg (1631–1691) heiratete,[359] eine Tochter des königlich dänischen Rates Dr. iur. utr. Nikolaus Scharffenberg (1588–1651),[360] der 1617–1626 als Extraordinarius *rätlicher* Professor der Rechte in Rostock, ab 1626 Ratsherr und ab 1631 Bürgermeister der Hansestadt war. Johannes Quistorp d.Ä. hatte mit ihm nicht zuletzt als Scholarch der Großen Stadtschule von Rostock eng zusammengearbeitet.[361]

Das Projekt einer Eheschließung mit dem Theologen Samuel Bohl (1611–1639),[362] das Quistorp 1638 und 1639 für seine Tochter Margareta (*1622)[363] betrieb, war gleichfalls geeignet, den Rückhalt der Familie in Fakultät und Universität zu stärken. Bohl war ein Ratsherrensohn aus Greifenberg in Hinterpommern, der sich bereits als Hebraist an der Philosophischen Fakultät der Universität Rostock einen Namen gemacht hatte, als er 1638 in die zweite *rätliche* Theologieprofessur aufrückte, gefördert durch die Patronage des älteren Johannes Quistorp, des *Primarius* unter den *rätlichen* Theologieprofessoren. Als er im Folgejahr überraschend starb, noch bevor er die Ehe mit Margareta Quistorp schließen konnte, organisierte die Familie für Margareta eine Ehe mit Jacob Schoff (1615–1666) aus Sternberg in

---

[357] S.u. Anm. II 67.
[358] MÖHLMANN 1975, 144 Nr. 1 u. Nr. 14.
[359] S.u. Anm. II 170.
[360] Zur Filiation s. Anm. II 66.
[361] LBMV Schwerin, Schmidtsche Bibliothek, Bd. 45, Nr. 12.
[362] Zu Samuel Bohl s. Kap. 2.1, Eintrag Nr. 36 (mit Anm. II 157).
[363] Zu Margareta Schoff geb. Quistorp (*1622) s. Kap. 2.1, Einträge Nr. 7, 24–27.

Mecklenburg,[364] dessen Position als Stadt- und Ratssekretär der Hansestadt Rostock auch in Universitäts-Angelegenheiten von Belang war.

Die Tochter Barbara Quistorp (1622–1660)[365] heiratete am 13. Oktober 1641 Nicolaus Ridemann MA (1610–1662),[366] den Sohn eines Weinhändlers in Kiel. Die Eheverbindung war geeignet, die Position des Vaters an der Rostocker Marienkirche zu stärken, wo Ridemann kurz zuvor, im August 1641, David Tunder[367] als Diakon nachgefolgt war. Erst nach dem Tod des Vaters kam die Ehe zwischen Maria Quistorp (1632 – nach dem 15. Nov. 1684) und Michael Falck (1622–1676) aus Danzig zustande, der in Rostock studiert hatte und bald nach Danzig zurückkehrte, wo er Professor der Theologie und Pastor an der Katharinenkirche war.[368]

Heiratsverbindungen, welche die Kinder des älteren Johannes Quistorp mit Rostocker Bürgermeister- und Senatorenfamilien eingingen, halfen, der Familie den Zugang zu jenen *rätlichen* Professuren an der Universität Rostock zu sichern, deren Kollation beim Magistrat der Hansestadt lag. Auf die Eheschließung des jüngeren Johannes Quistorp mit der Bürgermeisterstochter Sophia Scharffenberg, die sehr wahrscheinlich schon von deren Vätern eingefädelt worden war, wurde bereits verwiesen,[369] ebenso auf die Ehe, die Margareta Quistorp nach dem Tod ihres Verlobten Samuel Bohl mit dem Stadt- und Ratssekretär Jacob Schoff schloss.[370] Auf die Ratseliten und Gemeindevertretungen der Hansestadt zielte auch die Ehe, die Anna Quistorp (1625–1664) am 24. September 1645 mit dem Brauherren Martin Gerdes (1619–1666) schloss, dem Sohn eines Rostocker Senators und Brauherren,[371] ebenso die Ehe, die Angela Quistorp (*1635 – nach 1682)[372] mit dem Rostocker Brauherren Joachim Wegener schloss.[373] Denn die Brauherren, die in Rostock bis zum Stadtbrand von 1677 vor allem für den Fernhandel

---

[364] Zu Jacob Schoff s. Kap. 2.1, Eintrag Nr. 24 (mit Anm. II 98).

[365] Zu Barbara Ridemann geb. Quistorp s. Kap. 2.1, Einträge Nr. 7, 28–33.

[366] Zu Diakon Ridemann s. Anm. II 106.

[367] Kap. 2.1, Eintrag Nr. 12 (mit Anm. II 55).

[368] Kap. 2.1, Eintrag Nr. 13 (mit Anm. II 58); Kap. 2.2, Eintrag Nr. 8 (mit Anm. II 200).

[369] S. bei Anm. I 359.

[370] S. bei Anm. I 364.

[371] Kap. 2.1, Einträge Nr. 9 und 34.

[372] Kap. 2.1, Eintrag Nr. 14 (mit Anm. II 62 und Anm. II 248).

[373] Anm. II 62.

1.7.1 Ein Textkorpus zur Soziologie einer „Universitätsfamilie"

produzierten, bildeten im Spätmittelalter und in der Frühen Neuzeit gemeinsam mit den Fernkaufleuten und Großhändlern eine ratsfähige Oberschicht der Hansestadt. Sie begründeten im 16. Jahrhundert mit der Brauerkompanie eine eigene Standesorganisation und gehörten in der Standeshierarchie der Hansestadt auch 1625, nach Ausweis der *Revidirten Verlöbnuß-, Hochzeit-, Kindelbier- und Kleiderordnung* der Stadt Rostock, zum „Ersten Hauptstande" der Stadt Rostock.[374] Auch im Rostocker Hundertmänner-Kollegium, einer Vertretung der Rostocker Bürgerschaft, die 1583 begründet worden war, waren die Brauherren mit 40 Sitzen stark vertreten. Im Sechzehner-Ausschuss, der seit Ende des 16. Jahrhunderts als ein engerer Ausschuss der Gemeinde zusammentrat, saßen aus jedem Quartier je zwei Brauherren, ein Kaufmann und ein Handwerker.[375]

Von der Netzwerkbildung des Theologen Johannes Quistorp d.Ä. zeugen auch die farbigen Wappenscheiben jener Gemeinschaft von zwölf Stiftern, die 1645 den Wiederaufbau der kriegszerstörten Kirche des Dorfes Rostocker Wulfshagen finanzierte. Die Kirchenfenster zeigen das Wappen Quistorps, unterlegt mit seinem Namen und der Jahreszahl 1645,[376] sowie die Wappen von elf weiteren Honoratioren der Stadt, die über erheblichen Landbesitz im Umfeld der Stadt verfügten und von denen mehrere der Familie Quistorp durch Patenschaften verbunden waren.[377]

Wie wichtig Patenschaften als Mittel des Statuserwerbs und des Statuserhalts, aber auch als gemeindeöffentliche Status-Demonstration waren, zeigt sich mit besonderer Deutlichkeit, wenn einzelne Mitglieder der Familie das vertraute Rostocker Sozialfeld verließen und ihren Status in der Fremde neu aushandeln oder absichern mussten. Ein instruktives Beispiel bietet das Ehepaar Prof. D. theol. Thomas Lindemann (1609–1654)[378] und Catharina

---

[374] MÜNCH 1995; SENS 2016, 9–22. – Die *Revidirte Verlöbnuß-, Hochzeit-, Kindelbier- und Kleiderordnung*, die der Rostocker Magistrat 1625 erließ, rechnet zum *Ersten Hauptstande* der Stadt: *Bürgermeister, Rathsverwante, Syndici, Doctores, Licentiati, Adelige Bürger, Protonotarii und Secretarii so zu Rathe sitzen, Vornehme Gewandtschneider, Handelsleute, Brawer und Cramer, die ihre eigne Häuser haben, unnd sonsten in zimlicher Nahrung sitzen* (zitiert nach KAUFMANN 1997, 54).

[375] EHLERS 1994.

[376] S. Abb. 71.

[377] Für die Details s.o. S. 117f. Dort auch Hinweise auf die Patenschaften, die zwischen den Stifterfamilien geschlossen wurden.

[378] S.u. Anm. II 32.

Lindemann geborene Quistorp (1619–1684),[379] das 1638 von Rostock nach Kopenhagen wechselte, wo Lindemann Hauptpastor der deutschen lutherischen Gemeinde und Domkapitular an der Domkirche von Roskilde wurde. Am neuen Lebensmittelpunkt stellte das junge Paar seinen neugeborenen Kindern jeweils fünf Paten zur Seite, nicht drei, wie das in Rostock üblich war. Die *gevattern* und *gevatterschen* rekrutierten sich aus drei Gruppen: aus Mitgliedern des dänischen Königshofes und der königlichen Administration, aus der Pfarrerschaft der evangelisch-lutherischen Kirche Dänemarks sowie aus der Gruppe der Groß- und Fernhandelskaufleute, die in Kopenhagen ansässig waren und in Verbindungen zum Hof standen.

Bereits ein Jahr, nachdem die Eheleute Lindemann – Quistorp nach Kopenhagen gekommen waren, wurde am 15. März 1639 ihre Tochter Barbara (1639–1704) geboren.[380] Den Eltern gelang es, den Grafen Corfitz Ulfeldt (1604–1664),[381] Statthalter von Kopenhagen, als Paten für die Neugeborene zu gewinnen. Ulfeldt war bis zu seinem Sturz 1651[382] der leitende Minister und Favorit König Christians IV. von Dänemark (*1577, reg. 1588–1648). Weitere Patenämter übernahmen

- der Fernhandels-Kaufmann, Reeder und königlich dänische Faktor Johannes Braëm (1596–1646), der König Christian IV. in Handelsfragen beriet und einer der beiden Gründungsdirektoren der Grönländischen Walfang-Kompanie war,[383]
- Sille (= Cäcilie) Tønnesdatter Balchenburg (1581–1661), die Ehefrau des lutherischen Theologen D. theol. Jesper Rasmussen Brochmand (1585–1652), der seit 1615 Professor der Theologie und zweimal Rektor der Universität Kopenhagen war und 1639 als Bischof von Roskilde das ranghöchste Amt innerhalb der evangelisch-lutherischen Bischofskirche Dänemarks übernahm,[384]

---

[379] Kap. 2.1, Einträge Nr. 6, 15-23, dazu Anm. II 32.

[380] Kap. 2.1, Eintrag Nr. 18.

[381] Zur Person s. Anm. II 75.

[382] Ebd.

[383] Zur Person s. Anm. II 76.

[384] Zur Person s. Anm. II 77.

1.7.1 Ein Textkorpus zur Soziologie einer „Universitätsfamilie"

- Margarethe Titusdatter Thombs (1609–1686), die Ehefrau des königlich dänischen Pfennigmeisters Johannes Boysen (*Boethius*, 1595–1657) aus Flensburg,[385] sowie
- Margaretha Lünsing,[386] die aus Rostock gebürtige Ehefrau des Rostocker Theologen Simon Hennings MA (1608–1661), der seit 1632 Lindemanns Kollege war: als zweiter Pastor an der St.-Petri-Kirche der deutschen lutherischen Gemeinde in Kopenhagen. Hennings hatte Einfluss am dänischen Königshof, wo er den Statthalter Corfitz Ulfeldt als Seelsorger betreute, ebenso dessen Gattin Leonora Christina Ulfeldt, Gräfin von Schleswig-Holstein, die eine Tochter des dänischen Königs Christian IV. aus dessen morganatischer Ehe mit Kirsten Munk war, sowie die Königin-Witwe von Schweden Maria Eleonora, geborene Markgräfin von Brandenburg, die ab 1640 in Kopenhagen lebte.

Ein Jahr später, am 23. Mai 1640, kam die Tochter Agneta Lindemann (1640–um 1701)[387] zur Welt, und die Eheleute Lindemann – Quistorp nahmen die Gelegenheit wahr, das Patennetz der Familie innerhalb der Führungseliten der dänischen Residenz- und Hauptstadt weiter auszubauen. Als Paten wurden gewonnen:

- Prof. D. theol. Jesper Rasmussen Brochmand (1585–1652),[388] der Bischof von Roskilde (*doctor Erasmus Brochmann episcopus*), dessen Frau bereits ein Patenamt über Agnetas Schwester Barbara übernommen hatte,
- Dr. med. Jacob Faber (= Schmidt) oder Fabricius (1576–1652)[389] aus Rostock, ein Leibarzt König Christians IV. von Dänemark, der von 1612–1652 *herzoglicher* Professor der Medizin und der höheren Mathematik in Rostock sowie 1632/33 und 1636/37 Rektor der Universität Rostock war,
- Cäcilie Jochumsdatter Brun (†1642), die Ehefrau des Kopenhagener Kaufmanns, Reeders und königlich dänischen Faktors

---

[385] Zur Person s. Anm. II 78.
[386] Zur Person s. Anm. II 79.
[387] Kap. 2.1, Eintrag Nr. 19.
[388] Zur Person s. Anm. II 77.
[389] Zur Person s. Anm. II 82.

Johannes Braëm (1596–1646), der bereits eine Patenschaft für Agnetas Schwester Barbara übernommen hatte,[390]
- Margarethe Sperling geb. Schwendy, eine Tochter des Domherren von Roskilde Andreas Schwendy und Ehefrau des Dr. med. Otto Sperling (1602–1681), der Stadtarzt von Kopenhagen sowie Leibarzt und Botaniker König Christians IV. von Dänemark war,[391] sowie
- Maria Steenkuhl, die Ehefrau des Kaufmanns Johan Steenkuhl (*1610) in Kopenhagen, der nach dem Tod des Gotthard Braëm 1655 zusammen mit Frederik Thuresen die Handelskompanie leitete, die Johann und Gotthard Braëm aufgebaut hatten.[392]

Die fünf Paten, die den am 25. August 1645 geborenen Johannes Lindemann (1646–1698)[393] aus der Taufe hoben, rekrutierten sich aus denselben drei Sozialgruppen, die schon die Paten seiner beiden Schwestern gestellt hatten. Die Hausbibel Quistorp nennt

- Dr. med. Thomas Finck oder Fincke (1561–1656) aus Flensburg, Professor der Medizin an der Universität Kopenhagen,[394]
- Augustus Voigt, der königlich dänischer Sekretär in der Deutschen Kanzlei (*Tyske Kancelli*) in Kopenhagen war,[395]
- seinen Kollegen Lic. iur. Philipp Julius von Bornemann aus Bückeburg (1599–1652), der als Sekretär in der Deutschen Kanzlei in Kopenhagen arbeitete und königlicher Kammersekretär war,[396]
- Elisabeth Fabricius (1618–1656), eine Tochter des Mediziners Dr. Jacob Fabricius[397] und Ehefrau des Simon Pauli d.J.

---

[390] Zur Person s. Anm. II 76 und 82.

[391] Zur Person s. Anm. II 84.

[392] Zur Person s. Anm. II 76 und 85.

[393] Zur Person s. Anm. II 89.

[394] Zur Person s. Anm. II 90.

[395] Zur Person s. Anm. II 91.

[396] Zur Person s. Anm. II 92.

[397] Zur Person s. Anm. I 389.

(1603–1680), der aus der Rostocker ‚Universitätsfamilie' Pauli stammte und Professor für Anatomie, Chirurgie und Botanik in Kopenhagen war, seit 1648 Leibarzt Kg. Friedrichs III. und Kg. Christians V. von Dänemark,[398] zuletzt
- Sara van Dickelen (†1690) aus Amsterdam, die Ehefrau des Ratsherren und Weinhändlers Johann Lehn (1600–1684) in Kopenhagen.[399]

Die Patenschaften dokumentieren, dass die Eheleute Lindemann – Quistorp auch in Kopenhagen auf Sozialbeziehungen Rostocker Provenienz, etwa zu den ‚Universitätsfamilien' Fabricius und Pauli, zurückgreifen konnten, die bereits ihre Eltern geknüpft hatten, der Juraprofessor Thomas Lindemann d.Ä. und der Theologe Johannes Quistorp d.Ä. in Rostock. Denselben Befund zeigt ein Blick auf die Ehepartner ihrer Kinder. So heiratete Ursula Catharina Lindemann (1636–1677) in erster Ehe Johann Johannsen Tarnow (1624–1661), Pfarrer in Kopenhagen, einen Sohn des Rostocker Theologen Prof. D. theol. Johann Tarnow (1586–1629),[400] des langjährigen Kollegen des älteren Johannes Quistorp und Bruders von Paul Tarnow, der Quistorp in Schule und Studium gefördert hatte.

Ein instruktives Beispiel dafür, wie Mitglieder der ‚Universitätsfamilie' Quistorp ein Paten-Netzwerk außerhalb der vertrauten Rostocker Lebenswelt aufbauten, dokumentiert die Hausbibel Quistorp für die Jahre, als Johann Jacob Quistorp (1717–1766) zwischen 1743 und 1747 außerordentlicher Professor für Logik und Metaphysik in Kiel sowie von 1747 bis 1754 Kirchenrat und Hofprediger des lutherischen Fürstbischofs von Lübeck in der fürstbischöflichen Residenz Eutin war.[401] Quistorp, der seine Kieler Professur nicht zuletzt seiner Verbindung zu den von Reventlow auf Gut Altenhof bei Eckernförde in Holstein verdankte, bei denen er 1739 und 1740 Hauslehrer war, heiratete 1744 in Eutin Catharina Theresia Dallin (1722–1797),[402] eine Tochter des im Hause Schleswig-Holstein hochgeschätzten Barockbaumeisters Rudolph Matthias Dallin (um 1680–1743)[403] und der

---

[398] Zur Person s. Anm. II 93.
[399] Zur Person s. Anm. II 94.
[400] Zur Person s. Anm. II 65.
[401] Kap. 2.5, Einträge Nr. 2–11.
[402] Kap. 2.5, Eintrag Nr. 3 (mit Anm. II 369).
[403] Anm. II 370.

Justina Dorothea Röhling (1701–1770),[404] einer Tochter des fürstbischöflichen Kammersekretärs, dann Kammerrats Wilhelm Röhling.[405]

Die Paten ihrer Kinder wählte das Ehepaar Quistorp – Dallin aus beiden elterlichen Familien ebenso wie aus den politischen und kirchlichen Funktionseliten der lutherischen Herzöge von Schleswig-Holstein und des lutherischen Fürstbischofs von Eutin. Als beispielsweise am 25. Januar 1751 Friedrich August Quistorp (1751–1801) geboren und am 27. Januar 1751 in Eutin getauft wurde,[406] waren seine Paten:

- Ihre Hochfürstliche Durchlaucht Herzog Friedrich August von Holstein-Gottorf (1711–1785), der ab 1750 Fürstbischof von Lübeck, ab 1773 Graf von Oldenburg und Delmenhorst, ab 1774/77 Herzog von Oldenburg war[407] und auf dessen Namen der Neugeborene getauft wurde,
- der Hofmarschall Adolf Friedrich von Düring (1699–1767)[408]
- sowie Adelheid Benedicta von Rumohr geb. von Blome (1725–1806), die Ehefrau des Henning Benedikt (= Bendix) von Rumohr (1717–1776) auf Bossee, des Präsidenten der fürstbischöflichen Kollegien in Eutin.[409]

Die adligen drei *gevattern* ließen sich bei der Taufe vertreten durch

- den herzoglichen Justizrat Prof. Dr. med. Georg Franck (1700–1768),[410]
- den Kammerrat Faber[411] sowie durch
- Francisca Catharina Förtsch geb. Rüder (1718–1762), die Ehefrau des fürstbischöflich lübeckischen geheimen Kammersekretärs (1730), Kammerrats (1735) und Oldenburger Justizrats Johann Philipp Förtsch (*1683).[412]

---

[404] Anm. II 371.

[405] Anm. II 372.

[406] Kap. 2.5, Eintrag Nr. 7.

[407] Anm. II 388.

[408] Anm. II 389.

[409] Anm. II 390.

[410] Anm. II 391.

[411] Anm. II 392.

[412] Anm. II 393.

1.7.1 Ein Textkorpus zur Soziologie einer „Universitätsfamilie" 155

Die drei Beispiele deuten den Nutzen an, den eine elitensoziologische Verortung der ‚Universitätsfamilie' Quistorp / von Quistorp aus der kommentierten Volltext-Edition in Teil II der Studie ziehen kann. Insbesondere die Angaben der Hausbibel zu den Heiratskreisen und den Patenschaften der Familie sind elitensoziologisch anschlussfähig: für Studien zur Sozialgeschichte der Bürgermeister- und Ratsfamilien, der ‚Universitätsfamilien' und Handelsherren der Stadt Rostock sowie anderer Hansestädte (von Hamburg über Lübeck bis nach Stralsund und Danzig); ebenso für Studien zur Sozialgeschichte politischer und kirchlicher Funktionseliten in den mecklenburgischen Herzogtümern, den Herzogtümern Schleswig und Holstein, dem Fürstbistum Lübeck und in der dänischen Residenz Kopenhagen, in Schwedisch-Pommern und Brandenburg.

Das Textkorpus dokumentiert zudem, dass Patenschaften genutzt wurden, um den Zusammenhalt unter den Familien-Ästen der Quistorps zu stärken. Im Untersuchungszeitraum bis 1766 übernahmen Mitglieder des jüngeren Rostocker Astes der Familie Quistorp wiederholt Patenschaften über Neugeborene, die der ältere Ast der Familie taufen ließ. Als *gevattern* und *gevattersche* sind bezeugt: der Apotheker Bernhard Balthasar Quistorp (um 1658–1724),[413] dessen Frau Maria Elisabeth Krück (1672–1743)[414] und ihr Bruder Peter Johann Krück (†1745)[415]; der Rostocker Stadtarzt und rätliche Professor der Medizin Johann Bernhard Quistorp (1692–1761)[416] und dessen Frau Anna Margarete Goltermann (†1762),[417] schließlich der Juraprofessor in Bützow Johann Christian Edler von Quistorp (1737–1795)[418] und dessen Schwager, der Kaufmann Johann Friedrich Pries (1710–1781),[419] der mit einer Schwester des Bützower Juristen verheiratet war, mit

---

[413] Zur Person s. Kap. 2.2, Eintrag Nr. 6 (mit Anm. II 187). – Patenschaften: s. Kap. 2.3, Eintrag Nr. 16 (mit Anm. II 292); Kap. 2.3: Eintrag Nr. 18 (mit Anm. 303; als Vertreter des Paten vor Ort); Kap. 2.4, Eintrag Nr. 3 (mit Anm. II 320).

[414] Zur Person s. Anm. II 297. – Patenschaft: s. Kap. 2.3, Eintrag Nr. 16 (mit Anm. II 297, II 337).

[415] Zur Person s. Anm. II 347. – Patenschaft: s. Kap. 2.4, Eintrag Nr. 8.

[416] Zur Person s. Anm. II 346. – Patenschaft: s. Kap. 2.4, Eintrag Nr. 8.

[417] Zur Person s. Anm. II 352. – Patenschaft: s. Kap. 2.4, Eintrag Nr. 9.

[418] Zur Person s. Anm. II 438. – Patenschaft: s. Kap. 2.5, Eintrag Nr. 27.

[419] Zur Person s. Anm. II 439. – Patenschaft: s. Kap. 2.5, Eintrag Nr. 27.

Margaretha Elisabeth Quistorp (um 1720–1795).[420] Beide Äste der Familie waren einander auch im Funeralkult verbunden, da beide ihr Erbbegräbnis im Untersuchungszeitraum in der Rostocker Marienkirche hatten.[421]

Eine Auswertung der Heiratskreise und Patenschaften, welche die Hausbibel Quistorp dokumentiert, erhellt überdies das Umfeld jener Nobilitierungen, die in der zweiten Hälfte des 18. Jahrhunderts im jüngeren Rostocker Ast (1792) und im mittleren Greifswalder Ast (1782) der Familie Quistorp erfolgten,[422] sowie den Übergang von Angehörigen des mittleren Greifswalder Astes zu einer gutsherrlichen Lebensform in Vorpommern. Eine gutsherrliche Lebensform war damals im Familienkreis bereits mehrfach vorgeprägt: etwa in der Familie des schleswig-holsteinischen Kanzlers Johann Hugo (von) Lente oder Lenthe (1640–1718), des Erbherren auf Fresenburg und Sarlhausen,[423] dessen Tochter den Rostocker Theologieprofessor Johann Nicolaus Quistorp in zweiter Ehe heiratete; ebenso bei den Berg, Herren zu Poppendorf, Bussewitz und Billenhagen,[424] sowie bei den Berg, Pfandherren zu Lambrechtshagen.[425] Die Rostocker Fernkaufleute Berg, aus denen Lorenz Gottfried Quistorp (1691–1743)[426] seine Gattin Anna Maria geb. Berg (1695–1731) wählte, stiegen Mitte des 18. Jahrhunderts in den mecklenburgischen Adel auf.[427]

---

[420] Zur Person s. Anm. II 439.

[421] Nachweise für den jüngeren Rostocker Ast der Familie Quistorp: Anm. II 187, II 297, II 346, II 439.

[422] S.u. Anm. II 318, II 417.

[423] Anm. II 287.

[424] Anm. II 321.

[425] Anm. II 326.

[426] Kap. 2.4, passim.

[427] Anm. II 321.

1.7.2. Ein Textkorpus zur Kultur-, Bildungs-, Universitäts- und Wissenschaftsgeschichte

Für den 3. Februar 1624, vormittags um exakt neun Uhr, verzeichnete die Hausbibel des älteren Rostocker Astes der Familie Quistorp ein freudiges Ereignis. Die Eheleute Johannes Quistorp d.Ä., Professor der Theologie an der Universität Rostock und Archidiakon an der Rostocker Marienkirche, und Barbara Quistorp geb. Domann hielten ein gesundes neugeborenes Kind in ihren Armen und ließen es wenig später auf den Namen Johannes taufen. Johannes Quistorp der Jüngere (1624–1669) war der erstgeborene Sohn und Stammhalter der Familie, die damals bereits drei Töchter hatte. Im Segenswunsch, den der Kindsvater, der Theologieprofessor Johannes Quistorp d.Ä., dem Neugeborenen mitgab, dokumentiert die Hausbibel Hoffnungen und Erwartungen, die der Vater auf seinen Stammhalter projizierte. Bei seinen übrigen Kindern notierte er jeweils recht stereotyp die Formel in die Familienbibel, Gott möge das Neugeborene „zu allem Guten erwachsen" lassen.[428] Doch im Falle seines Stammhalters gab er sich 1624 weniger einsilbig. Der Segenswunsch, mit dem er den jüngeren Johannes Quistorp begrüßte, lautete: *Gib, o du gutiger Gott, das ein redlicher und nutzer* [= nützlicher] *man aus ihm werde, der Dir und menschen dienen moge.*[429]

Als Paten suchten die Eheleute Quistorp – Domann für ihren Stammhalter Persönlichkeiten aus, die geeignet erschienen, ihm künftig behilflich zu sein, wenn dieser eine akademische Laufbahn in Rostock einschlagen wollte oder gar versuchte, dem Vater als Theologe auf einer *rätlichen* Professur nachzufolgen. Mit dem kaiserlichen Hofpfalzgrafen, Ratsherren und

---

[428] S. Kap. 2.1, Eintrag Nr. 6 (20./22. Oktober 1619, Geburt/Taufe der Tochter Catharina; Segensformel: *Gott las[s]e sie in seiner furcht und in allem guten auffwachsen*); Eintrag Nr. 7 (8./9. Januar 1622, Geburt/Taufe der Zwillingstöchter Margareta und Barbara; Segensformel: *Gott führe sie durch seinen geist zu allem guten*); Eintrag Nr. 9 (26./28. August 1625, Geburt/Taufe der Tochter Anna: *Gott laß* [si]*e in seiner furcht und aller ehre und tugend erwachsen*); Eintrag Nr. 10 (29. Juli/1. August 1627, Geburt der Tochter Angela: *Gott laß das kindlein in seiner furcht, in allen tugenden und gutem erwachsen*); Eintrag Nr. 12 (6./8. März 1631, Geburt des Sohnes Joachim: *Gott beschirme ihn mit seinem geist und lasse ihn zu allem guten erwachsen*); Eintrag Nr. 13 (15./17. Dezember 1632, Geburt der Tochter Maria: *Gott las[s]e sie in seiner furcht und allem guten erwachsen*).

[429] Ebd., Eintrag Nr. 8.

Bürgermeister Johann Luttermann (1581–1657),[430] der in Rostock, Marburg, Gießen und Greifswald die Rechte studiert und den Grad eines *Baccalaureus iuris* erworben hatte, gewannen sie ein prominentes Mitglied der Rostocker Stadtregierung als einen *gevatter* (*compater*) für ihren Erstgeborenen: Luttermann, der als einer der städtischen Scholarchen die Aufsicht auch über die Große Stadtschule von Rostock führte, galt im Rat der Hansestadt als ein Experte in allen Angelegenheiten, welche die Universität und das städtische Schulwesen betrafen.

Neben Luttermann bestimmten die Eheleute Quistorp – Domann einen jungen Dozenten der Universität Rostock als Paten für den Stammhalter der Familie: den Mediziner, Mathematiker, Logiker und Naturforscher Dr. med. Joachim Jungius (1587–1657),[431] der von 1624 bis 1629 *rätlicher* Mathematikprofessor an der Universität Rostock war. Dessen Braut Katharina Havemann (†1638),[432] die Joachim Jungius wenig später heiratete, stellte die dritte Patin des Stammhalters. Katharina war eine Tochter des Rostocker Bürgers und Brauherren Valentin Havemann (1579–1614) und der Dorothea geb. Papke (†1610).[433] Ihre Eltern verstarben früh, und so war sie in der einflussreichen Rostocker ‚Universitätsfamilie' Pauli aufgezogen worden,[434] der Familie ihrer Tante und Patentante Katharina Pauli geb. Papke (1580–1650), einer Schwester ihrer Mutter Dorothea Havemann geb. Papke: Katharina Papke war die Gattin des Rostocker Stadtphysikus Dr. med. Heinrich Pauli (1565–1610), der 1594–1604 auch *rätlicher* Medizinprofessor in Rostock war, zugleich die Mutter des *rätlichen* Medizinprofessors Dr. med. Simon Pauli d.J. (1603–1680).[435]

Aus einer elitensoziologischen Perspektive betrachtet, wie sie im Zentrum von Kapitel 1.7.1 stand, dokumentiert die Patenwahl für den jüngeren Johannes Quistorp ein Verfahren, das zur Status-Reproduktion einer angehenden ‚Universitätsfamilie' durchaus sinnvoll und angebracht war. Denn die Wahl des Bürgermeisters und Scholarchen Luttermann, der in Sachen der Universität im Stadtmagistrat ein gewichtiges Wort mitzureden hatte, war ebenso wie die Wahl des Universitätsdozenten Jungius und seiner Braut

---

[430] Anm. II 42.

[431] Anm. II 43.

[432] Anm. II 44.

[433] Ebd.

[434] Anm. II 38 u. II 44.

[435] Anm. II 38, II 44 u. II 93.

1.7.2 Ein Textkorpus zur Kultur- und Wissenschaftsgeschichte

beziehungsweise Gattin geeignet, die Chancen des Stammhalters zu erhöhen, an der Universität Rostock Fuß zu fassen und Karriere zu machen.

Jenseits einer exklusiv soziologischen Betrachtung dürfte die Patenwahl, welche die Eltern des jüngeren Johannes Quistorp trafen, im Falle des Logikers und Naturforschers Joachim Jungius aber auch eine ideen- und wissenschaftsgeschichtliche Dimension haben. Die Wahl des Brautpaares beziehungsweise der Eheleute Jungius – Havemann verdient ja nicht allein deshalb Beachtung, weil es im 17. Jahrhundert eher unüblich war, Bräutigam und Braut beziehungsweise zwei Eheleuten gemeinsam zwei Patenämter über denselben Täufling anzuvertrauen. Üblich war es ja vielmehr, die Patenämter auf verschiedene Familien zu streuen. Beachtlich ist im vorliegenden Fall mithin vor allem, dass ein arrivierter Universitätstheologe wie Johannes Quistorp d.Ä. einem Naturforscher wie Jungius, den er in seinen Briefen seither konsequent als Herrn *gevatter* beziehungsweise als *compater* anspricht,[436] ein so großes Gewicht unter den Paten seines Stammhalters und präsumptiven Nachfolgers einräumte, dass er dem Ehepaar Jungius – Havemann zwei von drei Patenämtern anvertraute.

Jungius, ein vormaliger Mitarbeiter des Bildungs- und Schulreformers Wolfgang Ratke (*Ratichius,* 1571–1635),[437] der den Terminus „Didaktik" in die Pädagogik einführte und dessen innovative Lehrmethode Jungius propagierte, setzte in seiner Naturbetrachtung allein auf Induktion und Experiment. *Per inductionem et experimentum omnia*: das war der in die Moderne vorausweisende Wahlspruch der *Societas ereunetica sive zetetica,* der ersten naturkundlichen Gesellschaft nördlich der Alpen, die Jungius zwei Jahre zuvor, 1622, in Rostock begründet hatte, um Naturerkenntnis durch eine mathematisch-naturwissenschaftliche Fundierung der philosophischen Studien zu fördern. Johannes Quistorp d.Ä., der entscheidend dazu beigetragen hatte, dass Jungius eine Professur in Rostock erhielt, stand den Zielen der Gesellschaft offenbar aufgeschlossen gegenüber und darf als Unterstützer einer ratichianischen Lehrreform gelten.[438]

---

[436] Zur Freundschaft zwischen Johannes Quistorp d.Ä. und Jungius s. AVÉ-LALLEMANT 1863, VIII, XX, XXIIIf, XXVIIf, 25ff, 37f, 49, 68, 81f, 84–89, 97, 108, 111–114, 116, 143, 158, 180, 221, 247, 427; WOLLGAST 1996, 1200, 1216, 1218, 1220; dazu die Neuausgabe der Jungius-Korrespondenz von ELSNER/ROTHKEGEL 2005.

[437] FREYER 1984; DÜNNHAUPT 1988; KORDES 1999, 42, 58 (zu einem Besuch, den Quistorp im Auftrag der Stadt Rostock bei Ratke machte).

[438] WOLLGAST 1996, 1200, 1216, 1218, 1220, dazu EBD., 1215 zum Grundsatz *Per inductionem et experimentum omnia*; KORDES 1999, 58. Zur Stellung des Joachim Jungius in

Das Beispiel der Patenschaft, die Jungius für den jüngeren Johannes Quistorp übernahm, deutet an, dass die Notizen mit Familienbezug in der Hausbibel Quistorp, welche die kommentierte Edition im zweiten Teil der Studie (Kapitel 2.1 – 2.6) für künftige Nutzer erschließt, auch jenseits ihrer memorialkulturellen Bedeutung (Kapitel 1.6) und ihres sozialgeschichtlichen Wertes (Kapitel 1.7.1) eine kultur-, bildungs-, universitäts- und wissenschaftsgeschichtliche Dimension und Relevanz haben, auf die mit Kapitel 1.7.2 der Einführung wenigstens kurz hingewiesen sei, ohne damit künftigen Studien zur ‚Universitätsfamilie' Quistorp und zum familienbezogenen Datenbestand der Hausbibel des älteren Astes der Familie 1619–1766 vorgreifen zu wollen. Denn die kultur-, bildungs-, universitäts- und wissenschaftsgeschichtliche Dimension der Aufzeichnungen darf als keineswegs hinreichend ausgeforscht gelten. Beispielsweise schenkten die Kirchengeschichtler Thomas Kaufmann und Jonathan Strom in ihren Monografien zur Rostocker Reformtheologie des späten 16. und der ersten Hälfte des 17. Jahrhunderts den reformpädagogischen Einflüssen, die von Ratke und den Rostocker *Ratichianern* um Jungius auf Theologen wie den älteren Johannes Quistorp ausgingen, keine Beachtung.[439] Und auch das „gute Einvernehmen zwischen Theologen und Naturwissenschaftlern", das Matthias Asche für die „Zeit des Rostocker Frühpietismus um die Mitte des 17. Jahrhunderts" diagnostiziert, bedarf der weiteren Aufklärung.[440]

1997 widmete Thomas Kaufmann seine Studie zu den Rostocker Theologieprofessoren, die zwischen 1550 und 1675 amtierten, „einer eindeutig multifunktionalen kirchlichen Führungs- und akademischen Reflexionselite", „deren Bedeutung für die Uniformierung des Bekenntnisses, den Aufbau und die Stabilisierung territorialer Kirchentümer, die Ausbildung ihrer Geistlichkeit, aber auch die Prägung ihres Schulwesens und ihrer Katechetik im konfessionellen Zeitalter kaum überschätzt werden kann, ohne daß die Bedeutung dieser Gruppe in der bisherigen Forschung hinreichend zur Kenntnis genommen worden wäre".[441] Kaufmann verwies dort bereits auf das breite Tätigkeitsspektrum und das weite Einflussfeld, das die Theologen

---

der Ideen- und Wissenschaftsgeschichte s. KANGRO 1968; MEINEL, Begriff, 1982; MEINEL, Praelectiones physicae, 1982; MEINEL, In physicis, 1984; MEINEL, Nachlaß Jungius, 1984; MEINEL 1987; MEINEL 1992; MEINEL 1993; MEINEL 1995; ASCHE 2000, 130–133; ELSNER 2004; MEINEL 2013; HAMEL 2019, 62f.

[439] KAUFMANN 1997; STROM 1999.

[440] ASCHE 2000, 134.

[441] KAUFMANN 1997, 14.

1.7.2 Ein Textkorpus zur Kultur- und Wissenschaftsgeschichte

Quistorp, die Kaufmann 1997 immerhin mit den ersten beiden Vertretern der ‚Universitätsfamilie' in Rostock, dem älteren und dem jüngeren Johannes Quistorp, in den Blick nahm, und ihre Kollegen im 17. und 18. Jahrhundert abdeckten. Die Rostocker Theologen Quistorp vertraten lutherische Theologie und Kirche auf drei Funktionsfeldern:

1. als Universitätstheologen,
2. in der pfarramtlichen Praxis und Seelsorge, schließlich
3. als „höhere Geistlichkeit" in kirchlichen Leitungsfunktionen in Rostock und in umgebenden Territorien: als Generalsuperintendenten, Superintendenten, Präsidenten oder Mitglieder des Kirchenrates und des geistlichen „Ministeriums", desgleichen bei Hofe, etwa als Hofprediger, Konsistorialpräsidenten oder Konsistorialräte.

[ad 1:] Das universitäre Arbeitsfeld eines Rostocker Theologieprofessors, der vom Rat bestallt war, umfasste eine Vielzahl von Aufgaben. Das Spektrum dieser Aufgaben erweist die Universität, deren Lebenswelt die ‚Universitätsfamilie' Quistorp prägte, als eine „multifunktionale Institution", die, stark praxisbezogen, „unterschiedliche Funktionen bediente, Erwartungen erfüllte und Bedarfe deckte".[442] Zentrale Aufgabenfelder waren

- die theologische Reflexion und Deutungsarbeit, die sich – mit starkem Praxisbezug – in der Lehre (in Vorlesungen, Disputationen und akademischen Reden) ebenso niederschlug wie in theologischen Publikationen, insbesondere in exegetischen oder systematischen Schriften, Predigtsammlungen und Erbauungsschriften, Disputationen, akademischen *Programmata* und sonstigen Universitätsschriften, nicht zuletzt in der Korrespondenz der Akteure;
- die akademische Gutachter- und Beratertätigkeit für geistliche und weltliche Auftraggeber, die auf Probleme reagierte, die aus der lebensweltlichen Praxis an die Theologieprofessoren herangetragen wurden, etwa mit Bezug auf das Eherecht, zu dem in Rostock eine Fülle von Matrimonialjudizien der Theologischen Fakultät überliefert sind. Indem Rostocker Theologen als Gutachter fallbezogen Lehre und Leben aufeinander bezogen, nahmen sie Einfluss auf die kirchliche Praxis, insbesondere auf die Formierung einer lutherisch konfessionalisierten Gesellschaft in der Stadt Rostock, in den mecklenburgischen Herzogtümern und darüber hinaus. Als Verfasser

---

[442] THIESSEN 2019, 171. – Die Aufgabenfelder beschreibt im Detail KAUFMANN 1997, passim.

von Testimonia für Einzelpersonen, etwa für abgehende Studenten, wurden sie als Vermittler geistlichen Personals ein wichtiger Faktor kirchlicher Personalpolitik. Als Gutachter über neuerschienene Schriften waren sie an der Bücherzensur beteiligt;
- die Lehre, insbesondere der Vorlesungs- und Prüfungsbetrieb, der nicht allein zur Ausbildung des universitären Nachwuchses, sondern vor allem auch zur Versorgung der lutherischen Landeskirchen im Ostseeraum und im Norden Deutschlands mit Pastoren unerlässlich war;
- die Gremienarbeit, etwa im Senat und im Fakultätsrat;
- die Übernahme von Ämtern auf Fakultäts- und Rektoratsebene, im Falle der Quistorps insbesondere der Ämter eines Dekans der Theologischen Fakultät und des Rektors der Universität. Beide, Rektor und Dekan, vertraten die Universität nicht allein intern, sondern auch nach außen hin, nicht zuletzt vermittelst akademischer Festreden oder Funeralprogramme. Als Rektoren der Universität Rostock, die über eine eigenständige Jurisdiktion verfügte, hatten sie überdies die volle Rechtsgewalt über alle Universitätsangehörigen, in Zivil- ebenso wie in Strafsachen, unter Einschluss der peinlichen Strafjustiz.[443] Als die kaiserlichen Truppen Wallensteins Rostock im Dreißigjährigen Krieg besetzten, hatte Rektor Johannes Quistorp d.Ä. beispielsweise die undankbare Aufgabe, gegen den Mörder des kaiserlichen Obristen Heinrich Ludwig von Hatzfeldt († 1631) vorgehen zu müssen, einen Rostocker Studenten der Rechte.[444]

[ad 2:] Die Theologieprofessoren Quistorp des 17. und 18. Jahrhunderts waren zugleich intensiv in theologische Praxis und Seelsorge eingebunden, etwa als Diakone, Archidiakone und Hauptpastoren (*parochi*) der Rostocker Pfarrkirchen. Der Befund markiert keinen Gegenpol zur universitären Theologie in Rostock (in Wissenschaft, Publizistik und Lehre), denn diese wies im Untersuchungszeitraum ohnehin eine starke Praxis- und Gesellschaftsorientierung auf, war mithin auf die Bedürfnisse der seelsorgerischen Praxis und Vermittlung (Didaktik) ausgerichtet. Rostocker Theologen agierten in der konfessionalisierten Gesellschaft des 17. und 18. Jahrhunderts als Moral- und Sittenwächter, die geistliche Strafen verhängten und dabei – wie Jonathan Strom herausgearbeitet hat – den Konflikt mit weltlichen Institutionen,

---

[443] EBD., 43.
[444] FRIEDHOFF 2004, 46ff, 83.

1.7.2 Ein Textkorpus zur Kultur- und Wissenschaftsgeschichte

etwa dem Rostocker Magistrat, nicht scheuten.[445] Sie arbeiteten an einer Reform und Verchristlichung nicht allein der Lehre, sondern auch des Lebens, stellten sich mithin den gesellschaftsbezogenen, erzieherischen Aufgaben von Kirche und Theologie, ja entwickelten einen Protopietismus.[446]

[ad 3:] Als „höhere Geistlichkeit" in der kirchlichen Administration, als Mitglieder oder Direktoren des geistlichen Ministeriums, als Superintendenten und Generalsuperintendenten, als „geistliche Räte" des Rostocker Magistrats, der Herzöge von Mecklenburg und Schleswig-Holstein, als Hofprediger, Konsistorialpräsidenten und Konsistorialräte waren die Theologen Quistorp Teil der kirchlichen und politischen Funktionseliten innerhalb der Ständegesellschaft ihrer Zeit.

Um ‚Universitätsfamilien' des 17. und 18. Jahrhunderts, so auch die Theologen Quistorp, ideen- und wissenschaftsgeschichtlich zu verorten, ist es unerlässlich, deren Studien- und Karriereverläufe zu beachten. Dem Studium der Theologie, das sie absolvierten, war durchwegs ein Studium in der Philosophischen Fakultät vor- und zugeordnet, das einen wichtigen Beitrag leistete, um Studierende zur Theologie hinzuführen. Die Theologen Quistorp sowie die Theologen, die sukzessive in ihren Familien- und Patenkreis traten, schlossen das artistische Studium gewöhnlich mit dem Grad eines *Magister artium* ab. Während ihres Studiums der Theologie, zum Teil auch über das Studienende hinaus, waren viele von ihnen als Dozenten in die Philosophische Fakultät eingebunden. Als Lehrer, sei es als *magistri legentes* oder als vom Stadtrat oder von den mecklenburgischen Herzögen besoldete Professoren, bedienten sie hier ein weites Fachspektrum: als Dozenten der alten Sprachen und Literatur, vor allem der bibelrelevanten Sprachen Hebräisch, Altgriechisch und Latein, der Katechetik, der Logik, Mathematik und Philosophie. Oder sie blieben als Dozenten der „Physik und Metaphysik" zeitlebens ganz der Philosophischen Fakultät verhaftet: der Theologe, Hofprediger und Pastor Johann Jacob Quistorp (1717–1766)[447] ist dafür ein Beispiel.

---

[445] STROM 1999.

[446] KAUFMANN 1997; STROM 1999.

[447] S.u. Kap. 2.5 (mit dem einführenden Steckbrief). – Zur Bedeutung, welche die artistischen Studien für die Pfarrer- und Theologenausbildung in Rostock hatten, sowie zur Beziehung zwischen der PHIL. FAK. und der THEOL. FAK. an luth. Universitäten der Frühen Neuzeit s. grundsätzlich KAUFMANN 1997, 89 Anm. 230.

Insbesondere die Beschäftigung mit der Fachgruppe der *Physica* und der *Metaphysica* erforderte im 17. und 18. Jahrhundert von Universitätstheologen, sich in ein Benehmen mit den Naturwissenschaften zu setzen, deren Fächerkanon sich im Zeitalter der naturwissenschaftlichen Revolution nach und nach aus den *Physica* heraus zu eigenständigen Disziplinen ausformte. Dass dieser Austausch für Akteure in Theologie und Naturforschung anregend sein konnte – inhaltlich, methodisch, aber auch didaktisch –, dokumentiert die Hausbibel des älteren Rostocker Astes der Familie Quistorp am Beispiel der Freundschaft, die der ältere Johannes Quistorp und der Naturforscher Joachim Jungius miteinander pflegten und die sich familiär in der Übernahme einer Patenschaft niederschlug.[448]

Die Karrierewege, die Rostocker Universitätstheologen im 17. und 18. Jahrhundert beschritten, werfen deshalb die Frage nach Wechselwirkungen – inhaltlich, methodisch und didaktisch – zwischen den *Physica* und den *Metaphysica* auf, die Theologen des Familienkreises Quistorp sukzessive als Lehrer in der Philosophischen und der Theologischen Fakultät vertraten. Zugleich evozieren sie die Frage nach den Normenkonkurrenzen und Spannungen, welche die Beschäftigung mit den *Physica* einerseits, den *Metaphysica* andererseits mit sich brachte. Bereits die Förderung, die Johannes Quistorp d.Ä. Joachim Jungius (1587–1657) gewährte,[449] der auf ein Naturverständnis allein durch Induktion und Experiment setzte, ist nicht allein mit Blick auf die Wechselwirkungen zwischen Naturforschung und Theologie, sondern vor allem auch mit Blick auf die Normenkonkurrenzen signifikant, welche die Bündelung vielfältiger Lehraufgaben in den Fachgruppen der *Physica* und der *Metaphysica* bei Theologen der Universität Rostock erzeugte.

Keineswegs zufällig leistete eine ganze Reihe jener Theologen, die im 17. und 18. Jahrhundert als Ehepartner oder Paten in den Familienkreis der Quistorps traten, auch auf dem Feld der Mathematik Beachtliches, in Wissenschaft und Lehre.[450] Gleiches gilt für die Astronomie, die sich im Untersuchungszeitraum allmählich von der Astrologie trennte; ein Prozess, für den in Rostock insbesondere der Theologe Johann Moritz Poltz oder

---

[448] Kap. 2.1, Eintrag Nr. 8.

[449] S.o. Text bei Anm. I 431 – I 439.

[450] Vgl. dazu Anm. II 43, II 82, II 90, II 132, II 182, II 228, II 405, II 441, II 445, II 495. – Die „vergleichsweise intensive Beschäftigung mit den mathematischen Disziplinen" um 1520 wertete ASCHE 2000, 122 als „sicherlich eine Besonderheit der Rostocker Hochschule", die „ihren Charakter als Stadtuniversität" unterstreiche und den besonderen Bildungsinteressen der Kaufmanns- und Ratsherrensöhne Rechnung getragen habe.

1.7.2 Ein Textkorpus zur Kultur- und Wissenschaftsgeschichte

Poltzius (1638–1708) steht, jener Ehemann der Sophia Quistorp (um 1656–1643) und Verfasser der Mecklenburgischen Schreibkalender, der die Astrologie aus den Schreibkalendern verbannte.[451] Die Hausbibel des älteren Rostocker Astes der Familie Quistorp hingegen behielt von 1619 bis zum Ende der familienbezogenen Aufzeichnungen 1766 die Sitte bei, für Geburten möglichst exakte Uhrzeiten anzugeben. Sie hält mithin im Gesamtzeitraum Informationen fest, die für die Erstellung eines individuellen Horoskops, somit für astrologische Anwendungen, von zentraler Bedeutung waren.

Hier zeigt sich ein beharrendes Moment, ganz im Sinne jenes Verständnisses der Universität des 17. und des 18. Jahrhunderts als einer „Stätte der Bewahrung und Vermittlung eines als endlich betrachteten Wissensbestands",[452] wo der jeweilige ‚Chef' und Hausvater der ‚Universitätsfamilie', wie es der Panegyriker Michael Lilienthal 1710 mit Blick auf seinen Patron Johann Nicolaus Quistorp notierte, ganz wesentlich die Aufgabe hatte, als Kultor des Gedächtnisses seiner Vorfahren dafür zu sorgen, dass die publizierten und die unpublizierten Schriften seiner Vorfahren in der Erinnerung der Nachwelt blieben. Auf das Werk des ‚Dynastiegründers' Johannes Quistorp d.Ä. bezogen, formulierte Lilienthal:[453]

> *Tu, Vir Magnifice,*[454] *Avi Tui*[455] *famam ne unquam patiaris silentio obscurari, vel prorsus intermori; sed scripta eius egregia, praecipue exegetica, ne inter deperdita locum aliquando suum obtineant, colligas, et quo iunctim conspici possint, publici iuris facias. Inprimis de universo, qua patet, literario orbe optume mereberis, si, quod diu meditatus es, Annotationes Biblicas locupletiores ex MSCtis*[456] *eius emendatioresque, pro ea qua polles ingenii felicitate, prodire jussus fueris, quandoquidem opus hoc perquam eruditum tale est, quo immortale nomen sibi meruit Autor Beatus.*

---

[451] Anm. II 182.

[452] THIESSEN 2019, 167, nach GIERL 2001, 64f; REXROTH 2014, 23.

[453] LILIENTHAL 1710, 19.

[454] Gemeint ist Prof. D. theol. Johann Nicolaus Quistorp (s. Kap. 2.3).

[455] Gemeint ist Prof. D. theol. Johannes Quistorp d.Ä. (s. Kap. 2.1).

[456] *manuscriptis*.

Wissenschaftsgeschichtlich, insbesondere theologiegeschichtlich, bezeugt das Fallbeispiel der Theologen Quistorp einerseits einen konservativen Trend, der in der Person und im Werk des Johann Nicolaus Quistorp (1651–1715) kulminiert[457] und in dessen Zentrum die Bewahrung der „reinen Lehre" Luthers stand.[458] Andererseits geben die Einträge in der Hausbibel vielfältige Hinweise auf die Auf- und Übernahme von Neuem. Beispiele sind

- jene Integration des Naturforschers, Didaktikers, Pädagogen und Lehrreformers Joachim Jungius, seiner induktiv-experimentellen Wissenschaftsauffassung und seiner an Wolfgang Ratke orientierten Pläne zu einer Lehrreform in den Familien- und Freundeskreis des älteren Johannes Quistorp, die auch die Hausbibel der Familie Quistorp bezeugt,[459]
- die Arbeit des älteren und des jüngeren Johannes Quistorp an einer innergemeindlichen wie auch individuellen Reform der Lebensführung auf konfessioneller Basis, die mit den *Pia desideria* des jüngeren Johannes Quistorp von 1665 in einen lutherischen Protopietismus einmündete,[460]
- die Hinwendung des Theologen Johann Jacob Quistorp und seines Bruders, des Juristen Theodor Johann Quistorp, der Theaterstücke für die „Deutsche Schaubühne" Johann Christoph Gottscheds (1700–1766) schrieb, zu Gedankengut der Aufklärung, zur sprachreformerischen „Deutschen Gesellschaft", wo Johann Jacob erst in Jena, dann in Göttingen Mitglied war, sowie zur Universität Göttingen, wo Quistorp zum Doktor der Theologie promoviert wurde,[461]
- die Ausbildung und Etablierung neuer akademischer Fächer,[462] an denen die Quistorp mitwirkten. Beispielsweise war die Familie des Theologieprofessors Johann Jacob Quistorp, der eine Tochter des schleswig-holsteinischen und fürstbischöflich Lübeckischen Hofarchitekten Rudolph Matthias Dallin (um 1680–1743) geheiratet

---

[457] S. pars pro toto: Text bei Anm. I 148 – Anm. I 151.

[458] THIESSEN 2019, 171.

[459] Kap. 2.1, Eintrag Nr. 8.

[460] Anm. I 112, I 293.

[461] Kap. 2.5, Eintrag Nr. 22. – Zu Dr. iur. utr. Theodor Johann Quistorp (1722–1776) s. Anm. II 333.

[462] Zum Thema s. DÖRING 2009, 185–208.

1.7.2 Ein Textkorpus zur Kultur- und Wissenschaftsgeschichte

hatte,[463] an der Etablierung der Fächer Architektur, technisches Zeichnen und Zeichenlehre als universitärer Lehrfächer beteiligt. Ein Sohn der Eheleute Quistorp – Dallin, Dr. phil. Johann Gottfried Quistorp (1755–1835), wurde 1788 Universitäts-Baumeister und akademischer Zeichenmeister, 1812 Dozent (*Adjunct*) für Bau- und Feldmesskunst an der Universität Greifswald.[464]

Die Vielfalt der Aufgaben, die Mitglieder der ‚Universitätsfamilie' Quistorp zwischen 1619 und 1766 übernahmen, dokumentiert exemplarisch, weshalb Thomas Kaufmann von den lutherischen Theologieprofessoren der Frühen Neuzeit in Rostock als einer „hinsichtlich ihrer pluriformen Beanspruchbarkeit neue<n> und zentrale<n> Funktionsgruppe innerhalb des konfessionellen Formierungsprozesses"[465] sprechen konnte. Der Datenbestand der Hausbibel Quistorp lässt wiederholt, wie vorstehend am Beispiel der Kooperation zwischen Joachim Jungius und Johannes Quistorp d.Ä. erläutert worden ist, die Frage nach den Wertehorizonten der Akteure, aber auch nach Normenkonkurrenzen aufkommen, welche die vielfältigen Aktivitäten der Theologen Quistorp in Wissenschaft, Lehre und Glaubenspraxis erzeugten. Der prosopografische Befund, den die familienbezogenen Aufzeichnungen der Quistorp-Bibel transportieren, mag dazu einladen, das „Innenleben kleinerer Universitäten in akteurszentrierter Perspektive"[466] intensiver zu erforschen, als das bislang geschehen ist, um so der Bedeutung des protestantischen Pfarrhauses für die Kultur-, Ideen- und Wissenschaftsgeschichte der Neuzeit nachzuspüren. Nicht zuletzt können Studien zum grundlegenden Wandel von der „Gelehrtenkultur" zur modernen Wissenschaft als Prozess, an dem Gelehrte der europäischen Frühneuzeit, auch in Rostock, über Jahrhunderte mitgewirkt haben, von familienbezogenen Aufzeichnungen profitieren, wie sie der ältere Rostocker Ast der Familie Quistorp hinterlassen hat. Sie geben Hinweise auf langfristige Konjunkturen und Veränderungen im Handlungs- und Denkrahmen der Akteure, etwa in Pietismus und Aufklärung, sowie auf die Ausbildung eines neuen Wissensverständnisses, „das über die alte Vorstellung fester Wissensbestände hinausreichte".[467]

---

[463] Kap. 2.5, Eintrag Nr. 3.
[464] Anm. II 405.
[465] KAUFMANN 1997, 17.
[466] THIESSEN 2019, 174.
[467] Ebd., 174.

Auch die Alltagsgeschichte und die Geschichte des privaten Lebens können von den familienbezogenen Notizen in der Hausbibel profitieren. Die Tradition der lutherischen Betglocke etwa schlug sich ebenso im Text der Aufzeichnungen nieder[468] wie die Verwendung der Termini *eheliebste* oder *liebste* für die Ehefrau, die sich ab 1679 in den Notizen finden lassen und auf Veränderungen im Eheverständnis der Akteure hindeuten.[469] Angesichts der Praxis, Ehen nach familiären Nützlichkeits-Erwägungen zu arrangieren, überrascht es kaum, dass sich die Einträger im Gesamtzeitraum, den die familienbezogenen Eintragungen der Hausbibel Quistorp abdecken, eher nüchtern über die Ehe äußern: Im Zentrum der Segenswünsche, die Frischvermählten mitgegeben wurden, stand keineswegs die Liebe unter den Eheleuten, sondern der häusliche Frieden, der Ehefrieden. Hatten die Hausväter Quistorp von einer Eheschließung zu berichten, hängten sie der Notiz die Formel an, Gott möge den Eheleuten „eine gesegnete friedfertige Ehe" schenken.[470] Nur in einem Falle, nämlich aus Anlass seiner Hochzeit mit der

---

[468] Kap. 2.5, Eintrag Nr. 25: *1762 den 7. octobris morgens um 6 uhr, da eben die beth glocke gezogen ward, ist meine tochter Christina Theresia Elisabeth gebohren und tages darauf von meinem herrn collegen magistro Niehenck getauft worden.*

[469] Kap. 2.3, Eintrag Nr. 4 (9. Februar 1679: *magistri Barchlaeii eheliebste*, [...] *meiner liebsten bruder*); Nr. 5 (26. November 1680: *Joachim Seken eheliebste*); Nr. 6 (27. September 1682: *rath Gutzmerß eheliebste*); Nr. 12 (29. Dezember 1692; Tod der Ehefrau: *meine sehr trawe und hochstgel[iebte] ehegenossien Margaretha Eliesabett Berckowen*); Kap. 2.4, Eintrag Nr. 7 (22. August 1724: *Gevattern sind gewesen herr rathsherr Walter Steinen liebsten Anna Dorothea Steinen gebohrne Wulffen*; *herr Johan Friedrich Bergen liebste Johanna Sophia Bergen gebohrne Wettken*); Nr. 9 (27. März 1727: *herrn doctoris Johann Bernhard Quistorps eheliebste*); Nr. 12 (12. Dezember 1733: *meine liebste*).

[470] Kap. 2.1, Eintrag Nr. 15 (8. September 1635; Hochzeit Catharina Quistorp – Prof. D. theol. Thomas Lindemann d.J.: *Gott gebe ihnen eine gesegnete friedfertige ehe*); Nr. 24 (10. Februar 1641; Hochzeit Margareta Quistorp – Jacob Schoff: *Gott gebe ihnen eine gesegnete friedfertige ehe*); Nr. 28 (13. Oktober 1641; Hochzeit Barbara Quistorp – Nicolaus Ridemann MA, Diakon an St. Marien in Rostock: *Gott gebe ihnen eine gesegnete friedfertige ehe*); Nr. 34 (1. Juli 1645; Hochzeit Anna Quistorp – Martin Gerdes: *Gott gebe ihnnen eine gesegnete friedfertige ehe*); Kap. 2.2, Eintrag Nr. 1 (19. Februar 1650; Doktorpromotion und Hochzeit Prof. D. theol. Johannes Quistorp d.J. – Sophia Scharffenberg: *Gott gebe {...} friedfertige ehe*); Kap. 2.3, Eintrag Nr. 2 (14. Februar 1677, Hochzeit Johann Nicolaus Quistorp – Margaretha Elisabeth Berckow: *Gott gönne uns eine gesegnete friedfertiege ehe*), Nr. 13 (22. April 1700, Hochzeit Catharina Sophia Quistorp – Prof. D. theol. Zacharias Grape: *Gott gönne ihnen eine gesegnete ehe*), Kap. 2.4, Eintrag Nr. 12 (10. August 1759; Hochzeit Margaretha Christina Quistorp – Johann Joachim Crumbiegel: *Gott gönne uns eine gesegnete und friedfertige ehe*).

1.7.2 Ein Textkorpus zur Kultur- und Wissenschaftsgeschichte

Kaufmannstochter Anna Maria Berg am 7. Mai 1716, wagte es der Kaufmann und spätere Senator der Hansestadt Rostock Lorenz Gottfried Quistorp, in der Hausbibel die Ehekriterien *gesegnet* und *friedfertig* um das Epitheton *vergnügt* zu erweitern: *Gott gebe uns eine gesegnete, friedfertige und vergnügte ehe.*[471] Als er sich 16 Jahre später, am 17. September 1732, in zweiter Ehe mit der Professoren- und Pfarrerstochter Regina Dorothea Burgmann verband, beschränkte er seinen Segenswunsch wieder auf die beiden tradierten Epitheta *gesegnet* und *friedfertig*: *Der Höchste verleyhe uns eine geseegnete und friedfertige ehe umb Jesu Christi willen.*[472]

Nur ausnahmsweise, hier anlässlich der Hochzeit der Barbara Margaretha Quistorp mit dem Großkaufmann Walther Stein am 19. März 1707, wird – unter Verzicht auf die Epitheta *gesegnet* und *friedfertig* – der Segenswunsch auf die „himmlischen und irdischen Güter" gerichtet, die den Eheleuten zuteil werden mögen: *Gott gebe ihnen allen segen in himlischen und irdischen gutern.*[473]

Auch die Sprache, in der sich die fünf Hausväter Quistorp, die Eintragungen in der Hausbibel hinterließen, über den Tod äußerten, ist geschichtswissenschaftlich nicht ohne Interesse. Immer wieder äußerten sich die Einträger über die Krankheiten, an denen ihre Angehörigen ihrer Ansicht nach gestorben waren. Dabei erwähnten sie die Pest,[474] die Pocken,[475] das „hitzige Fieber", das häufig den Typhus bezeichnete,[476] außerdem Totgeburten, die in Einzelfällen auch den Tod der Mütter zur Folge hatten.[477] Totgeborene Kinder – darunter jenes *todbare tochterlein*, das Barbara Quistorp geb. Domann am 10. September 1628 zur Welt brachte – erhielten keinen Namen; ihnen wurde auch kein Segenswunsch mitgegeben.[478] Anders verhielt man

---

[471] Kap. 2.4, Eintrag Nr. 1.

[472] Ebd., Nr. 10.

[473] Kap. 2.3, Eintrag Nr. 14.

[474] Kap. 2.1, Eintrag Nr. 1 (*in der pest gestorben*).

[475] Kap. 2.1, Eintrag Nr. 10 (*Ist anno 1627 den 30. decembris kurtz fur funffen auffm abend gestorben an den pocken*); Kap. 2.3, Eintrag Nr. 9 (*Starb anno [1690] in der nacht vom 7. auff den 8. october umb halb einß an den pocken, welche nicht herauß wolt*[en]).

[476] Kap. 2.1, Eintrag Nr. 5 (*a febri ardente correptus*); Nr. 12 (*Befiehl den 6. julii anno 1631 mit einem hitzigen fieber. Darzu kam ein starcker husten, und stirbt sanft den 21. julii desselben jahrs, des morgens, eben wie es 3 schlug*).

[477] Kap. 2.3, Einträge Nr. 11 u. 12.

[478] Kap. 2.1, Eintrag Nr. 11.

sich bei getauften Frühverstorbenen; hier bot die Hausbibel sogar Gelegenheit, auch charakterliche Eigenheiten festzuhalten. Ein eindrucksvolles Beispiel ist jener Joachim Quistorp, der am 6. März 1631 zur Welt kam, jedoch zwei Monate später, am 6. Juli, schwer erkrankte und am 21. Juli 1631 starb. Der Kindsvater, Professor D. theol. Johannes Quistorp d.Ä., notierte ergriffen in die Hausbibel: *Er ist ein liebes frommes kind gewest. Hat nie mit lauter stim die gantze zeit seines lebens geweinet. Lechlet immer, wan man im zu redete. Befiehl den 6. julii anno 1631 mit einem hitzigen fieber. Darzu kam ein starcker husten, und stirbt sanft den 21. julii desselben jahrs, des morgens, eben wie es 3 schlug.*[479] Und am 4. Juli 1766 war die Geburt eines weiteren Joachim Quistorp (1766–1848), der später preußischer Landmesser in Stralsund war, Anlass für den bereits totkranken Vater, Professor D. theol. Johann Jacob Quistorp, in seinem Segenswunsch für den Neugeborenen seinen bevorstehenden eigenen Tod zu reflektieren: *Gott verdopple seine vater trewe uber dem kinde umso mehr, je weniger meines bleibens langer bey demselben sayn wird.*[480]

Die familienbezogenen Eintragungen, die in der Hausbibel Quistorp auf die Gegenwart überkommen sind, bieten mithin vielfältige Befunde zur Alltagsgeschichte und zur Geschichte des privaten Lebens. Funeralprogramme, Kasuallyrik und die kirchlichen Matrikelbücher (Taufen, Heiraten, Tod), Predigtsammlungen und Korrespondenzen aus dem Familienkreis der Rostocker Theologen Quistorp enthalten zahlreiche weitere Wortmeldungen, welche die Einträger sowie Persönlichkeiten aus ihrem sozialen Netz zu ihrer Lebenswelt, darunter zu Ehe, Familie, Frömmigkeit oder Tod, hinterlassen haben, und bieten eine reichhaltige Quellenbasis, um die Befunde in künftigen Studien miteinander abzugleichen.

---

[479] Kap. 2.1, Eintrag Nr. 12.
[480] Kap. 2.5, Eintrag Nr. 27.

Teil II: Die Hausbibel Quistorp und ihre Einträge zur Familiengeschichte 1619 – 1766. Eine kommentierte Edition

2.1 Johannes Quistorp d. Ä. (1584–1648): Einträge Nr. 1–40

Steckbrief: *Rostock, 18. August 1584; †Doberan, 2. Mai 1648, bestattet in der Rostocker Marienkirche. – Porträts: s. S. 123–128, Abb. 45 – Abb. 57, dazu S. 97f, 109f.

Vater: J o a c h i m Q u i s t o r p (um 1556–1604) aus Niendorf (Fürstbistum Lübeck), Bürger und Weißgerber (*Beutler*) in Rostock (s. Kap. 2.1, Eintrag Nr. 4 mit Anm. II 8). – *Mutter:* C a t h a r i n a geb. D u m r a t h (1562–1647), Tochter des Weißgerbers Heinrich Dumrath und der Anna geb. Haleke in Rostock, war 1614–1631 in zweiter Ehe verheiratet mit Bernhard Bojemus (Böhme, †1631) aus Schneeberg (Sachsen), Pastor in Wittenburg (Mecklenburg) und Schwager der Katharina Bojemus geb. Luther, einer Enkelin des Reformators Martin Luther (s. Kap. 2.1, Einträge Nr. 4 u. 40 mit Anm. II 9). – *Ehefrau:* B a r b a r a D o m a n n (1597–1663), Hochzeit am 3. Oktober 1616, geboren in Osnabrück als Tochter des Juristen Stephan Domann († nach 3. April 1602) und der Adelheid geb. Appelboom, Paten- und Ziehtochter des Hansesyndikus Dr. iur. utr. Johannes Domann (1564–1618) (s. Kap. 2.1, Einträge Nr. 3–5). – *Kinder:* (*1*) C a t h a r i n a (1619–1684), heiratet 1635 in Rostock Prof. D. theol. Thomas Lindemann (1609–1654): s. Kap. 2.1, Einträge Nr. 6, 15–23 mit Anm. II 28, II 32. – (*2*) M a r g a r e t a (1622– mind. 13. Juli 1666), verlobt sich mit dem Rostocker Theologen Prof. D. theol. Samuel Bohl (1611–1639) aus Greifenberg in Pommern (s. Kap. 2.1, Eintrag Nr. 35) und heiratet 1641 den Rostocker Stadtsekretär Jacob Schoff (1615–1666) aus Sternberg (Mecklenburg): s. Kap. 2.1, Einträge Nr. 7, 24–27 mit Anm. II 33, II 98, II 157. – (*3*) B a r b a r a (1622–1660), heiratet 1641 den Theologen Nicolaus Ridemann (1610–1662) aus Kiel (Holstein), Diakon an der Rostocker Marienkirche: s. Kap. 2.1, Einträge Nr. 7, 28–33 mit Anm. II 34, II 106; Kap. 2.6, Eintrag Nr. 4. – (*4*) J o h a n n e s (1624–1669), D. theol., Theologieprof. (*rätlich*) und Pastor an St. Jakobi in Rostock, →Verfasser der Einträge in Kap. 2.2. – (*5*) A n n a (1625–1664), heiratet 1645 in Rostock den Ratsherrensohn und Brauer Martin Gerdes (1619–1666): s. Kap. 2.1, Einträge Nr. 9 u. 34 mit Anm. II 45, II 138. – (*6*) E n g e l (= Angela) (*†1627): s. Kap. 2.1, Eintrag Nr. 10 mit Anm. II 49; Kap. 2.6, Eintrag Nr. 1. – (*7*) N N (*†1628): s. Kap. 2.1, Eintrag Nr. 11. – (*8*) J o a c h i m (*†1631): s. Kap. 2.1, Eintrag Nr. 12 mit Anm. II 54; Kap. 2.6, Eintrag Nr. 2. – (*9*) M a r i a (1632– nach 15. Nov. 1684), heiratet Michael Falck d.J. (1622–1676) aus Danzig, 1651 Professor für Logik und Metaphysik am Gymnasium in Danzig, 1652 Pastor an St. Bartholomäus, 1657 an St. Katharinen in Danzig: s. Kap. 2.1, Eintrag Nr. 13 mit Anm. II 58. – (*10*) E n g e l (= Angela) (1635–mind. 1682), heiratet den Rostocker Kaufmann u. Brauer Joachim Wegener: s. Kap. 2.1, Eintrag Nr. 14 mit Anm. II 62.

Ausbildung – Studium – Akademische Grade: Besuch der Großen Stadtschule Rostock unter den Rektoren Nathan Chytraeus und Paul Tarnow. 1600–1603 Gymnasium zum Grauen Kloster in Berlin. Im Juli 1603 Imm. UNI Frankfurt/Oder (FRIEDLÄNDER I, 1887, 473, Sp. 1, Z. 23–25). Im Dezember 1604 (nach dem Tod des Vaters) Imm. UNI Rostock

(Link: http://purl.uni-rostock.de/matrikel/100020365). 1611–1612 Begleitung des Studenten Nicolaus Ritter aus Lübeck auf dessen *Peregrinatio academica* nach „Holland, Brabant und Flandern". Am 6. Mai 1613 Promotion zum MA, UNI Rostock (Link: http://purl.uni-rostock.de/matrikel/400070163). Rezeption als *Magister legens* in die PHIL. FAK. der UNI Rostock (Link: http://purl.uni-rostock.de/matrikel/400070183). Am 3. Oktober 1616 Promotion zum D. theol., UNI Rostock (Link: http://purl.uni-rostock.de/matrikel/400070220).

Ämterlaufbahn: 2. Mai 1614 (Wahl), 1615 (Amtsantritt) – 1648 *rätlicher* Theologieprofessor (*Primarius*) an der UNI Rostock (Link: http://purl.uni-rostock.de/cpr/00001046). Elfmal Rektor der UNI Rostock: 1615/16, 1621/22, 1624/25, 1627/28, 1630/31, 1631/32, 1636/37, 1639/40, 1641/42, 1644/45, 1647/48 (s. Anm. II 14). Mehrfach Dekan der Theologischen Fakultät. 1616–1645 Archidiakon an St. Marien in Rostock. 1645–1648 Pfarrer an St. Marien in Rostock. 1646–1648 Stadtsuperintendent in Rostock (s. Kap. 2.1, Eintrag Nr. 4). Scholarch der Großen Stadtschule in Rostock (LBMV Schwerin, Schmidtsche Bibliothek, Bd. 45, Nr. 12).

S. *1 [HAUSBIBEL QUISTORP 1614/15, Lose Blätter (wie Anm. I 9), Bl. 1ʳ]:

[Nr. 1:] *Anno 1619[1] den 24. octobris ist mein bruder Jochim Quistorp[2] im Stralsund, da ich ihn bey einen balbirer, das handwerck zu lernen, gethan hatte, in der pest gestorben und alda in Sankt Marien kirche begraben.*

[Nr. 2:] *Meine schwester Anna Eilen[3] ist den 6. october umb 12 zu nacht anno 1625 gestorben.*

[Nr. 3:] *Meine hausfraw Barbara Domans[4] ist zu Osnabrug in Westphalen gebohren anno 1597 umb Jacobi* [25. Juli]. [Späterer Zusatz von gleicher Hand:] *Ihr vater hat geheisen Stephanus Doman, iuris consultus und*

---

[1] Auch die Lesung *1629* ist möglich, aber wenig plausibel. Denn Jochims Vater, der Weißgerber Joachim Quistorp, war 1604 gestorben (s. Anm. II 8). Sein Sohn Jochim d.J. wurde mithin spätestens 1604/05 geboren. Als Jochim d.J. starb, war er bei einem Wundarzt (Barbier) in der Lehre, wozu ein Altersansatz von 15–20 Jahren passt, kaum aber ein Altersansatz von 25–30 Jahren. Der Verweis auf die Pest als Todesursache erbringt keine Klarheit, denn beide Jahre, 1619 und 1629, waren in Stralsund Pestjahre. Zur Pestepidemie 1619/20 s. ZOBER 1848, 23. Zum Pestjahr 1629 s. BUGENHAGEN 2015, 197, 211.

[2] KOERNER XI, 1904, 388 (Todesdatum 24. Oktober 1629); QUISTORP 2006, 48 (Todesdatum 24. Oktober 1619). Vielleicht ist er identisch mit Joachim Quistorp, der sich im Okt. 1615 in Rostock imm.: MPR, Link: http://purl.uni-rostock.de/matrikel/100023216.

[3] Zu Anna Eil (*Eyll*) oder Eilen geb. Quistorp s. QUISTORP 2006, 48.

[4] Zu Barbara Quistorp geb. Domann (1597–1663) s. Kap. 2.6, Eintrag Nr. 5.

advocat in Osnabrug,[5] *ire mutter Adelheit Appelbaums aus vornehmen geschlecht des orts.*[6]

[Nr. 4:] *Ich, Johannes Quistorpius*[7]*, bin geboren anno 1584 den 18. augusti des morgens zwischen 5 und 6 uhr patre Joachim Quistorp*[8]*, matre Catharina Dumraths*[9]*. Professor theologiae electus anno 1614, 21. maii. Primum academiae rector electus anno 1615, 8. octobris.*[10] *Cum professione archidiaconatus in templo Mariano coniunctus anno 1616, 30. aprilis. Doctoris in theologia gradum assumpsi et simul cum Barbara Domans nuptias celebravi anno 1616, 3. octobris.*[11] [Nachträge von derselben Hand:] *Secundo academiae rector anno 1621 die Dionysii* [= 9. Oktober].[12] *Tertio rector anno 1624 die Dionysii* [= 9. Oktober],[13] *postmodum sepius, vide album*

---

[5] Nachtrag, geschrieben von derselben Hand. – Stephan Domann bezeugte noch am 3. April 1602 ein Rechtsgeschäft vor dem Osnabrücker Gografen Jacob Vartmeyer: QUECKENSTEDT 1992, 56; QUECKENSTEDT 1993, 46. – Caspar Mauritius (1615–1675) nannte *Stephanus Dohman* 1660 in seiner LP für Barbara Ridemann geb. Quistorp (1622–1660) einen Rh.en (*rathsverwanter*) der Stadt Osnabrück; s. Kap. 2.6, Eintrag Nr. 4, Bl. 14^v.

[6] Um 1550 war *Hinrich Appelboom* Richter der Altstadt Osnabrück; s. BECKMANN 1970, 87 (zu 1547); EBELING I, 1986, 32 (zu 1551); KASTER / STEINWASCHER 1993, 227; SCHMIDT-CZAIA 1994, 403.

[7] Zu Prof. D. theol. Johannes Quistorp d.Ä. (1584–1648) s.o. den Steckbrief zu Kap. 2.1.

[8] Zu Joachim Quistorp (um 1556–1604) aus Niendorf, der sich in Rostock als Weißgerber (*Beutler*) niederließ und dort das Bürgerrecht erwarb, s. QUISTORP 2006, 39.

[9] Catharina Dumrath (1562–1647) entstammte der Ehe des Rostocker Weißgerbers Heinrich Dumrath mit Anna geb. Haleke. Joachim Haleke, ein Cousin Catharinas, war Rh. und Stadtkämmerer von Riga (s. LÜTKEMANN, Dumraths, 1647, Bl. 3^v). Catharina war 1614–1631 in zweiter Ehe mit Bernhard Bojemus (auch *Bohemus* oder *Böhme*, †1631) aus Schneeberg in Sachsen verheiratet, dem Pfr. im meckl. Wittenburg, und lebte nach dessen Tod 1631 im Haushalt Johannes Quistorps d.Ä. in Rostock: Kap. 2.1, Eintrag Nr. 40; dazu LÜTKEMANN, Dumraths, 1647, Bl. 4^r; QUISTORP 2006, 39. Bernhards Bruder Nicolaus Bojemus (1564–1635), Pfr. in Eilenburg, hatte Katharina Luther geheiratet, eine Enkelin des Reformators Martin Luther. Zur Filiation s. HESSE 2016, 112; ROTH VII, 1972, 150; MÖHLMANN 1975, 133, dort 26f zur Familie Dumrath aus Dumrade, Gemeinde Samtens auf Rügen. – Der Absatz *patre Joachim Quistorp, matre Catharina Dumraths* ist ein späterer Zusatz von derselben Hand.

[10] HOFMEISTER III, 1893, 20f.

[11] S.o. Anm. I 22 – I 27. – Zur Doktorpromotion und Hochzeit Quistorps am 3. Oktober 1616 publizierte Prof. D. theol. Johann Tarnow (1586–1629) eine Gratulationsschrift (TARNOW 1616), Gregor Gerstorff aus Fürstenwalde ein Gedicht (GERSTORFF 1616).

[12] HOFMEISTER III, 1893, 45ff.

[13] Ebd., 58ff.

academiae.[14] *Pastor Marianus*,[15] *nullo ex senatu et parochia* [der Texteintrag wird in der Hausbibel, Teil II, Bl. 388v fortgesetzt und abgeschlossen; s. Kap. 2.1, Eintrag Nr. 37]: *contradicente, electus sum anno 1645, 24 octobris. Superintendentis mihi officium delatum est 5. decembris anno 1645. Anno 1647 die Dionysii* [= 9. Oktober] *undecima vice rector academiae electus sum.* [Dazu der Zusatz von Hand des jüngeren Johannes Quistorp:] *Et 2. maii Dobberani apud principem, proh dolor, mortuus est anno 1648.*

[Nr. 5:] *Magnificus et consultissimus vir dominus Johannes Domannus iuris utriusque doctor,*[16] *orator et poeta eximius,*[17] *hansae Teutonicae et urbis Rostochiensis syndicus, coniugis meae patruus, qui eam ab infantia adoptaverat, educarat, elocarat ut filiam, quum legationem nomine universae hansae ad ordines illustres Belgii obiret,*[18] *in ipsa legatione Hagae Comitum a febri ardente correptus, omnem medicorum etiam sagacissimorum (quos ipsi aegrotanti tres in tota Hollandia insigniores adiunxerant ordines) curam et medicamentorum virtutem morbo superante anno 1618, 20. septembris, mane paulo ante sextam pie obdormivit anno aetatis* [suae] *55. Situs est in templo quod est Hagae Comitum primario.*[19] *Sepulchrum ipsi novum ipsi fieri curarant ordines ad templi partem superiorem quem chorum nominamus. Magnifice humatus est, conferentibus ad sumptus funebres ordinibus bis mille florenos Hollandicos, reliquum quod ad septem millia florenos Belgicos excreverat de suo addentibus ipsis hanseaticis civitatibus. Legationes vivus ad potentissimos Europae monarchas cum laude plurimas obierat: ad Rudolphum secundum imperatorem,*[20] *ad Philippum tertium*

---

[14] Quistorp war elfmal Rektor der UNI Rostock (1615/16, 1621/22, 1624/25, 1627/28, 1630/31, 1631/32, 1636/37, 1639/40, 1641/42, 1644/45, 1647/48): Ebd., 20f, 45ff, 58ff, 72, 79, 81f, 107f, 118, 124ff, 137f, 150f; HARTWIG / SCHMIDT 2000, 97.

[15] Quistorp wurde am 24. Oktober 1645 Hauptpfarrer (*parochus*) an der Marienkirche in Rostock und am 15. Dezember 1645 Stadtsuperintendent: s.u. Kap. 2.1, Eintrag Nr. 37.

[16] Zu Dr. iur. utr. Johannes Domann (1564–1618), Hansesyndikus und Syndikus der Stadt Rostock, s. KELLENBENZ, Domann, 1959; QUECKENSTEDT 1992; QUECKENSTEDT 1993; IWANOW 2016, 127–132.

[17] BACHMANN / KRAUSE 1879; KUHLMANN 1907; EICKMEYER 2012.

[18] Zu den ndl.-hansischen Allianzverhandlungen ab 1611 s. WIESE 1903; QUECKENSTEDT 1992, 64ff; QUECKENSTEDT 1993, 68–74, 76–81, 83f.

[19] Domann wurde in der *Sint-Jacobskerk*, der *Grote Kerk*, in Den Haag bestattet: s. QUECKENSTEDT 1992, 66f; QUECKENSTEDT 1993, 84.

[20] Kaiser Rudolf II. (*1552, reg. 1576–1612). Zur Teilnahme Domanns an den Reichstagen in Worms 1606 und Regensburg 1608 s. QUECKENSTEDT 1993, 57f.

*Hispaniarum,*²¹ *Henricum quartum Galliae,*²² *Carolum Sueciae,*²³ *Christianum quartum Daniae*²⁴ *reges, ad archiducem Austriae Albertum,*²⁵ *ad duces civitatesque, quatenus complurimas Brunsvicensium inter principem et civitatem controversias, quas bellum diremit, composuit et literas pacificationis et transactionis, secundum quarum tenorem utrimque vivitur, ipse composuit.*²⁶ *Transactionem inter principes Megapolitanos dominum Adolphum Frider*[icum et dominum Ioannem Albertum] {...}.²⁷

S. *2 [HAUSBIBEL QUISTORP 1614/15, Lose Blätter (wie Anm. I 9), Bl. 1ᵛ]:

[Nr. 6:] *Anno 1619 den 20. octobris auff den abend, da der zeiger halb neun schlug, ist mein tochterlin Catharina*²⁸ *geborn. Ist durch die tauffe Christo den 22. octobris einverleibt, und sind gevattern herr Vincentius Gladow*²⁹,

---

²¹ Zur Gesandtschaftsreise zu Kg. Philipp III. von Spanien (*1578, reg. 1598–1621), zu der Domann am 20. November 1606 aufbrach und die er am 8. März 1608 in Madrid abschloss, s. QUECKENSTEDT 1992, 61ff; QUECKENSTEDT 1993, 59–65.

²² Zur Audienz der hansischen Gesandtschaft bei Kg. Heinrich IV. von Frankreich (*1553, reg. 1589–1610) am 29. Januar 1607 (Hinreise nach Spanien) s. QUECKENSTEDT 1992, 62; QUECKENSTEDT 1993, 60f.

²³ Zur Gesandtschaftsreise, die Domann 1605 zu Kg. Karl IX. von Schweden (*1550, reg. 1604–1611) machte, s. QUECKENSTEDT 1992, 62; QUECKENSTEDT 1993, 56.

²⁴ Kg. Christian IV. von Dänemark und Norwegen (*1577, reg. 1588–1648). Zur projektierten Gesandtschaft von 1605 s. QUECKENSTEDT 1993, 56; zur Gesandtschaft von 1615 ebd., 75f.

²⁵ Auf der Hinreise nach Spanien traf die Gesandtschaft zum Jahreswechsel 1606/07 in Brüssel den Statthalter Ehzg. Albrecht VII. (1559–1621): QUECKENSTEDT 1992, 62; QUECKENSTEDT 1993, 60.

²⁶ Im Frieden von Steterburg (12. Dez. 1615) schlichteten die Hansestadt Braunschweig und Braunschweig-Lüneburg ihre Konflikte um die Stadtherrschaft: QUECKENSTEDT 1992, 65; QUECKENSTEDT 1993, 74f, 78f.

²⁷ Hier bricht der Text ab; der Textverlust umfasst eine Zeile. Zur Rolle, die Domann bei der Schlichtung der Erbstreitigkeiten zwischen Hg. Johann Albrecht II. (1590–1636) und Hg. Adolf Friedrich I. zu Mecklenburg (1588–1668) spielte, die schließlich am 27. Mai 1617 zustandekam, s. QUECKENSTEDT 1993, 82f.

²⁸ Catharina Lindemann geb. Quistorp (1619–1684): s. Kap. 2.1, Einträge Nr. 15–23.

²⁹ Vinzenz Gladow (1565–1631), ein Sohn des Rostocker Rh.en Heinrich Gladow (†1582) und der Elisabeth geb. von Hervorden, wurde im Januar 1579 an der UNI Rostock imm. (HOFMEISTER II, 1891, 198: *Vincentius Gladovius Rostochiensis*; MPR,

Margareta Domans[30], *doctoris Gryphii hausfraw*[31]. *Gott las*[s]*e sie in seiner furcht und in allem guten auffwachsen.* [Zusatz von gleicher Hand:] *Helt hochzeit mit Thoma Lindemanno*[32], *theologiae doctore et professore, anno 1635, 8. septembris.*

[Nr. 7:] *Anno 1622 den 8. januarii des morgens frue drei viertheil auff funffen und eine viertheil stunde hernacher sein meine beeder tochterlein Margareta*[33] *und Barbara*[34] *zwilling geboren. Sind 9. januar zur tauff gehalten: Margareta von Margareta Domans*[35] *an meiner mutter stätte, Margareta*

Link: http://purl.uni-rostock.de/matrikel/100034273) und war 1602 Rh., 1622 Bgm. der Stadt Rostock: MÖHLMANN 1975, 41 Nr. 131.

[30] Zu Margarete Domann geb. Hake (†1625) aus Rostock, der Witwe des Hansesyndikus Dr. iur. utr. Johannes Domann (s. Kap. 2.1, Eintrag Nr. 5), s. QUECKENSTEDT 1992, 57, 72f; QUECKENSTEDT 1993, 46, 84.

[31] Anna Gryphius geb. Brucäus (Brock) (1570–1639) war die Ehefrau des Dr. iur. (1594) Johann Albert Gryphius (1570–1627), ndl.: Buys Gryphius, der 1616–1621 ao. *rätlicher* Prof. der Rechte in Rostock, Rh. und Syndikus in Rostock war: HOFMEISTER II, 1891, 227, 248; Eintrag im CPR, URL: http://purl.uni-rostock.de/cpr/00002619; LBMV SCHWERIN, Schmidtsche Bibliothek, Bd. 98, Nr. 177: PFUN der UNI Rostock (Rektor Johannes Quistorp d.Ä.) zur Trauerfeier für Johann Albert Gyphius am 31. Oktober 1627 (Link: http://www-db.lbmv.de/ditbild/98s0177.gif); LBMV SCHWERIN, Schmidtsche Bibliothek, Bd. 95, Nr. 53: PFUN der UNI Rostock (Rektor Johannes Quistorp d.Ä.) zur Trauerfeier für Anna Gryphius geb. Brucäus am 20. November 1639, (Link: http://www-db.lbmv.de/ditbild/95s0053.gif), ausgerichtet von Dr. iur. Anton Woltrich (1593–1645, s. Anm. II 101) aus Meldorf, dem Ehemann ihrer Nichte Justina Merula, Tochter des ndl. Juristen Paul Merula (*van Merle*, 1558–1607) u. Gryphius' Nachfolger als Syndikus.

[32] D. theol. Thomas Lindemann d.J. (1609–1654), ein Sohn des Prof.s Dr. iur. Thomas Lindemann (1575–1632; s. Anm. II 67) aus dessen Ehe mit Ursula Scharffenberg (1585–1614), einer Tochter des Rh.en und Bgm.s Bernhard Scharffenberg (1544–1619; MÖHLMANN 1975, 144 Nr. 1 u. Nr. 14), hatte 1635–1638 die vierte *hzgl.* Theologieprofessur inne und war als extrakonziliarer Professor nicht an inneruniversitären Entscheidungen beteiligt: KAUFMANN 1997, 49, 68, 144, 149, 152, 154, 157, 162; Eintrag im CPR, URL: http://purl.uni-rostock.de/cpr/00001394. 1638–1654 war er Hauptpastor an der St.-Petri-Kirche der dt. luth. Gemeinde Kopenhagen und Domkanoniker in Roskilde: S. Kap. 2.1, Einträge Nr. 15–23; QUISTORP 2006, 40f.

[33] Margareta Schoff geb. Quistorp (1622– mind. 1666): s. Kap. 2.1, Einträge Nr. 24–27, 35; QUISTORP 2006, 41.

[34] Barbara Ridemann geb. Quistorp (1622–1660): s. Kap. 2.1, Einträge Nr. 28–33; Kap. 2.6, Nr. 4; QUISTORP 2006, 41f.

[35] Margarete Domann geb. Hake (s. Anm. II 30) vertrat die Patin Catharina Dumrath, die Mutter des Kindsvaters, die 1614–1631 als Gattin des Pfr.s Bernhard Bojemus im meckl. Wittenburg lebte (s. Anm. II 9).

Gladowen[36] *und herr Conradus Dobbin*[37]; *Barbara von doctoris Hinrici Pauli wittwen*[38], *Anna Mollers*[39] *und magistro Joachimo Lübbers*[40]. *Gott führe sie durch seinen geist zu allem guten.*

[Nr. 8:] *Anno 1624 den 3. februarii ist mein sonlin Johannes*[41] *auffn klockenschlag 9 geboren vormittag. Ist des folgenden tags getaufft. Gevattern sein*

---

[36] Margarethe Schacht (1559–1626) heiratete 1612 den Rostocker Rh.en, ab 1622 Bgm. Vinzenz Gladow (1565–1631) (s. Anm. II 29): MÖHLMANN 1975, 41 Nr. 131; LBMV SCHWERIN, Schmidtsche Bibliothek, Bd. 98, Nr. 114: PFUN der UNI Rostock für Margarethe Gladow geb. Schacht zur Trauerfeier am 7. Mai 1626.

[37] Konrad Dobbin (um 1574–1629), ein Sohn des Brauherren Fricke Dobbin (1545–1629) und der Katharina Schröder (†1583) in Rostock, hatte sich im Juli 1587 an der UNI Rostock imm. (HOFMEISTER II, 1891, 223). Der Notar, Landschaftseinnehmer und Rh. in Rostock war mit Anna Kellermann (1573–1640) verheiratet (s. Anm. II 47), einer Tochter des Rostocker Bgm.s Johann Kellermann (†1598): MÖHLMANN 1975, 19 Nr. 121 1, 49 Nr. 51; MPR, Link: http://purl.uni-rostock.de/matrikel/100039996.

[38] Katharina Pauli geb. Papke (1580–1650), Tochter eines Gewandschneiders und Kaufmanns in Rostock, war seit 1598 mit dem *rätlichen* Prof. der Medizin (1594–1604), Rektor der UNI Rostock und Stadtarzt Dr. med. Heinrich Pauli (*Paulli*) (1565–1610) verheiratet, der 1604–1610 Leibarzt der dän. Kg.in-Witwe Sophie auf Schloss Nyköping war: MÖHLMANN 1975, 129 Nr. 12. Aus ihrer Ehe stammte der *rätliche* Prof. Dr. med. Simon Pauli d.J. (1603–1680) (s. Anm. II 93). Heinrichs Vater war der *hzgl.* Rostocker Prof. der Theologie (*Secundarius*) D. theol. Simon Pauli d.Ä. (1534–1591) aus Schwerin: ZEDLER 26 (1740), Sp. 1457; MÖHLMANN 1975, 130 Nr. 12; KAUFMANN 1997, 360; Eintrag im CPR, URL: http://purl.uni-rostock.de/cpr/00001926 (Simon Pauli d.Ä.), URL: http://purl.uni-rostock.de/cpr/00001350 (Heinrich Pauli); MÜNCH 2019, 73–77, 86 (zu Heinrich Pauli), 75f (zu Simon Pauli d.J.).

[39] Gemeint sein dürfte Anna Müller (*Mollers*) geb. Spliten, die Mutter des Kaufmanns Peter Müller (*Moller*) (1590–1658), des Vorstehers der Rostocker Marienkirche, oder dessen Tochter Anna; vgl. VD17 28:729228C = LBMV SCHWERIN, Schmidtsche Bibliothek, Bd. 96, Nr. 124: PFUN der UNI Rostock für Peter Müller zur Trauerfeier am 21. Mai 1658. Link zum Digitalisat: http://purl.uni-rostock.de/rosdok/ppn77065942X. Anna Müller (*Mollers*) geb. Spliten war eine Großmutter, die jüngere Anna Müller (*Mollers*) eine Schwester des Prof. D. theol. Heinrich Müller (1631–1675) (s. Anm. II 461). Zur Person s. KAUFMANN 1997, 34f, 228–232, 245–250, 463–468, 494–508, 538–574; STROM 1999, 122–138.

[40] Joachim Lübbert d.Ä. (1583–1626) aus Rostock wurde im Juni 1605 an der UNI Rostock imm., wo er 1615 zum MA promoviert wurde (HOFMEISTER II, 1891, 282; III, 1893, 17). Dem frühverstorbenen Lehrer *in Schola triviali tertiae classis* widmete die UNI Rostock zur Trauerfeier am 1. Mai 1626 ein PFUN: LBMV SCHWERIN, Schmidtsche Bibliothek, Bd. 98, Nr. 82; Link: http://www-db.lbmv.de/ditbild/98s0082.gif.

[41] Prof. D. theol. Johannes Quistorp d.J. (1624–1669): s. Kap. 2.2. passim; Kap. 2.6, Eintrag Nr. 7.

gewesen baccalaureus *Johannes Lutterman*⁴², *doctor Joachimus Jungius*⁴³ *und seine braut Catharina Havemans*⁴⁴. *Gib, o du gutiger Gott, das ein redlicher und nutzer man aus ihm werde, der Dir und menschen dienen moge.*
[Nr. 9:] *Anno 1625 den 26. augusti ein viertheil nach 8 uhr des morgens ist meine tochter Anna*⁴⁵ *geboren, den 28. eiusdem getaufft. Ist zur tauffe gehalten von ihren paten Frans* [M]*uller*⁴⁶, *herrn Conradt Dobbins hausfrawen*⁴⁷

---

⁴² Johann Luttermann (1581–1657), Sohn des Zacharias Luttermann und der Agnes Stegemann, wurde im September 1598 an der UNI Rostock imm. (HOFMEISTER II, 1891, 260), studierte Jura in Rostock, Marburg, Gießen u. Greifswald bis zum Bacc. iur. u. war von 1611–1657 Rh., ab Juli 1623 Bgm. v. Rostock, Scholarch (= Mitglied im Aufsichtsgremium) der Großen Stadtschule u. ksl. Hofpfalzgraf. Seine Wappenscheibe in der Dorfkirche v. Rostocker Wulfshagen weist ihn mit Johannes Quistorp d.Ä. u.a. zu 1645 als Stifter aus; s. SCHLIE I, 1896, 370; SCHORLER 2000, Nr. 164, 276, 315, 379, 387, 406, 454, 481; VD17 23:315101B= LBMV SCHWERIN, Schmidtsche Bibliothek, Bd. 96, Nr. 88: PFUN der UNI Rostock für Luttermann zur Trauerfeier am 12. Juni 1657.

⁴³ Der Mediziner, Mathematiker, Physiker und Philosoph Dr. med. Joachim Jungius (1587–1657) stammte aus Lübeck. Sein Vater Nikolaus Junge (†1589) lehrte am Gymnasium Katharineum in Lübeck, ebenso sein Stiefvater Martin Nortmann. Seine Mutter Brigitta war eine Tochter des Hauptpastors am Lübecker Dom Joachim Holdmann. Nach seiner Doktorpromotion in Padua 1619 begründete Jungius 1622 in Rostock die erste naturwissenschaftliche Gesellschaft nördlich der Alpen. 1624–1629 war er Prof. für Niedere Mathematik an der UNI Rostock, 1628/29 Dekan der PHIL. FAK.; 1629–1640 Rektor des Akademischen Gymnasiums und des Johanneums in Hamburg: HOFMEISTER II, 1891, 285; III, 1893, 45, 75; WOLLGAST 1996; BOECK / FULDA 2019, 85, 154f; Eintrag im CPR, URL: http://purl.uni-rostock.de/cpr/00001302.

⁴⁴ Katharina Havemann (†1638), eine Tochter des Rostocker Bürgers und Brauers Valentin Havemann (1579–1614) und der Dorothea geb. Papke (†1610), lebte nach dem Tod ihrer Eltern im Haus ihrer Patentante Katharina Pauli geb. Papke (Anm. II 38), einer Schwester Dorotheas und Gattin des Prof. Dr. med. Heinrich Pauli (ebd.). Katharina Havemann heiratete am 10. = 20. Februar 1624 den Rostocker Mathematikprof. Dr. med. Joachim Jungius (s. Anm. II 43): AVÉ-LALLEMANT 1863, 41; MÖHLMANN 1975, 55 Nr. 331, 129 Nr. 12; Eintrag im CPR, URL: http://purl.uni-rostock.de/cpr/00001302.

⁴⁵ Anna Quistorp (1625–1664) heiratete am 24. September 1645 Martin Gerdes (1619–1666), Brauer und Sohn eines Rh. in Rostock: s. Kap. 2.1, Eintrag Nr. 34.

⁴⁶ Ein *Franciscus Moller Rostochiensis* wurde im Dez. 1621 in Rostock imm.; *Franciscus Muller Rostochiensis* am 15. Okt. 1635 zum MA promoviert; MPR, Link: http://purl.uni-rostock.de/matrikel/100026857; http://purl.uni-rostock.de/matrikel/400070531.

⁴⁷ Zu Anna Dobbin geb. Kellermann (1573–1640), Tochter des Rostocker Bgm.s Johann Kellermann, s. Anm. II 37; dazu LBMV SCHWERIN, Schmidtsche Bibliothek, Bd. 96, Nr. 6: PFUN der UNI Rostock für Anna Dobbin zur Trauerfeier am 31. Juli 1640.

2.1 Johannes Quistorp d.Ä. (1584–1648)

und Jochim Lormans hausfrawen[48]. *Gott laß* [si]*e in seiner furcht und aller ehre und tugend erwachsen.*

[Nr. 10:] *Anno 1627 den 29. julii des abens umb halb neune ist meine tochter Engel*[49] *geboren und den 1. augusti zur tauffe gehalten von meinem bruder Peter*[50]*, meines bruders Henrichs fraw*[51] *und Anna Krauthoffs, seligen Friderici Sanderi wittwen*[52]*, die* [an] *stat Engel Domans*[53]*, in Stralsund*

---

[48] Metta Bergmann († 1631), Tochter von Claus Bergmann und Ursula Beselin, war die Ehefrau des Rostocker Bürgers Joachim Lohrmann, *decemvir* und Vorsteher von St. Johannis: MÖHLMANN 1975, 6 Nr. 212 32, 81 Nr. 215. Am 17. Januar 1631 verpfändete Ritter Jürgen (II.) Wackerbarth sein Stammgut Katelbogen mit dem Meierhof Gralow und weiteren Pertinenzien an Joachim Lohrmann in Rostock: s. MJb 12 (1847), 175.

[49] Zu Engel (= Angela) Quistorp (29. Juli – 30. Dezember 1627) s.u. Kap. 2.6, Eintrag Nr. 1 (PFUN der UNI Rostock zur Trauerfeier am 2. Jan. 1628); QUISTORP 2006, 47.

[50] Peter Quistorp (1585–nach 1648), ein Bruder des älteren Johannes Quistorp, war Goldschmied in Rostock; s. QUISTORP 2006, 47f. Arbeiten von seiner Hand führt SCHLIE I, 1896, 63f auf, darunter eine silber-vergoldete Oblatendose (Pyxis) in der Rostocker Marienkirche, die lt. Kirchenrechnung von 1621/22 für 33 Reichstaler, 6 Schillinge erworben wurde und sich heute im Besitz der Ev.-luth. Innenstadtgemeinde Rostock befindet; s. STUTH, Pyxis, 2017, 110 Nr. 6.18. Zum Pokal (= Willkomm) des Rostocker Bäckeramtes im Kulturhistorischen Museum Rostock, den Peter Q. 1635 schuf, s. https://www.landesmuseum-mecklenburg.de/.content/exponat/exponat-00280.html. Ein silber-vergoldeter Trinkkrug mit seiner Marke (PQ) wurde 2013 bei Christie's versteigert (Sale 8872, Christie's Interiors, London, South Kensington, 4 June 2013, Lot 229).

[51] Heinrich Quistorp (um 1583 – nach 1648), Bürger in Rostock, war mit Anna *Krudopp* [= Krauthoff] aus Wittenburg verheiratet, Witwe des Niklas Cadow († 1622). Sein Stiefsohn D. theol. (Rinteln 1657) Matthias Cadovius (1621–1679) studierte, gefördert durch Johannes Quistorp d.Ä., Theologie, wurde 1652 Stadtprediger in Delmenhorst, 1653 Hofprediger des Grafen Anton Günther zu Oldenburg-Delmenhorst (1583–1667), 1661 Generalsuperintendent von Oldenburg und Delmenhorst, 1670–1679 Generalsuperintendent von Ostfriesland, Theologe und Berater der Regentin Christine Charlotte von Ostfriesland (1645–1699). Zu Cadovius s. HINRICHS (W.) 1982; MINKE 1992; HINRICHS (R.) 1992, 83f; HINRICHS (R.) 1997. Zu Heinrich Quistorp s. QUISTORP 2006, 39.

[52] Anna Krauthoff (um 1579–nach 1643), Tochter des Rh.en und Bgm.s von Neubrandenburg Jacob I. Krauthoff († 1600) und der Regina Hein, heiratete am 26. Oktober 1601 den Protonotar am meckl. Land- u. Hofgericht Friedrich Sander (1576–1614); s. die FS NUPTIIS AUSPICATISSIMIS 1601; MÖHLMANN 1975, 57 Nr. 121. Sie war eine Tante des in Kap. 2.1, Eintrag Nr. 32, als Pate genannten Rostocker Ratssyndikus Dr. iur. Christoph Krauthoff (1601–1672). Friedrich Sander aus Horn hatte sich 1593 in Rostock imm.: HOFMEISTER II, 1891, 243; MPR, Link: http://purl.uni-rostock.de/matrikel/100043832.

[53] Nicht identifiziert. Gemeint ist eine Angehörige des Hansesyndikus Domann (s.o. Kap. 2.1, Eintrag Nr. 5). Dieser war, bevor er Hansesyndikus wurde, ab 1596 Subsyndikus, dann 1598–1605 Syndikus der Hansestadt Stralsund: QUECKENSTEDT 1993, 48ff.

wohnend, bei der tauff gestanden. Gott laß das kindlein in seiner furcht, in allen tugenden und gutem erwachsen. [Späterer Zusatz:] *Ist anno 1627 den 30. decembris kurtz fur funffen auffm abend gestorben an den pocken.*

[Nr. 11:] *Anno 1628, 10. septembris* [hat] *meine fraw ein todbares* [= totgeborenes] *tochterlein zur welt bracht.*

[Nr. 12:] *Anno 1631 den 6. martii des morgens 1 viertheil fur 5 uhren ist mein sönlein Joachim*[54] *geboren und den 8. martii getauffet. Gevatter*[n] *sein magister David Tunder*[55]*, Jacob Telior*[56]*, herrn Constantini Fedleri hausfrawe*[57]*. Gott beschirme ihn mit seinem geist und lasse ihn zu allem guten*

---

[54] Zu Joachim Quistorp (6. März – 21. Juli 1631) s. Kap. 2.6, Eintrag Nr. 2.

[55] David Tunder (1583–1640) MA (1619 Rostock) war 1614–1640 Diakon an der Rostocker Marienkirche: HOFMEISTER III, 1893, 36. Er heiratete 1614 Ursula Bolte (†1631), um 1632 Regina Fidler (1610–1638), eine Tochter des Rostocker Superintendenten Konstantin Fidler (1579–1644, s. Anm. II 57) und der Margarete Westphal (1589–1619), 1639 in dritter Ehe Gertrud von Münster (1610–1663). Nachweise: LBMV SCHWERIN, Schmidtsche Bibliothek, Bd. 95, Nr. 129 (PFUN der UNI Rostock zur Trauerfeier für Regina Tunder geb. Fidler am 20. Juli 1638); Bd. 96, Nr. 132 (PFUN zur Trauerfeier für Gerrud Tunder geb. von Münster 1663); Bd. 97, Nr. 130 (PFUN zur Trauerfeier für David Tunder am 9. Juni 1640. S. auch VD17 28:726258K = UB Rostock, Sondersammlungen, LB FP Bolte, Ursula 1631 = PFUN der UNI Rostock zur Trauerfeier für Ursula Tunder geb. Bolte am 8. Nov. 1631; Link: http://purl.uni-rostock.de/rosdok/ppn747417105.

[56] Jakob Tellior d.Ä. wurde Rh., 1642 Stadtrichter, 1652 Bgm. in Prenzlau (Uckermark): HINRICHS (A.) 1983, 246. Sein Sohn Jakob Tellior d.J., geboren in Rostock, wurde 1647 an der UNI Rostock imm. und 1662 als Lic. med. der UNI Greifswald in die MED. FAK. der UNI Rostock aufgenommen: HOFMEISTER III, 1893, 146, 218; MPR, Link: http://purl.uni-rostock.de/matrikel/100051081. Später war er Stadtphysikus und Bgm. in Prenzlau; s. BLANCK / WILHELMI / WILLGEROTH 1929, 154; HINRICHS (A.) 1983, 247.

[57] Katharina Fidler geb. Battus (1597–1672). Der Theologe Konstantin Fidler (*Fidlerus*) d.Ä. (1579–1644) aus Danzig, ein Sohn des Dr. med. Valerius Fidler (1525–1595) aus der Schweiz, hatte in zweiter Ehe Katharina Battus, eine Tochter des Advokaten, Prokurators und Rats am meckl. Land- u. Hofgericht Dr. iur. utr. Levin Battus (†1643), 1621 geheiratet, nachdem seine erste Frau Margarete Westphal (s. Anm. II 55), Tochter des Stadtsuperintendenten Joachim Westphal, 1619 gestorben war. Fidler hatte sich 1603 in Rostock imm., wurde 1609 Diakon an St. Marien und war ab 1612 als Archidiakon, 1614–1644 als Hauptpfarrer (*parochus*) der Marienkirche in Rostock sowie ab 1638 als Superintendent der Amtsvorgänger des älteren Johannes Quistorp: HOFMEISTER II, 1891, 277; WILLGEROTH III, 1925, 1415f; KAUFMANN 1997, 362. Zu seinem Porträtgemälde in der Rostocker Marienkirche s. SCHLIE I, 1896, 59. Zur Vita s. auch das PFUN der UNI Rostock (Rektor: Johannes Quistorp d.Ä.) zur Trauerfeier für Konstantin Fidler am 25. Oktober 1644: VD17 28:726237P = LBMV SCHWERIN, Schmidtsche Bibliothek, Bd. 98, Nr. 42; Link zum Digitalisat: http://purl.uni-rostock.de/rosdok/ppn746963157.

erwachsen. [Späterer Zusatz:] *Er ist ein liebes frommes kind gewest. Hat nie mit lauter stim die gantze zeit seines lebens geweinet. Lechlet immer, wan man im zu redete. Befiehl den 6. julii anno 1631 mit einem hitzigen fieber. Darzu kam ein starcker husten, und stirbt sanft den 21. julii desselben jahrs, des morgens, eben wie es 3 schlug.*

[Nr. 13:] *Anno 1632 den 15. decembris halb achten des morgens ist meine tochter Maria*[58] *gebohren, den 17. eiusdem getauffet. Gevattern sein Daniel Bade*[59]*, Anna baccalaurei Luttermans*[60] *und Anna Jacob Teliors*[61] *hausfrawen. Gott las[s]e sie in seiner furcht und allem guten erwachsen.*

[Nr. 14:] *Anno 163[5] den 6. aprilis des abens halb achten ist meine tochter Engel gebohren {...}.*[62]

---

[58] Maria Quistorp (1632 – nach 15. Nov. 1684) heiratete den Theologen Michael Falck MA (1622–1676) aus Danzig, einen Sohn des gleichnamigen Pastors an St. Bartholomäus in Danzig (†1622). Falck studierte in Königsberg, 1646–1648 in Rostock, 1649 in Leiden und 1650–1651 in Straßburg. Daraufhin trat er 1651 am Gymnasium Danzig eine Professur für Logik und Metaphysik an, wurde 1652 Pastor an St. Bartholomäus, 1657 an St. Katharinen in Danzig; s. STEKELENBURG 1988, 294, 298, 319; QUISTORP 2006, 47; TODE 2007, 227f Anm. 51.

[59] Nicht ermittelt.

[60] Gemeint ist Margareta [!] Gerdes (1583–1648). Die Witwe des Rostocker *patricius* Martin Moller (†1604) heiratete 1605 den Rh. und Bgm. Bacc. Johann Luttermann (1582–1657, s. Anm. II 42): LBMV Schwerin, Schmidtsche Bibliothek, Bd. 96, Nr. 88; VD17 28:727669Z = UB Rostock, Sondersammlungen, LB FP Gerdes, Margareta 1648; Link zum Digitalisat: http://purl.uni-rostock.de/rosdok/ppn777449943.

[61] Anna, geb. N. N., Frau des Jakob Tellior d.Ä. (s. Kap. 2.1, Eintrag Nr. 12 u. 13 mit Anm. II 56).

[62] Papierverlust: Die Namen der Paten sind nicht überliefert. – Angela Quistorp (*1635) heiratete den Rostocker Kaufmann Joachim Wegener (QUISTORP 2006, 47) und lebte noch 1682 (s. Anm. II 248). Zu ihrer gleichnamigen Schwester (*†1627) und deren Patin Engel Domann in Stralsund, einer Angehörigen des Hansesyndikus Dr. iur. utr. Johannes Domann, s. Kap. 2.1, Eintrag Nr. 10. Ein *Jochimus Wegener Rostochiensis* (MPR, Link: http://purl.uni-rostock.de/matrikel/100049343) imm. sich im Sept. 1639 an der UNI Rostock. Der Theologieprof. Caspar Mauritius (1615–1675) bezeichnete Angela 1660 in seiner LP für Barbara Ridemann geb. Quistorp (1622–1660) als *Engell, Herrn Joachimi Wegners, Vornehmen Bürgers und Brauers in Rostock, Ehelichen HaußFrawen*: Kap. 2.6, Eintrag Nr. 4, Bl. 2ʳ.

S. *3 [Bibel, Vorderdeckel, verso (= Spiegel des Vorderdeckels)]:

[Nr. 15:] *Anno 1635, 8. septembris hat meine eltiste tochter Catarina*[63] *hochzeit gehalten mit Thoma Lindemanno*[64] *ss. th. doctore und professore. Gott gebe ihnen eine gesegnete friedfertige ehe.*
[Nr. 16:] *Anno 1636 den 13. julii, eben wie es zehen schlug fur mittag, geberete sie eine tochter Ursula Catarina*[65]. *Gevattern sein baccalaureus Nicolaus Scharffenberg*[66], *doctoris Lindemanni stieffmutter*[67] *und meine hausfrawe*[68]. [Späterer Zusatz:[69]] *Gott regiere sie.*

---

[63] Catharina Lindemann geb. Quistorp (1619–1684): Kap. 2.1, Eintrag Nr. 6, Anm. II 28.

[64] Prof. D. theol. Thomas Lindemann d.J. (1609–1654) (s. Anm. II 32), Sohn des gleichnamigen Juraprof.s in Rostock (s. Anm. II 67) und der Ursula Scharffenberg.

[65] Ursula Catharina Lindemann (1636–1677) heiratete Johann Johannsen Tarnow (1624–1661), Pfr. in Kopenhagen, einen Sohn des Rostocker Theologen Prof. D. theol. Johann Tarnow (1586–1629; CPR, Link: http://purl.uni-rostock.de/cpr/00001376), in zweiter Ehe Christian Fredericksen Bremer MA (1635–1701) aus Lübeck, Pfr. in Kopenhagen: Archiv für Stamm- u. Wappenkunde 14–16 (1914), 16.

[66] Nikolaus Scharffenberg d.J. († um 1654), ein Bruder von Ursula Scharffenberg (1585–1614), der Mutter des Theologen Thomas Lindemann (1609–1654) (s. Anm. II 32), wurde 1631 in Rostock imm.: HOFMEISTER III, 1893, 80; MÖHLMANN 1975, 144 Nr. 123. Er war ein Sohn von Bernhard Scharffenberg d.J. (†1638) und Margarete Clandrian (1591–1667), einer Tochter des Güstrower Bgm.s Daniel Clandrian (MÖHLMANN 1975, 144 Nr. 12), sowie ein Enkel des Rostocker Bgm.s Bernhard Scharffenberg d.Ä. (1544–1619) und der Agnete Beselin (1563–1624), der Tochter eines Rostocker Rh.en (ebd., 144 Nr. 1, 12). Sophia Scharffenberg (1630–1691), die 1650 Johannes Quistorp d.J. heiratete (s. Kap. 2.2, Eintrag Nr. 1), war eine Nichte Bernhard Scharffenbergs (†1638), als Tochter seines Bruders, des Juraprof.s, Rh.en und Bgm.s Dr. iur. utr. Nicolaus Scharffenberg (1588–1651): s. Anm. II 170; dazu MÖHLMANN 1975, 144 Nr. 11, 12 und 115.

[67] Gemeint ist Elisabeth Hane (1598–1667), die zweite Frau (ab 1616) des Rostocker Juraprof.s Dr. iur. utr. Thomas Lindemann d.Ä. (1575–1632): MÖHLMANN 1975, 71 Nr. 121 1, 111 Nr. 1. – Thomas Lindemann d.Ä. aus Herford war in Rostock 1605–1632 Prof. der Rechte (Institutionen), 1621 Ratssyndikus, meckl., braunschweigischer, Bremischer u. hzgl. Croy'scher Rat, ksl. Rat, Hofpfalzgraf und achtmal Rektor der UNI Rostock: s. ZEDLER 17 (1738), Sp. 1369; BRUNOLD 1970; MÖHLMANN 1975, 111 Nr. 1; Eintrag im CPR, URL: http://purl.uni-rostock.de/cpr/00001369.

[68] Barbara Quistorp geb. Domann (1597–1663); s. Kap. 2.1, Eintrag Nr. 3; Kap. 2.6, Eintrag Nr. 5; QUISTORP 2006, 40.

[69] Die Formel *Gott regiere sie/ihn* ist bei Nr. 16–20 später von derselben Hand ergänzt.

[Nr. 17:] *Anno 1637 den 25. october wird Margaretha Elisabeth Lindemans[70] gebohren. Gevattern sind Martinus Steinhausen[71], Margaretha Elisabeth Lindemans[72] und Thomas Schmits hausfraw[73].* [Späterer Zusatz:] *Gott regiere sie.*

[Nr. 18:] *Anno 1639 den 15. martii zu nechst die klocke 2 wird Barbara Lindemans[74] zu Cope*[n]*hagen gebohren. Gevattern sind der herr statthalter Carfitz Ulefeld[75], Johan Brae<m>[76], doctoris Brochmanni hausfraw[77],*

---

[70] Margaretha Elisabeth Lindemann (*1637); s. QUISTORP 2006, 41.

[71] Martin Steinhaus (um 1610–vor 1660), Sohn eines Rh.en von Wilster in Holstein, wurde 1632 in Rostock imm. (HOFMEISTER III, 1893, 84), 1629 in Wittenberg, 1635 in Leiden und 1638 in Helmstedt (dort Promotion zum Lic. iur. utr.). 1638 Hochzeit mit Margarethe Elisabeth Lindemann (s. Anm. II 72); Dr. iur. utr., Rh., dann Bgm. in Wilster: MÖHLMANN 1975, 111 Nr. 12; Jens KIRCHHOFF: Stammfolge Steinhaus, s. Link: https://www.nd-gen.de/wordpress/wp-content/uploads/2014/06/steinhaus_sf.pdf.

[72] Margaretha Elisabeth Lindemann (*1618/19) war eine Tochter des Rostocker Juraprof.s Thomas Lindemann d.Ä. (1575–1632) und der Elisabeth Hane (1598–1667) (s. Anm. II 67). Sie heiratete 1638 in Rostock Martin Steinhaus aus Wilster (s. Anm. II 71): MÖHLMANN 1975, 111 Nr. 12.

[73] Nicht identifiziert. Ein Thomas Smidt aus Röbel wurde 1623 in Rostock imm.; s. MPR, Link: http://purl.uni-rostock.de/matrikel/100043918. Ein Thomas Schmidt aus Rostock, der 1638 in Rostock imm. wurde (1657 Dr. iur.), ist 1669 als Sargbegleiter zur Beisetzung des jüngeren Johannes Quistorp bezeugt: HOFMEISTER III, 1893, 114, 190, 197, 242.

[74] Barbara Lindemann (1639–1704) heiratete Heinrich Moltzau (1636–1704) aus Lübeck. Link: https://www.geni.com/people/Barbara-Moltzau/6000000001375045034.

[75] Graf Corfitz Ulfeldt (1604–1664), ein Sohn des dän. Kanzlers Jacob Ulfeldt (1567–1630), war ein Günstling Kg. Christians IV. von Dänemark (*1577, reg. 1588–1648). Er heiratete 1636 dessen Tochter Leonora Christina (1621–1698), Gräfin von Schleswig-Holstein, die aus der morganatischen Ehe Kg. Christians IV. mit Kirsten Munk (†1658) stammte, und stieg zum Reichsrat (1636), zum Statthalter von Kopenhagen (1637) und zum Reichshofmeister (1643) auf. Nach dem Tod Christians IV. wurde Ulfeldt gestürzt und 1651 ins Exil gezwungen, s. ZEDLER 49 (1746), Sp. 711–717; ELBRØND-BEK 1982; HEIBERG 1984; HEIBERG 1993; GRÖSSEL 1968.

[76] Johann Braëm (1596–1646) war mit seinem Bruder Gotthard Braëm (1601–1655) Kaufmann und Reeder in Kopenhagen. Als kgl. dän. Faktor beriet er Kg. Christian IV. in Handelsfragen und war mit Michael Wibe, dem Bgm. von Kopenhagen, Gründungsdirektor der Grönländischen Walfang-Kompanie: SLANGE / SCHLEGEL 1771, 125; BRINNER 1913 (2012), 131f, 134f, 138.

[77] Sille Tønnesdatter Balchenburg (1581–1661) war die Ehefrau des luth. Theologen D. theol. Jesper Rasmussen Brochmand (1585–1652), der seit 1615 Prof. und zweimal Rektor der UNI Kopenhagen war. 1639 wurde er Bf. von Roskilde. Als Theologe, dessen *Systema universae theologiae didacticae, polemicae, moralis* von 1633 sich an der

Johan Boysens[78] *und m<agistri> Simons hausfraw*[79]. [Späterer Zusatz:] *Gott regiere sie.*

[Nr. 19:] *Anno 1640, 23. maii kurtz nach 3 nach mittag ist Agneta Lindemans*[80] *zu Kopenhagen gebohren. Gevattern sind doctor Erasmus Brochmann episcopus*[81]*, doctor Jacobus Fabricius medicus regius professor*[82]*, Caecilia Johan Braems*[83]*, Margareta doctoris Otthonis Sperlinger*[84]*, Maria*

Konkordienformel von 1577 orientierte, war er ein zentraler Vertreter der luth. Orthodoxie in Dänemark unter Kg. Christian IV. (*1577, reg. 1588–1648), 1617–1620 Erzieher des Kronprinzen Christian (1603–1647) und krönte 1648 Friedrich III. (*1609, reg. 1648–1670) zum Kg.: ZEDLER 4 (1733), Sp. 1433f; STENBÆK 1981.

[78] Margarethe Titusdatter Thombs (1609–1686), Tochter von Titus Thombs und Elsabe geb. Rademann, war mit dem kgl. Pfennigmeister u. Umschlagverwalter Johannes Boysen (1595–1657) aus Flensburg verheiratet: ROTH VII, 1972, 430; KRAACK 1977, 20, 34.

[79] Margaretha Lünsing aus Rostock war seit 1632 mit dem Rostocker Theologen Simon Hennings (1608–1661) verheiratet, einem Sohn des Ambrosius Hennings aus Lübeck, des Pastors im norwegischen Bergen. Simon Hennings wurde, nachdem er 1631 in Rostock zum MA promoviert worden war, 1632 zweiter Pastor an der St.-Petri-Kirche der dt. Luth. Gemeinde Kopenhagen, zugleich Seelsorger des Gf.en Corfitz Ulfeldt (s. Anm. II 75), seiner Gattin Leonora Christina Gf.in Ulfeldt und der Kg.in-Witwe von Schweden Maria Eleonora, geb. Mgf.in von Brandenburg, die ab 1640 in Kopenhagen lebte. 1651 machte der Sturz des Gf.en Ulfeldt auch seine Stellung in Kopenhagen unhaltbar. Hennings zog sich nach Rostock zurück und ging dann nach Bremen, wo er bis zu seinem Tod 1661 dritter Prediger an der Domkirche war: MPR, Link: http://purl.uni-rostock.de/matrikel/100044314, http://purl.uni-rostock.de/matrikel/400070473.

[80] Agneta Lindemann (1640–um 1701), heiratete Bernhard Meyer d.J., einen Sohn Bernhard Meyers d.Ä. (1570–1634), des Pastors an St.-Petri in Kopenhagen (1616–1634); Link: https://www.geni.com/people/Agnetha-Meyer/6000000030288143341.

[81] Zu D. theol. Jesper Rasmussen Brochmand, Bf. von Roskilde, s. Anm. II 77.

[82] Dr. med. Jacob Faber (= Schmidt) alias Fabricius (1576–1652) aus Rostock, verheiratet mit Margarethe Möller (Moller, Mylius), war 1612–1652 *hzgl.* Prof. der Medizin und der höheren Mathematik in Rostock, 1632/33 und 1636/37 Rektor der UNI Rostock, Leibarzt der Hzge. von Mecklenburg–Schwerin, dann von Kg. Christian IV. und Kg. Friedrich III. von Dänemark. Er starb 1652 und wurde in Rostock bestattet: ZEDLER 9 (1735), Sp. 42; HOFMEISTER II, 1891, 251; III, 1893, 9–190; Eintrag im CPR, URL: http://purl.uni-rostock.de/cpr/00001026; HAMEL 2019, 60f; Link: https://www.presseforschung.uni-bremen.de/dokuwiki/doku.php?id=fabricius_jacob. Zur Freundschaft, die ihn mit Johannes Quistorp d.Ä. verband, s. BRUNOLD 1970.

[83] Für Caecilie Jochumsdatter Brun, Frau des Johann Braëm (s. Anm. II 76), hielt Simon Hennings (s. Anm. II 79), 1642 die LP, für Braëm 1646; s. NYERUP / KRAFT 1818, 245.

[84] Margarethe Sperling geb. Schwendy, eine Tochter des Domherren von Roskilde Andreas Schwendy und Witwe des Arztes Paul Andreae, war mit Dr. med. Otto Sperling

Johan Steinkuhlen vornehmen burgers hausfrawe[85]. [Späterer Zusatz:] *Gott regiere sie.*

[Nr. 20:] *Anno 1643, 1. septembris umb halb zwey nach mittage wird Thomas Lindeman*[86] *gebohren. Ist getauffet 3. septembris. Gevattern sind gewest p.*[87] [Späterer Zusatz:] *Gott regiere ihn.*

[Nr. 21:] *Anno 1645 den 11. martii zu abens auff den schlag siben ist Johan Lindeman gebohren und getauffet,*[88] *stirbt widerumb desselben jahrs den 31. martii nachmittage umb 3.*

[Nr. 22:] *Anno 1646, 25. augusti ist des morgens frue, etwa umb 4 uhr, Johan secundus Lindeman*[89] *gebohren. Gevattern sein Thomas Finckius*[90] *doctor medicinae et professor, Augustus Voigt*[91] *et Philippus Julius Borneman*[92]

(1602–1681) verheiratet, einem Sohn von Paul Sperling d.Ä. (1560–1633), dem Rektor der Hamburger Gelehrtenschule *Johanneum*, und Bruder des Theologen Paul Sperling d.J. (1605–1679). Sperling war Stadtarzt von Kopenhagen, Leibarzt u. Botaniker der dän. Kge. Christians IV. und. Friedrichs III. 1651 geriet er zusammen mit Statthalter Corfitz Ulfeldt (s. Anm. II 75) in den Verdacht, einen Giftmord auf Kg. Friedrich III. geplant zu haben. Er musste fliehen, geriet aber 1664 in dän. Haft, wo er bis zu seinem Tod 1681 blieb: ZEDLER 38 (1743), Sp. 1518f; BIRKET-SMITH 1885; DOBBERTIN 1954.

[85] Maria, Frau des Kaufmanns Johan Steenkuhl (*1610), Kopenhagen. Als Nachfolger Gotthard Braëms (s. Anm. II 76) leitete Steenkuhl zusammen mit Frederik Thuresen die Handelskompanie, die Johann und Gotthard Braëm aufgebaut hatten; s. DALGÅRD 1962, 234, 316f, 423.

[86] Zu Thomas Lindemann (1643–1686) s. LENGNICK 1851, o.S.: Stamtavle for de til det Petersenske Kloster Adkomstberettigede, 2.

[87] Die Namen der Paten fehlen.

[88] Die Namen der Paten fehlen.

[89] Johannes Lindemann (1646–1698). Link: https://www.geni.com/people/Johannes-Lindemann/6000000031089497487.

[90] Dr. med. Thomas Finck oder Fincke (1561–1656) aus Flensburg war Leibarzt Hzg. Philipps (1570–1590) von Schleswig-Holstein-Gottorf. An der UNI Kopenhagen übernahm er 1591 eine Professur f. Mathematik, wechselte 1602 auf eine Professur f. Rhetorik, 1603 auf eine Professur für Medizin: ZEDLER 9 (1735), Sp. 932; DÖRFLINGER 2016.

[91] Augustus Voigt, Sekretär der dt. Kanzlei, Kopenhagen: DALGÅRD 2005, 97, 199, 213.

[92] Lic. iur. Philipp Julius von Bornemann aus Bückeburg (1599–1652), ein Sohn von Dr. med. Cosmas Bornemann und Margarethe von der Meden, war Sekretär in der dt. Kanzlei und kgl. Kammersekretär; DALGÅRD 2005, 71, 84, 113, 193, 213.

regis Daniae secretarii, doctoris Simonis Pauli hausfrawe[93] *und Johan Lehn eines weinvhuhrers hausfraw*[94]. *Adsit ipsi Deus.*

[Nr. 23:] *Anno 1647, 28. decembris ist Christina Lindemans*[95] *gebohren. 2. januarii anno 1648 getauffet.*[96]

[Nr. 24:] *Anno 1641 den 10. februarii helt meine tochter Margareta*[97] *hochzeit mit Jacobi Schoff*[98]. *Gott gebe ihnen eine gesegnete friedfertige ehe.*

---

[93] Elisabeth Fabricius (1618–1656), eine Tochter des Mediziners Dr. Jacob Fabricius (s. Anm. II 82) und der Margarethe Möller, war mit Simon Pauli d.J. (1603–1680) verheiratet, einem Sohn des *rätlichen* Medizinprof.s und Rostocker Stadtphysikus Dr. Heinrich Pauli (s. Anm. II 38), des Leib- und Hofmedikus der dän. Kg.in Sophie (1557–1631) auf Schloss Nyköping. Simon Pauli d.J. war Arzt in Lübeck, *rätlicher* Prof. der Medizin in Rostock und Stadtphysikus, dann Prof. für Anatomie, Chirurgie und Botanik in Kopenhagen, seit 1648 Leibarzt der dän. Kge. Friedrich III. und Kg. Christian V.: ZEDLER 26 (1740), Sp. 1457; HOFMEISTER III, 1893, 26, 103, 181; MÖHLMANN 1974, 130 Nr. 123; Eintrag im CPR, URL: http://purl.uni-rostock.de/cpr/00001393; HAACK, Gründung 2019, 29–34; MÜNCH 2019, 75f.

[94] Gemeint ist Sara van Dickelen († 1690) aus Amsterdam, die Ehefrau des Kopenhagener Rh.en und Weinhändlers Johann Lehn (1600–1684). Ihr Weinausschank befand sich im Haus Dyrkøb (heute Dyrkøb Nr. 9) in der Altstadt von Kopenhagen, worüber ihr Sohn Abraham Lehn (1643–1709) in seiner Autobiografie berichtet; s. BOBÉ 1918/19.

[95] Christina Lindemann (1647–1696) heiratete Albrecht Bernhorst († 1678), später Hans Jürgen Mensing; s. LENGNICK 1851, o.S.: Stamtavle for de til det Petersenske Kloster Adkomstberettigede, 2; https://www.geni.com/people/Christina-Lindemann/1620370.

[96] Die Namen der Paten fehlen. – Bedingt durch den Tod des Einträgers Johannes Quistorp d.Ä. († 1648), wurde ein weiteres Kind der Eheleute Thomas Lindemann (s. Anm. II 32) und Catharina Quistorp (s. Anm. II 28) nicht in der Hausbibel Quistorp berücksichtigt: Stephan Lindemann (1649–1711), Kaufmann und Postunternehmer in Kopenhagen, heiratete Anne Margarethe Feyga; in zweiter Ehe Magdalene Danielsdatter Kellinghusen (um 1660–1733), eine Tochter des Spezereyhändlers Daniel Hansen Kellinghusen (1630–1677) und der Catharina von Damm (1633–1695); s. LENGNICK 1851, o.S.: Stamtavle for de til det Petersenske Kloster Adkomstberettigede, 2; Link: https://www.geni.com/people/Stephan-Lindemann/6000000006901081555.

[97] Zu Margareta Schoff geb. Quistorp (1622 – mind. 13. Juli 1666) s. Kap. 2.1, Einträge Nr. 7, 24–27, 36.

[98] Jacob Schoff (1615–1666) aus Sternberg (Mecklenburg) hatte sich im Mai 1630 in Rostock imm., wo er Stadt- und Ratssekretär wurde: HOFMEISTER III, 1893, 78 (*Jacobus Schoff Sternebergensis*); MPR, Link: http://purl.uni-rostock.de/matrikel/100044521; QUISTORP 2006, 41; dazu das PFUN der UNI Rostock für Jacob Schoff zur Trauerfeier am 13. Juli 1666: VD17 23:315239N = LBMV SCHWERIN, Schmidtsche Bibliothek, Bd. 97, Nr. 36; Link zum Digitalisat: http://purl.uni-rostock.de/rosdok/ppn777426064.

[Nr. 25:] *Anno 1642 den 19. februarii post 12 meridianam geneset eines sohns, der den 20. februarii getauffet Johan Niclas*[99]. *Gevattern sein doctor Johannes Quistorp*[100], *doctor Antonius Woltreich*[101] *syndicus, Catharina doctoris Thomae Lindemanni hausfrawe*[102]. [Späterer Zusatz:] *Adsit ipsi Deus.*

[Nr. 26:] *Anno 1643 den 18. septembris am abend zwischen 9 und zehen ist ihr tochterlein Barbara*[103] *gebohren. Gevattern sein doctoris Quistorpii hausfrawe*[104], *Jacobi Schoffs mutter*[105], *magister Rideman*[106]. [Späterer Zusatz:] *Adsit ipsi Deus.*

---

[99] Johann Nicolaus Schoff (1642–1720) wurde 1652 in Rostock imm., 1671 zum Dr. med. promoviert und praktizierte später als Arzt in Hamburg; s. SCHRÖDER VI, 1873, Nr. 3536; MPR, Links: http://purl.uni-rostock.de/matrikel/100016246 und http://purl.uni-rostock.de/matrikel/400071194.

[100] Johannes Quistorp d.Ä. (1584–1648): s. Text bei Anm. I 22 – I 27; Kap. 2.1, Steckbrief und Einträge 1–40.

[101] Der Rostocker Ratssyndikus Dr. iur. (1623) Antonius Woltrich oder Woltreich (1593–1645) stammte aus Meldorf in Dithmarschen und hatte sich im Juni 1613 an der UNI Rostock imm.: HOFMEISTER III, 1893, 9, 54; MPR, Links: http://purl.uni-rostock.de/matrikel/100022575 und http://purl.uni-rostock.de/matrikel/400070343.

[102] Zu Catharina Lindemann geb. Quistorp (1619–1684) s. Kap. 2.1, Einträge Nr. 6, Nr. 15–23 mit Anm. II 28.

[103] Barbara Schoff (*1643) heiratete Christoph Jordans in Lübeck, den das PFUN der UNI Rostock für Jacob Schoff zur Trauerfeier am 13. Juli 1666 (s. Anm. II 98) als *Cellae vinariae maiori, quae Lubecae est, praefecto* bezeichnet (Bl. 3ᵛ). Das Ehepaar Jordans – Schoff in Lübeck hatte, als Jacob Schoff am 13. Juli 1666 beerdigt wurde, drei Kinder (s. ebd.): Barbara Dorothea, Daniel, Christoph.

[104] Zu Barbara Quistorp geb. Domann (1597–1663): s. Kap. 2.1, Einträge Nr. 3ff; Kap. 2.6, Eintrag Nr. 5.

[105] Die Mutter des Kindsvaters Jacob Schoff (1615–1666) (s. Anm. II 98) war Margaretha Grube (Lebensdaten unbekannt), die Ehefrau des Sternberger Rh.en Nicolaus Schoff. Sie war eine Tochter des Sternberger Bürgers und Kirchenvorstehers Jürgen Grube und der Margaretha Jordans: zur Filiation s. Bl. 2ʳ des PFUN der UNI Rostock für Jacob Schoff (1615–1666) zur Trauerfeier am 13. Juli 1666 (s. Anm. II 98).

[106] Nicolaus Ridemann (1610–1662) aus Kiel (*Chilonio-Holsatus*), Sohn des Weinhändlers Heinrich Ridemann, hatte sich im Oktober 1634 an der UNI Rostock imm., wo er 1635 MA wurde und 1650 als *Magister legens* in die PHIL. FAK. aufgenommen wurde: HOFMEISTER III, 1893, 98, 103, 164; MPR, Links: http://purl.uni-rostock.de/matrikel/400070534 und http://purl.uni-rostock.de/matrikel/400070820. Er folgte David Tunder (1583–1640, s. Anm. II 55) im August 1641 als Diakon an der Rostocker Marienkirche nach, wo sein künftiger Schwiegervater Johann Quistorp d.Ä.

[Nr. 27:] *Anno 1647 den 22. julii, des morgens zwischen 3 und 4 ist ihr sohnlein Friderich*[107] *gebohren. Gevattern sein doctor Thomas Lindemans*[108] (*es stehet eius loco magister Rideman*[109]), *doctor Gutzmar*[110] *et Adam Borchards wittwe*[111]. *Deus ipsi adsit.*[112]

---

zweiter Prediger (Archidiakon) war: s. Kap. 2.1, Eintrag Nr. 28. Am 13. Oktober 1641 heiratete er Barbara Quistorp (1622–1660; s. Kap. 2.1, Einträge Nr. 7, 28–33); in zweiter Ehe am 4. Februar 1661 Margarethe Katharina Sandhagen (1639–1705), eine Tochter des Diakons, dann Pastors an St. Nikolai Rembert Sandhagen (1611–1683) (s. Anm. II 225). Nachweise: WILLGEROTH III, 1925, 1425; VD17 28:729827C = LBMV SCHWERIN, Schmidtsche Bibliothek, Bd. 96, Nr. 191: PFUN der UNI Rostock für Diakon Lic. theol. Nicolaus Ridemann zur Trauerfeier am 4. April 1662; Link zum Digitalisat: http://purl.uni-rostock.de/rosdok/ppn77577507X. – Auf die Rangstreitigkeiten, die Ridemanns Graduierung zum Lic. theol. auslöste, verweist STROM 1999, 37 Anm. 24.

[107] Friedrich Schoff (*1647), weitere Lebensdaten konnten nicht ermittelt werden.

[108] Prof. D. theol. Thomas Lindemann d.J. (1609–1654) in Kopenhagen (s. Anm. II 32).

[109] Zu Nicolaus Ridemann MA (1610–1662) s. Anm. II 106.

[110] Dr. iur. Simon Johannes Gutzmer (1608–1674) aus Sternberg hatte sich 1620 in Rostock imm., war 1656–1663 Bgm. und Syndikus von Stargard und schrieb sich 1663 als *Doctor Simon Johannes Gutzmar Sternebergensis Megapolitanus* erneut in die Matrikel ein; er war Advokat am meckl. Land- und Hofgericht: HOFMEISTER III, 1893, 39, 221; MPR, Links: http://purl.uni-rostock.de/matrikel/100026464, http://purl.uni-rostock.de/matrikel/100031676; . Er war mit (Anna) Regina Hagemeister (1623–1666) aus Rostock verheiratet. Nachweis: VD17 28:727815X = LBMV SCHWERIN, Schmidtsche Bibliothek, Bd. 95, Nr. 183: PFUN der UNI Rostock zur Trauerfeier für Regina Gutzmer geb. Hagemeister (1623–1666) am 11. Okt. 1666; Link: http://purl.uni-rostock.de/rosdok/ppn777520346; MÖHLMANN 1974, 6, 99. Sein Sohn war der meckl. Justizrat und Syndikus der Hansestadt Lübeck Dr. iur. Johann Georg Gutzmer (um 1645–1716), der 1712 den Adelsstand mit dem Prädikat Gutzmer von Gusmann erhielt (zur Person s. Anm. II 229).

[111] Nicht identifiziert. SCHORLER 2000, 122, 490, erwähnt ihren verstorbenen Ehemann Adam Borchardt als Provisor des Rostocker Waisenhauses.

[112] Nachdem Johannes Quistorp d.Ä. 1648 gestorben war, wurde dem Ehepaar Schoff – Quistorp Heinrich Schoff (*7.2.1654 Rostock, †2.9.1654 Rostock) geboren. Nachweis: VD17 28:730146K = LBMV SCHWERIN, Schmidtsche Bibliothek, Bd. 97, Nr. 35: PFUN der UNI Rostock für Heinrich Schoff zur Trauerfeier am 5. September 1654; Digitalisat: http://purl.uni-rostock.de/rosdok/ppn777423480. – Das PFUN der UNI Rostock für den Rostocker Ratssekretär *Jacob Schoff* (1615–1666) zur Trauerfeier am 13. Juli 1666 (s. Anm. II 98), führt für das Ehepaar Schoff – Quistorp insgesamt acht Kinder auf: Johann Nicolaus, Barbara (sie heiratete später Christoph Jordans in Lübeck), Jacob, Joachim Friedrich, Margaretha Justina, Maria sowie die Zwillinge Heinrich und Lucia.

2.1 Johannes Quistorp d.Ä. (1584–1648)

S. *4 [HAUSBIBEL QUISTORP 1614/15, Lose Blätter (wie Anm. I 9), Bl. 2ʳ]:

[Nr. 28:] *Anno 1641, 13. octobris, helt meine tochter Barbara*[113] *hochzeit mit magistro Nicolao Rideman*[114]*, der magistro Davidi Tundero*[115] *in diaconatu templi Mariani Rostochii succediret. Gott gebe ihnen eine gesegnete friedfertige ehe.*

[Nr. 29:] *Anno 1642 den 19. novembris, 1/4 nach neune des morgens ist ihr tochterlein Anna*[116] *gebohren. Gevattern sein doctoris Quistorpii hausfrawe*[117]*, magistri Ridemans mutter*[118] *und Christianus ****[119] *weinhändler zum Kiel.* [Späterer Zusatz:] *Gott regiere sie mit seinem geist.*

[Nr. 30:] *Anno *** ist Barbara Ridemans*[120] *gebohren.*

---

[113] Zu Barbara Ridemann geb. Quistorp (1622–1660), s. Kap. 2.1, Eintrag Nr. 7; Kap. 2.6, Eintrag Nr. 4 (PFUN der UNI Rostock zu ihrer Trauerfeier am 3. Juli 1660).

[114] Zu Nicolaus Ridemann (1610–1662) aus Kiel s. Anm. II 106.

[115] David Tunder (1583–1640), 1614–1640 Diakon an St. Marien Rostock, s. Anm. II 55.

[116] Anna Ridemann (1642–1651). Nachweis: VD17 28:729817W = PFUN der UNI Rostock zur Trauerfeier für Anna Ridemann am 2. Okt. 1651; UB Rostock, Sondersammlungen, LB FP 1651; Link: http://purl.uni-rostock.de/rosdok/ppn775776866.

[117] Zu Barbara Quistorp geb. Domann (1597–1663), Ehefrau des Johannes Quistorp d.Ä. (1584–1648), s. Kap. 2.1, Einträge Nr. 3ff; Kap. 2.6, Eintrag Nr. 5 (PFUN der UNI Rostock zu ihrer Trauerfeier am 14. August 1663).

[118] Anna Ridemann geb. Dreyer (1578–1663), eine Tochter des Kaufmanns Peter Dreyer in Eckernförde und der Margarete geb. Tape, heiratete Heinrich Ridemann (†1628) aus Osnabrück, Kaufmann und Weinhändler in Kiel. Nachweis: VD17 28:726697Z = LBMV SCHWERIN, Schmidtsche Bibliothek, Bd. 95, Nr. 106: PFUN der THEOL. FAK. der UNI Rostock (Dekan: Johannes Quistorp d.J.) zur Trauerfeier für Anna Ridemann am 10. April 1663. Link zum Digitalisat: http://purl.uni-rostock.de/rosdok/ppn777442981. Ihre Söhne waren der Rostocker Rh. Heinrich Ridemann (1605–1693) und Nicolaus Ridemann, Diakon der Marienkirche in Rostock (s. Anm. II 106).

[119] Christian Kirchner, 1630 Weinhändler „im Jordan" in Kiel, hatte 1628, nach dem Tod Heinrich Ridemanns (s. Anm. II 118), des Vaters von Nicolaus Ridemann (s. Anm. II 106), dessen Kieler Weinhandlung übernommen: GRÖNHOFF 1958, 72 (mit Sterbedatum 19. November 1642[!]). Kirchner war mit Margarethe Ridemann verheiratet, einer Tochter des Heinrich Ridemann und der Anna geb. Dreyer. Nachweis: VD17 28:726697Z = LBMV SCHWERIN, Schmidtsche Bibliothek, Bd. 95, Nr. 106: PFUN der THEOL. FAK. der UNI Rostock zur Trauerfeier für Anna Ridemann am 10. April 1663 (s. Anm. II 118).

[120] Barbara Ridemann (*1644), weitere Lebensdaten konnten nicht ermittelt werden.

[Nr. 31:] *Anno 1645 die nacht fur Michaelis tag* [29. Sept.] *des abens auffm schlag zehen ist Johan Rideman*[121] *gebohren. Gevattern sein doctor Thomas Lindeman*[122]*, Hinrich Rideman*[123] *und magistri Sumen von Kiel hinterlaßene wittwe*[124]*.* [Späterer Zusatz:] *Adsit ipsi Deus.*

[Nr. 32:] *Anno 1647 den 11. martii die klocke 4 des morgens ist Hinrich Rideman*[125] *gebohren. Gevattern sein: doctor Christophorus Crauthoff*[126]*, magister Johannes Quistorp*[127] *und Hans Schroders wittwe*[128]*, Hinrich*

---

[121] Johann Ridemann (1645–1657). Nachweis: VD17 28:729824E = LBMV SCHWERIN, Schmidtsche Bibliothek, Bd. 96, Nr. 192; Bd. 98, Nr. 206: PFUN der UNI Rostock zur Trauerfeier von Johann Ridemann am 12. März 1657. Link zum Digitalisat: http://purl.uni-rostock.de/rosdok/ppn775775673.

[122] Zu Prof. D. theol. Thomas Lindemann d.J. (1609–1654) in Kopenhagen s. Anm. II 32.

[123] Heinrich Ridemann d.J. aus Kiel (*Chilonio-Holsatus*, 1605–1693), der sich im Juli 1634 an der UNI Rostock imm. (HOFMEISTER III, 1893, 97) und später Rh. in Rostock wurde, war ein Bruder des Diakons Nicolaus Ridemann; s. VD17 28:729819M = LBMV SCHWERIN, Schmidtsche Bibliothek, Bd. 96, Nr. 190: PFUN der UNI Rostock für Dorothea Ridemann (1656–1658), eine Tochter des Rh.en Heinrich Ridemann, zur Trauerfeier am 27. Dez. 1658. Digitalisat: http://purl.uni-rostock.de/rosdok/ppn775775967. Er war mit der Brauerstochter Margarete Schröder (1627–1660) verheiratet: s. Anm. II 128, II 129.

[124] Nicht identifiziert. Michael Sohm (*Sumius*) aus Kiel wurde 1594 in Rostock imm.; Valentin Sohm (*Suhmius*) 1623: HOFMEISTER II, 1891, 245; III, 1893, 52; MPR, Links: http://purl.uni-rostock.de/matrikel/100044766 (Michael Sohm), http://purl.uni-rostock.de/matrikel/100043932 (Valentin Sohm).

[125] Heinrich Ridemann (*1647), weitere Lebensdaten konnten nicht ermittelt werden.

[126] Dr. iur. Christoph Krauthoff (1601–1672), ein Sohn des Neubrandenburger Rh.en Jakob II. Krauthoff und der Dorothea von Kamptz, wurde 1614 an der UNI Rostock imm. (HOFMEISTER III, 1893, 12; MPR, Link: http://purl.uni-rostock.de/matrikel/100022751. Im Anschluss an seine Doktorpromotion 1629 in Greifswald war er 1633–1634 Anwalt in Rostock, 1635–1639 Anwalt in Kiel, 1639–1643 Syndikus der schleswig-holsteinischen Ritterschaft, 1643ff Syndikus der Stadt Rostock, 1644ff Rat von Haus aus Kg. Christians IV. von Dänemark, 1660, 1663 Bgm. von Rostock, 1661 Vizekanzler und Geheimer Rat in Mecklenburg-Schwerin, 1663–1666 Kanzler des Hgt. Mecklenburg-Schwerin. Zur Person s. OPET 1923. Krauthoff war mit Katharina Wilmes (1611–1659), dann mit Emerentia Stoppel (1662/63) verheiratet.

[127] Gemeint ist der spätere Prof. D. theol. Johannes Quistorp d.J. (1624–1669); s. Kap. 2.2.

[128] Margarete Schröder, die Witwe des Brauers Hans Schröder in Rostock, war die Mutter von Margarete Ridemann geb. Schröder (1627–1660) (s. Anm. II 129).

2.1 Johannes Quistorp d.Ä. (1584–1648)

Ridemans hausfraw[129]*. Ist den 12. martii getauffet von magistro Johanne Corfinio*[130]*. Adsit ipsi Deus.*

[Nr. 33:] *Anno 1648 den 12. julii zwischen 3 und 4 uhr des morgens ist Niclas Rideman*[131] *gebohren. Gevattern sein gewesen doctor Stephanus Schultetus*[132]*, magister Petrus Rungius*[133] *nebest seiner braut Dorothea Bruns*[134]*. Ist den 13. darauff von magistro Johanne Corfinio*[135] *getauffet worden. Excrescat in Dei gloriam et hominum commodum.*[136]

---

[129] Margarete Schröder (1627–1660), Frau des Rostocker Rh.en Heinrich Ridemann (1605–1693); s. Anm. 123; VD17 28:730089C = LBMV SCHWERIN, Schmidtsche Bibliothek, Bd. 97, Nr. 44: PFUN der UNI Rostock für Margarete Ridemann geb. Schröder am 20. August 1660; Digitalisat: http://purl.uni-rostock.de/rosdok/ppn777427354.

[130] Johannes Corfinius (Korff, 1616–1664) war ein Sohn des Diakons der Rostocker Jakobikirche Johannes Corfinius (1574–1638) und der Elisabeth geb. Pauli († 1635), einer Tochter des Prof.s der Theologie Simon Pauli d.Ä. in Rostock (s. Anm. II 38). Johannes Corfinius d.J. wurde 1628 in Rostock imm., wurde dort 1641 MA, 1651 D. theol., war 1649–1652 Prof. der Physik und Metaphysik (*rätlich*), 1652–1653 Prof. der Moral (*rätlich*) in Rostock, wurde 1639 Diakon an St. Jakobi in Rostock, folgte Johannes Quistorp d.Ä. 1645 als Archidiakon, 1649 als Hauptpastor an der Marienkirche nach und war 1653–1664 Hauptpastor der Katharinenkirche in Hamburg, wo seine kirchenreformerischen Initiativen zu Konflikten mit der Kirchenleitung führten: HOFMEISTER III, 1893, 72, 124, 149, 163, 165, 170, 173, 217; MÖHLMANN 1975, 81 Nr. 131; CPR, URL: http://purl.uni-rostock.de/cpr/00001409. Seine Tagebücher 1654–1659 liegen im Staatsarchiv Hamburg, Bestand 622-1/372: Johannes Korff.

[131] Nicolaus Ridemann (*1648), weitere Lebensdaten konnten nicht ermittelt werden.

[132] *Stephanus Schultetus* (1602–1654) aus Osterburg wurde 1623 in Rostock imm., wo er 1645–1654 *hzgl.* Prof. der Medizin, ab 1653 auch der höheren Mathematik war, 1642 Dr. med. (Leiden), Dekan der MED. FAK. und Vizekanzler der UNI Rostock: MPR, Link: http://purl.uni-rostock.de/matrikel/100043959; Eintrag im CPR, Link: http://cpr.uni-rostock.de/resolve/gnd/124762050; HOFMEISTER III, 1893, 52, 149, 173, 179, 190, 193.

[133] Petrus Rungius († 1691), Sohn des Pfr.s zu Gettorf Marcus Rungius († 1648) aus Preetz, wurde am 17. April 1645 mit Johannes Quistorp d.J. zum MA promoviert: HOFMEISTER III, 1893, 138; MPR, Link: http://purl.uni-rostock.de/matrikel/400070718, 1649 Diakon, 1675–91 Pfr. zu Gettorf: JENSEN II, 1841, 1364.

[134] Nicht identifiziert. – Möglicherweise war sie eine Verwandte der Cecilie Jochumsdatter Bruun (Brun/Bruhn; s. Anm. II 83), der Ehefrau des Johann Braëm (s. Anm. II 72) in Kopenhagen. Die Stifter-Wappenscheiben in der Dorfkirche Rostocker Wulfshagen von 1645 zeigen u.a. die Wappen Quistorps und des Daniel Brun: SCHLIE I, 1896, 370.

[135] Zu Johannes Corfinius (1616–1664) s. Anm. II 130.

[136] MÖHLMANN 1975, 134 Nr. 213 5/6/8 nennt weitere Kinder der Eheleute Ridemann-Quistorp: Christian, Peter, „zwei Jungen und zwei Mädchen", die früh gestorben seien.

[Nr. 34:] *Anno 1645, 1. julii wird meine tochter Anna*[137] *an Martinum Gerdes*[138] *Rostochiensem verlobet. Adfuere d<octor> Johannes Gerdes*[139]*, herrn Jochim Ge<rdes>*[140]*, herr Michael Geismar*[141]*, *** Geismar*[142]*, ****

---

[137] Zu Anna Gerdes geb. Quistorp (1625–1664) s. Anm. II 45.

[138] Martin Gerdes (1619–1666), Jurastudium in Rostock, Brauer in Rostock, 1650 Mitglied im Hundertmänner-Kollegium, 1660 Mitglied im Sechzehner-Kollegium, Sohn des Rh.en Wienhold Gerdes (†1644, s. Anm. II 154) und der Emerentia geb. Prenger (1585–1632): VD17 28:727675A = LBMV SCHWERIN, Schmidtsche Bibliothek, Bd. 95, Nr. 154: PFUN der UNI Rostock zur Trauerfeier für Martin Gerdes am 9. März 1666; Link zum Digitalisat: http://purl.uni-rostock.de/rosdok/ppn777526786. Zum PFUN, das Dr. iur. Thomas Lindemann (s. Anm. II 67), Rektor der UNI Rostock, zur Trauerfeier für Emerentia Prenger am 16. Januar 1632 drucken ließ (VD17 28:729543U = UB Rostock, Sondersammlungen, LB FP Prenger, Emerentia 1632), s. das Digitalisat http://purl.uni-rostock.de/rosdok/ppn772089256. Bereits 1627 hatte Johannes Quistorp d.Ä. als Rektor der UNI Rostock ein PFUN für Margarethe Gerdes (1625–1627) publiziert (VD17 28:727661P = UB Rostock, Sondersammlungen, LB FP Gerdes, Margareta 1627), eine früh verstorbene Schwester des Martin Gerdes. Link zum Digitalisat: http://purl.uni-rostock.de/rosdok/ppn777449404. Zur Freundschaft, welche die Familien Gerdes und Quistorp bereits um 1628–1631 miteinander pflegten, s. BRUNOLD 1970, passim.

[139] Dr. iur. Johann Gerdes (1604–1680), Rh. und Bgm. von Güstrow, war mit Helena Warkentin (1615–1691) verheiratet. Nachweis: VD18 13050842 = LBMV SCHWERIN, Schmidtsche Bibliothek, Bd. 98, Nr. 109: PFUN der UNI Rostock (Rektor: Johann Nicolaus Quistorp) für den Rostocker Prof. der Rechte, UNI-Rektor und Bgm. Dr. iur. Christoph Redeker (s. Kap. 2.6, Eintrag Nr. 29). Die Trauerfeier am 23. Januar 1704 wurde ausgerichtet von Catharina Sophia Redeker geb. Gerdes, einer Tochter der Eheleute Gerdes – Warkentin.

[140] Joachim Gerdes (1607–1668), Jurist und Philologe, Sohn der Eheleute Dr. iur. Matthäus Gerdes, Syndikus der Städte Wismar und Stralsund, und Hedwig geb. Reiche. Nachweis: VD17 7:689672D = LBMV SCHWERIN, Schmidtsche Bibliothek, Bd. 95, Nr. 155: PFUN der UNI Rostock zur Trauerfeier für Joachim Gerdes am 16. Dezember 1668. Link zum Digitalisat: http://purl.uni-rostock.de/rosdok/ppn777447274.

[141] Michael Geismer oder Geismar (1605–1668), Sohn des Vorstehers (Kurators) der Jakobikirche Heinrich Geismer und der Maria Gerdes (1585–1663), hatte in Jena, Marburg und Rostock die Rechte studiert. In Rostock war er 1648–1659 Vorsteher der Jakobikirche, 1659–1668 Rh.; Nachweis: LBMV SCHWERIN, Schmidtsche Bibliothek, Bd. 95, Nr. 148: PFUN der UNI Rostock zur Trauerfeier für Michael Geismer am 10. September 1668); VD17 28:727671V = LBMV SCHWERIN, Schmidtsche Bibliothek, Bd. 95, Nr. 153: PFUN der UNI Rostock (Rektor: Johannes Quistorp d.J.) zur Trauerfeier für Maria Gerdes am 24. April 1663. Link zum Digitalisat: http://purl.uni-rostock.de/rosdok/ppn777445026.

[142] Nicht identifiziert.

2.1 Johannes Quistorp d.Ä. (1584–1648)

Prenger[143]*, baccalaureus Lutterman*[144]*, baccalaureus Scharfenberg*[145]*, magister Rideman*[146]*, Jacobus Schoff*[147]*, Hinrich*[148] *und Peter Quistorp*[149]*.* [Späterer Zusatz:] *Hallten hochzeit den 24. septembris im selben jahr. Gott gebe ihnnen eine gesegnete friedfertige ehe.*

[Nr. 35:] *Anno 1646, 4. augusti des abens auffm schlag neun ist ihr sohnlein Winhold*[150] *gebohren. Gevattern sind gewest doctor Christophorus Gerdes*[151] *burgermeister in Lubeck (in loco absentis Jacobus Schoff*[152]*), doctor Johannes Quistorp*[153] *und herrn Winholdi Gerdes hinterlaßene wittwe*[154]*.* [Späterer Zusatz:] *Deus ipsi adsit.*[155]

---

[143] Nicht identifiziert. Gemeint ist jedenfalls ein naher männlicher Angehöriger von Emerentia Prenger, der Mutter des Bräutigams (s. Anm. II 138): vielleicht der Theologe Heinrich Prenger (1595–1667), Pfr. in Parchim und Superintendent des Parchimer Kreises, ein Sohn des Rostocker Brauherren Heinrich Prenger: WILLGEROTH II, 1925, 747.

[144] Johann Luttermann (1582–1657), Rh. und Bgm. in Rostock (s. Anm. II 42).

[145] Nikolaus Scharffenberg d.J. († um 1654) (s. Anm. II 66).

[146] Nicolaus Ridemann (1610–1662) (s. Anm. II 106).

[147] Jacob Schoff (1615–1666) (s. Anm. II 98).

[148] Heinrich Quistorp (um 1583 – nach 1648), Bürger in Rostock, war ein Bruder des älteren Johannes Quistorp (1584–1648): s. QUISTORP 2006, 39; dazu Anm. II 51.

[149] Der Goldschmied Peter Quistorp (1585–nach 1648; s. Anm. II 50) war ein Bruder des älteren Johannes Quistorp (1584–1648).

[150] Wienhold Gerdes (1646–1650). Nachweis: VD17 28:727649M = LBMV SCHWERIN, Schmidtsche Bibliothek, Bd. 95, Nr. 151: PFUN der UNI Rostock zur Trauerfeier für Barbara Gerdes (1648–1655), Tochter des Martin Gerdes, am 22. April 1655. Link zum Digitalisat: http://purl.uni-rostock.de/rosdok/ppn777447142.

[151] Dr. iur. utr. Christoph Gerdes (1590–1661), ein Sohn des Güstrower Rh.en Martin Gerdes, war sachsen-lauenburgischer Rat, Syndikus des Lübecker Domkapitels, ab 1625 Rh. der Stadt Lübeck, ab 1627 Bgm. von Lübeck; s. FEHLING 1925, Nr. 747.

[152] Jacob Schoff (1615–1666) (s. Anm. II 98).

[153] Prof. D. theol. Johannes Quistorp d.Ä. (1584–1648).

[154] Elisabeth Geismer (1615–1657), die zweite Ehefrau und Witwe des Rostocker Rh.en Wienhold Gerdes († 1644, s. Anm. II 138), heiratete 1650 in zweiter Ehe den Rostocker Advokaten Dr. iur. utr. Heinrich Schnitler (1620–1652): VD17 28:730135V = LBMV SCHWERIN, Schmidtsche Bibliothek, Bd. 95, Nr. 146 u. 156, Bd. 97, Nr. 34: PFUN der UNI Rostock zur Trauerfeier für Heinrich Schnitler am 24. April 1652. Link zum Digitalisat: http://purl.uni-rostock.de/rosdok/ppn777426293.

[155] Nachdem Johannes Quistorp d.Ä., der Verfasser der Einträge, 1648 gestorben war, wurde dem Ehepaar Gerdes – Quistorp in Rostock noch mindestens ein Kind geboren:

S. *5 [HAUSBIBEL QUISTORP 1614/15, II. Zählung, Bl. 388ᵛ]:

[Nr. 36:] *Ich hatte meine tochter Margaretam*[156] *an seligen Samuel Bohl theologiae professorem verlobet, aber der ist mir fur der hochzeit abgestorben anno 1639 den 10. maii.*[157]

[Nr. 37 = Fortsetzung des Textes aus Eintrag Nr. 4:] *contradicente, electus sum anno 1645, 24 octobris. Superintendentis mihi officium delatum est 5. decembris anno 1645. Anno 1647 die Dionysii* [9. Oktober] *undecima vice rector academiae electus sum.*[158] [Zusatz von Hand des jüngeren Johannes Quistorp:] *Et 2. maii Dobberani apud principem*[159]*, proh dolor, mortuus est anno 1648.*

[Nr. 38:] [Nachtrag von Hand des jüngeren Johannes Quistorp:] *Quomodo filius meus Johannes Quistorpius professor et pastor Jacobus*[160] *paulatim honoris culmen conscenderit, apparet ex programmate praefixo disputationi inaugurali praeside X decano doctore Johanne Cothmanno.*[161]

Barbara Gerdes (4. August 1648 – 3. April 1655). Nachweis: VD17 28:727649M = LBMV SCHWERIN, Schmidtsche Bibliothek, Bd. 95, Nr. 151: PFUN der UNI Rostock zur Trauerfeier für Barbara Gerdes, Tochter des Martin Gerdes, am 22. April 1655. Link zum Digitalisat: http://purl.uni-rostock.de/rosdok/ppn777447142.

[156] Zu Margareta Schoff geb. Quistorp (*1622) s.o. Kap. 2.1, Einträge Nr. 7, 24–27.

[157] Samuel Bohl (1611–1639), Sohn des Paul Bohl, Rh. und Advokat in Greifenberg (Pommern), und der Anna Friedborn, wurde 1636 in Rostock von der PHIL. FAK. als *Magister legens* rezipiert, lehrte Hebräisch und übernahm 1638 die zweite *rätliche* Theologieprofessur, starb aber bereits am 10. Mai 1639: ETWAS VON GELEHRTEN ROSTOCKSCHEN SACHEN 6 (1742), 442–447; HOFMEISTER III, 1893, 106, 117; KAUFMANN 1997, 60, 112, 144, 150, 152, 156, 169, 682f, 716; KLUETING 2003, 91ff; Eintrag im CPR, URL: http://purl.uni-rostock.de/cpr/00001399; VD17 28:726193S = LBMV SCHWERIN, Schmidtsche Bibliothek, Bd. 95, Nr. 45: PFUN der UNI Rostock zur Trauerfeier für Samuel Bohl am 13. Mai 1639. Link zum Digitalisat: http://purl.uni-rostock.de/rosdok/ppn746827148.

[158] S. Anm. II 14.

[159] Hzg. Adolf Friedrich I. zu Mecklenburg-Schwerin (1588–1568).

[160] Johannes Quistorp d.J. (1624–1669) (s. Kap. 2.2) trat seine erste Professur in Rostock am 20. August 1649 an, war seit dem 9. November 1649 Archidiakon an St. Jakobi in Rostock, ab dem 24. September 1653 ebd. Pastor (= Hauptpfarrer). Den Eintrag Nr. 38, der aus der Perspektive des älteren Johannes Quistorp formuliert ist, fügte Johannes d.J. mithin erst nach dem Tod des Vaters in die Hausbibel ein.

[161] Gemeint sind das *Programma d. Cothmanni ad disputationem inauguralem m. Ioannis Quistorpii, eiusdem disputatio inauguralis de missa Pontificorum, praes. Cothmanno,*

2.1 Johannes Quistorp d.Ä. (1584–1648)

S. *6 [HAUSBIBEL QUISTORP 1614/15, Spiegel des Rückdeckels]:

[Nr. 39:] *Hoc meo Johannis Quistorpii epitaphio subiici potest 'Servivi' serio.*

[Nachfolgend beabsichtigte Johannes Quistorp, ein Gedicht mit dem Eingangs- oder Leitwort *Servivi*, das er selbst verfasst hatte, einzutragen, das er als sein Epitaph ausgewählt hatte. Der Eintrag fehlt, das Gedicht wurde jedoch von Zeitgenossen zitiert und zur Gestaltung der Trauerfeier Quistorps genutzt. Möglicherweise hatte Quistorp den Text, weil noch unfertig, allein auf einem losen Blatt in die Hausbibel eingelegt, auf dessen Basis Prof. Dr. iur. Heinrich Rahne, der amtierende Rektor der Universität Rostock, es 1648 im Anhang zum *Programma funebre* zitiert, das die Universität für den Verstorbenen publizierte:[162]

Rostock 1650 (Nachweis: KAUFMANN 1997, 686) sowie Quistorps Inauguraldisputation vom 14. Februar 1650: COTHMANN / QUISTORP 1650 (Nachweis: VD17 1:057320H; Link: https://digital.staatsbibliothek-berlin.de/werkansicht/?PPN=PPN611895773). Auszüge aus dem *Programma*, die den Ausbildungsgang des jüngeren Johannes Quistorp rekapitulieren, sind abgedruckt in: ETWAS VON GELEHRTEN ROSTOCKSCHEN SACHEN 6 (1742), 838ff. – Johann Cothmann (1595–1650) hatte an der UNI Rostock 1626–1633 die zweite, 1633–1650 die erste *hzgl.* Theologieprofessur inne, war sechsmal Rektor der UNI, mehrfach Dekan der THEOL. FAK. und Mitglied im hzgl. Konsistorium; s. KAUFMANN 1997, 96, 111f, 115, 132, 138, 142, 144, 156f, 165, 167, 171, 225, 320f, 357f, 371, 380, 675–679; Eintrag im CPR, URL: http://purl.uni-rostock.de/cpr/00001891.

[162] LBMV Schwerin, Schmidtsche Bibliothek, Bd. 96, Nr. 170: PFUN der UNI Rostock (Rektor: Heinrich Rahne) für *Prof. D. theol. Johannes Quistorp d.Ä. (1584–1648)* am 5. Mai 1648, hier Bl. 4^v. S. auch an LBMV Schwerin, Schmidtsche Bibliothek, Bd. 78, Nr. 30: LP des Johannes Corfinius, Archidiakon an St. Marien, Rostock, für *Prof. D. theol. Johannes Quistorp d.Ä.* am 5. Mai 1648 = CORFINIUS, Subitanea, [1648], [26] Bl. (s. Anm. II 186), der das *Epitaphium* im Anhang zum o.g. PFUN der UNI Rostock (Heinrich Rahne) zitiert (Bl. 30^v); außerdem WITTE 1674–1675, 676–684: *Programma In luctuosissimum obitum Viri Dn. Johannis Quistorpii, SS. Theol Doctoris Et Profess. Celeberrimi, ut et Ecclesiarum Rostochiensium Superintendentis optime meriti, Propositum a Rectore Universitatis Rostoch. Henrico Rhanen, J. Doct. Et Prof., Die V. Maii. An. M.DC.XLVIII*, hier 684; Digitalisat: http://mateo.uni-mannheim.de/camenaref/witte/witte5/s694.html. – Zu Prof. Dr. iur. Heinrich Rahne (1601–1662) s. dessen Eintrag im CPR, URL: http://purl.uni-rostock.de/cpr/00001392.

Epitaphium D. Johannis Quistorpii, ante obitum ab ipso adornari coeptum, inter scedas eius, inelaboratum tamen, repertum.

Sedulo servivi PATRIAE, TEMP<L>ISque, SCHOLISque,
Publica quaerere mi COMMODA Vita fuit.
Ossa tegat tellus, redivivum Christe beatis
Coniunges Geniis, coelica regna dabis.

Michael Lilienthal, der Verfasser der panegyrischen Schrift *De meritis Quistorpiorum in ecclesiam et rem litterariam* von 1710, fand das eigenhändige lateinische Epitaph, das Quistorp in elegischen Distichen verfasste, im Jahre 1710 noch in der Familienbibel vor, als er sie bei Prof. D. theol. Johann Nicolaus Quistorp einsah: *Inscriptionem, quae suo epitaphio subiiceretur, sibi ipsi adornare coepit, cuius initialia verba in Bibliis eius domesticis invenio sequentia: ‚Sedulo servivi Patriae, Templisque Scholisque / Publica quaerere mi commoda, vita fuit'.*[163]]

[Nr. 40:] *Meine mutter Catharina Dumraths*[164]*, Hinrich Dumraths und Anna Haleken tochter, so anno 1562 gebohren, ist anno 1647 den 3. februarii des morgens, wie es 4 schlug, im 85. jahr ihres alters in meinem hause gestorben, nachdeme ich sie 16 jahr bey mir gehabt. Habe sie ehrlich zur erden laßen bestättigen und in sanct Marienkirchen*[165] *den 5. februarii in mein grab setzen laßen. Es ist ihr ein programma vom academiae rectore d.*

---

[163] LILIENTHAL 1710, 15; zitiert bei KREY, Andenken, 1815, 44.
[164] Zu Catharina Dumrath (1562–1647), Tochter des Weißgerbers Heinrich Dumrath und der Anna Haleke, s. Anm. II 9; QUISTORP 2006, 39.
[165] Die Marienkirche in Rostock.

2.1 Johannes Quistorp d.Ä. (1584–1648)

Lutkeman[166] *gemachet, und hat magister Corfinius*[167] *ihr die leichpredigt gehalten.*[168]

© PETER ARNOLD HEUSER

Abb. 69: HAUSBIBEL QUISTORP, Spiegel des Rückdeckels (Ausschnitt):
Johannes Quistorp d.Ä., Eintrag Nr. 40: Bericht über den Tod und die Bestattung seiner Mutter Catharina Dumrath (1562–1647), Witwe Quistorp, Witwe Bojemus.

---

[166] LÜTKEMANN, Dumraths, 1647, Bl. 4ʳ erwähnt im PFUN der Universität Rostock zur Trauerfeier für die Verstorbene auch die zweite Ehe, die Catharina Dumraths, verwitwete Quistorp, mit Bernhard Bojemus, Pfr. in Wittenburg, einging, und verweist darauf, dass die Eheleute Bojemus-Dumrath mit den Lutheriden verschwägert waren, den Nachkommen Martin Luthers und der Katharina von Bora: Bernhards Bruder Nicolaus Bojemus, Pfr. in Eilenburg, war mit Katharina Luther verheiratet, einer Enkelin des Reformators Martin Luther (s. Anm. II 9). – Zu Joachim Lütkemann (1608–1655) s. LÜTKEMANN ³1908; SOMMER 1986; SOMMER, Politik, 1999, 263–285; KLAHR 1999; KLUETING 2003, bes. 85f, 91, 93–101; DEUPER 2013; DEUPER 2014; Eintrag im CPR, URL: http://purl.uni-rostock.de/cpr/00001030.

[167] Zu Johannes Corfinius (1616–1664) s. Anm. II 130.

[168] ROTH VII, 1972, 149. – Johannes Corfinius hielt 1648 auch die Leichenpredigt für Johannes Quistorp d.Ä. (1584–1648); s. LBMV Schwerin, Schmidtsche Bibliothek, Bd. 78, Nr. 30: LP des Johannes Corfinius, Archidiakon an der Rostocker Marienkirche, für Prof. D. theol. Johannes Quistorp d.Ä., Pastor an der Marienkirche und Superintendent, am 5. Mai 1648 = CORFINIUS, Subitanea, [1648], [26] Bl., 4°; im Anhang ist das *Programma exequiale magnifici rectoris universitatis Rostochiensis Henrici Rhanen I.D. et Prof.* für Quistorp abgedruckt [4] Bl., 4°. Nachweis: VD17 3:658512V. Links zum Digitalisat: http://nbn-resolving.de/urn/urn:nbn:de:gbv:3:1-23449; http://digitale.bibliothek.uni-halle.de/urn/urn:nbn:de:gbv:3:1-23449; dazu KAUFMANN 1997, 138, 451.

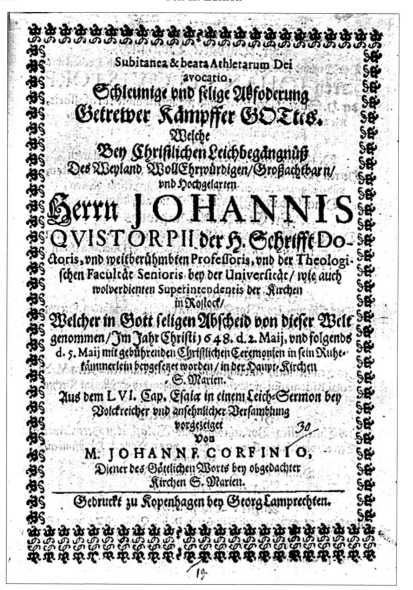

Abb. 70: Johannes Corfinius: Leichenpredigt für Johannes Quistorp d.Ä., 1648 (Titelblatt); Quelle: CORFINIUS, Subitanea, [1648], [26] Bl. (s. Anm. II 168).

2.2 Johannes Quistorp d.J. (1624–1669): Einträge Nr. 1–11

Steckbrief: *Rostock, 3. Februar 1624; †Rostock, 24. Dezember 1669, bestattet in der Rostocker Marienkirche. – Porträts: s. S. 129, Abb. 58 – Abb. 61, dazu S. 110–114, 116.
Vater: Prof. D. theol. J o h a n n e s   Q u i s t o r p d.Ä. (1584–1648), 1615–1648 *rätlicher* Theologieprofessor (*Primarius*) in Rostock (s. Kap. 2.1, Eintrag Nr. 4). – *Mutter:* B a r b a r a geb. D o m a n n (1597–1663), Tochter des Osnabrücker Juristen Stephan Domann († nach 3. April 1602) und der Adelheid Appelboom (Fürstbistum Osnabrück), Paten- und Ziehtochter des Hansesyndikus und Syndikus der Stadt Rostock Dr. iur. utr. Johannes Domann (1564–1618) (s. Kap. 2.1, Einträge Nr. 3–5). – *Ehefrau:* S o p h i a   S c h a r f f e n b e r g (1630–1691), Hochzeit am 19. Februar 1650, Tochter des Juristen und königlich dänischen Rates Dr. iur. utr. (Rostock 1614) Nikolaus Scharffenberg (1588–1651), der 1617–1626 außerordentlicher *rätlicher* Professor der Rechte in Rostock war und 1626 Ratsherr, 1631 Bürgermeister der Hansestadt wurde, sowie der Anna geb. Guhl (1599–1638) (s. Kap. 2.2, Eintrag Nr. 1 mit Anm. II 170). – *Kinder:* (*1*) J o h a n n   N i c o l a u s (1651–1715), D. theol., Theologieprofessor (*rätlich*) u. Pastor an St. Nikolai in Rostock: s. Anm. II 171; →Verfasser der Einträge in Kap. 2.3. – (*2*) T h o m a s (1652–1654): s. Kap. 2.2, Eintrag Nr. 3; Kap. 2.6, Eintrag Nr. 3. – (*3*) S t e p h a n (1654–vor 1691): s. Kap. 2.2, Eintrag Nr. 4 mit Anm. II 179. – (*4*) S o p h i a (um 1656–1743), heiratet 1687 Johann Moritz Poltz (*Poltzius*, 1638–1708), MA (Rostock 1667) und D. theol. (Rostock 1696), 1668–1708 Pastor an den Hospitalskirchen St. Georg/St. Johannes und Heilig-Geist in Rostock: s. Kap. 2.2, Eintrag Nr. 5 mit Anm. II 182. – (*5*) B e r n h a r d   B a l t h a s a r (um 1658–1724), Apotheker in Rostock und Begründer des jüngeren Rostocker Astes der Familie Quistorp, heiratet Maria Elisabeth Krück (1672–1743): s. Kap. 2.2, Eintrag Nr. 6 mit Anm. II 187, II 297. – (*6*) B a r b a r a (*†um 1660): s. Kap. 2.2, Eintrag Nr. 7 mit Anm. II 192. – (*7*) A n n a   M a r i a (1663–1664): s. Kap. 2.2, Eintrag Nr. 8 mit Anm. II 196. – (*8*) C a t h a r i n a (1665–1690), heiratet 1686 Christoph Klaprod (1654–1701), Pastor in Kessin: s. Kap. 2.2, Eintrag Nr. 9 mit Anm. II 201. – (*9*) J o h a n n e s (*†1667) (s. Kap. 2.2, Eintrag Nr. 10 mit Anm. II 206; Kap. 2.6, Eintrag Nr. 6. – (*10*) T h e o d o r (1669–1722), ab 1709 Ratsherr der Hansestadt Rostock, heiratet Helena Dorothea Tarnow: s. Kap. 2.2, Eintrag Nr. 11 mit Anm. II 211.

Ausbildung – Studium – Akademische Grade: erhält Privatunterricht, u.a. durch Johann Christoph Hauswedel (1618–1701), Dr. iur., den späteren Vizepräsidenten des mecklenburgischen Land- und Hofgerichts in Parchim. Im November 1631 Imm. UNI Rostock (Link: http://purl.uni-rostock.de/matrikel/100043420). Am 7. Juni 1641 Imm. UNI Greifswald (Link: https://digitale-bibliothek-mv.de/viewer/image/PPNmatrikel2/408/). Am 17. April 1645 Promotion zum MA an der UNI Rostock (Link: http://purl.uni-rostock.de/matrikel/400070714). 1645 Beobachter beim Thorner Religionsgespräch. Am 8. Dezember 1645 Imm. UNI Königsberg (ERLER I, 1910, 472 Nr. 26). Im Winter 1646/47 Rezeption als *Magister legens* in die Philosophische Fakultät der UNI Rostock (Link: http://purl.uni-rostock.de/matrikel/400070752). Am 1. Oktober 1647 Imm. UNI Leiden (DU RIEU 1875, Sp. 381). Am 21. September 1648 Imm. UNI Helmstedt (HILLEBRAND, Matrikel II, 1981, 60). Am 27. Februar 1649 Imm. UNI Wittenberg

(WEISSENBORN I, 1934, 468). Am 19. Februar 1650 Promotion zum D. theol. an der UNI Rostock; 25. März 1650 Rezeption in die Theologische Fakultät der UNI Rostock (Link: http://purl.uni-rostock.de/matrikel/400070795).

Ämterlaufbahn: 1649–1651 außerordentlicher Professor der Theologie (*rätlich*) an der UNI Rostock. 1651–1669 ebd. *rätlicher* Professor der Theologie (*Secundarius*) (Link: http://purl.uni-rostock.de/cpr/00001423). Viermal Rektor der UNI Rostock, 1653/54, 1659/60, 1662/63, 1669; mehrfach Dekan der Theologischen Fakultät. Am 9. Nov. 1649 Wahl zum Archidiakon an St. Jakobi, Rostock (Amtszeit: 1649–1653). Am 24. Sept. 1653 Wahl zum Pastor an St. Jakobi (Amtszeit: 1653–1669). Ablehnung mehrerer Rufe auf Superintendenturen in Delmenhorst (Graf Anton Günther zu Oldenburg; s. Anm. II 51), Parchim (Herzog Christian Ludwig zu Mecklenburg) und Neubrandenburg (Herzog Gustav Adolf zu Mecklenburg-Güstrow).

S. *7 [HAUSBIBEL QUISTORP 1614/15, Lose Blätter (wie Anm. I 9), Bl. 2ʳ unten]:

[Nr. 1:] *Anno 1650 den 19. februarii habe ich Johannes Quistorpi*[us][169] {...} *hochzeit gehalten mit jungfer Sophia Scharfenbergs*[170]. *Gott gebe* {...} *friedfertige ehe.*

---

[169] Zu Prof. D. theol. Johannes Quistorp d.J. (1624–1669) s. Anm. I 111, Kap. 2.1, Einträge Nr. 8 und 38; Kap. 2.2, passim; Kap. 2.6, Eintrag Nr. 7 (PFUN der UNI Rostock und der THEOL.FAK.; LP).

[170] Sophia Scharffenberg (1630–1691) war eine Tochter des kgl. dän. Rates Dr. iur. utr. (Rostock 1614) Nikolaus Scharffenberg (1588–1651), der 1617–1626 ao. *rätlicher* Prof. der Rechte in Rostock, ab 1626 Rh. und ab 1631 Bgm. der Hansestadt war: MÖHLMANN 1975, 50 Nr. 112 1, 144 Nr. 11 u. 115; QUISTORP 2006, 42; Eintrag im CPR, URL: http://purl.uni-rostock.de/cpr/00002620; dazu MPR, Links: http://purl.uni-rostock.de/matrikel/100020315 (1604); http://purl.uni-rostock.de/matrikel/400070194 (1614). Ihre Mutter war Anna Scharffenberg geb. Guhl oder Gule (1599–1638): MÖHLMANN 1975, 50 Nr. 112 1, 144 Nr. 11 u. 115. – Wie bei Johannes Quistorp d.Ä. (s. Anm. I 27, I 29), fielen Doktorpromotion und Hochzeit auch bei Johannes Quistorp d.J. auf dasselbe Datum; s. MPR, Link: http://purl.uni-rostock.de/matrikel/400070795; HOFMEISTER III, 1893, 159f: *Anno 1650, 19. Februarii decano et promotore D. Iohanne Cothmanno, facultatis seniore, procancellario D. Hermanno Schuckmanno, rectore academiae D. Ioachimo Stockmanno, medicinae doctore et professore, doctores theologiae creati sunt Lic. Casparus Mauritius, theologiae professor, archidiaconus Marianus, ut et M. Iohannes Quistorpius, theologiae professor, archidiaconus Iacobaeus, et 5. Martii in facultatem recepti. Quia vero actus nuptialis promotioni adiunctus, ne quid detrimenti facultas pateretur, solemnia facultatis omnibus nuptiarum solemnitatibus praemissa, quod deinceps in similibus casibus observandum.*

2.2 Johannes Quistorp d.J. (1624–1669)

[Nr. 2:] *Anno 1651 den* [*6.*] *januarii, ipso die Trium Regum* [Dreikönigstag = *Epiphanias*], *kurtz fur 11 uhr zu mittag ist m*[ein erster sohn Johann] *Nicolaus*[171] *gebohren. Gevattern sein baccalaureus Johannes Luttermannus*[172], *baccalaureus Nicolaus S*[charffenberg][173], {...} *getauffet den mittwochen darauff von herrn magistro Schwantenio*[174]. *Adsit ipsi Deus.*

[Nr. 3:] *Anno 1652, den 21. decembris, auff sanct Thomae tag, ist mein ander s*[ohn Thomas[175] geboren] *zwischen 4 und 5 uhr nachmittags. Gevattern seind gewes*[en] {...} *Bernh*[ard] *Balthasar Scharffenberg*[176] *und die schwiegermutter Engelen*[177] {...}, [don]*nersta*[g]*s darauff getauffet von herrn*

---

[171] Prof. D. theol. Johann Nicolaus Quistorp (1651–1715): Superintendent, mehrfacher UNI-Rektor und Pastor an St. Nikolai, Rostock (s. Kap. 2.3). Der Eintrag Nr. 2 nennt den *12. januarii* als seinen Geburtstag, korrigiert den Fehler aber durch den Zusatz *ipso die Trium Regum* auf den 6. Januar 1651, der auch durch das Porträtgemälde des Theologen in St. Marien als sein Geburtstag verbürgt ist (s.o. S. 111 u. 130, Abb. 62).

[172] Zu Johann Luttermann (1582–1657), Rh. und Bgm. in Rostock, s. Anm. II 42.

[173] Zu Nikolaus Scharffenberg d.J. († um 1654) s. Anm. II 66. – Mindestens ein weiterer Pate ist infolge von Papierverlust der Editionsvorlage nicht rekonstruierbar. Die Geburtsdaten und die Namen der Paten, die in den Einträgen Nr. 2–8 infolge Papier- und Textverlusts fehlen, lassen sich nicht durch kirchliche Matrikel-Einträge kompensieren. Denn die Matrikelbücher der St. Jakobikirche im AHR setzen erst zu 1679 (Taufen), 1695 (Beerdigungen) und 1699 (Trauungen) ein.

[174] Enoch Schwante d.Ä. (*Swantenius*, 1618–1674), Sohn des gleichnamigen Pfr.s zu Güstrow (1576–1624), wurde 1634 in Rostock imm., wo er 1647 MA wurde und Katharina Tarnow (1627–1675) heiratete, eine Tochter des Rostocker Theologen Johann Tarnow (1586–1629). 1662 wurde Schwante in Greifswald zum D. theol. promoviert. In Rostock hatte er 1671–1674 eine *hzgl.*, extrakonziliare Theologieprofessur inne und war ab 1646 Diakon, ab 1662 Archidiakon, dann Pfr. an St. Jakobi: HOFMEISTER III, 1893, 95, 147, 164, 219, 244; MPR, Links: http://purl.uni-rostock.de/matrikel/100046205 (1634); http://purl.uni-rostock.de/matrikel/400070749 (1646); http://purl.uni-rostock.de/matrikel/400070821 (1650); http://purl.uni-rostock.de/matrikel/400071084 (1662); Eintrag im CPR, URL: http://purl.uni-rostock.de/cpr/00002511. SCHLIE I, 1896, 94 erwähnt ein Porträtgemälde des Theologen in der Jakobikirche.

[175] Zu Thomas Quistorp (1652–1654) s. Kap. 2.6, Eintrag Nr. 3; QUISTORP 2006, 46.

[176] *Bernhardus Balthasar Scharffenberg Rostochiensis* wurde im Juli 1632 an der UNI Rostock imm.: MPR, Link: http://purl.uni-rostock.de/matrikel/100047197. Gemeint ist Bernhard Scharffenberg (um 1616/20–1660), ein Bruder der Sophia Scharffenberg (s. Anm. II 170). Er heiratete 1654 Dorothea Pritzbuer, eine Tochter des Dr. iur. Joachim Pritzbuer aus Malchin und der Anna Elisabeth Ottmann: MÖHLMANN 1975, 144 Nr. 113.

[177] Engelen [= Angela] Scharffenberg geb. Zölner, eine Tochter des Dr. iur. Conrad Zölner († 1625), Domherrn zu Lübeck (1609–1625), war nach dem Tod der Anna Scharffenberg geb. Guhl (1599–1638) die zweite Ehefrau des Rostocker Juristen und Bgm.s Dr.

magistro Schwantenio[178]. *Gott re*[giere ihn.] {...} [Nachtrag:] *Gott aber hatt ihn nach zweyen jahren, eben auff Thomae tag,* [auf den er] *wahr gebohren, sanfft und sehlig auß dieser weld abgefordert,* {...}.

[Nr. 4:] *Anno 1654, 20. novembris hatt mir Gott den drütten sohn Stephanum*[179] *gesc*[henkt] {...}, *getaufft von magistro Schwantenio*[180]. *Gevattern wahren baccalaureus Johannes Pet*[raeus][181] {...}. *Deus* {...}.

© PETER ARNOLD HEUSER

Abb. 71: HAUSBIBEL QUISTORP, Buchschließe.

iur. Nikolaus Scharffenberg (1588–1651), mithin die Stiefmutter der Sophia Quistorp geb. Scharffenberg und die Stiefschwiegermutter des jüngeren Johannes Quistorp: s. Anm. II 170; dazu MÖHLMANN 1975, 144 Nr. 11; PRANGE 2014. – Mindestens eine weitere Patenschaft ist infolge von Papierverlust der Editionsvorlage nicht überliefert.

[178] Zu Enoch Schwante d.Ä. (1618–1674, *Swantenius*) s.o. Anm. II 174.

[179] Stephan Quistorp (1654 – vor 1691) wurde 1667 an der UNI-Rostock imm. und leistete 1673 seinen Eid: HOFMEISTER III, 1893, 237, 256; dazu MPR, Links: http://purl.uni-rostock.de/matrikel/100032339 und http://purl.uni-rostock.de/matrikel/100033506.

[180] Zu Enoch Schwante d.Ä. (*Swantenius*, 1618–1674) s. Anm. II 174.

[181] Johann Petersen = Johannes Petraeus (1597–1670), ab 1618 verheiratet mit Sophia Schrader (1580–1652), ab 1654 mit Justina Merula (1597–1668), war 1633–1638 Rh., 1638–1670 Bgm. von Rostock; s. LBMV SCHWERIN, Schmidtsche Bibliothek, Bd. 98, Nr. 87: PFUN der UNI Rostock für Justina Merula am 15. September 1668; ebd., Bd. 98, Nr. 121: PFUN der UNI Rostock für Sophia Schrader am 2. April 1652. Petraeus, der sich im April 1616 in Rostock imm. (http://purl.uni-rostock.de/matrikel/100023283), publizierte 1648, zur Trauerfeier für Johannes Quistorp d.Ä., gemeinsam mit Johannes Luttermann, Nicolaus Scharffenberg, Joachim Kleinschmidt, Wolhardus Stint und Bernhard Lindemann die THRENODIAE 1648 (VD17 28:725908L). Link zum Digitalisat: http://purl.uni-rostock.de/rosdok/ppn74872950X. – 1645 zählte Bgm. Johannes Petraeus zusammen mit Johannes Quistorp d.Ä., Bgm. Johannes Luttermann und Bgm. Nicolaus Scharffenberg zu jener Gemeinschaft der Stifter, die ihre Wappenscheiben in der Kirche von Rostocker Wulfshagen (Stadt Marlow) bei Ribnitz hinterließ; s. SCHLIE I, 1896, 370. – Mindestens zwei weitere Paten sind wegen Papierverlusts nicht ermittelbar.

2.2 Johannes Quistorp d.J. (1624–1669)

S. *8 [HAUSBIBEL QUISTORP 1614/15, Lose Blätter (wie Anm. I 9), Bl. 2ᵛ unten]:

[Nr. 5:] {...} *halb zwey des nachtes hatt mir Gott mein töchterlein Sophiam*[182] *geschenket.* {...} [Gevattern] *wahren Johannes Gule*[183]*, meine schwester Barbara Riedemans*[184] *und die apotekersche Wede*[nkopfs][185]*,*

---

[182] Sophia Quistorp (um 1656–1743) heiratete 1687 den Witwer Johann Moritz Poltz (*Poltzius*, 1638–1708): QUISTORP 2006, 46; s. dazu AHR, 1.1.18.3.-Kirchenbuch St. Marien 1698–1774, 560 (Verstorbene *1743*): *D. 7. junii. Sehl. frau Sophia Quistorpen, sehl. herrn Johannis Mauritii Poltzius* [!]*, der heil. schrifft gewesenen doctoris und prediger zu St. Johannis nachgelaßene frau wittwe.* – Johann Moritz Poltz, ein Sohn des Schulrektors (Berlin, Wismar) Johann Poltz (†1645; s. WILLGEROTH 1934, 175f Nr. 81) und Enkel des Pfr.s Georg Poltz (Schlesien), hatte sich im Juni 1649 an der UNI Rostock imm., wo er 1658 seinen Eid leistete: HOFMEISTER III, 1893, 156, 200, 236, 240; IV (1904), 10f; MPR, Links: http://purl.uni-rostock.de/matrikel/100050676, http://purl.uni-rostock.de/matrikel/100028572. In Rostock wurde er 1667 zum MA, 1696 zum D. theol. promoviert und war 1668–1708 Pfr. an den Hospitalskirchen St. Georg, St. Johannis und Heilig-Geist. Als Verfasser der Mecklenburgischen Schreib-Kalender verbannte er die Astrologie aus den Kalendern; s. HAMEL 2009; HERBST 2010, 265f, 291, 293, 311; HAMEL 2011 / 2019. Seine drei Schwestern wurden Pfarrfrauen: WILLGEROTH 1934, 176.

[183] Johann Guhl oder Gule († vor 1674), Mitglied im Sechzehnmänner-Kollegium (*sedezimvir*) und Kapitän in Rostock, war ein Bruder von Anna Guhl (1599–1638), der Mutter der Sophia Quistorp geb. Scharffenberg (1631–1691; s. Anm. II 170). Er war mit Agnes Kichler verheiratet, einer Tochter des meckl. Hofrats Barthold Kichler (†1605) und der Agnes Klinge, einer Tochter des Prof. Dr. iur. utr. Bartholomäus Klinge (1535–1610) in Rostock: Zur Deszendenz s. das PFUN der UNI Rostock für die Eheleute Nikolaus Eggebrecht (1593–1665) und Margarete geb. Kichler (1603–1665), Witwe v. Johannes Kleinschmidt (1593–1638), Prof. Dr. iur. utr. in Rostock, zur Trauerfeier am 9. Mai 1665: LBMV SCHWERIN, Schmidtsche Bibliothek, Bd. 95, Nr. 110; Bd. 96, Nr. 11, Bd. 98, Nr. 163; dazu MÖHLMANN 1975, 50 Nr. 112 1 und Nr. 112 3.

[184] Zu Barbara Ridemann geb. Quistorp (1622–1660) s. Kap. 2.1, Einträge Nr. 28–33.

[185] Agnes Scharffenberg (1624–1694) heiratete 1644 den Ratsapotheker Peter Barnstorff (†1652), 1654 den Ratsapotheker (1651–1677) Georg Heinrich Weidenkopf (1619–1692): MÖHLMANN 1975, 145 Nr. 126; dazu VD17 28:729928R: PFUN der UNI Rostock zur Trauerfeier von Agneta Weidenkopf geb. Scharffenberg am 10. August 1694; UB Rostock, Sondersammlungen, LB FP Scharffenberg, Agneta 1694; Link zum Digitalisat: http://purl.uni-rostock.de/rosdok/ppn777432536. Georg Heinrich war ein Sohn des limpurgischen Rates und Geheimsekretärs Jonas Weidenkopf d.J. (um 1580–1622) und der Martha Agnes Fröschel, einer Tochter des limpurgischen Rates und Geheimsekretärs Christoph Fröschel, Enkelin des Augsburger Stadtsyndikus Dr. iur. Hieronymus Fröschel (1527–1602); s. GÖRTZ 2016, 236ff; KOHLHAAS 2019. Link: https://www.nd-gen.de/wordpress/wp-content/uploads/2019/03/Weidenkopf-FamGeschichte-Kopie.pdf.

[getauft von herr]*n magistro Theophilo G*[r]*oßgebawr*[186]. *Christus verleihe, daz es zunehme an gnaden bey Gott.*

[Nr. 6:] {...} *ante primam meridianam mihi natus est filiolus Bernhardus Balthasar*[187] *et eodem die* [baptizatus] *est. Susceptores erant doctor Soltaw*[188], *l<icentiatus> Riedeman*[189] *et doctoris Sch*[r]*öderi coniux*[190]. *Baptisma*[ta fuit a magistro Theophilo Gro]*ßgebaur*[191]. *Deus qui hunc tenerrimam infantem ex mortis faucibus eripuit, sinat* {...} [sa]*nctissimi nominis gloriam.*
[Späterer Zusatz von anderer Hand:] *Pharmacopola n*[ostrae] *civitatis.*

---

[186] Theophilus Großgebauer (1627–1661) aus Ilmenau, MA (1650), der in Rostock Hebräisch und die rabbinischen Kommentare lehrte, folgte Enoch Schwante (1618–1674; s. Anm. II 174) als Diakon an St. Jakobi nach: s. HOFMEISTER III, 1893, 164; dazu MPR, Link: http://purl.uni-rostock.de/matrikel/400070818; STROM, Grossgebauer, 1995, 107ff; KAUFMANN 1997, 21, 116f, 196, 226f, 230, 247, 249f, 361, 450, 459, 465–468, 506, 549f, 554; STROM 1999, 195–221; WALLMANN, Großgebauer, 2000.

[187] Bernhard Balthasar Quistorp (um 1658–1724), Apotheker in Rostock und Begründer des jüngeren Rostocker Astes der Familie Quistorp, erhielt 1692 eine städtische Lizenz, in Rostock zusätzlich zur Ratsapotheke eine zweite Apotheke zu errichten: QUISTORP 2006, 46, 359. Er war mit Maria Elisabeth Krück (1672–1743) verheiratet (s. Anm. II 297, II 337) und wurde am 28. April 1724 in der Rostocker Marienkirche bestattet: s. AHR, 1.1.18.3.-Kirchenbuch St. Marien 1698–1774, 547.

[188] Bernhard Soltau oder *Soltovius* (1592-1667) aus Schleswig, Sohn eines Sekretärs der Hzge. von Schleswig-Holstein-Gottorf, hatte sich 1609 an der UNI Rostock imm., wurde am 12. Juni 1623 zusammen mit Antonius Woltreich (s. Anm. II 101) zum Dr. iur. promoviert, wurde Rat der Hzge. von Schleswig-Holstein und Syndikus des Domkapitels Schleswig: HOFMEISTER II, 1891, 295; III, 1893, 54; MPR, Links: http://purl.uni-rostock.de/matrikel/100021401 und http://purl.uni-rostock.de/matrikel/400070346.

[189] Zu Lic. theol. Nicolaus Ridemann MA (1610–1662) aus Kiel s. Anm. II 106.

[190] Dorothea Bacmeister (1610–1679), eine Tochter des Mediziners Matthäus Bacmeister (1580–1626) und Enkelin des Rostocker Theologieprof.s Lucas Bacmeister d.Ä. (1530–1608), war in erster Ehe mit Conrad Huswedell (1594–1635) verheiratet, dem Pastor an St. Georg in Rostock; vgl. WILLGEROTH III, 1925, 1457f; SEHLKE 2011, 237f. In zweiter Ehe heiratete sie dessen Nachfolger D. theol. Joachim Schröder (1613–1677), Pastor an St. Georg und Johannis in Rostock. Zum publizistischen Kampf, den Schröder gegen die Aufführung unzensierter heidnischer Komödien (Plautus, Terenz) in luth. Schulen führte, s. KREY, Schröder, 1821; KRAUSE, Schröder, 1891; KAUFMANN 1997, 21, 194, 226, 231, 294, 301, 305ff, 308, 315, 359, 377, 380, 438, 441, 448, 456, 495, 501, 503f, 539; STROM 1999, 169–179. Sein Schwiegersohn und Nachfolger Johann Moritz Poltz, verheiratet mit Sophia Schröder (1647–1685), heiratete 1687 in zweiter Ehe Sophia Quistorp (um 1656–1743) (s. Anm. II 182).

[191] Theophilus Großgebauer (1627–1661), Diakon an St. Jakobi, Rostock: s. Anm. II 186.

2.2 Johannes Quistorp d.J. (1624–1669)

[Nr. 7:] {...}*anam nata est mihi puerula tenerrima Barbara*[192]*, quae mox baptizata a magistro Swantenio*[193]*,* {...} [suscep]*torum Jacobi cum sponsa* [Margareta] *Schoffs*[194] *et Engelam Wegeners*[195]*. Verum coram Christi* {...} *cito maturescentis mercuit* [!].

[Nr. 8:] {...}*tis uxor peperit filiolam Annam Mariam*[196]*, quae baptizata abs domino Michaeli Lauren*[tio[197],] {...} [E]*nochum Swantenium*[198]*, doctoris Lemkens coniugem*[199] *et sororem Mariam magistri Falcken*[200] [coniugem]. {...} *istam.*

---

[192] Barbara Quistorp (*†um 1660) starb bereits kurz nach ihrer Taufe (*mox baptizata*).

[193] Zu Enoch Schwante d.Ä. (*Swantenius*, 1618–1674) s. Anm. II 174.

[194] Der Eintrag lautet irrtümlich auf *Barbara Schoffs*. Ratssekretär Jakob Schoff (1615–1666) war mit Margaretha geb. Quistorp (1622 – mind. 13. Juli 1666) verheiratet, nicht mit deren Zwillingsschwester Barbara (s. Kap. 2.1, Einträge Nr. 7, 24–27).

[195] Engel (= Angela) Wegener geb. Quistorp (1635 – nach 1682), eine Schwester des Kindsvaters: s. Kap. 2.1, Eintrag Nr. 14; QUISTORP 2006, 46.

[196] Anna Maria Quistorp, *22. Juni 1663, †2. Januar 1664: QUISTORP 2006, 46. Nachweis: VD17 28:729593B = LBMV SCHWERIN, Schmidtsche Bibliothek, Bd. 98, Nr. 103: PFUN der UNI Rostock für Anna Maria Quistorp zur Trauerfeier am 5. Januar 1664. Link zum Digitalisat: http://purl.uni-rostock.de/rosdok/ppn776779990.

[197] Michael Laurenz (*Lafrens*, 1631–1668) aus Rostock, Diakon an St. Jakobi, Rostock, wurde 1641 an der UNI Rostock imm.: HOFMEISTER III, 1893, 123. Nachweis: VD17 28:728700B = LBMV SCHWERIN, Schmidtsche Bibliothek, Bd. 96, Nr. 50: PFUN der UNI Rostock für Michael Laurenz, Diakon an St. Jakobi, zur Trauerfeier am 6. April 1668. Link zum Digitalisat: http://purl.uni-rostock.de/rosdok/ppn771917724.

[198] Zu Enoch Schwante d.Ä. (*Swantenius*, 1618–1674) s. Anm. II 174.

[199] Elisabeth Schnitler (1627–1716), eine Tochter des Seidenhändlers Johann Schnitler und der Elisabeth Güsebier. Nachweis: VD18 90378032 = LBMV SCHWERIN, Schmidtsche Bibliothek, Bd. 96, Nr. 65; Bd. 98, Nr. 119: PFUN der UNI Rostock für Elisabeth Lembke geb. Schnitler zur Trauerfeier am 5. November 1716; Link zum Digitalisat: http://purl.uni-rostock.de/rosdok/ppn774549645. – Elisabeth heiratete am 21. Juli 1647 Dr. iur. (Rostock 1653) Hermann Lembke (1619–1674), der 1654–1674 *rätlicher* Prof. (Codex) an der UNI Rostock war, mehrfach Dekan der JUR. FAK. und Rektor der UNI, ab 1659 Ratssyndikus in Rostock: HOFMEISTER III, 1893, 80, 119, 132, 139, 147f, 152, 156, 160f, 169, 171, 176f, 182, 197f, 204, 207, 222, 231, 233, 240, 244, 249; Eintrag im CPR, URL: http://purl.uni-rostock.de/cpr/00001429.

[200] Maria Quistorp (1632 – nach 15. Nov. 1684) heiratete nach 1648 Michael Falck (1622–1676) aus Danzig, Pastor an der Katharinenkirche u. Prof. der Theologie in Danzig: QUISTORP 2006, 47; dazu Kap. 2.1, Eintrag Nr. 13 mit Anm. II 58.

Ebd. [HAUSBIBEL QUISTORP 1614/15, Lose Blätter (wie Anm. I 9), Bl. 2ᵛ [Mitte]:

[Nr. 9:] *Anno 1665, 28. novembris ist meine tochter Catharina*[201] *gebohren, so doctor Sv<antenius>*[202] *getauffet. Gevattern seind doctor Lindemansche*[203]*, frau Kleinschmedische*[204] *und Martinus Gerdes*[205]*. Gott sey ihr gnädich.*

---

[201] Catharina Quistorp (1665–1690) heiratete am 5. Mai 1686 Christoph Klaprod (1654–1701), Pfr. in Kessin, Sohn des Pfr.s Heinrich Luther Klaprod: QUISTORP 2006, 46; dazu Kap. 2.6, Eintrag Nr. 9 (PFUN der UNI Rostock für Catharina Klaprod zur Trauerfeier am 29. Oktober 1690). Zur Trauerfeier publizierte der Verwandtschaftskreis mehrere Klag- und Trostschriften: s. VD17 28:729584C (Digitalisat: http://purl.uni-rostock.de/rosdok/ppn777388278), VD17 28:729583V (Digitalisat: http://purl.uni-rostock.de/rosdok/ppn777388049), VD17 28:729582N (Digitalisat: http://purl.uni-rostock.de/rosdok/ppn777387956). Christoph Klaprod heiratete 1680 Dorothea Gertrud Becker (1664–1685), am 30. Juli 1691 Margaretha Elisabeth König (AHR, 1.1.18.3.-Kirchenbuch Heilig-Geist 1686–1823, Hospitalkirche, 2), eine Tochter v. Prof. D. theol. Johann Friedrich König (1619–1664), am 23. Juli 1697 Hedwig Christine Eitzing.

[202] Zu Enoch Schwante d.Ä. (*Swantenius*, 1618–1674), s. Anm. II 174.

[203] Catharina Lindemann geb. Quistorp (1619–1684), Witwe des Prof. D. theol. Thomas Lindemann (1609–1654; s. Anm. II 32): Kap. 2.1, Einträge Nr. 6, 15–23 mit Anm. II 28.

[204] Gemeint ist wahrscheinlich eine der Töchter des Rostocker Bgm.s Joachim Kleinschmidt (1598–1652) aus dessen erster Ehe mit Wendula Korff (1602–1638): I. Anna Kleinschmidt (1627–1667), die 1647 den Rostocker Brauer Jakob Knesebeck heiratete; s. LBMV SCHWERIN, Schmidtsche Bibliothek, Bd. 96, Nr. 19: PFUN der UNI Rostock für Anna Kleinschmidt zur Trauerfeier am 28. Januar 1667. Link zum Digitalisat: http://purl.uni-rostock.de/rosdok/ppn771554966. – II. Wendula Kleinschmidt (1629–1690). Nachweis: VD17 28:728534R = LBMV SCHWERIN, Schmidtsche Bibliothek, Bd. 98, Nr. 67: PFUN der UNI Rostock für Wendula Kleinschmidt, die Witwe des Rostocker Stadtsekretärs Tobias Romberg, zur Trauerfeier am 1. April 1690. Link zum Digitalisat: http://purl.uni-rostock.de/rosdok/ppn771555083. – III. Margarethe Kleinschmidt (1632–1676), die 1659 Georg Niehenck (1628–1714) heiratete, den Rektor der Großen Stadtschule und Pastor der Marienkirche in Rostock. Nachweis: VD17 28:728533H = LBMV SCHWERIN, Schmidtsche Bibliothek, Bd. 96, Nr. 18: PFUN der UNI Rostock für Margarethe Kleinschmidt zur Trauerfeier am 30. Juni 1676; Link zum Digitalisat: http://purl.uni-rostock.de/rosdok/ppn771555199. – Katharina Kleinschmidt (1635–1713), 1675–1713 Stiftsdame im Kloster zum Hl. Kreuz in Rostock; s. LBMV SCHWERIN, Schmidtsche Bibliothek, Bd. 98, Nr. 68: PFUN der UNI Rostock für Katharina Kleinschmidt zur Trauerfeier am 6. April 1713 (s. Kap. 2.6, Eintrag Nr. 36). Link zum Digitalisat: http://purl.uni-rostock.de/rosdok/ppn766432939.

[205] Zu Martin Gerdes (1619–1666) s. Anm. II 138.

2.2 Johannes Quistorp d.J. (1624–1669)

[Nr. 10:] *Anno 1667, 24. april, ist mir Johannes*[206] *gebohren, so doctor Sv<antenius>*[207] *getauffet. Paten wahren doctor Varenius*[208]*, herr Laurent[i]us*[209] *und Schärlersche*[210]*. Er ist aber doch wieder bey Gott.*

[Nr. 11:] *Anno 1669 den 15. aprilis media nocte ist mir Theodorus*[211] *gebohren, den doctor Sv<antenius>*[212] *getauffet. Patrini fuere burgermeister Suter*[213]*, loco Joachimi Wegeners*[214] *absentis sein bruder*[215]*, und herrn*

---

[206] Zu Johannes Quistorp, geboren am 24. April 1667, gestorben am 19. Juni 1667, s. Kap. 2.6, Eintrag Nr. 6; dazu QUISTORP 2006, 46.

[207] Zu Enoch Schwante d.Ä. (*Swantenius*, 1618–1674) s. Anm. II 174.

[208] August Varenius d.Ä. (1620–1684), Sohn eines Pfr.s aus Hitzacker, MA (Rostock 1643) und D. theol. (Rostock 1650), war 1644–1663 *hzgl*. Prof. für Hebräisch und Katechese, 1663–1684 *hzgl*. Prof. theol. in Rostock (*Secundarius*) und Mitglied im hzgl. Konsistorium. Er war wiederholt Dekan der THEOL. FAK. und Rektor der UNI Rostock: HOFMEISTER III, 1893, passim; KAUFMANN 1997, 268, 358, 404f; Eintrag im CPR, URL: http://purl.uni-rostock.de/cpr/00001405.

[209] Zu Michael Laurenz (*Lafrens*, 1631–1668) aus Rostock, Diakon an der Jakobikirche, s. Anm. II 197.

[210] Nicht identifiziert. Gemeint ist wohl eine Angehörige des Rostocker Krämers Vicke Schorler (1560–1625), des Verfassers der Rostocker Chronik 1584–1625 und Schöpfers einer Rostocker Städteansicht 1578–1586: KAUFMANN 1997, 414; SCHORLER 2000.

[211] Theodor Quistorp (1669–1722) wurde nach Studien in Rostock 1709 ebd. Rh. und übernahm Ratsämter, u.a. 1709–1716 als Münzherr, dann als Vorsitzender des Gewette-Gerichts. Nachweis: s. Kap. 2.6, Eintrag Nr. 16; dazu EVERS I, 1798, 325. Er heiratete nach 1705 Helena Dorothea Tarnow, die nach 1767 starb (QUISTORP 2006, 46), aus der ‚Universitätsfamilie' Tarnow, aus der die beiden Rostocker Prof.en der Theologie Johann (†1629) und Paul Tarnow (†1633) stammten. – Zur Ehe zwischen Ursula Catharina Lindemann (1636–1677) und Johann Johannsen Tarnow (1624–1661), Pfr. in Kopenhagen, einem Sohn von Prof. D. theol. Johannes Tarnow (1586–1629) in Rostock, s. Anm. II 65.

[212] Zu Enoch Schwante d.Ä. (*Swantenius*, 1618–1674) s. Anm. II 174.

[213] Theodor Süter oder Suter (1620–1673), Sohn des Advokaten Christian Süter in Wolgast und der Anna Klepel, war 1651–1661 Rh., 1661–1673 Bgm. der Hansestadt Rostock. Nachweis: VD17 28:730585Z = LBMV Schwerin, Schmidtsche Bibliothek, Bd. 97, Nr. 107: PFUN der UNI Rostock für Bgm. Theodor Süter zur Trauerfeier am 29. Oktober 1673. Link zum Digitalisat: http://purl.uni-rostock.de/rosdok/ppn776804901.

[214] Gemeint ist der Rostocker Kaufmann Joachim Wegener (Wagener, Wagner, Wegner), Ehemann der Engel Quistorp (1635 – nach 1682): s. Anm. II 62, II 195.

[215] Nicht identifiziert. Gemeint ist möglicherweise Dr. iur. utr. Johann Wegener d.J. (nach 1607–1663), Fiskal am meckl. Land- und Hofgericht, Sohn des Rostocker Rh.en Johann Wegener d.Ä. (†1653) und der Gertrud Dethloff (1585–1656), seit 1641 verheiratet mit Dorothea Stephani (1622–1663). Nachweis: VD17 28:726658F = LBMV Schwerin, Schmidtsche Bibliothek, Bd. 95 Nr. 89 (PFUN der UNI Rostock für Gertrud Wegener

Leschen frawe[216]. *Der herr sey mitt ihm.* [Späterer Zusatz von anderer Hand:] *Senator factus est anno 1709. †172*[2].[217]

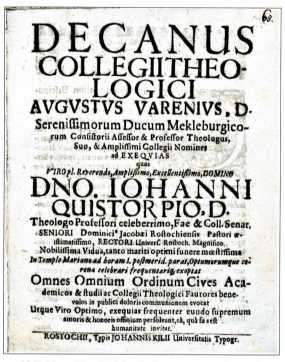

© UB ROSTOCK, LB FP Quistorp, Johann 1670/a (http://purl.uni-rostock.de/rosdok/ppn776780824/phys_0005).

Abb. 72: Funeralprogramm (Titelseite) des Dekans der Theologischen Fakultät Rostock Augustus Varenius zur Beisetzung des jüngeren Johannes Quistorp am 4. Januar 1670 im Familiengrab in der Rostocker Marienkirche (s. Kap. 2.6, Nr. 7a).

---

geb. Dethloff zur Trauerfeier am 10. Februar 1656); Bd. 97, Nr. 99 und Nr. 157. Link zum Digitalisat: http://purl.uni-rostock.de/rosdok/ppn77744075X.

[216] Nicht identifiziert. Wahrscheinlich besteht Personengleichheit mit der in Anm. II 255 genannten Patin. Gemeint ist die Ehefrau des Notars und Kämmerei-Sekretärs Daniel Lesch (Lebensdaten unbekannt); zur Person s. Mecklenburgisches Urkundenbuch, Bd. 25, A., Nachträge / Reihe 1, 1166-1400, Schwerin 1936, 37, 109.

[217] Der Nachtrag *†1724*, ist auf *†1722* zu emendieren: S. Anm. II 211, dazu den Eintrag im Matrikelbuch von St. Marien in Rostock 1698–1774, 544 (*Verstorbene 1722*): *H. Theodorus Quistorp, rathsverwandter, beerdiget den 7. decembris.*

2.3 Johann Nicolaus Quistorp (1651–1715): Einträge Nr. 1–19

Steckbrief: *Rostock, 6. Januar 1651; †Rostock, 9. August 1715, bestattet in der Nikolaikirche in Rostock.[218] – Porträt: s. S. 130, Abb. 62, dazu S. 111, 114.

Vater: Prof. D. theol. J o h a n n e s   Q u i s t o r p d.J. (1624–1669), 1651–1669 *rätlicher* Theologieprofessor (*Secundarius*) in Rostock (s. Kap. 2.2). – *Mutter:* S o p h i a geb. S c h a r f f e n b e r g (1630–1691), Tochter des Juristen und königlich dänischen Rates Dr. iur. utr. (Rostock 1614) Nikolaus Scharffenberg (1588–1651), der 1617–1626 außerordentlicher *rätlicher* Professor der Rechte in Rostock, ab 1626 Ratsherr, ab 1631 Bürgermeister der Hansestadt Rostock war, sowie der Anna geb. Guhl (1599–1638). – *Ehefrau I:* M a r g a r e t h a   E l i s a b e t h   B e r c k o w (1656–1692), Hochzeit am 14. Februar 1677, Tochter des Juristen Daniel Berckow (1620–1679), Protonotar am herzoglich mecklenburgischen Land- und Hofgericht, dann Sekretär der Hansestadt Rostock, und der Rostocker Ratsherrentochter Catharina geb. Hagemeister (s. Kap. 2.3, Einträge Nr. 2, 12 mit Anm. II 221). – *Kinder aus erster Ehe:* (*1*) S o p h i a   C a t h a r i n a (1677–1678): s. Kap. 2.3, Eintrag Nr. 3). – (*2*) J o h a n n   D a n i e l (1679–1683): s. Kap. 2.3, Eintrag Nr. 4. – (*3*) C a t h a r i n a   S o p h i a (1680–1706), heiratet 1700 den Rostocker Theologen Prof. D. theol. Zacharias Grape d.J. (1671–1713): s. Kap. 2.3, Einträge Nr. 5, 13 mit Anm. II 234, II 281; Kap. 2.6, Eintrag Nr. 13. – (*4*) B a r b a r a   M a r g a r e t h a (1682–1709), heiratet 1707 Walther Stein (1668–1739), Kaufmann und Vorsteher der Nikolaikirche in Rostock, 1724–1739 Ratsherr der Stadt Rostock: s. Kap. 2.3, Einträge Nr. 6, 14 mit Anm. II 241, II 249. – (*5*) J o h a n n   N i c o l a u s (1684–1743), MA, bleibt unverheiratet: s. Kap. 2.3, Eintrag Nr. 7 mit Anm. II 251. – (*6*) D a n i e l (*†1687): s. Kap. 2.3, Eintrag Nr. 8. – (*7*) G e o r g   D a n i e l (1688–1690): s. Kap. 2.3, Eintrag Nr. 9. – (*8*) L o r e n z   G o t t f r i e d (1691–1743), Kaufmann, ab 1733 Ratsherr der Hansestadt Rostock: s. Kap. 2.3, Eintrag Nr. 10; →Verfasser der Einträge in Kap. 2.4. – (*9*) N . N .   (*†1692): s. Kap. 2.3, Eintrag Nr. 11. – (*10*) N . N . (*†1692): s. Kap. 2.3, Eintrag Nr. 11. – *Ehefrau II:* A n n a   C h r i s t i n a   (v o n)   L e n t e (1669–1753), Hochzeit am 7. Februar 1695, Tochter des Juristen und königlich dänischen Rates Johann Hugo (von) Lente (1640–1718), Erbherr auf Fresenburg und Sarlhausen, Vizekanzler der Dänischen Kanzlei in Glückstadt, dann Kanzler der Herzogtümer Schleswig und Holstein, und seiner ersten Ehefrau Anna Kohlblatt († vor 1674): s. Kap. 2.3, Eintrag Nr. 15 mit Anm. II 287. – *Kinder aus zweiter Ehe:* (*1*) A n n a   C h r i s t i n a (1695–1743), heiratet 1723 Christian Theophil Schwollmann (1697–1766) aus Lippstadt, ab 1723 Diakon in Segeberg/Holstein, 1728 Compastor in Friedrichsberg, 1731 Pastor ebd. und Schlossprediger in Gottorf, 1731 Konsistorialrat in Schleswig: s. Kap. 2.3, Eintrag Nr. 16 mit Anm. II 288. – (*2*) H u g o (1697–1701): s.

---

[218] Zu Prof. D. theol. Johann Nicolaus Quistorp (1651–1715) s. Kap. 2.2, Eintrag Nr. 2; Kap. 2.3, passim; Kap. 2.6, Einträge Nr. 11 u. 15.

Kap. 2.3, Eintrag Nr. 17. – *(3)* H u g o T h e o d o r (1702–1732): s. Kap. 2.3, Eintrag Nr. 18. – *(4)* J o h a n n Z a c h a r i a s (1704–1711): s. Kap. 2.3, Eintrag Nr. 19.

Ausbildung – Studium – Akademische Grade: Gymnasium in Güstrow. April 1660 Imm. UNI Rostock (Link: http://purl.uni-rostock.de/matrikel/100029252). Imm. UNI Greifswald, 26. Mai 1668 (https://digitale-bibliothek-mv.de/viewer/image/PPNmatrikel2/714/: *Johannes Nicolaus Quistorpius, s. theol. studiosus* [...], *gratis ob merita parentum*). Imm. UNI Königsberg am 18. Sept. 1672 (ERLER II, 1911/12, 73 Nr. 146). Am 12. Mai 1681 Promotion zum Lic. theol., UNI Greifswald (Dekanatsbuch Theologische Fakultät, S. 105, Disputation *De sanctissima et omni tempore sufficientissima Christi satisfactione* (https://digitale-bibliothek-mv.de/viewer/image/PPNdektheofak/61/LOG_0022/). Am 7. Okt. 1686 Promotion zum D. theol. an der UNI Rostock (Link: http://purl.uni-rostock.de/matrikel/400071438); Rezeption in die Theologische Fakultät der UNI Rostock am 7. April 1693 (Link: http://purl.uni-rostock.de/matrikel/400071438).

Ämterlaufbahn: 2. Juni 1676 Ordination; 1676–1684 Diakon an der Rostocker Nikolaikirche; 1684–1715 Pastor an der Rostocker Nikolaikirche; 1693–1715 *rätlicher* Theologieprofessor *(Secundarius)* in Rostock (Link: http://purl.uni-rostock.de/cpr/00002540); sechsmal Rektor der UNI Rostock: 1693/94, 1697/98, 1700/01, 1703/04, 1709/10, 1713/14; mehrfach Dekan der Theologischen Fakultät; ab 1697 Direktor des Rostocker Geistlichen Ministeriums; 1703–1715 Stadtsuperintendent von Rostock.

S. *9 [HAUSBIBEL QUISTORP 1614/15, I. Zählung, Vorspann, Bl. a I^v (= Titelseite verso)]:

[Nr. 1:] *Anno 1676 die Mar*<tis> {...}[219] *2. an der fasten bienn erwehlt zum diaconus an S. Nicolai, ordienierett 2. junii,* {...} [in Greifswald promo]*vierett licentiatus theologiae den 12. maii anno* [16]*82. Pastor confectus* [an St. Nikolai den] *14. octobris anno* [16]*8*<4>, *introductus den 25. novembris, doctor theologiae anno* [16]*86 den 7. octobris, professor den 20. aprilis anno 1693, primo rector anno* [1693[220], Direktor des Geistlichen Ministeriums 1697, zum Superintendenten gewählt] *anno 1703 den 7. aprilis.*

[Nr. 2:] *Anno 1677 den 14. februarii habe hochzeits gehalten mitt jungfer Margaretha Elisabett Berkowen*[221]. *Gott gönne uns eine gesegnete friedfertiege ehe. Illa nata est anno 1656 den 27. october.*

---

[219] Eintrag Nr. 1 weist erheblichen Papier- und Textverlust auf.

[220] Johann Nicolaus Quistorp (s. Anm. I 113, II 218) war sechsmal Rektor der UNI Rostock: 1693/94, 1697/98, 1700/71, 1703/04, 1709/10, 1713/14.

[221] Margaretha Elisabeth Quistorp, geb. Berckow (1656–1692), war eine Tochter v. Daniel Berckow (1620–1670) aus Schwerin, der in Rostock Protonotar beim meckl. Land- u. Hofgericht, dann Stadtsekretär war, und Catharina geb. Hagemeister (1655–1700),

2.3 Johann Nicolaus Quistorp (1651–1715)

[Nr. 3:] *Anno [16]77 die Stephani den 26. december hatt mihr Gott beschert ein j. tochter Sophiam Catharinam*[222] *des abens umb* {...}. *Gott lasse sie erwachsen zu seinen ehren. Gevattern waren die beyde mütter*[223] *und Lorenz Hagemeister*[224]. *Ist getaufft sequenti die von magistro Romberto Sandhagen*[225]. *Anno 16]78 dominica Septuagesima* [= 27. Januar 1678 *alten Stils*] *den 27. januarii des abens umb 1/2 fünff sälig im Herrn entschlaffen.*

[Nr. 4:] *Anno [16]79 den 9. februarii, war der 5. sontag nach Epiphanias, ist mir geborn mein söhnlein Johann Daniel*[226]. *Gott lasse ein tuchtiegen mann von ihm werden. Ist getaufft sequenti die von magistro Sandhaggi*[227].

---

einer Tochter des Rostocker Rh.en Georg d.Ä. Hagemeister (†1645) und der Margarethe geb. Beselin (1587–1660): s. Kap. 2.3, Einträge Nr. 2 u. 12; Kap. 2.6, Eintrag Nr. 11; dazu VD17 28:726101T = LBMV SCHWERIN, Schmidtsche Bibliothek, Bd. 95, Nr. 30: PFUN der UNI Rostock für Daniel Berckow zur Trauerfeier am 7. Februar 1670; Link zum Digitalisat: http://purl.uni-rostock.de/rosdok/ppn746840306; MPR, Link: http://purl.uni-rostock.de/matrikel/100048236; MÖHLMANN 1975, 6 Nr. 122 165.

[222] Sophia Catharina Quistorp (26. Dezember 1677 – 27. Januar 1678). Der Tag des Erzmärtyrers Stephan am 26. Dezember, dem zweiten Weihnachtstag, wurde auch in der luth. Kirche Mecklenburgs begangen.

[223] Sophia Quistorp geb. Scharffenberg (s. Anm. II 170); Catharina Berckow geb. Hagemeister (s. Anm. II 221).

[224] Lorenz Hagemeister war ein Bruder der Catharina Berckow geb. Hagemeister (s. Anm. II 221), mithin ein Onkel der Kindsmutter Margaretha Elisabeth Berckow (s. Anm. II 221). Er ist vermutlich identisch mit Johannes Laurentius Hagemeister, der sich im Mai 1635 in Rostock imm.; MPR, Link: http://purl.uni-rostock.de/matrikel/100047019.

[225] Rembert Sandhagen (1611–1683) aus Borgholzhausen, Sohn des Pastors Paul Sandhagen (1580–1668) und der Anna Wolters, wurde im September 1633 an der UNI Rostock imm. (MPR, Link: http://purl.uni-rostock.de/matrikel/100044942) und dort am 11. Mai 1637 zum MA promoviert (http://purl.uni-rostock.de/matrikel/400070550). Ab 1636 war er Diakon an der Nikolaikirche Rostock; ab 1664 Pastor ebd., Senior u. Direktor des geistlichen Ministeriums. Nachweis: VD17 1:046611T = LBMV SCHWERIN, Schmidtsche Bibliothek, Bd. 98, Nr. 211 (PFUN der UNI Rostock für Sandhagen zur Trauerfeier am 9. Okt. 1683, http://resolver.staatsbibliothek-berlin.de/SBB00014D2000000000). Zum Porträt Sandhagens in der Nikolaikirche s. SCHLIE I, 1896, 167.

[226] Johann Daniel Quistorp (1679–1683): s. Kap. 2.6, Eintrag Nr. 8; QUISTORP 2006, 75.

[227] Zu Rembert Sandhagen (1611–1683), Pastor an St. Nikolai in Rostock, s. Anm. II 225. – Die Taufmatrikel (AHR, 1.1.18.3.-Kirchenbuch St. Nikolai – Taufen Juni 1662 – Dez 1753, 136) notiert: *Anno 1679* [am 10. Februar] *had h. Quistorff dauffen lasen ein sohn mitt nahm Johan Daniell, der gevaddern sint gewessen m. Bekker, docktter Gutzmer, m. Barglei sein haußfraw, m. Sandthagen had gedaufft.* Die Taufmatrikel von St. Nikolai wurde in der zweiten Hälfte des 17. Jahrhunderts vom Küster der Nikolaikirche geführt und weist eine gewöhnungsbedürftige Orthografie auf.

Gevattern waren magister Becker[228] *pro tempore magnificus rector, doctor Gutzmer*[229]*, magistri Barchlaeii eheliebste*[230]*. Absentes: Mons‹ieur› Lorentz Be*[rchow]*[231] meiner liebsten*[232] *bruder, et doctor Liendemansche*[233]*. Deus eum protegat. Obiit 19. februarii s. Domini Christi anno 1683.*

---

[228] Hermann Becker d.Ä. (1632–1681) aus Rostock, der 1655 in Rostock zum MA promoviert wurde, war neunmal Dekan der PHIL. FAK. (1665/66, 1667/68, 1669/70, 1670/71, 1671/72, 1673/74, 1675/76, 1678/79, 1680/81) und zweimal Rektor der UNI Rostock (1671/72, 1678/79). 1661–1671 hatte er eine *rätliche* Professur für Physik und Metaphysik inne, 1671–1681 eine *rätliche* Professur für Niedere Mathematik. Ab 1669 war er zudem Pastor an St. Jakobi in Rostock. Eintrag im CPR, URL: http://purl.uni-rostock.de/cpr/00001294.

[229] Dr. iur. Johann Georg (von) Gutzmer (um 1645–1716), ein Sohn des Dr. iur. Simon Johannes Gutzmer (1608–1674) aus Sternberg in Mecklenburg (s. Anm. II 110) und der Anna Regina Hagemeister (1623–1666), einer Schwester der Catharina Berckow geb. Hagemeister (s. Anm. II 221), wurde am 5. November 1673 in Rostock zum Dr. iur. promoviert (MPR, Link: http://purl.uni-rostock.de/matrikel/400071248) und heiratete Agnes Sophia Willebrand (AMSEL 1673), eine Tochter des Prof.s Dr. iur. utr. Albert Willebrand d.Ä. (1608–1681) und der Elisabeth geb. Cothmann (1622–1662). 1680–1693 war Gutzmer Justizrat in der Schweriner Justizkanzlei und Mecklenburg-Strelitz'scher Hofrat in Güstrow, 1700–1716 Syndikus der Hansestadt Lübeck. 1712 erhielt er den erblichen Reichsadel mit dem Prädikat „von Gusmann". Nachweise: VD17 28:727778D = LBMV SCHWERIN, Schmidtsche Bibliothek, Bd. 95, Nr. 178 (PFUN der UNI Rostock für Dr. iur. Simon Johann Gutzmer zur Trauerfeier am 22. Januar 1674); Link zum Digitalisat: http://purl.uni-rostock.de/rosdok/ppn777525836; WINKLER 1926; BRUNS 1938, 112; MÖHLMANN 1975, 6 Nr. 122 163. Er und sein Bruder, der Advokat Caspar Heinrich Gutzmer (s. Anm. II 257), waren Cousins des luth. Dompropsts von Ratzeburg Laurentius Gutzmer (1636–1703). Dieser wiederum war ein Sohn des Schweriner Dompredigers Michael Gutzmer (1607–1648) und Enkel des gleichnamigen Pastors in Sternberg. Zur Familie s. HUECK / EHRENKROOK, Adelige Häuser B, Bd. 22, 1998, 152f.

[230] Anna Elisabeth Barclay geb. Hein (†1693) war eine Tochter von Heinrich Hein (*Heinius*), Sekretär der JUR. FAK., Ökonom des Kollegiums der *hzgl.* Prof.en in Rostock, und der Margarethe geb. Hagemeister, einer Schwester der Catharina Berckow geb. Hagemeister (s. Anm. II 221): MÖHLMANN 1975, 6 Nr. 122 161, 57. Ihr Ehemann Ludwig Barclay MA (Barchley, 1638–1687), ein Sohn des Peter Barclay de Tolly (um 1600–1660) und der Angela von Vöhrden, entstammte einer schottischen Adelsfamilie, deren baltischer Zweig 1815 in den russischen Fürstenstand erhoben wurde, und war seit 1667 Diakon, 1670–1687 Archidiakon an der Rostocker Marienkirche. Nachweis: LBMV SCHWERIN, Schmidtsche Bibliothek, Bd. 95, Nr. 21: PFUN der UNI Rostock für Henning Ludwig Barclay (*†1664), zur Trauerfeier am 7. Februar 1664; Link zum Digitalisat: http://purl.uni-rostock.de/rosdok/ppn746826265; WILLGEROTH III, 1925, 1422.

[231] Lorenz Berckow, ein Bruder der Margaretha Elisabeth Quistorp geb. Berckow (1656–1692; s. Anm. II 221), wurde im Dezember 1667 an der UNI Rostock imm.; Eintrag im MPR, Link: http://purl.uni-rostock.de/matrikel/100032343.

2.3 Johann Nicolaus Quistorp (1651–1715)   213

[Nr. 5:] *Anno [16]80 den 26. novembris umb 6 uhr morgenß ist meine tochter Catharina Sophi<a>[234] geboren, sequente die getaufft von magistro Sandhagen[235]. Gevattern waren doctor Jacobus Lemb<ke>[236] p.p.[237], die fraw Wiedenkopsche[238] und Joachim Seken eheliebste[239]. Gott erhalte sie.* [Nachtrag von derselben Hand:] *Anno 1706 in der nacht vom 29. biß auff den 30. junii schleunig bey ihrem man[240] auff bette ohn sein empfinden gestorben.*

[Nr. 6:] *Anno [16]82 den 27. september deß morgenß umb 5 uhr ist gebohren Barbara Margretha[241], ipsa die getaufft von herrn Peter Roloffsen pastore*

---

[232] Margaretha Elisabeth Quistorp geb. Berckow (1656–1692): s. Anm. II 221.

[233] Catharina Lindemann geb. Quistorp: Kap. 2.1, Einträge Nr. 6, 15–23 mit Anm. II 28.

[234] Catharina Sophia Quistorp (1680–1706) heiratete am 22. April 1700 Prof. D. theol. Zacharias Grape d.J. (1671–1713): s. Kap. 2.3, Eintrag Nr. 133 mit Anm. II 281, Kap. 2.6, Eintrag Nr. 13.

[235] Rembert Sandhagen (1611–1683), Pfr. an St. Nikolai (s. Anm. II 225). – S. den Eintrag im AHR, 1.1.18.3.-Kirchenbuch St. Nikolai – Taufen Juni 1662 – Dez 1753, 161: *Den 26. novembris* [1680 hat] *h. J. N. Quistorp seine tochter Sophia Catharina tauffen lassen. Gevattern waren h. d. Lembke, die fr. Sekesche, die fr. Wiendenkopsche; taufte m. Sandthagen.*

[236] Jacob Lembke (1650–1693), ein Sohn von Prof. Dr. iur. Hermann Lembke (1619–1674) und Elisabeth Schnitler (1627–1716) (s. Anm. II 199), wurde in Rostock am 22. Okt. 1674 Dr. iur. (http://purl.uni-rostock.de/matrikel/400071256) und hatte 1676–1686 die *rätliche* Institutionen-Professur inne, 1686–1693 die *rätliche* Kodex-Professur. Eintrag im CPR, URL: http://purl.uni-rostock.de/cpr/00002521. Er heiratete 1679 Margarete Mevius (1655–1684), eine Tochter des Juristen David Mevius (1609–1670), des Vizepräsidenten des Wismarer Tribunals, und der Maria Putz; dann Anna Maria Schwartzkopf (1664–1693), Tochter des Bgm.s von Wismar Kaspar Schwartzkopf und der Elisabeth Katharina Putz. Nachweise: LBMV Schwerin, Schmidtsche Bibliothek, Bd. 96, Nr. 114; Bd. 97, Nr. 66. Zu David Mevius s. Jörn, Mevius, 2007; Knothe, Mevius, 2010.

[237] P.P. = *Professor publicus.*

[238] Agnes (Agneta) geb. Scharffenberg (1624–1694) war die Ehefrau des Rostocker Ratsapothekers (1651–1677) Georg Heinrich Weidenkopf (1619–1692): s. Anm. II 185.

[239] Die Ehefrau des Rostocker Kaufmannes Joachim Seeke (*Seck, Seke* oder *Seeck*) zu *Kaßlow* (s. Anm. II 252, II 254) wurde nicht identifiziert. Gemeint ist wohl Kaselow = Käselow, Gemeinde Mistorf (Landkreis Rostock). – S. dazu AHR, 1.1.18.3.-Kirchenbuch St. Marien 1698–1774, 587: Beerdigung der *jungfr. Seecken, so von Kültzau hereingebracht,* am 23. April 1742.

[240] Prof. D. theol. Zacharias Grape d.J. (1671–1713) (s. Anm. II 281).

[241] Barbara Margretha Quistorp (1682–1709) heiratete 1707 den Rostocker Kaufmann Walther Stein (s. Anm. II 249) und starb am 26. Oktober 1709 bei einer Totgeburt: s. Kap. 2.3, Eintrag Nr. 14; Quistorp 2006, 43.

*Petrino.*²⁴² *Gevattern waren praesentes magister Barchlei*²⁴³, *doctoris Siebrandsche*²⁴⁴ *und meine elteste schwester Sophia*²⁴⁵, *daraußen die eltermutter sehl. Berckowen wiettwe*²⁴⁶, *rath Gutzmerß eheliebste*²⁴⁷ *und Engel Quistorpen zu Naschau*²⁴⁸. *Gott segne sie an* [s]*eell und leib.* [Nachtrag von derselben Hand:] *Ist an herrn Walter Steinen*²⁴⁹ *verheyrathet gewesenn und*

---

²⁴² Die Taufmatrikel von St. Nikolai, Rostock, verzeichnet ihre Taufe erst für den Folgetag, den 28. September 1682: AHR, 1.1.18.3.-Kirchenbuch St. Nikolai – Taufen Juni 1662 – Dez 1753, 180. – Peter Roloff (1635–1695) aus Güstrow, Sohn des Domküsters Peter Roloff, war um 1661–1675 Pastor in Pantlitz (Pommern), kam 1675 nach Rostock, wurde 1677 Pastor an St. Katharinen und im selben Jahr Pastor an St. Petri. Nachweis: VD17 23:315812D = LBMV SCHWERIN, Schmidtsche Bibliothek, Bd. 96, Nr. 86: PFUN der UNI Rostock (Rektor Augustus Varenius) zur Trauerfeier für Elisabeth Roloff geb. Lüschow (1636–1678) am 12. August 1678. Zu seinem Porträtgemälde in der Rostocker Petrikirche s. SCHLIE I, 1896, 121.

²⁴³ Ludwig Barclay (Barchley, 1638–1687), Archidiakon an St. Marien in Rostock (s. Anm. II 230).

²⁴⁴ Barbara Sibrand geb. Karstens (1642–1697), Tochter des Syndikus von Lübeck Johannes Karstens (1596–1673) und der Ilsabe von Wickede (1603–1662), war mit dem Rostocker Juristen Johann Sibrand (1637–1701) verheiratet. Dieser, ein Sohn des meckl. Landsyndikus Heinrich Sibrand (†1647) und der Catharina Deutsche (1606–1668), wurde 1667 Dr. iur. in Rostock, war 1670–1674 *rätlicher* Prof. der Moral, dann 1674–1701 *hzgl.* Prof. der Dekretalen in Rostock. Nachweise: Eintrag im CPR, URL: http://purl.uni-rostock.de/cpr/00002512. LBMV SCHWERIN, Schmidtsche Bibliothek, Bd. 98, Nr. 193: PFUN der UNI Rostock für Barbara Sibrand geb. Karstens zur Trauerfeier am 5. Februar 1697; ebd., Bd. 98, Nr. 223: PFUN der UNI Rostock für Johann Sibrand zur Trauerfeier am 26. April 1701; ebd., Bd. 98, Nr. 224; dazu die Trauer- und Trostschriften VD18 13144693, VD18 13051075, VD18 13051024, VD18 13051008; VD18 13050990.

²⁴⁵ Sophia Poltzius geb. Quistorp (um 1656–1743): s. Anm. II 182.

²⁴⁶ Catharina Berckow (1655–1700) geb. Hagemeister war die Witwe des Daniel Berckow (1620–1670), der in Rostock zunächst Protonotar des meckl. Land- und Hofgerichts, dann Sekretär der Hansestadt Rostock war (s. Anm. II 221).

²⁴⁷ Gemeint ist Agnes Sophia Willebrand, die Ehefrau des meckl. Justiz- und Hofrates Johann Georg (von) Gutzmer (um 1645–1716); zur Person s. Anm. II 229.

²⁴⁸ Angela (= Engel) Quistorp (*1635) war mit dem Kaufmann Joachim Wegener oder Wagner verheiratet (s. Anm. II 62). *Naschau* bezeichnet die dän. Handelsstadt Nakskov auf der Ostsee-Insel Lolland.

²⁴⁹ Walther Stein (1668–1739), ein Sohn des Rostocker Kaufmanns und Brauers Walther Stein (†1680) u. der Kaufmannstochter Anna Hinckelmann (†1706), war Kaufmann und Vorsteher der Nikolaikirche in Rostock (s. Kap. 2.3, Eintrag Nr. 14) sowie 1724–1739 Rh. der Stadt Rostock. Nachweis: LBMV SCHWERIN, Schmidtsche Bibliothek, Bd. 144, Nr. 141: PFUN der UNI Rostock für Walther Stein zur Trauerfeier am 10. Februar 1739. S. auch Anm. II 340. Seine Brüder waren Prof. Dr. iur. Matthias Stein (1660–1718) in

*gestorben den 26. october anno 1709 im kindbette, da vorhin ein todtes kind von ihr gebohren.*²⁵⁰

[Nr. 7:] *Anno 1684 den 15. november umb 8 uhr abenß ist gebohren Johann Nicolaus*²⁵¹*, et sequenti die sancta Dominica 25 post Trini*[ta]*ti*[s] *getauffet von herrn Petro Roloffsen*²⁵²*. Gevattern waren herr baccalaureus Diederich Wulffrath*²⁵³*, herr Joachimus Seke*²⁵⁴*, und Daniel Leschen ehefraw*²⁵⁵*,*

Rostock (s. seinen Eintrag im CPR, URL: http://purl.uni-rostock.de/cpr/00002539), Prof. Dr. iur. Johann Stein (1661–1725) in Königsberg und Prof. Dr. iur. Konrad Stein (1674–1732), Rh. in Königsberg.

²⁵⁰ Johann Lucas Stein, *† 26.10.1709: QUISTORP 2006, 43.

²⁵¹ Johann Nicolaus Quistorp (1684–1743) hatte sich im April 1701 als *rectoris filius* an der UNI Rostock imm. (MPR, Link: http://purl.uni-rostock.de/matrikel/100000468), Am 9. Sept. 1710 MA (Link: http://purl.uni-rostock.de/matrikel/400080136), wurde er am 11. April 1712 als *Magister legens* in die PHIL. FAK. rezipiert (Link: http://purl.uni-rostock.de/matrikel/400080162) und erneuerte seine Imm. an der UNI Rostock am 17. April 1737 (Link: http://purl.uni-rostock.de/matrikel/100051380). Er blieb unverheiratet: QUISTORP 2006, 43; dazu AHR, 1.1.18.3.-Kirchenbuch St. Marien 1698–1774, 589 (Beerdigungen *1743*): *Den 13. novembr.: Sehl. herrn Johann Nicolaum Quistorp, der weltweißheit magistrum.*

²⁵² Die Taufmatrikel von St. Nikolai, Rostock, verzeichnet die Taufe des Johann Nicolaus für den 16. November 1684; s. AHR, 1.1.18.3.-Kirchenbuch St. Nikolai – Taufen Juni 1662 – Dez 1753, 199: *16. dido yst h. C. Q. sein sohn Johan Nycolaus gedaufft, sein patten h. b*<*accalaureus*> *Wulffraht, h. Seck zu Kaßlow, h. Lesch sein frauw. H. Rolloff gedaufft.* – Zu Peter Roloff (1635–1695), Pastor an St. Petri in Rostock, s. Anm. II 242.

²⁵³ Dietrich Wulffrath oder Wolffrath (†1698), Bacc. iur., hatte sich im November 1671 an der UNI Rostock imm.: MPR, Link: http://purl.uni-rostock.de/matrikel/100032974. Von 1671 bis 1698 war er Rh. in Rostock, 1682 war er Bgm. der Hansestadt: UNGNADEN 1749, 1381, 1384.

²⁵⁴ Joachim Seeke (Seke, Seeck) d.Ä., Kaufmann in Rostock, hatte sich im März 1646 an der UNI Rostock imm.; Link: MPR, http://purl.uni-rostock.de/matrikel/100051091; ASSMANN 1940, 89. Sein Sohn Joachim Seeke d.J. (1659–1709), wurde im Dez. 1680 in Rostock imm., 1687 Dr. iur. an der UNI Jena, Hofadvokat in Sachsen-Gotha und Syndikus der Stadt Jena: MPR, Link: http://purl.uni-rostock.de/matrikel/100051091; dazu seine *Dissertatio inauguralis de personis principalibus judicium feudale constituentibus*, Jena 1688: https://archive.thulb.uni-jena.de/collections/receive/HisBest_cbu_00018967. S. auch Anm. II 239, II 252.

²⁵⁵ Nicht identifiziert; wohl identisch mit der Patin, die bei Anm. II 216 genannt ist. Sie war die Frau des Rostocker Notars und Kämmerei-Sekretärs Daniel Lesch, s. Mecklenburgisches Urkundenbuch, Bd. 25, A., Nachträge / Reihe 1, 1166-1400, Schwerin 1936, 37, 109.

*absentes fraw Falcksche*²⁵⁶ *et doctor Caspar Hinrich Gutzmarn*²⁵⁷. *Adsit ipsi Deus.*

[Nr. 8:] *Anno 1687 den 5. februarii des abens umb 11 uhr ist gebohren Daniel*²⁵⁸, *subsequenti die getauffet von herrn magistro Weissen*²⁵⁹. *Gevattern waren baccalaureus Matteus Liebherr*²⁶⁰, *doctor Bernhardus*

---

²⁵⁶ Maria Quistorp (*1632), die Witwe des Theologen Michael Falck d.J. (1622–1676) in Danzig (s. Anm. II 58).

²⁵⁷ Caspar Heinrich Gutzmer (†1708), verheiratet mit Anna Sophia Schröder, war Advokat in Rostock: HUECK/EHRENKROOK 1998, 152f. Er hatte sich gemeinsam mit seinem Bruder Johann Georg Gutzmer (s. Anm. II 229, II 247) im Juni 1656 an der UNI Rostock imm.: MPR, Links: http://purl.uni-rostock.de/matrikel/100019019; http://purl.uni-rostock.de/matrikel/100019020. Sohn: LBMV SCHWERIN, Schmidtsche Bibliothek, Bd. 26, Nr. 13: Einladung zur Promotion seines Sohnes Johann Lorenz Gutzmer (*1684) zum Dr. iur. am 27. März 1712.

²⁵⁸ Daniel Quistorp (*†1687): s. QUISTORP 2006, 43.

²⁵⁹ S. dazu AHR, 1.1.18.3.-Kirchenbuch St. Nikolai – Taufen Juni 1662 – Dez 1753, 221: *6 dydo* [= 6. Februar 1687] *ist h. d. Quwystörpß kindt Danyell von h. m. Weyß gedaufft worden. Die patten seynd h. bürgemeyster Liebh., h. d. Bernhardin Barnstörp und h. bürgemeyster Fyscher sein liebste.* – Gottfried Weiss (1659–1697) war ein Sohn des Schulrektors und Bgm.s von Preußisch-Holland (Hgt. Preußen) Crusius Albinus MA und der Pfarrerstochter Anna Maria Radow aus Preußisch Mark und Liebwalde bei Saalfeld (Ostpreußen), einer Verwandten des Rostocker Juraprof.s Georg Radow (1635–1699); Eintrag im CPR, URL: http://purl.uni-rostock.de/cpr/00002507. Weiss wurde am 11. Okt. 1681 in Rostock zum MA promoviert, als *Magister legens* in die PHIL. FAK. rezipiert, wo er 1684–1693 *rätlicher* Griechischprof. war, 1690/91 und 1692/93 Rektor, zudem siebenmal Dekan der PHIL. FAK. war. Am 18. April 1695 wurde er D. theol., war ab 1685 Diakon an St. Nikolai in Rostock, ab 1693 Superintendent in Lüneburg: Eintrag im CPR, URL: http://purl.uni-rostock.de/cpr/00002529. Weiss heiratete 1685 Margarethe Agnes Weidenkopf (1656–1726), eine Tochter des Rostocker Ratsapothekers Georg Heinrich Weidenkopf (1619–1692) und der Agneta (Agnes) Weidenkopf geb. Scharffenberg (1624–1694) (s. Anm. II 185). Nachweise: GAUSE 1697 (LP); dazu LBMV SCHWERIN, Schmidtsche Bibliothek, Bd. 144, Nr. 154: PFUN der UNI Rostock für Margarethe Agnes Weidenkopf, Witwe Weiß, zur Trauerfeier am 18. Dezember 1726.

²⁶⁰ Matthäus Liebeherr (1622–1692), verheiratet ab 1650 mit Anna Sibrand (1630–1678), ab 1679 mit Dorothea Pansow, war seit 1662 Bgm. und Syndikus der Hansestadt Rostock. Nachweise: VD17 28:730307B = LBMV SCHWERIN, Schmidtsche Bibliothek, Bd. 97, Nr. 80 (PFUN der UNI Rostock für Anna Sibrand, Gemahlin des Rostocker Bgm.s Matthäus Liebeherr, zur Trauerfeier am 10. April 1678), Link zum Digitalisat: http://purl.uni-rostock.de/rosdok/ppn774761075; VD17 23:315080R = LBMV SCHWERIN, Schmidtsche Bibliothek, Bd. 96, Nr. 68: PFUN der UNI Rostock für Matthäus Liebeherr (*†1680), Sohn des Bgm.s Matthäus Liebeherr, zur Trauerfeier am 21. Dezember 1680, Digitalisat: http://purl.uni-rostock.de/rosdok/ppn77066993X.

2.3 Johann Nicolaus Quistorp (1651–1715)

Barnstorff[261] *pro tempore rector, die fr<aw> b<ürgermeister>in Fiescherische*[262]. *Ist aber sofort, alß den 7. eiusdem, gestorben.*

[Nr. 9:] *Anno 1688 den 21. februarii deß morgenß hora nona ist gebohren Georg Daniel*[263], *sequenti die getauffet von herrn magistro Weissen*[264]. *Gevattern waren herr magister Johannes Mauricius Polzius*[265], *herr Georg Heyne*[266] *und die schwester Catharina Klaproden*[267], *pastoris Kessinensis haußfraw. Deus ipsi adsit.* [Nachtrag von derselben Hand:] *Starb anno*

---

[261] Dr. med. (Rostock 1671) Bernhard Barnstorff (1645–1704), ein Sohn des Rostocker Ratsapothekers Peter Barnstorff (†1652) und der Agnes Scharffenberg (1624–1694) (s. Anm. II 185), hatte 1686–1704 eine *rätliche* Professur für Medizin inne. Nachweis: CPR, URL: http://purl.uni-rostock.de/cpr/00002532.

[262] Elisabeth Sophie geb. von Boeckel (um 1640 – nach 1698) war die Ehefrau des Dr. iur. utr. (Rostock 1671) Daniel Fischer (†1690) aus Lübeck, eines Rats der Hzge. von Braunschweig-Lüneburg in Wolfenbüttel und ab 1674 Bgm. von Rostock; s. MPR; Links: http://purl.uni-rostock.de/matrikel/100049567 (Imm. UNI Rostock Mai 1643); http://purl.uni-rostock.de/matrikel/400071118 (juristisches Examen, 1. Juli 1665). Ihre Tochter Katharina Christina Fischer (1662–1742) heiratete 1683 Dr. iur. (Kiel 1681) Albert Willebrand d.J. (1652–1700), der ab 1685 die *hzgl.* Institutionen-Professur in Rostock innehatte, einen Sohn des Prof. Dr. iur. Albert Willebrand d.Ä. (1608–1681, der 1657–1681 *hzgl.* Kodex-Prof. in Rostock war (s. Anm. II 229), und Enkel des Rostocker Prof.s der Moral (*rätlich*) Dr. iur. (Rostock 1596) Nicolaus Willebrand (1566–1613); s. CPR, URL: http://cpr.uni-rostock.de/cpr/00002531 (Alb. Willebrand d.J.); http://cpr.uni-rostock.de/resolve/gnd/121740382 (Alb. Willebrand d.Ä.); http://purl.uni-rostock.de/cpr/00001349 (Nicolaus Willebrand).

[263] Georg Daniel Quistorp (1688–1691): s. QUISTORP 2006, 43.

[264] AHR, 1.1.18.3.-Kirchenbuch St. Nikolai – Taufen Juni 1662 – Dez 1753, 231: *Den 22. dido* [= Februar 1688] *had h. d. Q. sein sohn Jeorguß Daniel dauffen lassen. Von h. m. Weyssen ist er gedaufft worden. Sein padten seint gewäsen h. m. Poldtzieus, munser* [= *monsieur*] *Hein, h. Klaproden sein liebe haußfrauwe. Ist deß h. d. sein jüngsteß schwester gewäsen.* – Zu Gottfried Weiss (1659–1697), Diakon an St. Nikolai, s. Anm. II 259.

[265] Pfr. Johann Moritz Poltz oder Poltzius (1638–1708) hatte 1687 Sophia Quistorp geheiratet (s. Anm. II 182).

[266] Georg Hein wurde im Juni 1650 an der UNI Rostock imm.: MPR; Link: http://purl.uni-rostock.de/matrikel/100002434. Zur Familie Hein s. Anm. II 52, II 230; dazu den Eintrag zu Dr. iur. Friedrich Hein (1533–1604), Juraprof. und Bgm. in Rostock, im CPR, URL: http://purl.uni-rostock.de/cpr/00002381.

[267] Catharina Quistorp (1665–1690) hatte am 5. Mai 1686 Christoph Klaprod (1654–1701) geheiratet, den Pfr. in Kessin, heute Gemeinde Dummerstorf, Landkreis Rostock, in Mecklenburg-Vorpommern (s. Anm. II 201).

[1690] *in der nacht vom 7. auff den 8. october umb halb einß an den pocken, welche nicht herauß wolt*[en].²⁶⁸

[Nr. 10:] *Anno 1691 denn 31. januarii, s*<ancto> *die Virgilii,*²⁶⁹ *hora 6 vespertina ist gebohren Laurentius Gottfr*[ied]²⁷⁰*, die purificationis Mariae*²⁷¹ *getaufft von herrn pastore Petrino Roloffsen*²⁷². *Gevattern waren herr magister Gottfried Weiß*²⁷³*, pro tempore rector academiae, doctor Johannes Barnstorff*²⁷⁴ *und doctoris Redekerß haußfraw*²⁷⁵. *Absens invitata est* {...}

---

²⁶⁸ S. dazu den Eintrag im Matrikelbuch von St. Johannis in Rostock 1668–1816, 156 (*Demortui Anno 1690*), geschrieben von Johann Moritz Poltz (Poltzius, s. Anm. 248): *D. 14. octobris ward Georg Daniel Quistorp, des hn. D. Johann Nicolai Quistorpii jüngstes söhnlein, mein päte, begraben, so auch an den pocken gestorben.*

²⁶⁹ Der Gedenktag des hl. Papstes Vigilius (um 500–555) fällt auf den 31. Januar.

²⁷⁰ Zu Lorenz Gottfried Quistorp (1691–1643), Jurastudent, Kaufmann und Rh. in Rostock, s. Kap. 2.4.

²⁷¹ Mariae Lichtmess (2. Februar) = Fest der Darstellung Jesu im Tempel.

²⁷² S. dazu AHR, 1.1.18.3.-Kirchenbuch St. Nikolai – Taufen Juni 1662 – Dez 1753, 260: *Den 2. feberwarrii ist h. d. Quistorpff sein sohn von h. Rohlloff Lohrrenß Gottfried gedaufft worden; sein padten seind gewässen h. m. Weiß und h. d. Barnstörpff, h. d. Rädtichkern sein eeliebste.* – Zu Peter Roloff (1635–1695), Pastor an St. Petri in Rostock, s. Anm. II 242.

²⁷³ Zu Gottfried Weiss (1659–1697), Diakon an der Rostocker Nikolaikirche, s. Anm. II 259.

²⁷⁴ Dr. iur. Johann Barnstorff (1648–1705), ein Bruder von Prof. Dr. med. Bernhard Barnstorff (s. Anm. II 261), wurde 1684 Advokat beim hzgl. Konsistorium und war 1697–1705 *rätlicher* Prof. der Institutionen in Rostock. Er heiratete 1676 Anna Margaretha Willebrand (1649–1724), eine Tochter des Rostocker Prof.s Dr. iur. Albert Willebrand d.Ä. (1608–1681) und der Elisabeth Cothmann (1622–1662), einer Tochter des Mecklenburg-Güstrow'schen Kanzlers Dr. iur. Johann Cothmann (1588–1661) aus Lemgo. Eintrag im CPR, URL: http://purl.uni-rostock.de/cpr/00002546.

²⁷⁵ Dr. iur. Christoph Redeker (1652–1704), Sohn des Bgm.s von Osnabrück Gerhard Redeker und der Anna von Anckum aus einer Osnabrücker Ratsherrenfamilie, wurde 1682 in Greifswald zum Dr. iur. promoviert und hatte an der UNI Rostock 1683–1693 die *hzgl.* Kodexprofessur inne, war 1685/86, 1688/89 und 1691/92 Rektor der UNI, Assessor des hzgl. Konsistoriums, 1693 Rh., dann Bgm. von Rostock. Nachweis: Eintrag im CPR, URL: http://purl.uni-rostock.de/cpr/00002528; dazu s. Kap. 2.6, Eintrag Nr. 29. Redeker war ab 1685 in zweiter Ehe mit Catharina Sophia Gerdes (nach 1631 – nach 1704) verheiratet, einer Tochter des Bgm.s von Güstrow Johann Gerdes (1604–1680) und der Helena Warkentin (1615–1691) (s. Anm. II 139).

2.3 Johann Nicolaus Quistorp (1651–1715)

[Laurentii] *Berckowen haußfraw* [in] *Gluckstadt*[276]. *Vivat in Dei T. O. M. gloriam.* [Nachtrag von anderer Hand:] † *den 28. mertz 1743.*[277]

[Nr. 11:] *Anno 1692 den 15. december hora 9 vespertina seyn mir gebohren zwene sohne, welche auch die tauffe erha*[lten], *und zwar habe einß selber getaufft, weill die nott groß, daß letztere aber is*[t von] *herrn magister Weissen getaufft.*[278] *Sie seind aber sofort gestorben.*

[Nr. 12:] *Anno 1692 den 29. december umb 12 uhr mittagh starb meine sehr trawe und hochstgel*[iebte] *ehegenossien Margaretha Eliesabett Berckowen*[279] *gantz samfft und salig. Wa*[rd] *anno 1693 den 10. januarii begraben in Marien kirch in ihres vatern grabe zusambt den beden zwilliengen, die nachfolge war ehrlieg und ansehnlieg.*

Verehligte von oberwenten kindern:

[Nr. 13:] *Anno 1700 den 22. aprill ist meine elteste tochter Catharina Sophia*[280] *dem Herrn Zach*<arias> *Grape*[281], *professor, doctor et archidiacono*

---

[276] Nicht identifiziert. Lorenz Berckow (s. Anm. II 231) war ein Bruder der Kindsmutter Margaretha Elisabeth Quistorp geb. Berckow (1656–1692). Die Festungsstadt Glückstadt war Sitz der dän. Kanzlei für Schleswig und Holstein sowie ein Zentrum des Seehandels.

[277] Zu seiner Bestattung in St. Marien, Rostock, s. AHR, 1.1.18.3.-Kirchenbuch St. Marien 1698–1774, 560 (Verstorbene 1743): *D. 9. April* [= Datum der Bestattung] *sehl. hrn. Lorentz Gottfrid Quistorp, rathsverwandten.*

[278] Zu Gottfried Weiss (1659–1697), Diakon an der Rostocker Nikolaikirche, s. Anm. II 259. – Im AHR, 1.1.18.3.-Kirchenbuch St. Nikolai – Taufen Juni 1662 – Dez 1753, 272 sind die Nottaufen nicht berücksichtigt.

[279] Zu Margaretha Elisabeth Berckow (1656–1692) s.o. Anm. II 221.

[280] Zu Catharina Sophia Grape geb. Quistorp (1680–1706) s.o. Kap. 2.3, Eintrag Nr. 5.

[281] Zacharias Grape d.J. (1671–1713), Prof. der Theologie in Rostock, war ein Sohn des Rostocker Theologen Zacharias Grape d.Ä. (1637–1679), der 1666–1671 als Logik-Prof. (*hzgl.*), 1672–1677 als Prof. der Physik und Metaphysik (*rätlich*) an der PHIL. FAK. lehrte, ab 1672 Pfr. an St. Katharinen, 1675–1677 zusätzlich an St. Petri in Rostock war und 1677 Superintendent des meckl. Kirchenkreises in Wismar wurde, sowie der Margarete Rhaw (1634–1716), einer Tochter des Prof. Lic. theol. Balthasar II. Rhaw (1601–1658) in Greifswald u. Stralsund sowie Witwe des Prof. D. theol. Johann Friedrich König (1619–1664) in Rostock. Der jüngere Zacharias Grape wurde nach Studien, die er vornehmlich in Rostock und Greifswald absolviert hatte, 1697 in Rostock Bacc. der Theologie, 1698–1704 Prof. der Physik und Metaphysik (*rätlich*), Archidiakon an St. Jakobi, Lic. theol. (Rostock). D. theol. (1701 Rostock). Zacharias Grape d.J. war 1702/1703 Dekan der PHIL. FAK., 1704–1713 Prof. der Theologie in Rostock (Primarius, *rätlich*), 1706/07, 1708/09, 1710/11, 1712/13 Dekan der THEOL. FAK., 1706/07 Rektor der UNI

zu St. Jacob, vermehlet. Gott gönne ihnen eine gesegnete ehe. [Nachtrag von derselben Hand:] *Ist gestorben schleunig den 29. junii anno 1706 und einen sohn hinterlaßen, deßen nahme Johann Samuel*[282].

[Nr. 14:] *Anno 1707 den 9. martii ist meine andere tochter Barbara Margreta*[283] *an herrn Walter Steinen*[284] *kauffman und vorstehern dern kirchen zu St. Nicolai verehliget. Gott gebe ihnen allen segen in himlischen und irdischen gutern. Ist gestorben den 26. octoberen morgens frühe anno 1709, da sie ein todteß kind zur welt gebohren, am schlage. Sey salig.*

[Im Anschluss an den Eintrag Nr. 14 (Seitenende) trat zu unbekannter Zeit Papierverlust ein: Ein Blatt fehlt, auf dem Johann Nicolaus Quistorp Nachrichten aus seiner Ehe mit Anna Christina (von) Lente (1669–1753) aufzeichnete. Das Blatt dürfte der älteren Familiengenealogie noch zur Verfügung gestanden haben; Grunddaten gelangten daraus in die genealogische Literatur.[285] Die fehlenden Daten einschließlich der Patenschaften sind im Folgenden aus externen Quellen rekonstruiert, insbesondere aus den Matrikelbüchern der Nikolaikirche in Rostock, die für die Zeiträume Juni 1662 – Dezember 1753 (Taufen) und Juni 1663 – Dezember 1753 (Trauungen) vorliegen.[286]]

Rostock. Eintrag im CPR, URL: http://purl.uni-rostock.de/cpr/00002508 (Zacharias Grape d.Ä.), http://purl.uni-rostock.de/cpr/00002548 (Zacharias Grape d.J.). – Nach dem frühen Tod seiner Frau Catharina Sophia geb. Quistorp (1680–1706) (s. Anm. II 234) heiratete Grape am 14. Juli 1707 Cornelia Magdalena Botsack, eine Tochter von Prof. D. theol. Bartholomäus oder Barthold Botsack (1649–1709), Pfr. der dt. Luth. Petrigemeinde in Kopenhagen.

[282] Johann Samuel Grapius (*24. Juni 1701, †1750), studierte ab 1719 in Rostock, Helmstedt, Jena u. Leiden u. wurde 1727 in Rostock zum Dr. med. promoviert; s. MPR; Link: http://purl.uni-rostock.de/matrikel/100022051 (Imm. am 7. Juli 1719); http://purl.uni-rostock.de/matrikel/400080337 (Doktorpromotion am 29. Mai 1727). Er praktizierte als Arzt in Rostock und Braunschweig, dann ab 1732 als Landphysikus der Grafschaft Hoya; s. ROTERMUND II 1823, 163f; BLANCK 1874, 67; BLANCK / WILHELMI / WILLGEROTH 1929, 242.

[283] Zu Barbara Margaretha Stein geb. Quistorp (1682–1709) s. Anm. II 241.

[284] Zu Walther Stein (1668–1739) s. Anm. II 249.

[285] KOERNER XI, 1904, 391f; QUISTORP 2006, 45.

[286] AHR, 1.1.18.3.-Kirchenbuch St. Nikolai – Taufen Juni 1662 – Dez 1753; AHR, 1.1.18.3.-Kirchenbuch St. Nikolai – Trauungen Juni 1663 – Dez 1753.

2.3 Johann Nicolaus Quistorp (1651–1715)

[Nr. 15:] 7. Februar 1695: Johann Nicolaus Quistorp heiratet Anna Christina (von) Lente[287].

[Nr. 16:] Am 1. Dezember 1695 wird die Tochter Anna Christina geboren und am Folgetag von Magister Burgmann getauft.[288] Paten sind die

---

[287] KOERNER XI, 1904, 391; QUISTORP 2006, 42. Anna Christina (von) Lente (1669–1753) war eine Tochter des Juristen Johann Hugo (von) Lente (1640–1718), Erbherr auf Fresenburg und Sarlhausen, und der Anna Kohlblatt († vor 1674). Johann Hugo Lente trat 1666 als Kammersekretär der Prinzessin Anna Sophie (1647–1717) in dän. Dienste, wurde 1673 Rat und Gesandter der dän. Krone in Lübeck, übernahm Gesandtschaften ins Reich, war Vizekanzler der dän. Kanzlei in Glückstadt, dann Kanzler der Hgt. Schleswig und Holstein. Er heiratete am 26. Januar 1674 in zweiter Ehe Margarethe von Bornefeldt (1657–1716); beide sind in der Lente-Kapelle des Lübecker Doms bestattet; s. BRICKA X, 1896, 208f; BITTNER / GROSS I, 1936, 104, 114, 117. – Zur Trauerfeier für Anna Christina Quistorp geb. Lente am 20. Dezember 1753 (s. AHR, 1.1.18.3.-Kirchenbuch St. Marien 1698–1774, 605: *Sehl. frau supperindentin* [!] *Quistorp*) publizierte die UNI Rostock (Rektor Joachim Heinrich Pries) ein PFUN von 22 Seiten in 2°: LBMV SCHWERIN, Schmidtsche Bibliothek, Bd. 143, Nr. 85.

[288] S. dazu AHR, 1.1.18.3.-Kirchenbuch St. Nikolai – Taufen Juni 1662 – Dez 1753, 293: *Den 2. december* [1695] *hat herr doctor Johann Nicolaus Quistorpius, pastor hieselbst und professor ordinarius, seine tochter Anna Christina tauffen laßen. Die gevattern sind gewesen die frau regirungsräthin Lenthen aus Glückstadt, wofür gestanden die frau Berckowin, die frau hoffräthin Redekers alß mutter schwester, und herr Johann Bernhard Quistorpius alß vater bruder. Getauft hat magister Burgman.* – Anna Christina Quistorp (1695–1743) heiratete 1723 Christian Theophil Schwollmann (1697–1766) aus Lippstadt, ab 1723 Diakon in Segeberg (Holstein), 1728 Compastor, 1731–1766 Pastor in Friedrichsberg und Schlossprediger in Gottorf, 1731 Konsistorialrat in Schleswig: s. ARENDS II, 1932, 257; GOTTSCHED, Briefwechsel X, 2016, 561. Das Ehepaar hatte fünf Kinder. Der Sohn Wilhelm Alexander Schwollmann (1734–1800) heiratete Maria Dorothea Struensee (1744–1820), eine Tochter des kgl. dän. Oberkonsistorialrats und Generalsuperintendenten der Hgt. Schleswig und Holstein Adam Struensee (1708–1791; zur Person s. FISCHER 2010; FISCHER 2014) sowie Schwester des dän. Staatsmannes Johann Friedrich Graf Struensee (1737–1772) und des preußischen Innenministers Carl August Struensee von Carlsbach (1735–1804). Wilhelm Alexander Schwollmann folgte seinem Vater 1763 als Pastor nach und wurde 1776 Konsistorialrat, 1796 Oberkonsistorialrat in Schleswig: s. JENSEN III, 1841, 1204; KOERNER XI, 1904, 392; ARENDS II, 1932, 258; WOLFES 2002, Sp. 1323–1326; QUISTORP 2006, 45. – Jacob Burgmann (1659–1724), ein Sohn des Rostocker Kaufmanns Peter Burgmann und der Dorothea Burgmann geb. Kinder, war seit 1684 MA und Konrektor der Großen Stadtschule Rostock, 1693 Diakon an St. Nikolai, 1697–1699 Prof. für Hebräisch und Katechese in Rostock (*hzgl.*), 1699–1724 ordentlicher Prof. der griechischen Sprache (*rätlich*), 1705/06, 1714/15 und 1717/18 Rektor der UNI Rostock, 1716 Pastor an St. Nikolai. Eintrag im CPR, URL: http://purl.uni-rostock.de/cpr/00002545; dazu LBMV SCHWERIN, Schmidtsche Bibliothek, Bd. 143, Nr. 23: PFUN der PHIL. FAK. Rostock zur Trauerfeier für Jacob

Regierungsrätin Lente[289] aus Glückstadt, vertreten durch Frau Berckow[290], Hofrätin Redeker[291] und [Bernhard Balthasar] Quistorp[292].

[Nr. 17:] Am 27. August 1697 wird der Sohn Hugo geboren und am Folgetag von Magister Burgmann getauft.[293] Paten sind der Geheimsekretär und

---

Burgmann am 26. April 1724. Zu seinem Porträtgemälde in der Rostocker Marienkirche s. SCHLIE I, 1896, 59.

[289] Margarethe (von) Lente, geb. Bornefeldt (1657–1715), die Stiefgroßmutter des Täuflings (s. Anm. II 287), war eine Tochter des Lübecker Rh.en Matthias (von) Bornefeldt (1616–1669) und der Margaretha Brömbsen: FEHLING 1925, Nr. 787.

[290] Nicht identifiziert (s. Anm. II 276).

[291] Anna Christina Hennings (vor 1660–1718), eine Tochter des Leibarztes der Hzge. von Schleswig-Holstein Dr. med. Christoph Hennings (†1660) und der Lucia Kohlblatt aus Kiel (1634–1664), heiratete am 9. Mai 1688 den meckl.-schwerin'schen Hofrat Heinrich Rudolph Redeker d.J. (1658–1715; s. Anm. II 296). In erster Ehe war sie mit Konrad Kohlblatt aus Kiel (um 1645–1681) verheiratet, einem Sohn des Amtsschreibers in Trittau Joachim Kohlblatt (1597–1675) und Enkel des Kieler Rh.en und Bgm.s Paul Kohlblatt (†1633). Nachweis: LBMV SCHWERIN, Schmidtsche Bibliothek, Bd. 143, Nr. 61: PFUN der UNI Rostock zur Trauerfeier für Anna Christina Hennings am 20. Dezember 1720. – Wenn die Taufmatrikel der Rostocker Nikolaikirche Anna Christina Redeker geb. Hennings als „mutter schwester" bezeichnet (AHR, 1.1.18.3.-Kirchenbuch St. Nikolai – Taufen Juni 1662 – Dez 1753, 293), deutet sie an, dass ihre Mutter Lucia Kohlblatt und Anna Kohlblatt (s. Anm. II 287), die Mutter der Anna Christina Quistorp geb. Lente (1669–1753), Schwestern waren.

[292] Emendiert aus *h. Jo. Bernh. Quistorpius alß vater bruder*, wie der protokollierende Küster der Nikolaikirche den Paten im Taufmatrikel-Eintrag zum 2. Dezember 1695 nennt (s. Anm. II 288). Der Eintrag muss sich auf den Rostocker Apotheker Bernhard Balthasar Quistorp (†1724) beziehen, den Begründer des jüngeren Rostocker Astes der Familie Quistorp (s. Kap. 2.2., Eintrag Nr. 6 mit Anm. II 187). Bernhard Balthasar war ein jüngerer Bruder des Johann Nicolaus Quistorp (s. Kap. 2.2, Eintrag Nr. 2), kann mithin zu Recht als *vater bruder* (= Bruder des Kindsvaters) bezeichnet werden. Das gilt nicht für dessen Sohn Johann Bernhard Quistorp (s. Anm. II 346), der 1692 geboren wurde und damit 1695 noch nicht in der Lage war, ein Patenamt zu übernehmen.

[293] S. dazu AHR, 1.1.18.3.-Kirchenbuch St. Nikolai – Taufen Juni 1662 – Dez 1753, 304: *D. 28. augusti 1697 hat h. d. Joh. Nicol. Quistorpius seinen sohn Hugo tauffen laßen, die gevattern waren h. Dieterich Marcus Lenthe, bey der königl. Regirung in Glückstadt geheimter secretarius und p.t. assessor, alß mutterbruder, h. Hinrich Rudolph Redeker, fr. Schwer. hoffrath, und Bernhardi Quistorps eheliebste. NB. für denn h. Lenthen stand h. d. Poltzius. Getauffet hat m. Burgman.* – Zu Hugo Quistorp (1698–1701) s. Kap. 2.6, Eintrag Nr. 12; KOERNER XI, 1904, 392; QUISTORP 2006, 45. Zu Jacob Burgmann (1659–1724), Pastor an St. Nikolai, s. Anm. II 288.

2.3 Johann Nicolaus Quistorp (1651–1715)

Assessor Dietrich Marcus (von) Lente (Lenthe)[294] in Glückstadt, der durch den Pfarrer Dr. theol. Johann Moritz Poltzius[295] vertreten wird, der mecklenburgische Hofrat Heinrich Rudolph Redeker in Schwerin[296] und Maria Elisabeth Quistorp geb. Krück[297]. Hugo stirbt am 6. Dezember 1701.[298]

[Nr. 18:] Am 27. April 1702 wird der Sohn Hugo Theodor geboren und am Folgetag von Magister Burgmann getauft.[299] Paten sind Gerhard Lente,

---

[294] Dietrich (= Theodor) Marcus (von) Lente (Lebensdaten unbekannt), kgl. dän. Geheimsekretär, Assessor der Regierung in Glückstadt. Ein *Dietericus Lente Holsatus* imm. sich im Juni 1661 in Rostock (MPR; Link: http://purl.uni-rostock.de/matrikel/100029529).

[295] Dr. theol. Johann Moritz Poltz (*Poltzius*, 1638–1708), Pastor an den Hospitalskirchen St. Georg/St. Johannes und Heilig-Geist in Rostock (s. Anm. II 182).

[296] Heinrich Rudolph Redeker d.J. (1658–1715), Herr auf Groß Potrems und Scharfstorf, der sich im April 1667 an der UNI Rostock imm. hatte, war ab 1680 Mitglied der meckl. Justizkanzlei in Schwerin, ab 1681 Hofrat der Hzge. Christian Ludwig und Friedrich Wilhelm von Mecklenburg-Schwerin. Nachweise: MPR; Link: http://purl.uni-rostock.de/matrikel/100032251; LBMV SCHWERIN, Schmidtsche Bibliothek, Bd. 144, Nr. 112a: PFUN der UNI Rostock zur Trauerfeier für Heinrich Rudolph Redeker d.J. am 28. Mai 1716. – Sein gleichnamiger Vater, der aus Osnabrück gebürtige Dr. iur. (Straßburg 1655) Heinrich Rudolph Redeker d.Ä. (1625–1680) auf Groß Potrems, war ab 1657 *rätlicher* Prof. der Institutionen in Rostock, ab 1663 ebd. *hzgl.* Prof. der Institutionen, 1671–1680 ebd. *hzgl.* Prof. der Pandekten, 1660/61, 1666/67, 1673/74, 1675/76, 1676/77 sowie 1679/80 Rektor der UNI Rostock, Assessor am hzgl. Konsistorium, ab 1677 meckl. Hofrat in Schwerin, außerdem kgl. dän. Rat. Nachweis: Eintrag im CPR, URL: http://purl.uni-rostock.de/cpr/00001433. – Der ältere Heinrich Rudolph Redeker war ein Onkel des Rostocker Prof.s der Rechte und Bgm.s Dr. iur. Christoph Redeker (s. Anm. II 275). – S.o. Anm. II 291.

[297] Maria Elisabeth Quistorp (1672–1743) geb. Krück, die Ehefrau des Apothekers Bernhard Balthasar Quistorp (†1724) in Rostock (s. Anm. II 187) und Schwester des Theologen Johann Krück (1652–1694), der nach Studien in Wittenberg, Rostock und Kopenhagen 1684–1694 Diakon an der Jakobikirche in Rostock war: s. Kap. 2.6, Eintrag Nr. 18; dazu MÖHLMANN 1975, 93 Nr. 11 und Nr. 14. AHR, 1.1.18.3.-Kirchenbuch St. Marien 1698–1774, 560 (Verstorbene 1743): *D. 19. april. Sehl. Maria Elisabeth Quistorpen gebohrne Krüecken.* Beide waren Kinder des Johann Krück (†1694) aus Pommern, Kaufmann und Manufakturist in Rostock: MÖHLMANN 1975, 93 Nr. 1.

[298] S. Kap. 2.6, Eintrag Nr. 12: PFUN der UNI Rostock für Hugo Quistorp, Sohn des Johann Nikolaus Quistorp, zur Trauerfeier am 14. Dezember 1701.

[299] Hugo Theodor Quistorp (1702–1732): KOERNER XI, 1904, 392; QUISTORP 2006, 45. – AHR, 1.1.18.3.-Kirchenbuch St. Nikolai, Taufen Juni 1662 – Dez 1753, 333: *D. 28. aprilis 1702 hat h. d. Quistorp seinen sohn Hugo Theodorus, deßen paten h. Gerhard Lenthe, oberalter in Hamburg, dafür h. d. Grapius gestanden, h. Theodorus Quistorp, dafür Bernh. Quistorp gestanden, und Margaretha Sophia Lenthen, der mutter jgf. schwester, durch m. Burgman tauffen laßen.* – Zu Jacob Burgmann s. Anm. II 288.

Oberalter in Hamburg[300], der beim Taufakt durch Dr. Zacharias Grapius[301] vertreten wird, Theodor Quistorp[302], der durch Bernhard [Balthasar] Quistorp[303] vertreten wird, und Margaretha Sophia Lente[304]. Er studiert 1720–1723 Theologie in Rostock, danach die Rechte in Rostock, Kiel und Helmstedt, und stirbt unverheiratet am 24. März 1732.[305]

[Nr. 19:] Am 22. März 1704 wird der Sohn Johann Zacharias geboren und am selben Tag durch Magister Burgmann getauft.[306] Paten sind: Herr Rat Johann Klein[307], Professor Dr. theol. Zacharias Grapius[308] und Maria Elisa-

---

[300] Gerhard Lente (1640–1719) war mit Maria Elisabeth Geismer (†1677) verheiratet, einer Tochter des Hinrich Geismer, in zweiter Ehe mit Gertrud Stolley (†1722). 1697 wurde er Mitglied im Kollegium der Oberalten, dem je drei Gemeindeälteste der Hamburger Hauptkirchen angehörten; s. BUEK 1857, 177f Nr. 238; MEISSNER 1994; SCHADE 2003.

[301] Zu Prof. Dr. theol. Zacharias Grape d.J. (1671–1713), s. Anm. II 281.

[302] Zu Theodor Quistorp (1669–1722), Rh. in Rostock, s. Anm. II 211.

[303] Der Eintrag in der Taufmatrikel (s. Anm. II 299) nennt ihn *Bernh. Quistorp.* – Zu Bernhard Balthasar Quistorp (†1724) s. Anm. II 187.

[304] Margaretha Sophia (von) Lente (Lebensdaten unbekannt) war eine Schwester der Kindsmutter Anna Christina (von) Lente: *Margaretha Sophia Lenthen, der mutter jgf. schwester* (s. Anm. II 299).

[305] KOERNER XI, 1904, 392; QUISTORP 2006, 45. Nachweis: LBMV SCHWERIN, Schmidtsche Bibliothek, Bd. 144, Nr. 109: PFUN der UNI für Hugo Theodor Quistorp zur Trauerfeier am 4. April 1732.

[306] S. dazu AHR, 1.1.18.3.-Kirchenbuch St. Nikolai – Taufen Juni 1662 – Dez 1753, 344: *D. 22. Martium 1704 hat h. d. Joh. Nicol. Quistorp seinen sohn Johan Zacharias, deßen paten h. rath Joh. Klein, h. d. Zach. Grapius, und madamvisell* [= mademoiselle] *Mar. Elisab. Kohlblatten die jüngere, durch m. Burgman tauffen laßen.* – Zu Johann Zacharias Quistorp (1704–1711) s. KOERNER XI, 1904, 392; QUISTORP 2006, 45. – Zu Jacob Burgmann (1659–1724), Pastor an St. Nikolai, Rostock, s. Anm. II 288.

[307] Dr. iur. (1686 Rostock) Johann (von) Klein (1659–1732), Sohn des Rostocker Prof. Dr. iur. Christian Klein (1628–1664) und der Anna Smedes, war 1691–1715 *hzgl.* Prof. der Pandekten an der UNI Rostock, hzgl. meckl. Rat, Mitglied im hzgl. Konsistorium, später Direktor der Justizkanzlei in Schwerin und Kanzler. Nachweise: Eintrag im CPR, URL: http://purl.uni-rostock.de/cpr/00002535; LBMV SCHWERIN, Schmidtsche Bibliothek, Bd. 143, Nr. 73: PFUN der UNI Rostock zur Trauerfeier für Prof. Dr. iur. Johann von Klein am 13. Oktober 1732 (http://digital.slub-dresden.de/id338370706/1).

[308] Zacharias Grape d.J. (1671–1713), Prof. der Theologie in Rostock (s. Anm. II 281).

2.3 Johann Nicolaus Quistorp (1651–1715)

beth Kohlblatt d.J.[309]. Johann Zacharias Quistorp stirbt am 26. September 1711.[310]

© Peter Arnold Heuser

Abb. 73: HAUSBIBEL QUISTORP, Titelseite verso (Ausschnitt):
Johann Nicolaus Quistorp, Einträge Nr. 11 und Nr. 12:
Bericht über die Geburt, die Nottaufe und den Tod zweier Söhne am 15. Dezember 1692, über den Tod der *treuen und höchstgeliebten Ehegenossin* Margaretha Elisabeth Quistorp geb. Berckow am 29. Dezember 1692 und deren Bestattung, gemeinsam mit den verstorbenen Zwillingen, am 10. Januar 1693 im Familiengrab Berckow in der Rostocker Marienkirche (s.o. S. 219, Nr. 11 u. Nr. 12).

---

[309] Maria Elisabeth Kohlblatt war eine Tochter der Eheleute Konrad Kohlblatt aus Kiel (um 1645–1681; s. Anm. II 291) und Anna Christina Hennings (vor 1660–1718), die in zweiter Ehe den meckl.-schwerin'schen Hofrat Heinrich Rudolph Redeker d.J. (1658–1715) heiratete (s. Anm. II 296). Maria Elisabeth Kohlblatt heiratete Thomas Balthasar von Mevius (nach 1655–1722), einen Sohn des schwed. Geheimrats Dr. iur. David Mevius (1609–1670; s. Anm. II 236) und der Maria Putz, und wurde die Mutter von Beate Elisabeth von Mevius (1709–1767), David Conrad von Mevius (um 1712–1761) und Heinrich (= Henrik) Rudolf von Mevius.

[310] KOERNER XI, 1904, 392; QUISTORP 2006, 45.

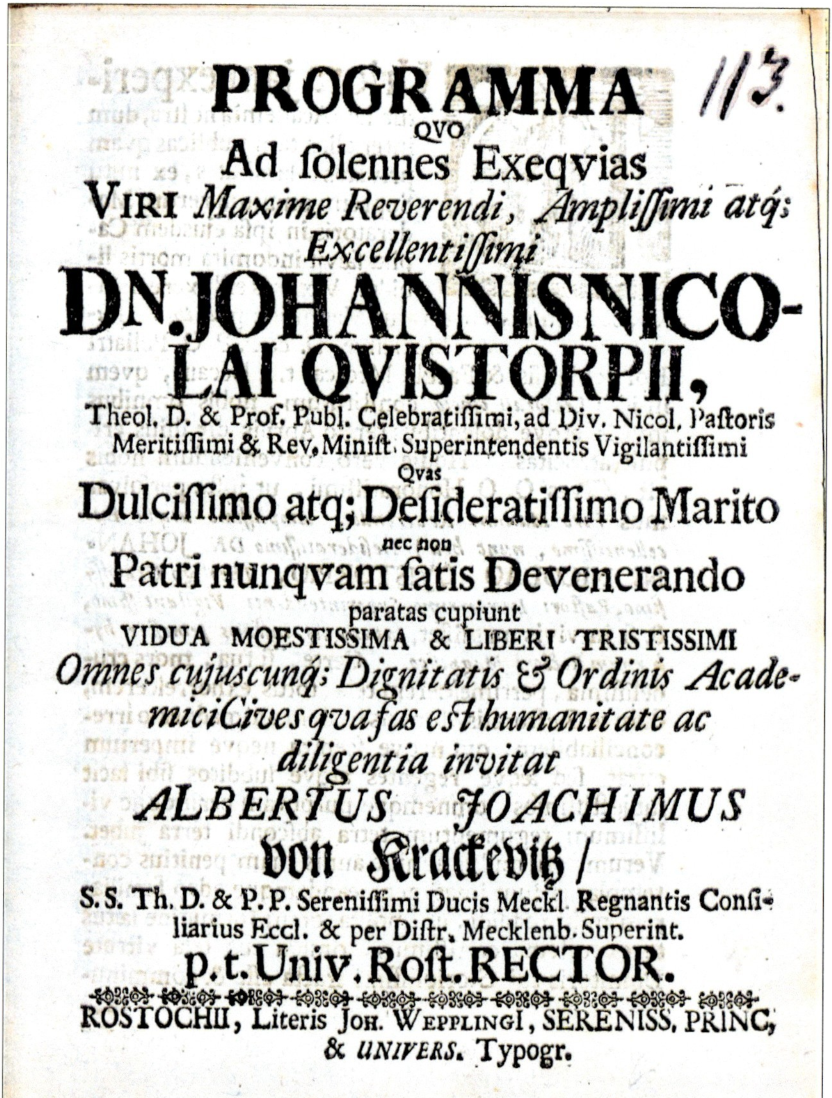

PROGRAMMA
QVO
Ad solennes Exeqvias
VIRI *Maxime Reverendi, Amplissimi atq;*
Excellentissimi

DN. JOHANNIS NICO-
LAI QVISTORPII,

Theol. D. & Prof. Publ. Celebratissimi, ad Div. Nicol. Pastoris Meritissimi & Rev. Minist. Superintendentis Vigilantissimi

Qvas

Dulcissimo atq; Desideratissimo Marito

nec non

Patri nunqvam satis Devenerando

paratas cupiunt

VIDUA MOESTISSIMA & LIBERI TRISTISSIMI

Omnes cujuscunq; Dignitatis & Ordinis Acade-
mici Cives qva fas est humanitate ac
diligentia invitat

ALBERTUS JOACHIMUS

von Krackevitz /

S. S. Th. D. & P. P. Serenissimi Ducis Meckl. Regnantis Consiliarius Eccl. & per Distr. Mecklenb. Superint.

p. t. Univ. Rost. RECTOR.

ROSTOCHII, Literis JOH. WEPPLINGI, SERENISS. PRINC,
& *UNIVERS.* Typogr.

© UB ROSTOCK, UB Rostock: LB FP Quistorp, Johann 1715/a (http://purl.uni-rostock.de/rosdok/ppn770300340/phys_0005).

Abb. 74: Funeralprogramm (Titelseite) des Rektors der Universität Rostock Albert Joachim von Krakewitz (1674–1732) zur Trauerfeier für Johann Nicolaus Quistorp am 3. September 1715 (s. Kap. 2.6, Nr. 15b).

2.4 Lorenz Gottfried Quistorp (1691–1743): Einträge Nr. 1–13

Steckbrief: *Rostock, 31. Januar 1691; †Rostock, 28. März 1743, bestattet in der Marienkirche zu Rostock.

Vater: Prof. D. theol. J o h a n n   N i c o l a u s   Q u i s t o r p (1651–1715) (s. Kap. 2.3). – *Mutter:* M a r g a r e t h a   E l i s a b e t h   geb. B e r c k o w (1656–1692; s. Anm. II 221), Tochter des Juristen Daniel Berckow (1620–1670), eines Protonotars beim mecklenburgischen Land- und Hofgericht, dann Sekretärs der Hansestadt, und der Rostocker Ratsherrentochter Catharina geb. Hagemeister. – *Ehefrau I:* A n n a   M a r i a   B e r g (1695–1731; s. Anm. II 312), Hochzeit am 7. Mai 1716, Tochter des Rostocker Kaufmanns Jacob Berg (s. Anm. II 315) und der Anna Elisabeth Berg geb. Lüschow (s. Anm. II 322). – *Kinder aus erster Ehe:* (*1*) J o h a n n   J a k o b (1717–1766), D. theol., Prof. der Logik und Metaphysik an der UNI Kiel, dann Prof. für Physik u. Metaphysik an der UNI Rostock (*rätlich*), schleswig-holsteinischer und fürstbischöflich lübeckischer Kirchenrat, Hofprediger und Konsistorialrat, Pastor an St. Nikolai in Rostock, begründet den älteren Rostocker Ast der Familie Quistorp: s. Kap. 2.4, Eintrag Nr. 2; →Verfasser der Einträge in Kap. 2.5. – (*2*) B e r n h a r d   F r i e d r i c h (1718–1788), D. theol., 1749–1760 Prof. der Theologie (*herzoglich*) in Rostock, ab 1666 Prof. der Theologie an der UNI Greifswald, heiratet die Rostocker Kaufmannstochter Catharina Dorothea Wienke (1721–1771) und begründet den mittleren Greifswalder Ast der Familie (1782 Reichsadelsstand): s. Kap. 2.4, Eintrag Nr. 3 mit Anm. II 318. – (*3*). W a l t e r   H i n r i c h (*†1719): s. Kap. 2.4, Eintrag Nr. 4. – (*4*) L o r e n z   G o t t f r i e d (1720–1760), Kaufmann in Stettin: s. Kap. 2.4, Eintrag Nr. 5. – (*5*) T h e o d o r   J o h a n n (1722–1776), Dr. iur. utr. (Leipzig 1749); 1746 Advokat, 1748 Prokurator, später Rat am Wismarer Tribunal, ab 1750 auch Ratsherr der Hansestadt Wismar, heiratet 1751 Ursula Charitas Petersen (1727–1810) aus Lübeck und begründet den Wismarer Ast der Familie Quistorp: s. Kap. 2.4, Eintrag Nr. 6 mit Anm. II 333. – (*6*) A n n a   S o p h i a (1724–1750), heiratet 1746 Karl Friedrich Wachenhusen (1719–1781), Kaufmann in Wismar: s. Kap. 2.4, Eintrag Nr. 7. – (*7*) P e t e r   H i n r i c h (*†1725): s. Kap. 2.4, Eintrag Nr. 8. – (*8*) M a r g a r e t h a   C a t h a r i n a (1727–1796), heiratet 1758 Friedrich Joachim Wachenhusen (1711–1772), Kaufmann, Bürgermeister in Sternberg (Mecklenburg): s. Kap. 2.4, Eintrag Nr. 9, mit Anm. II 350, II 355. – *Ehefrau II:* R e g i n a   D o r o t h e a   B u r g m a n n (1695–1781), Hochzeit am 17. September 1732, älteste Tochter des Rostocker Theologen Jacob Burgmann (1659–1724), Prof. für Griechisch und Pastor an St. Nikolai, und der Catharina Margarete geb. Beselin (1670–1731) (s. Kap. 2.4, Eintrag Nr. 10, mit Anm. II 288, II 357). – *Kind aus zweiter Ehe:* (*1*) M a r g a r e t h a   C h r i s t i n a (1733–nach 1767), heiratet 1759 Johann Joachim Crumbiegel, Brauer und Kaufmann in Rostock (1738–1797), 1778 Vorsteher der Kirche St. Georg (s. Kap. 2.4, Eintrag Nr. 10).

Studium: Am 1. September 1708 Imm. an der UNI Rostock (Link: http://purl.uni-rostock.de/matrikel/100007344).

Ämterlaufbahn: Kaufmann; 1733–1743 Ratsherr der Hansestadt Rostock.

S. *10 [HAUSBIBEL QUISTORP 1614/15, eingelegtes Bl. 1ʳ (vor EBD., I. Zählung, Vorspann, Bl. a IIʳ)]:

[Nr. 1:] *Anno 1716 den 7. maii habe ich Lorentz Gottfried Quistorp*[311] *hochzeit gehalten mit jungfer Anna Maria Bergen*[312]*. Gott gebe uns eine gesegnete, friedfertige und vergnügte ehe. Sie ist gebohren anno 1695 den 31. octobris.* [Nachtrag:] *Ist gestorben 1731 den 27. junii.*

[Nr. 2:] *Anno 1717 den 29. martii am oster-montag morgens umb halb sechs uhr ist mir gebohren Johan Jacob*[313]*, und den folgenden tag getaufft von herrn magistro Niehenck*[314]*. Gevattern sind gewesen der herr schwiegervater Jacob Berg*[315]*, mein bruder magister Johann Nicolaus Quistorp*[316] *und meine Mutter Anna Christina Quistorpen geb. Lenten*[317]*. Gott der höchste laße dießes kind leben, so er siehet, daß es ihm nütz und seelig ist.*

---

[311] Zu Lorenz Gottfried Quistorp (1691–1743) s. Kap. 2.3, Nr. 10, sowie Kap. 2.4.

[312] Anna Maria Quistorp geb. Berg (1695–1731) war eine Tochter des Kaufmanns Jacob Berg (s. Anm. II 315) und der Anna Elisabeth Berg geb. Lüschow (s. Anm. II 322). – AHR, 1.1.18.3.-Kirchenbuch St. Jakobi – Taufen Jan 1679–Dez 1744, Bl. 65ᵛ, Nr. 59 (zum 3. Nov. 1695): *Den 3. <novembris hat> Jacob Berg eine tochter Anna Maria tauffen lassen, gevatter wahren Berend Haß, m. Mohren witwe, Jacob Haserten frau.*

[313] Zu Prof. D. theol. Johann Jacob Quistorp (1717–1766) s. Kap. 2.5.

[314] AHR, 1.1.18.3.-Kirchenbuch St. Marien 1698–1774, 49: *Hn. Laurentii Godofredi Quistorpii söhnlein Johann Jacob. Päten: Hn. M. Johann Nicolaus Quistorpius, hn. Jacob Berg, u. fr. Anna Christina, seel. superintend. hn. D. Jo. Nic. Quistorpii witwe.* – Johann Balthasar Niehenck MA (1680–1738), verheiratet mit Druda Lucretia Siricius (1700–1750), war 1715–1738 Diakon an St. Marien, Rostock. Nachweis: LBMV SCHWERIN, Schmidtsche Bibliothek, Bd. 142, Nr. 89; Bd. 144, Nr. 97: PFUN der UNI Rostock für J. B. Niehenck zur Trauerfeier am 12. März 1738; dazu AHR, 1.1.18.3.-Kirchenbuch St. Marien 1698–1774, 583; ebd., 599, zur Bestattung seiner Frau am 6. Mai 1750. Auktionskatalog seiner Bibliothek: http://purl.uni-rostock.de/rosdok/ppn888701381; VD18 1320257X. Sein Vater Dr. phil. Georg Niehenck (1628–1714) aus Lüneburg war in Rostock Rektor der Großen Stadtschule, Diakon und Pastor an St. Petri, 1699–1714 Pastor an St. Marien: VD18 1298549X = LBMV SCHWERIN, Schmidtsche Bibliothek, Bd. 96, Nr. 144: PFUN der UNI Rostock für Georg Niehenck zum 13. Juni 1714 (http://purl.uni-rostock.de/rosdok/ppn76898811X); PFUN der UNI Rostock für Catharina Niehenck geb. König, 11. Sept. 1715: Digitalisat: http://purl.uni-rostock.de/rosdok/ppn76663549X; VD18 90376382. Zu seinem Porträtgemälde in St. Marien s. SCHLIE I, 1896, 59f.

[315] Jacob Berg († vor 1749), Kaufmann in Rostock: MÖHLMANN 1975, 135 Nr. 214 18.

[316] Magister Johann Nicolaus Quistorp (1684–1743): s. Kap. 2.3, Nr. 7 mit Anm. II 251.

[317] Zu Anna Christina Quistorp geb. (von) Lente (1669–1753) s. Anm. II 287.

2.4 Lorenz Gottfried Quistorp (1691–1743)

[Nr. 3:] *1718 den 11. aprill morgens zwischen 1 und 2 uhr ist mir gebohren Berend Friedrich*[318] *und folgenden Tages von herrn magistro Niehenc[k] getauffet.*[319] *Gevattern sind gewesen herr Bernhard Quistorp*[320]*, herr Friedrich Berg*[321] *und meine frau schwiegermutter Anna Elisabeth Bergen gebohrne Lüschaven*[322]*. Gott lasse dieses kind zu seinen ehren auffwachsen.*

---

[318] Bernhard Friedrich Quistorp (1718–1788) studierte ab 1734 in Rostock, wo er im WS 1741/42 MA, 1747 Lic. theol., 1749 D. theol. wurde; s. MPR, Link: http://purl.uni-rostock.de/matrikel/100032024 u.a.m. In Rostock hatte er 1749–1760 eine *hzgl.*, extrakonziliare Theologieprofessur inne und wurde 1753 Superintendent: s. CPR, URL: http://cpr.uni-rostock.de/resolve/id/cpr_1person_00002573. Am 16. Mai 1749 heiratete er Catharina Dorothea Wienke (1721–1771), eine Tochter des Rostocker Kaufmanns Albert Friedrich Wienke und der Anna Elisabeth Stein (s. Anm. II 249). Das Ehepaar begründete den mittleren Greifswalder Ast der Familie Quistorp, der 1782 nobilitiert wurde: Reichsadelsstand für Dr. phil. Johann Gottfried Quistorp MA, 1752–1825, auf Vorwerk u. Klein-Jasedow bei Lassan, Vorpommern, Sohn der Eheleute Quistorp – Wienke: QUISTORP 2006, 180. 1758 protestierte Quistorp mit Johann Christian Burgmann (1697–1775, s. Anm. II 425) gegen die Aufnahme des Pietisten Christian Albert Döderlein (1714–1789) in die THEOL. FAK. Rostock (zu Döderlein s. den Eintrag im CPR, Link: http://purl.uni-rostock.de/cpr/00002579; ASCHE 2000, 72f, 91f; CAMENZ 2004). Der Konflikt – ein Auslöser für die Gründung der UNI Bützow – führte 1760 zur Entlassung Quistorps. 1766 ging Quistorp als Theologieprof. nach Greifswald in Schwedisch-Pommern, wurde Pastor an der Jakobikirche in Greifswald und war 1770/71 Rektor der UNI Greifswald. Ab 1779 war er Generalsuperintendent von Schwedisch-Pommern und Fst. Rügen, Stadt-Superintendent von Greifswald, Pastor an St. Nikolai, erster Prof. der Theologie an der UNI Greifswald, Prokanzler und Kurator der UNI: WILLGEROTH III, 1925, 1396; MÖHLMANN 1975, 135 Nr. 214 182; QUISTORP 2006, 44, 80–83, 179.

[319] Zur Taufe am 12. April 1718 s. AHR, 1.1.18.3.-Kirchenbuch St. Marien 1698–1774, 40: *M. Niehenck, den 12. April: h. Laurentii Quistorpen söhnlein Bernhard Friedrich. Päten: h. Johann Friedrich Bergk eigenthums herr von Poppendorff, h. Bernhard Quistorp apothecker hieselbst, und fr. Anna Elisabeth Berghen die großmutter des kindes.* – Zu Johann Balthasar Niehenck MA (1680–1738), Diakon an St. Marien, s. Anm. II 314.

[320] Bernhard Balthasar Quistorp (†1724), Apotheker: s. Kap. 2.2, Nr. 6 mit Anm. II 187.

[321] Die Taufmatrikel der Marienkirche nennt ihn 1718 *h. Johann Friedrich Bergk, eigenthums herr von Poppendorff* (s. Anm. II 319). Johann Friedrich Berg (†1724), Kaufmann in Rostock u. Kirchenvorsteher zu St. Jakobi, erwarb 1701 die Rittergüter Poppendorf, Bussewitz und Billenhagen bei Rostock. Seine Enkel Carl Friedrich Berg (†1752), hzgl. holstein. Hauptmann, u. Gustav Heinrich Berg (†1752), kgl. schwed. u. hessischer Hauptmann, wurden 1742 nobilitiert; die meckl. Anerkennung des Adelsstandes folgte 1750: s. Gothaisches Genealog. Taschenbuch der briefadeligen Häuser 6 (1912), 36f.

[322] Anna Elisabeth Berg geb. Lüschow (†1749), Ehefrau des Rostocker Kaufmanns Jacob Berg (s. Anm. II 315), wurde am 10. Feb. 1749 in der Rostocker Marienkirche bestattet (s. AHR, 1.1.18.3.-Kirchenbuch St. Marien 1698–1774, 565): *Frau Anna Elisabeth Bergen gebohrne Luschauen des sehl. herrn Jacob Bergen nachgelaßene frau wittwe.*

[Von anderer Hand ergänzt:] *SS. theol. doctor et professor et superintenden*[s], *nach Greiffswald vocirt als professor theologiae.*

[Nr. 4:] *1719 den 16. martii ist Walter Hinrich*[323] *gebohren und den anderen tag darauff von herrn magistro Niehenck getauffet.*[324] *Gevattern sind gewesen Walter Stein*[325]*, Johan Hinrich Berg*[326] *und mademoiselle Sophia Poltziussen gebohrne Quistorpen*[327]*. Starb den 7. aprill nachts umb 12 uhr.*

[Nr. 5:] *1720 den 8. junii abens umb 8 uhr ist Lorentz Gottfried gebohren*[328] *und den 10. ju*[nii] *von herrn doctor Senstio getauffet.*[329] *Gevattern sind*

---

[323] Zu Walter Hinrich Quistorp (*†1719) s. QUISTORP 2006, 44.

[324] S. dazu AHR, 1.1.18.3.-Kirchenbuch St. Marien 1698–1774, 44: *M. Niehenck, den 17. Martii* [1719]: *hn. Laurentii Gottfried Quistorpen söhnlein Walther Hinrich. Päten: h. Walther Stein, h. Joh. Hinrich Berg u. die fr. doctorin Poltzius.* – Zu Johann Balthasar Niehenck MA (1680–1738), Diakon an St. Marien, s. Anm. II 314.

[325] Walther Stein (1668–1739), war Kaufmann in Rostock, Vorsteher d. Nikolaikirche u. Witwer v. Barbara Margaretha Quistorp (1682–1709): s. Kap. 2.3, Nr. 6 mit Anm. II 249.

[326] Johann Heinrich Berg (1693–1774), ein Sohn des Rostocker Kaufmanns Jacob Berg (s. Anm. II 315), war Pfandinhaber des hzgl. Kammergutes Lambrechtshagen bei Rostock und Ehemann der Margaretha Dorothea geb. Koeckert (s. Anm. II 363). Zu seiner Taufe am 10. April 1693 s. AHR, 1.1.18.3.-Kirchenbuch St. Jakobi – Taufen Jan 1679– Dez 1744, Bl. 60ᵛ, Nr. 1: *Den 10.* [April 1693] *Jacob Barg ein söhnlein tauffen laßen Johann Hinrich genandt, gevattern waren Johannes Hagers, Hinrich Barg und Jochim Detloffen eheliebste.* Er starb 1774 und wurde St. Marien beigesetzt (s. AHR, 1.1.18.3.-Kirchenbuch St. Jakobi – Beerdigungen Apr 1695 – Dez 1793, o.S.: *Den 31.* [Januar 1774] *ward h. Johann Hinrich Berg, vormahliger pfandtträger zu Lambrechtshagen, in Marien kirche beygesetzt.* – Johann Jacob Quistorp nennt Johann Heinrich Berg seinen Onkel (*mein mutter bruder*), Johann Friedrich Berg (*1698, s. Anm. II 331, II 408) dessen Bruder (Kap. 2.5, Eintrag Nr. 16).

[327] Sophia Quistorp (†1743) heiratete im Sept. 1687 Rostocker Pfr. Johann Moritz Poltz oder *Poltzius* (1638–1708), s. Kap. 2.2, Nr. 5 mit Anm. II 182.

[328] Lorenz Gottfried Quistorp (1720–1760), Kaufmann in Stettin: QUISTORP 2006, 44.

[329] S. dazu AHR, 1.1.18.3.-Kirchenbuch St. Marien 1698–1774, 50: *D. Senstius, den *** junii* [1720] *getauffet herrn *** Quistorpii sohn Lorentz Gottfried. Paten: Hn. Friederich Schleff aus Hamburg, hn. Johann Friederich Berg, und mademoisell Anna Christina Quistorpen.* – Johann Senst (1650–1723) wurde 1677 Pfr. in Fürstenberg, 1699 Diakon, 1704 Archidiakon an St. Marien, Rostock, und Pastor am Kloster zum Hl. Kreuz: AHR, 1.1.18.3.-Kirchenbuch St. Marien 1698–1774, 545 (Beerdigung am 26. August 1723); WILLGEROTH III, 1925, 1422f. Am 10. Juli 1704 wurde er in Rostock zum D. theol. promoviert: MPR, Link: http://purl.uni-rostock.de/matrikel/400080056. Er heiratete 1677 Katharina Müller aus Mirow, 1701 Anna Sophia Petersen, 1715 Sophie Marie Paneke. Nachweis: LBMV SCHWERIN, Schmidtsche Bibliothek, Bd. 144, Nr. 133: PFUN

2.4 Lorenz Gottfried Quistorp (1691–1743)

gewesen herr Friedrich Schleff[330] *auß Hamburg und monsieur Johan Friedrich Berg*[331] *und meine schwester Anna Christina Quistorpen*[332]. *Gott laße dieses Kind zu seinen ehren auffwachsen.*

S. *11 [HAUSBIBEL QUISTORP 1614/15, eingelegtes Bl. 1^v (vor EBD., I. Zählung, Vorspann, Bl. a II^r)]:

[Nr. 6:] *Anno 1722 den 11. aprill ist mir gebohren Theodorus Johan*[333] *abends zwischen 6 und 7 uhr, und den 13. aprill getauffet von herrn doctore*

---

der UNI Rostock für D. theol. Johann Senst, 26. August 1723; dazu Kap. 2.6, Eintrag Nr. 35: PFUN der UNI Rostock zur Trauerfeier für Anna Sophia Senstius geb. Petersen 1713.

[330] Lebensdaten unbekannt. Am 14. Juli 1723 stand *Friederich Schleff, ein kauffmann in Hamburg,* in St. Marien Pate für Tobias Willebrand (s. AHR, 1.1.18.3.-Kirchenbuch St. Marien 1698–1774, 81), am 5. August 1725 für Carl Friedrich Wiesen (ebd., 99).

[331] Johann Friedrich Berg (*1698), Kaufmann in Rostock und Vorsteher der Jakobikirche, war ein Bruder von Johann Heinrich Berg (*1693, s. Anm. II 326, II 407f) und Anna Maria Quistorp geb. Berg (s. Anm. II 312). Sein Vater Jacob Berg (s. Anm. II 315) ließ ihn am 4. April 1698 taufen; s. AHR, 1.1.18.3.-Kirchenbuch St. Jakobi – Taufen Jan 1679–Dez 1744, Bl. 69^v, Nr. 23: *den 4.* [April 1698] *Jacob Berg ein sohn Johan Friederich tauffen lassen, gevatter wahren Fried. Schultz, Johan Frider. Berg und jungfr. Margrete Catrina Luschowen.* Namengebender Pate war der Kaufmann Johann Friedrich Berg (†1724), Erbherr auf Poppendorf (s. Anm. II 321). Johann Friedrich Berg (*1698) heiratete am 29. April 1723 Johanna Sophia Wetke (†1743; s. Anm. II 341), eine Tochter des Rostocker Rh.en Johann Georg Wetke (1662–1716); beide wurden durch D. Senstius getraut: s. AHR, 1.1.18.3.-Kirchenbuch St. Marien 1698–1774, 371; LBMV SCHWERIN, Personalschriften, Berg8; LBMV SCHWERIN, Schmidtsche Bibliothek, Bd. 144, Nr. 157: PFUN der UNI Rostock für Johann Georg Wetke zur Trauerfeier am 27. Mai 1716.

[332] Zu Anna Christina Quistorp (1695–1743) s. Anm. II 288.

[333] Dr. iur. utr. (Leipzig 1749) Theodor Johann Quistorp (1722–1776), 1746 Advokat, 1748 Prokurator, später Rat am Wismarer Tribunal, ab 1750 auch Rh. der Hansestadt Wismar, begründete den Wismarer Ast der Familie Quistorp; s. CRULL 1875, 115; QUISTORP 2006, 44, 356f. Als Student in Leipzig trug er viere Theaterstücke zur „Deutschen Schaubühne" bei, die Johann Christoph Gottsched (1700–1766) als Sammlung von Musterdramen herausgab; s. POTTER 2008, 6–20. Am 20. April 1751 heiratete er in Lübeck, *in Peterssen hauß unten in der Beckergrube,* Ursula Charitas Petersen (1727–1810); s. AHL, Kirchenbuch St. Jakobi, Lübeck, Heiraten 1625–1802, 168. Sie war eine Tochter des Lübecker Kaufmanns Andreas Petersen und wurde am 31. Juli 1727 in St. Jakobi in Lübeck getauft; s. AHL, Kirchenbuch St. Jakobi, Lübeck, Taufen 1721–1788, 348 (Paten: *Levien Brödersen, Ursula Gerckens, Gerdruth Rumpen*). Sie starb, 82jährig, am 3. Mai 1810 in Wismar und wurde am 8. Mai 1810 in der Marienkirche in Wismar bestattet; s. LAS, Kirchenbuchstelle, St. Marien, Wismar, Taufen, Heiraten und Tote 1792–1866,

Senstio.[334] *Gevattern sindt gewesen herr Theodorus Quistorp*[335] *rathsverwandter, herr Johannes Bauer*[336] *undt Maria Elisabeth Quistorpen*[337]. *Gott laße dieses kindt zu seinen ehren erwachsen.*

[Nr. 7:] *Anno 1724 den 22. augusti morgens umb 5 uhr ist gebohren Anna Sophia*[338], *und den anderen tag darauff von herrn magistro Niehenck getaufft.*[339] *Gevattern sind gewesen herr rathsherr Walter Steinen liebsten Anna Dorothea Steinen gebohrne Wulffen*[340], *herr Johan Friedrich Bergen*

81: doctorin Ursula Charitas Quistorp geb. Petersen des weis. doctoris und senatoris Theodor Johann Quistorp nachgelassene wittwe.

[334] Ein Eintrag in der Taufmatrikel der Marienkirche fehlt: AHR, 1.1.18.3.-Kirchenbuch St. Marien 1698–1774, 63. – Zu D. theol. Johann Senst (*Senstius*, 1650–1723), Archidiakon an St. Marien in Rostock, s. Anm. II 329.

[335] Zu Theodor Quistorp (1669–1722), ab 1709 Rh. in Rostock, s. Anm. II 211.

[336] Johannes Bauer (†1754), Kaufmann, 1726–1731 Ältester der Schiffergesellschaft, ab 1730 Rh. in Rostock, hatte sich im April 1703 an der UNI Rostock imm.; s. MPR, Link: http://purl.uni-rostock.de/matrikel/100004146; STIEDA 1894, 101.

[337] Maria Elisabeth Quistorp (1672–1743) geb. Krück (s. Anm. II 297) war die Ehefrau des Apothekers Bernhard Balthasar Quistorp (†1724) in Rostock (s. Anm. II 187).

[338] Anna Sophia Quistorp (1724–1750) heiratete 1746 Karl Friedrich Wachenhusen (1719–1781), Kaufmann (= Krämerkompanieverwandter) in Wismar, einen Sohn des Joachim Carl Wachenhusen (1671–1749), Pastor in Kladrum, und der Oelgart Maria Wendt (†1725), einer Tochter von dessen Amtsvorgänger Joachim Wendt, Pastor in Kladrum. Ihr gemeinsamer Sohn Karl Jacob (1748–1822) wurde Kaufmann in Wismar. Nachweis: GROTEFEND 1905, 18. – Friedrich Joachim Wachenhusen (s. Anm. II 355) war Karl Friedrichs Bruder.

[339] AHR, 1.1.18.3.-Kirchenbuch St. Marien 1698–1774, 91 (zum 23. August 1724): *H. M. Nihenck den 23. august, Lohrentz Quistorpen töcht. Anna Sophia. Päten: h. Walter Steins eheliebst, Joh. Fried. Bergen eheliebst, u. magist. Schwollmann, an deßen stell Jacob Berg.* – Zu Johann Balthasar Niehenck MA (1680–1738), Diakon an St. Marien in Rostock, s. Anm. II 314.

[340] Walther Stein (1668–1739) Kaufmann und Rh. in Rostock, Vorsteher der Nikolaikirche (s. Anm. II 249), heiratete nach dem Tod seiner zweiten Frau Barbara Margaretha Quistorp (1682–1709) (s. Anm. II 241) 1711 Anna Dorothea Wolff (1679–1744), eine Tochter des Prof.s der Logik, dann Prof.s der Theologie u. zweimaligen Rektors der UNI Rostock Franz Wolff (1644–1710), der ab 1697 Hauptpastor der Hamburger Nikolaikirche war, und der Anna Schuckmann. Nachweis: LBMV SCHWERIN, Schmidtsche Bibliothek, Bd. 144, Nr. 141: PFUN der UNI Rostock zur Trauerfeier für Walther Stein am 10. Februar 1739; ebd., Bd. 144, Nr. 162: PFUN der UNI Rostock für Anna Dorothea Wolff, Witwe des Rh.en Walther Stein, zur Trauerfeier am 11. Juni 1744.

liebste Johanna Sophia Bergen gebohrne Wettken[341]*, so beyde gegenwärtig gewesen, und der herr schwesterman herr pastor Schwolman von Segeberg*[342]*, wegen deßen abwesenheit der herr schwiegervatter Jacob Berg*[343] *seine stelle bey der tauffe vertretten. Gott laße dieses kind zu seinen heiligen ehren erwachsen umb Jesu Christi willen.*

[Nr. 8:] *Anno 1725 den 6. novembris ist mir Peter Hinrich*[344] *gebohren nachmittags umb halb vier uhr, und am 8. darauff getauffet von herrn magistro Gerling*[345]*. Gevattern sind gewesen herr doctor Johan Bernhard Quistorp*[346]*, der herr Peter Johan Krück*[347] *in Lübeck, deßen stelle wegen seiner*

---

[341] Johanna Sophia Berg geb. Wetke (†1743) war die Gattin von Johann Friedrich Berg (*1698), Kaufmann in Rostock, Vorsteher der Jakobikirche (s. Anm. II 331). Das Kirchenbuch AHR, 1.1.18.3.-Kirchenbuch St. Marien 1698–1774, 561 verzeichnet ihre Bestattung am 6. August 1743 in St. Marien: *sehl. frau Johanna Sophia Wetken, herrn Johann Friderich Berg vorsteher an die St. Jacoby kirche gewesene frau liebste.*

[342] Zu Theophil Christian Schwollmann (1697–1766) aus Lippstadt, ab 1723 Diakon in Segeberg/Holstein, Ehemann der Anna Christina Quistorp (1695–1743), s. Anm. II 288.

[343] Zu Jacob Berg († vor 1749), Kaufmann in Rostock, s. Anm. II 315.

[344] Zu Peter Hinrich Quistorp (*†1725) s. QUISTORP 2006, 44.

[345] Ein Eintrag in der Taufmatrikel der Marienkirche 1698–1747 fehlt: s. AHR, 1.1.18.3.-Kirchenbuch St. Marien 1698–1774, 101. – Joachim Wilhelm Gerling aus Soest (1695–1755), ein Sohn des Dr. med. Gerhard Gerling (*1651), der ab 1699 in Rostock praktizierte (MPR, Link: http://purl.uni-rostock.de/matrikel/100048034), wurde am 19. Nov. 1715 an der UNI Rostock imm., wo er im SS 1723 MA wurde; MPR, http://purl.uni-rostock.de/matrikel/100019619; http://purl.uni-rostock.de/matrikel/400080285. 1724 wurde er Archidiakon an St. Marien in Rostock, 1734–1755 Pastor ebd.: WILLGEROTH III, 1925, 1418. Nach AHR, 1.1.18.3.-Kirchenbuch St. Marien 1698–1774, 572, wurde er am 8. Januar 1756 in der Marienkirche bestattet: *Sehl. herrn magister Joachim Wilhelm Gerling, vieljährigen pastor an dieser gemeine und prediger am kloster zum Heil. Creutz, wie auch e. ehrwürdigen ministerii directors.*

[346] Dr. med. (1718, Rostock) Johann Bernhard Quistorp (1692–1761), Stadtphysikus von Rostock, 1743–1761 *rätlicher* Prof. der Medizin in Rostock, 1744/45, 1750/51 und 1756/57 Rektor der UNI Rostock, 1752 Dekan der MED. FAK., war ein Sohn des Apothekers Bernhard Balthasar Quistorp (s. Anm. II 187) und der Maria Elisabeth geb. Krück (s. Anm. II 337). Er heiratete 1718 Anna Margarete Goltermann (†1762) und war unmittelbar an der Marienkirche wohnhaft: QUISTORP 2006, 360. Eintrag im CPR, URL: http://purl.uni-rostock.de/cpr/00002570; MÜNCH 2019, 76, 79, 86f; REISINGER / HAACK 2019, 423. Gemäß AHR, 1.1.18.3.-Kirchenbuch St. Marien 1698–1774, 620 u. 622, wurde er am 15. Dezember 1761 in St. Marien bestattet (*sehl. herrn doctor Quistorph*), seine Frau am 3. März 1762 (*sehl. frau doctorin und professorin Quistorpen*).

[347] Peter Johann Krück (†1745), bestattet in der Kapelle der Bergenfahrer in St. Marien (Lübeck), Kaufmann und Bürger in Lübeck, seit 1722 verheiratet mit Theresia Strasser,

abwesenheit mein schwiegervatter herr Jacob Berg[348] *vertreten, und Agneta Bergen gebohrne Krügern, sehligen herrn Bergen nachgelaßene wittwe*[349]*. Dieses liebe kind aber ist am 12. novembris morgens umb 2 1/4 uhr an einer brustkrankheit selig im Herrn entschlaffen.*

S. *12 [HAUSBIBEL QUISTORP 1614/15, eingelegtes Bl. 2ʳ (vor ebd., I. Zählung, Vorspann, Bl. a IIʳ)]:

[Nr. 9:] *1727 den 27. martii ist mir Margaretha Catharina*[350] *gebohren {...} mittags umb halb fünff uhr, und darauff den 29. dito von herrn magistro Gerling getauffet.*[351] *Gevattern sind gewesen herrn doctoris Johann Bernhard Quistorps eheliebste*[352]*, frau pastorin Otten*[353] *und herr Albrecht*

Tochter des Rittmeisters Otto Christoph Strasser und Witwe des Matthias Bergmann, war ein Sohn des in Anm. II 297 genannten Diakons an der Rostocker Jakobikirche Johann Krück (1652–1694) und der Katharine Margarete Eggers (1660–1698): MÖHLMANN 1975, 93 Nr. 111.

[348] Zu Jacob Berg († vor 1749), Kaufmann in Rostock, s. Anm. II 315.

[349] Agneta Berg geb. Krüger ist wahrscheinlich die Witwe des Johann Friedrich Berg († 1724): s. Anm. II 321.

[350] Margaretha Catharina Quistorp (1727–1796) heiratete 1758 den Witwer Friedrich Joachim Wachenhusen (1711–1772), Kaufmann und Bgm. der Stadt Sternberg im Hgt. Mecklenburg (s. Anm. II 355).

[351] AHR, 1.1.18.3.-Kirchenbuch St. Marien 1698–1774, 112 (zu 29. März 1727): *H. m. Gerling den 29. dito [= März 1727]. Lohrentz Quistorpen töchterl. Margaretha Catharina. Päten: H. d. Quistorpen eheliebst, sehl. pastor Otten wittwe und Albrecht Fried. Wincke.* – Zu Joachim Wilhelm Gerling MA (1695–1755), Archidiakon an der Rostocker Marienkirche, s. Anm. II 345.

[352] Anna Margarete Goltermann († 1762) hatte 1718 den Rostocker Stadtarzt Dr. med. Johann Bernhard Quistorp (1692–1761) geheiratet (s. Anm. II 346). Sie war eine Tochter des Rostocker Kaufmanns und Rh.en Hans Goltermann (1665–1733), des Vorstehers der Jakobikirche, und der Anna Margarete geb. Knesebeck (1669–1738): MÖHLMANN 1975, 73 Nr. 128 8. Nachweis: LBMV SCHWERIN, Schmidtsche Bibliothek, Bd. 143, Nr. 55: PFUN der UNI Rostock zur Trauerfeier für den Rostocker Rh.en und Kaufmann Hans Goltermann am 16. Januar 1733; ebd., Bd. 143, Nr. 77: PFUN der UNI Rostock zur Trauerfeier für Anna Margarete Knesebeck, Witwe des Hans Goltermann, am 23. September 1738.

[353] Nicht ermittelt. Möglicherweise ist die Witwe des Theologen Ulrich Friedrich Otto (um 1665–1713) gemeint. Otto war von 1690 bis 1713 Pastor in der meckl. Gemeinde Goldebee bei Wismar, als Nachfolger seines Vaters David Otto: WILLGEROTH III, 1925,

Friedrich Wyncke[354]. *Der Höchste laße dieses kind zu seinen heiligen ehren erwachsen umb Jesu Christi willen.* [Von Hand Crumbiegels, s. Eintrag Nr. 12, wurde ergänzt:] *Ist verheyrathet 1758 den 13. januarii mit dem angesehenen herrn burgemeister Wachenhusen*[355] *in Sternberg, welcher aber den 14. januarii 1772 daselbst verstorben. 3 töchterleins hat sie ihm gebohren, so aber für seinem tode alle gestorben.*[356]

[Nr. 10:] *Anno 1732 den 17. septembris habe im nahmen Gottes zum zweyten mahl hochzeit gehalten mit der demoiselle Regina Dorothea Burgmannin*[357], *sehligen herren pastoris Burgmans*[358] *hieselbst ältesten jungfer tochter. Der Höchste verleyhe uns eine geseegnete und friedfertige ehe umb Jesu Christi willen.*

[Nr. 11:] *Anno 1733 die Matthiae, welcher war der 24. februarii, bin ab amplissimo senatu in hiesieges raths collegium beruffen worden.*

[Nr. 12:] *Den 12. decembris ist meine liebste mit einer jungen tochter ins wochenbett gekomen, welche darauff den 15ten eiusdem von dem herrn*

1236; MPR, Links: http://purl.uni-rostock.de/matrikel/100050953); http://purl.uni-rostock.de/matrikel/100036981.

[354] Albert (= Albrecht) Friedrich Wienke, Kaufmann in Rostock, war der Vater jener Catharina Dorothea Wienke (1721–1771), die 1749 Prof. D. theol. Bernhard Friedrich Quistorp (1718–1788) heiratete (s. Anm. II 318).

[355] Friedrich Joachim Wachenhusen (1711–1772), Kaufmann, dann Bgm. in Sternberg, war ein Sohn des Pastors in Kladrum Joachim Carl Wachenhusen (1671–1749) und der Oelgart Maria Wendt (†1725), Tochter des Pastors Joachim Wendt in Kladrum, des Amtsvorgängers des Pastors Wachenhusen: GROTEFEND 1905, 17. Friedrich Joachim heiratete 1740 in erster Ehe Anna Katharine Berg, 1758 in zweiter Ehe Margaretha Catharina Quistorp; s. Anm. II 349, dazu GROTEFEND 1905, 17. – Zu seinem Bruder Karl Friedrich Wachenhusen s. Anm. II 338.

[356] GROTEFEND 1905, 17f: Helene Juliane Theresia (1760–1762), Margarete Dorothea (1761–1762), Friederike Katharine Maria (1767–1770).

[357] Regina Dorothea Burgmann (1695–1781) war die älteste Tochter des Rostocker Prof.s und Pfr.s Jacob Burgmann (1659–1724, s. Anm. II 288) und der Catharina Margarete Burgmann geb. Beselin (1670–1731). Nachweis: LBMV SCHWERIN, Schmidtsche Bibliothek, Bd. 143, Nr. 15: PFUN der UNI Rostock zur Trauerfeier für Catharina Margarete Beselin, Witwe Burgmann, am 8. März 1731. Sie starb am 1. August 1781 und wurde in St. Nikolai, Rostock bestattet: s. AHR, 1.1.18.3.-Kirchenbuch St. Nikolai 1754–1887, 25: *Den 1ten aug. morgens um 4 uhr des sel. hn. senat. Lorentz Gottfriedt Quistorps nachgelassene frau witwe, seel. frau Regina Dorothea gebohrne Burgmann, in der kirchen. NB im 87. jahr.*

[358] Zu Jacob Burgmann (1659–1724), Pastor an St. Nikolai, Rostock, s. Anm. II 288.

magistro Gerling getauffet[359] *und Margaretha Christina*[360] *in der tauffe genannt worden. Gevattern sind gewesen herr Christoffer Daniel Dörcks*[361] *senator civitatis, madame doctorin Margaretha Ilsabeth Dörcksen verehelichte Burgmannin*[362] *und Margaretha Dorothea Köckerthen verehelichte Bergen*[363]. *Gott laße dieses kind zu seinen heiligen ehren und besonderem vergnügen seiner eltern erwachsen.* [Von Hand Crumbiegels wurde ergänzt:] *Sie ist verheyrathet 1759 den 10. augusti mit mir, dem kaufmann Johann Jo*[a]*chim Crumbiegel*[364]*, und sind wir von ihrem ältesten herrn bruder,*

---

[359] Laut Taufmatrikel der Marienkirche wurde sie am 14. [!] Dezember 1733 durch Magister Gerling getauft; s. AHR, 1.1.18.3.-Kirchenbuch St. Marien 1698–1774, 152: *H. m. Gerl. den 14. dito* [= 14. Dezember 1733]. *H. Lohrentz Quistorpen tochter Margaretha Christina. Päten: fr. doctorin Burgmannin, fr. Bergen von Lambrechtshagen u. h. C. D. Dörcks.* – Zu Joachim Wilhelm Gerling MA (1695–1755), Archidiakon an der Rostocker Marienkirche, s. Anm. II 345.

[360] Zu Margaretha Christina Crumbiegel geb. Quistorp (1733–nach 1767) s. MÖHLMANN 1975, 104 Nr. 32; QUISTORP 2006, 45.

[361] Christoph Daniel Dörcks (Dörckes) aus Güstrow wurde im April 1696 an der UNI Rostock imm.; s. MPR, Link: http://purl.uni-rostock.de/matrikel/100047699. In Rostock wurde er Rh. und war in verschiedenen Ratsämtern tätig, u.a. 1719–1723 als einer der städtischen Münzherren; s. EVERS I, 1798, 326.

[362] Margaretha Ilsabe Dörcks († 1776), eine Tochter des Rostocker Rh.en Christoph Daniel Dörcks (s. Anm. II 361), heiratete 1730 Johann Christian Burgmann (1697–1775), einen Sohn des Rostocker Hebraisten und Gräzisten Jacob Burgmann (1659–1724) und der Catharina Margarete Burgmann geb. Beselin (1670–1731) (s. Anm. II 288, II 357). Johann Christian Burgmann wurde nach Studien in Rostock, Jena und Wittenberg am 9. Oktober 1719 in Rostock zum MA promoviert und war ab 1720 als Dozent in der PHIL. FAK., dann auch in der THEOL. FAK. tätig. Im Januar 1724 wurde er Pastor am Rostocker Heilig-Geist-Hospital. Am 10. September 1726 folgte seine Promotion zum D. theol.; 1730–1735 hatte er eine Professur der Physik und Metaphysik in Rostock inne (*rätlich*), 1735–1775 die zweite *rätliche* Theologie-Professur, war Rektor der UNI und Dekan der THEOL. FAK.; s. CPR, URL: http://purl.uni-rostock.de/cpr/00002559. 1758 gehörte Burgmann mit Bernhard Friedrich Quistorp zu jenen Mitgliedern der THEOL. FAK. Rostock, die gegen die Aufnahme des Pietisten Christian Albert Döderlein (1714–1789) in die THEOL. FAK. protestierten (s. Anm. II 318).

[363] Margaretha Dorothea Berg geb. Koeckert war mit Johann Heinrich Berg (1693–1774) verheiratet, dem Pfandherren des Gutes Lambrechtshagen bei Rostock (s. Anm. II 326). In der Taufmatrikel der Marienkirche (s. Anm. II 359) heisst sie deshalb *fr. Bergen von Lambrechtshagen*.

[364] Johann Joachim Crumbiegel (1738–1797) war Brauer und Kaufmann in Rostock (1738–1797), 1778 Vorsteher der Kirche St. Georg: s. MÖHLMANN 1975, 104 Nr. 32. Das Ehepaar Crumbiegel – Quistorp hatte fünf Kinder, darunter Dorothea Therese Crumbiegel (1762–1844), die 1781 den Pastor in Bentwisch Friedrich Matthias Crull

2.4 Lorenz Gottfried Quistorp (1691–1743)

herrn doctori Johann Jacob Quistorpio,[365] *copuliret. Gott gönne uns eine gesegnete und friedfertige ehe.*

[Nr. 13:] [Von Hand Crumbiegels (s. Eintrag Nr. 12) wurde ergänzt:] *Herr Lorenz Gottfried Quistorp, senator Rostochiensis, starb 1743 den 28. märtz als ein rechtschaffener mann undt wahrer christ. Seine gebeine ruhen in St. Marien kirche.* – Laut AHR, 1.1.18.3.-Kirchenbuch St. Marien 1698–1774, S. 560 wurde er am 9. April 1743 in der Rostocker Marienkirche beigesetzt: *Den 9. april* [1743]: *Sehl. herren Lorentz Gottfrid Quistorp rathsverwandter.*

© PETER ARNOLD HEUSER

Abb. 75: HAUSBIBEL QUISTORP, Vorspann, Einlegeblatt 1ʳ (Ausschnitt):
Lorenz Gottfried Quistorp, Einträge Nr. 1–3 (s.o. S. 228f):
Lorenz Gottfried Quistorp berichtet über seine Hochzeit mit Anna Maria Berg (1695–1731) am 7. Mai 1716, über die Geburt von Johann Jacob Quistorp (1717–1766), dem Begründer des älteren Rostocker Astes der Familie Quistorp, am 29. Mai 1717 und über die Geburt von Bernhard Friedrich Quistorp (1718–1788), dem Begründer des mittleren Greifswalder Astes der Familie, am 11. April 1718.

(1751–1824) heiratete, Johanna Friederike Crumbiegel (*1767), die den Rostocker Kaufmann Johann Christian Schmidt heiratete, sowie den Rostocker Akziserat Johann Gottfried Crumbiegel; s. MÖHLMANN 1975, 97 Nr. 114 119 c 71, 98, 105 Nr. 321–325; CRULL 1992, 63; QUISTORP 2006, 45.

[365] Zu Prof. D. theol. Johann Jacob Quistorp (1717–1766), dem Begründer des älteren Rostocker Astes der Familie Quistorp, s. Kap. 2.4, Eintrag Nr. 2; Kap. 2.5; QUISTORP 2006, 44, 77ff, 86.

Abb. 76: HAUSBIBEL QUISTORP, Vorspann, Einlegeblatt 2^r (Ausschnitt):
Lorenz Gottfried Quistorp, Einträge Nr. 10–13 (s.o. S. 236f):

Lorenz Gottfried Quistorp berichtet über seine zweite Hochzeit mit Regina Dorothea Burgmann (1695–1781) am 17. September 1732, über seine Berufung in den Rostocker Stadtmagistrat am 24. Februar 1733 und über die Geburt seiner Tochter Margaretha Christina am 12. Dezember 1733. Mit handschriftlichen Nachträgen aus der Feder von Johann Joachim Crumbiegel, Brauer und Kaufmann in Rostock (1738–1797), Vorsteher der Kirche St. Georg und Ehemann Margaretha Christinas.

Abb. 77: HAUSBIBEL QUISTORP, I. Zählung, Bl. 354^v: Kolophon.

2.5 Johann Jacob Quistorp (1717–1766): Einträge Nr. 1–29

Steckbrief: *Rostock, 29. März 1717; †Rostock, 25. Dezember 1766, bestattet in der Rostocker Marienkirche. – Porträts: s. S. 130f, Abb. 63 – Abb. 65, dazu S. 98, 115f.

Vater: L o r e n z   G o t t f r i e d   Q u i s t o r p (1691–1743), Kaufmann, 1733–1743 Ratsherr der Hansestadt Rostock (s. Kap. 2.4). – *Mutter:* A n n a   M a r i a geb. B e r g (1695–1731), Tochter des Kaufmanns Jacob Berg und der Anna Elisabeth Berg geb. Lüschow in Rostock (s. Anm. II 312, 315, 322). – *Ehefrau:* C a t h a r i n a   T h e r e s i a   D a l l i n (1722–1797), Hochzeit am 16. Oktober 1744 in Eutin, Tochter des Barockbaumeisters Rudolph Matthias Dallin (um 1680–1743) und der Justina Dorothea Röhling (1701–1770), einer Tochter des fürstbischöflichen Kammersekretärs, dann Kammerrats Wilhelm Röhling in Eutin (s. Kap. 2.5, Eintrag Nr. 3 mit Anm. II 369–372). – Kinder: *(1)* A n n a   W i l h e l m i n a   T h e r e s i a (1746–1782), heiratet 1775 Bartholomäus Behrens MA (1740–1791), Pastor zu Westenbrügge: s. Kap. 2.5, Eintrag Nr. 4 mit Anm. II 373. – *(2)* J o h a n n   W i l h e l m (1748–1775), Schulleiter des Priesterseminars bei der Kreuzkirche in Bergen (Norwegen), unverheiratet: s. Kap. 2.5, Eintrag Nr. 6. – *(3)* F r i e d r i c h   A u g u s t (1751–1801, verschollen in Danzig), Kaufmann in Sternberg (Mecklenburg), heiratet 1780 Anna Henriette Hundt (1754–1832): s. Kap. 2.5, Eintrag Nr. 7. – *(4)* T h e o d o r   R u d o l f (1752–1780), Landwirt in Westenbrügge: s. Kap. 2.5, Eintrag Nr. 8. – *(5)* J o h a n n   G o t t f r i e d (1755–1835), später Dr. phil., Architekt, 1788 Universitätsbaumeister und akademischer Zeichenmeister in Greifswald, 1812 Dozent (*Adjunct*) für Bau- und Feldmesskunst an der UNI Greifswald, heiratet 1796 Sarah Henriette Linde (†1797), Tochter des Pastors August Christian Linde (*1725) in Kasnevitz auf Rügen: s. Kap. 2.5, Eintrag Nr. 16 mit Anm. II 405. – *(6)* T h e r e s i a   D o r o t h e a   C h a r i t a s (1757–1831), heiratet 1779 August Arnold Vermehren (1739–1811), Pastor in Güstrow: s. Kap. 2.5, Eintrag Nr. 18 mit Anm. II 414. – *(7)* J o h a n n (1758–1834), Dr. med. (Wien 1786), seit 1788 Professor der Naturgeschichte und Ökonomie an der UNI Greifswald, heiratet 1790 die Kaufmannstochter Marie Christine Lönnies (1771–1817) (1791 geschieden), in zweiter Ehe 1816 seine Kusine Tugendreich Eleonore Luise Magdalene von Quistorp (1793–1866): s. Kap. 2.5, Eintrag Nr. 21 mit Anm. II 423. – *(8)* C h r i s t i n a   T h e r e s i a   E l i s a b e t h (1762–1797), heiratet 1788 den Theologen Hans Franz Gering (1758–1823), Vikar zu Gützkow bei Greifswald: s. Kap. 2.5, Eintrag Nr. 25 mit Anm. II 431. – *(9)* J o a c h i m (1766–1848), Landmesser in Stralsund: s. Kap. 2.5, Eintrag Nr. 27.

Ausbildung – Studium – Akademische Grade: erhält Privatunterricht in Rostock. Am 18. April 1734 Imm. UNI Rostock (Link: http://purl.uni-rostock.de/matrikel/100032023): Studium der Philosophie/Theologie. 1739–1740 Hauslehrer bei den von Reventlow auf Gut Altenhof bei Eckernförde (Holstein). Am 13. Sept. 1740 Imm. UNI Jena (KÖHLER, Matrikel Jena III, 1969, 565). Am 3. April 1742 Promotion in Abwesenheit zum MA, Rostock (Kap. 2.5, Eintrag Nr. 1; Link: http://purl.uni-rostock.de/matrikel/400080537); am 4. Juni 1742 Rezeption als *Magister legens* in die Philosophische Fakultät der UNI Rostock (Link: http://purl.uni-rostock.de/matrikel/400080551). Am 21. November 1757 theologische Doktorprüfung an der UNI Rostock (s. Kap. 2.5, Eintrag Nr. 19); am 14. September 1758 öffentliche Disputation *pro gradu*, UNI Rostock, unter dem Vorsitz des Bruders Prof. D. theol. Bernhard Friedrich Quistorp (s. Kap. 2.5, Eintrag Nr. 20); am 26. Januar 1759 Promotion zum D. theol. durch die Theologische Fakultät der UNI Göttingen (s. Kap. 2.5, Eintrag Nr. 22).

Ämterlaufbahn: Am 15. Juni 1743 Berufung zum außerordentlichen Professor der Logik und Metaphysik an der UNI Kiel, am 28. September 1743 Rezeption, am 30. Oktober 1743 Antrittsvorlesung (s. Kap. 2.5, Eintrag Nr. 2). Am 10. Februar 1747 Berufung zum Kirchenrat und Hofprediger des Fürstbischofs von Lübeck in Eutin, am 4. Juli 1747 Ordination und Amtseinführung, am 9. Juli Antrittspredigt (s. ebd. Nr. 5), am 10. November 1754 Abschiedspredigt (s. ebd., Nr. 10). Am 13. November 1654 Bestallung als schleswig-holsteinischer und fürstbischöflich lübeckischer Konsistorialrat (s. ebd., Nr. 10). Am 17. September 1754 Wahl zum Pastor an St. Nikolai in Rostock, Berufung am 21. September 1754 (s. ebd. Nr. 9 u. 11); am 11. Dezember 1754 Kolloquium vor dem Geistlichen Ministerium (s. ebd., Nr. 12); am 28. Januar 1755 Amtseinführung (s. ebd. Nr. 13); am 2. Februar 1755 Antrittspredigt (s. ebd., Nr. 14); am 7. Februar 1755 Aufnahme ins Geistliche Ministerium (s. ebd., Nr. 15). 1755 Übernahme der *rätlichen* Professur für Physik und Metaphysik an der UNI Rostock, angesiedelt innerhalb der Philosophischen Fakultät (s. ebd., Nr. 17: Wahl durch den Stadtmagistrat am 20. Juni; Vereidigung am 18. Juli; Ruf am 20. Juli; Aufnahme in den Senat am 27. August; Aufnahme in die Philosophische Fakultät am 7. Oktober; Link: http://purl.uni-rostock.de/cpr/00002578). Rektor der UNI Rostock 1759/60, 1761/62, 1764/65, 1766; 1758/59 Dekan der Theologischen Fakultät. – Mitgliedschaft in Sprachgesellschaften der Aufklärung: ab 1740 in der *Deutschen Gesellschaft* in Jena (KÖHLER, Matrikel Jena III, 1969, 565), ab 1750 in der *Deutschen Gesellschaft* in Göttingen.

Fortsetzung S. *12 [HAUSBIBEL QUISTORP 1614/15, eingelegtes Bl. 2ʳ (vor EBD., I. Zählung, Vorspann, Bl. a IIʳ)]:

Curriculum vitae Johannis Jacobi Quistorpii.[366]

[Nr. 1:] *Anno 1742 am 3. april bin ich in der abwesenheit in Rostock in magistrum promoviret worden.*[367]

---

[366] Zu Prof. D. theol. Johann Jacob Quistorp (1717–1766) s. Kap. 2.4, Eintrag Nr. 2; Kap. 2.5, passim; QUISTORP 2006, 44, 77ff, 86.

[367] Johann Jacob Quistorp, imm. am 18. April 1734 an der UNI Rostock, wurde im WS 1741/42 zum MA promoviert: MPR: http://purl.uni-rostock.de/matrikel/100032023; http://purl.uni-rostock.de/matrikel/400080537 (Datum fehlt). Am 4. Juni 1742 wurde er als *Magister legens* in die PHIL. FAK. rezipiert; s. MPR, Link: http://purl.uni-rostock.de/matrikel/400080551.

2.5 Johann Jacob Quistorp (1717–1766)

[Nr. 2:] *1743 am 7. september bin ich in Kiel zufolge meiner vocation zum professore philosophiae extraordinario de dato Kiel den 15. junii angekommen, worauf ich am 28sten september praestito iuramento recipirt worden und am 30. october meine antrittsre[de] gehalten.*[368]

[Nr. 3:] *1744 am 16. october habe ich im nahmen Gottes in Eutin hochzeitt gehalten mit jungfer Catharina Theresia Dallin*[369]*, einer tochter herrn Rudolph Matthias Dallin*[370]*, hochfurstlich Schleßwig-Holsteinischen capitains, und frauen Justina Dorothea Rohlings*[371]*, und einer enckelin des noch lebenden furstlich Lubeckschen cammerraths herrn Wilhelm Rohlings*[372]*. Sie ist gebohren 1722 am 22sten october.*

---

[368] Am 15. Juni 1743 wurde Quistorp zum ao. Prof. der Philosophie in Kiel berufen, wo er bis 1747 amtierte; s. VOLBEHR / WEYL [4]1956, 177 Nr. 15.

[369] Catharina Theresia Quistorp geb. Dallin (1722–1797; s. QUISTORP 2006, 86) starb am 28. März 1797 und wurde am 3. April 1797 in der Pfarrkirche von Güstrow bestattet (LAS, Kirchenbuchstelle, Ev. Kirchengemeinde Güstrow, Tote 1787–1862, 79): *fr. d. Catharina Theresia Quistorp, geb. Dallin, desmayl. fürst-bischöfl. Lübeckischen, auch Schleswig-Hollsteinischen consistorialraths, profeßors u. doctors der theol. zu Rostock und pastors an der Nic.kirche daselbst Johann Jacob Quistorp nachgelassene wittwe, im 75sten jahr, an einer gallichten brustkrankheit.*

[370] Rudolph Matthias Dallin (um 1680–1743), Fortifikationsoffizier und Barockbaumeister, war 1715 als *capitain des mineurs* Offizier der schwed. Armee. 1716 wurde er Hofbaumeister des ev. Fbf.s von Lübeck Hzg. Christian August von Holstein-Gottorf (1673–1726) in Eutin, 1727 Bauinspektor im Gottorfer Anteil des Hgt.s Holstein. Zur Person s. EIMER 1961; PIETSCH, Dallin, 1979; HIRSCHFELD 1985; HECKMANN 2000; DEUTER 2001, 253; PÖSCHK 2011, 96, 160–165. Dallin bewohnte ein Haus am Kieler Schlosspark, das Hzg. Friedrich August ihm 1739 zu freiem Eigen schenkte; s. SEEBACH 1965, 193.

[371] Justina Dorothea Röhling (1701–1770) war eine Tochter Wilhelm Röhlings (s. Anm. II 372), eines Kammersekretärs, dann Kammerrats des Fbf.s von Lübeck: HECKMANN 2000, 147; dazu KKAOG.-Ev. Kirchengemeinde Eutin, Taufregister Eutin 1633–1765, o.S. (zum 18. Januar 1701): *Den 18. jan. ist Wilhelm Röhling (der vordem verwalter auff Perdöhl gewesen, jetzt aber bey seinen schwieger eltern, nemlich dem hoff-fourier Harm Brandt sich auffhielte) sein töchterlein getaufft u. Justina genennet worden. Gevattern waren fr. Justina Johnen cammerrähtin, die fr. doctorin Anna Dorothea Förtschen* [s. Anm. II 393]*, fr. Dorothea Augusta Roberts, h. Aug. Frid. Haußvoigt cons<ul>, u. mons. Johann Nicolaus Hampf hoff organist.* – Rudolph Matthias Dallin (s. Anm. II 370) heiratete Justina Dorothea am 11. Dezember 1721; s. KKAOG.-Ev. Kirchengemeinde Eutin, Taufen, Heiraten und Tote 1720–1911, o.S.: *Den 11. dec.* [1721] *wurde im hause getrauet jgfr. Justina Dorothea Röhlingin und h. Rudolph Matthias Dallin, königl. schwedischer mineur capitain.*

[372] Wilhelm Röhling war Kammersekretär, dann Kammerrat der ev. Fürstbischöfe von Lübeck aus dem Hause Holstein-Gottorf; s. NORDMANN / PRANGE / WENN 1997.

[Nr. 4:] *1746 am 5. julii nachmittags zwischen 3 und 4 uhr ist mir gebohren meine tochter Anna Wilhelmina Theresia*[373]*, und darauf am achten getaufft von dem herrn oberconsistorial- und kirchenrath Hosmann*[374]*. Gevattern waren beyde elter mutter frau superintendentin Anna Christina Quistorpen geb. Lenten*[375] *und frau Anna Elisabeth Bergen geb. Luschoven*[376] *nebst dem elter vater herr Wilhelm Rohling*[377]*, deren stel*[le] *die frau oberconsist<orial-> und kirchenrathin Seelhorsten*[378]*, die frau secret<arius>*

---

[373] Anna Wilhelmina Theresia Quistorp (1746–1782) heiratete 1775 Bartholomäus Behrens MA (*Berends*, 1740–1791), Sohn des Rostocker Kaufmanns David Behrens und ab 1775 Pastor zu Westenbrügge (s. Anm. II 394); s. AHR, 1.1.18.3.-Kirchenbuch St. Nikolai 1754–1887, 18: *Anno 1775 [...] October [...] den 26ten copulirte d. Hartmann den herrn magister Bartholomaeus Berends, erwählten prediger zu Westenbrügge, mit der demoiselle Anna Wilhelmina Theresia Quistorpen, seel. hn. doct. und past. zu Nicolai, Johann Jacob Quistorpen, ältesten demoiselle tochter.* Bei SCHLIE III, 1899, 503, Hinweis auf zwei Zinnleuchter mit den Inschriften *ANNA WILHELMINA THERESIA BEHRENS, GEB. QUISTORPEN, IM JAHR 1776*; *BARTHOLOMEUS BERENS, PASTOR ZU WESTENBRÜGGE ERWÄHLT DEN XI*^*ten* *SONTAG NACH TRINITATIS IM JAHR 1775*; WILLGEROTH I, 1924, 69; QUISTORP 2006, 86f. Bartholomäus Behrens hatte sich im Februar 1758 an der UNI Rostock imm.: MPR, Link: http://purl.uni-rostock.de/matrikel/100004012. Er heiratete 1782 in zweiter Ehe Margarethe Catharina Hasse (1753–1828) aus Wismar und war ein Neffe von Johann Heinrich Behrens (1711–1781), Pastor und Propst zu Grabow (http://purl.uni-rostock.de/matrikel/100026892), und Matthias Daniel Behrens (1728–1781), Pastor an der Nikolaikirche in Wismar (http://purl.uni-rostock.de/matrikel/100035792).

[374] Gustav Christoph Hosmann (1695–1766), ein Sohn des Pastors an der Stadtkirche von Celle Sigismund Hosmann MA, wurde 1721 Diakon in Gettorf, 1722 Pastor zu Woldenhorn, 1729 Diakon an der Kieler Nikolaikirche. 1730 wurde er in Kiel D. theol. und ao. Prof. der Theologie, 1731 Kabinettsprediger und Erzieher des Erbprinzen Karl Peter Ulrich (= Zar Peter III. von Russland), 1733 Prof. der Theologie, 1733–1734 Archidiakon, 1734 Hofprediger und Prediger der Leibgrenadiergarde, 1749 Generalsuperintendent (Holstein hzgl. Anteils) und 1750 erster Theologieprof. in Kiel; s. SCHOLZ 1791, 281f; CARSTENS 1889.

[375] Zu Anna Christina Quistorp geb. (von) Lente (1669–1753) s. Anm. II 287. Ihr Gatte Johann Nicolaus Quistorp (1651–1715) war ab 1703 Superintendent in Rostock.

[376] Zu Anna Elisabeth Berg geb. Lüschow (†1749) s. Anm. II 322.

[377] Zu Wilhelm Röhling s. Anm. II 372.

[378] Marianne Seelhorst geb. Amelung aus Celle. Ihr Mann Johann Christian Seelhorst (1699–1756), ein Sohn des Pastors Levin Seelhorst (1656–1721) in Kirchboitzen (Braunschweig-Lüneburg) und der Margarethe Sophie geb. Bödicker (1668–1722), wurde 1725 Pastor von Trittau (Holstein), 1734 Archidiakon an St. Nikolai (Kiel) und Konsistorialassessor, 1735 Pastor an St. Nikolai (Kiel), Oberkonsistorial- und Kirchenrat; s. EGGERS 1908, 437; BRUHN 1963, 190.

2.5 Johann Jacob Quistorp (1717–1766)

Nasser[379] *und der herr cantzelleyrath Dorn*[380] *vertreten. Gott erhalte dieses liebe kind nach seinem heiligen willen.*

[Nr. 5:] *1747 am 3. maii habe ich die vocation zum kirchenrathe und hofprediger in Eutin de dato Stockholm den 10. februarii erhalten und infolge derselben am 15. junii mich nach Eutin begeben, woselbst ich am 4ten julii ordinirt und introduciret worden, und darauf am 9ten eiusdem als am 6. post trinitatis meine antrittspredigt gehalten. Der Herr stehe mir bey zur geseegneten fuhrung meines amts.*

[Nr. 6:] *1748 am 18ten julii morgens um 9 uhr ist mir sohn Johann Wilhelm*[381] *gebohren und darauf am 21sten a*[ls] *am 6. post trinitatis in der Eutinschen schloßcapelle von dem herrn superintendent Baleman getauft worden.*[382] *Gevattern waren der elter vater herr Wilhelm Rohling*[383]*, mein bruder magister Bernhard Friderich Quistorp*[384] *und meine stiefmutter frau Regina Dorothea Quistorpen g*[eborene] *Burgmann*[385]*. Gott erhalte nach*

---

[379] Margarethe Elisabeth Nasser geb. Söhnlein war mit dem hzgl. Kammerkopisten Johann Leopold Nasser (1711–1784) verheiratet: SEEBACH 1965, 97, 117f, 121, 319. Ihr Sohn Johann Adolf Nasser (1753–1828) wurde in Kiel ao. Prof. für Philosophie, klassische und dt. Literatur, Archäologie und Kunst; s. TELSCHOW, *Nasser*, 1979, 167ff.

[380] Dr. iur. (Rostock 1736) Amandus Christian Dorn (1711–1765), Sohn des Stadtkämmerers von Parchim im Hgt. Mecklenburg-Schwerin, wurde 1737 Kanzleirat der hzgl. holsteinischen Kanzlei und Prof. der Rechtswissenschaften in Kiel, 1753 Prof. primarius, 1759 Etatrat; Prorektor der UNI Kiel 1742/43, 1746/47, 1752/53, 1754/55, 1758/59, 1762/63. Nachweise: SEEBACH 1965, 91; Kieler Gelehrtenverzeichnis, Link: https://cau.gelehrtenverzeichnis.de/73ff41e1-7e83-40f7-a516-03b33f51e6f5; dazu die Trauerschrift der UNI Kiel für Dorn 1765 (VD18 13089722); UB Rostock, Sondersammlungen, Kl-240(3).4, Digitalisat: http://purl.uni-rostock.de/rosdok/ppn822228157; MPR, Links: http://purl.uni-rostock.de/matrikel/100027549; http://purl.uni-rostock.de/matrikel/400080440; http://purl.uni-rostock.de/matrikel/400080448.

[381] Johann Wilhelm Quistorp (1748–1775), Schulleiter (*skoleholder*) des Priesterseminars bei der Kreuzkirche in Bergen (Norwegen), blieb unverheiratet: QUISTORP 2006, 87.

[382] Eintrag in KKAOG.-Ev. Kirchengemeinde Eutin, Taufregister Eutin 1633–1765, o.S.: *Eod.* [= 21. Juni 1748] *ist getaufft des herrn kirchen raht Qwistorp erster sohn Johann Wilhelm, die gevatter der herr kammer raht Röhling und andere von der verwandschafft.* – Hinrich Balemann (1692–1761) war seit 1727 Hofprediger in Eutin, wurde 1732 Kirchen- u. Konsistorialrat, 1734 Superintendent des Fbt.s Lübeck, 1738 Hauptpastor an der Stadtkirche Eutin; s. SCHMIDT-SIBETH, *Balemann*, 1974, 24f.

[383] Zu Wilhelm Röhling s. Anm. II 372.

[384] Zu Bernhard Friedrich Quistorp (1718–1788) s. Anm. II 318.

[385] Zu Regina Dorothea Quistorp geb. Burgmann (1695–1781) s. Anm. II 357.

seinem gnadigen willen dieß liebe kind und laße es zu seiner ehre in allem guten aufwachsen.

S. *13 [HAUSBIBEL QUISTORP 1614/15, eingelegtes Bl. 2ᵛ (vor EBD., I. Zählung, Vorspann, Bl. a II^r)]:

[Nr. 7:] *1751 den* [25.] *januar morgens um* [3] *uhr ist mir gebohren mein sohn Friderich August*[386] *und darauf am 27. januar 1751] von dem herrn superintendent Balemann getaufft worden.*[387] *Gevattern waren des herrn bischoffs und hertzogs hochfurstliche durchlaucht*[388], *der herr hofmarschall von During*[389] *und die frau presidentin von Rumohr*[390], *deren stellen, da sie*

---

[386] Friedrich August Quistorp (1751–1801, verschollen in Danzig), Kaufmann in Sternberg (Mecklenburg), heiratete 1780 Anna Henriette Hundt (1754–1832): QUISTORP 2006, 87. Das Ehepaar hatte fünf Kinder (ebd., 87, 89): Ernst Friedrich (1781–1782), Christian August Heinrich (1783–1853), Agneta Sophia Friederike Theresia (1786–1801), Friedrich Wilhelm (1791–1816) und Margaretha Sophia Elisabeth (1793–1795). Anna Henriette Quistorp geb. Hundt, geboren in Seedorf auf der Insel Poel, starb in der Nacht vom 3. auf den 4. Februar 1832 im Alter von *angeblich 78 jahren* in Gammelin im Hgt. Mecklenburg-Schwerin: s. LAS, Kirchenbuchstelle, Ev. Kirchengemeinde Gammelin, Taufen, Heiraten und Tote 1788–1875, 339 (*frau Anna Henrietta Quistorp geb. Hundt, eine wittwe des vormaligen kaufmanns Quistorp zu Sternberg*). Sie war vermutlich eine Verwandte des meckl.-schwerin'schen Baurates Johann Heinrich Hundt (1750–1831); s. Neuer Nekrolog der Deutschen 9/2 (1831), Ilmenau 1833, 991 Nr. 368.

[387] Das Kirchenbuch KKAOG.-Ev. Kirchengemeinde Eutin, Taufregister Eutin 1633–1765, o.S., beurkundet die Taufe (wohl irrtümlich) zum 24. [!] Januar 1751: *Den 24. ist getaufft hn. kirchen raht J. J. Quistorp sohn Friedrich August. Die gevattern: ihro durchlaucht der h. bischoff und von selben Benannte.* – Zu Superintendent Hinrich Balemann (1692–1761) in Eutin s. Anm. II 382.

[388] Der namengebende Pate, Hzg. Friedrich August von Holstein-Gottorf (1711–1785), war ab 1750 Fbf. von Lübeck, ab 1773 Graf von Oldenburg u. Delmenhorst, ab 1774/77 Hzg. von Oldenburg: s. MÜLLER 2018. Sein Bruder und Vorgänger, Hzg. Adolf Friedrich von Holstein-Gottorf (1710–1771), war 1743–1750 ev. Fbf. von Lübeck, ab 1743 schwed. Thronfolger und 1751–1771 Kg. von Schweden; s. KELLENBENZ, Adolf Friedrich, 1953.

[389] Adolf Friedrich von Düring (1699–1767), Hofmarschall des Fbf.s von Lübeck, Dompropst, Ritter des St.-Annen-Ordens, Burgmann zu Horneburg: s. Niedersächsisches Landesarchiv Stade, Dep. 37: Familienverband von Düring.

[390] Adelheid Benedicta von Rumohr geb. von Blome (1725–1806) auf Hagen, Dobersdorf und Borghorst, hatte 1745 Henning Benedikt (= Bendix) von Rumohr (1717–1776) auf Bossee geheiratet, einen Sohn des Cay Rumohr (1688–1770) auf Bossee. Das Ehepaar

2.5 Johann Jacob Quistorp (1717–1766)

insgesamt abwesend waren, der herr justitzrath Francke[391]*, der herr cammerrath Faber*[392] *und die frau cammerrathin Foertschen*[393] *vertraten. Gott erhalte nach seinem heiligen willen das liebe kind und laße es in seiner ehre aufwachsen.*

---

hatte zwölf Kinder. Fbf. Christian August verlieh Henning Benedikt 1723 eine Pfründe im Lübecker Domkapitel, wo er bis zum Thesaurar aufstieg, und machte ihn zum fbfl. Rat. Unter Fbf. Friedrich August stieg er zum Präsidenten der fbfl. Kollegien in Eutin auf und war Mitglied im „Geheimen Conseil", der Hzg. Friedrich August von Holstein-Gottorf in seiner Eigenschaft als Statthalter des russischen Zaren Paul I. für die hzgl. Anteile in Holstein beriet: PRANGE 2014, Nr. 452.

[391] Dr. med. Georg Franck (1700–1768), getauft am 29. Juli in Kiel als Sohn des D. theol. Wolfgang Christoph Franck (1669–1716), eines Prof.s der Theologie in Kiel, war 1726–1764 ao. Prof. der Medizin in Kiel, wurde 1736 Leibarzt des Fbf.s von Lübeck, Hofrat, am 24. Oktober 1743 Justizrat; Nachweis: SCHIPPERGES I, 1967; Kieler Gelehrtenverzeichnis, Link: https://cau.gelehrtenverzeichnis.de/person/a36bd253-b93f-2608-bcea-4e845af98ee – Die Familien Quistorp und Franck waren bereits seit der Elterngeneration miteinander bekannt: Als Prof. D. theol. Johann Joachim Weidener (1672–1732) Johann Hinrich von Clausenheim am 15. September 1713 in St. Marien, Rostock, taufte, traten als Paten auf: der Etatrat Johann von Clausenheim (1653–1720), Hofrat Heinrich Rudolph Redeker (s. Anm. II 291) und Frau Prof.in Francken aus Kiel, deren Stelle die *Frau Superintendentin* Anna Christina Quistorp geb. (von) Lente (1669–1753; s. Anm. II 287) vertrat; s. AHR, 1.1.18.3.-Kirchenbuch St. Marien 1698–1774, darin Taufmatrikel 1698–1747, 21.

[392] Zu Kammerrat Faber s. NORDMANN / PRANGE / WENN III 1997, 1046 Nr. 13155, 1070 Nr. 13458.

[393] Francisca Catharina Förtsch geb. Rüder (1718–1762) aus Segeberg hatte den fürstbischöflich lübeckischen geheimen Kammersekretär (1730), Kammerrat (1735) und Oldenburger Justizrat Johann Philipp Förtsch d.J. (*1683) am 30. Juni 1735 in Eutin geheiratet: s. KKAOG.-Ev. Kirchengemeinde Eutin, Taufen, Heiraten und Tote 1720–1911, o.S.: *Den 30. Juni [1735] ist sine propria proclamatione copuliret der herr kammer raht und dechant J. P. Förtsch und die Mademoiselle Rudern.* Am 21. März 1740 ließ Kammerrat Förtsch in Eutin den Sohn Jacob Levin Friedrich Förtsch taufen; Paten waren der Eutiner Oberhofmarschall und Dompropst in Lübeck Jacob Levin von Plessen (1701–1761), Landrat August Christian von Witzendorff (1704–1763) und Vizepräsidentin Marggraff. In erster Ehe hatte Förtsch am 1. Juni 1730, damals noch als geheimer Kammersekretär, in Eutin Christina Dorothea Westermann († vor 1735) geheiratet; s. KKAOG.-Ev. Kirchengemeinde Eutin, Taufen, Heiraten und Tote 1720–1911, o.S. – Kammerrat Förtsch war ein Sohn des Komponisten, Hofmedicus und Justizrates der Fürstbischöfe von Lübeck Dr. med. Johann Philipp Förtsch d.Ä. (1652–1732) aus Wertheim in Franken und der Anna Dorothea geb. Thomsen (†1741; s. Anm. II 371); HOLM, Förtsch, 1970; KÜSTER 2013.

[Nr. 8:] *1752 den 11ten november abends um 6 uhr ist mir gebohren mein sohn Theodor Rudolph*[394] *und darauf den 14. november von dem herrn superintendent Balemann getaufft*[395] *worden. Gevattern waren mein bruder doctor Theodor Johann Quistorp*[396] *in Wismar, meiner frauen bruder Rudolph Matthias Dallin*[397] *und meine schwester in Rostock Margaretha Catharina Quistorpen*[398]*; die stelle des erstern vertratt herr pastor Uckert*[399] *und die stelle der letzten die demoiselle Brandten*[400]. *Gott erhalte nach seinem gnadigen wohlgefallen auch dieses liebe kind und laße es zu seinen ehren auffwachsen um Christi willen.*

---

[394] Theodor Rudolf Quistorp (1752–1780), Landwirt in Westenbrügge (s. Anm. II 373), starb ebd. am 19. Oktober 1780; Bestattung ebd. am 21. Okt. 1780; s. LAS, Kirchenbuchstelle, Ev. Kirchengemeinde Westenbrügge, Taufen, Heiraten, Tote, Konfirmationen 1649–1882, 171; dazu QUISTORP 2006, 89.

[395] Eintrag in KKAOG.-Ev. Kirchengemeinde Eutin, Taufregister Eutin 1633–1765, o.S. (zum 14. Nov. 1752): *Den 14. ist getaufft des h. kirchen raht J. J. Quistorp sohn Theodor Rudolph. Die gev.: h. d. Quistorp in Rostock, h. canon. Dallien, mademoiselle Brandten.* – Zu Superintendent Hinrich Balemann (1692–1761) in Eutin s. Anm. II 382.

[396] Zu Dr. iur. utr. Theodor Johann Quistorp (1722–1776), 1746 Advokat, 1748 Prokurator, dann Rat am Wismarer Tribunal, s. Anm. II 333.

[397] Rudolph Matthias Dallin d.J. (*1724) war ein Sohn des Hofbaumeisters Rudolph Matthias Dallin (um 1680–1743, s. Anm. II 370) und der Justina Dorothea Röhling (1701–1770). Catharina Theresia Quistorp geb. Dallin (1722–1797) (s. Anm. II 369) war seine Schwester. – KKAOG.-Ev. Kirchengemeinde Eutin, Taufen, Heiraten und Tote 1720–1911, o. S.: *Den 5. nov.* [1724] *ward im hause getauft Rudolph Matthias, des herrn capitain Dallin söhnlein, dessen pathen herr justizraht Förtsch, herr oberbereiter Güntherodt, die frau doctorin Nitschin.* – Margaretha Katharina Nitzsch (1693–1764) war eine Tochter des fbfl. Geheimrats in Eutin Liz. iur. Gregor Nitzsch (1660–1705) und Ehefrau des Wittenberger Theologen Prof. D. theol. Gottlieb Wernsdorff d.Ä. (1668–1729).

[398] Zu Margaretha Catharina Quistorp (1727–1796) s. Anm. II 350.

[399] Georg Heinrich Ukert oder Uckert, 1734 Diakon, später Pastor secundarius, 1763 Hauptpastor in Eutin; Vater des Eutiner Hofpredigers Georg Heinrich Albert Ukert (1745–1814). Nachweis: HACH 1913, 149, 151.

[400] Im Kirchenbuch KKAOG.-Ev. Kirchengemeinde Eutin, Taufregister Eutin 1633–1765, o.S., heißt sie zum 28. November 1751 (Taufe der Christina Elisabeth, Tochter des Eutiner Amtsboten Hinrich Thedens) *mademoiselle Sophia Maria Elisabeth Brandten*. Gemeint ist Sophia Maria Elisabeth Brandt, die Frau des fbfl. Justiz- und Kammerrates sowie Stiftskanonikers Johann Heinrich Brandt (†1780), Amtsverwalters in Schwartau; s. LASH Schleswig, Nachlässe, Abt. 288 (Nachlässe von Beamten im Fst. Lübeck), Nr. 288.2; RÖPCKE 1977, 11. Zu seinen Brüdern, dem hzgl. meckl. Regierungsrat Friedrich Benedikt Brandt, dem hzgl. meckl. Oberamtmann Carl Georg Brandt sowie dem Bgm. der Stadt Schwerin Wilhelm Christoph Ludolf Brandt, s. BÖHMER 1/2, 1799, 361–372.

[Nr. 9:] *1754 den 21. september habe die vocation zum pastorat an der St. Nicolai kirche in Rostock erhalten, nachdem ein ehrwurdiger rath daselbst mich nebst dem herrn doctor und professor Pries*[401] *der gemeine presentiret, und ich von der letztern am 17. september mit 70 stimmen gegen 61 gewahlet worden.*

[Nr. 10:] [1754] *den 10. november, als am 22. post trinitatis habe ich in der schloßkirchen zu Eutin meine abschiedspredigt gehalten, und vermittelst derselben mein bißheriges hofpredigeramt niedergelegt, worauf mein bißheriger gnadigster herr*[402] *mir meinen abschied unter dem 9. november und eine bestallung als consistorialrath unter dem 13. november nebst einer goldenen medaille huldreichst reichen laßen.*

[Nr. 11:] [1754] *den 15. november, des morgens zwischen 8 und 9 uhr, habe das liebe Eutin verlaßen und mich auf den weg nach Rostock gemacht, wo ich auch am 22sten abends um 8 uhr nebst den meinigen glucklich angekommen, am 26. aber nachmittags um 3 uhr auf dem rathause mich einfinden mußen, und aufs neue meine vocation von den 3 heren burgermeistern und den 4 vorstehern der kirchen erhalten habe.*

[Nr. 12:] [1754] *den 11. december habe mich einem rever<endissimo> ministerio zum colloquio sistiret, nachdem ich am 3ten demselben presentiret worden und am 4ten meine confessio fidei eingesandt.*

[Nr. 13:] *1755 den 28. januarii bin ich zu meinem neuen amte feyerlich eingefuhret worden. Den introductions actum verrichtete herr magister Crull*[403] *pastor Petrinus.*

---

[401] Joachim Heinrich Pries II (1714–1763), Sohn des Rostocker Bgm.s Joachim Heinrich Pries I (1681–1763) und der Dorothea Elisabeth Wulfleffen (†1716) aus Neubrandenburg, wurde in Rostock 1738 MA, 1749 D. theol.; 1743–1763 hatte er die *rätliche* Professur der Moral inne, war 1753/54 und 1762/63 Rektor der UNI Rostock, ab 1743 Pastor an St. Johannis und an St. Georg in Rostock, ab 1758 an St. Marien; s. seinen Eintrag im CPR, URL: http://purl.uni-rostock.de/cpr/00002569; dazu WILLGEROTH III, 1925, 1418f. Am 17. Mai 1743 heiratete er in der Rostocker Marienkirche Sophia Wendula Petersen (1724–1771), eine Tochter des Rostocker Bgm.s Johann Christian Petersen (1682–1766) und der Wendula Wulffrath; s. AHR, 1.1.18.3.-Kirchenbuch St. Marien 1698–1774, 413.

[402] Hzg. Friedrich August von Holstein-Gottorf (1711–1785), ab 1750 Fbf. von Lübeck (s. Anm. II 388).

[403] Johann Friedrich Crull (1720–1757), Sohn des Pastors an St. Petri in Rostock Christian Crull (1678–1748) aus Malchin (http://purl.uni-rostock.de/matrikel/100047694), wurde im Nov. 1747 Diakon, im Okt. 1749 Pastor an St. Petri; s. WILLGEROTH III, 1925,

[Nr. 14:] [1755] *den 2. februarii als am fest der heimsuchung* [!] *Mariae*[404] *habe ich im namen Gottes meine antrittspredigt gehalten und mein neues amt angetreten. Gott laße mich daßelbe im segen und zu vieler seelen erbauung führen.*

[Nr. 15:] [1755] *den 7. februarii bin ich ins ministerium recipiret worden.*

[Nr. 16:] [1755] *den 16. aprilis ist mir mein sohn Johann Gottfried*[405] *morgends um halb 6 uhr gebohren und darauf den 18. von meinem collegen herrn magistro Niehenck*[406] *getaufft worden. Gevattern waren mein mutter*

1440f; MPR, Links: http://purl.uni-rostock.de/matrikel/100035650; http://purl.uni-rostock.de/matrikel/400080569 (Promotion zum MA am 2. April 1744).

[404] Quistorp verwechselt hier zwei Marienfeste, die damals in der luth. Kirche Norddeutschlands begangen wurden: das Fest „Mariae Heimsuchung", das traditionell auf den 2. Juli fiel, und das Fest „Mariae Lichtmess", das der Darstellung Jesu im Tempel am 40. Tag nach Jesu Geburt (Weihnachten) gedenkt und auf den 2. Februar fällt. – In der Druckausgabe seiner Antrittspredigt bezeichnet Quistorp das Marienfest korrekt: „Fest der Reinigung Mariae" = *Purificatio Mariae* = Mariae Lichtmess; s. QUISTORP, *Predigten*, 1755, ebd., 1–40 die Abschiedspredigt Quistorps in Eutin vom XXII. Sonntag nach Trinitatis 1754 (Thema: Philipper 1, 3–11), ebd., 41–82 seine Antrittspredigt in Rostock am *Fest der Reinigung Mariae* 1755 (Thema: Lukas 2, 22–28).

[405] Johann Gottfried Quistorp (1755–1835), Dr. phil., Architekt, 1788 UNI-Baumeister und akademischer Zeichenmeister in Greifswald, 1812 Dozent (*Adjunct*) für Bau- und Feldmesskunst an der UNI Greifswald (PHIL. FAK., angewandte Mathematik), heiratete 1796 Sarah Henriette Linde (†1797), eine Tochter des Theologen August Christian Linde (*1725), des Pastors in Kasnevitz auf Rügen: KLAR 1911; BUCHHEIM 1993, 4–7; BUSKE 2001; OLSCHEWSKI 2006; QUISTORP 2006, 90; ALVERMANN, Quistorp, 2010. Sarahs Schwester Katharina Linde (um 1760–1816) heiratete 1786 den Theologen und Dichter D. theol., Dr. phil. und MA Gotthard Ludwig (Theobul) Kosegarten (1758–1818), der Rektor der Wolgaster Stadtschule (1785–1792), Pfr. in Altenkirchen auf Rügen (1792–1808), 1808–1816 ao. Prof. für Geschichte in Greifswald, ab 1816 ebd. Prof. der Theologie und Pfr. an der Jakobikirche in Greifswald war: FRANCK 1887; ALVERMANN 2009; ALVERMANN, Kosegarten, 2010. Ihr gemeinsamer Sohn, der Orientalist und Sprachforscher Johann Gottfried Ludwig Kosegarten (1792–1860), Prof. in Jena und Greifswald, verfasste u.a. eine Geschichte der UNI Greifswald.

[406] Ein Eintrag in der Taufmatrikel der Rostocker Nikolaikirche, die für die Jahre 1755–1760 unvollständig ist (AHR, 1.1.18.3.-Kirchenbuch St. Nikolai 1754–1887; AHR, 1.1.18.3.-Kirchenbuch St. Nikolai Dez 1723 – Okt 1815), konnte nicht ermittelt werden. – Georg Veit Heinrich Niehenck (1714–1795), Sohn eines Kaufmanns aus Rostock, wurde 1747 zum MA promoviert und war 1752–1795 Diakon an St. Nikolai in Rostock; s. MPR, Links: http://purl.uni-rostock.de/matrikel/100030469; http://purl.uni-rostock.de/matrikel/400080619; http://purl.uni-rostock.de/matrikel/400080622. Zu seinem Brustbild in Öl (1770), das an der Südwand der Nikolaikirche nahe des Turms hing,

2.5 Johann Jacob Quistorp (1717–1766)

bruder herr Johann Hinrich Berg[407], *deßen stelle sein bruder herr Johann Friderich Berg*[408] *vertratt, mein bruder Lorenz Gottfried Quistorp*[409] *und meine schwester Margaretha Christina Quistorp*[410]. *Servet quem dedit Deus P. O. M.*

[Nr. 17:] [1755] *den 2. septembris habe ich die professuram metaphysices ordinariam mit einer offentlichen rede „De quaesito frustra in actionibus creaturarum liberis casu fortuito" angetreten, worauf sogleich die receptio in concilium gefolget ist. Ein ehrwurdiger rath hat mich dazu an die stelle des sehligen doctoris Kaempfers*[411] *erwählet den 20. junii, den 18. julii be*[e]*ydigt und die vocation unterm 20. eiusdem gegeben, da ich denn den 27. augusti von dem herrn professore Wolff*[412] *als seniore ins collegium professorum senatorum recipiret worden. In facultatem philosophicam bin ich decano domino professore Engel*[413] *den 7. octobris recipiret worden.*

---

s. SCHLIE I, 1896, 166. Er war verwandt mit Johann Balthasar Niehenck MA (1680–1738), der 1715–1738 Diakon der Rostocker Marienkirche war (s. Anm. II 314).

[407] Johann Heinrich Berg (1693–1774, s. Anm. II 326), ein Bruder des Johann Friedrich Berg (*1698, s. Anm. II 331) und der Anna Maria Quistorp geb. Berg (1695–1731, s. Anm. II 312).

[408] Johann Friedrich Berg (*1698, s. Anm. II 331), ein Bruder des Johann Heinrich Berg (1693–1774, s. Anm. II 326) und der Anna Maria Quistorp geb. Berg (1695–1731, s. Anm. II 312).

[409] Lorenz Gottfried Quistorp (1720–1760), Kaufmann in Stettin (s. Anm. II 328).

[410] Margaretha Christina Quistorp (1733–nach 1767), verheiratete Crumbiegel (s. Anm. II 360).

[411] Peter Christian Kaempffer (1702–1755), ein Sohn des Pastors im meckl. Dreveskirchen Johannes Kaempffer (†1712) und der Barbara Elisabeth Kaempffer geb. Plessing, war 1735–1755 *rätlicher* Prof. der Physik und Metaphysik in Rostock, wo er 1726 zum MA, 1749 zum D. theol. promoviert wurde. Er war Dekan der PHIL. FAK. 1738/39, 1743/44, 1746/47, 1754/55; ab 1739 Diakon an St. Marien. Eintrag im CPR, URL: http://purl.uni-rostock.de/cpr/00002562.

[412] Jakob Christoph Wolff (1693–1758), ein Sohn des Rostocker Theologieprof.s Franz Wolff (1644–1710) (s. Anm. II 340), 1720 Promotion zum MA (Rostock), war 1725–1758 *rätlicher* Prof. für Griechisch in Rostock und ab 1747 Pfr. an St. Marien. Eintrag im CPR, URL: http://purl.uni-rostock.de/cpr/00002558.

[413] Johann Ludwig Engel (1699–1758), der 1734 in Wittenberg zum MA promoviert wurde, war 1736–1758 *hzgl.* Prof. der Logik in Rostock. Eintrag im CPR, URL: http://purl.uni-rostock.de/cpr/00002564.

[Nr. 18:] *1757 den 20. martii morgens gegen 10 uhr ist mir meine tochter Theresia Dorothea Charitas*[414] *gebohren und darauf den 22. eiusdem von meinem collegen herrn magistro Niehenck*[415] *getauft worden. Gevattern waren meine beyde schwiegerinnen frau doctor Catharina Dorothea Quistorpen gebohrne Wiencken*[416] *und frau doctor Ursula Charitas Quistorpen gebohrne Petersen*[417], *imgleichen mein schwager in Wismar herr Carl Friderich Wachenhusen*[418]. *Gott erhalte das liebe kind zu seiner ehre und unsrer freude.*

[Nr. 19:] [*1757*] *den 21. novembris habe ich mich von der theologischen facultet pro doctoratu zugleich mit einem koniglich Schwedischen legationsprediger namens Zacharias Hallmann*[419] *examiniren laßen.*[420]

---

[414] Theresia Dorothea Charitas Quistorp (1757–1831) heiratete 1779 August Arnold Vermehren (1739–1811), Pastor in der meckl. Residenz Güstrow, einen Sohn des Lübecker Rh.en Dr. iur. Michael Gottlieb Vermehren (1699–1748) und Enkel des Michael Vermehren (1659–1718), des Hauptpastors an der Lübecker Ägidienkirche; s. LAS, Kirchenbuchstelle, Ev. Kirchengemeinde Güstrow, Index und Heiraten 1690–1806, 208: *1779. H. August Arnold Vermehren pastor an hiesiger pfarrkirche, jgfr. Theresia Dorothea Caritas Quistorp sel. h. doct. Joh. Jacob Quistorp, profess. publ. ord. theologiae und pastor an der Nicolai-kirche zu Rostock zwote tochter, copulirt den 8ten januarii zu Sternberg von dem h. superintendenten Friederich*; QUISTORP 2006, 90; dazu FEHLING 1925, Nr. 881, und MITGAU 1968, 16f.

[415] Ein Eintrag in der Taufmatrikel der Nikolaikirche, die für die Jahre 1755–1760 unvollständig ist (s. Anm. II 406), konnte nicht ermittelt werden. – Zu Georg Veit Heinrich Niehenck (1714–1795), Diakon an St. Nikolai in Rostock, s. Anm. II 406.

[416] Zu Catharina Dorothea Wienke (1721–1771), die 1749 Prof. D. theol. Bernhard Friedrich Quistorp (1718–1788) heiratete, s. Anm. II 318.

[417] Zu Ursula Charitas Petersen (1727–1810) aus Lübeck, der Ehefrau des Dr. iur. utr. Theodor Johann Quistorp (1722–1776) in Wismar, s. Anm. II 333.

[418] Zu Karl Friedrich Wachenhusen (1719–1781), Kaufmann und Krämerkompanieverwandter in Wismar, Ehemann der Anna Sophia Quistorp (1724–1750), s. Anm. II 338.

[419] Zum Examen, das Daniel Zacharias Hallman (1722–1782), 1754 schwed. Legationsprädikant in Madrid, 1769–1782 Dompropst von Strängnäs, ein Korrespondent Carls von Linné (1707–1778), am 21. Nov. 1757 in Rostock ablegte, s. MPR, Link: http://purl.uni-rostock.de/matrikel/400080717; dazu das Porträt Hallmans im Nordiska Museet, Stockholm, Link: https://digitaltmuseum.se/011023459947/tavla.

[420] MPR, Link: http://purl.uni-rostock.de/matrikel/400080716.

[Nr. 20:] *1758 den 14. septembris habe ich publice pro gradu unter dem praesidio meines bruders*[421] *disputirt.*[422]

[Nr. 21:] [1758] *den 3. novembris ist mir mein sohn Johann*[423] *morgends zwischen 9 und 10 gebohren, und darauf den 5. eiusdem von meinem collegen herrn magistro Niehenck*[424] *getauft worden. Gevattern waren herr doctor und syndicus Johann Georg Burgmann*[425]*, herr consistorialrath*

---

[421] Bernhard Friedrich Quistorp (1718–1788) hatte 1749–1760 eine *hzgl.*, extrakonziliare Professur der Theologie in Rostock inne und wurde 1753 Superintendent der Synode Rostock (s. Anm. II 318).

[422] Quistorp, *Dissertatio*, 1758. Nachweis: VD18 1316838X; Link zum Digitalisat: http://purl.uni-rostock.de/rosdok/ppn841423180.

[423] Dr. med. (Wien 1786) Johann Quistorp (1758–1834) praktizierte als Arzt und war seit 1788 Prof. der Naturgeschichte und Ökonomie in Greifswald: QUISTORP 2006, 90–94, 183f. Die Ehe, die er 1790 mit der Greifswalder Kaufmannstochter Marie Christine Lönnies (1771–1817) schloss, wurde schon 1791 geschieden. In zweiter Ehe heiratete er 1816 seine Kusine Tugendreich Eleonore Luise Magdalene von Quistorp (1793–1866), eine Tochter des Johann Gottfried von Quistorp (1752–1825), Erbherrn auf Vorwerk und Klein-Jasedow bei Lassan (Vorpommern), und der Tugendreich Dorothea von Behr (1756–1796): Ebd., 90, 183f. – Bereits als Student wurde Johann Quistorp Vater einer unehelichen Tochter, die er legitimierte: Charlotte Marie Quistorp (1780–1801) heiratete 1801, bereits schwanger, den Greifswalder UNI-Dozenten Ernst Moritz Arndt (1769–1860), später Prof. für Geschichte in Bonn. Am 16. Juni 1801 brachte sie den gemeinsamen Sohn Karl Moritz Arndt zur Welt und starb wenige Tage später, am 25. Juni 1801, im Kindbett: Ebd., 90f. – Aus der Ehe Quistorp – Lönnies ging der Jurist Joachim Friedrich Bernhard Quistorp (1791–1879) hervor, Geheimer Justizrat am Hofgericht Greifswald und Kreisgerichtsdirektor in Greifswald, der 1822 Caroline Wilhelmine von Möller (1801–1866) heiratete, eine Tochter des Landgerichtspräsidenten Gustav von Möller und der Katharina Caroline von Wahl: Ebd., 91. Aus der Ehe Quistorp – von Quistorp gingen zwei Kinder hervor (s. ebd., 93f): (*1*) Dr. med. Johann Gustav Quistorp (1817–1886), praktischer Arzt und Besitzer des Ritterguts Holthof bei Grimmen, heiratete 1845 Ottilie Barnewitz (1826–1907), eine Tochter des Friedrich Samuel Barnewitz und der Wilhelmine Louise Henriette Amalie Barnewitz geb. Gräfin von Küssow; s. BAUMBACH 1927. Ottilie heiratete später den Prof. der Rechte Ernst Immanuel Bekker (1827–1916); s. DRÜLL ²2019, 16f. (*2*) Louise Friederike Johanne Caroline Quistorp (1819–1888) heiratete 1844 Karl Hagen, Rittergutsbesitzer auf Groß Pobloth (heute Poblocie Wielkie) bei Köslin (Koszalin, Woiwodschaft Westpommern): QUISTORP 2006, 94.

[424] Ein Eintrag in der Taufmatrikel von St. Nikolai, die für die Jahre 1755–1760 unvollständig überliefert ist (s. Anm. II 406), konnte nicht ermittelt werden. – Zu Georg Veit Heinrich Niehenck (1714–1795), Diakon an St. Nikolai in Rostock, s. Anm. II 406.

[425] Dr. iur. Johann Georg Burgmann (um 1704–1781), Anwalt in Rostock, ab 1752 Rh., ab 1761 Bgm. in Rostock, war ein Bruder der Regina Dorothea Burgmann (1695–1781), der Stiefmutter des Johann Jacob Quistorp (s. Anm. II 357), sowie des Prof. D. theol.

Christian Theophil Schwollmann[426] *in Schleswig, deßen stelle der herr doctor <A>llers*[427] *vertratt, und mein schwager in Sternberg herr burgermeister Wachenhusen*[428]. *Gott erhalte nach seinem gnadigen willen das liebe kind, und laße es wohl gedeyen.*

[Nr. 22:] *1759 den 26. januar hat mich die hochwurdige theologische facultet in Goettingen, decano S. R. domino doctore et professore Walcheo*[429], *durch ein patent und programma in doctorem theologiae promovirt.*[430]

[Nr. 23:] [1759] *den 16. octobris habe ich das academische rectorat mit einer rede „De philosophia sustinendo judicis theologiae muneri impari" ubernommen.*

Johann Christian Burgmann (1697–1775) in Rostock, der 1730–1735 die *rätliche* Professur für Physik und Metaphysik, 1735–1775 als *Secundarius* eine *rätliche* Theologieprofessur in Rostock innehatte: CPR, URL: http://purl.uni-rostock.de/cpr/00002559; dazu Anm. II 319. Johann Georg Burgmann wurde von Magister Niehenck am 4. Mai 1736 in der Marienkirche mit Anna Christina Stein (s. Anm. II 433) getraut; s. AHR, 1.1.18.3.-Kirchenbuch St. Marien 1698–1774, 391. – Zu Johann Balthasar Niehenck MA (1680–1738), Diakon an St. Marien, s. Anm. II 314.

[426] Christian Theophil Schwollmann (1697–1766), Pastor in Friedrichsberg, Schlossprediger in Gottorf und Konsistorialrat in Schleswig, Ehemann der Anna Christina Quistorp (1695–1743) (s. Anm. II 288).

[427] Dr. iur. (Rostock 1738) Johannes Heinrich Alers (Alard) aus Parchim; s. MPR, Links: http://purl.uni-rostock.de/matrikel/400080461.

[428] Friedrich Joachim Wachenhusen (1711–1772), Kaufmann, dann Bgm. zu Sternberg (s. Anm. II 355), heiratete 1758 in zweiter Ehe Margaretha Catharina Quistorp (1727–1796) (s. Anm. II 350).

[429] Christian Wilhelm Franz Walch (1726–1784) aus Jena, Spross einer luth. Theologenfamilie, war Prof. der Theologie und Kirchengeschichte an der UNI Göttingen; Link: https://www.uni-goettingen.de/de/103291.html. Zu seiner kritischen Haltung gegenüber den kirchlichen Reunionsbestrebungen der Aufklärung s. SPEHR 2005, 45f.

[430] *Ordinis theologici in Academia Georgia Augusta decanus Christianus Guil. Francisc. Walchius D. Viro Maxime Reverendo et Excellentissimo Ioanni Iacobo Quistorpio [...] summos theologorum honores rite collatos esse publice significat. Praemissae sunt Observationes de nomine servi Dei in monimentis christianis*, Göttingen (Pockwitz und Barmeier) 1759; Nachweis: VD18 1059759X; Links zum Digitalisat: http://digital.slub-dresden.de/id353360120; http://mdz-nbn-resolving.de/urn:nbn:de:bvb:12-bsb11077986-1.

2.5 Johann Jacob Quistorp (1717–1766)

S. *14 [HAUSBIBEL QUISTORP 1614/15, Lose Blätter (wie Anm. I 9), Bl. 3ʳ]:

[Nr. 24:] *1761 den 14. april habe zum zweyten mahl das rectorat ubernommen, nachdem ich es in Gottes namen gewagt, mich wahlen zu laßen, als keiner meiner herren collegen es thun wolte und zu befürchten war, daß die academie ohne rectore bleiben und die studiosi sich daruber gar zerstreuen möchten.*

[Nr. 25:] *1762 den 7. octobris morgens um 6 uhr, da eben die beth glocke gezogen ward, ist meine tochter Christina Theresia Elisabeth*[431] *gebohren und tages darauf von meinem herrn collegen magistro Niehenck getauft worden.*[432] *Gevattern waren die frau burgermeisterin Anna Christina Burgmannen gebohrne Steinen*[433]*, die madame Maria Elisabeth Crumbiegeln gebohrne Fruchtningen*[434] *und meine schwiegerin Wachenhusen*[435] *in Wismar.*

---

[431] Christina Theresia Elisabeth Quistorp (1762–1797) heiratete 1788 den Theologen Hans Franz Gering (1758–1823), Vikar zu Gützkow bei Greifswald, der zum Kreis um den Dichterpfarrer Kosegarten (s. Anm. II 405), Johann Gottfried Quistorp (ebd.) und Ernst Moritz Arndt (s. Anm. II 423) zählte; s. FRANCK 1887, 52, 65, 147 u.ö.; KLAR 1911, 110 u.ö.; QUISTORP 2006, 94; ALVERMANN 2007. Ihre Tochter Juliane Maria Johanna Gering (†1859) heiratete den Pfr. D. theol. Johannes Wilhelm Meinhold (1797–1851), der mit dem Roman „Maria Schweidler, die Bernsteinhexe" 1843 die Gattung der chronikalischen Erzählung begründete; s. RUDOLPH, Provinzen, 2004; RUDOLPH, Hexenroman, 2004.

[432] AHR, 1.1.18.3.-Kirchenbuch St. Nikolai Dez 1723 – Okt 1815, 4 (zum 8. Oktober 1762); als Paten sind aufgeführt: *bürgermeister Burgmans ehefrau, Carl Friederich Wachenhusen ehefrau, Tobias Crumbigels ehefrau.* – Zu Georg Veit Heinrich Niehenck (1714–1795), Diakon an St. Nikolai in Rostock, s. Anm. II 406.

[433] Anna Christina Stein (1714–1772), eine Tochter des Kaufmanns Walther Stein (1668–1739) (s. Anm. II 249) und der Anna Dorothea Wolff (1679–1744) (s. Anm. II 340), heiratete 1736 Dr. iur. Johann Georg Burgmann (um 1704–1781), Anwalt in Rostock, ab 1752 Rh., ab 1761 Bgm. von Rostock (s. Anm. II 425).

[434] Tobias Crumbiegel (1724 *Krumbiegel von Bergen*), Brauer und Kaufmann in Rostock, heiratete am 23. September 1735 Maria Elisabeth Früchtenicht, die 1766 als Witwe Crumbiegel erwähnt wird: MÖHLMANN 1975, 103. Ihr Sohn Johann Joachim Crumbiegel (1738–1797) heiratete 1759 in Rostock Margarethe Christine Quistorp (s. Anm. II 364).

[435] Karl Friedrich Wachenhusen (1719–1781), Kaufmann in Wismar (s. Anm. II 338), heiratete nach dem Tod seiner Ehefrau Anna Sophia Quistorp (1724–1750) am 9. Mai 1754 in Schwerin Anna Ilsabe Buntzen (1723–1796), eine Tochter des Kaufmanns Buntzen aus Mölln; s. GROTEFEND 1905, 18.

Gott laße auch dieß liebe kind sich zur gnadigen erhaltung und gutem gedeyen empfohlen seyn.

[Nr. 26:] *1764 den 26sten april habe zum dritten mahl das academisches* [!] *rectorat ubernommen.*

[Nr. 27:] *1766 den 4ten julii vormittags um 11 uhr ist mir mein sohn Joachim*[436] *gebohren unnd nachmittags drauf von meinem herrn collegen Niehenck getauft.*[437] *Die gevattern waren der herr doctor Johann Christian Quistorp*[438]*, der herr Johann Fridrich Pries*[439] *und mein herr schwager herr*

---

[436] Joachim Quistorp (1766–1848), Landmesser in Stralsund: s. QUISTORP 2006, 94.

[437] Die Taufe Joachims und die drei Paten sind durch einen Eintrag in der Taufmatrikel AHR, 1.1.18.3.-Kirchenbuch St. Nikolai Dez 1723 – Okt 1815, 13, zum 5. Juli 1766 bezeugt. – Zu Georg Veit Heinrich Niehenck (1714–1795), Diakon an St. Nikolai in Rostock, s. Anm. II 406.

[438] Dr. iur. utr. Johann Christian Quistorp (1737–1795), 1792 Reichsadelsstand mit dem Prädikat „Edler von", war 1772 Prof. der Rechte an der UNI Bützow, 1774 meckl.-schwerinscher Justizrat, Beisitzer und ab 1780 Rat am Wismarer Tribunal, dem Oberappellationsgericht für die schwed. Besitzungen im Reich. Als Strafrechtler und Strafrechtslehrer trat er für eine Abschaffung der Folter im Strafprozess ein. Zur Person s. QUISTORP 2006, 359, 366, 369f; JÖRN 2011; COLOMBO 2016; dazu den Eintrag Quistorps im CPR, URL: http://purl.uni-rostock.de/cpr/00001041. Johann Christian war ein Sohn des Rostocker Arztes und Prof.s der Medizin Johann Bernhard Quistorp (1692–1761, s. Anm. II 346) und der Anna Margarete Goltermann (†1762, s. Anm. II 352). Er heiratete am 28. April 1773 Christina Wilhelmina Burgmann (1741–1806) aus Rostock, eine Tochter des Rostocker Bgm.s Dr. iur. Johann Georg Burgmann (s. Anm. II 425) und Nichte der Regina Dorothea Quistorp geb. Burgmann (s. Anm. II 357); s. den Eintrag zur Hochzeit in AHR, 1.1.18.3.-Kirchenbuch St. Marien 1698–1774, 523: *1773, H. Past.* [Peter] *Gerling* [1732–1778]*, den 28. April: 1773 Herr Doctor Johann Christian Quistorp, öffentlicher Lehrer der Rechte auff der Universität Bützow, Jungfrau Christina Wilhelmina Burgmannen.* Die Ehe blieb kinderlos.

[439] Johann Friedrich Pries (1710–1781), Kaufmann in Rostock, war der ältere Bruder des Rostocker Prof.s D. theol. Joachim Heinrich Pries II (1714–1763); beide waren Söhne des Rostocker Bgm.s Joachim Heinrich Pries I (1681–1763) und der Dorothea Elisabeth Wulfleffen (†1716) aus Neubrandenburg (s. Anm. II 401). Johann Friedrich Pries heiratete am 25. November 1740 in der Rostocker Marienkirche Margaretha Elisabeth Quistorp (um 1720–1795), eine Tochter des Rostocker Arztes und Prof.s der Medizin Johann Bernhard Quistorp (1692–1761, s. Anm. II 346) und der Anna Margarete Goltermann (†1762, s. Anm. II 352); er war somit ein Schwager des Juristen Johann Christian Edler von Quistorp (s. Anm. II 438): QUISTORP 2006, 360. – Zur Eheschließung Pries-Quistorp am 25. Nov. 1740 s. den Eintrag in AHR, 1.1.18.3.-Kirchenbuch St. Marien 1698–1774, 404. Zu Tod und Bestattung der Witwe 1795 s. den Eintrag im AHR, 1.1.18.3.-Kirchenbuch St. Marien – Beerdigungen Okt 1792 – Sep 1799, zum 18. April 1795 (Todestag) und zum 20. April 1795 (Tag der Beerdigung), o. S.: *ist in der kirchen begraben seel.*

2.5 Johann Jacob Quistorp (1717–1766)

Johann Joachim Crumbiegel[440]. *Gott verdoppele seine vater trewe uber dem kinde umso mehr, je weniger meines bleibens langer bey demselben sayn wird.*

[Nr. 28:] *[1766] den ** october habe zum 4ten mahl das academische rectorat ubernommen.*

[Nr. 29:] [Von anderer Hand:] *1766 den 25ten december als am ersten weihnachttage morgens zwischen 9 und 10 uhr gefiel es Gott, die langwierige krankheit meines verehrenswürdigen freundes, deßen andencken mir immer schätzbar seyn wird, durch einen seeligen tod zu enden. Er starb als rector der academie, nachdem er etliche tage vor seinem ende seinen letzten willen erkläret und mich zum curatore seiner frau witwen und vormunde seiner kinder bestellet hatte. Bis den letzten augenblick seines lebens bewieß er große gelaßenheit, einen vertrauensvollen glauben an seinen erlöser und eine frohe hofung [!] der zukünftigen seeligkeit. Also starb er auch unter gebete und seufzen zu Gott. Er ward in der Marienkirche bey seinen voreltern in der stille begraben. Herr doctor und professor Eschenbach*[441] *als prorector und herr professor Lasius*[442] *als decanus facultatis philosophicae haben ihm, jener eine deutsche,*[443] *dieser eine lateinische leichenschrift*

---

frau Margaretha Elisabeth Priess geb. Quistorp, des verstorbenen kaufmanns und vorsteher an St. Marien kirche herrn Johann Friderich Priess nachgelaßene wittwe, 75 jahr, am schlag fluß.

[440] Zu Johann Joachim Crumbiegel (1738–1797), der 1759 in Rostock Margarethe Christine Quistorp heiratete, s. Anm. II 364, II 434.

[441] Christian Ehrenfried Eschenbach (1712–1788), ein Sohn des Kaufmanns Ehrenfried Christian Eschenbach (1677–1741) und der Kaufmannstochter Catharina Margaretha Eschenbach geb. Eibelührs (1685–1762), war an der UNI Rostock 1742–1756 Privatdozent, 1756–1762 *rätlicher* Prof. der Niederen Mathematik und 1762–1788 als Nachfolger des Johann Bernhard Quistorp (s. Anm. II 346) *rätlicher* Prof. der Medizin und Rostocker Stadtphysikus; s. CPR, URL: http://purl.uni-rostock.de/cpr/00000522; JÜGELT 2002; WEGENER / JÜGELT 2005; MÜNCH 2019, 75–80, 86ff; HAACK, Stagnation, 2019, 91ff.

[442] Hermann Jakob Lasius (1715–1803) aus Greifswald, Sohn des Lehrers Johann Lorenz Lasius und der Isabel Barner, war 1764–1802 *rätlicher* Prof. für Griechisch in Rostock, zusätzlich 1771–1789 Rektor der Großen Stadtschule Rostock. Eintrag im CPR, URL: http://purl.uni-rostock.de/cpr/00002580.

[443] *Programma, dem Andenken des Magnifici hochehrwürdigen und hochgelahrten Herrn, Herrn Johann Jacob Quistorp [...], welcher den 25sten December 1766 als Rector der Academie verstarb und dessen entseelter Leichnam den 2ten Januar 1767 zu seiner Ruhestäte gebracht ward*, von Christian Ehrenfried Eschenbach, Rostock (Johann Jakob Adler) 1767. Bestandsnachweise: LBMV SCHWERIN, Mkl gen 2/3 II-4°; UB LEIPZIG, 4-

gemacht.⁴⁴⁴ *Seine gebeine ruhen im friede und sein andencken wird bey allen rechtschaffenen, die ihn gekannt, in seegen seyn.*

H. V. Becker⁴⁴⁵

Prof. phil. u. archidiaconus zu St. Jacob.

Vit. 3580. – S. dazu AHR, 1.1.18.3.-Kirchenbuch St. Jakobi – Beerdigungen Apr 1695 – Dez 1793, o.S.: *Anno 1766* [...]. *Im december.* [...] *Den 25ten verstarb der Rector Academiae Magnificus h. Johann Jacob Quistorp, Fürstbischöflich Lübeckischer, auch Schleswig-Holsteinischer consistorial rath, doctor theologiae, professor metaphysices, und pastor zu St. Nicolai. Er ward in St. Marien beygesetzet.* – Der Eintrag in AHR, 1.1.18.3.-Kirchenbuch St. Marien 1698–1774, 628 bezeugt seine Beisetzung am 2. Januar 1767 in der Rostocker Marienkirche: *den 2. januarii* [1767] *sehl. herrn doct. et professor Quistorff gewesener past. zu St. Nicolii.*

⁴⁴⁴ *Pietatis monumentum quo memoriae famaeque viri dum viveret magnifici summe reverendi* [...] *Joannis Jacobi Quistorpii Academiae Rostochiensis Rectoris* [...] *consulere debuit Hermannus Jacobus Lasius*, Rostock (Johann Jakob Adler) 1767. Bestandsnachweis: LBMV SCHWERIN, Mkl gen 2/3 II-4°; UB LEIPZIG, 4-Vit. 3583].

⁴⁴⁵ Der Rostocker Theologe und Mathematiker Heinrich Valentin Becker (1732–1796), ein Sohn des Greifswalder Pastors und Prof.s D. theol. Johann Hermann Becker (1700–1759) und der Johanna Magdalena Becker geb. Möller (1707–1746), heiratete am 8. Mai 1759 in der Rostocker Marienkirche Anna Dorothea Burgmann (1736–1787), eine Tochter des Rostocker Bgm.s Johann Georg Burgmann, wurde 1758/59 Archidiakon, 1773 Pastor an St. Jakobi, Rostock; s. AHR, 1.1.18.3.-Kirchenbuch St. Marien 1698–1774, 470: *Herr magister Heinrich Valentin Becker prediger zu St. Jacobi mit Demoiselle Anna Dorothea Burgmann.* 1762–1796 war er *rätlicher* Prof. der Niederen Mathematik, zusätzlich ab 1789 *rätlicher* Prof. der Astronomie. Eintrag im CPR, URL: http://purl.uni-rostock.de/cpr/00001297.

2.6. ‚Ad familiam Quistorpianam spectantia.' Ein Verzeichnis von Druckpublizistik mit Bezug auf die Familie Quistorp 1628–1722: Einträge Nr. 1–49

S. *15 [HAUSBIBEL QUISTORP 1614/15, Lose Blätter (wie Anm. I 9), Bl. 5ʳ]:

> *Ad familiam Quistorpianam spectantia.*

[Nr. 1:] *1628: Programma <rectoris Johannis Quistorpii>*[446] *in funus filiolae [= Angelae] in partu extinctae Joannis Quistorpii*[447].

VD17 3:700225K = VD17 28:729597G = LBMV SCHWERIN, Schmidtsche Bibliothek, Bd. 98, Nr. 102 = *Programma Quo ad Exequias, Quas Magnificus Dn. Rector, Vir Reverendus et Clarißimus Dn. Johannes Quistorpius, Theologiae Doctor, Professor, et Aedis Divae Mariae Archidiaconus, Filiolae suae mellitißimae Angelae paratas cupit, Cives Academici omnium ordinum invitantur,* Rostock (*Joachimus Pedanus* [= Fueß] *excudebat*) 1628, [4] Bl., 4°; darin Rede des Prorektors Prof. Dr. iur. Thomas Lindemann d.Ä. (s. Anm. II 67) zur Trauerfeier für Engel Quistorp am 2. Januar 1628 in der Marienkirche. – Digitalisat: http://purl.uni-rostock.de/rosdok/ppn775828238.

[Nr. 2:] *1631: in funus Joachimi Quistorpii*[448]*, filioli Joannis Quistorpii, programma rectoris Petri Wasmundts*[449].

LBMV SCHWERIN, Personalschriften, Qui8; Universitätsbibliothek Lund, Döbeliana BDL Pi 150a:345 = *Rector Academiae Rostochiensis*

---

[446] Emendiert aus: *Petri Wasmundt.* – Die Zuweisung des PFUN an Prof. Dr. iur. Peter Wasmundt (s. Eintrag Nr. 2 mit Anm. II 449), die der unbekannte Verfasser der Liste traf, ist falsch. Für die Trauerschrift zeichnete der Vater der Verstorbenen, Prof. D. theol. Johannes Quistorp d.Ä., als Rektor der UNI Rostock verantwortlich. Die Trauerrede übernahm Prorektor Prof. Dr. iur. Thomas Lindemann d.Ä. (1570–1532) (s. Anm. II 67).

[447] Zu Angela (= *Engel*) Quistorp (29. Juli – 30. Dezember 1627), einer Tochter der Eheleute Johannes Quistorp d.Ä. (1584–1648) und Barbara Quistorp geb. Domann (1597–1663), s. Kap. 2.1, Eintrag Nr. 10 mit Anm. II 49.

[448] Zu Joachim Quistorp (6. März – 21. Juli 1631), einem Sohn des Theologen Johann Quistorp d.Ä. und der Barbara Quistorp geb. Domann, s. Kap. 2.1, Eintrag Nr. 12.

[449] Peter Wasmundt (1586–1632) aus Neubrandenburg, 1615 Dr. iur. (Rostock), hatte 1625–1632 die *hzgl.* Kodexprofessur in Rostock inne, war Mitglied im hzgl. Hofgericht, hzgl. Rat in Güstrow, hzgl. Rat und Kanzler in Schwerin. Eintrag im CPR, URL: http://purl.uni-rostock.de/cpr/00001382.

Petrus Wasmundt [...] *Ad Exequias quas Vir Reverendus Et Clarissimus Dn. Johannes Quistorpius* [...] *Filiolo suo Joachimo hodierno die ad mediam primam in templo Mariano paratas cupit, omnes omnium almae huius universitatis ordinum cives peramanter et officiose invitat,* Rostock (*Typis Joachimi Pedani Academiae Typographi*) 1631, [4] Bl., 4°.

[Nr. 3:] *1654: in funus Thomae Quistorpii*[450] *programma rectoris Hermanni Lembken*[451].

VD17 28:729713L = LBMV SCHWERIN, Schmidtsche Bibliothek, Bd. 96, Nr. 172 = *Programma Quo Rector Universitatis Rostochiensis Hermannus Lembke, I.U.D. et Cod. Professor. Ad Exequias Quas Infanti Mellitissimo Thomae Quistorpio, Parentes moestissimi, ad hodiernam mediam primam, in templo Jacobaeo paratas cupiunt, Omnes et Singulos Academiae Cives officiose ac peramanter invitat,* Rostock (*Typis Nicolaii Kilii* [= Keil], *Academiae Typographo*) 1654, [4] Bl., 4°; zur Trauerfeier am 24. Dezember 1654 in der Jakobikirche Rostock. – Link zum Digitalisat: http://purl.uni-rostock.de/rosdok/ppn776780484.

[Nr. 4:] *1660: Casparis Mauritii*[452] *leichenpredigt auf Barbara Ridemanns gebohrne Quistorpen*[453].

VD17 1:036768F = LBMV SCHWERIN, Schmidtsche Bibliothek, Bd. 96, Nr. 171 = *Von dem GeburthsKampff und GlaubensSieg: Eine Christliche Leichpredigt, bey Volckreicher Leichbegängnüs Der weiland Viel Ehr- und Tugendreichen, anietzo in Gott ruhenden Frawen Barbara Quistorps, Des WolEhrwürdigen, Großachtbahrn und Hochgelahrten Herrn Nicolai Ridemanni, der Heil. Schrifft Licentiati und der Christlichen Gemeine zu S. Marien wolverdienten Predigers, gewesenen hertzlieben Ehelichen HaußFrawen, Gehalten in der Marien*

---

[450] Zu Thomas Quistorp (1652–1654), einem Sohn des Rostocker Theologen Johannes Quistorp d.J. (1624–1669) und der Sophia Scharffenberg (1631–1691), s. Kap. 2.2, Eintrag Nr. 3.

[451] Zu Hermann Lembke (1619–1674), Inhaber der *rätlichen* Kodexprofessur in Rostock 1654–1674 und mehrfach Rektor der UNI Rostock, s. Anm. II 199.

[452] D. theol. (1650, Rostock) Caspar Mauritius (1615–1675), ein Pfarrerssohn aus Tondern, MA (Rostock 1638), Archidiakon, später Pastor an der Rostocker Marienkirche und Stadtsuperintendent in Rostock, hatte 1644–1650 in Rostock eine *hzgl.* Professur der Logik inne, 1650–1675 als Primarius eine *rätliche* Professur der Theologie. Eintrag im CPR, URL: http://purl.uni-rostock.de/cpr/00000518; dazu Anm. II 170.

[453] Zu Barbara Ridemann geb. Quistorp (1622–1660), einer Tochter von Johannes Quistorp d.Ä. und Barbara Quistorp geb. Domann, s. Kap. 2.1, Einträge Nr. 7, 28–33.

2.6 Druckpublizistik mit Familienbezug 1628–1722

Kirche den 3. Julij von Casparo Mauritio, D.P.P. und Superint. in Rostock, Rostock (*Gedruckt durch Sehl. Nikolaus Keyln Academischen Buchdruckern Erben*) 1660, [16] Bl., 4°. – Link zum Digitalisat: http://resolver.staatsbibliothek-berlin.de/SBB00006E1000000000.

[Nr. 5:] *1663: in funus Barbarae Domanniae*[454]*, viduae Quistorpianae, programma rectoris Albert. Willebrand*[455].

VD17 28:725927R = LBMV SCHWERIN, Schmidtsche Bibliothek, Bd. 95, Nr. 98 = *Programma Quo Rector Universitatis Rostochiensis Albertus Willebrandt U.I.D, Codicis Professor ac Consistorii Ducalis Assessor, Clarissimae Matronae Barbarae Domanniae, Viduae Quistorpianae, Funus indicit, Et ad eundem Exequias Omnium ordinum Cives Academicos sedulo serioque invitat*, Rostock (*Typis Johannis Kilii, Academiae Typographi*) 1663, [4] Bl., 4°; zur Trauerfeier am 14. August 1663 in der Jakobikirche Rostock. – Link zum Digitalisat: http://purl.uni-rostock.de/rosdok/ppn777439247.

[Nr. 6:] *1667: in funus Johannis Quistorpii filioli*[456] *programma rectoris Henrici Rudolphi Redekers*[457].

VD17 28:729697N = UB Rostock, Sondersammlungen, LB FP Quistorp, Johann 1667 = *Rector Universitatis Rostochiensis Heinricus Rudolphus Redeker, I.U.D. P.P. Serenissimi Ducis Mechl[lenburgici] Consiliarius et Consistorii Ducalis Assessor, Ad exequias, quas Vir Plur[imus] Reverendus et Excellentissimus Dn. Johannes Quistorpius, S.S. Theol. D. et Professor celeberrimus nec non Pastor ad Divum Jakob, fidelissimus Amicus et Collega noster venerandus, filiolo suo suavissimo Johanni, Hodie hora 12 in aede Jacobea paratas cupit, Omnes Cives Academicos officiose et amice invitat*, Rostock (*Typis Johannis*

---

[454] Zu Barbara Quistorp geb. Domann (1597–1663), Ehefrau und Witwe des Theologen Johannes Quistorp d.Ä. (1584–1648), s. Kap. 2.1, Eintrag Nr. 3.

[455] Prof. Dr. iur. (Rostock 1642) Albert Willebrand d.Ä. (1608–1681), der 1657–1681 die *hzgl.* Kodex-Professur innehatte und dem Konsistorium angehörte, war ein Sohn des Rostocker Prof.s der Moral (1594–1613) und Juristen Dr. iur. (Rostock 1596) Nicolaus Willebrand (1566–1613) aus Gartow und der Catharina geb. Hein (1576–1662), einer Tochter des Rostocker Prof.s der Rechte, Ratssyndikus und Bgm.s Dr. iur. (Pisa 1560) Friedrich Hein (1533–1604) aus Neubrandenburg. Nachweis: Eintrag im CPR, URL: http://cpr.uni-rostock.de/resolve/gnd/121740382; zur Familie Hein s. auch Anm. II 262.

[456] Zu Johannes Quistorp, 24. April – 19. Juni 1667, s. Kap. 2.2, Eintrag Nr. 10.

[457] Dr. iur. utr. (1655 Straßburg) Heinrich Rudolph Redeker d.Ä. (1626–1680) aus Osnabrück, hzgl. meckl. Rat und Prof. der Rechte in Rostock (s. Anm. II 296).

Kilii, Acad. Typograph.) [1667] [*P.P. Rost. sub Sig. Rect. 23. Junii Anno 1667*], [4] Bl., 4°; zur Trauerfeier am 23. Juni 1667 in der Jakobikirche. Digitalisat: http://purl.uni-rostock.de/rosdok/ppn776781367.

[Nr. 7:] *1670: in funus Johannis Quistorpii*[458] *programma decani coll. theol. Augusti Varenii*[459]. [Dazu rechts die Marginalie:] *Leichenpredigt Enochi Svantenii*[460] *mit den program<mata> und Leichen-Ged*[ichten].

[Nr. 7a:] VD17 28:729705U = LBMV SCHWERIN, Schmidtsche Bibliothek, Bd. 98, Nr. 104 = *Decanus Collegii Theologici Augustus Varenius, D., Serenissimorum Ducum Mekleburgicorum Consistorii Assessor et Professor Theologus, suo, et Amplissimi Collegii Nomine ad Exequias quas Viro pl. Reverendo, Ampliβimo, Excellentiβimo, Domino Dno. Johanni Quistorpio, D., Theologo Professori celeberrimo, Facultatis et Collegii Senat. Seniori Dominici Jacobaei Rostochiensis Pastori aestimatissimo, Rectori Universitatis Rostochiensis Magnifico, Nobilissima Vidua, tanto mariti optimi funere moestissima, in Templo Mariano ad horam I postmeridianam parat, Optumorumque corona celebrari frequentarique exoptat, Omnes Omnium Ordinum Cives Academicos et studii ac Collegii Theologici Fautores benevolos in publici doloris communionem evocat, Utque Viro Optimo, exequias frequenter eundo supremum amoris et honoris officium persolvant et, qua fas est, humanitate invitat,* Rostock (*Typis Johannis Kilii Universitatis Typographi*) [1670] [*P.P. Sub Sigillo Facult. d. IV. Januar. A.O.R. M. DC. LXX*], [8] Bl., 4°. – Digitalisat: http://purl.uni-rostock.de/rosdok/ppn776780824.

[Nr. 7b:] VD17 28:729704M = LBMV SCHWERIN, Schmidtsche Bibliothek, Bd. 96, Nr. 173 = *Rector Universitatis Rostochiensis Henricus Müller,*[461] *Theol. D. et Professor Ordinarius, ad Lessum funebrem Quem Viro Magnifico, Plurimum Reverendo, Amplissimo et Excellentiβimo Johanni Quistorpio, Theologo Doctori et Professori celeberrimo, Facultatis suae Seniori et ad Div. Jacobi Pastori meritissimo, in ipso eheu!*

---

[458] Zu Prof. D. theol. Johannes Quistorp d.J. (1624–1669), Rektor der UNI Rostock und Pastor an der Jakobikirche in Rostock, s. Kap. 2.1, Eintrag Nr. 8, und Kap. 2.2, Einträge Nr. 1 – Nr. 11.

[459] Zu August Varenius d.Ä. (1620–1684) s. Anm. II 208.

[460] Zu Enoch Schwante d.Ä. (*Svantenius* oder *Swantenius*, 1618–1674), der als Ehemann einer Tochter des Theologen Johann Tarnow (s. Anm. II 172) weitläufig mit der Familie Quistorp verschwägert war (s. Anm. II 65), s. Anm. II 174.

[461] Zu Prof. D. theol. Heinrich Müller (1631–1675) s. den Eintrag im CPR, URL: http://purl.uni-rostock.de/cpr/00000611; dazu KAUFMANN 1997, 31, 34f, 228–232, 245–250, 463–468, 494–508, 538–574; STROM 1999, 122–138.

2.6 Druckpublizistik mit Familienbezug 1628–1722

Rectoratu Academico acerbissimo funere merso, Marito suo desideratissimo Vidua moestissima Hodie in Templo Mariano adornatum expetit Omnes Academiae cives sedulo serioque invitat P.P. IV. Ianuar. An. M.DC.LXX. sub sigillo Rectoratus, Rostock (*Typis Johannis Kilii, Universitatis Typographi*) [1670] [*P.P. IV Ianuar. An. M. DC. LXX. sub sigillo Rectoratus*], [6] Bl., 4°. – Link zum Digitalisat: http://purl.uni-rostock.de/rosdok/ppn776780972. – Nicht identisch ist die Druckausgabe VD17 1:037334P, [32] Bl., 4°. Link zum Digitalisat: http://resolver.staatsbibliothek-berlin.de/SBB00006C8D00000000; sie enthält zusätzlich das *Programma funebre* (wie vorstehend) des Augustus Varenius (VD17 28:729705U) und eine Sammlung von Trauergedichten: *Naeniae In Praematurum, Beatum tamen Obitum Rectoris Magnifici, Viri Maxime Reverendi, Amplissimi, Excellentissimi Dn. Johannis Quistorpii [...], die IV. Non. [!] Januarii Anno 1670, fusae a DNN. Collegis, Fautoribus, Cognatis et Amicis*, Rostock (*Typis Johannis Kilii, Universitatis Typographi*) 1670. – Nicht identisch ist auch die Druckausgabe VD17 28:729702W, [4] Bl., 4°. Link zum Digitalisat: http://purl.uni-rostock.de/rosdok/ppn776781197.

[Nr. 7c:] VD17 1:037314A = Staatsbibliothek Berlin, 4 in: Ee 710-208 = *Preiß der Friedfertigen: aus den Worten Christi Matth. 5. vers. 9. bey sehr trauriger, hochansehnlicher Leich-Begängnisse Des wailand Woll-Ehrwürdigen, GroßAchtbahren und Hochgelahrten Herrn, Sehligen Herren Johannis Quistorpii, SS. Theol. weitberühmten Doctoris und Professoris Publici, derselben Facultät Senioris, wie auch der Kirchen zu St. Jacob treufleissigen Pastoris, und dann des Reverendi Ministerii alhie auffrichtigen Directoris, Welcher den 24. Decembris am Weinachtabend des 1669sten Jahres durch einen seeligen Tod der Seelen nach in die Schaar der im Himmel Weinachthaltenden Ausserwehlten, den 4. Januarii aber des angehenden 1670. Jahres, dem Leibe nach, in sein Ruhekämmerlein versetzet worden, in Volckreicher Versamblunge vorgestellet und auff Begehren zum Druck gebracht von Enocho Svantenio, der H. Schrifft Doctor und Professor Publicus wie auch Prediger der Gemeine zu St. Jacob in Rostock*, Rostock (*Gedruckt bey Johann Keyln, Universität Buchdruckern*) 1670, [46] Bl., 4°. – Digitalisat: http://resolver.staatsbibliothek-berlin.de/SBB00006C8B00000000.

[Nr. 8:] *1683: in funus Johannis Danielis Quistorpii*[462] *programma rectoris Jacobi Lembke*[463].

VD17 28:729709Z = LBMV SCHWERIN, Schmidtsche Bibliothek, Bd. 96, Nr. 174 = *Rector Universitatis Rostochiensis, Jacobus Lembke,*

---

[462] Zu Johann Daniel Quistorp (1679–1683), s. Kap. 2.3, Eintrag Nr. 4.

[463] Zu Prof. Dr. iur. Jacob Lembke (1650–1693), s. Anm. II 236.

I.U.D. et Antecessor, Ad Exequias Lectissimo Optimaeque Indolis Puerulo, Johanni Danieli Quistorpio, Tanquam unico dilectissimoque Filiolo, Abs Tristissimis Parentibus hodie parandas Omnes Omnium Ordinum ac Dignitatum Cives Academicos studiose humaniterque invitat, Rostock (*Typis Viduae B. Friderici Keilenbergii, Universitatis Typographi*) [1683] [*P. P. Ipsa Exequiarum die, XXIII. Februar. Anno M DC. LXXXIII.*], [4] Bl., 4°. – Link zum Digitalisat: http://purl.uni-rostock.de/rosdok/ppn776780611.

S. *16 [HAUSBIBEL QUISTORP 1614/15, Lose Blätter (wie Anm. I 9), Bl. 5ᵛ]:

[Nr. 9:] *1690: in funus Cathar*[inae] *Claprodiae, natae Quistorpiae*[464], *programma rectoris Jo*[hannis] *Festingii*[465].

VD17 28:729580X = LBMV SCHWERIN, Schmidtsche Bibliothek, Bd. 96, Nr. 175 = *Programma Quo Rector Universitatis Rostochiensis Johannes Festingius ad exequias, quas Feminae omni virtutum splendore condecoratissimae Catharinae Quistorpiae hodie parat moestissimus eius viduus Vir Plurimus Reverendus et Clarissimus Dn. Christophorus Claprodius, Pastor Ecclesiae Kessinensis vigilantissimus, frequenter eundas Omnes Omnium Ordinum Cives Academicos ea, qua decet, humanitate peramanter invitat*, Rostock (*Typis Johannis Wepplingii, Academiae Typographi*) [1690] [*PP. Sub Sigillo Rectoratus d. XXIX. Octobr. A. M. DC. XC*], [4] Bl., 4°. – Link zum Digitalisat: http://purl.uni-rostock.de/rosdok/ppn777387743.

---

[464] Zu Catharina Quistorp (1665–1690), Ehefrau des Pastors Christoph Klaprod (1654–1701) in Kessin, s. Anm. II 201. – Zu ihrer Trauerfeier publizierte der Familien-und Freundeskreis mehrere Klag- und Trostschriften: s. VD17 28:729584C (Digitalisat: http://purl.uni-rostock.de/rosdok/ppn777388278), VD17 28:729583V (Digitalisat: http://purl.uni-rostock.de/rosdok/ppn777388049), VD17 28:729582N (Digitalisat: http://purl.uni-rostock.de/rosdok/ppn777387956).

[465] Johann Festing (um 1655–1691) aus Lübeck (Dr. iur. Rinteln 1678) war 1681–1691 in Rostock *hzgl.* Prof. des römischen Rechts: er lehrte bis 1685 die Institutionen, danach die Pandekten, war hzgl. Rat und Mitglied im hzgl. Konsistorium. Eintrag im CPR, URL: http://purl.uni-rostock.de/cpr/00002527.

2.6 Druckpublizistik mit Familienbezug 1628–1722

[Nr. 10:] *1691: in funus Sophiae Scharffenbergs*[466]*, viduae Johannis Quistorpii*[467]*, programma rectoris Gothofredi Weiß*[468]*.*

VD17 28:729990A = LBMV SCHWERIN, Schmidtsche Bibliothek, Bd. 97, Nr. 14 = *Rector Universitatis Rostochiensis Gothofredus Weiß, Gr. L. P. P. Facult. s. h. Decanus et ad D. Nicol. Ecclesiastes, Ad Solemnes Exequias Matronae Nobilissimae, Omnibusque sexus sui Virtutibus Condecoratissimae Sophiae Scharffenbergs, Viri Maxime Reverendi, Amplissimi atque Excellentissimi Dn. Johannis Quistorpii, Theolog. Doctoris et P. P. Celeberrimi, Facultatis Eiusdem Senioris, Pastoris etiam Templi Cathedralis, et Reverendi Ministerii Directoris gravissimi, meritissimi [...], Relictae Viduae Frequentandas, Omnes Omnium Ordinum Cives Academicos humaniter invitat*, Rostock (*Typis Johannis Wepplingii, Academiae Typographi*) [1691] [*P.P. Sub Sigillo Rectorali d. XXXI. Martii, Anno MDCXCI*], [6] Bl., 4°. – Link zum Digitalisat: http://purl.uni-rostock.de/rosdok/ppn775777501.

[Nr. 11:] *1693:* [*in funus*] *Margarethae Elisabethae Berkowen*[469]*, coniugis Johannis Nicolai Quistorpii*[470]*, programma rectoris Gothofredi Weiß*[471]*.*

VD17 28:729711V = UB Rostock, Sondersammlungen, LB FP Berckow, Margaretha 1693 = *Programma Quo Rector Universitatis Rostochiensis M. Gothofredus Weiß, P.P. Facult. suae h.t. Decanus et ad D. Nicolai Ecclesiastes, Ad Exequias Quas Coniugi Suae Desideratissimae, Nobilissimae Pientissimaeque Feminae Margarethae Elisabethae Berkowen, Viduus Moestissimus, Vir Perquam Reverendus Amplissimusque Dn. Johannes Nicolaus Quistorpius, S.S. Theolog. Doct. famigeratissimus et ad D. Nicolai Pastor meritissimus, hodie paratas cupit, Omnes Reipublicae Literariae Cives, officiose et peramanter invitat*, Rostock (*Typis Johannis Wepplingii, Academiae Typographi*) [1693]

---

[466] Zu Sophia Scharffenberg (1631–1691), der Witwe des Prof. D. theol. Johannes Quistorp d.J. (1624–1669), s. Anm. II 170.

[467] Zu Prof. D. theol. Johannes Quistorp d.J. (1624–1669), Rektor der UNI und Pastor an der Jakobikirche in Rostock, s. Kap. 2.1, Eintrag Nr. 8; Kap. 2.2, Einträge Nr. 1 – Nr. 11; Kap. 2.6, Eintrag Nr. 7.

[468] Zu Rektor Gottfried Weiss (1659–1697), dem *rätlichen* Prof. für Griechisch, s. Anm. II 259; dort auch zu seiner Versippung mit der Familie Scharffenberg.

[469] Zu Margaretha Elisabeth Berckow (1656–1692), der Ehefrau des Prof. D. theol. Johannes Nicolaus Quistorp, s. Anm. II 221.

[470] Zu Prof. Dr. Johann Nicolaus Quistorp (1651–1715) s. Kap. 2.3, Einträge Nr. 1–19.

[471] Zu Rektor Gottfried Weiss (1659–1697), dem *rätlichen* Prof. für Griechisch, s. Anm. II 259.

[P.P. Sub Sigillo Rectoratus D. X. Ian. Anno M DC XCIII], [4] Bl., 4°. – Digitalisat: http://purl.uni-rostock.de/rosdok/ppn776781561.

[Nr. 12:] *1701:* [in funus] *Hugonis Quistorpii*[472]*. programma rectoris Joannis Barnstorffi*[473]*.*

VD18 9037780X = LBMV SCHWERIN, Schmidtsche Bibliothek, Bd. 98, Nr. 105 = *Maxime Reverendum atque Amplissimum Dominum, Dominum Johannem Nicolaum Quistorpium, Sacrae Theologiae Doctorem ac Professorem Celeberrimum, Reverendi Ministerii Rostochiensis Directorem Gravissimum Et Ad D. Nicolai Sacrorum Antistitem Optime Meritum, Filio Desideratissimo Hugon Quistorpio, Maxime Indolis ac Spei Puero Exequias Parare Significat, Omnesque Omnium Ordinum Proceres ac Cives Academiae Rostochiensis Ad Easdem Humanissime Invitat. Johannes Barnstorff I.U.D. et Professor Publicus, hodie Academiae Rector*, Rostock (*Typis Johannis Wepplingii, Universitatis Typographi*) [1701] [*P. P. Sub Sigillo Rectoratus d. 14. Dec. 1701*], [4] Bl., 4°. – Link zum Digitalisat: http://purl.uni-rostock.de/rosdok/ppn769769055.

[Nr. 13:] *1706: in funus Catharinae Sophiae Quistorpiae*[474]*, coniugis Zachariae Grapii*[475]*, programma rectoris Johannis Petri Gruenenbergii*[476]*.*

VD18 90365828 = LBMV SCHWERIN, Schmidtsche Bibliothek, Bd. 98, Nr. 106 = *Rector Universitatis Rostochiensis Johannes Petrus Gruenenbergius, Sacrae Theologiae Doctor Et Professor Publicus, Consiliarius Ducalis Consistorii et per Districtum Meclenburgensem Superintendens, suaeque Facultatis hoc tempore Decanus, Ultimas Exequias quas Exuviis Feminae Praenobilissimae, Omnique Decore Fulgidissimae At Nunc Beatissimae, Dominae Catharinae Sophiae Quistorpiae, Dilectissimae suae et iam Desideratissimae Coniugis, hodierno die apparatum iturus est Maritus Eius Moestissimus, hoc Programmate*

---

[472] Zu Hugo Quistorp (1697–1701) s.o. Kap. 2.3, Eintrag Nr. 17, mit Anm. II 293, II 297.

[473] Zu Prof. Dr. iur. Johann Barnstorff (1648–1705), Rektor der UNI Rostock, s. Anm. II 274.

[474] Zu Catharina Sophia Grape geb. Quistorp (1680–1706) s. Kap. 2.3, Einträge Nr. 5 und 13 mit Anm. II 234.

[475] Zu Prof. D. theol. Zacharias Grape d.J. (1671–1713) s. Kap. 2.3, Eintrag Nr. 13 mit Anm. II 281.

[476] Johann Peter Grünenberg (1668–1712) aus Hamburg, MA (Kiel 1689), D. theol. (Rostock 1698), war 1698–1712 als *Secundarius hzgl.* Prof. der Theologie in Rostock, Mitglied im hzgl. Konsistorium und Superintendent des Mecklenburgischen Kirchenkreises: WILLGEROTH III, 1925, 1395f; CPR, URL: http://purl.uni-rostock.de/cpr/00002547.

2.6 Druckpublizistik mit Familienbezug 1628–1722

indicit, atque Omnes Omnium Ordinum Cives Fulgidissimos, Clarissimosque in solatium squalidissimae Familiae invitat, Rostock (*Literis Johannis Wepplingii, Serenissimi Principis et Universitatis Typographi*) 1706 [*P.P. sub Sigillo Rectoratus Academici 6. Julii 1706*], [4] Bl., 4°. – Digitalisat: http://purl.uni-rostock.de/rosdok/ppn769767435.

[Nr. 14:] *1710: Lilienthal*[477] *de meritis Quistorpiorum in ecclesiam et rem litterariam.*

VD 18 1500595X-001 = LBMV SCHWERIN, Schmidtsche Bibliothek, Bd. 78, Nr. 31 = *De Meritis Quistorpiorum In Ecclesiam Et Rem Litterariam, Ad Magnificum Joannem Nicolaum Quistorpium, Theologum Rostochiensem Gravissimum, qua Purpuram Rectoralem, Quinta Vice Demissam, gratulatur, Dissertatio Epistolica M. Michaelis Lilienthalii, Prussi,* Rostock (*Typis Nicolai Schwigerovii, Amplissimi Senatus Typographi*) 1710, 32 S., 4°. – Link zum Digitalisat: http://mdz-nbn-resolving.de/urn:nbn:de:bvb:12-bsb10154956-0.

[Nr. 15:] *1715:* [*in funus*] *Johannis Nicolai Quistorpii*[478] *programma decani facultatis theologiae Johannis Fechtii*[479]. *Item rectoris Academiae von Krackevitz*[480].

---

[477] Michael Lilienthal (1686–1750) aus Liebstadt in Ostpreußen, Sohn eines preußischen Beamten und Gutsbesitzers, war luth. Theologe, Bibliothekar und Historiker in Königsberg sowie Honorarprofessor und Ehrenmitglied der Russischen Akademie der Wissenschaften in St. Petersburg. Zu Person und Werk s. KNOLL 1998; SURKAU 2012, 45–124.

[478] Zu Prof. Dr. Johann Nicolaus Quistorp (1651–1715) s. Kap. 2.3, Einträge Nr. 1–19.

[479] Lic. theol. (Gießen 1666), D. theol. (Rostock 1690) Johannes Fecht (1636–1716) aus Sulzburg im Breisgau war ein Sohn des Pastors Johannes Fecht d.Ä., des Superintendenten der Mgft. Baden-Hochberg, und der Maria Magdalena Obrecht (†1704) aus Straßburg. Er war 1666–1689 Pfr. im badischen Langendenzlingen und ab 1688 Hofprediger des Mgf.en von Baden-Durlach, Konsistorialrat und Prof. am Akademischen Gymnasium in Durlach, 1688 Generalsuperintendent. 1689 floh er vor französischen Truppen im Pfälzischen Erbfolgekrieg und folgte einem Ruf des Hzg.s Gustav Adolf zu Mecklenburg-Güstrow an die UNI Rostock, wo er 1690, zunächst bis 1693 als *Secundarius*, dann bis 1716 als *Primarius*, eine *hzgl.* Professur der Theologie innehatte. Er war fünfmal Rektor (1691/92, 1697/98, 1703/04, 1709/10, 1712/13), zweimal Vize-Rektor (1700/01, 1704/05) der UNI Rostock sowie mehrfach Dekan der THEOL. FAK. Ab 1690 war er zudem Superintendent des Rostocker Kirchenkreises, ab 1691 gehörte er dem hzgl. Konsistorium an: CPR, URL: http://purl.uni-rostock.de/cpr/00001911.

[480] D. theol. (Rostock 1699) Albert Joachim von Krakewitz (1674–1732), Sohn eines Gutsbesitzers aus dem meckl. Zweig einer rügischen Adelsfamilie und Urenkel des Greifswalder Prof.s der Theologie und Generalsuperintendenten Barthold von Krakewitz (1582–1642), war 1699–1708 in Rostock *hzgl.* Prof. der Hebräischen Sprache und christl. Katechese, 1708–1713 ao. *hzgl.* Prof. der Theologie, 1713–1721 *hzgl.* Prof. der

[Nr. 15a:] VD18 12985465 = LBMV SCHWERIN, Schmidtsche Bibliothek, Bd. 96, Nr. 177 = *Decanus Facultatis Theologicae In Universitate Rostochiensi Joannes Fechtius, D. Et Prof., Consiliarius Consistorialis Et Districtus Rostochiensis Superintendens, Totiusque Adacemiae Senior, Ad Summe Reverendi Et Celeberrimi Viri, Joannis Nicolai Quistorpii, Doctoris Et Professoris Theologi, Ecclesiarum Rostochiensium Superintendentis Et Pastoris Ad Aedem D. Nicolao Sacram, Viri De Publico Incomparabiliter Meriti, Cohonestandum Ad Diem III. Septembris 1715 Funus, Omnes Singulosque Curiae Academiae Urbisque Cives, Ea, Qua Par Est, Observantia Et Humanitate Invitat*, Rostock (*Literis Johannis Wepplingii, Serenissimi Principis et Universitatis Typographi*) [1715] [*P.P. Sub Sigillo Facult. Rostoch. d. III. Sept. A.O.R. 1715*], 24 S., 4°. Digitalisat: http://purl.uni-rostock.de/rosdok/ppn770299725.

[Nr. 15b:] VD18 12985481 = LBMV SCHWERIN, Schmidtsche Bibliothek, Bd. 96, Nr. 176 = *Programma Quo Ad solennes Exequias Viri Maxime Reverendi, Amplissimi atque Excellentissimi Domini Johannis Nicolai Quistorpii, Theol. D. et Prof. Publ. Celebratissimi, ad Div. Nicol. Pastoris Meritissimi et Rev. Minist. Superintendentis Vigilantissimi, Quas Dulcissimo atque Desideratissimo Marito nec non Patri nunquam satis Devenerando paratas cupiunt Vidua Moestissima et Liberi Tristissimi, Omnes cujuscunque Dignitatis et Ordinis Academici Cives, qua fas est, humanitate ac diligentia invitat Albertus Joachimus von Krackewitz, S.S. Th. D. et P.P., Serenissimi Ducis Meckl. Regnantis Consiliarius Eccl. et per Distr. Mecklenb. Superint., p.t. Univ. Rost. Rector*, Rostock (*Literis Johannis Wepplingii, Serenissimi Principis et Universitatis Typographi*) [1715] [*P.P. Sub Sigillo Facult. Rostoch. d. 3. Sept. Ao. 1715*], [16] Bl., 4°. – Link zum Digitalisat: http://purl.uni-rostock.de/rosdok/ppn770300340.

[Nr. 16:] *1722:* [in funus] *Theodori Quistorpii*[481] *programma Johannis Christiani Petersen*[482].

LBMV SCHWERIN, Schmidtsche Bibliothek, Bd. 144, Nr. 108 = *Programma Exequiale, Quo Rector Universitatis Rostochiensis Johannes*

Theologie (*Secundarius*), Mitglied im hzgl. Konsistorium, Superintendent des Mecklenburgischen Kirchenkreises. Später wurde er Generalsuperintendent von Schwedisch-Pommern in Greifswald: CPR, URL: http://purl.uni-rostock.de/cpr/00002549.

[481] Zu Theodor Quistorp (1669–1722), ab 1709 Rh. in Rostock, s. Anm. II 211.

[482] Dr. iur. (Rostock 1712) Johann Christian Petersen d.Ä. (1682–1766), Sohn eines Rostocker Kaufmannes, war 1712–1720 ao. *hzgl.* Prof. der Rechte, 1720–1731 *rätlicher* Prof. der Rechte (Kodex), 1731–1748 ältester Bgm. der Stadt Rostock, ab 1733 Assessor am Ratzeburger Hofgericht, 1748 Kanzleirat des Hzg.s zu Mecklenburg-Schwerin, 1752 Wirklicher Regierungsrat: CPR, URL: http://purl.uni-rostock.de/cpr/00002556.

Christianus Petersen, U.I.D. Et Codicis Prof. Publ. Ord., Ad Solemne Funus Viri Prae-Nobilissimi et Amplissimi Domini Theodori Quistorpii, Senatoris et hactenus Judicii Gewettae Praesidis longe gravissimi et fulgidissimi, VII. Iduum Decembris, Anno MDCCXXII, honorifice efferendum in solatium meritissimum Virtuosissimae Coniugis et nunc eheu! Viduae longe Moestissimae, Omnes Omnium Ordinum Academicos Cives per officiose ac humanissime solicitat invitatque, Rostock (*Typis Johannis Jacobi Adleri, Serenissimi Principis et Academiae Typographi*) [1722] [*P.P. Rostochii sub Sigillo Academiae, Anno MDCCXXII. VII. Id. Decembris*], [5] Bl., 2°.

S. *17 [HAUSBIBEL QUISTORP 1614/15, Lose Blätter (wie Anm. I 9), Bl. 6ʳ]:

[Nr. 17:] *1714: De nonnullis s. scripturae affectionibus occasione dicti, 1. Petr. 4, 11.*

Johann Nicolaus QUISTORP (Praesident); Daniel MANNIUS[483] (Respondent): *De Nonnullis S. Scripturae Affectionibus, Occasione Dicti, I. Petr. IV, 11, Summo Favente Numine, Ac Consentiente Venerando Rostochiensium Theologorum Ordine, Sub Praesidio Johannis Nicolai Quistorpii, S.S. Theol. D. Undiquaque Celebratissimi, Profess. Eiusd. Publ. Ord. Dexterrimi, Ad Div. Nicol. Pastor. Fidelissimi Atque Superattendentis Ecclesiae Rostochiensis Vigilantissimi, Praeceptoris, Studiorum Promotoris, In Christo Patris, Atque Per Multos Annos Hospitis, Omni Filiali Cultu, Pietate, Obsequio, Ad Aram Usque Venerandi, Suspiciendi, In Celeberrima Ad Varnum Academia Anno 1714. Die *** Septembris Colloquium Circulare Publicum Placidumque Instituet Daniel Mannius, Elbing.*, Rostock (*Typis Johannis Wepplingii, Serenissimi Principis et Academiae Typographi*) [1714] [*P. P.*]. [1] Bl., 38 S., 4°. – Digitalisat: https://polona.pl/item/de-nonnullis-s-scripturae-affectionibus-occasione-dicti-i-petr-iv-11-sub,NzUyOTY1Mzc/.

---

[483] Daniel Mannius (= Mahn) aus Elbing in Preußen hatte sich am 3. August 1705 an der UNI Rostock imm.; s. MPR, Link: http://purl.uni-rostock.de/matrikel/100006413.

Programmata funebria:

[Nr. 18:] *1694: in funus Johannis Krücken*[484].

VD17 28:728647A = LBMV SCHWERIN, Schmidtsche Bibliothek, Bd. 98, Nr. 73 = *Programma Quo Rector Academiae Rostochiensis Johannes Nicolaus Quistorpius, Theologiae Doctor, eiusdemque Professor Publicus ac ad Div. Nicolai Pastor, Ad Sacrum Exequiale Manibus Sanctis Viri Admodum Reverendi et Clarissimi Dn. Johannis Krücken, Ecclesiastae templi Jacobaei Vigilantissimi fidelissimique, Hodierno Die a Vidua Moestissima adornatum, Omnes omnium Ordinum cives Academicos officiose et amanter invitat*, Rostock (*Typis Johannis Wepplingii, Universitatis Typographi*) [1694] [*P.P. Rostochii Sub Sigillo Rectoratus d. 6. Februarii, Anno M.DC.XCIV*], [4] Bl., 4°. – Digitalisat: http://purl.uni-rostock.de/rosdok/ppn771911009. – Zum Tod des Pfarrers Krücke s. auch die Drucke VD17 28:728652U (Digitalisat: http://purl.uni-rostock.de/rosdok/ppn771911726), VD17 28:728649R; Digitalisat: http://purl.uni-rostock.de/rosdok/ppn771911459).

[Nr. 19:] *1694:* [in funus] *Johannis Friderici Steinhagen*[485].

VD17 23:315074Q = UB Rostock, Sondersammlungen, LB FP Steinhagen, Johann 1694 = *Programma Quo Rector Universitatis Rostochiensis Johannes Nicolaus Quistorpius, S.S. Theol. Doct. P.P. et Past. Nicol. Viri-Juvenis Praestantissimi ac Clare docti DN. Johannis Friderici Steinhagen Sonnenburgo-Marchici, philosophiae atque SS. Theologiae Studiosi Funus Solenniter Indicit, et ad eundum Eiusdem exequias Omnes Omnium Ordinum Cives Academicos officiose et peramanter invitat*, Rostock (*Typis Johannis Wepplingii, Universitatis Typographi*) [1694] [*P.P. Sub Sigillo Rectoratus 2. Aprilis A. M.DCXCIV*], [4] Bl., 4°. – Digitalisat: http://purl.uni-rostock.de/rosdok/ppn774671874.

---

[484] Johann Krücke (1652–1694) aus Hamburg, Sohn des Bgm.s Johann Krücke, war von 1684 bis zu seinem Tod Diakon an St. Jakobi in Rostock; s. WILLGEROTH III, 1925, 1412.

[485] Der Student Johann Friedrich Steinhagen (1668–1694) kam aus Sonnenburg in der Mark Brandenburg, heute Stadtteil von Bad Freienwalde, Landkreis Märkisch Oderland.

2.6 Druckpublizistik mit Familienbezug 1628-1722

[Nr. 20:] *1697: [in funus] Samuelis Starckii*[486].

VD 17: 1:046644L = LBMV SCHWERIN, Schmidtsche Bibliothek, Bd. 98, Nr. 226 = *Programma Quo Rector Rostochiensis Universitatis Johannes Nicolaus Quistorpius theol. doct., eiusdemque P.P., ad div. Nicol. pastor, et ministerii rostoch. pro tempore director, Funus Viri maxime reverendi, Amplissimi et excellentissimi domini Samuelis Starckii Doctoris, Theologi Optimi Et Celeberrimi Pastoris Ad Div. Jacobi dexterrimi ac vigilantissimi indicit, Omnesqve Cives Academicos Ad Exsequias Frequenter Eundas, Quo Par Est Studio Et Humanitate, Invitat,* Rostock (*Typis Johannis Wepplingii, Universitatis Typographi*) [1697] [*P.P. Rostochii Anno 1697. die 15. Octobr. Conventus fiet in Aede Jacobaea, Hora I*], [4] Bl., 4°. – Link zum Digitalisat: http://resolver.staatsbibliothek-berlin.de/SBB000026C800000000.

[Nr. 21:] *1698: [in funus] Annae Armgardi Wolffrathiae*[487].

VD17 14:084754B = LBMV SCHWERIN, Personalschriften, Signatur: Mein6 = *Rector Universitatis Rostochiensis Johannes Nicolaus Quistorpius, Th. D. et P.P., ad Div. Nicol. Pastor ac Ministerii Director, ad Exequias, quas Nobilissimae et Ornatissimae Matronae Annae Armgardi Wolffrahtiae, Nobilissimi et Consultissimi Domini Laurentii Arnoldi Meinhart, I.U.D. in Iudicio Provinciali Mecklenburgico et Cancellaria Gustroviensi Advocati Splendissimi, relictae Viduae et Matri desideratissimae Nobilissimus ac Consultissimus Dominus Gener et Spectatissimae Filiae, omnes Moestissimi, paratas cupiunt. Omnes omnium Ordinum Academiae Cives, ut hodie ad horam primam in templo Mariano conveniant, ea (qua fas est) humanitate invitat,* Rostock (*Typis Johannis Wepplingii, Universitatis Typographi*) [1698] [*PP. Sub Sigillo Academiae XXIIX. Ianuarii A. M.DC.XCIIX*], [4] Bl., 4°. – Link zum Digitalisat: http://purl.uni-rostock.de/rosdok/ppn777134047.

---

[486] Samuel Starck (1649–1697), Sohn eines Schumachers aus Pyritz in Pommern, MA (Greifswald 1672) und D. theol. (Rostock 1694), war 1694–1697 *hzgl.* Prof. der Theologie an der UNI Rostock und Pastor an St. Jakobi. Eintrag im CPR, URL: http://purl.uni-rostock.de/cpr/00002544.

[487] Anna Armgardt Meinhardt geb. Wulffrath (1641–1698) war eine Tochter des Rostocker Rh.en und Stadtkämmerers Dietrich Wulffrath oder Wolffradt (1602–1667) und der Hedwig geb. Tank (†1647). Sie heiratete den meckl. Kanzleiadvokaten in Güstrow Dr. iur. utr. Lorenz Arnold Meinhardt.

[Nr. 22:] *1701:* [in funus] *Friderici Georgii de Krackewitz*[488].

VD18 90376498 = UB Rostock, Sondersammlungen, LB FP Krakevitz, Friedrich 1701 = *Rector Universitatis Rostochiensis Johannes Nicolaus Quistorpius, S. Th. D., P.P., Ad Div. Nic. Past. Et Rev. Ministerii Director, Ad Exequias Lectissimo, Generoso Optimaeque Spei Puerulo B. Frid. Georg. de Krakevitz Tanquam Primogenito, Unico, Dilectissimoque Filiolo Abs Tristissimis Parentibus Hodie Parandas Omnes Omnium Ordinum ac dignitatum Cives Academicos studiose, humaniterque invitat,* Rostock (*Typis Johannis Wepplingii, Universitatis Typographi*) [1701] [*PP. Rostoch. sub Rectoratus Sigillo d. VII. Jan. Ao. Christi. 1701*], [4] Bl., 4°. – Link zum Digitalisat: http://purl.uni-rostock.de/rosdok/ppn766677184.

[Nr. 23:] *1701:* [in funus] *Johannis Friderici de Lehsten*[489].

LBMV Schwerin, Schmidtsche Bibliothek, Bd. 143, Nr. 84 = *Programma Quo Rector Academiae Rostochiensis Johannes Nicolaus Quistorpius, Theol. D., P.P., ad Div. Nicol. Past., Rev. Ministerii Director, Ad Solemnes Exequias, Quas Filio Suo Primogenito Desideratissimoque, Viro Iuveni Generosissimo Et Literatissimo, Domino Johanni Friderico de Lehsten, Haereditario in Wardow, Wesselstorff Et Ridsenow, Ac Hypothecario Ducal. Praefecturarum Lübtz Et Crivitz, Elegantiorum Literarum Cultori Fulgidissimo, Generosissima, Pientissima Et Moestissima Optima Mater Splendidissime Parat, Frequenter Eundas Omnes Omnium Ordinum Cives Academicos, ea, qua decet, humanitate, peramanter et officiose invitat,* Rostock (*Typis Johannis Wepplingii, Universitatis Typographi*) [1701] [*P.P. Rostochii Sub Sigillo Rectoratus die XV. Februarii Anno 1701*], [6] Bl., 2°.

[Nr. 24:] *1701:* [in funus] *Johannis Buckii*[490].

VD18 90376161 = LBMV Schwerin, Schmidtsche Bibliothek, Bd. 98, Nr. 149 = *Rector Academiae Rostochiensis Johannes Nicolaus*

---

[488] Friedrich Georg von Krakewitz (*/†1701), Sohn des D. theol. (Rostock 1699) Albert Joachim von Krakewitz (1674–1732), der 1699–1708 in Rostock *hzgl.* Prof. der hebräischen Sprache und christlichen Katechese war (s. Anm. II 480), und der Margaretha von Voß auf Gievitz (Gemeinde Peenehagen, Mecklenburg-Vorpommern).

[489] Johann (Hans) Friedrich von Lehsten (1683–1701), Sohn des Georg Heinrich von Lehsten, hatte sich im November 1697 an der UNI Rostock imm.; s. MPR; Link: http://purl.uni-rostock.de/matrikel/100047821.

[490] Dr. iur. utr. Johann Buck oder Bueck (1633–1701), Sohn des Rostocker Kaufmannes David Buck und der Angela Elisabeth Martens, war hzgl. meckl. Konsistorialadvokat, Rh. und Kämmerer in Rostock sowie Inspektor des Klosters Ribnitz, s. MPR; Link: http://purl.uni-rostock.de/matrikel/100049858.

2.6 Druckpublizistik mit Familienbezug 1628–1722

Quistorpius, SS. Th. D., Profess., Pastor Ad Div. Nicol. Et R. Ministerii Director, Ad Exequias, Quas Viro Nobilissimo, Consultissimo Ac Prudentissimo Dn. Johanni Buckio I.U.D. Ducal. Consistorii Advocato Primo S. Fiscali Vigilantissimo, Senatori Et Camerario Patriae Civitatis, Ac Illustris Coenobii Ribnizensis Inspectori Gravissimo, Paratas Cupiunt Optimi Liberi, Omnes Omnium Ordinum Academiae Cives splendidissimos invitat Ad Horam Primam Pomeridianam Diei Albini S. I. Martii, Rostock (*Typis Johannis Wepplingii, Universitatis Typographi*) [1701] [*P. P. Sub Rectoratus sigillo d. I. Martii Anno 1701*], [4] Bl., 4°. – Link: http://purl.uni-rostock.de/rosdok/ppn746334281.

[Nr. 25:] *1701:* [in funus] *Johannis Sibrandi*[491].

[Nr. 25a:] LBMV SCHWERIN, Schmidtsche Bibliothek, Bd. 98, Nr. 223[492] = *Programma Quo Rector Academiae Rostochiensis Johann. Nicol. Quistorpius, SS. Theol. D. Et P.P., Ad Div. Nicol. Past. Et R. Ministerii Director, Funus Viri Praenobilissimi, Consultissimi, Amplissimi Et Excellentissimi Dn. Johannis Sibrandi, I.U.D. Et Decretalium Professoris Celeberrimi, Totius Academiae Senioris Gravissimi, Indicit, Omnesque Cives Academicos ad exequias frequenter eundas, quo par est, studio et humanitate invitat*, Rostock (*Typis Johannis Wepplingii, Universitatis Typographi*) [1701] [*P.P. Rostochii sub Sigillo Academiae XXVI. April. Anno MDCCI. Conventus erit in Templo Nicolaitano*], [6] Bl., 4°. – Digitalisat: http://mdz-nbn-resolving.de/urn:nbn:de:bvb:12-bsb10965525-0.

[Nr. 25b:] Dazu die Trauerschrift: *Ultimus Honor, Viro Prae-Nobilissimo, Amplissimo, Consultissimo, Excellentissimoque Domino Johanni Sibrando, U.I.D. Decretalium Professori Publico celeberrimo, totiusque Academiae Seniori venerando, ipso exsequiarum die 26. April. Anno M DCCI exhibitus a Dominis Collegis, Fautoribus et Amicis* [Bl. 1v: Trauergedicht von Johann Nicolaus Quistorp], Rostock (*Typis Nicolai Schwiegerovii, Amplissimi Senatus Typographi*) [1701], [4] Bl., 4°. – Digitalisat: http://resolver.sub.uni-hamburg.de/goobi/PPN826248837.

---

[491] Johann Sibrand d.J. (1637–1701; s. Anm. II 244) wurde 1667 in Rostock zum Dr. iur. promoviert, war 1670–1674 *rätlicher* Prof. der Moral, dann 1674–1701 *hzgl.* Prof. (Dekretalen) in Rostock. Eintrag im CPR, URL: http://purl.uni-rostock.de/cpr/00002512.

[492] S. auch das PFUN für Sibrand, mit dem Prof. Dr. iur. utr. Johann Joachim Schoepffer (1661–1719), der Prodekan der JUR. FAK., zur Trauerfeier am 26. April 1701 einlud: LBMV SCHWERIN, Schmidtsche Bibliothek, Bd. 98, Nr. 224. Zu Schoepffer s. den Eintrag im CPR, URL: http://purl.uni-rostock.de/cpr/00002541.

[Nr. 26:] *1703:* [in funus] *Caspari Ellerhusen*⁴⁹³.

VD18 90376196 = LBMV SCHWERIN, Schmidtsche Bibliothek, Bd. 98, Nr. 34 = *Rector Academiae Rostochiensis Johannes Nicolaus Quistorpius, D. Et P.P., Ad Div. Nicol. Pastor ac R. Ministerii Patr. Superintendens, Ad Exequias Solennes Viri Praenobilissimi, Consultissimi Atque Clarissimi Dn. Caspari Ellerhusen, I.U.D. Et Causaram Patroni sive Advocati Insignis, Abs Moestissima Vidua Hodie Parandas Omnium Ordinum Cives Academicos, ea qua fas est, humanitate invitat*, Rostock (*Typis Johannis Wepplingii, Serenissimi Principis et Academiae Typographi*) [1703] [*P. P. Sub Sigillo Rectoratus die VII. Decembris Anno 1703. Conventus fiet in Aede Jacobea*], [4] Bl., 4°. – Link zum Digitalisat: http://purl.uni-rostock.de/rosdok/ppn749383038.

[Nr. 27:] *1703:* [in funus] *Johannis Christophori Kiliani*⁴⁹⁴.

VD18 90340396 = LBMV SCHWERIN, Schmidtsche Bibliothek, Bd. 98, Nr. 65 = *Programma Quo Abs Rectore Academiae Rostochiensis Johanne Nicolao Quistorpio, Th. D. P.P., Ad Div. Nicol. Pastore, Et Ministerii Rostochiensi Superintendente, Ad Iusta Seu Funebrem Curam, Quam Viri Nobilissimi, Prudentissimi Et Doctissimi Domini Johan. Christophori Kiliani, Senatoris Huius Urbis Praestantissimi, Piis Manibus Vidua Moestissima Adornatam Cupit. Cives Omnium Ordinum officiose et amice Invitantur*, Rostock (*Typis Johannis Wepplingii, Serenissimi Principis et Academiae Typographi*) [1703] [*P. P. Sub Sigillo Rectoratus die X. Decembris A.J.R. MDCCIII. Conventus erit in Aede D. Mariae Sacra*], [4] Bl., 4°. – Link zum Digitalisat: http://purl.uni-rostock.de/rosdok/ppn76643737X.

---

⁴⁹³ Dr. iur. utr. (Rostock 1685) Caspar Ellerhus(en) (1659–1703) war Advokat in Rostock; s. MPR; Links: http://purl.uni-rostock.de/matrikel/100032110; http://purl.uni-rostock.de/matrikel/400071339; http://purl.uni-rostock.de/matrikel/400071362. Seit 1685 war er mit Anna Sandhagen (1643–1712) verheiratet, einer Tochter des Pastors an St. Nikolai in Rostock Rembert Sandhagen (1611–1683) (s. Anm. II 225) und Witwe des Rostocker Prof.s D. theol. Johann Georg Bindrim d.J. (1650–1678); s. die Trauerrede der UNI Rostock zur Trauerfeier für Anna Ellerhusen, geb. Sandhagen, am 26. Juli 1712: LBMV SCHWERIN, Schmidtsche Bibliothek, Bd. 98, Nr. 35.

⁴⁹⁴ Johann Christoph Kilian (1647–1703), Rh. der Stadt Rostock.

2.6 Druckpublizistik mit Familienbezug 1628–1722

[Nr. 28:] *1703: [in funus] Elisabethae Krügers*[495].

VD18 90376560 = LBMV SCHWERIN, Schmidtsche Bibliothek, Bd. 98, Nr. 74 = *Programma Quo Rector Academiae Rostochiensis Johannes Nicolaus Quistorpius, Th. D. Et P.P., Ad Div. Nicol. Past. Et R. Ministerii Superintendens, Ad Exequias Quas Matronae Nobilissimae atque Honestissimae Elisabethae Krügers, Viri Maxime Reverendi atque Excellentissimi Dn. Michaelis Cobabi, Th. D. Et P.P Ac Senioris Facult. Theol. P. M., Relictae Viduae Liberi Maestissimi Hodierno Die Paratas Cupiunt, Omnes et singulos Universitatis huius Cives, atque Fautores, ea qua fas est humanitate, peramanter invitat*, Rostock (*Typis Johannis Wepplingii, Serenissimi Principis et Academiae Typographi*) [1703] [*P. P. Sub Sigillo Rectoratus die XX. Decembris Anno 1703. Conventus erit in Aede Jacob. S.*], [4] Bl., 4°. – Link zum Digitalisat: http://purl.uni-rostock.de/rosdok/ppn74699897X.

[Nr. 29:] *1704: [in funus] Christoph Redekeri*[496].

VD18 13050842 = LBMV SCHWERIN, Schmidtsche Bibliothek, Bd. 98, Nr. 109 = *Rector Universitatis Rostochiensis Johannes Nicolaus Quistorpius, Th. D. Et P. Ordinarius, Ad Div. Nicol. Past. Ac R. Ministerii Patr. Superintendens, Acerbum Maxime Funus Viri Praenobilissimi, Amplissimi, Consultissimi, Prudentissimique Dn. Christophori Redekeri, ICti, et olim Antecessoris Academiae ac Consistorii Ducalis Assessoris, ultimo Reipublicae Rostochiensis Consulis Primi, Dexterrimique, abs Moestissima Vidua Foemina Nobilissima Et Virtuosissima Catharina Sophia Gerdes Ad Horam I. Diei XXIII. Mensis Currentis Januarii Solemnissime ac Decentissime Paratum Indicit, atque Ad Exequias Benevole Frequentandas Proceres et Cives Academicos Suis Quoque Titulos Conspicuos Publico Hoc Programmate, Qua Fas Est Humanitate ac Studio Vocat Et Invitat*, Rostock (*Literis Johannis Wepplingii, Serenissimi Principis et Academiae Typographi*) [1704] [*P. P. Sub Sigillo Rectoratus Academici die XXIII. Januarii, An.*

---

[495] Elisabeth Krüger (1618–1703), Tochter des Präfekten von Neukalen, dann von Ivenack Peter Krüger und der Ilsabe Hase aus Güstrow, war in erster Ehe mit Dr. iur. Johann Niebauer (auch Niebaur oder Neubauer) (1607–1650), in zweiter Ehe mit Michael Cobabus (1610–1686) verheiratet, der 1646–1654 Rektor der Großen Stadtschule in Rostock war, 1652–1670 *rätlicher* Prof. der Niederen Mathematik. 1670 wurde Cobabus als Nachfolger des Johannes Quistorp d.J. (s. *Kap. 2.2*) *rätlicher* Prof. der Theologie (*Secundarius*) und war dreimal (1658/59, 1672/73, 1675/76) Rektor der UNI Rostock. Eintrag im CPR, URL: http://purl.uni-rostock.de/cpr/00001291.

[496] Zu Dr. iur. Christoph Redeker (1652–1704), Bgm. der Hansestadt Rostock, s. Anm. II 275.

MDCCIV. *Conventus Erit Ín Aede Div. Jacob. S.*], [8] Bl., 4°. – Link zum Digitalisat: http://purl.uni-rostock.de/rosdok/ppn770282938.

[Nr. 30:] *1704:* [in funus] *Christiani Knesebecken*[497].

VD18 90340388 = LBMV SCHWERIN, Schmidtsche Bibliothek, Bd. 98, Nr. 70 = *Programma Rector Academiae Rostochiensis Johannes Nicolaus Quistorpius, Th. D. P.P. Ordinar., Ad Div. Nicolai Past. Et Ministerii Patrii Superintendens, Ad Funus Nobilissimi, Amplissimi Et Prudentissimi Viri Dn. Christiani Knesebecken, Inclytae Urbis Huius Senatoris et Camerarii Primarii, Ac Optimi Meriti, Imo Emeriti, Ad VIII. Currentis Mensis Februarii A. O. R. M.DCCIV., Frequenti Presentia, Piaque Devotione Celebrandum Proceres, Ac Cives Academicos, Humanissime Et Serio invitat,* Rostock (*Aere Johannis Wepplingii, Serenissimi Principis et Academiae Typographi*) [1704] [*P. P. Rostochii Sub Sigillo Rectoratus d. VIII. Febr. Anno 1704*], [8] Bl., 4°. – Digitalisat: http://purl.uni-rostock.de/rosdok/ppn766680703.

[Nr. 31:] *1704:* [in funus] *Andreae Danielis Habichhorstii*[498].

[Nr. 31a:] VD18 90326741 = LBMV SCHWERIN, Schmidtsche Bibliothek, Bd. 98, Nr. 52b = *Programma Quo Ad Exequias Viri Maxime Reverendi, Amplissimi Et Excellentissimi Dn. Andreae Danielis Habichhorstii, Ph. Et Theol. D. Ac Profess. Ordinarii Longe Celeberrimi, Consiliarii Consistorialis, Facult. Theol. Totiusque Academiae Senioris Gravissimi, a Moestissima Vidua, Foemina Virtuosissima Anna Sybilla Hedewiga Kohlen,*[499] *Paratas Frequenti Praesentia Cohonestandas, Omnes Illustres Proceres, Civesque Academicos Facultatis Theologicae Nomine, Eo Quo Par Est Humanitatis Studio Invitat Johannes Nicolaus Quistorpius, Theol. D., Prof. Publ., Ad Div Nicol. Past. Et Ministerii Patr. Rostoch. Superintend., Fac. Theol. Hodie Decanus,* Rostock (*Aere Johannis Wepplingii, Serenissimi Principis et Academiae Typographi*) [1704] [*P.P. Sub Sigillo Facultatis Theolog. d. IX. Septembr. A. 1704*.

---

[497] Christian Knesebeck (1621–1704), ein Sohn des Rostocker Kaufmanns Heinrich Knesebeck (1586–1637) und der Elisabeth Preuß, war Rh. und Stadtkämmerer von Rostock; er heiratete 1649 Anna Margarethe Sebes (1632–1681), in zweiter Ehe 1683 Margarete Schönlow (1622–1707); s. LBMV SCHWERIN, Schmidtsche Bibliothek, Bd. 97, Nr. 38, Bd. 98, Nr. 70.

[498] Lic. theol. (Rostock 1671), D. theol. (Greifswald 1679) Andreas Daniel Habichhorst (1632/34–1704) aus Bützow war in Rostock ab 1672 *hzgl.* Prof. der Eloquenz und Geschichte, ab 1686 *hzgl.*, extrakonziliarer Prof. der Theologie, ab 1702 Assessor am hzgl. Konsistorium. Eintrag im CPR, URL: http://purl.uni-rostock.de/cpr/00002515.

[499] Anna Sibylla Hedwig Kohle war eine Tochter Christian Kohles, des Rektors der Domschule Ratzeburg; s. LBMV SCHWERIN, Schmidtsche Bibliothek, Bd. 98, Nr. 52a, 52b.

2.6 Druckpublizistik mit Familienbezug 1628–1722

Conventus erit in Templ. Div. Mariae sacro], [8] Bl., 4°. – Link zum Digitalisat: http://resolver.sub.uni-goettingen.de/purl?PPN799474169.

[Nr. 31b:] S. auch VD18 11533390 = LBMV SCHWERIN, Schmidtsche Bibliothek, Bd. 98, Nr. 52a = *Rector Academiae Rostochiensis Johannes Klein, I.U.D. Et P.P., Serenissimi Ducis Meclenburgici Consiliar. Intimus, Nec Non Cancellariae Iustitiae Ac Consistorii Megap. Director, Funus Viri Maximi Reverendi Atque Excellentissimi Dn. Andr. Danielis Habichhorstii, S.S. Theol. D. Et P.P., Consiliarii Consistorialis Ac Facultatis Theol., Nec Non Totius Academiae Senioris Celebratissimi, a Moestissima Vidua Decenter Paratum, Solenniter Indicit, Et Ad Illud Proceres Ac Cives Academicos, Ea Qua Par Est, Humanitate Invitat*, Rostock (*Typis Johannis Wepplingii, Serenissimi Principis et Academiae Typographi*) [1704] [*P.P. Rostochii d. 9. Sept. A. 1704. sub Sigillo Rectoratus Academici*], [6] Bl., 4°. – Link zum Digitalisat: http://digital.slub-dresden.de/id349995834.

[Nr. 32:] *1712:* [in funus] *Johannis Petri Grunenbergii*[500].

LBMV SCHWERIN, Schmidtsche Bibliothek, Bd. 143, Nr. 58 = LBMV SCHWERIN, Personalschriften, Signatur: Grü1 und Grü8 = LBMV SCHWERIN, Signatur: Mkl gen 2/2 = *Programma sistens Memoriam Viri Summe Reverendi, Amplissimi, atque Excellentissimi Domini Johan. Petri Gruenenbergii, Philosoph. Et SS. Theolog. Doct. Et Profess. Publ. Ordinarii, Nec Non Tractus Integri Special. Meckelburgici Superintendentis Vigilantissimi, Consistoriique Ducalis Consiliarii Gravissimi, etc., D. V. Januarii Pie Et Placide Defuncti, Ipso Solenni Exequiarum D. XXVII. Eiusdem Mensis, Anni MDCCXII. P. P. a Facultate Theologica, Interprete Johan. Nicol. Quistorpio, D., Hodie Facult. S. Decano*, Rostock (*Typis Johannis Wepplingii, Serenissimi Principis et Academiae Typographi*) [1712] [*P.P. Rostochii [...] 27. Jan. sub sigillo Facultatis Theol. Anno 1712*], [8] Bl., 2°.[501]

[Nr. 33:] *1713:* [in funus] *Elisabethae Susemihlen*[502].

LBMV SCHWERIN, Schmidtsche Bibliothek, Bd. 144, Nr. 150 = *Rector Academiae Rostochiensis Johannes Nicolaus Quistorpius, Th. D., P.P.,*

---

[500] Zu Prof. D. theol. Johann Peter Grünenberg (1668–1712) s. Anm. II 476.

[501] Für Grünenberg liegen weitere Trauerschriften vor, u.a. das PFUN des Rektors der UNI Rostock Prof. Dr. iur. utr. Joachim Heinrich Sibrand (1670–1743): LBMV SCHWERIN, Schmidtsche Bibliothek, Bd. 143, Nr. 57.

[502] Elisabeth Schwabe geb. Susemihl (1680–1712), Tochter des Pastors Joachim Friedrich Susemihl (1627–1699) und der Pfarrerstochter Oelgard Hane (1640–1697), heiratete den Advokaten Dr. iur. utr. Johann Konrad Schwabe (†1716), 1709–1716 Rh.en in Rostock, der vermutlich ein Sohn des Pastors Johann Schwabe im meckl. Sternberg war.

ad Div. Nicol Past. et Superintendens, Ad Lessum Et Funebrem Deductionem Quam Nobilissimae Florentissimaeque Foeminae Elisabethae Susemihlen, Eiusdem Maritus Nunc Viduus Moestissimus, Vir Praenobilissimus, Consultissimus ac Prudentissimus Dominus Conradus Bernhard. Schwabe, I.U.D. Advocat. Ducal. Ordinarius Et Reipubl. Rostoch. Senator dexterrimus etc. Solenniter Hodie Parat, Omnium Ordinum ac Dignitatum Cives Academicos officiosissime, humanissimeque vocat atque excitat, Rostock (*Typis Johannis Wepplingii, Serenissimi Principis Et Academiae Typographi*) [1713] [*P.P. Sub Sigillo Academiae Die IV. Januarii Anno MDCCXIII*], [3] Bl., 4°.

[Nr. 34:] *1713:* [in funus] *Jacobi Taddeln*[503].

LBMV SCHWERIN, Schmidtsche Bibliothek, Bd. 98, Nr. 128 = *Rector Academiae Rostochiensis Johannes Nicolaus Quistorpius, Theol. D. P.P., Past. Et Superintend., Ad Solennem Exequiarum honorem, Quem Indictivo Funeri, Viri Illustris, Prae-Nobilissimi atque Consultissimi Dn. Jacobi Taddeln, Serenissimi Ducis Meklenburgici Regiminis Consiliarii Splendidissimi, Vidua Praenobilissima Luctuosissimaque Exhibendum hodie cupit, Omnes Omnium Ordinum et Dignitatum Cives Academicos Et Academiae faventes peramanter, studioseque invitat,* Rostock (*Typis Johannis Wepplingii, Serenissimi Principis Et Academiae Typographi*) [1713] [*P.P. Sub Sigillo Rectoratus N. die VIII. Martii Anno. 1713*], [6] Bl., 4°.

[Nr. 35:] *1713:* [in funus] *Annae Sophiae Peterseniae*[504].

VD18 12870064 = LBMV SCHWERIN, Schmidtsche Bibliothek, Bd. 98, Nr. 98 = *Programma, Quo Rector Universitatis Rostochiensis Johannes Nicolaus Quistorpius, Th. D., Prof. Publ. Ord., Ad Div. Nicol. Past. Et Rev. Minist. Patr. Superint., Ad Exequias, quas Coniugi suae desideratissimae, Foeminae Nobilissimae Ac Pientissimae Annae Sophiae Peterseniae, Viduus Moestissimus, Dn. Johannes Senstius, S.S. Theol. Doct. Famigeratissimus, Ad Div. Mariae Archidiac. Et S. Coenobii, Past. Vigilantiss., Hodie paratas cupit, Omnes et singulos Universitatis huius Cives atque in Omni Republica Fautores, ea qua fas est humani-*

---

[503] Jacob Taddel (1648–1713), Sohn des Bernhard Taddel (†1673), Küster in Gadebusch, und der Margarethe geb. Wegener, verheiratet mit Christina Vermehren (1681–1762), war 1662–1670 Schreiber in der meckl. Regierungskanzlei in Schwerin, später Geheimsekretär der Hzge. Christian Ludwig I. und Friedrich Wilhelm zu Mecklenburg-Schwerin, Geheimer Kanzleirat und Regierungsrat der Hzge. zu Mecklenburg-Schwerin.

[504] Anna Sophia Senstius geb. Petersen (1674–1713) war die zweite Ehefrau des Johann Senst oder Senstius (1650–1723), der 1677 Pfr. in Fürstenberg, 1699 Diakon an St. Marien in Rostock, 1704 Archidiakon ebd. war (s. Anm. II 329).

2.6 Druckpublizistik mit Familienbezug 1628–1722

tate, peramanter invitat, Rostock (*Typis Johannis Wepplingii, Serenissimi Principis Et Academiae Typographi*) [1713] [*P.P. Sub Sigillo Universitatis die 15. Februarii Anno 1713*], [4] Bl., 4°. – Link zum Digitalisat: http://purl.uni-rostock.de/rosdok/ppn769840051.

[Nr. 36:] *1713:* [in funus] *Catharinae Kleinschmieds*[505].

VD18 9037634X = LBMV SCHWERIN, Schmidtsche Bibliothek, Bd. 98, Nr. 68 = *Programma Quo Ad Ornandas Comitandi Funeris Exequias, Quas Nobilissimae Et Virtuosissimae Virgini, Nunc inter coelites sanctae, Catharinae Kleinschmieds, Conventuali Rostochiens. Pientissimae, Dni. Cognati Et Affines hodie perfici C. D. intendunt, O. O. Rerum publ. Proceres, Civesque Academicos, ea qua decet humanitate, invitat Johannes Nicolaus Quistorpius, Th. D., huiusque P.P.O., ad Div. Nic. Past. Et R. Ministerii Patrii Superintend., h.t. Universitatis Rostochiensis Rector*, Rostock (*Typis Johannis Wepplingii, Serenissimi Principis Et Universitatis Typographi*) [1713] [*P.P. Sub Sigillo Rectoratus die VI. Aprilis, Anno 1713. Conventus fiet in Aede S. Jacob. hora prima pomeridiana*], [4] Bl., 4°. – Link zum Digitalisat: http://purl.uni-rostock.de/rosdok/ppn766432939.

S. *18 [HAUSBIBEL QUISTORP 1614/15, Lose Blätter (wie Anm. I 9), Bl. 6ᵛ]:

[Nr. 37:] *1713:* [in funus] *Annae Catharinae Papeniae*[506].

LBMV Schwerin, Schmidtsche Bibliothek, Bd. 144, Nr. 102 = *Programma Quo Ad Solennes Exequias Prae-Nobilissimae, Omnique Virtutum Nitore Fulgidissimae Foeminae Annae Catharinae natae Papeniae, Coniugis Suavissimae, Sed heu praemature ereptae, abs tristis-*

---

[505] Katharina Kleinschmidt (1635–1713), Tochter des Rostocker Bgm.s Joachim Kleinschmidt (1598–1652) und der Wendula Korf (1602–1638), war Konventualin im Kloster zum Hl. Kreuz in Rostock (Anm. II 204), einem Zisterzienserinnenkloster, das sich nachreformatorisch als ev. „Jungfrauenkloster", dann Damenstift, zu einer Versorgungseinrichtung wohlhabender Rats- und Kaufherrenfamilien von Rostock entwickelte, s. PETTKE 1991; PREIBISCH 2010; STUTH 2010, 17.

[506] Anna Catharina Koepke geb. Pape (1686–1713) aus Lüneburg, Tochter des Juristen Johann Pape und der Margarethe Hecht, heiratete 1704 David Heinrich Koepke (1677–1731) aus Bardowiek (Lüneburg), einen Sohn des Lüneburger Juristen Johann Heinrich Koepke (†1684) und der Klara Margarete Scharf. Zur UNI-Laufbahn des Dr. phil. und D. theol. David Heinrich Koepke, der 1704–1708 *hzgl.* Prof. der Philosophie, 1708–1731 *hzgl.* Prof. der Poesie war und 1720/21 wie auch 1726/27 das Rektorat der UNI Rostock innehatte, s. seinen Eintrag im CPR, URL: http://purl.uni-rostock.de/cpr/00002552.

simo Viduo Viro Maxime Reverendo, Amplissimo, Excellentissimo Domino Davide Henrico Koepkenio, S.S. Theol. Doct. Et P.P.O, Celeberrimoque Fautore atque Collega dexterrimo decentissime parandas, Omnium Dignitatum, ac Ordinum Cives Academicos Fautoresque, qua fas est humanitate invitat, Hodie Rector Academiae Rostochiensis Johannes Nicolaus Quistorpius, Theol. D., P.P., ad Div. Nicol. Past. et Rev. Minist. Superintend., Facult. Theol. Decanus, Rostock (*Typis Johannis Wepplingii, Serenissimi Principis Et Universitatis Typographi*) [1713] [*P.P. Sub Sigillo Rectoratus nostri d. 2. Maji Anno recuperatae gratiae MDCCXIII*], [6] Bl., 2°.

Programmata festivalia:

[Nr. 38:] *1693: ad festivitatem nativitatis Jesu Christi.*

LBMV Schwerin, Schmidtsche Bibliothek, Bd. 87, Nr. 15 = *Programma Qvo Rector Universitatis Rostochiensis Johannes Nicolaus Quistorpius, S.S. Theolog. D. Et P.P., ad D. Nicolai Pastor., Ad Solennem Festivitatem Nativitatis Jesu Christi Omnes et singulos Academiae Cives, suis quosque titulis honorandos, digne celebrandam, More Maiorum hortatur,* Rostock (*Typis Johannis Wepplingii, Universitatis Typographi*) [1693] [*P.P. Rostochii sub Sigillo Rectoratus. In ipso Festo Nativitatis, A. M.DC.XCIII*], [6] Bl., 4°.

[Nr. 39:] *1694: ad passionalia sacra salvatoris.*

VD17 28:723114K = LBMV Schwerin, Schmidtsche Bibliothek, Bd. 87, Nr. 16 = *Programma Quo Cives Academici Ad Passionalia Sacra Salvatoris Nostri Invitantur, et a Bacchi Orgiis Abstinentur, Et Avocantur.*[507] *Propositum A Rectore Academiae Rostochiensis Johanne Nicolao Quistorpio, S.S. Theol. Doct. et P.P. ac ad Div. Nicol. Pastore,* Rostock (*Typis Johannis Wepplingii, Universitatis Typographi*) [1694] [*P. P. Sub Sigillo Rectorali Dominica Esto Mihi, d. XVIII. Febr. An. M DC XCIV*], [4] Bl., 4°. – Link zum Digitalisat: http://purl.uni-rostock.de/rosdok/ppn734005180.

[Nr. 40:] *1697: ad festivitatem nativitatis redemtoris Jesu Christi.*

VD17 1:051045S = LBMV Schwerin, Schmidtsche Bibliothek, Bd. 87, Nr. 35 = *In Solenni Festivitate Nativitatis Domini Nostri Et Unici Redemptoris Jesu Christi, Rector Universitatis Rostochiensis Johannes*

---

[507] Der Sonntag *Estomihi* oder *Quinquagesimae*, der 7. Sonntag vor Ostern, markiert im Kirchenjahr den Beginn der Fastenzeit.

2.6 Druckpublizistik mit Familienbezug 1628–1722

Nicolaus Quistorpius D. Profess. P. Ad Div. Nicolai Pastor, Ac R. Ministerii p.t. Director, Civibus Academicis Omnem Salutem Adprecatur, Rostock (*Typis Johannis Wepplingii, Universitatis Typographi*) [1697] [*PP. Rostochii, ipso Die Natalitiorum Christi Ao. M DC XCVII*], [4] Bl., 4°. – Link zum Digitalisat: http://resolver.staatsbibliothek-berlin.de/SBB0000128800000000.

[Nr. 41:] *1698: de salutari in dominum et regem nostrum Jesum Christum grumos sanguinis sudantem adspectu.*

VD17 18:735078L = LBMV Schwerin, Schmidtsche Bibliothek, Bd. 87, Nr. 36 = *I. N. J. R. E. S. N. U. Ad pias De Salutari In Dominum Nostrum Et Regem Unicum Jesum Christum Grumos sanguinis sudantem, Adspectu Meditationes, Redeunte hoc Passionis Dominicae Memoriae sacro tempore, Omnes ac Singulos Cives Academicos, Omni Studio ac humanitate excitat et hortatur Johannes Nicolaus Quistorpius, P.P. ad Divi Nic. Pastor, et R. Ministerii Director*, Rostock (*Typis Johannis Wepplingii, Universitatis Typographi*) [1698] [*P.P. Rostochii sub Sigillo Rectoratus Dominica Esto mihi die 6. Martii Anno 1698*], [4] Bl., 4°. – Link zum Digitalisat: http://resolver.sub.uni-hamburg.de/goobi/PPN796567743.

[Nr. 42:] *1700: in festivitate ultima seculi XVII.*

VD17 28:723275M = LBMV Schwerin, Schmidtsche Bibliothek, Bd. 76, Nr. 3, sowie ebd., Bd. 87, Nr. 50 = *Programma In Solenni Admirandae Et Salutiferae Incarnationis Filii Dei Seculi XVII. Festivitate Ultima, Propositum a Rectore Academiae Rostochiensis Joh. Nicolao Quistorpio S.S. Theol D. PP. Ad Div. Nicol. Pastore, Et R. Ministerii Directore. Psalm CXXI, v. 8: Jehova Custodiet Exitum Et Introitum Nostrum Ex Hoc Nunc Et Usque In Seculum*, Rostock (*Typis Johannis Wepplingii, Universitatis Typographi*) [1700] [*P. P. Sub Sigillo Academiae in Festo Natalit. Anno seculi XVII ultimo, s. MDCC*], [14] Bl., 4°. – Digitalisat: http://purl.uni-rostock.de/rosdok/ppn734013205. – Johann Nicolaus Quistorp nutzt das Festprogramm zum Weihnachtstag am 25. Dezember 1700 für einen Rückblick auf die Universitätsgeschichte ab 1600 und zählt alle Rektoren der Universität Rostock zwischen 1600 und 1700 auf, die akademische Festreden zu den christlichen Feiertagen hielten.

[Nr. 43:] *1701: verus agnus paschalis.*

VD18 13258311 = LBMV Schwerin, Schmidtsche Bibliothek, Bd. 88, Nr. 2 = *Programma Quo Verum Agnum Paschalem Rector Universitatis Rostochiensis Johann. Nicolaus Quistorpius, Theol. D., ET P.P., Ad D. Nicolai Pastor, Ac Rev. Ministerii Director, Ipsis Feriis Paschalibus Civibus Academicis Pie meditandum et celebrandum sistit*, Rostock (*Typis Johannis Wepplingii, Universitatis Typographi*) [1701] [*P. P.*

Rostochii sub sigillo Rectoratus in ipso Paschatos Festo die XXVI. Martii Anno MDCCI], [4] Bl., 4°. – Link zum Digitalisat: http://purl.uni-rostock.de/rosdok/ppn892940115.

[Nr. 44:] *1703: in solemni Jesu Christi salvatoris natali.*

VD18 13264648 = LBMV Schwerin, Schmidtsche Bibliothek, Bd. 88, Nr. 15 = *Programma Quo Inter Amara Ad Dulcia Gaudia In Solemni Jesu Christi Salvatoris Nostri Natali, Devota, Et Grata Mente Agitanda, Cives Academici Invitantur. Propositum Abs Rectore Academiae, Johanne Nicolao Quistorpio, Th. D. Et P.P., Ad Div. Nicol. Past. et R. Ministerii Superintendente,* Rostock (*Typis Johannis Wepplingii, Serenissimi Principis et Academiae Typographi*) [1703] [*P.P. sub Sigillo Academiae in Fest. Natalit. Anno Christi Natal. 1703]*, [6] Bl., 4°. – Digitalisat: http://resolver.sub.uni-goettingen.de/purl?PPN799346160.

[Nr. 45:] *1704: in gloriosissimam resurrectionem Jesu Christi viventis inter mortuos non quaerendi.*

VD18 90271807 = LBMV Schwerin, Schmidtsche Bibliothek, Bd. 88, Nr. 17 = *Programma Quo Ad Pias Meditationes Super Gloriosissima Resurrectione Domini Nostri Jesu Christi Viventis Inter Mortuos Non Quaerendi, Studiose Instituendas, P.T. Rector Universitatis Rostochiensis Johannes Nicolaus Quistorpius, Th. D., Prof. Ordin., Ad Div. Nicol. Past. Et Ministerii Patr. Superintendens, Cives Academicos, Inprimis Studiosam Iuventutem, Omni Studio Et Affectu Excitat Ac Adhortatur,* Rostock (*Typis Johannis Wepplingii, Serenissimi Principis et Academiae Typographi*) [1704] [*P.P. Sub Sigillo Rectoratus Die XXIII. Martii Anno MDCCIV]*, [4] Bl., 4°. – Link zum Digitalisat: http://resolver.sub.uni-goettingen.de/purl?PPN799357871.

[Nr. 46:] *1709: natalitiam.*

VD18 1326592X = LBMV Schwerin, Schmidtsche Bibliothek, Bd. 88, Nr. 45 = *Programma Quo Ad Solemnia Jesu Christi Salvatoris Nostri Unici Natalitia Devota Et observantissima Memoria recolenda Cives Academici quam officiosissime invitantur, Abs Hodie Academiae Rectore Johanne Nicolao Quistorpio, S.S. Theol. Doct. Et P.P., eiusdemque Facultatis h.t. Decano, Pastore Nicolait. Et R. Ministerii Superintendente,* Rostock (*Typis Johannis Wepplingii, Serenissimi Principis et Academiae Typographi*) [1709] [*P. P. Sub Rectoratus Academici Sigillo ipso die Natal. Domini. A. MDCCIX]*, [4] Bl., 4°. – Link zum Digitalisat: http://purl.uni-rostock.de/rosdok/ppn1003464602.

[Nr. 47:] *1710: in passionem salvatoris unici Jesu Christi.*

VD18 13265903 = LBMV Schwerin, Schmidtsche Bibliothek, Bd. 88, Nr. 46 = *Programma Quo Cives Academici Ad Sinceram Et Sacram*

2.6 Druckpublizistik mit Familienbezug 1628–1722

Meditationem Passionis Salvatoris Nostri Unici Jesu Christi Invitantur. Propositum a Rectore Academiae Rostochiensis Johanne Nicolao Quistorpio, D.P.P., Ad Div. Nicol. Past. Et R. Ministerii Superintend. Ac Facult. Theol. Hodie Decano, Rostock (*Typis Johannis Wepplingii, Serenissimi Principis et Academiae Typographi*) [1710] [*P. P. Sub Sigillo Rectoratus die 2. Martii Anno 1710. ipsa Dominica Quinquagesima*], [4] Bl., 4°. – Link zum Digitalisat: http://purl.uni-rostock.de/rosdok/ppn1003465056.

[Nr. 48:] *1710: in festo paschatos.*

LBMV Schwerin, Schmidtsche Bibliothek, Bd. 88, Nr. 47 = *Programma Quo Ad Pias Meditationes Super Gloriosissima Triumphatoris Et Restauratoris Nostri Jesu Christi Victoriosissima Resurrectione Studiose Instituendas Rector Academiae Johann. Nicol. Quistorpius, D.P.P., Ad Div. Nic. Pastor Et R. Minist. Superintend. Secum, Cives Academicos, qva par est autoritate et humanitate, excitat et adhortatur*, Rostock (*Typis Johannis Wepplingii, Serenissimi Principis et Academiae Typographi*) [1710] [*P.P. Ipsa Dominica Paschatos Die XX. Mens. Aprilis Anno MDCCX. Sub Sigillo Academico*], [4] Bl., 4°.

[Nr. 49:] *1712: in solenni admirandae et salutiferae incarnationis filii Dei Tou Theanthropou festivitate.*

VD18 13182943 = LBMV Schwerin, Schmidtsche Bibliothek, Bd. 89, Nr. 10 = *Programma In Solenni Admirandae Et Salutiferae Incarnationis Filii Dei Tou Theanthropou Festivitate, Anno 1712. Propositum Abs Hodie Academiae Rectore Johanne Nicolao Quistorpio, Th. D., P.P.O., ad Div. Nicol. Past., R. Ministerii Patrii Superintendente, Quo Pro officii ratione ad veram eius observationem Cives Academicos maiorem in modum hortatur*, Rostock (*Typis Johannis Wepplingii, Serenissimi Principis et Universitatis Typographi*) [1712] [*P.P. Sub Sigillo Academiae. Rostochii. D. XXV. Decembr. Anni 1712*], [4] Bl., 4°. – Digitalisat: http://purl.uni-rostock.de/rosdok/ppn1003519652.

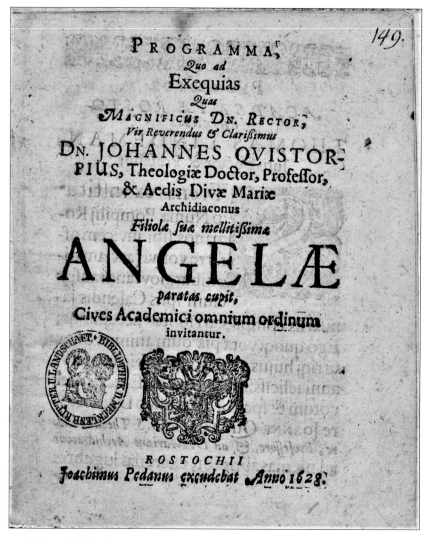

© UB Rostock: LB FP Quistorp, Angela 1628 (http://purl.uni-rostock.de/rosdok/ppn775828238/images/phys_0005.jpg).

Abb. 78: Funeralprogramm (Titelseite) des Rektors der Universität Rostock Johannes Quistorp d. Ä. zur Trauerfeier für seine verstorbene Tochter Engel (= Angela) Quistorp (29. Juli – 30. Dezember 1627) am 2. Januar 1628 in der Marienkirche Rostock (s. Kap. 2.6, Eintrag Nr. 1; dazu Kap. 2.1, Eintrag Nr. 10 mit Anm. II 49).

2.7. Die handschriftlichen Eintragungen zur Familiengeschichte: Dokumentation der Schreiberhände

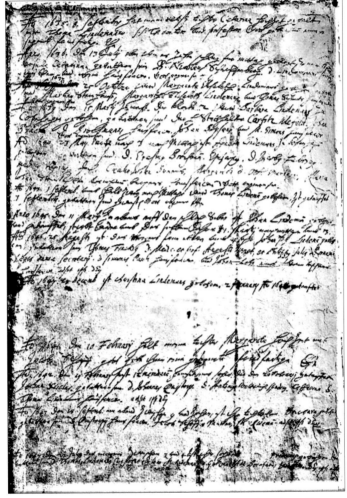

© Peter Arnold Heuser

Abb. 79: Hausbibel Quistorp, Vorderdeckel, Innenseite (= Spiegel): Familiennachrichten, eingetragen von Hand des Johannes Quistorp d.Ä. (1584–1648) (= Kap. 2.1, Einträge Nr. 15 – Nr. 27: 1635–1647).

Abb. 80: HAUSBIBEL QUISTORP, Lose Blätter, Bl. 2ʳ: Familiennachrichten, oben Einträge von Hand des JOHANNES QUISTORP d.Ä. (1584–1648) (= Kap. 2.1, Einträge Nr. 28 – Nr. 35: 1641–1646), unten Einträge von Hand des JOHANNES QUISTORP d.J. (1624–1669) (= Kap. 2.2, Einträge Nr. 1 – Nr. 4: 1650–1654).

2.7 Dokumentation der Schreiberhände

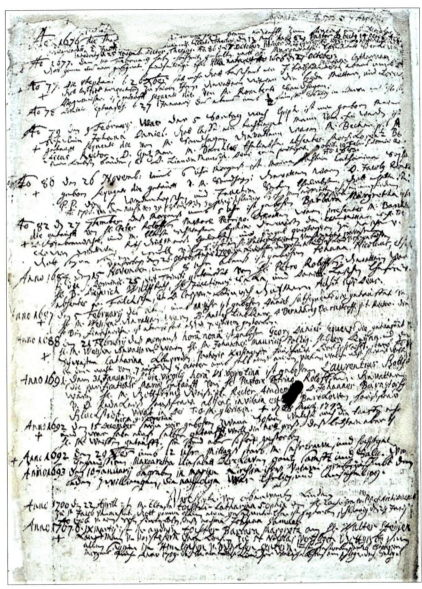

© Peter Arnold Heuser

Abb. 81: Hausbibel Quistorp, Titelseite verso: Familiennachrichten, eingetragen von Hand des Johann Nicolaus Quistorp (1651–1715)
(= Kap. 2.3, Einträge Nr. 1 – Nr. 14: 1676–1707).

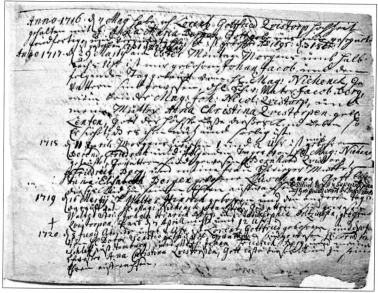

Abb. 82–83: HAUSBIBEL QUISTORP, eingelegtes Bl. 1r/v: Familiennachrichten, eingetragen von Hand des LORENZ GOTTFRIED QUISTORP (1691–1743) (= Kap. 2.4, Einträge Nr. 1 – Nr. 8: 1716–1725).

2.7 Dokumentation der Schreiberhände 287

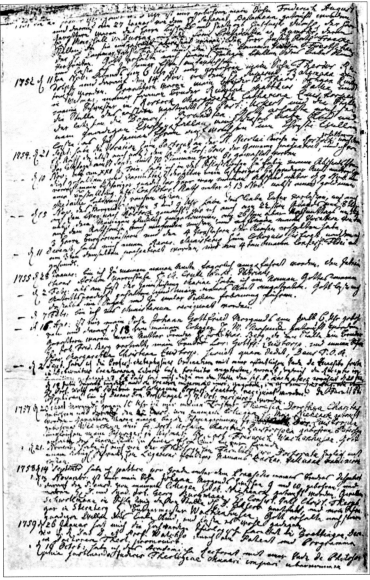

© PETER ARNOLD HEUSER

Abb. 84: HAUSBIBEL QUISTORP, eingelegtes Bl. 2ᵛ: Familiennachrichten,
eingetragen von Hand des JOHANN JACOB QUISTORP (1717–1766)
(= Kap. 2.5, Einträge Nr. 7 – Nr. 23: 1751–1759).

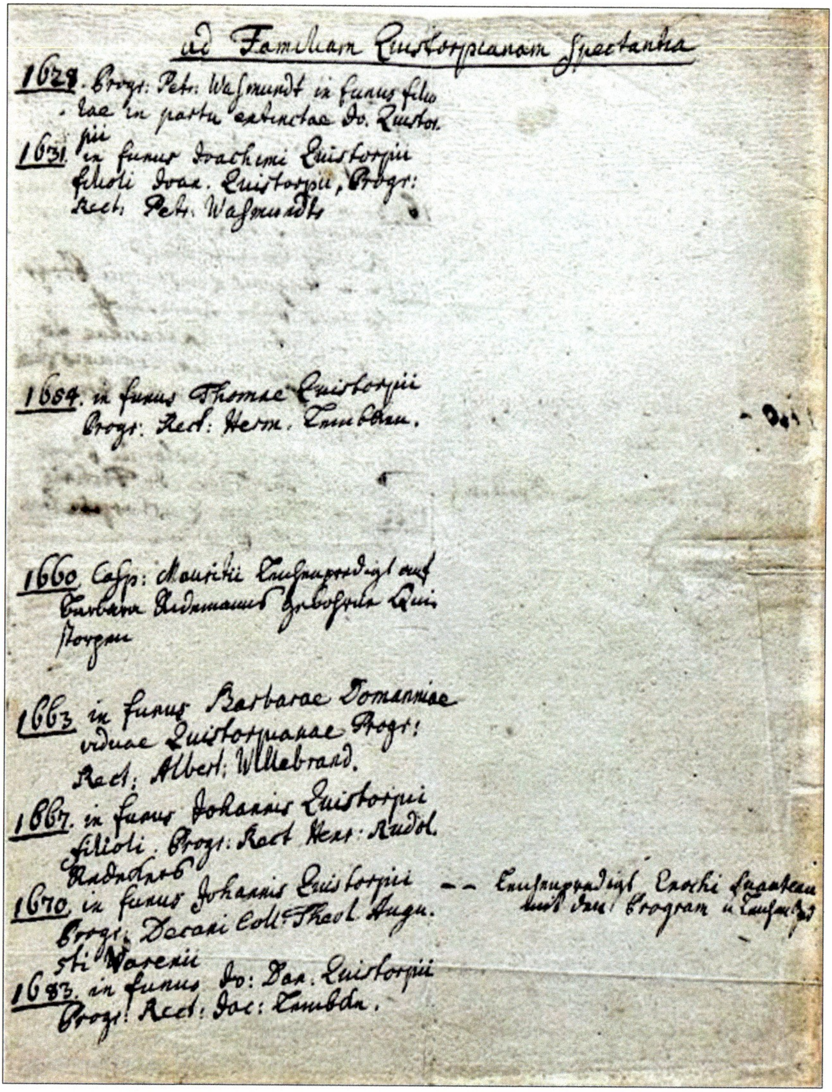

Ad Familiam Quistorpianam Spectantia

1628. Progr: Petr: Waßmundt in funus filiolae in partu extinctae Jo. Quistorpii

1631. in funus Joachimi Quistorpii filioli Joan. Quistorpii, Progr: Rect: Petr. Waßmundt

1654. in funus Thomae Quistorpii Progr: Rect: Herm. Lembken.

1660 Casp: Mauritii Leichpredigt auf Barbara Heidemann gebohrne Quistorpen

1663 in funus Barbarae Domanniae viduae Quistorpianae Progr: Rect: Albert: Willebrand.

1667. in funus Johannis Quistorpii filioli. Progr: Rect Henr: Rudol. Redecker

1670. in funus Johannis Quistorpii Progr: Decani Coll. Theol. Augusti Varenii — Leichpredigt Enochi Svantenii mit dem Program u Leichen[illegible]

1683. in funus Jo: Dan. Quistorpii Progr: Rect: Joc: Lembken.

Abb. 85: Hausbibel Quistorp, Lose Blätter, Bl. 5r: Dokument *Ad Familiam Quistorpianam spectantia*: Auflistung von Druckpublizistik mit Bezug auf die Familie Quistorp von 1628 bis 1722 (Schreiberhand unbekannt).

Teil III:
Verzeichnisse und Register

3.1 Abkürzungen und Siglen

Abb.	=	Abbildung
Abt.	=	Abteilung
ADB	=	Allgemeine Deutsche Biografie, 56 Bde., München – Leipzig 1875–1912.
AGB	=	Archiv für Geschichte des Buchwesens
AHL	=	Archiv der Hansestadt Lübeck
AHR	=	Archiv der Hansestadt Rostock
AHW	=	Archiv der Hansestadt Wismar
Anm.	=	Anmerkung
Anm. I	=	Anmerkung im I. Teil der Studie (= Einführung) = separate Zählung
Anm. II	=	Anmerkung im II. Teil der Studie (= Edition): separate Zählung
ao.	=	außerordentlich (= Extraordinarius)
Bacc.	=	Baccalaureus
BBKL	=	Biographisch-Bibliographisches Kirchenlexikon, hg. v. Friedrich Wilhelm BAUTZ, fortgeführt durch Traugott BAUTZ, 40 Bde. + Register, Nordhausen 1975–2019
Bd. / Bde.	=	Band / Bände
Bearb. / Bearbb.	=	Bearbeiter (Singular/Plural)
Bf.	=	Bischof
Bgm.	=	Bürgermeister
Bl. / Bll.	=	Blatt, Blätter
BMBF	=	Bundesministerium für Bildung und Forschung
CPR	=	CATALOGUS PROFESSORUM ROSTOCHIENSIUM, hg. im Auftrag des Rektors der Universität Rostock v. Kersten KRÜGER (online seit 2006), URL: http://cpr.uni-rostock.de/.
dän.	=	dänisch
DFG	=	Deutsche Forschungsgemeinschaft
Dr. iur. utr.	=	Doktor beider Rechte (*doctor iuris utriusque*)
Dr. med.	=	Doktor der Medizin
Dr. phil.	=	Doktor der Philosophie
dt.	=	deutsch
D. theol.	=	Doktor der Theologie
Ehzg.	=	Erzherzog
etc.	=	et cetera

ev.	=	evangelisch
f / ff	=	eine / zwei folgende Seite(n)
FAK.	=	Fakultät
Fbf.	=	Fürstbischof
fbfl.	=	fürstbischöflich
Fbt.	=	Fürstbistum
Frhr.	=	Freiherr
FS	=	Festschrift
Fst.	=	Fürstentum
geb.	=	geborene
gen.	=	genannt
Gf. / Gfn.	=	Graf / Grafen
Gf.in	=	Gräfin
Gft.	=	Grafschaft
Ghzg.	=	Großherzog
ghzgl.	=	großherzoglich
HAB Wolfenbüttel	=	Herzog August Bibliothek Wolfenbüttel
Hg. / Hgg.	=	Herausgeber (Singular/Plural)
HGbll	=	Hansische Geschichtsblätter
Hgt.	=	Herzogtum / Herzogtümer
Hl./hl.	=	Heilig(e/er) (Singular)
Hzg. / Hzge.	=	Herzog / Herzöge
hzgl.	=	herzoglich
Imm.	=	Immatrikulation
imm.	=	sich immatrikulieren (+ Flektionsformen)
JUR. FAK.	=	Juristische Fakultät
Kap.	=	Kapitel
Kf.	=	Kurfürst
Kft.	=	Kurfürstentum
Kg.	=	König
Kg.in	=	Königin
kgl.	=	königlich
KKAOG	=	Kirchenkreisarchiv Ostholstein (Bereich Eutin), Gleschendorf
Ks.	=	Kaiser
ksl.	=	kaiserlich
LASH Schleswig	=	Landesarchiv Schleswig-Holstein, Schleswig
LBMV Schwerin	=	Landesbibliothek Mecklenburg-Vorpommern Günther Uecker, Schwerin
Lic.	=	Lizentiat
Lic. iur.	=	Lizentiat der Rechte
Lic. iur. utr.	=	Lizentiat beider Rechte (*licentiatus iuris utriusque*)
Lic. med.	=	Lizentiat der Medizin
Lic. theol.	=	Lizentiat der Theologie
LP	=	Leichenpredigt
luth.	=	lutherisch
MA	=	Magister artium

3.1 Abkürzungen und Siglen

meckl.	=	mecklenburgisch
MED. FAK.	=	Medizinische Fakultät
Mgf.	=	Markgraf
Mgf.in	=	Markgräfin
Mgft.	=	Markgrafschaft
MJb	=	Mecklenburgische Jahrbücher; bis 94 (1930) unter dem Titel: Jahrbücher des Vereins für Mecklenburgische Geschichte und Altert(h)umskunde
MPR	=	MATRIKELPORTAL ROSTOCK, hg. im Auftrag des Rektors der Universität Rostock v. Kersten KRÜGER, online seit 2010, URL: http://matrikel.uni-rostock.de/.
ND	=	Neudruck
NDB	=	Neue Deutsche Biografie, 27 Bde., Berlin 1953–2020.
ndl.	=	niederländisch
N. N.	=	Nomen nescio; Name einer Person ist unbekannt
NR	=	Neue Reihe
Nr.	=	Nummer
o.g.	=	oben genannt
PAH	=	Peter Arnold Heuser (Autorenkürzel)
PFEST	=	*Programma festivale*, Universitätsrede zu einem Festanlass
Pfr.	=	Pfarrer
PFUN	=	*Programma funebre*; *Programma ad exequias*; Universitätsrede zu einer Trauerfeier
PHIL. FAK.	=	Philosophische Fakultät
preuß.	=	preußisch
Prof.	=	Professor (auch Komposita: Theologieprof., Juraprof.)
Pz.	=	Prinz
Pz.in	=	Prinzessin
r	=	recto
RAA	=	REPERTORIUM ALBORUM AMICORUM. Internationales Verzeichnis von Stammbüchern und Stammbuchfragmenten in öffentlichen und privaten Sammlungen, Redakteur: Werner Wilhelm Schnabel. Link: https://raa.gf-franken.de/
ref.	=	reformiert
reg.	=	regierte
RGG[4]	=	Religion in Geschichte und Gegenwart. Handwörterbuch für Theologie und Religionswissenschaft, 4. Auflage, 9 Bde., Tübingen 1898–2007
Rh.	=	Ratsherr
s.	=	siehe
S.	=	Seite
schwed.	=	schwedisch
s.o.	=	siehe oben

Sp. / Spp.	=	Spalte / Spalten
SS	=	Sommersemester
s.u.	=	siehe unten
StaBi	=	Staatsbibliothek
SuUB	=	Staats- und Universitätsbibliothek
THEOL. FAK.	=	Theologische Fakultät
Tl. / Tle.	=	Teil / Teile
TRE	=	Theologische Realenzyklopädie, hg. von Gerhard MÜLLER, 36 Bde. + Gesamtregister 36/1-2, Berlin – New York 1977–2007
u.	=	und
u.a.	=	und andere
UB	=	Universitätsbibliothek
ULB	=	Universitäts- und Landesbibliothek
UNI	=	Universität
usw.	=	und so weiter
UTB	=	Uni-Taschenbücher
v	=	verso
v.	=	von
VD16	=	Verzeichnis der im deutschen Sprachraum erschienenen Drucke des 16. Jhdts. (Link: https://www.bsb-muenchen.de/sammlungen/historische-drucke/recherche/vd-16/)
VD17	=	Das Verzeichnis der im deutschen Sprachraum erschienenen Drucke des 17. Jahrhunderts (Link: http://www.vd17.de/)
VD18	=	Das Verzeichnis der Deutschen Drucke des 18. Jahrhunderts (Link: https://gso.gbv.de/DB=1.65/)
verh.	=	verheiratet
verw.	=	verwitwet
WLB Stuttgart	=	Württembergische Landesbibliothek Stuttgart
WS	=	Wintersemester
ZHF	=	Zeitschrift für historische Forschung
ZSHG	=	Zeitschrift der Gesellschaft für Schleswig-Holsteinische Geschichte
/	=	Virgel
[xyz]	=	Ergänzung (Emendation, Konjektur) oder Ersetzung durch den Bearbeiter, Zusätze des Editors
[...]	=	Auslassung durch den Editor
{...}	=	Textverlust infolge von Beschneidung oder Beschädigung des Blattes
[!]	=	tatsächlicher, aber befremdlicher Text bzw. ungewöhnliche Schreibweise
<...>	=	unsichere, aber wahrscheinliche Lesart
***	=	Lücke in der Vorlage

3.2 Abbildungsnachweis

© FAMILIENARCHIV QUISTORP, WIEN (ACHIM VON QUISTORP):

Abb. 64: Porträtstich Johann Jacob Quistorp (1717–1766), Kupferstich v. Christian Fritzsch (1695–1769), Privatbesitz Familie Quistorp.

Abb. 66: Porträtgemälde Bernhard Friedrich Quistorp (1718–1788), Privatbesitz Familie Quistorp.

© INSEL VERLAG Anton Kippenberg GmbH & Co. KG / SUHRKAMP VERLAG AG, Berlin:

Abb. 36b: SCHUNKE 1943, Tafel 15. – Freigabe mit Schreiben vom 30. April 2021 (Frau Elisabeth Honerla, Bildredaktion INSEL / SUHRKAMP).

© LBMV Schwerin:

Abb. 70: Johannes Corfinius: Leichenpredigt für Johannes Quistorp d.Ä., 1648 (Titelseite) = LBMV Schwerin, Sonderbestände, Schmidtsche Bibliothek, Bd. 78, Nr. 30. Link: http://www-db.lbmv.de/ditbild/78s0030.gif. – Freigabe mit Schreiben vom 9. April 2021 (Herrn Dr. Andreas Roloff, LBMV Schwerin), gemäß der *creative commons*-Lizenz „CC-BY-NC-ND 4.0".

© PETER ARNOLD HEUSER:

Abb. 1–7, 9, 11, 13, 15, 17, 19, 21–23, 25, 27; 29–36a, 37–44, 69, 71, 73, 75–77, 79–85: HAUSBIBEL QUISTORP 1614/15.

Abb. 8, 10, 12, 14, 16, 18, 20, 24, 26, 28: AMMAN / REBENSTOCK 1571.

Abb. 45–51: Porträtgemälde I Johannes Quistorp d.Ä. (1584–1648), Privatbesitz Familie Quistorp.

Abb. 52: Porträtgemälde II Johannes Quistorp d.Ä. (1584–1648), datiert 1670, Marienkirche Rostock.

Abb. 53: Porträtgemälde III Johannes Quistorp d.Ä. (1584–1648), Marienkirche Rostock.

Abb. 56: Porträtstich Johannes Quistorp d.Ä. (1584–1648), Kupferstich / Radierung, zugeschrieben an Johann Azelt (1654–1692) in Nürnberg, in: FREHER 1688, 530 mit Tab. 25.

Abb. 57: Porträtstich Johannes Quistorp d.Ä. (1584–1648), Kupferstich in: WESTPHALEN III, 1743, nach Sp. 1258.

Abb. 58–59: Porträtgemälde Johannes Quistorp d.J. (1624–1669), Marienkirche Rostock.

Abb. 60–61: Porträtgemälde Johannes Quistorp d.J. (1624–1669), Jakobikirche Rostock (Kriegsverlust), Foto Privatbesitz Familie Quistorp.

Abb. 62: Porträtgemälde Johann Nicolaus Quistorp (1651–1715), Marienkirche Rostock.

Abb. 63: Porträtgemälde Johann Jacob Quistorp (1717–1766), Privatbesitz Familie Quistorp.

Abb. 64: Porträtstich Johann Jacob Quistorp (1717–1766), Kupferstich des Johann Martin Bernigeroth (1713–1767), Leipzig 1757, Privatbesitz Familie Quistorp.

Abb. 67: Porträtstich Johann Christian Edler von Quistorp (1737–1795), Punktiermanier / Radierung von Johann Friedrich Bolt (1769–1836), Berlin 1793, Privatbesitz Familie Quistorp.

Abb. 68: Wappenscheibe, gestiftet 1645 von Johannes Quistorp d.Ä., in der Kirche des Ortes Rostocker Wulfshagen bei Ribnitz.

© UB Rostock:

Freigabe mit Schreiben vom 23. April 2021 (Herrn Karsten Labahn, UB Rostock).

Abb. 72: Funeralprogramm (Titelseite) des Dekans der Theologischen Fakultät Rostock Augustus Varenius zur Beisetzung des jüngeren Johannes Quistorp am 4. Januar 1670 im Familiengrab in der Rostocker Marienkirche. UB Rostock: LB FP Quistorp, Johann 1670/a, http://purl.uni-rostock.de/rosdok/ppn776780824/phys_0005.

Abb. 74: Funeralprogramm (Titelseite) des Rektors der Universität Rostock Albert Joachim von Krakewitz (1674–1732) zur Trauerfeier für den Theologieprofessor Johann Nicolaus Quistorp am 3. September 1715. UB Rostock: LB FP Quistorp, Johann 1715/a, http://purl.uni-rostock.de/rosdok/ppn770300340/phys_0005.

Abb. 78: Funeralprogramm (Titelseite) des Rektors der Universität Rostock Johannes Quistorp d.Ä. zur Trauerfeier für seine verstorbene Tochter Engel (=Angela) Quistorp (29. Juli – 30. Dezember 1627) am 2. Januar 1628 in der Rostocker Marienkirche. UB Rostock: LB FP Quistorp, Angela 1628, http://purl.uni-rostock.de/rosdok/ppn775828238/images/phys_0005.jpg.

© WIKIMEDIA COMMONS:

Abb. 54: Porträtstich Johannes Quistorp d.Ä. (1584–1648) im Alter von 64 Jahren, Rostock 1648; Kupferstich / Radierung des Wolfgang Hartmann, Rostock, in: QUISTORP, Annotationes, 1648, Vordereinband, Innenspiegel.
Link: https://de.m.wikipedia.org./wiki/Datei:JohannesQuistorp.jpg.

Abb. 55: Porträtstich Johannes Quistorp d.Ä. (1584–1648), Kupferstich des Melchior Haffner (1660–1704), Augsburg 1673, in: SPITZEL 1673, 196.
Link: https://de.wikipedia.org/wiki/Datei:Quistorp_d_Aeltere.png.

3.3 Quellen und Literatur

Hinweis zur Zitierpraxis: Um den Anmerkungsapparat zu entlasten, werden Quellen und Literatur in den Anmerkungen von der Erstnennung an in Form von Kurztiteln zitiert. Ein Kurztitel besteht im Regelfall aus zwei Teilen: *a)* aus dem Familiennamen des Autors, des Herausgebers oder des Bearbeiters, gegebenenfalls aus den Familiennamen der Autoren, Herausgeber oder Bearbeiter, *b)* aus dem Jahr der Publikation. Reichen diese Angaben nicht aus, um einen Titel eindeutig zu bestimmen, steht zwischen Familienname und Publikationsjahr, durch Kommata abgegrenzt, ein signifikantes Beiwort aus dem Titel der Publikation, das im Quellen- und Literaturverzeichnis kursiv gesetzt ist. Bei mehrbändigen Werken wird die jeweilige Bandzahl vermittelst römischer Zahlzeichen markiert. Die Angabe der exakten Referenzstelle erfolgt durch eine Seitenangabe, die durch ein Komma vom Kurztitel abgetrennt ist. Auf das Kürzel „S." zur Kennzeichnung der Paginierung wird dabei verzichtet. Eine Kennzeichnung erfolgt nur, wenn abweichend von diesem Regelfall Spalten („Sp.") oder Blätter („Bl.", „Bll.") gemeint sind; „f" / „ff" bedeuten: eine / zwei folgende Seiten. Das Quellen- und Literaturverzeichnis hält die Volltitel der zitierten Literatur bereit. Bei Drucken vor 1800 ist, soweit das bis zum Stichtag des 31. Juli 2020 möglich war, ein Link, möglichst ein Permalink zu einem Digitalisat beigefügt. Zeitschriften-Siglen sind im Verzeichnis der Abkürzungen und Siglen aufgelöst (Kap. 3.1). Sie werden allein dann benutzt, wenn die jeweilige Zeitschrift mehrfach zitiert ist.

Die Zitation von Bibelstellen folgt gewöhnlich der Hausbibel Quistorp, mithin der Goslarer Voigt-Bibel von 1614/15 (s. Kap. 1.2). In allen abweichenden Fällen ist sie der Zitation der revidierten Lutherbibel von 2017 verpflichtet.[1]

Der Platzhalter „ – – " steht für den ersten Autor- / Herausgeber- oder Bearbeiternamen des Vortitels.

---

[1] Die Bibel nach Martin Luthers Übersetzung. Lutherbibel revidiert 2017: mit Apokryphen, hg. von der Evangelischen Kirche in Deutschland, Stuttgart 2016.

3.3.1 Ungedruckte Quellen

Archiv der Hansestadt Lübeck (AHL)

(durchsuchbar unter: https://www.ancestry.de/)
- Kirchenbuch St. Jakobi, Lübeck, Heiraten 1625–1802
- Kirchenbuch St. Jakobi, Lübeck, Taufen 1721–1788

Archiv der Hansestadt Rostock (AHR)

Bestand 1.1.18.3: Kirchenbücher und Kirchenbuchabschriften (abrufbar und durchsuchbar unter: https://www.ancestry.de/search/collections/rostockchurch/).
- AHR, 1.1.18.3.-Kirchenbuch Heilig-Geist 1686–1823, Hospitalkirche
- AHR, 1.1.18.3.-Kirchenbuch St. Jakobi – Taufen Jan 1679–Dez 1744 (mit separatem Registerband)
- AHR, 1.1.18.3.-Kirchenbuch St. Jakobi – Beerdigungen Apr 1695 – Dez 1793
- AHR, 1.1.18.3.-Kirchenbuch St. Johannis 1668–1816
- AHR, 1.1.18.3.-Kirchenbuch St. Marien 1698–1774
- AHR, 1.1.18.3.-Kirchenbuch St. Marien – Beerdigungen Okt 1792 – Sep 1799
- AHR, 1.1.18.3.-Kirchenbuch St. Nikolai – Taufen Juni 1662 – Dez 1753 (mit Register der ehelich und unehelich getauften Kinder 1701-1753)
- AHR, 1.1.18.3.-Kirchenbuch St. Nikolai – Trauungen Juni 1663 – Dez 1753
- AHR, 1.1.18.3.-Kirchenbuch St. Nikolai Dez 1723 – Okt 1815 (mit Register)
- AHR, 1.1.18.3.-Kirchenbuch St. Nikolai 1754–1887

Kirchenkreisarchiv Ostholstein (Bereich Eutin), Gleschendorf (KKAO)

(durchsuchbar unter: https://www.ancestry.de/)
- KKAOG.-Ev. Kirchengemeinde Eutin, Taufregister Eutin 1633–1765, o.S.
- KKAOG.-Ev. Kirchengemeinde Eutin, Taufen, Heiraten und Tote 1720–1911

Landesarchiv Schleswig-Holstein, Schleswig (LASH Schleswig)

- Nachlässe, Abt. 288 (Nachlässe von Beamten im Fürstentum Lübeck), Nr. 288.2

Landeskirchliches Archiv Schwerin (LAS), Kirchenbuchstelle

(durchsuchbar unter: https://www.ancestry.de/)
- Ev. Kirchengemeinde Gammelin, Taufen, Heiraten und Tote 1788–1875

- Ev. Kirchengemeinde Güstrow, Index und Heiraten 1690–1806
- Ev. Kirchengemeinde Güstrow, Tote 1787–1862
- Ev. Kirchengemeinde Westenbrügge, Taufen, Heiraten, Tote und Konfirmationen 1649–1882
- St. Marien, Wismar, Taufen, Heiraten und Tote 1792–1866

3.3.2 Gedruckte Quellen und Literatur vor 1800

3.3.2.1 Personalschriften / Universitätsprogramme

Jeder Eintrag verweist auf eine Belegstelle der jeweiligen Personalschrift im Buch. Am angegebenen Ort findet sich jeweils ein Link, möglichst ein Permalink zu einem Digitalisat des Drucks, falls ein solches bis zum Stichtag am 31. Juli 2020 vorlag.

a) *LBMV Schwerin, Schmidtsche Bibliothek*

Zum „Katalog der Ditmarschen Sammlungen und der Schmidtschen Bibliothek", die durch eine Datenbank digital erschlossen sind, s. http://www-db.lbmv.de/.

- Bd. 26, Nr. 13: Einladung (JUR. FAK. Rostock, Prodekan Prof. Dr. iur. Caspar Matthias Müller) zur Promotion des Kandidaten der Jurisprudenz *Johann Lorenz Gutzmer* am 27. März 1712 (s. Anm. II 257).
- Bd. 45, Nr. 12: Schulordnung für die Große Stadtschule in Rostock [1647], erlassen von den fünf Scholarchen: Bgm. Johann Luttermann (1581–1657), Bgm. Nikolaus Scharffenberg (1588–1651), Superintendent Prof. D. theol. Johannes Quistorp d.Ä. I (1584–1648), Ratsherr Joachim Kleinschmidt (1598–1652), Ratsherr Wolhard Stindt d.Ä. (1600–1661) (s. Kap. 2.1: Steckbrief).
- Bd. 76, Nr. 3: PFEST der UNI Rostock (Rektor: Prof. D. theol. Johann Nicolaus Quistorp) zum Weihnachtsfest am 25. Dezember 1700, mit einem Rückblick auf die Rostocker Universitätsgeschichte des 17. Jahrhunderts (s. Kap. 2.6, Eintrag Nr. 42).

Teil III: Verzeichnisse

- Bd. 78, Nr. 30: LP des Johannes Corfinius, Archidiakon an St. Marien, Rostock, für Prof. D. theol. Johannes Quistorp d.Ä. zur Trauerfeier am 5. Mai 1648 = CORFINIUS, Subitanea, [1648], [26] Bl. (s. Anm. II 168).
- Bd. 78, Nr. 31 = LILIENTHAL 1710 (s. Kap. 2.6, Eintrag Nr. 14).
- Bd. 87, Nr. 15: PFEST der UNI Rostock (Rektor: Prof. D. theol. Johann Nicolaus Quistorp) zum Weihnachtsfest am 25. Dezember 1693 (s. Kap. 2.6, Eintrag Nr. 38).
- Bd. 87, Nr. 16: PFEST der UNI Rostock (Rektor: Prof. D. theol. Johann Nicolaus Quistorp) zum Sonntag *Quinquagesimae* [= *Estomihi*] vor der Passionszeit (*ad passionalia sacra Salvatoris*) am 18. Februar 1694 (s. Kap. 2.6, Eintrag Nr. 39).
- Bd. 87, Nr. 35: PFEST der UNI Rostock (Rektor: Prof. D. theol. Johann Nicolaus Quistorp) zum Weihnachtsfest am 25. Dezember 1697 (s. Kap. 2.6, Eintrag Nr. 40).
- Bd. 87, Nr. 36: PFEST der UNI Rostock (Rektor: Prof. D. theol. Johann Nicolaus Quistorp) zum Sonntag *Quinquagesimae* [= *Estomihi*] vor der Passionszeit am 6. März 1698 (s. Kap. 2.6, Eintrag Nr. 41).
- Bd. 87, Nr. 50: PFEST der UNI Rostock (Rektor: Prof. D. theol. Johann Nicolaus Quistorp) zum Weihnachtsfest am 25. Dezember 1700, mit einem Rückblick auf die Rostocker Universitätsgeschichte des 17. Jahrhunderts (s. Kap. 2.6, Eintrag Nr. 42).
- Bd. 88, Nr. 2: PFEST der UNI Rostock (Rektor: Prof. D. theol. Johann Nicolaus Quistorp) zum Osterfest [= 27. März 1701] am 26. März 1701 (s. Kap. 2.6, Eintrag Nr. 43).
- Bd. 88, Nr. 15: PFEST der UNI Rostock (Rektor: Prof. D. theol. Johann Nicolaus Quistorp) zum Weihnachtsfest am 25. Dezember 1703 (s. Kap. 2.6, Eintrag Nr. 44).
- Bd. 88, Nr. 17: PFEST der UNI Rostock (Rektor: Prof. D. theol. Johann Nicolaus Quistorp) zum Osterfest am 23. März 1704 (s. Kap. 2.6, Eintrag Nr. 45).
- Bd. 88, Nr. 45: PFEST der UNI Rostock (Rektor: Prof. D. theol. Johann Nicolaus Quistorp) zum Weihnachtsfest am 25. Dezember 1709 (s. Kap. 2.6, Eintrag Nr. 46).
- Bd. 88, Nr. 46: PFEST der UNI Rostock (Rektor: Prof. D. theol. Johann Nicolaus Quistorp) zum Sonntag *Quinquagesimae* [= *Estomihi*] vor der Passionszeit am 2. März 1710 (s. Kap. 2.6, Eintrag Nr. 47).
- Bd. 88, Nr. 47: PFEST der UNI Rostock (Rektor: Prof. D. theol. Johann Nicolaus Quistorp) zum Osterfest am 20. April 1710 (s. Kap. 2.6, Eintrag Nr. 48).

- Bd. 89, Nr. 10: PFEST der UNI Rostock (Rektor: Prof. D. theol. Johann Nicolaus Quistorp) zum Weihnachtsfest am 25. Dezember 1712 (s. Kap. 2.6, Eintrag Nr. 49).
- Bd. 95, Nr. 21: PFUN der UNI Rostock (Rektor: Prof. D. theol. Heinrich Müller) zur Trauerfeier für Henning Ludwig Barclay (*†1664) am 7. Februar 1664 (s. Anm. II 230).
- Bd. 95, Nr. 30: PFUN der UNI Rostock (Rektor: Prof. D. theol. Heinrich Müller) zur Trauerfeier für *Daniel Berckow* (1620–1670) am 7. Februar 1670.
- Bd. 95, Nr. 45: PFUN der UNI Rostock (Rektor: Prof. D. theol. Johann Cothmann) zur Trauerfeier für *Samuel Bohl* (1611–1639) am 13. Mai 1639 (s. Anm. II 157).
- Bd. 95, Nr. 53: PFUN der UNI Rostock (Rektor: Prof. D. theol. Johannes Quistorp d.Ä.) zur Trauerfeier für *Anna Gryphius* geb. *Brucäus* am 20. November 1639 (s. Anm. II 31).
- Bd. 95 Nr. 89: PFUN der UNI Rostock (Rektor: Prof. D. theol. Caspar Mauritius) zur Trauerfeier für *Gertrud Wegener* geb. *Dethloff* (1585–1656) am 10. Februar 1656 (s. Anm. II 215).
- Bd. 95, Nr. 98: PFUN der UNI Rostock (Rektor: Prof. Dr. iur. utr. Albert Willebrand d.Ä.) zur Trauerfeier für *Barbara Quistorp* geb. *Domann* (1597–1663) am 14. August 1663 (s. Kap. 2.6, Eintrag Nr. 5).
- Bd. 95, Nr. 106: PFUN der THEOL. FAK. der UNI Rostock (Dekan: Prof. D. theol. Johannes Quistorp d.J.) zur Trauerfeier für *Anna Ridemann* geb. *Dreyer* (1578–1663) am 10. April 1663 (s. Anm. II 118).
- Bd. 95, Nr. 110: PFUN der UNI Rostock (Rektor: Prof. D. theol. August Varenius) zur Trauerfeier für die Eheleute *Nikolaus Eggebrecht* (1593–1665) und *Margarete Eggebrecht* geb. *Kichler* (1603–1665) am 9. Mai 1665 (s. Anm. II 183).
- Bd. 95, Nr. 129: PFUN der UNI Rostock (Rektor: Prof. Dr. iur. utr. Heinrich Rahne) zur Trauerfeier für *Regina Tunder* geb. *Fidler* (1610–1638) am 20. Juli 1638 (s. Anm. II 55).
- Bd. 95, Nr. 146: PFUN der UNI Rostock (Rektor: Prof. D. theol. Caspar Mauritius) zur Trauerfeier für *Elisabeth Schnitler* geb. *Geismer* (1615–1657) am 6. April 1657 (s. Anm. II 154).
- Bd. 95, Nr. 148: PFUN der UNI Rostock (Rektor: Prof. Heinrich Dringenberg MA) zur Trauerfeier für den Ratsherren und Vorsteher von St. Jakobi, Rostock, *Michael Geismer* (1605–1668) am 10. September 1668 (s. Anm. II 141).
- Bd. 95, Nr. 151: PFUN der UNI Rostock (Rektor: Prof. Dr. iur. utr. Hermann Lembke) zur Trauerfeier für *Barbara Gerdes* (1648–1655) am 22. April 1655 (s. Anm. II 150, II 155).

- Bd. 95, Nr. 153: PFUN der UNI Rostock (Rektor: Prof. D. theol. Johannes Quistorp d.J.) zur Trauerfeier für *Maria Geismer* geb. *Gerdes* (1585–1663) am 24. April 1663 (s. Anm. II 141).
- Bd. 95, Nr. 154: PFUN der UNI Rostock (Rektor: Prof. D. theol. Heinrich Müller) zur Trauerfeier für *Martin Gerdes* (1619–1666), Brauer und Gemeindevertreter in Rostock (Mitglied im Hundertmänner-Kollegium, Mitglied im Sechzehner-Kollegium), am 9. März 1666 (s. Anm. II 138).
- Bd. 95, Nr. 155: PFUN der UNI Rostock (Rektor: Prof. Dr. med. Johann Jakob Döbel) zur Trauerfeier für den Juristen *Joachim Gerdes* (1607–1668) am 16. Dezember 1668 (s. Anm. II 140).
- Bd. 95, Nr. 156: PFUN der UNI Rostock (Rektor: Prof. Heinrich Dringenberg MA) zur Trauerfeier für *Christoph Gerdes* (1635–1668), Kaufmann in Rostock, am 25. Mai 1668 (s. Anm. II 154).
- Bd. 95, Nr. 178: PFUN der UNI Rostock (Rektor: Prof. Dr. iur. Georg Radow) zur Trauerfeier für *Dr. iur. Simon Johann Gutzmer* (1608–1674) am 22. Januar 1674 (s. Anm. II 229).
- Bd. 95, Nr. 183: PFUN der UNI Rostock (Rektor: Prof. Dr. iur. utr. Heinrich Rudolph Redeker d.Ä.) zur Trauerfeier für *Regina Gutzmer* geb. *Hagemeister* (1623–1666) am 11. Oktober 1666 (s. Anm. II 110).
- Bd. 96, Nr. 6: PFUN der UNI Rostock (Rektor: Prof. Dr. iur. Heinrich Schuckmann I) zur Trauerfeier für *Anna Dobbin* geb. *Kellermann* (1573–1640) am 31. Juli 1640 (s. Anm. II 47).
- Bd. 96, Nr. 11: PFUN der UNI Rostock (Rektor: Prof. D. theol. August Varenius) zur Trauerfeier für die Eheleute *Nikolaus Eggebrecht* (1593–1665) und *Margarete Eggebrecht* geb. *Kichler* (1603–1665) am 9. Mai 1665 (s. Anm. II 183).
- Bd. 96, Nr. 18: PFUN der UNI Rostock (Rektor: Prof. Dr. iur. utr. Heinrich Rudolph Redeker d.Ä.) zur Trauerfeier für *Margarethe Niehenck* geb. *Kleinschmidt* (1632–1676) am 30. Juni 1676 (s. Anm. II 204).
- Bd. 96, Nr. 19: PFUN der UNI Rostock (Rektor: Prof. Dr. iur. utr. Heinrich Rudolph Redeker d.Ä.) zur Trauerfeier für *Anna Knesebeck* geb. *Kleinschmidt* (1627–1667) am 28. Januar 1667 (s. Anm. II 204).
- Bd. 96, Nr. 50: PFUN der UNI Rostock (Rektor: Prof. Dr. iur. Georg Radow) zur Trauerfeier für *Michael Laurenz* (*Lafrens*, 1631–1668), Diakon an St. Jakobi, am 6. April 1668 (s. Anm. II 197).
- Bd. 96, Nr. 65: PFUN der UNI Rostock (Rektor: Prof. Dr. iur. utr. Matthias Stein) zur Trauerfeier für *Elisabeth Lembke* geb. *Schnitler* (1627–1716) am 5. November 1716 (s. Anm. II 199).

- Bd. 96, Nr. 68: PFUN der UNI Rostock (Rektor: Prof. Dr. iur. Georg Radow) für *Matthäus Liebeherr* (*†1680), Sohn des Bgm.s Matthäus Liebeherr, zur Trauerfeier am 21. Dezember 1680 (s. Anm. II 260).
- Bd. 96, Nr. 86: PFUN der UNI Rostock (Rektor: Prof. D. theol. August Varenius) zur Trauerfeier für *Elisabeth Roloff* geb. *Lüschow* (1636–1678) am 12. August 1678 (s. Anm. II 242).
- Bd. 96, Nr. 88: PFUN der UNI Rostock (Rektor: Prof. Dr. iur. utr. Heinrich Rahne) zur Trauerfeier für den Rostocker Bgm. *Johann Luttermann* (1581–1657) am 12. Juni 1657 (s. Anm. II 42).
- Bd. 96, Nr. 114: PFUN der UNI Rostock (Rektor: Prof. Gottlob Friedrich Seligmann MA) zur Trauerfeier für *Margarete Lembke* geb. *Mevius* (1655–1684) und deren Tochter Anna, die gemeinsam am 16. Februar 1684 in Rostock beerdigt werden (s. Anm. II 236).
- Bd. 96, Nr. 124: PFUN der UNI Rostock (Rektor: Prof. Dr. med. Caspar March) zur Trauerfeier für *Peter Müller* (1590–1658), Kaufmann und Vorsteher der Marienkirche in Rostock, am 21. Mai 1658 (s. Anm. II 39).
- Bd. 96, Nr. 132: PFUN der UNI Rostock (Rektor: Prof. Dr. iur. utr. Albert Willebrand d.Ä,) zur Trauerfeier für *Gertrud Tunder* geb. *von Münster* (1610 – 1663), Witwe des Diakons an der Rostocker Marienkirche David Tunder, 1663 (s. Anm. II 55).
- Bd. 96, Nr. 144: PFUN der UNI Rostock (Rektor: Prof. Karl Arnd MA) für *Georg Niehenck* (1628–1714) zur Trauerfeier am 13. Juni 1714 (s. Anm. II 314).
- Bd. 96, Nr. 170: PFUN der UNI Rostock (Rektor: Prof. Dr. iur. utr. Heinrich Rahne) zur Trauerfeier für *Prof. D. theol. Johannes Quistorp d.Ä.* (1584–1648) am 5. Mai 1648 (s. Anm. I 225; I 291; II 162).
- Bd. 96, Nr. 171: LP des Caspar Mauritius (1615–1675) zur Trauerfeier für *Barbara Ridemann* geb. *Quistorp* (1622–1660) am 3. Juli 1660 (s. Kap. 2.6, Eintrag Nr. 4).
- Bd. 96, Nr. 172: PFUN der UNI Rostock (Rektor: Prof. Dr. iur. utr. Hermann Lembke) zur Trauerfeier für *Thomas Quistorp* (1652–1654) am 24. Dezember 1654 (s. Kap. 2.6, Eintrag Nr. 3).
- Bd. 96, Nr. 173: PFUN der UNI Rostock (Rektor: Prof. D. theol. Heinrich Müller) zur Trauerfeier für *Prof. Dr. Johannes Quistorp d.J.* (1624–1669) am 4. Januar 1670 (s. Kap. 2.6, Eintrag Nr. 7b).
- Bd. 96, Nr. 174: PFUN der UNI Rostock (Rektor: Prof. Dr. iur. utr. Jacob Lembke III) zur Trauerfeier für *Johann Daniel Quistorp* (1679–1683) am 23. Februar 1683 (s. Kap. 2.6, Eintrag Nr. 8).

- Bd. 96, Nr. 175: PFUN der UNI Rostock (Rektor: Prof. Dr. iur. Johann Festing) zur Trauerfeier für *Catharina Klaprod* geb. *Quistorp* (1665–1690) am 29. Oktober 1690 (s. Kap. 2.6, Eintrag Nr. 9).
- Bd. 96, Nr. 176: PFUN der UNI Rostock (Rektor: Prof. D. theol. Albrecht Joachim von Krakewitz) zur Trauerfeier für *Prof. Dr. Johann Nicolaus Quistorp* (1651–1715) am 3. September 1715 (s. Kap. 2.6, Eintrag Nr. 15b).
- Bd. 96, Nr. 177: PFUN der THEOL. FAK. Rostock (Dekan: Prof. D. theol. Johannes Fecht) zur Trauerfeier für *Prof. Dr. Johann Nicolaus Quistorp* (1651–1715) am 3. September 1715 (s. Kap. 2.6, Eintrag Nr. 15a).
- Bd. 96, Nr. 190: PFUN der UNI Rostock (Rektor: Prof. D. theol. Michael Cobabus) zur Trauerfeier für *Dorothea Rideman* (1656–1658) am 27. Dezember 1658 (s. Anm. II 123).
- Bd. 96, Nr. 191: PFUN der UNI Rostock (Rektor: Prof. Dr. med. Johann Bacmeister d.J.) zur Trauerfeier für *Nicolaus Rideman* (1610–1662), Diakon an der Rostocker Marienkirche, zur Trauerfeier am 4. April 1662 (s. Anm. II 106).
- Bd. 96, Nr. 192: PFUN der UNI Rostock (Rektor: Prof. D. theol. Caspar Mauritius) zur Trauerfeier für *Johann Rideman* (1645–1657) am 12. März 1657 (s. Anm. II 121).
- Bd. 97, Nr. 14: PFUN der UNI Rostock (Rektor: Prof. Gottfried Weiss MA) zur Trauerfeier für *Sophia Quistorp* geb. *Scharffenberg* (1631–1691) am 31. März 1691 (s. Kap. 2.6, Eintrag Nr. 10).
- Bd. 97, Nr. 34: PFUN der UNI Rostock (Rektor: Prof. D. theol. August Varenius) zur Trauerfeier für *Dr. iur. utr. Heinrich Schnitler* (1620–1652) am 24. April 1652 (s. Anm. II 154).
- Bd. 97, Nr. 35: PFUN der UNI Rostock (Rektor: Prof. Dr. iur. Heinrich Schuckmann I) zur Trauerfeier für *Heinrich Schoff* (*†1654) am 5. September 1654 (s. Anm. II 112).
- Bd. 97, Nr. 36: PFUN der UNI Rostock (Rektor: Prof. Dr. iur. utr. Heinrich Rudolph Redeker d.Ä.) zur Trauerfeier für den Rostocker Ratssekretär *Jacob Schoff* (1615–1666) am 13. Juli 1666 (s. Anm. II 98).
- Bd. 97, Nr. 38: PFUN der UNI Rostock (Rektor: Prof. D. theol. Zacharias Grape d.J.) zur Trauerfeier für *Margarethe Knesebeck* geb. *Schönlow* (1622–1707) am 17. Februar 1707 (s. Anm. II 497).
- Bd. 97, Nr. 44: PFUN der UNI Rostock (Rektor: Prof. Dr. iur. utr. Albert Willebrand d.Ä.) zur Trauerfeier für *Margarete Ridemann* geb. *Schröder* (1627–1666) am 20. August 1660 (s. Anm. II 129).

- Bd. 97, Nr. 66: PFUN der UNI Rostock (Rektor: Prof. Dr. iur. Johann von Klein) zur Trauerfeier für *Anna Maria Lembke* geb. *Schwartzkopf* (1664–1693) am 2. Juni 1693 (s. Anm. II 236).
- Bd. 97, Nr. 80: PFUN der UNI Rostock (Rektor: Prof. Johann Mantzel MA) zur Trauerfeier für *Anna Liebeherr* geb. *Sibrand* (1630–1678) am 10. April 1678 (s. Anm. II 260).
- Bd. 97, Nr. 99: PFUN der UNI Rostock (Rektor: Prof. D. theol. Johannes Quistorp d.J.) zur Trauerfeier für *Dorothea Wegener* geb. *Stephani* (1622–1663) am 13. März 1663 (s. Anm. II 215).
- Bd. 97, Nr. 107: PFUN der UNI Rostock (Rektor: Prof. Dr. iur. utr. Heinrich Rudolph Redeker d.Ä.) zur Trauerfeier für Bgm. *Theodor Süter* (1620–1673) am 29. Oktober 1673 (s. Anm. II 213).
- Bd. 97, Nr. 130: PFUN der UNI Rostock (Rektor: Prof. Dr. iur. Heinrich Schuckmann I) zur Trauerfeier für *David Tunder* (1583–1640), Diakon an St. Marien Rostock, am 9. Juni 1640 (s. Anm. II 55).
- Bd. 97, Nr. 149: PFUN der UNI Rostock (Rektor: Prof. Dr. med. Johann Bacmeister d.J.) zur Trauerfeier für *Michael Wagener*, Diakon an der Rostocker Jakobikirche, am 7. Mai 1683 (s. Anm. II 62).
- Bd. 97, Nr. 157: PFUN der UNI Rostock (Rektor: Prof. Dr. med. Johann Bacmeister d.J.) zur Trauerfeier für *Jakob Wegener* (1661–1662), Sohn des Dr. iur. utr. Johann Wegener (nach 1607–1663), am 28. Februar 1662 (s. Anm. II 215).
- Bd. 98, Nr. 34: PFUN der UNI Rostock (Rektor: Prof. D. theol. Johann Nicolaus Quistorp) zur Trauerfeier für den Advokaten in Rostock Dr. iur. utr. *Caspar Ellerhus* oder *Kaspar Ellerhusen* (1659–1703) am 7. Dezember 1703 (s. Kap. 2.6, Eintrag Nr. 26).
- Bd. 98, Nr. 42: PFUN der UNI Rostock (Rektor: Prof. D. theol. Johannes Quistorp d.Ä.) zur Trauerfeier für *Konstantin Fidler* (1579–1644), Pastor an der Rostocker Marienkirche und Superintendent, am 25. Oktober 1644 (s. Anm. II 57).
- Bd. 98, Nr. 52a: PFUN der UNI Rostock (Rektor: Prof. Dr. iur. Johann von Klein) zur Trauerfeier für *Prof. D. theol. Andreas Daniel Habichhorst* (1632–1704) am 9. Sept. 1704 (s. Kap. 2.6, Eintrag Nr. 31b).
- Bd. 98, Nr. 52b: PFUN der THEOL. FAK. (Dekan: Prof. D. theol. Johann Nicolaus Quistorp) zur Trauerfeier für *Prof. D. theol. Andreas Daniel Habichhorst* (1632–1704) am 9. September 1704 (s. Kap. 2.6, Eintrag Nr. 31a).
- Bd. 98, Nr. 65: PFUN der UNI Rostock (Rektor: Prof. D. theol. Johann Nicolaus Quistorp) zur Trauerfeier für den Rostocker Ratsherren *Johann Christoph Kilian* (1647–1703) am 10. Dezember 1703 (s. Kap. 2.6, Eintrag Nr. 27).

- Bd. 98, Nr. 67: PFUN der UNI Rostock (Rektor: Prof. Dr. iur. Johann Festing) zur Trauerfeier für *Wendula Romberg* geb. *Kleinschmidt* (1629–1690) am 1. April 1690 (s. Anm. II 204).
- Bd. 98, Nr. 68: PFUN der UNI Rostock (Rektor: Prof. D. theol. Johann Nicolaus Quistorp) zur Trauerfeier für *Katharina Kleinschmidt* (1635–1713), Tochter eines Rostocker Bgm., Konventualin im Kloster zum Heiligen Kreuz, Rostock, am 6. April 1713 (s. Kap. 2.6, Eintrag Nr. 36; dazu Anm. II 204).
- Bd. 98, Nr. 70: PFUN der UNI Rostock (Rektor: Prof. D. theol. Johann Nicolaus Quistorp) zur Trauerfeier für den Rostocker Ratsherren und Stadtkämmerer *Christian Knesebeck* (1621–1704) am 8. Februar 1704 (s. Kap. 2.6, Eintrag Nr. 30).
- Bd. 98, Nr. 73: PFUN der UNI Rostock (Rektor: Prof. D. theol. Johann Nicolaus Quistorp) zur Trauerfeier für *Johann Krücke* (1652–1694), Diakon an St. Jakobi, am 6. Februar 1694 (s. Kap. 2.6, Eintrag Nr. 18).
- Bd. 98, Nr. 74: PFUN der UNI Rostock (Rektor: Prof. D. theol. Johann Nicolaus Quistorp) zur Trauerfeier für *Elisabeth Cobabus* geb. *Krüger* (1618–1703) am 20. Dezember 1703 (s. Kap. 2.6, Eintrag Nr. 28).
- Bd. 98, Nr. 82: PFUN der UNI Rostock (Rektor: Prof. Dr. med. et phil. Johann Bacmeister d.Ä.) zur Trauerfeier für den älteren *Joachim Lübbert* MA (1583–1626) am 1. Mai 1626 (s. Anm. II 40).
- Bd. 98, Nr. 87: PFUN der UNI Rostock (Rektor: Prof. Heinrich Dringenberg MA) zur Trauerfeier für *Justina Petraeus* geb. *Merula* (1597–1668) am 15. September 1668 (s. Anm. II 181).
- Bd. 98, Nr. 98: PFUN der UNI Rostock (Rektor: Prof. D. theol. Johann Nicolaus Quistorp) zur Trauerfeier für *Anna Sophia Senstius* geb. *Petersen* (1674–1713) am 15. Februar 1713 (s. Kap. 2.6, Eintrag Nr. 35).
- Bd. 98, Nr. 102: PFUN der UNI Rostock (Rektor: Prof. D. theol. Johannes Quistorp; Prorektor: Prof. Dr. iur. Thomas Lindemann d.Ä.) zur Trauerfeier für *Engel Quistorp* (*†1627) am 2. Januar 1628 (s. Kap. 2.6, Eintrag Nr. 1).
- Bd. 98, Nr. 103: PFUN der UNI Rostock (Rektor: Prof. D. theol. Heinrich Müller) zur Trauerfeier für *Anna Maria Quistorp* (1663–1664) zur Trauerfeier am 5. Januar 1664 (s. Anm. II 196).
- Bd. 98, Nr. 104: PFUN der THEOL. FAK. Rostock (Dekan: Prof. D. theol. August Varenius) zur Trauerfeier für *Prof. Dr. Johannes Quistorp d.J.* (1624–1669) am 4. Januar 1670 (s. Kap. 2.6, Eintrag Nr. 7a).
- Bd. 98, Nr. 105: PFUN der UNI Rostock (Rektor: Prof. Dr. iur. utr. Johann Barnstorff) zur Trauerfeier für *Hugo Quistorp* (1698–1701) am 14. Dezember 1701 (s. Kap. 2.6, Eintrag Nr. 12).

- Bd. 98, Nr. 106: PFUN der UNI Rostock (Rektor: Prof. D. theol. Johann Peter Grünenberg) zur Trauerfeier für *Catharina Sophia Grape* geb. *Quistorp* (1680–1706) am 6. Juli 1706 (s. Kap. 2.6, Eintrag Nr. 13).
- Bd. 98, Nr. 109: PFUN der UNI Rostock (Rektor: Prof. D. theol. Johann Nicolaus Quistorp) zur Trauerfeier für den Rostocker Bgm. *Dr. iur. Christoph Redeker* (1652–1704) am 23. Januar 1704 (s. Kap. 2.6, Eintrag Nr. 29).
- Bd. 98, Nr. 114: PFUN der UNI Rostock (Rektor: Prof. Dr. med. et phil. Johann Bacmeister d.Ä.) zur Trauerfeier für *Margarethe Gladow* geb. *Schacht* (1559–1626) am 7. Mai 1626 (s. Anm. II 36).
- Bd. 98, Nr. 119: PFUN der UNI Rostock (Rektor: Prof. Dr. iur. utr. Matthias Stein) zur Trauerfeier für *Elisabeth Lembke* geb. *Schnitler* (1627–1716) am 5. November 1716 (s. Anm. II 199).
- Bd. 98, Nr. 121: PFUN der UNI Rostock (Rektor: Prof. Dr. iur. utr. Nicolaus Schütze) zur Trauerfeier für *Sophia Petraeus* geb. *Schrader* (1580–1652) am 2. April 1652 (s. Anm. II 181).
- Bd. 98, Nr. 128: PFUN der UNI Rostock (Rektor: Prof. D. theol. Johann Nicolaus Quistorp) zur Trauerfeier für den mecklenburgischen Geheimen Kanzlei- und Regierungsrat *Jacob Taddel* (1648–1713) am 8. März 1713 (s. Kap. 2.6, Eintrag Nr. 34).
- Bd. 98, Nr. 149: PFUN der UNI Rostock (Rektor: Prof. D. theol. Johann Nicolaus Quistorp) zur Trauerfeier für den herzoglich mecklenburgischen Konsistorialadvokaten, Ratsherrn und Kämmerer in Rostock *Dr. iur. utr. Johann Buck* (1633–1701) am 1. März 1701 (s. Kap. 2.6, Eintrag Nr. 24).
- Bd. 98, Nr. 163: PFUN der UNI Rostock (Rektor: Prof. D. theol. August Varenius) zur Trauerfeier für die Eheleute *Nikolaus Eggebrecht* (1593–1665) und *Margarete* geb. *Kichler* (1603–1665) am 9. Mai 1665 (s. Anm. II 183).
- Bd. 98, Nr. 177: PFUN der UNI Rostock (Rektor: Prof. D. theol. Johannes Quistorp d.Ä.) zur Trauerfeier für den Rostocker Ratssyndikus *Prof. Dr. iur. Johann Albert Gryphius* (1570–1627) am 31. Oktober 1627 (s. Anm. II 31).
- Bd. 98, Nr. 193: PFUN der UNI Rostock (Rektor: Prof. Dr. med. Bernhard Barnstorff) zur Trauerfeier für *Barbara Sibrand* geb. *Karstens* (1642–1697) am 5. Februar 1697 (s. Anm. II 244).
- Bd. 98, Nr. 206: PFUN der UNI Rostock (Rektor: Prof. D. theol. Caspar Mauritius) zur Trauerfeier für *Johann Ridemann* (1645–1657), Sohn des Diakons an der Rostocker Marienkirche Nicolaus Ridemann und der Barbara geb. Quistorp, am 12. März 1657 (s. Anm. II 121).

- Bd. 98, Nr. 211: PFUN der UNI Rostock (Rektor: Prof. Dr. med. Johann Bacmeister d.J.) zur Trauerfeier für *Rembert Sandhagen* (1611–1683), Diakon, dann Pastor an der Nikolaikirche in Rostock, am 9. Oktober 1683 (s. Anm. II 225).
- Bd. 98, Nr. 223: PFUN der UNI Rostock (Rektor: Prof. D. theol. Johann Nicolaus Quistorp) zur Trauerfeier für *Prof. Dr. iur. utr. Johannes Sibrand d.J.* (1637–1701) am 26. April 1701 (s. Kap. 2.6, Eintrag Nr. 25a; dazu Anm. II 244).
- Bd. 98, Nr. 224: PFUN der JUR. FAK. Rostock (Dekan: Prof. Dr. iur. utr. Johann Joachim Schöpfer) zur Trauerfeier für *Prof. Dr. iur. utr. Johannes Sibrand d.J.* (1637–1701) am 26. April 1701 (s. Kap. 2.6, Eintrag Nr. 25a; dazu Anm. II 244, II 492).
- Bd. 98, Nr. 226: PFUN der UNI Rostock (Rektor: Prof. D. theol. Johann Nicolaus Quistorp) zur Trauerfeier für *Prof. D. theol. Samuel Starck* (1649–1697) am 15. Oktober 1697 (s. Kap. 2.6, Eintrag Nr. 20).
- Bd. 142, Nr. 89: PFUN der UNI Rostock (Rektor: Prof. Dr. iur. utr. Johann Peter Schmidt) zur Trauerfeier für *Johann Balthasar Niehenck* (1680–1738), Diakon an St. Marien in Rostock, am 12. März 1738 (s. Anm. II 314).
- Bd. 143, Nr. 15: PFUN der UNI Rostock (Rektor: Prof. Dr. phil. D. theol. Johann Joachim Weidner) zur Trauerfeier für *Catharina Margarete Burgmann* geb. *Beselin* (1670–1731) am 8. März 1731 (s. Anm. II 357).
- Bd. 143, Nr. 23: PFUN der PHIL. FAK. Rostock (Dekan: Prof. Dr. phil. D. theol. David Heinrich Koepke) zur Trauerfeier für Prof. *Jacob Burgmann* MA (1659–1724), Diakon, dann Pastor an St. Nikolai in Rostock, am 26. April 1724 (s. Anm. II 288).
- Bd. 143, Nr. 55: PFUN der UNI Rostock (Rektor: Prof. Dr. med. Christoph Martin Burchard) zur Trauerfeier für den Rostocker Ratsherrn, Kaufmann und Vorsteher der Jakobikirche *Hans Goltermann* (1665–1733) am 16. Januar 1733 (s. Anm. II 352).
- Bd. 143, Nr. 57: PFUN der UNI Rostock (Rektor: Prof. Dr. iur. utr. Joachim Heinrich Sibrand) zur Trauerfeier für *Prof. D. theol. Johann Peter Grünenberg* (1668–1712) am 27. Januar 1712 (s. Kap. 2.6, Eintrag Nr. 32 mit Anm. II 501).
- Bd. 143, Nr. 58: PFUN der THEOL. FAK. Rostock (Dekan: Prof. D. theol. Johann Nicolaus Quistorp) zur Trauerfeier für *Prof. D. theol. Johann Peter Grünenberg* (1668–1712) am 27. Januar 1712 (s. Kap. 2.6, Eintrag Nr. 32).
- Bd. 143, Nr. 61: PFUN der UNI Rostock (Rektor: Prof. Dr. phil. D. theol. Johann Joachim Weidner) zur Trauerfeier für *Anna Christina*

Redeker geb. *Hennings* (vor 1660–1718), Witwe des mecklenburgischen Hofrats Heinrich Rudolph Redeker d.J., am 20. Dezember 1720 (s. Anm. II 291).
- Bd. 143, Nr. 73: PFUN der UNI Rostock (Rektor: Prof. Dr. med. Georg Detharding) zur Trauerfeier für *Prof. Dr. iur. Johann von Klein* (1659–1732) am 13. Oktober 1732 (s. Anm. II 307).
- Bd. 143, Nr. 77: PFUN der UNI Rostock (Rektor: Prof. Johann Ludwig Engel MA) zur Trauerfeier für *Anna Margarete Goltermann* geb. *Knesebeck* (1669–1738) am 23. September 1738 (s. Anm. II 352).
- Bd. 143, Nr. 84: PFUN der UNI Rostock (Rektor: Prof. D. theol. Johann Nicolaus Quistorp) zur Trauerfeier für den Studenten *Johann (Hans) Friedrich von Lehsten* (1683–1701), Erbherrn auf Wardow, Wesselstorf und Ritzenow, Pfandherrn der fürstlichen Präfekturen Lübz und Crivitz, am 15. Februar 1701 (s. Kap. 2.6, Eintrag Nr. 23).
- Bd. 143, Nr. 85: PFUN der UNI Rostock (Prorektor: Prof. D. theol. Joachim Heinrich Pries II) zur Trauerfeier für *Anna Christina Quistorp* geb. (*von*) *Lente*, Witwe des Prof. D. theol. Johann Nicolaus Quistorp, am 20. Dezember 1753 (s. Anm. II 287).
- Bd. 144, Nr. 97: PFUN der UNI Rostock (Rektor: Prof. Dr. iur. utr. Johann Peter Schmidt) zur Trauerfeier für *Johann Balthasar Niehenck* (1680–1738), Diakon an St. Marien in Rostock, am 12. März 1738 (s. Anm. II 314).
- Bd. 144, Nr. 102: PFUN der UNI Rostock (Rektor: Prof. D. theol. Johann Nicolaus Quistorp) zur Trauerfeier für *Anna Catharina Koepke* geb. *Pape* (1686–1713), Ehefrau des Prof. D. theol. David Heinrich Koepke, am 2. Mai 1713 (s. Kap. 2.6, Eintrag Nr. 37).
- Bd. 144, Nr. 108: PFUN der UNI Rostock (Rektor: Prof. Dr. iur. utr. Johann Christian Petersen d.Ä.) zur Trauerfeier für *Theodor Quistorp* (1669–1722), Ratsherrn in Rostock, am 7. Dezember 1722 (s. Kap. 2.6, Eintrag Nr. 16; dazu Anm. II 211).
- Bd. 144, Nr. 109: PFUN der UNI Rostock (Rektor: Prof. Dr. phil. et jur. Ernst Johann Friedrich Mantzel I) zur Trauerfeier für *Hugo Theodor Quistorp* (1702–1732) am 4. April 1732 (s. Anm. II 305).
- Bd. 144, Nr. 112a: PFUN der UNI Rostock (Rektor: Prof. D. theol. Albrecht Joachim von Krakewitz) zur Trauerfeier für den mecklenburg-schwerinischen Hofrat *Heinrich Rudolph Redeker d.J.* (1658–1715), Herr auf Groß Potrems und Scharfstorf, am 28. Mai 1716 (s. Anm. II 296).
- Bd. 144, Nr. 133: PFUN der UNI Rostock (Rektor: Prof. Dr. med. Georg Detharding) zur Trauerfeier für *D. theol. Johann Senst* (1650–

1723), Diakon, dann Archidiakon an St. Marien in Rostock, am 26. August 1723 (s. Anm. II 329).
- Bd. 144, Nr. 141: PFUN der UNI Rostock (Rektor: Prof. Dr. med. Christoph Martin Burchard) zur Trauerfeier für *Walther Stein* (1668–1739), Kaufmann und Vorsteher der Rostocker Nikolaikirche, am 10. Februar 1739 (s. Anm. II 249, II 340).
- Bd. 144, Nr. 150: PFUN der UNI Rostock (Rektor: Prof. D. theol. Johann Nicolaus Quistorp) zur Trauerfeier für *Elisabeth Schwabe* geb. *Susemihl* (1680–1712) am 4. Januar 1713 (s. Kap. 2.6, Eintrag Nr. 33).
- Bd. 144, Nr. 154: PFUN der UNI Rostock (Rektor: Prof. Dr. med. Christoph Martin Burchard) zur Trauerfeier für *Margarethe Agnes Weiss* geb. *Weidenkopf* (1656–1726) am 18. Dezember 1726 (s. Anm. II 259).
- Bd. 144, Nr. 157: PFUN der UNI Rostock (Rektor: Prof. D. theol. Albrecht Joachim von Krakewitz) zur Trauerfeier für *Johann Georg Wetke* (1662–1716), Ratsherrn der Stadt Rostock, am 27. Mai 1716 (s. Anm. II 331).
- Bd. 144, Nr. 162: PFUN der UNI Rostock (Rektor: Prof. D. theol. Hermann Christoph Engelcken) zur Trauerfeier für *Anna Dorothea Stein* geb. *Wolff* (1679–1744) am 11. Juni 1744 (s. Anm. II 340).

b) LBMV Schwerin, Personalschriften

Zum „Katalog der Historischen Personalschriften in der Landesbibliothek Mecklenburg-Vorpommern" s. http://www-db.lbmv.de/.

- Berg8: *Das beste Hauß-Gerath in einem wohlaptirten Hause* = Hochzeitsgedicht des Magister Erhard Sprengel zur Hochzeit Berg – Wetke am 29. April 1723 (s. Anm. II 331).
- Grü1 und Grü8: PFUN der UNI Rostock (Rektor: Prof. Dr. iur. utr. Joachim Heinrich Sibrand) und der THEOL. FAK. Rostock (Dekan: Prof. D. theol. Johann Nicolaus Quistorp) zur Trauerfeier für *Prof. D. theol. Johann Peter Grünenberg* (1668–1712) am 27. Januar 1712 (s. Kap. 2.6, Eintrag Nr. 32).
- Mein6: PFUN der UNI Rostock (Rektor: Prof. D. theol. Johann Nicolaus Quistorp) zur Trauerfeier für *Anna Armgardt Meinhardt* geb. *Wulffrath* (1641–1698) am 28. Januar 1698 (s. Kap. 2.6, Eintrag Nr. 21).

Quellen und Literatur 309

- Qui8: PFUN der UNI Rostock (Rektor: Prof. Dr. iur. Peter Wasmundt) zur Trauerfeier für *Joachim Quistorp* (*†1631) (s. Kap. 2.6, Eintrag Nr. 2).

c) Weitere Personalschriften / Universitätsprogramme in chronologischer Ordnung

- PFUN der UNI Rostock (Prorektor: Prof. Lic. theol. Johannes Cothmann) zur Trauerfeier für *Ursula Tunder* geb. *Bolte*, am 8. November 1631 (UB Rostock, Sondersammlungen, LB FP Bolte, Ursula 1631; s. Anm. II 55).
- PFUN der UNI Rostock (Rektor: Prof. Dr. iur. utr. Thomas Lindemann) zur Trauerfeier für *Emerentia Gerdes* geb. *Prenger* (1585–1632) am 16. Januar 1632 (UB Rostock, Sondersammlungen, LB FP Prenger, Emerentia 1632; s. Anm. II 138).
- PFUN der UNI Rostock (Rektor: Prof. Lic. theol. Joachim Lütkemann) zur Trauerfeier für *Catharina Quistorp* geb. *Dumrath* (1562–1647) am 5. Februar 1647 (s. Anm. II 166) = LÜTKEMANN, Dumraths, 1647.
- PFUN der UNI Rostock (Rektor: Prof. Dr. iur. utr. Heinrich Rahne) zur Trauerfeier für *Margareta Luttermann* geb. *Gerdes* (1583–1648) am 24. Mai 1648 (UB Rostock, Sondersammlungen, LB FP Gerdes, Margareta 1648; s. Anm. II 60).
- PFUN der UNI Rostock (Rektor: Prof. Dr. iur. utr. Heinrich Rahne) zur Trauerfeier für *Anna Ridemann* (1642–1651) am 2. Oktober 1651 (UB Rostock, Sondersammlungen, LB FP Ridemann, Anna 1651; s. Anm. II 116).
- PFUN der UNI Rostock (Rektor: Prof. Dr. iur. utr. Heinrich Rudolph Redeker d.Ä.) zur Trauerfeier für *Johannes Quistorp* (*†1667) am 23. Juni 1667 (UB Rostock, Sondersammlungen, LB FP Quistorp, Johann 1667; s. Kap. 2.6, Eintrag Nr. 6).
- LP des Enoch Schwante (*Svantenius*) zur Trauerfeier für *Prof. Dr. Johannes Quistorp d.J.* (1624–1669) am 4. Januar 1670 (StaBi Berlin, 4 in: Ee 710-208; s. Kap. 2.6, Eintrag Nr. 7c).
- PFUN der UNI Rostock (Rektor: Prof. Gottfried Weiss MA) zur Trauerfeier für *Margarethe Elisabeth Quistorp* geb. *Berckow* (1656–1692) am 10. Januar 1693 (UB Rostock, Sondersammlungen, LB FP Berckow, Margaretha 1693; s. Kap. 2.6, Eintrag Nr. 11).
- PFUN der UNI Rostock (Rektor: Prof. D. theol. Johann Nicolaus Quistorp) zur Trauerfeier für den Studenten *Johann Friedrich Steinhagen*

(1668–1694) am 2. April 1694 (UB Rostock, Sondersammlungen, LB FP Steinhagen, Johann 1694; s. Kap. 2.6, Eintrag Nr. 19).
- PFUN der UNI Rostock (Rektor: Prof. Dr. iur. utr. Johann Joachim Schöpfer) zur Trauerfeier von *Agneta Weidenkopf* geb. *Scharffenberg* (1624–1694) am 10. August 1694 (UB Rostock, Sondersammlungen, LB FP Scharffenberg, Agneta 1694; s. Anm. II 185).
- PFUN der UNI Rostock (Rektor: Prof. D. theol. Johann Nicolaus Quistorp) zur Trauerfeier für *Friedrich Georg von Krakewitz* (*/†1701) am 7. Januar 1701 (UB Rostock, Sondersammlungen, LB FP Krakevitz, Friedrich 1701; s. Kap. 2.6, Eintrag Nr. 22).
- *Ultimus honor*: Schrift für *Prof. Dr. iur. Johannes Sibrand d.J.* (1637–1701) zur Trauerfeier am 26. April 1701 (s. Kap. 2.6, Eintrag Nr. 25b).
- PFUN der UNI Rostock (Rektor: Prof. D. theol. Albrecht Joachim von Krakewitz) zur Trauerfeier für *Catharina Niehenck* geb. *König* am 11. September 1715 (UB Rostock, Sondersammlungen, LB FP König, Catharina 1715; s. Anm. II 314).
- PFUN der UNI Kiel zur Trauerfeier für den herzoglich holsteinischen Etatrat und Juraprof. in Kiel *Dr. iur. Amandus Christian Dorn* (1711–1765), Oktober 1765 (UB Rostock, Kl-240(3).4; s. Anm. II 380).
- PFUN der UNI Rostock (Rektor: Prof. Dr. med. Christian Ehrenfried Eschenbach MA) zur Trauerfeier für den Rektor der Universität Rostock *Prof. D. theol. Johann Jacob Quistorp* (1717–1766) am 2. Januar 1767 (LBMV Schwerin, Mkl gen 2/3 II-4°; s. Anm. II 443).
- LP (*Pietatis monumentum*) des Prof. Hermann Jacob Lasius MA zur Trauerfeier für den Rektor der Universität Rostock *Prof. D. theol. Johann Jacob Quistorp* (1717–1766) am 2. Januar 1767 (LBMV Schwerin, Mkl gen 2/3 II-4°; s. Anm. II 444).

3.3.2.2 Sonstige Quellen und Literatur vor 1800 in alphabetischer Ordnung

Petrus ALBINUS: Commentarius Novus de Mysnia. Oder Newe Meysnische Chronica, Wittenberg (*Gedruckt durch Hans Lufft*) 1580, o.S. –Link zum Digitalisat: http://mdz-nbn-resolving.de/urn:nbn:de:bvb:12-bsb10985465-6. Nachweis: VD16 W 1677.

Jost AMMAN, Heinrich Peter REBENSTOCK: Neuwe Biblische Figuren: Künstlich und artig gerissen durch den sinn- und kunstreichen, auch weitberühmten Joß Amman von Zürych, mit schönen Teutschen Reimen, welche den gantzen innhalt einer jeden Figur und Capitel kurtz begreiffen, zuvor dergleichen nie im Druck außgangen: Gestellt durch Herr Heinrich Peter Rebenstock, Pfarherr zu Eschersheim, Frankfurt am Main (*Sigmund Feyerabend*) 1571. – Nachweis: VD16 R 436. Link zum Digitalisat: https://digi.ub.uni-heidelberg.de/diglit/rebenstock1571/0003; http://digital.wlb-stuttgart.de/purl/bsz353300608.

Georg AMSEL: Tripudium non Tripudiatum. In Nuptias Excellentissimi Paris Dr. Joan-Georgii Gutzmeri, U.I.D., et Agnetae Sophiae Willebrandiae Rostochii VII Ogtobr. Anno M.DC.LXXIII. Celebr., Güstrow (*Typis Scheipelianis*) 1673; Nachweis: VD17 28:727771A. Link zum Digitalisat: http://purl.uni-rostock.de/rosdok/ppn777525976.

Michael BERINGER: Rettung Der Teutschen Biblischen Dolmetschung D. Martin Luthers: Wider Die offenbahre unverschampte Unwarheit des Melchior Zangers, gewesenen Propst zu Ehingen [...], damit er gedachte D. Luthers Biblische Translation, allerlei [...] irrthumben ohne Grund beschuldiget, Tübingen (*Dieterich Werlin, in verlegung Johann Berners*) 1613. – Nachweis: VD17 23:272416S. Link zum Digitalisat: http://diglib.hab.de/drucke/202-20-theol-1s/start.htm.

Georg Ludwig BÖHMER: Auserlesene Rechtsfälle aus allen Theilen der Rechtsgelehrsamkeit, Bd. 1, Abt. 2, Göttingen 1799. – Link zum Digitalisat: http://mdz-nbn-resolving.de/urn:nbn:de:bvb:12-bsb10349032-2. Nachweis: VD18 80340172.

Johann Melchior BOCKSBERGER, Jost AMMAN: Neuwe Biblische Figuren deß Alten und Neuwen Testaments, geordnet und gestellt durch den fürtrefflichen und Kunstreichen Johan Bockspergern von Saltzburg, den juengern, und nach gerissen mit sonderm fleiß durch den Kunstverstendigen und wolerfarnen Joß Amman von Zuerych. Allen Kuenstlern, als Malern,

Goltschmiden, Bildhauwern, Steinmetzen, Schreinern etc. fast dienstlich und nuetzlich, Frankfurt am Main (*durch Georg Raben, Sigmund Feyerabend und Weygand Hanen Erben*) 1564. – Nachweis: VD16 B 6067. Link zum Digitalisat: http://digital.wlb-stuttgart.de/purl/bsz517872749.

Johannes CORFINIUS: *Subitanea* et beata Athletarum Dei avocatio, Schleunige und selige Abfoderung Getrewer Kämpffer Gottes, Welche Bey Christlichen Leichbegängnüß Des Weyland WollEhrwürdigen, Großachtbarn und Hochgelarten Herrn Johannis Quistorpii der H. Schrifft Doctoris und weitberühmbten Professoris, und der Theologischen Facultät Senioris bey der Universität, wie auch wolverdienten Superintendentis der Kirchen in Rostock, Welcher in Gott seligen Abscheid von dieser Welt genommen, Im Jahr Christi 1648. d. 2. Maii, und folgends d. 5. Maii mit gebührenden Christlichen Ceremonien in sein Ruhekämmerlein beygesetzet worden, in der Haupt-Kirchen S. Marien. Aus dem LVI. Cap. Esaiae in einem Leich-Sermon bey Volckreicher und ansehnlicher Versamblung vorgezeiget Von M. Johanne Corfinio, Diener des Göttlichen Worts bey obgedachter Kirchen S. Marien, Kopenhagen (*Gedruckt zu Kopenhagen bey Georg Lamprechten*) [1648], [26] Bl., 4°; im Anhang dazu ist das *Programma exequiale magnifici rectoris universitatis Rostochiensis Henrici Rhanen I.D. et Prof.* abgedruckt [4] Bl., 4°. – Nachweis: VD17 3:658512V; LBMV SCHWERIN, Schmidtsche Bibliothek, Bd. 78, Nr. 30: LP des Johannes Corfinius, Archidiakon an St. Marien, Rostock, für Prof. D. theol. Johannes Quistorp d.Ä. am 5. Mai 1648. Links zum Digitalisat: http://nbn-resolving.de/urn:nbn:de:gbv:3:1-23449; http://digitale.bibliothek.uni-halle.de/urn/urn:nbn:de:gbv:3:1-23449.

Johannes COTHMANN (Präs.), Johannes QUISTORP (Resp.): Disputatio theologica inauguralis de missa pontificiorum, Rostock (*Typis Nicolai Kilii, Acad. Typogr.*) 1650. – Link zum Digitalisat: https://digital.staatsbibliothek-berlin.de/werkansicht/?PPN=PPN611895773). Nachweis: VD17 1:057320H. S. dazu das *Programma* Cothmanns zur Inauguraldisputation Quistorps am 14. Februar 1650 (s. Anm. II 161).

ETWAS VON GELEHRTEN ROSTOCKSCHEN SACHEN für gute Freunde, Jg. 1–6, Rostock 1737–1742. – Nachweis: VD18 90699629. Link zum Digitalisat: http://purl.uni-rostock.de/rosdok/ppn1023803275.

Karl Friedrich EVERS: Mecklenburgische Münzverfassung, besonders die Geschichte derselben, Bd. 1, Schwerin 1798 (ND 1983). – Link zum Digitalisat: http://mdz-nbn-resolving.de/urn:nbn:de:bvb:12-bsb10742037-5.

Paul FREHER: Theatrum Virorum Eruditione Clarorum, Nürnberg 1688. – Nachweis: VD17 23:231195C. Link zum Digitalisat: http://resolver.staatsbibliothek-berlin.de/SBB0000328800000000.

Heinrich GAUSE: Letzter Ehren-Dienst, Dem weyland Hoch-Ehrwürdigen, Groß-Achtbaren und Hochgelahrten Herrn Gottfried Weissen, SS. Theol: Hochberühmten Doctori und der Lüneburgischen Kirchen Superintendenten, *Bey Beerdigung dessen entselten Cörpers, so geschehen in Lüneburg den 17. Decembr. Anno 1697. Im Nahmen und auf Anordnung E. Hoch-Ehrwürd. Ministerii daselbst erwiesen von H. G. V. D. M.*, Rostock (Gedruckt bey Jacob Riecheln, E.E. Raths Buchdrucker) 1697. – Nachweis: VD17 14:070526R. Link zum Digitalisat: http://digital.slub-dresden.de/id445899689).

Gregor GERSTORFF Eteometra Arithmetica Quae Reverendo Et Clarissimo Viro, Dn. M. Johanni Quistorpio, Summos In Theologia Honores Reportanti, Simulque Lectissimam Pudicissimamque Virginem, Barbara Domans, in matrimonium sibi associanti, Rostock (*Typis Joachimi Pedani*) [1616]. – Nachweis: VD17 1:622384K. Link zum Digitalisat: http://resolver.staatsbibliothek-berlin.de/SBB0000B7E800000000.

Stefan KLOTZ = Stephani KLOTZII, Theol. Doct. und Archidiaconi an S. Jacobi Kirche, wie auch Professoris Theologiae zu Rostock, nachhero aber Kön. Dän. General. Superint. der Herzogthümer Schleswig-Hollstein, Königl. Praepositi und Pastoris an der Nicolai Kirche zu Flensburg und Canonici der Dom-Kirche zu Flensburg, Eigenhändige Nachricht von seinem Leben, in: Dänische Bibliothec oder Sammlung von Alten und Neuen Gelehrten Sachen aus Dännemarck, Stück 7, Kopenhagen (*In der Buchdruckerey des Königl. Waysenhauses, und auf dessen Vorlag, Gedruckt von Gottmann Friderich Kisel*) 1745, 365–372. – Nachweis: Staats- und Universitätsbibliothek Göttingen, Eph. lit. 282/59. Link zum Digitalisat: http://data.onb.ac.at/rep/108934BD.

Michael LILIENTHAL: De Meritis Quistorpiorum In Ecclesiam Et Rem Litterariam, Ad Magnificum Joannem Nicolaum Quistorpium, Theologum Rostochiensem Gravissimum, qua Purpuram Rectoralem, Quinta Vice Demissam, gratulatur, Dissertatio Epistolica M. Michaelis Lilienthalii, Prussi, Rostock (*Typis Nicolai Schwigerovii, Amplissimi Senatus Typographi*) 1710. – Nachweis: VD 18 1500595X-001 = LBMV SCHWERIN, Schmidtsche Bibliothek, Bd. 78, Nr. 31. Link zum Digitalisat: http://mdz-nbn-resolving.de/urn:nbn:de:bvb:12-bsb10154956-0.

Joachim LÜTKEMANN: Programma Quo Rector Universitatis Rostochiensis Joachimus Lutkeman, Theologiae Licentiatus, Ecclesiastes et Professor Physices Metaphysicesque Ordinarius, Ad Exequias Quas Matri suae dilectißimae, Matronae devotißimae Catharinae *Dumraths*, Hodierna media prima in templo Mariano, Vir pl. Reverendus et Excellentißimus Dn. Johannes Quistorpius, S.S. Th. D. et Prof., Facultatis Senior et Ministerii Superintendens, paratas cupit: Omnes omnium ordinum Cives Academicos officiose et amanter invitat, Rostock (*Typis Nicolai Kilii, Academiae Typographi*) 1647, [4] Bl., 4°. – Nachweise: VD17 28:725899W. UB Rostock, Sondersammlungen, LB FP Dumrath, Catharina 1647; ebd., Rara Fl-1145.7. Link zum Digitalisat: http://purl.uni-rostock.de/rosdok/ppn747431132).

Martin LUTHER: Der Fünffte Teil aller Bücher und Schrifften des thewren seligen Mans Doct. Mart. Lutheri vom XXX. jar an bis auffs XXXIII., Jena (*Gedruckt zu Jhena/ durch Christian Rödingers Erben*) 1557. – Nachweis: VD16 L 3330. Link zum Digitalisat: http://mdz-nbn-resolving.de/urn:nbn:de:bvb:12-bsb00089461-4.

NUPTIIS AUSPICATISSIMIS Doctissimi Ornatissimique Viri, Dn. Friderici Sanderi, Illustriss. Principis Megapolensis Ducis Udalrici Iudicii Provincialis Protonotarii fidelissimi Sponsi, Et Castißimae pudicißimaeque Virginis Annae Krauthofiae, Amplißimi viri ac prudentiß. Dn. Iacobi Krauthofii, Consulis quondam Reip. Neobrandenburgensis dignißimi relictae filiae Sponsae, Gratulantur Amici & Populares. Celebrabantur Nuptiae Rostochii 26. Octob., Rostock (*Praelio Myliandrino*) 1601. – Nachweis: Landesbibliothek Coburg, Sche 66#18. Link zum Digitalisat: https://nbn-resolving.org/urn:nbn:de:bvb:70-dtl-0000034761.

Johannes QUISTORP [d.Ä.]: *Annotationes* in omnes libros biblicos. Cum indicibus idoneis, Frankfurt am Main und Rostock (Apud Joachim Wildium) 1648. – Nachweis: VD17 3:300096T. Link zum Digitalisat: http://mdz-nbn-resolving.de/urn:nbn:de:bvb:12-bsb11116847-3.

Johannes QUISTORP [d.J.]: Epistola ad Antistit. M. Seu *Pia Desideria*: Darinn in vielen Puncten erwiesen, wie bey dem itzigen falschen Christenthumb in allen Ständen, in Kirchen und Schulen, in Weltlichen Gerichten und im gemeinen Leben eine ernste Reformation anzustellen, und die eingerißnen Corruptelen abzuschaffen, Auß Heil. Schrifft und Ubung der Gottseligen Antiquität, wie auch aus den Erinnerungen der Alten Kirchen-Lehrer und Concilien, desgleichen auß täglichen Observationibus der itzigen Zeiten und Sitten der bösen Welt. Zusammen getragen von D. Johann. Quistorp., Theol. Prof. P. Past. et Rectore Academico Zu Rostock, [s.l.] 1665. – Nachweis: VD17 1:079285V. Link zum Digitalisat: http://resolver.staatsbibliothek-berlin.de/SBB000265AA00000000. Nicht identisch ist die Druckausgabe: VD17 28:717715P. Link zum Digitalisat: http://purl.uni-rostock.de/rosdok/ppn730446506.

Johann Jacob QUISTORP: Zwo *Predigten* bey Veränderung seines Amts gehalten und herausgegeben von M. Johann Jacob Quistorp Hochfürstlich Bischöflich Lübeckischen auch Schleßwig Hollsteinischen Consistorialrath, und der Gemeine zu St. Nikolai in Rostock Pastor, Rostock (bey Johann

Christian Koppe) 1755. – Nachweis: VD18 13171542. Link zum Digitalisat: http://purl.uni-rostock.de/rosdok/ppn.

– –: *Dissertatio* theologico-exegetica inauguralis de Christo legem lt. prophetas non solvente, sed implente, ad verba Christi Matth. V, Comm. XVII, quam [...] sub moderamine [...] Dom. Bernhardi Friderici Quistorpii SS. Theol. Doct. [...] pro licentia summos in theologia honores capessendi [...] die XIV. septembris 1758 [...] publice tuebitur auctor M. Joannes Jacobus Quistorpius [...] Metaph. P.P.O., Rostock (Adler) 1758. –Link zum Digitalisat: http://purl.uni-rostock.de/rosdok/ppn841423180. Nachweis: VD18 1316838X.

Johann Nicolaus QUISTORP (Praesident); Daniel MANNIUS (Respondent): De Nonnullis S. Scripturae Affectionibus, Occasione Dicti, I. Petr. IV, 11, Rostock (*Typis Johannis Wepplingii, Serenissimi Principis et Academiae Typographi*) [1714] (s. Kap. 2.6, Eintrag Nr. 17).

Peter Christian Heinrich SCHOLZ: Entwurf einer Kirchengeschichte des Herzogthums Holstein, Schwerin – Wismar 1791. – Nachweis: VD18 11143347. Link zum Digitalisat: http://mdz-nbn-resolving.de/urn:nbn:de:bvb:12-bsb10027476-3.

Niels SLANGE, Johann Heinrich SCHLEGEL: Geschichte Christian des Vierten Königs in Dännemark, Bd. 3: Vom Jahr 1613–1629, Mit einigen Medaillen, Kopenhagen – Leipzig 1771. – Link zum Digitalisat: http://mdz-nbn-resolving.de/urn:nbn:de:bvb:12-bsb10361520-4.

Gottlieb SPITZEL: Templum honoris reseratum, in quo 50 illustrium aevi huius, orthodoxorum, ac beate defunctorum theologorum philologorumque imagines exhibentur, et quibus, sive in sacram sive literariam rem, meritis, quibus item monumentis librisque editis vel mss. inclaruerint, diserte ostenditur, Augsburg (*Typis Koppmayerianis. Prostat apud Gottlieb Goebelium*) 1673. – Nachweis: VD17 23:654255L. Link zum Digitalisat: http://mdz-nbn-resolving.de/urn:nbn:de:bvb:12-bsb11061724-6.

Johann TARNOW: Reverendo Clarißimoque Viro Dn. Johanni Quistorpio, S.S. Theologiae In Academia Rostochiensi Professori eximio, et ad D. Mariae archidiacono fidelissimo, Cum a. d. V. Non. VIIIbris Summum in Theologia consequebatur gradum, Et Lectissimam pudicissimamque virginem Barbaram Domanniam, Amplißimi Consultißimique Viri Dni. Johannis Domanni ICti, Hansae Teutonicae urbisque Rostochiensis Syndici praestantißimi Profiliam, ducebat in matrimonium. Honorem et amorem ex animo gratulabar Johannes Tarnovius S.S. Theologiae Professor, Rostock (Excudebat Joachimus Pedanus) 1616. – Link zum Digitalisat: http://resolver.staatsbibliothek-berlin.de/SBB0000B7E300000000. Nachweis: VD17 1:622322E.

THRENODIAE ad tumulum D. Johannis Quistorpii theologi celeberrimi, viri de ecclesia, patria, academia et tota republica literaria maxime meriti, amici desideratissimi, fusae a reipublicae Rostochiensis consulibus, senatoribus et protonotario [Beiträger: Johannes PETRAEUS, Johannes LUTTERMANN, Nicolaus SCHARFFENBERG, Joachim KLEINSCHMIDT, Wolhardus STINT, Bernhard LINDEMANN], Rostock (*Richelius*) 1648. – Nachweis: VD17 28:725908L. Link zum Digitalisat: http://purl.uni-rostock.de/rosdok/ppn74872950X.

Joachim Christoph UNGNADEN (Hg.): Amoenitates Diplomatico-Historico-Juridicae. Oder allerhand mehrenteils ungedruckter, die Mecklenburgische Landes-Geschichte, Verfassung und Rechte erläuternder Uhrkunden und Schrifften erstes Stück, Wismar 1749.

Ernst Joachim VON WESTPHALEN: Monumenta Inedita Rerum Germanicorum Praecipue Cimbricarum et Megapolensium, Bd. 3, Leipzig 1743. – Link zum Digitalisat: http://data.onb.ac.at/rep/10A7293B.

Henning WITTE: Memoriae theologorum nostri saeculi clarissimorum renovatae decas prima – sexta, Königsberg – Frankfurt am Main (Hallervord) 1674–1675. – Nachweis: VD 17 23:243030G.

Melchior ZANGER: Examen versionis Lutheri in Biblia: das ist Warhafftige und augenscheinliche Erweisung, welcher gestalt Martinus Luther die H. Schrifft beeder deß Alten unnd Newen Testaments, den Haupt-Sprachen und der gantzen Catholischen Kirchen Theologischen Verstandt zu wider, an verscheidenen Ortern ungleich verdollmetscht [...] und gefehrlich verfälscht, Mainz (*Gedruckt in der Churfürstlichen Statt Meyntz bey Johann Albin*) 1605. – Nachweis: VD17 14:019909S.

Johann Heinrich ZEDLER (Hg.): Großes vollständiges Universal Lexicon aller Wissenschaften und Künste, 64 Bde. und 4 Supplementbde., Halle – Leipzig 1732–1754 (ND Graz 1961–1964 u. 1993–1999).

3.3.3. Gedruckte Quellen und Literatur ab 1800

Wolfgang ADAM: Poetische und kritische Wälder. Untersuchungen zu Geschichte und Formen des Schreibens „bei Gelegenheit" (Beihefte zum Euphorion, 22), Heidelberg 1988.

Georg ADLER: Handbuch Buchverschluss und Buchbeschlag. Terminologie und Geschichte im deutschsprachigen Raum, in den Niederlanden und Italien vom frühen Mittelalter bis in die Gegenwart. Mit Zeichnungen von Joachim Krauskopf, Wiesbaden 2010.

Christian ALBRECHT: Altprotestantismus und Neuprotestantismus bei Troeltsch, in: Akademie aktuell. Bayerische Akademie der Wissenschaften 2015, Heft 1, 26–29.

Guido ALFANI, Vincent GOURDON (Hgg.): Spiritual kinship in Europe, 1500–1900, Basingstoke – New York 2012.

Dirk ALVERMANN: Die frühneuzeitliche ‚Familienuniversität' im Spiegel der Greifswalder Professorenporträts, in: Dirk ALVERMANN, Birgit DAHLENBERG (Hgg.): Greifswalder Köpfe. Gelehrtenporträts und Lebensbilder des 16.–18. Jahrhunderts aus der pommerschen Landesuniversität, Rostock 2006, 23–30.

– – : Erinnerte Freundschaft: zu den Stammbüchern Ernst Moritz Arndts und Ludwig Gotthard Kosegarten, in: Sylvia KNÖPFEL (Hg.): „Rudere vorsichtig, es gibt der Klippen und Sandbänke viele". Festgabe zum 70jährigen Bestehen des Ernst-Moritz-Arndt-Museums Garz/Rügen, Garz 2007, 41–69.

– – : Ludwig Gotthard Kosegarten (1758–1818): thematische Annäherungen, in: MJb 124 (2009), 169–212.

– – : Johann Gottfried *Quistorp* (1755–1835), in: SCHRÖDER / FRENSSEN 2010, 44–48.

– – : Ludwig Gotthard (Theoboul) *Kosegarten* (1758–1818), in: SCHRÖDER / FRENSSEN 2010, 48–53.

Stefanie AREND: Andreas Tscherning und Johann Rist: zwei ungleiche Dichter und die Rhetorik ihrer Widmungsgedichte, in: Johann Anselm STEIGER, Bernhard JAHN (Hgg.): Johann Rist (1607–1667): Profil und Netzwerke eines Pastors, Dichters und Gelehrten (Frühe Neuzeit, 195), Berlin – New York 2015, 25–47.

Otto Frederik ARENDS: Gejstligheden i Slesvig og Holsten fra reformationen til 1864: personalhistoriske undersøgelser, 3 Bde., Kopenhagen 1932.

Matthias ASCHE: Über den Nutzen von Landesuniversitäten in der Frühen Neuzeit. Leistung und Grenzen der protestantischen „Familienuniversität", in: Peter HERDE, Anton SCHINDLING (Hgg.): Universität Würzburg und Wissenschaft in der Neuzeit. Beiträge zur Bildungsgeschichte, gewidmet Peter Baumgart anläßlich seines 65. Geburtstages (Quellen und Forschungen zur Geschichte des Bistums und Hochstifts Würzburg, 53), Würzburg 1998, 133–149.

– – : Von der reichen hansischen Bürgeruniversität zur armen mecklenburgischen Landeshochschule. Das regionale und soziale Besucherprofil der Universitäten Rostock und Bützow in der Frühen Neuzeit (1500–1800) (Contubernium. Tübinger Beiträge zur Universitäts- und Wissenschaftsgeschichte, 52), Stuttgart 2000 (^{2}2010).

– – : Die Universität Rostock und die Ostsee. Überlegungen zu Raumbeziehungen und Identitäten vom 15. bis zum 18. Jahrhundert, in: MANKE 2018, 157–172.

Erwin ASSMANN: Das Bürgerbuch der Stadt Bergen auf Rügen (1613–1815) (Denkmäler der Pommerschen Geschichte, 2), Bergen 1940.

Robert C. B. AVÉ-LALLEMANT (Bearb.): Des Dr. Joachim Jungius aus Lübeck Briefwechsel mit seinen Schülern und Freunden. Ein Beitrag zur Kenntniß des großen Jungius und der wissenschaftlichen wie socialen Zustände zur Zeit des dreißigjährigen Krieges, aus den Manuscripten der Hamburger Stadtbibliothek zusammengestellt, Lübeck 1863.

Johannes BACHMANN, Karl Ernst Hermann KRAUSE: Zwei Lieder Domanns: nebst Notizen über seine Lebensverhältnisse, in: HGbll 9 (1879), 91–97.

Doris BACHMANN-MEDICK: Cultural turns. Neuorientierungen in den Kulturwissenschaften (Rowohlts Enzyklopädie, 55675), Reinbek ^{1}2006 (^{6}2018).

Rudolph und Gertrud BAUMBACH: Familienchronik der Nachkommen von Wilhelmine Barnewitz geb. Gräfin von Küssow und Henriette Reimer geb. Gräfin von Küssow, Greifswald 1927.

Peter BAUMGART: David Chyträus und die Gründung der Universität Helmstedt, in: Braunschweigisches Jahrbuch 8 (1961), 36–82.

Jörg BAUR: Die Leuchte Thüringens: Johann Gerhard (1582–1637). Zeitgerechte Rechtgläubigkeit im Schatten des Dreißigjährigen Krieges, in: Lutherische Theologie und Kirche 12 (1988), 89–110; auch in DERS.: Luther und seine klassischen Erben. Theologische Aufsätze und Forschungen, Tübingen 1993, 335–356.

Thomas BECKMANN: Das ehemalige Augustiner-Eremitenkloster zu Osnabrück (Osnabrücker Geschichtsquellen und Forschungen, 13), Osnabrück 1970.

Helge BEI DER WIEDEN: Nathan Chytraeus und die Gründung der Großen Stadtschule zu Rostock, in: ELSMANN / LIETZ / PETTKE 1991, 27–40.

Tony BENNETT, Patrick JOYCE (Hgg.): Material Powers. Cultural Studies, History and the Material Turn (Culture, economy and the social), London – New York 2010.

Ernst BERNHEIM: Einleitung in die Geschichtswissenschaft (Sammlung Göschen, 270), Berlin – Leipzig $^{3-4}$1926.

Sophus BIRKET-SMITH (Hg.): Otto Sperlings Selvbiografi (1602–1673). Oversat i Uddrag efter Originalhaandskriftet med saerligt Hensyn til Forfatterens Ophold i Danmark og Norge samt fangenskab i Blaataarn, Kopenhagen 1885 (ND Kopenhagen 1974).

Hans-Joachim BIRKNER: Über den Begriff des Neuprotestantismus, in: DERS., Dietrich RÖSSLER (Hgg.): Beiträge zur Theorie des neuzeitlichen Christentums, Berlin 1968, 1–15.

Ludwig BITTNER, Lothar GROSS (Hgg.): Repertorium der diplomatischen Vertreter aller Länder seit dem Westfälischen Frieden (1648), Bd. 1: 1648–1715, Oldenburg – Berlin 1936 (ND Walluf, Nendeln 1976).

August BLANCK: Die mecklenburgischen Aerzte von den ältesten Zeiten bis zur Gegenwart: mit kurzen Angaben über ihr Leben und ihre Schriften, Schwerin 1874.

– – , Axel WILHELMI, Gustav WILLGEROTH: Die mecklenburgischen Aerzte von den ältesten Zeiten bis zur Gegenwart, Schwerin 1929.

Christoph BÖTTIGHEIMER: Zwischen Polemik und Irenik. Die Theologie der einen Kirche bei Georg Calixt (Studien zur systematischen Theologie und Ethik, 7), Münster 1996.

– – : Auf der Suche nach der ewig gültigen Lehre: theologische Grundlagenreflexion im Dienst der Irenik bei Georg Calixt, in: Kerygma und Dogma: Zeitschrift für theologische Forschung und kirchliche Lehre 44 (1998), 219–235.

– – : Das Unionskonzept des Helmstedter Irenikers Georg Calixt (1586–1656), in: Harm KLUETING (Hg.): Irenik und Antikonfessionalismus im 17. und 18. Jahrhundert (Hildesheimer Forschungen, 2), Hildesheim – Zürich – New York 2003, 55–70.

Louis BOBÉ: Abraham Lehns Selvbiografi 1643–73, in: Personalhistorisk Tidsskrift 39 (1918/19), 7. Række, 3. Bind, 84–87.

Hartmut BOCK: Bebilderte Geschlechterbücher, in: Genealogie. Deutsche Zeitschrift für Familienkunde 31 (2012), 124–152.

Gisela BOECK, Sabine FULDA: Joachim Jungius – ein Universalgelehrter, in: Kaleidoskop der Mathematik und Naturwissenschaften – 1419–2019. 600 Jahre Universität Rostock, Rostock 2019, 154f.

Ralf-Georg BOGNER: Andreas Tscherning: Konstruktionen von Autorschaft zwischen universitärem Amt, urbaner Öffentlichkeit und nationaler Literaturreform, in: Andreas KELLER, Elke LÖSEL, Ulrike WELS und Volkhard WELS (Hgg.): Theorie und Praxis der Kasualdichtung in der Frühen Neuzeit (Chloë – Beihefte zum Daphnis, 43), Amsterdam – New York 2010, 185–196.

Harald BOLLBUCK: David Chytraeus in Rostock und Helmstedt, in: Matthias ASCHE, Heiner LÜCK, Manfred RUDERSDORF, Markus WRIEDT (Hgg.): Die Leucorea zur Zeit des späten Melanchthon: Institutionen und Formen gelehrter Bildung um 1550, Beiträge der Tagung in der Stiftung Leucorea Wittenberg anlässlich des 450. Todestages Philipp Melanchthons vom 13. bis 16. Oktober 2010 (Leucorea-Studien zur Geschichte der Reformation und der Lutherischen Orthodoxie, 26), Leipzig 2015, 313–342.

Hans Heinrich BORCHERDT: Andreas Tscherning. Ein Beitrag zur Literatur- und Kulturgeschichte des 17. Jahrhunderts, München – Leipzig 1912.

Heinrich BORNKAMM (Hg.): Luthers Vorreden zur Bibel (Kleine Reihe V&R, 1550), Göttingen ⁴2005.

Stefan BRAKENSIEK: Juristen in frühneuzeitlichen Territorialstaaten. Familiale Strategien sozialen Aufstiegs und Statuserhalts, in: SCHULZ 2002, 269–289.

Martin BRECHT, Reinhard SCHWARZ (Hgg.): Bekenntnis und Einheit der Kirche. Studien zum Konkordienbuch, Stuttgart 1980.

– – : Das Aufkommen der neuen Frömmigkeitsbewegung in Deutschland, in: DERS. (Hg.): Geschichte des Pietismus, Bd. 1: Der Pietismus vom siebzehnten bis zum frühen achtzehnten Jahrhundert, hg. in Zusammenarbeit mit Johannes VAN DEN BERG, Klaus DEPPERMANN, Johannes Friedrich Gerhard GOETERS und Hans SCHNEIDER von Martin BRECHT, Göttingen 1993, 113–203.

Karl BREHM: Zur Schriftstellerei des Propstes Melchior Zanger von St. Moritz in Ehingen, †1603, in: Schwäbisches Archiv. Organ für Geschichte, Altertumskunde, Literatur, Kunst und Kultur Schwabens 29 (1911), 33–39, 53–59.

Carl Frederik BRICKA (Hg.): Dansk biografisk Lexikon, 19 Bde., Kopenhagen 1887–1905.

Martha BRINGEMEIER: Priester- und Gelehrtenkleidung. Tunika / Sutane, Schaube / Talar. Ein Beitrag zu einer geistesgeschichtlichen Kostümforschung (Rheinisch-westfälische Zeitschrift für Volkskunde, Beiheft 1), Münster 1974, 44–68.

Ludwig BRINNER: Die deutsche Grönlandfahrt (Abhandlungen zur Verkehrs- und Seegeschichte, 7), Berlin 1913 (ND Paderborn 2012).

Hans BRUHN: Die Kandidaten der hamburgischen Kirche von 1654 bis 1825: Album candidatorum (Die hamburgische Kirche und ihre Geistlichen seit der Reformation, 3), Hamburg 1963.

Jens BRUNING: Der Augsburger Religionsfrieden und die Reichsstände Kursachsen und Kurbrandenburg, in: Heinz SCHILLING, Heribert SMOLINSKY (Hgg.): Der Augsburger Religionsfrieden 1555. Wissenschaftliches Symposion aus Anlaß des 450. Jahrestages des Friedensschlusses, Augsburg 21. bis 25. September 2005 (Schriften des Vereins für Reformationsgeschichte, 206), Gütersloh 2007; (Reformationsgeschichtliche Studien und Texte, 150), Münster 2007, 193–212.

Walter BRUNOLD: Wir sind nicht in Bethulia. Der Bericht des Michael Gerdes, Berlin 1970.

Friedrich BRUNS: Die Lübecker Syndiker und Ratssekretäre bis zur Verfassungsänderung von 1851, in: Zeitschrift des Vereins für Lübeckische Geschichte und Altertumskunde 29 (1938), 91–168.

Ruth BUCHHEIM (Bearb.): Caspar David Friedrich und Künstler seiner Zeit: ständige Ausstellung im Museum der Hansestadt Greifswald, Greifswald 1993.

Friedrich Georg BUEK: Die Hamburgischen Oberalten, ihre bürgerliche Wirksamkeit und ihre Familien, Hamburg 1857.

Thomas BÜRGER (Bearb.): Bibelsammlung, Bibliothek Alvensleben (Deutsche Drucke des Barock 1600–1720, Katalog der Herzog August Bibliothek Wolfenbüttel, Abteilung D: Sonderbestände, Bd. 1), München u.a. 1993.

Beate BUGENHAGEN: Die Musikgeschichte Stralsunds im 16. und 17. Jahrhundert (Forschungen zur Pommerschen Geschichte, 49), Köln – Weimar – Wien 2015.

Stephen G. BURNETT: What Luther could have known of Judaism, in: POHLIG 2020, 133–146.

Norbert BUSKE: Kapellenbauten und Kirchenrenovierungen des Greifswalder Architekten Johann Gottfried Quistorp (1755–1835), in: Baltische Studien: Pommersche Jahrbücher für Landesgeschichte NS 87 (2001), 95–121.

Günter CAMENZ: Christian Albrecht Döderlein, in: Die Herzoglichen: Friedrichs-Universität und Paedagogium zu Bützow in Mecklenburg 1760–1789, Bützow 2004, 47–51.

Horst CARL, Friedrich LENGER (Hgg.): Universalität in der Provinz. Die vormoderne Landesuniversität Gießen zwischen korporativer Autonomie, staatlicher Abhängigkeit und gelehrten Lebenswelten, Tagung anlässlich des 400-jährigen Jubiläums der Justus-Liebig-Universität Gießen am 8./9. Juni 2007 (Arbeiten der Hessischen Historischen Kommission, NF 30), Darmstadt 2009.

Carsten Erich CARSTENS: Die Generalsuperintendenten der evangelisch-lutherischen Kirche in Schleswig-Holstein. Von der Reformation bis auf die Gegenwart, in: Zeitschrift der Gesellschaft für Schleswig-Holstein-Lauenburgische Geschichte 19 (1889), 1–112.

Marco COLOMBO: Les défis de l'abolition de la torture judicaire au Siècle des Lumières. Une analyse des thèses abolitionnistes de Cesare Beccaria, Joseph von Sonnenfels, Gabriel Seigneux de Correvon et Johann Christian von Quistorp, Freiburg (Schweiz) 2016.

Harm CORDES: Hilaria evangelica academica. Das Reformationsjubiläum von 1717 an den deutschen lutherischen Universitäten (Forschungen zur Kirchen- und Dogmengeschichte, 90), Göttingen 2006.

Will COSTER: Baptism and Spiritual Kinship in Early Modern England (St. Andrews Studies in Reformation History), London – New York ²2016 (¹2002).

– – : Family and Kinship in England, 1450–1800, London – New York ²2017 (¹2001).

Annette Caroline CREMER, Martin MULSOW (Hgg.): Objekte als Quellen der historischen Kulturwissenschaften. Stand und Perspektiven der Forschung (Ding – Materialität – Geschichte, 2), Göttingen 2019.

Albert John CRULL: Dr. Amandus Crull of Jefferson County, Missouri. His Ancestors, Life and Times, and Descendants, Baltimore 1992.

Friedrich CRULL: Die Rathslinie der Stadt Wismar (Hansische Geschichtsquellen, 2), Halle 1875.

Otfried CZAIKA: David Chytraeus und die Universität Rostock in ihren Beziehungen zum schwedischen Reich (Schriften der Luther-Agricola-Gesellschaft, 51), Helsinki 2002.

– – : Die Anfänge der gedruckten Leichenpredigt im schwedischen Reich, in: Wolfgang SOMMER (Hg.): Kommunikationsstrukturen im europäischen

Luthertum der Frühen Neuzeit (Die lutherische Kirche: Geschichte und Gestalten, 23), Gütersloh 2005, 135–152.

– – : Art.: Chytraeus (Kochhaf[e]), David, in: KÜHLMANN / MÜLLER / SCHILLING / STEIGER / VOLLHARDT I, 2011, 511–521.

– – : Die Ausbreitung der Reformation im Ostseeraum ca. 1500–1700 als Kulturtransfer, in: Otfried CZAIKA, Heinrich HOLZE (Hgg.): Migration und Kulturtransfer im Ostseeraum während der Frühneuzeit (Acta Bibliothecae Regiae Stockholmensis, 80), Stockholm 2012, 76–100.

– – : Nordeuropa, in: Das Netz des neuen Glaubens. Rostock, Mecklenburg und die Reformation im Ostseeraum (Schriften des Kulturhistorischen Museums Rostock, NF 17), Rostock 2017, 28–32.

– – : Nicht nur Theologie. Anmerkungen zum Beginn der schwedischen neulateinischen Dichtung im 16. Jahrhundert und ihrer kontextuellen Verortung, in: VON DER HÖH 2019, 183–211.

Sune DALGÅRD: Dansk-norsk hvalfangst, 1615–1660: en studie over Danmark-Norges stilling i europaeisk merkantil expansion, Kopenhagen 1962.

– – : Kanslere og kancellier: især "tyske" i Danmark og Holsten hen imod Enevælden (Historisk-filosofiske Meddelelser, 90), Kopenhagen 2005.

Carl Eduard Friedrich DALMER: Sammlung etlicher Nachrichten aus der Zeit und dem Leben des D. Albr. Joach. v. Krakewitz, weiland Superintendenten etc. in Mecklenburg, nachher Generalsuperintendenten von Pommern u. Rügen u.s.w., Verfassers des Mecklenburgischen Landeskatechismus, etc., Stralsund 1862.

DAM, s. unter VAN DAM.

Regina DAUSER, Stefan HÄCHLER, Michael KEMPE, Franz MAUELSHAGEN, Martin STUBER (Hgg.): Wissen im Netz. Botanik und Pflanzentransfer in europäischen Korrespondenznetzen des 18. Jahrhunderts (Colloquia Augustana, 24), Berlin 2008.

Maria DEITERS: Die Familie in der Bibel: Lutherische Bibelrezeption und Bildpraxis am Beispiel der Nürnberger Patrizierfamilie Pfinzing, in: Maria DEITERS, Evelin WETTER (Hgg.): Bild und Konfession im östlichen Mitteleuropa (Studia Jagellonica Lipsiensia, 11), Ostfildern 2013, 283–402.

– – : Illumination of Images and Illumination through the Image. Functions and Concepts of Gospel Illustrations in the Bible of the Nuremberg Patrician Martin Pfinzing, in: Walter S. MELION, James CLIFTON, Michel WEEMANS (Hgg.): Imago Exegetica. Visual Images as Exegetical Instruments, 1400–1700 (Intersections: Interdisciplinary Studies in Early Modern Culture, 33), Leiden – Boston 2014, 481–508.

Rolf DE WEIJERT, Kim RAGETLI, Arnoud-Jan BIJSTERVELD, Jeannette VAN ARENTHALS (Hgg.): Living memoria. Studies in Medieval and Early Modern Memorial Culture in Honour of Truus van Bueren (Middeleeuwse Studies en Bronnen, 137), Hilversum 2011.

Christian DEUPER: Theologe, Erbauungsschriftsteller, Hofprediger. Joachim Lütkemann in Rostock und Wolfenbüttel (Wolfenbütteler Forschungen, 136), Wiesbaden 2013.

– – : Herzog August der Jüngere von Braunschweig-Wolfenbüttel und sein Generalissimus Joachim Lütkemann. Skizzen ihrer Beziehung, in: Matthias MEINHARDT, Ulrike GLEIXNER, Martin H. JUNG, Siegrid WESTPHAL (Hgg.): Religion Macht Politik. Hofgeistlichkeit im Europa der Frühen Neuzeit (1500–1800) (Wolfenbütteler Forschungen, 137), Wiesbaden 2014, 229–248.

Jörg DEUTER: „Die Ruhe des Nordens", die Karolinische Emigration und die Genesis des Klassizismus. Architektur und bildende Kunst in ihren Wechselbeziehungen zwischen Skandinavien und Deutschland, in: Carsten ZELLE (Hg.): Deutsch-dänischer Kulturtransfer im 18. Jahrhundert, zusammengestellt von York-Gothart MIX (Das achtzehnte Jahrhundert. Zeitschrift der Deutschen Gesellschaft für die Erforschung des Achtzehnten Jahrhunderts, 25/2), Wolfenbüttel 2001, 248–257.

Irene DINGEL, Marion BECHTOLD-MAYER, Hans Christian BRANDY (Hgg.): Die Konkordienformel (Die Bekenntnisschriften der evangelisch-lutherischen Kirche. Quellen und Materialien, 2), Göttingen 2014.

Hanne DOBBERTIN: Die Autobiographie des Arztes Otto Sperling. Studien zu Leben, Persönlichkeit und Weltanschauung eines Menschen im Jahrhundert des Barock, Hamburg 1954.

Gabriele DÖRFLINGER: Fincke, Thomas (6.1.1561 – 24.4.1656), Materialsammlung (Homo Heidelbergensis mathematicus – Heidelberger Texte zur Mathematikgeschichte), Heidelberg 2016, URL: http://www.ub.uni-heidelberg.de/archiv/20791.

Detlev DÖRING: Universitätsprofessoren um 1700 an den protestantischen Universitäten im Reich und ihr Anteil an der Entwicklung der modernen Wissenschaften, in: CARL / LENGER 2009, 185–208.

Stefan DORNHEIM: *Glauben* und Erinnern. Das Pfarrhaus als Institution lutherischer Gedenkkultur, in: SEIDEL / SPEHR 2013, 55–69.

– – : Der *Pfarrer* als Arbeiter am Gedächtnis. Lutherische Erinnerungskultur in der Frühen Neuzeit zwischen Religion und sozialer Kohäsion (Schriften zur sächsischen Geschichte und Volkskunde, 40), Leipzig 2013.

Johann Gustav DROYSEN: Grundriss der Historik, Leipzig 1868.

Dagmar DRÜLL: Heidelberger Gelehrtenlexikon 1803–1932, Berlin – Heidelberg – New York – Tokyo 1986 (^{2}2019).

Gerhard DÜNNHAUPT: „Alles zu Nutzen!" Die Anfänge der neuhochdeutschen Sprachreform und der erste deutsche Schulbuchverlag, in: Philobiblon 32 (1988), 175–185.

Eike Barbara DÜRRFELD: Die Erforschung der Buchschließen und Buchbeschläge. Eine wissenschaftsgeschichtliche Analyse seit 1877, Diss. phil. Mainz 2000.

Hans DUMRESE: Der Sternverlag im 17. und 18. Jahrhundert, in: Hans DUMRESE, Friedrich Carl SCHILLING: Lüneburg und die Offizin der Sterne, Tl. 1, Lüneburg 1956, 1–132.

Willem Nikolaas DU RIEU (Bearb.): Album Studiosorum Academiae Lugduno Batavae 1575–1875. Accedunt nomina curatorum et professorum per eadem secula, Den Haag 1875.

Hans-Heinrich EBELING (Bearb.): Findbuch zum Bestand Reichskammergericht (1515–1806) (Veröffentlichungen der Niedersächs. Archivverwaltung, Inventare und kleinere Schriften des Staatsarchivs in Osnabrück, 3), Bd. 1, Osnabrück 1986.

Hermann Konrad EGGERS: Der schleswig-holsteinische Zweig der Seelhorst, in: ZSHG 38 (1908), 436–440.

Ingrid EHLERS: Das Hundertmännerkollegium – 300 Jahre die ständische Bürgervertretung Rostocks, in: Ernst MÜNCH (Hg.): Rostock im Ostseeraum in Mittelalter und Früher Neuzeit, Rostock 1994, 83–88.

Johannes EHMANN: Luther, Türken und Islam. Eine Untersuchung zum Türken- und Islambild Martin Luthers (1515–1546) (Quellen und Forschungen zur Reformationsgeschichte, 80), Gütersloh 2008.

– –: Luther und die Türken (Studienreihe Luther, 15), Bielefeld 2017.

Hans Friedrich VON EHRENKROOK (Bearb.): Genealogisches Handbuch der adeligen Häuser, Adelige Häuser B, Bd. II (= Genealogisches Handbuch des Adels, Bd. 12 der Gesamtreihe), Glücksburg/Ostsee 1956.

Jost EICKMEYER: Artikel: Domann, Johannes, in: Frühe Neuzeit in Deutschland 1520–1620. Literaturwissenschaftliches Verfasserlexikon, Bd. 2, Berlin – New York 2012, Sp. 157–164.

Gerhard EIMER: Schwedische Offiziere als Baumeister in Schleswig-Holstein, in: Nordelbingen. Beiträge zur Kunst- und Kulturgeschichte Schleswig-Holsteins 30 (1961), 303–333.

Bo ELBRØND-BEK (Hg.): Forraedere? Fra Corfitz Ulfeldt til Knut Hamsun, Kopenhagen 1982.

Werner ELERT: Morphologie des Luthertums, Bd. 1: Theologie und Weltanschauung des Luthertums: hauptsächlich im 16. und 17. Jahrhundert, München 1931 (^{3}1965); Bd. 2: Soziallehren und Sozialwirkungen des Luthertums, München 1932 (^{3}1965).

Thomas ELSMANN, Hanno LIETZ, Sabine PETTKE (Hgg.): Nathan Chytraeus 1543–1598. Ein Humanist in Rostock und Bremen, Quellen und Studien, Bremen 1991.

– – : Art.: Chytraeus (Kochhaf[e]), Nathan, in: KÜHLMANN / MÜLLER / SCHILLING / STEIGER / VOLLHARDT I, 2011, 521–531.

Bernd ELSNER: Joachim Jungius' Geometria empirica und Reiß-Kunst, mit deutscher Übersetzung (Veröffentlichungen der Joachim-Jungius-Gesellschaft der Wissenschaften, 96), Göttingen 2004.

– – , Martin ROTHKEGEL (Bearb.): Der Briefwechsel des Joachim Jungius, aufgrund der Vorarbeiten von Bernd ELSNER bearbeitet und eingeleitet von Martin ROTHKEGEL (Veröffentlichungen der Joachim-Jungius-Gesellschaft der Wissenschaften, 98), Göttingen 2005.

Christoph EMMENDÖRFFER, Helmut ZÄH (Hgg.): Bürgermacht und Bücherpracht. Augsburger Ehren- und Familienbücher der Renaissance, Katalogband zur Ausstellung im Maximilianmuseum Augsburg vom 18. März bis 19. Juni 2011, Luzern 2011.

Georg ERLER (Bearb.): Die Matrikel und die Promotionsverzeichnisse der Albertus-Universität zu Königsberg i. Pr. 1544–1829, Bd. 1: Die Immatrikulationen von 1544–1656 (Publikation des Vereins für die Geschichte von Ost- und Westpreußen, 16), Leipzig 1910 (ND Nendeln 1976).

Friedrich Wilhelm EULER: Entstehung und Entwicklung deutscher Gelehrtengeschlechter, in: Hellmuth RÖSSLER, Günther FRANZ (Hgg.): Universität und Gelehrtenstand 1400–1800, Büdinger Vorträge 1966 (Deutsche Führungsschichten in der Neuzeit, 4), Limburg 1970, 183–232.

Sven EXTERNBRINK: Internationale Beziehungen und Kulturtransfer in der Frühen Neuzeit, in: Thomas FUCHS, Sven TRAKULHUN (Hgg.): Das eine Europa und die Vielfalt der Kulturen. Kulturtransfer in Europa 1500-1850 (Aufklärung und Europa, 12), Berlin 2003, 227–248.

Emil Ferdinand FEHLING: Lübeckische Ratslinie von den Anfängen der Stadt bis auf die Gegenwart (Veröffentlichungen zur Geschichte der Freien und Hansestadt Lübeck, 7/1), Lübeck 1925 (ND Lübeck 1978).

Catherine FEIK: In Erwartung des Endes. Offenbarung und Weissagung bei Martin Luther und in seinem Umkreis, in: Abendländische Apokalyptik. Kompendium zur Genealogie der Endzeit, hg. von Veronika WIESER, Christian ZOLLES, Martin ZOLLES, Catherine FEIK und Leopold SCHLÖNDORFF (Kulturgeschichte der Apokalypse, 1), Berlin 2013, 411–430.

Christine FERTIG, Margareth LANZINGER (Hgg.): Beziehungen, Vernetzungen, Konflikte. Perspektiven Historischer Verwandtschaftsforschung, Köln – Weimar – Wien 2016.

Ole FISCHER: „Toleranz ist gut, wenn sie nur gehörig eingeschränckt wird": Adam Struensee als Generalsuperintendent in Schleswig und Holstein (1759-1791), in: ZSHG 135 (2010), 147–178.

– – : Macht und Ohnmacht des frommen Mannes: Religion und Männlichkeit in der Biographie Adam Struensees (1708–1791) (Studien zur Geschichte und Kultur Mitteldeutschlands, 2), Halle an der Saale 2014.

Glenn K. FLUEGGE: Johann Gerhard (1582–1637) and the Conceptualization of Theologia at the Threshold of the »Age of Orthodoxy«. The Making of the Theologian (Oberurseler Hefte, Ergänzungsbd. 21), Göttingen 2018.

Hans FRANCK: Gotthard Ludwig Kosegarten. Ein Lebensbild, Halle an der Saale 1887.

Michael FREYER: Barocke Wissenschaft: Pädagogik „im Licht der Gnaden". Der systematische Ort der Theologie in Wolfgang Ratkes „Didaktik" als Dachwissenschaft, in: Paedagogica historica. International Journal of the history of education 24 (1984), 83–104.

Jens FRIEDHOFF: Die Familie von Hatzfeldt. Adelige Wohnkultur und Lebensführung zwischen Renaissance und Barock (Vereinigte Adelsarchive im Rheinland e.V., Schriften 1), Düsseldorf 2004.

ERNST FRIEDLÄNDER (Hg.): Ältere Universitäts-Matrikeln, Teil 1: Frankfurt an der Oder, Bd. 1 (1506–1648) (Publikationen aus den königlich preußischen Staatsarchiven, 32), Leipzig 1887 (ND Osnabrück 1965).

Markus FRIEDRICH: Johannes Olearius (1546–1623). Ein strenger Lutheraner als Superintendent Halles, in: Werner FREITAG (Hg.): Mitteldeutsche Lebensbilder. Menschen im Zeitalter der Reformation, Köln – Weimar – Wien 2004, 201–234.

– – , Sascha SALATOWSKY, Luise SCHORN-SCHÜTTE (Hgg.): Konfession, Politik und Gelehrsamkeit: der Jenaer Theologe Johann Gerhard (1582–1637) im Kontext seiner Zeit (Gothaer Forschungen zur Frühen Neuzeit, 11), Wiesbaden 2017.

Marian FÜSSEL: Die zwei Körper des Professors. Zur Geschichte des akademischen Habitus in der Frühen Neuzeit, in: CARL / LENGER 2009, 209–232.

Stefan FÜSSEL: Das Buch der Bücher: die Luther-Bibel von 1534. Eine kulturhistorische Einführung (Biblia, das ist die gantze Heilige Schrifft Deudsch / Mart. Luth. Wittemberg. Die Luther-Bibel von 1534, Begleitheft), Köln 2002 (ND Köln 2016).

Dieter GEUENICH, Otto Gerhard OEXLE (Hgg.): Memoria in der Gesellschaft des Mittelalters (Veröffentlichungen des Max-Planck-Instituts für Geschichte, 111), Göttingen 1994.

Martin GIERL: Kompilation und Produktion von Wissen im 18. Jahrhundert, in: Helmut ZEDELMAIER, Martin MULSOW (Hgg.): Die Praktiken der Gelehrsamkeit in der Frühen Neuzeit (Frühe Neuzeit. Studien und Dokumente zur deutschen Literatur und Kultur im europäischen Kontext, 64), Tübingen 2001, 63–94.

Hans-Helmut GÖRTZ: Reichskammergerichtspersonal in den Taufbüchern von Predigerkirche und St. Georgen zu Speyer 1593–1689, in: Anette BAUMANN, Joachim KEMPER (Hgg.): Speyer als Hauptstadt des Reiches. Politik und Justiz zwischen Reich und Territorium im 16. und 17. Jahrhundert (Bibliothek Altes Reich, 20), Berlin – Boston 2016, 229–238.

Johann Christoph GOTTSCHED: *Briefwechsel*. Historisch-kritische Ausgabe, Bd. 10: März 1744 – September 1745, hg. und bearb. von Detlef DÖRING†, Franziska MENZEL, Rüdiger OTTO und Michael SCHLOTT unter Mitarbeit von Caroline KÖHLER, Berlin – Boston 2016.

Sabine GREINER: Artikel: Redner, Rednerideal, B III: Renaissance, Reformation, Barock, in: UEDING VII, 2005, Sp. 949–987.

Maximilian GRITZNER: Geschichte des Sächsischen Wappens, in: Vierteljahrsschrift für Wappen-, Siegel- und Familienkunde 29 (1901), 71–166.

Johann GRÖNHOFF (Hg.): Kieler Bürgerbuch. Verzeichnis der Neubürger von Anfang des 17. Jahrhunderts bis 1869 (Mitteilungen der Gesellschaft für Kieler Stadtgeschichte, 49), Kiel 1958.

Hanns GRÖSSEL (Hg.): Jammers minde. Denkwürdigkeiten der Gräfin Leonora Christina Ulfeldt (Lebensläufe, 16), München 1968.

Hermann GROTEFEND: Über Stammtafeln (mit einem Beispiel: Familie Wachenhusen), in: MJb 70 (1905), 1–48.

Manfred GROTEN, Clemens GRAF VON LOOZ-CORSWAREM, Wilfried REININGHAUS (Hgg.): Der Jülich-Klevische Erbstreit 1609: seine Voraussetzungen und Folgen, Vortragsband (Publikationen der Gesellschaft für Rheinische Geschichtskunde, Vorträge 36; Veröffentlichungen der Historischen

Kommission für Westfalen, NF 1; Veröffentlichungen des Arbeitskreises Niederrheinischer Kommunalarchivare), Düsseldorf 2011.

Kathleen HAACK: *Einleitung*: Die Medizinische Fakultät der Universität Rostock, in: REISINGER / HAACK 2019, 15–23.

– –: Von der *Gründung* der Bürgeruniversität zur mecklenburgischen Hochschule. Die Medizinische Fakultät 1419–1789, in: REISINGER / HAACK 2019, 25–34.

– –: Zwischen *Stagnation* und Neubeginn. Die Spaltung der Universität und deren Auswirkung auf die Medizinische(n) Fakultät(en), in: REISINGER / HAACK 2019, 89–93.

Theodor HACH: Lübecker Glockenkunde (Veröffentlichungen zur Geschichte der Freien und Hansestadt Lübeck, 2), Lübeck 1913.

Mark HÄBERLEIN: Netzwerkanalyse und historische Elitenforschung. Probleme, Erfahrungen und Ergebnisse am Beispiel der Reichsstadt Augsburg, in: DAUSER / HÄCHLER / KEMPE / MAUELSHAGEN / STUBER 2008, 315–328.

Konrad HAEBLER (Bearb.): Rollen- und Plattenstempel des 16. Jahrhunderts, 2 Bde. (Sammlung bibliothekswissenschaftlicher Schriften, 24–25 = 41–42), Leipzig 1928–1929 (ND Nendeln 1968).

Hans-Werner HAHN: Altständisches Bürgertum zwischen Beharrung und Wandel. Wetzlar 1689–1870 (Stadt und Bürgertum, 2), München 1991.

Jürgen HAMEL: Johann Moritz Poltz und die Verbannung der Astrologie aus den Mecklenburgischen Kalendern, in: Mecklenburgischer Schreib-Calender für das Jahr 1685 verfaßt von Johann Moritz POLTZ, hg. von Klaus-Dieter HERBST, Reprint (Acta Calendariographica, 3/1), Jena 2009, 27–40.

– –: Johann Moritz Poltz, die norddeutschen Schreibkalender um 1700 und das Kalenderedikt des Herzogs von Mecklenburg-Güstrow von 1682, in: Jahrbuch für mecklenburgische Geschichte und Altertumskunde 126 (2011), 111–152.

– –: Die Geschichte der Astronomie in Rostock (Acta Historica Astronomiae, 65), Leipzig 2019.

Michael HARTMANN: Elitesoziologie. Eine Einführung (Sozialwissenschaftliche Studienbibliothek, 2), Frankfurt am Main – New York ²2008.

Angela HARTWIG, Tilmann SCHMIDT (Hgg.): Die Rektoren der Universität Rostock 1419–2000 (Beiträge zur Geschichte der Universität Rostock, 23), Rostock 2000.

Hermann HECKMANN: Baumeister des Barock und des Rokoko in Mecklenburg, Schleswig-Holstein, Lübeck, Hamburg, Berlin 2000.

Steffen HEIBERG: Artikel: Ulfeldt, Corfitz, in: Dansk biografisk leksikon, Bd. 15, Kopenhagen ³1984, 137–143.

– – : Enhjørningen Corfitz Ulfeldt, Kopenhagen 1993 (²1996).

Klaus-Dieter HERBST: Die Schreibkalender im Kontext der Frühaufklärung (Acta Calendariographica: Forschungsberichte, 2), Jena 2010.

Otmar HESSE: Martin Luthers Familie im 16. Jahrhundert. Eine Unternehmerfamilie im Bergbau und in der Erzverhüttung sowie im Metallhandel im Mansfelder Land und in Goslar, in: Harz-Zeitschrift 68 (2016), 97–122.

Sabine VON HEUSINGER, Susanne WITTEKIND (Hgg.): Die materielle Kultur der Stadt in Spätmittelalter und Früher Neuzeit (Städteforschung, Reihe A, Darstellungen, 100), Köln – Weimar – Wien 2019.

Alfred HEUSS: Überrest und Tradition. Zur Phänomenologie der historischen Quellen, in: Archiv für Kulturgeschichte 25 (1935), 134–183.

Dan HICKS, Mary Carolyn BEAUDRY (Hgg.): The Oxford Handbook of Material Culture Studies, Oxford – New York 2010.

Werner HILLEBRAND: Die Matrikel der Universität Helmstedt 1636–1685 (Veröffentlichungen der Historischen Kommission für Niedersachsen und Bremen, 9, Abt. 1: Die Matrikel der Universität Helmstedt, 2), Hildesheim 1981.

Alfred HINRICHS: Prenzlauer Magistrats- und Ratsmitglieder vom Mittelalter bis 1932, in: Mitteldeutsche Familienkunde 24/1 (1983), 240–252.

Rudolf HINRICHS: D. theol. Matthias Cadovius, Begründer einer bedeutsamen Familie, Teil 1, in: Quellen und Forschungen zur ostfriesischen Familien und Wappenkunde 1992, 83f.

– – : Artikel: Matthias Cadovius, in: Martin TIELKE (Hg.): Biographisches Lexikon für Ostfriesland, Bd. 2, Aurich 1997, 54ff.

Wiard HINRICHS: Der Werdegang zweier Pastoren aus der Familie Cadovius, in: Quellen und Forschungen zur ostfriesischen Familien und Wappenkunde 1982, 65–68.

Peter HIRSCHFELD: Rudolph Matthias Dallins Briefe an seinen Bauherrn Christian Rantzau auf Rastorf. Das Arbeitsjahr eines ländlichen Barockbaumeisters in Schleswig-Holstein, in: Nordelbingen. Beiträge zur Kunst- und Kulturgeschichte Schleswig-Holsteins 54 (1985), 67–89.

Birgit HOFFMANN (Hg.): Theologie im Dialog: Georg Calixt (1586-1656) als Wegbereiter der Ökumene (Quellen und Beiträge zur Geschichte der Evangelisch-Lutherischen Landeskirche in Braunschweig, 17), Wolfenbüttel 2007.

Adolph HOFMEISTER (Hg.): Die Matrikel der Universität Rostock, Bde. 1–5, Rostock 1889–1912, Registerbde. 6–7, bearb. von Ernst SCHÄFER, Schwerin 1919–1922 (ND Nendeln 1976).

Emanuel HOLLACK: Der Bau des Hauptgebäudes 1867–1870, in: KRÜGER / MÜNCH I, 2017, 185–220.

Theodora HOLM: Artikel: *Förtsch*, Johann Philipp, in: KLOSE I, 1970, 140ff.

Heinrich HOLZE, Kristin SKOTTKI (Hgg.): Verknüpfungen des neuen Glaubens. Die Rostocker Reformationsgeschichte in ihren translokalen Bezügen (Refo 500 Academic Studies, 56), Göttingen 2020.

Walter VON HUECK, Hans Friedrich VON EHRENKROOK (Bearb.): Genealogisches Handbuch der adeligen Häuser, Adelige Häuser B, Bd. 22 (= Genealogisches Handbuch des Adels, Bd. 115 der Gesamtreihe), Limburg an der Lahn 1998.

Thomas ILLG: Lutherisch-orthodoxe Spiritualität – Johann Gerhard (1582–1637), in: Peter ZIMMERLING (Hg.): Handbuch Evangelische Spiritualität, Bd. 1: Geschichte, Göttingen 2017, 261–280.

Iwan A. IWANOW: Die Hanse im Zeichen der Krise. Handlungsspielräume der politischen Kommunikation im Wandel (1550–1620) (Quellen und Darstellungen zur Hansischen Geschichte, 61), Köln – Weimar – Wien 2016.

Rolf-Dieter JAHN: Die Weimarer Ernestinische Kurfürstenbibel und Dilherr-Bibel des Endterverlags in Nürnberg 1641–1788. Versuch einer vollständigen Chronologie und Bibliographie, Odenthal 1986.

Sigrid JAHNS: Das Reichskammergericht und seine Richter. Verfassung und Sozialstruktur eines höchsten Gerichts im Alten Reich, Teil 2, Bd. 1–2 (Quellen und Forschungen zur höchsten Gerichtsbarkeit im Alten Reich, 26/2), Köln – Weimar – Wien 2003.

Marion JANZIN, Joachim GÜNTNER: Das Buch vom Buch. 5000 Jahre Buchgeschichte, Hannover ³2007.

Hans Nicolai Andreas JENSEN: Versuch einer kirchlichen Statistik des Herzogthums Schleswig, 4 Bde., Flensburg 1840–1842.

Nils JÖRN: Die *Herkunft* der Professorenschaft der Greifswalder Universität zwischen 1456 und 1815, in: Dirk ALVERMANN, Nils JÖRN, Jens E. OLESEN (Hgg.): Die Universität Greifswald in der Bildungslandschaft des Ostseeraumes (Nordische Geschichte, 5), Berlin 2007, 155–190.

– – (Hg.): David *Mevius* (1609–1670). Leben und Werk eines pommerschen Juristen von europäischem Rang, Hamburg 2007.

– – : Artikel: Quistorp, Johann Christian Edler von, in: Andreas RÖPCKE (Hg.): Biographisches Lexikon für Mecklenburg, Bd. 6 (Veröffentlichungen der Historischen Kommission für Mecklenburg, Reihe A), Rostock 2011, 226–229.

Karl-Heinz JÜGELT: Christian Ehrenfried Eschenbach (1712–1788). Vom Apothekerlehrling zum Medizinprofessor, in: Beiträge zur Geschichte der Stadt Rostock 25 (2002), 41–90.

Martin H. JUNG: Biblische Summarien: eine unbeachtete literarische Gattung der lutherischen Orthodoxie, in: Norbert HAAG, Siegfried HERMLE, Sabine HOLTZ, Jörg THIERFELDER (Hgg.): Tradition und Fortschritt. FS für Hermann Ehmer zum 65. Geburtstag (Quellen und Forschungen zur lutherischen Kirchengeschichte, 20), Epfendorf 2008, 121–143.

Hans KANGRO: Joachim Jungius' Experimente und Gedanken zur Begründung der Chemie als Wissenschaft. Ein Beitrag zur Geistesgeschichte des 17. Jahrhunderts (Boethius, 7), Wiesbaden 1968.

Karl Georg KASTER, Gerd STEINWASCHER (Hgg.): 450 Jahre Reformation in Osnabrück: V.D.M.I.AE., Gottes Wort bleibt in Ewigkeit (Osnabrücker Kulturdenkmäler, 6), Bramsche 1993.

Thomas KAUFMANN: Universität und lutherische Konfessionalisierung. Die Rostocker Theologieprofessoren und ihr Beitrag zur theologischen Bildung und kirchlichen Gestaltung im Herzogtum Mecklenburg zwischen 1500 und 1675 (Quellen und Forschungen zur Reformationsgeschichte, 66), Gütersloh 1997.

– – : Gegenwartsdeutung und Geschichtsrekonstruktion im kirchenhistorischen Werk Werner Elerts, in: SCHORN-SCHÜTTE, Alteuropa, 1999, 55–86.

– – : Artikel: *Johann Quistorp I + II*, in: RGG⁴ 6 (2003), Sp. 1872f.

– – : Apokalyptische Deutung und politisches Denken im lutherischen Protestantismus in der Mitte des 16. Jahrhunderts, in: Arndt BRENDECKE, Ralf-Peter FUCHS, Edith KOLLER (Hgg.): Die Autorität der Zeit in der Frühen Neuzeit (Pluralisierung und Autorität, 10), Berlin – Münster 2007, 411–454.

– – : Luthers „Judenschriften". Ein Beitrag zu ihrer historischen Kontextualisierung, Tübingen ²2013.

– – : Luthers Sicht auf Judentum und Islam, in: Heinz SCHILLING (Hg.): Der Reformator Martin Luther 2017: Eine wissenschaftliche und gedenkpolitische Bestandsaufnahme (Schriften des Historischen Kollegs, 92), Berlin – München – Boston 2015, 53–84.

– – : Luthers Juden, Stuttgart ³2017.

– – : Judenfurcht und Türkenhoffnung – christliche Sichtweisen auf die fremden Religionen im Zeitalter der Reformation, in: POHLIG 2020, 92–116.

Hermann KELLENBENZ: Artikel: *Adolf Friedrich* (Fredrik), Herzog von Holstein-Gottorf, in: NDB 1, 1953, 79f.

– – : Artikel: *Domann*, Johannes, in: NDB 4 (1959), 65f.

Rudolf KELLER: David Chytraeus (1530–1600). Melanchthons Geist im Luthertum, in: Heinz SCHEIBLE (Hg.): Melanchthon in seinen Schülern (Wolfenbütteler Forschungen, 73), Wiesbaden 1997, 361–371.

Hans-Martin KIRN: Martin Luthers späte Judenschriften – Apokalyptik als Lebenshaltung? Eine theologische Annäherung, in: Dietrich KORSCH, Volker LEPPIN (Hgg.): Martin Luther – Biographie und Theologie (Spätmittelalter, Humanismus, Reformation, 53), Tübingen 2010, 271–285.

Werner KLÄN: Luthers Stellung zu den Juden: ein schwieriges Erbe der lutherischen Kirche, in: Lutherische Theologie und Kirche 41 (2017), 164–185.

Detlef KLAHR: Joachim Lütkemanns „Harfe von zehn Saiten". Ein lutherisches Erbauungsbuch aus der Mitte des 17. Jahrhunderts, in: Hans-Jörg NIEDEN, Marcel NIEDEN (Hgg.): Praxis Pietatis. Beiträge zu Theologie und Frömmigkeit in der Frühen Neuzeit. FS Wolfgang Sommer zum 60. Geburtstag, Stuttgart 1999, 201–214.

Martin KLAR: Johann Gottfried Quistorp und die Kunst in Greifswald, in: Pommersche Jahrbücher 12 (1911), 109–157.

Bernhard KLAUS: Veit Dietrich. Leben und Werk (Einzelarbeiten aus der Kirchengeschichte Bayerns, 32), Nürnberg 1958.

Olaf KLOSE (Hg.): Schleswig-holsteinisches biografisches Lexikon, 5 Bde, Neumünster 1970–1979.

Harm KLUETING: Reformatio vitae. Johann Jakob Fabricius (1618/20–1673). Ein Beitrag zu Konfessionalisierung und Sozialdisziplinierung im Luthertum des 17. Jahrhunderts (Historia profana et ecclesiastica. Geschichte und Kirchengeschichte zwischen Mittelalter und Moderne, 9), Münster 2003.

Martin KNOLL: ‚Nil sub sole novum' oder neue Bodenhaftung? Der ‚material turn' und die Geschichtswissenschaft, in: Neue Politische Literatur 59 (2014), 191–207.

Renate KNOLL: Michael Lilienthal. Ein Vermittler zwischen den Kulturen als Mitglied der Petersburger Akademie, in: Joseph KOHNEN (Hg.): Königsberg-Studien. Beiträge zu einem besonderen Kapitel der deutschen Geistesgeschichte des 18. und angehenden 19. Jahrhunderts, Frankfurt am Main u.a. 1998, 329–343.

Hans-Georg KNOTHE: David Mevius (1609–1670). Ein herausragender Jurist des Usus modernus Pandectarum, in: Zeitschrift für Europäisches Privatrecht 18,3 (2010), 536–561.

Ernst KOCH: Das ernestinische Bibelwerk, in: Roswitha JACOBSEN, Hans-Jörg RUGE (Hgg.): Ernst der Fromme (1601–1675) – Staatsmann und Reformer. Wissenschaftliche Beiträge und Katalog zur Ausstellung (Veröffentlichungen der Forschungsbibliothek Gotha / Universität Erfurt, 39), Bucha bei Jena 2002, 53–58.

Otto KÖHLER (Bearb.): Die Matrikel der Universität Jena, Bd. 3: 1723–1764 (Veröffentlichungen der Universitätsbibliothek Jena), Halle an der Saale 1969 (ND München 1992).

Bernhard KOERNER (Hg.): Genealogisches Handbuch Bürgerlicher Familien, ein Deutsches Geschlechterbuch, Bd. 11, Berlin 1904.

Michael KOHLHAAS: „Heiratsbörse" am Reichskammergericht in Speyer. Beispiel einer reichsweiten genealogischen Verbindung, in: Lübecker Beiträge zur Familien- und Wappenkunde 69 (2019). Link: https://www.nd-gen.de/wordpress/wp-content/uploads/2019/03/Weidenkopf-FamGeschichte-Kopie.pdf.

Robert KOLB: Die Konkordienformel. Eine Einführung in ihre Geschichte und Theologie (Oberurseler Hefte, Ergänzungsbd. 8), Göttingen 2011.

Uwe KORDES: Wolfgang Ratke (Ratichius, 1571–1635). Gesellschaft, Religiosität und Gelehrsamkeit im frühen 17. Jahrhundert (Beihefte zum Euphorion, 34), Heidelberg 1999.

Leonore KOSCHNICK (Hg.): Leben nach Luther. Eine Kulturgeschichte des evangelischen Pfarrhauses, Katalog zur Ausstellung im Deutschen Historischen Museum Berlin, 25. Oktober 2013 bis 2. März 2014, in Kooperation mit der Evangelischen Kirche in Deutschland (EKD) und der Internationalen Martin-Luther-Stiftung Erfurt, Bönen 2013.

Gerhard KRAACK: Die Flensburger Geburtsbriefe. Auswanderung aus Flensburg, 1550–1750 (Schriftenreihe der Gesellschaft für Flensburger Stadtgeschichte, 26), Flensburg 1977.

Otto Carsten KRABBE: Die Universität Rostock im 15. und 16. Jahrhundert, Rostock – Schwerin 1854 (ND Aalen 1970).

Karl E. H. KRAUSE: Artikel: Schröder, Joachim, in: ADB 32 (1891), 515f. URL: https://www.deutsche-biographie.de/pnd11707134X.html#adbcontent.

Johann Bernhard KREY: *Andenken* an die Rostockschen Gelehrten aus den drei letzten Jahrhunderten, Bd. 2, Neue überarbeitete Ausgabe Rostock 1815.

– – : Joachim *Schröder*, Prediger an St. Georg und Johannis in Rostock, 1637–1677, und Michael Freud, Prediger zu Kuppentin bei Plau, 1645–1678, zwei Eiferer wider die Sitten ihrer Zeit, in: DERS.: Beiträge zur mecklenburgischen Kirchen- und Gelehrtengeschichte nebst Nachträgen zu seinen Schriften dieser Art, Bd. 2, Rostock 1821, 89–98.

Kersten KRÜGER, Ernst MÜNCH (Hgg.): Das Hauptgebäude der Universität Rostock 1870–2016 (Rostocker Studien zur Universitätsgeschichte, 30), 2 Teilbde., Norderstedt 2017.

Benigna VON KRUSENSTJERN: Was sind Selbstzeugnisse? Begriffskritische und quellenkundliche Überlegungen anhand von Beispielen aus dem 17. Jahrhundert, in: Historische Anthropologie. Kultur, Gesellschaft, Alltag 2 (1994), 462–471.

Wilhelm KÜHLMANN, Jan-Dirk MÜLLER, Michael SCHILLING, Johann Anselm STEIGER, Friedrich VOLLHARDT (Hgg.): Frühe Neuzeit in Deutschland, 1520 – 1620. Literaturwissenschaftliches Verfasserlexikon, 7 Bde., Berlin – Boston 2011–2019.

Julian KÜMMERLE: Profile lutherischer Gelehrtenfamilien. Vergleichende Überlegungen zu einer sozio-konfessionellen und bildungsgeschichtlichen Formation der Frühen Neuzeit, in: Acta Comeniana 17 (2003), 33–71.

– – : Wissenschaft und Verwandtschaft. Protestantische Theologenausbildung im Zeichen der Familie vom 16. bis zum 18. Jahrhundert, in: Herman J. SELDERHUIS, Markus WRIEDT (Hgg.): Bildung und Konfession. Theologenausbildung im Zeitalter der Konfessionalisierung (Spätmittelalter und Reformation, NR 27), Tübingen 2006, 159–210.

– – : „Absinkendes *Niveau*, fehlende Kritik und geringe Leistung?" Familienuniversitäten und Universitätsfamilien im Alten Reich, in: SIEBE, Orte, 2008, 143–157.

– – : *Konfessionalität* und Gelehrtenkultur im Generationenverband. Protestantische Theologen- und Juristenfamilien im Heiligen Römischen Reich Deutscher Nation, in Frankreich und in der Schweiz, in: Thomas KAUFMANN, Anselm SCHUBERT, Kaspar von GREYERZ (Hgg.): Frühneuzeitliche Konfessionskulturen. 1. Nachwuchstagung des VRG Wittenberg 30.09. – 02.10.2004 (Schriften des Vereins für Reformationsgeschichte, 207), Gütersloh 2008, 69–97.

Konrad KÜSTER: Johann Philipp Förtsch. Diplomat, Mediziner und Musiker in Gottorfer Diensten, in: Beiträge zur Schleswiger Stadtgeschichte 58 (2013), 45–54.

Gottfried KUHLMANN: Leben und Dichten des Hansesyndikus Dr. Johannes Domann, Borna – Leipzig 1907.

Christian KUHN: Generation als Grundbegriff einer historischen Geschichtskultur. Die Nürnberger Tucher im langen 16. Jahrhundert (Formen der Erinnerung, 45), Göttingen 2010.

Lotte KURRAS (Bearb.): Kataloge des Germanischen Nationalmuseums Nürnberg, Die Handschriften des Germanischen Nationalmuseums Nürnberg, Bd. 5: Die Stammbücher, Tl. 1, Wiesbaden 1988.

Götz LANDWEHR: Das Seerecht der Hanse (1365–1614). Vom Schiffordnungsrecht zum Seehandelsrecht, Erweiterte Fassung eines Vortrages (Berichte aus den Sitzungen der Joachim-Jungius-Gesellschaft der Wissenschaften, Jg. 21, H. 1), Göttingen 2003.

Hartmut LEHMANN: Endzeiterwartung im Luthertum im späten 16. und im frühen 17. Jahrhundert, in: Hans-Christoph RUBLACK (Hg.): Die lutherische Konfessionalisierung in Deutschland. Wissenschaftliches Symposion des Vereins für Reformationsgeschichte 1988 (Schriften des Vereins für Reformationsgeschichte, 197), Gütersloh 1992, 545–554.

Johann Carl Louis VON LENGNICK: Genealogier over adelige og borgerlige Familier, Kopenhagen 1844–1851.

Hans LEUBE: Die Reformideen in der deutschen lutherischen Kirche zur Zeit der Orthodoxie, Leipzig 1924.

Heinrich LÜTKEMANN: Joachim Lütkemann. Sein Leben und Wirken. Nach älteren Quellen dargestellt, Braunschweig/Leipzig ³1908 (Braunschweig ¹1899).

Paul LUYKX: Versäulung in den Niederlanden. Eine kritische Betrachtung der neueren Historiographie, in: Jahrbuch des Zentrums für Niederlande-Studien 2 (1991), 39–51.

Michael MAASER: Humanismus und Landesherrschaft. Herzog Julius (1528–1589) und die Universität Helmstedt (Frankfurter historische Abhandlungen, 46), Stuttgart 2010.

Inge MAGER: Brüderlichkeit und Einheit. Georg Calixt und das Thorner Religionsgespräch 1645, in: Bernhart JÄHNIG, Peter LETKEMANN (Hgg.): Thorn. Königin der Weichsel, 1231–1981 (Beiträge zur Geschichte Westpreußens, 7), Göttingen 1981, 209–238.

Theodor MAHLMANN, Klaus LUIG: Artikel: Leyser, in: NDB 14 (1985), 535–539.

Matthias MANKE (Hg.): Rostock und seine Nachbarn in der Geschichte (Veröffentlichungen der Historischen Kommission für Mecklenburg, Reihe B 6), Lübeck 2018.

Johannes MATHESIUS: Ausgewählte Werke, hg. von Georg LOESCHE, Bd. 3, Prag 1906.

Otto MAZAL: Einbandkunde. Die Geschichte des Bucheinbandes (Elemente des Buch- und Bibliothekswesens, 16), Wiesbaden 1997.

Christoph MEINEL: Der *Begriff* des chemischen Elements bei Joachim Jungius, in: Sudhoffs Archiv 66 (1982), 313–338.

– – (Hg.): Joachim Jungius: *Praelectiones physicae*. Historisch-kritische Edition (Veröffentlichungen der Joachim Jungius-Gesellschaft der Wissenschaften, 45), Göttingen 1982.

– – : *In physicis* futurum saeculum respicio. Joachim Jungius und die naturwissenschaftliche Revolution des 17. Jahrhunderts (Veröffentlichungen der Joachim-Jungius-Gesellschaft der Wissenschaften, 52), Göttingen 1984.

– – : Der handschriftliche *Nachlaß* von Joachim *Jungius* in der Staats- und Universitätsbibliothek Hamburg: Katalog (Katalog der Handschriften der Staats- und Universitätsbibliothek Hamburg, 9), Stuttgart 1984.

– – : Joachim Jungius (1578–1657). Empirisme et réforme scientifique au seuil de l'époque moderne, in: Archives Internationales d'Histoire des Sciences 37 (1987), 297–315.

– – : Die Bibliothek des Joachim Jungius. Ein Beitrag zur Historia litteraria der Frühen Neuzeit (Veröffentlichungen der Joachim-Jungius-Gesellschaft der Wissenschaften, 67), Göttingen 1992.

– – : Wissen im Wandel. Die Gelehrtenbibliothek des Joachim Jungius (1578–1657), in: Eugenio CANONE (Hg.): Bibliothecae Selectae: da Cusano a Leopardi (Lessico Intellettuale Europeo, 58), Florenz 1993, 253–280.

– – : Enzyklopädie der Welt und Verzettelung des Wissens. Aporien der Empirie bei Joachim Jungius, in: Franz M. EYBL, Wolfgang HARMS, Hans-Henrik KRUMMACHER und Werner WELZIG (Hgg.): Enzyklopädien der Frühen Neuzeit. Beiträge zu ihrer Erforschung, Tübingen 1995, 162–187.

– – : Wissenschafts- und Schulreform aus dem Geist der Naturforschung: Joachim Jungius' ‚syndiakritische Methode', in: Dirk BRIETZKE, Franklin KOPITSCH und Rainer NICOLAYSEN (Hgg.): Das Akademische Gymnasium: Bildung und Wissenschaft in Hamburg, 1613-1883, Berlin – Hamburg 2013, 31–46.

Klaus MEISS: Streit um die Lutherbibel. Sprachwissenschaftliche Untersuchungen zur neuhochdeutschen Standardisierung (Schwerpunkt Graphematik) anhand Wittenberger und Frankfurter Drucke (Europäische Hochschulschriften, Reihe 1, 1437), Frankfurt am Main u.a. 1994.

Kurt MEISSNER: Die Hamburger Oberalten: ihre Wirksamkeit in Geschichte und Gegenwart, Hamburg 1994.

Gert MELVILLE, Hans VORLÄNDER (Hgg.): Geltungsgeschichten. Über die Stabilisierung und Legitimierung institutioneller Ordnungen, Köln – Weimar – Wien 2002.

Nikola VON MERVELDT: Vom Geist im Buchstaben. Georg Rörers reformatorische Typographie der Heiligen Schrift, in: Frieder VON AMMON, Herfried VÖGEL (Hgg.): Die Pluralisierung des Paratextes in der Frühen Neuzeit: Theorie, Formen, Funktionen (Pluralisierung und Autorität, 15), Berlin – Münster 2008, 187–293.

Dietrich MEYER (Hg.): Nikolaus Ludwig von Zinzendorf: Bibel und Bibelgebrauch, Bd. 1: Bibelübersetzung, Göttingen 2015.

Susi-Hilde MICHAEL: Die Promotion zum Doktor der Medizin an der mittelalterlichen Universität Rostock, in: REISINGER / HAACK 2019, 48–60.

Stefan MICHEL: Die Kanonisierung der Werke Martin Luthers im 16. Jahrhundert (Spätmittelalter, Humanismus, Reformation, 92), Tübingen 2016.

– – : Johann Gerhards Anteil am ernestinischen Bibelwerk, in: FRIEDRICH / SALATOWSKY / SCHORN-SCHÜTTE 2017, 163–176.

Hans-Ulrich MINKE: Artikel: Matthias Cadovius, in: Hans FRIEDL et al. (Hgg.): Biographisches Handbuch zur Geschichte des Landes Oldenburg, Oldenburg 1992, 120f.

Hermann MITGAU: Geschlossene Heiratskreise sozialer Inzucht, in: Hellmuth RÖSSLER (Hg.): Deutsches Patriziat 1430–1740, Büdinger Vorträge 1965 (Schriften zur Problematik der deutschen Führungsschichten in der Neuzeit, 3), Limburg an der Lahn 1968, 1–25.

– – : Das Sippengefüge altständischer Gesellschaftsformen. Zur Frage der „Sozialen Inzucht", in: Göttinger Mitteilungen für genealogische, heraldische und verwandte Forschung 4 (1951), 81–91.

Michael MITTERAUER: Geistliche Verwandtschaft im Kontext mittelalterlicher Verwandtschaftssysteme, in: Karl-Heinz SPIESS (Hg.): Die Familie in der Gesellschaft des Mittelalters (Vorträge und Forschungen, 71), Ostfildern 2009, 171–194.

– – : Historische Verwandtschaftsforschung, Wien – Köln – Weimar 2013, 27–50.

Gerd MÖHLMANN (Bearb.): Geschlechter der Hansestadt Rostock im 13.–18. Jahrhundert (Genealogie und Landesgeschichte, 25), Neustadt an der Aisch 1975.

Reinhard MÜHLEN: Die Bibel und ihr Titelblatt. Die bildliche Entwicklung der Titelblattgestaltung lutherischer Bibeldrucke vom 16. bis zum 19. Jahrhundert, Mittelstädt 2001.

Bernd MÜLLER: Herzog und Fürstbischof Friedrich August von Holstein-Gottorf. Eine biografische Studie (Eutiner Forschungen, 14), Eutin 2018.

Hans-Joachim MÜLLER: Irenik als Kommunikationsreform. Das Colloquium Charitativum in Thorn 1645 (Veröffentlichungen des Max-Planck-Institut für Geschichte, 208), Göttingen 2004.

Winfried MÜLLER, Martina SCHATTKOWSKI, Dirk SYNDRAM (Hgg.): Kurfürst August von Sachsen: Ein nachreformatorischer „Friedensfürst" zwischen Territorium und Reich. Beiträge zur wissenschaftlichen Tagung vom 9. bis 11. Juli 2015 in Torgau und Dresden, Dresden 2017.

Wolfgang MÜLLER: Berühmte Rostocker Persönlichkeiten aus 800 Jahren, Rostock 2012.

Ernst MÜNCH: Die Brauherren. Rostocks führende Schicht im Ausgang des 16. Jahrhunderts, in: Ortwin PELC (Hg.): 777 Jahre Rostock. Neue Beiträge zur Stadtgeschichte (Schriften des kulturhistorischen Museums in Rostock, 2), Rostock 1995, 95–102.

– – : „Gedoppeltes Amt" und „unverdiente Verurtheilung". Pflichten, Rechte und Probleme des Rostocker Stadtphysikus vom 16. bis zum 19. Jahrhundert, in: REISINGER / HAACK 2019, 73–88.

Martin MULSOW: Radikale Frühaufklärung in Deutschland 1680–1720, Bd. 1: Moderne aus dem Untergrund, Göttingen 2018.

Ralf MULSOW: Fakultätsgebäude und Professorenhäuser, in: Hauke JÖNS, Friedrich LÜTH, Heiko SCHÄFER (Hgg.): Archäologie unter dem Straßenpflaster. 15 Jahre Stadtkernarchäologie in Mecklenburg-Vorpommern (Beiträge zur Ur- und Frühgeschichte Mecklenburg-Vorpommerns, 39), Schwerin 2005, 433–438.

Gertrud NORDMANN, Wolfgang PRANGE, Konrad WENN (Hgg.): Regierung des Bistums, Fürstentums, Landesteils Lübeck zu Eutin: Findbuch des Bestandes 260, 4 Bde. (Veröffentlichungen des Schleswig-Holsteinischen Landesarchivs, 50–53), Schleswig 1997.

Rasmus NYERUP, Jens Edvard KRAFT: Almindeligt Litteraturlexicon for Danmark, Norge, og Island. Eller fortegnelse over danske, norske, og islandske, saavel afdøde som nu levende forfattere. Med anførsele af deres vigtigste levnets-omstændigheder og liste deres skrifter, Bd. 1: Dansk-norsk Litteraturlexicon, Tl. 1, Kopenhagen 1818.

Heiko A. OBERMAN: Luther. Mensch zwischen Gott und Teufel, Berlin 1982.

OBJECT LINKS: Dinge in Beziehung, hg. vom Institut für Realienkunde des Mittelalters und der Frühen Neuzeit (Formate – Forschungen zur Materiellen Kultur, 1), Wien – Köln – Weimar 2019.

Ilse O'DELL: Jost Ammans Buchschmuck-Holzschnitte für Sigmund Feyerabend. Zur Technik der Verwendung von Bild-Holzstöcken in den Drucken von 1563 bis 1599 (Bibliothek des Börsenvereins des Deutschen Buchhandels e.V., Repertorien zur Erforschung der Frühen Neuzeit, 13), Wiesbaden 1993.

Harry OELKE, Wolfgang KRAUS, Gury SCHNEIDER-LUDORFF, Axel TÖLLNER, Anselm SCHUBERT (Hgg.): Martin Luthers "Judenschriften": Die Rezeption im 19. und 20. Jahrhundert (Arbeiten zur kirchlichen Zeitgeschichte, Reihe B, 64), Göttingen 2016.

Hermann OERTEL: Die Frankfurter Feyerabend-Bibeln und die Nürnberger Endter-Bibeln, , in: Mitteilungen des Vereins für Geschichte der Stadt Nürnberg 70 (1983), 75–116.

Otto Gerhard OEXLE: Memoria in der Gesellschaft und in der Kultur des Mittelalters, in: Joachim HEINZLE (Hg.): Modernes Mittelalter. Neue Bilder einer populären Epoche, Frankfurt am Main – Leipzig 1994, 297–327.

Jana OLSCHEWSKI: Der evangelische Kirchenbau im preußischen Regierungsbezirk Stralsund 1815 bis 1932. Eine Untersuchung zur Typologie und Stilistik der Architektur des Historismus in Vorpommern (Beiträge zur Architekturgeschichte und Denkmalpflege in Mecklenburg und Vorpommern, 6), Schwerin 2006.

Otto OPET: Christoph Krauthoff. Ein Beitrag zum schleswig-holsteinischen Rechtsleben des 17. Jahrhunderts, in: ZSHG 52 (1923), 72–116.

Anna PAWLIK: Der ritterliche Spitzenahn – Die Genealogie des Nürnberger Patriziats als bildliche Fiktion, in: HEUSINGER / WITTEKIND 2019, 185–204.

– – : Der Totenschild als Memorialort. Zur Historie des Gedenkens, in: Frank Matthias KAMMEL, Katja PUTZER, Anna PAWLIK, Elisabeth TAUBE (Hgg.): Die Nürnberger Totenschilde des Spätmittelalters im Germanischen Nationalmuseum. Jenseitsvorsorge und ständische Repräsentation städtischer Eliten, Bestandskatalog, Bd. 1: Aufsätze, Nürnberg 2020, 150–199.

Ortwin PELC: Rostock und die Hanse, in: MANKE 2018, 173–199.

Christian PETERS: Polykarp Leyser d.Ä. in Wittenberg. Eine Bestandsaufnahme, in: Irene DINGEL, Günther WARTENBERG (Hgg.): Die Theologische Fakultät Wittenberg 1502 bis 1602. Beiträge zur 500. Wiederkehr des Gründungsjahres der Leucorea (Leucorea-Studien zur Geschichte der Reformation und der Lutherischen Orthodoxie, 5), Leipzig 2002, 173–188.

– – : Der kursächsische Anteil an Entstehung und Durchsetzung des Konkordienbuchs, in: Helmar JUNGHANS (Hg.): Die sächsischen Kurfürsten während des Religionsfriedens von 1555 bis 1618, Symposion anlässlich des Abschlusses der Edition „Politische Korrespondenz des Herzogs und Kurfürsten Moritz von Sachsen" vom 15. bis 18. September 2005 in Leipzig (Quellen und Forschungen zur sächsischen und mitteldeutschen Geschichte, 31), Wiesbaden 2007, 191–208.

Sabine PETTKE: Das Rostocker Kloster zum Heiligen Kreuz vom 16. bis zum 20. Jahrhundert. Kirchen- und staatsrechtliche Auseinandersetzungen im Rahmen der mecklenburgischen Kloster- und Verfassungsfrage (Mitteldeutsche Forschungen, 106), Köln – Weimar – Wien 1991.

– – (Hg.): Biographisches Lexikon für Mecklenburg, Bd. 1-2, Rostock 1995 und 1999.

Paul PIETSCH (Bearb.): Bibliografie der Drucke der Lutherbibel 1522–1546, in: D. Martin Luthers Werke. Kritische Gesamtausgabe, 3. Abteilung: Die deutsche Bibel 1522–1546, Bd. 2, Weimar 1909 (ND Weimar 2001), 201–727.

Ulrich PIETSCH: Artikel: *Dallin*, Rudolph Matthias: geb. um 1680 in Schweden – gest. 1743. Königlich Schwedischer Fortifikationsoffizier und Baumeister, in: KLOSE V, 1979, 74f.

Swantje PIOTROWSKI: Sozialgeschichte der Kieler Professorenschaft 1665–1815. Gelehrtenbiographien im Spannungsfeld zwischen wissenschaftlicher Qualifikation und sozialen Verflechtungen (Kieler Schriften zur Regionalgeschichte, 2), Kiel – Hamburg 2018.

Marko A. PLUNS: Die Universität Rostock 1418–1563. Eine Hochschule im Spannungsfeld zwischen Stadt, Landesherren und wendischen Hansestädten (Quellen und Darstellungen zur hansischen Geschichte, NF 58), Köln – Weimar – Wien 2007.

Torsten PÖSCHK: „Hier ist mein eigener Grund, der mir ist anerstorben ...". Die Gestaltung barocker Gutshäuser, Höfe und Gärten des Adels in Mecklenburg-Schwerin im Kontext des innerstaatlichen Machtkonflikts im 18. Jahrhundert, Diss. phil. Humboldt-Universität Berlin, Norderstedt 2011.

Matthias POHLIG (Hg.): Juden, Christen und Muslime im Zeitalter der Reformation – Jews, Christians and Muslims in the Reformation Era (Schriften des Vereins für Reformationsgeschichte, 219), Gütersloh 2020.

Edward T. POTTER: „Hypochondriacal homoeroticism": sickness and same-sex desire in Theodor Johann Quistorp's „Der Hypochondrist", in: Seminar. A Journal of Germanic Studies 44/1 (2008), 6–20.

Wolfgang PRANGE: Bischof und Domkapitel zu Lübeck. Hochstift, Fürstentum und Landesteil, 1160–1937, Lübeck 2014.

Annika PREIBISCH: Das Kloster zum Heiligen Kreuz in Rostock nach der Reformation, in: Fräulein oder Demoiselle? Adlige und bürgerliche Damen in den Klöstern in Ribnitz und Rostock nach der Reformation. Ausstellung im Kulturhistorischen Museum Rostock und im Deutschen Bernsteinmuseum Ribnitz-Damgarten – Kloster Ribnitz 2010 (Schriften des Kulturhistorischen Museums Rostock, NF 3), Rostock 2010, 5–11.

Hans PREUSS: Die Vorstellungen vom Antichrist im späteren Mittelalter, bei Luther und in der konfessionellen Polemik. Ein Beitrag zur Theologie Luthers und zur Geschichte der christlichen Frömmigkeit, Leipzig 1906.

Katja PUTZER: Patriziat und Memoria im Spätmittelalter. Totenschilde in Nürnberg und anderen Reichsstädten, in: Wolfgang WÜST (Hg.), unter Mitarbeit von Marcus HOLLÄNDER: Patrizier – Wege zur städtischen Oligarchie und zum Landadel. Süddeutschland im Städtevergleich: Referate der internationalen und interdisziplinären Tagung, Egloffstein'sches Palais zu Erlangen, 7.–8. Oktober 2016, Berlin u.a. 2018, 81–106.

Jürgen QUACK: Evangelische Bibelvorreden von der Reformation bis zur Aufklärung (Quellen und Forschungen zur Reformationsgeschichte, 43), Gütersloh 1975.

Hermann QUECKENSTEDT: Ein „groß achtbar und hochgelehrter her". Zur Biographie des aus Osnabrück stammenden Hansesyndikus Johannes Domann, in: Osnabrücker Mitteilungen. Mitteilungen des Vereins für Geschichte und Landeskunde von Osnabrück 97 (1992), 53–75.

– – : Johannes Domann (1564–1618) und der Niedergang der Hanse. Diplomatie und Krisenmanagement im frühen 17. Jahrhundert, in: HGbll 111 (1993), 43–95.

Achim VON QUISTORP (Hg.): Beiträge zur Genealogie und Geschichte der Familie Quistorp. FS zum 80. Geburtstag von Albrecht von Quistorp, Hamburg 2006.

Hans Joachim QUISTORP, Achim von QUISTORP: Die Quistorps im Rostock des 17. und 18. Jahrhunderts. FS anlässlich des Treffens aller Familienzweige in Rostock im März 2014, Hamburg 2014.

Arnold RABBOW: Visuelle Symbole als Erscheinung der nicht-verbalen Publizistik (Arbeiten aus dem Institut für Publizistik der Universität Münster, 3), Münster 1968.

Konrad von RABENAU: Deutsche Bucheinbände der Renaissance um Jakob Krause, Hofbuchbinder August I. von Sachsen, Unter Mitarbeit von

Susanne ROTHE und Andreas WITTENBERG, Ausstellungskatalog Brüssel, 2 Bde., Brüssel 1994.

Wolfgang REINHARD: Freunde und Kreaturen. „Verflechtung" als Konzept zur Erforschung historischer Führungsgruppen. Römische Oligarchie um 1600 (Schriften der Philosophischen Fachbereiche der Universität Augsburg, 14), München 1979.

– – (Hg.): Power Elites and State Building (The Origins of the Modern State in Europe, 13th to 18th Centuries, 4), Oxford 1996.

– – : Frühmoderner Staat – moderner Staat, in: Olaf MÖRKE, Michael NORTH (Hgg.): Die Entstehung des modernen Europa, 1600-1900 (Wirtschafts- und sozialhistorische Studien, 7), Köln – Weimar – Wien 1998, 1–9.

– – : Geschichte der Staatsgewalt. Eine vergleichende Verfassungsgeschichte Europas von den Anfängen bis zur Gegenwart, München 1999 (^{3}2002).

Heimo REINITZER: Biblia deutsch: Luthers Bibelübersetzung und ihre Tradition [Ausstellung in der Zeughaushalle der Herzog-August-Bibliothek, 7. Mai – 13. November 1983; Staats- und Universitätsbibliothek Hamburg, 21. November 1983 – 25. Februar 1984] (Ausstellungskataloge der Herzog August Bibliothek, 40), Hamburg 1983.

– – : Bibeldrucke der Sterne in Lüneburg, in: Imprimatur. Ein Jahrbuch für Bücherfreunde NF 12 (1987), 81–92.

– – : Leserspuren in Bibeln, in: Wolfenbütteler Beiträge 13 (2005), 149–251.

Emil C. REISINGER, Kathleen HAACK (Hgg.): Die Medizinische Fakultät der Universität Rostock. 600 Jahre im Dienst der Menschen (1419–2019), Wien – Köln – Weimar 2019.

Trutz RENDTORFF: Reflexiver Protestantismus. Die Gleichzeitigkeit von „Altprotestantismus" und „Neuprotestantismus" als Problemstellung der Theologie, in: Arnulf VON SCHELIHA, Markus SCHRÖDER (Hgg.): Das protestantische Prinzip. Historische und systematische Studien zum Protestantismusbegriff, Stuttgart – Berlin – Köln 1998, 317–330.

Christoph RESKE: Die Buchdrucker des 16. und 17. Jahrhunderts im deutschen Sprachgebiet. Auf der Grundlage des gleichnamigen Werkes von Josef BENZING (Beiträge zum Buch- und Bibliothekswesen, 51), Wiesbaden 2007 (^{2}2015).

Frank REXROTH: Praktiken der Grenzziehung in Gelehrtenmilieus der Vormoderne. Einige einleitende Bemerkungen, in: Martin MULSOW, Frank REXROTH (Hgg.): Was als wissenschaftlich gelten darf. Praktiken der Grenzziehung in Gelehrtenmilieus der Vormoderne (Campus Historische Studien, 70), Frankfurt am Main – New York 2014, 11–37.

Mathias RICHTER: Johann Gerhard (1582–1637) und seine Korrespondenz, in: Hans-Gerd ROLOFF (Hg.): Wissenschaftliche Briefeditionen und ihre Probleme (Berliner Beiträge zur Editionswissenschaft, 2), Berlin 1998, 137–146.

RIEU, s. unter DU RIEU.

Andreas RÖPCKE: Das Eutiner Kollegiatstift im Mittelalter, 1309–1535 (Quellen und Forschungen zur Geschichte Schleswig-Holsteins, 71), Neumünster 1977.

Heinrich Wilhelm ROTERMUND: Das gelehrte Hannover, oder: Lexicon von Schriftstellern und Schriftstellerinnen, gelehrten Geschäftsmännern und Künstlern, die seit der Reformation in und außerhalb den sämtlichen zum jetzigen Königreich Hannover gehörigen Provinzen gelebt haben und noch leben; aus den glaubwürdigsten Schriftstellern zusammengetragen, 2 Bde., Bremen 1823.

Fritz ROTH: Restlose Auswertungen von Leichenpredigten und Personalschriften für genealogische und kulturhistorische Zwecke, 10 Bde., Boppard 1959–1980.

Ulinka RUBLACK: Grapho-Relics: Lutheranism and the Materialization of the Word, in: Past and Present 206, supp. 5 (2010), 144–166.

Andrea RUDOLPH: *Provinzen* als Sinnräume einer ethischen Moderne. Wilhelm Meinholds Chroniknovelle „Die Bernsteinhexe" (1843), in: Maria Katarzyna LASATOWICZ (Hg.): Kulturraumformung. Sprachpolitische, kulturpolitische, ästhetische Dimensionen (Silesia, 1), Berlin 2004, 149–178.

– – : Wilhelm Meinholds *Hexenroman* „Sidonia von Bork" (1847/48) – eine Abrechnung mit der libertinen Frauenemanzipation als ein „Leiden unserer Zeit", in: Marion GEORGE, Andrea RUDOLPH (Hgg.): Hexen: Historische Faktizität und fiktive Bildlichkeit (Kulturwissenschaftliche Beiträge, 3), Dettelbach 2004, 155–184.

Conrad Alfred RÜGER: Die Familie Leyser. Nachfahrenliste für Polycarp von Leyser und Elisabeth geb. Cranach, Stuttgart 1978.

William R. RUSSELL: Martin Luther's Understanding of the Pope as the Antichrist, in: ARG 85 (1994), 32–44.

David Warren SABEAN, Simon TEUSCHER, Jon MATHIEU (Hgg.): Kinship in Europe. Approaches to long-term developments, New York – Oxford 2007.

Herwarth VON SCHADE: „Zur Eintracht und Wohlfahrt dieser guten Stadt." 475 Jahre Kollegium der Oberalten in Hamburg, Hamburg 2003.

Wolfgang SCHELLMANN: Ein Fall von Klischeeverwendung vom 16. bis 18. Jahrhundert im Bibeldruck, in: AGB 65 (2010), 157–171.

– – : Nachtrag zur Klischeeverwendung vom 16. bis 18. Jahrhundert im Bibeldruck, in: AGB 67 (2012), 207–214.

– – : Das Kontobuch der Lüneburger Offizin der Stern. Eine Quelle neuer Erkenntnisse über Ökonomie und Usancen im Buchgewerbe des 17. Jahrhunderts, in: AGB 68 (2013), 47–103.

– – : Ein *Fehldruck* als Beleg für die Technik des Bilddrucks vom Klischee im frühen 17. Jahrhundert, in: AGB 69 (2014), 47–57.

– – : Zum 400sten *Firmenjubiläum* der v. Stern'schen Druckerei zu Lüneburg. Ein kulturhistorischer Rückblick auf das 17. und 18. Jahrhundert, in: Lüneburger Blätter 34 (2014), 7–24.

– – : Das Kontobuch der Lüneburger Offizin der Sterne 1666–1675: betriebswirtschaftliche Auswertung und Ergebnisse, in: Gudrun GLEBA, Niels PETERSEN (Hgg.): Wirtschafts- und Rechnungsbücher des Mittelalters und der Frühen Neuzeit. Formen und Methoden der Rechnungslegung: Städte, Klöster und Kaufleute, Göttingen 2015, 199–208.

Harald SCHIECKEL: Die *Leipziger Linie* der Familie Carpzov und ihre Beziehungen zur Universität Helmstedt und zum Lande Braunschweig, in: Braunschweigisches Jahrbuch 41 (1960), 69–82.

– – : Die *Familienstiftung* Carpzov und ihr Senioratsarchiv, in: Archivalische Zeitschrift 56 (1960), 106–115.

– – : Die Coburger und die Weckersche Linie der Familie Carpzov. Ein Beitrag zu den Themen „Soziale Inzucht" und „Amt und Familie" im sächsisch-thüringischen Raum, in: Jahrbuch der Coburger Landesstiftung 9 (1964), 195–230.

– – : Benedict I. Carpzov (1565–1624) und die Juristen unter seinen Nachkommen. Verwandtschaftliche Verflechtungen bekannter Gelehrtenfamilien, in: Zeitschrift der Savigny-Stiftung für Rechtsgeschichte, Germanistische Abteilung 83 (1966), 310–322.

– – : Die Familie Carpzov. Bilanz einer 50jährigen Erforschung der Geschichte einer bedeutenden Gelehrtenfamilie und ihrer Nachkommen in 15 Generationen, in: Archiv für Familiengeschichtsforschung 7 (2003), 289–296.

Maurice E. SCHILD: Abendländische Bibelvorreden bis zur Lutherbibel (Quellen und Forschungen zur Reformationsgeschichte, 39), Gütersloh 1970.

Anton SCHINDLING: Bildung und Wissenschaft in der Frühen Neuzeit 1650–1800 (Enzyklopädie deutscher Geschichte, 30), München 1994 (^{2}1999).

Heinrich SCHIPPERGES: Geschichte der medizinischen Fakultät, Tl. 1: Die Frühgeschichte 1665–1840 (Geschichte der Christian-Albrechts-Universität Kiel, 1665–1965, 4), Kiel 1967.

Friedrich SCHLIE: Die Kunst- und Geschichts-Denkmäler des Großherzogtums Mecklenburg-Schwerin, Bd. 1, Schwerin 1896; Bd. 3, Schwerin 1899.

Karl SCHMALTZ: Kirchengeschichte Mecklenburgs, 3 Bde., Schwerin 1935 – 1952.

Christel SCHMIDT: Jakob Krause. Ein kursächsischer Hofbuchbinder des 16. Jahrhunderts, Leipzig 1923.

Philipp SCHMIDT: Die Illustration der Lutherbibel 1522–1700. Ein Stück abendländische Kultur- und Kirchengeschichte, Birsfelden/Basel 1962 (ND Birsfelden/Basel 1977).

Bettina SCHMIDT-CZAIA: Das Kollegiatstift St. Aegidii et Caroli Magni zu Wiedenbrück, 1250–1650 (Osnabrücker Geschichtsquellen und Forschungen, 33), Osnabrück 1994.

Julia A. SCHMIDT-FUNKE: Die Stadt von den Dingen her denken. Zur Materialität des Urbanen, in: HEUSINGER / WITTEKIND 2019, 19–38.

Friedrich SCHMIDT-SIBETH: Artikel: *Balemann, Hinrich*, in: KLOSE III, 1974, 24f.

Christian SCHMITZ: Ratsbürgerschaft und Residenz. Untersuchungen zu Berliner Ratsfamilien, Heiratskreisen und sozialen Wandlungen im 17. Jahrhundert (Veröffentlichungen der Historischen Kommission zu Berlin, 101), Berlin – New York 2002.

Philipp SCHORCH, Martin SAXER, Marlen ELDERS (Hgg.): Exploring Materiality and Connectivity in Anthropology and Beyond, London 2020.

Vicke SCHORLER: Rostocker Chronik 1584–1625, hg. von Ingrid EHLERS (Veröffentlichungen der Historischen Kommission für Rostock, Reihe C, 3), Rostock 2000.

Luise SCHORN-SCHÜTTE: Evangelische Geistlichkeit und katholischer Seelsorgeklerus in Deutschland. Soziale, mentale und herrschaftsfunktionale Aspekte der Entfaltung zweier geistlicher Sozialgruppen vom 17. bis zum Beginn des 19. Jahrhunderts, in: Paedagogica Historica. International Journal of the History of Education 30 (1994), 39–81.

– –: Evangelische Geistlichkeit der Frühneuzeit: deren Anteil an der Entfaltung frühmoderner Staatlichkeit und Gesellschaft, dargestellt am Beispiel des Fürstentums Braunschweig-Wolfenbüttel, der Landgrafschaft Hessen-Kassel und der Stadt Braunschweig (Quellen und Forschungen zur Reformationsgeschichte, 62), Gütersloh 1996.

– – : Zwischen Amt und Beruf: der Prediger als Wächter, Seelenhirt oder Volkslehrer. Evangelische Geistlichkeit im Alten Reich und in der Schweizerischen Eidgenossenschaft im 18. Jahrhundert, in: DIES., Walter SPARN (Hgg.): Evangelische Pfarrer. Zur sozialen und politischen Rolle einer bürgerlichen Gruppe in der deutschen Gesellschaft des 18. bis 20. Jahrhunderts (Konfession und Gesellschaft, 12), Stuttgart – Berlin – Köln 1997, 1–35.

– – (Hg.): *Alteuropa* oder Frühe Moderne. Deutungsmuster für das 16. bis 18. Jahrhundert aus dem Krisenbewußtsein der Weimarer Republik in Theologie, Rechts- und Geschichtswissenschaft (ZHF, Beiheft 23), Berlin 1999.

– – : *Altprotestantismus* und moderne Welt: Ernst Troeltschs „liberale" Deutungsmuster der nachreformatorischen Geschichte, in: SCHORN-SCHÜTTE, Alteuropa, 1999, 45–54.

– – (Hg.): Gelehrte Geistlichkeit – geistliche Gelehrte. Beiträge zur Geschichte des Bürgertums in der Frühen Neuzeit (Historische Forschungen, 97), Berlin 2012.

– – : Das ganze Haus. Evangelische Pfarrhäuser im 16. und 17. Jahrhundert, in: SEIDEL / SPEHR 2013, 37–53.

Hans SCHRÖDER: Lexikon der hamburgischen Schriftsteller bis zur Gegenwart, 8 Bde., Hamburg 1851–1883.

Uwe SCHRÖDER, Birte FRENSSEN (Hg.): Die Geburt der Romantik: Friedrich, Runge, Klinkowström [Katalog zur gleichnamigen Ausstellung im Pommerschen Landesmuseum Greifswald, 28. August bis 21. November 2010], Greifswald 2010.

Heinrich SCHOTT: Geschichte der teutschen Bibelübersetzung D. Martin Luthers und der fortdauernde Werth derselben aus den Quellen ausführlich dargestellt und wider alte und neue Gegner vertheidiget, Leipzig 1835.

Günther SCHULZ (Hg.): Sozialer Aufstieg. Funktionseliten im Spätmittelalter und in der Frühen Neuzeit (Deutsche Führungsschichten in der Neuzeit, 25), München 2002.

– – , Ernst OPGENOORTH: Einführung in das Studium der Neueren Geschichte (UTB, 1553), Paderborn – München – Wien - Zürich ^{7}2010.

Winfried SCHULZE: Ego-Dokumente. Annäherung an den Menschen in der Geschichte? Vorüberlegungen für die Tagung „Ego-Dokumente", in: DERS. (Hg.): Ego-Dokumente. Annäherung an den Menschen in der Geschichte (Selbstzeugnisse der Neuzeit, 2), Berlin 1996, 11–30.

Ilse SCHUNKE: Leben und Werk Jakob Krauses, Leipzig 1943.

Gerd SCHWERHOFF: Verklärung und Untergang des Hauses Weinsberg – eine gescheiterte Geltungsgeschichte, oder: Vom glücklichen Überlieferungs-Zufall eines Ego-Dokuments aus dem 16. Jahrhundert, in: Johann ALTENBEREND, Reinhard VOGELSANG (Hgg.): Kloster – Stadt – Region, FS für Heinrich Rüthing (Sonderveröffentlichung des Historischen Vereins für die Grafschaft Ravensberg, 10), Bielefeld 2002, 65–96.

Carl-Heinrich SEEBACH: Das Kieler Schloss. Nach Grabungsfunden, Schriftquellen und Bildern dargestellt (Studien zur schleswig-holsteinischen Kunstgeschichte, 9), Neumünster 1965.

Stephan SEHLKE: Das geistige Boizenburg. Bildung und Gebildete im und aus dem Raum Boizenburg vom 13. Jahrhundert bis 1945, Norderstedt 2011.

Thomas A. SEIDEL, Christopher SPEHR (Hgg.): Das evangelische Pfarrhaus. Mythos und Wirklichkeit, Leipzig 2013.

Ingo SENS: Bier für Rostock. Die Geschichte der Hanseatischen Brauerei, Rostock 2016.

Daniela SIEBE (Hg.): „Orte der Gelahrtheit". Personen, Prozesse und Reformen an protestantischen Universitäten des Alten Reiches (Contubernium. Tübinger Beiträge zur Universitäts- und Wissenschaftsgeschichte, 66), Stuttgart 2008.

– – : *Berufungen* zwischen Universität und Landesherrschaft: Das Beispiel Jena 1650–1700, in: SIEBE, Orte, 2008, 159–191.

Kristin SKOTTKI: Denn die Toten sind unvergessen: Zu den Grabmälern der Marienkirche in Rostock (Beiträge zur Geschichte der Universität Rostock, 29), Rostock 2010.

Monika SOFFNER-LOIBL: Die St.-Marien-Kirche zu Rostock: evangelisch-lutherische Landeskirche Mecklenburgs (Peda-Kunstführer, 797), Passau 2010.

Wolfgang SOMMER: Johann Arndt und Joachim Lütkemann, zwei Klassiker der lutherischen Erbauungsliteratur in Niedersachsen, in: Jahrbuch der Gesellschaft für Niedersächsische Kirchengeschichte 84 (1986), 123–144.

– – : *Politik*, Theologie und Frömmigkeit im Luthertum der Frühen Neuzeit. Ausgewählte Aufsätze (Forschungen zur Kirchen- und Dogmengeschichte, 74), Göttingen 1999.

– – : *Luther* – Prophet der Deutschen und der Endzeit. Zur Aufnahme der Prophezeiungen Luthers in der Theologie des älteren deutschen Luthertums, in: SOMMER, Politik, 1999, 155–176.

– – : Artikel: Lütkemann, Joachim, in: PETTKE II (1999), 156–161.

– –: Die lutherischen Hofprediger in Dresden. Grundzüge ihrer Geschichte und Verkündigung im Kurfürstentum Sachsen, Stuttgart 2006.

Simon SOSNITZA (Hg.): Gänsekiel und Peitschenhiebe. Das Gelehrtengeschlecht der Meiboms an der Academia Julia (Beiträge zur Geschichte des Landkreises und der ehemaligen Universität Helmstedt, 26), Helmstedt 2016.

Christian SPEER: Die Sammlung Georg Rörers (1492–1557). Ein interdisziplinäres und multimediales Erschließungsprojekt an der Thüringer Universitäts- und Landesbibliothek Jena, in: Malte REHBEIN, Patrick SAHLE, Torsten SCHASSAN (Hgg.): Kodikologie und Paläographie im Digitalen Zeitalter – Codicology and Palaeography in the Digital Age (Schriften des Instituts für Dokumentologie und Editorik, 2), Norderstedt 2009, 25–34.

Christopher SPEHR: Aufklärung und Ökumene. Reunionsversuche zwischen Katholiken und Protestanten im deutschsprachigen Raum des späteren 18. Jahrhunderts (Beiträge zur historischen Theologie, 132), Tübingen 2005.

Martial STAUB: Zwischen Denkmal und Dokument. Nürnberger Geschlechterbücher und das Wissen von der Vergangenheit, in: Pirckheimer-Jahrbuch für Renaissance- und Humanismusforschung 14 (1999), 83–102.

– –: Artikel: Geschlechterbücher, publiziert am 05.06.2015; in: Historisches Lexikon Bayerns, URL: http://www.historisches-lexikon-bayerns.de/Lexikon/Geschlechterbücher (zuletzt abgerufen: 17.06.2020).

Johann Anselm STEIGER: Johann Gerhard (1582–1637). Studien zu Theologie und Frömmigkeit des Kirchenvaters der lutherischen Orthodoxie (Doctrina et Pietas, I/1), Stuttgart – Bad Cannstatt 1997.

Dick VAN STEKELENBURG: Michael Albinus ‚Dantiscanus' (1610–1653). Eine Fallstudie zum Danziger Literaturbarock (Amsterdamer Publikationen zur Sprache und Literatur, 74), Amsterdam 1988.

Jørgen STENBÆK: Artikel: Brochmand, Jesper Rasmussen, in: TRE 7 (1981), 192–195.

Wilhelm STIEDA: Die Schiffergesellschaft in Rostock, in: MJb 59 (1894), 86–143.

Stefan STROHM (Bearb.): Die Bibelsammlung der Württembergischen Landesbibliothek Stuttgart, Abt. 2, Bd. 2: Deutsche Bibeldrucke 1601–1800, Teil 1: 1601–1700, Unter Mitarbeit von Peter AMELUNG, Irmgard SCHAUFFLER und Eberhard ZWINK; Stuttgart – Bad Cannstatt 1993.

– –: Luthers Vorrede zum Propheten Daniel in seiner Deutschen Bibel, in: Katharina BRACHT, David S. DU TOIT (Hgg.): Die Geschichte der Daniel-Auslegung in Judentum, Christentum und Islam (Beihefte zur Zeitschrift für die alttestamentliche Wissenschaft, 371), Berlin – New York 2007, 219–244.

Jonathan STROM: *Die Geistlichen Quistorp* im Rostock des 17. Jahrhunderts, in: Studienhefte zur mecklenburgischen Kirchengeschichte 8/1 (1995), 2–11.

– – : Artikel: *Quistorp, Johannes d.Ä.*, in: PETTKE I, 1995, 183ff.

– – : Artikel: *Quistorp, Johannes d.J.*, in: PETTKE I, 1995, 186ff.

– – : Artikel: *Grossgebauer, Theophil*, in: PETTKE I, 1995, 107ff.

– – : Orthodoxy and Reform. The Clergy in Seventeenth Century Rostock (Beiträge zur historischen Theologie, 111), Tübingen 1999.

Birgit STUDT (Hg.): Haus- und Familienbücher in der städtischen Gesellschaft des Spätmittelalters und der Frühen Neuzeit (Städteforschung, Reihe A, 69), Köln – Weimar – Wien 2007.

Steffen STUTH: Domina und Konvent. Von der inneren Verfassung des Klosters zum Heiligen Kreuz in Rostock seit dem 16. Jahrhundert, in: Fräulein oder Demoiselle? Adlige und bürgerliche Damen in den Klöstern in Ribnitz und Rostock nach der Reformation. Ausstellung im Kulturhistorischen Museum Rostock und im Deutschen Bernsteinmuseum Ribnitz-Damgarten – Kloster Ribnitz 2010 (Schriften des Kulturhistorischen Museums Rostock, NF 3), Rostock 2010, 12–25.

– – (Hg.): Bürgerbauten, Glaubensburgen: Rostocks vier Pfarrkirchen, Katalog zur gleichnamigen Ausstellung des Kulturhistorischen Museums Rostock vom 11. März bis zum 5. Juni 2016 (Schriften des Kulturhistorischen Museums Rostock, NF 15), Rostock 2016.

– – : *Kirchen* in Rostock, in: Das Netz des neuen Glaubens. Rostock, Mecklenburg und die Reformation im Ostseeraum (Schriften des Kulturhistorischen Museums Rostock, NF 17), Rostock 2017, 64–73.

– – : Oblatendose (*Pyxis*) aus der St.-Marien-Kirche Rostock (Peter Quistorp 1621/22, Silber, vergoldet), in: Das Netz des neuen Glaubens. Rostock, Mecklenburg und die Reformation im Ostseeraum (Schriften des Kulturhistorischen Museums Rostock, NF 17), Rostock 2017, 110 Nr. 6.18.

Hartmut SÜHRIG: Die Entwicklung der niedersächsischen Kalender im 17. Jahrhundert, in: AGB 20 (1979), Sp. 329–794.

Hans-Christoph SURKAU: Magister Michael Lilienthal (1686–1750). Ein preußischer Gelehrter in Königsberg zur Zeit des Umbruchs zwischen Orthodoxie, Pietismus und Aufklärung, in: Altpreußische Geschlechterkunde 42 (2012), 45–124.

Kurt TELSCHOW: Artikel: *Nasser, Johann Adolf*, in: KLOSE V, 1979, 167ff.

Hillard VON THIESSEN, Christian WINDLER (Hgg.): Akteure der Außenbeziehungen. Netzwerke und Interkulturalität im historischen Wandel (Externa, 1), Köln – Weimar – Wien 2010.

– –: Ausstrahlung, Provinzialisierung und Teilung. Die Universität Rostock vom 16. bis zum 18. Jahrhundert, in: VON DER HÖH 2019, 167–181.

Martina THOMSEN: Auf der Suche nach Konsens. Zur politischen Dimension des Thorner Religionsgesprächs von 1645, in: Irene DINGEL, Volker LEPPIN, Kathrin PAASCH (Hgg.): Zwischen theologischem Dissens und politischer Duldung. Religionsgespräche der Frühen Neuzeit (Veröffentlichungen des Instituts für Europäische Geschichte Mainz, Abteilung für Abendländische Religionsgeschichte, Beiheft 121), Göttingen 2018, 61–76.

Sven TODE: Verkannte Quellen: Leichenpredigten als Analysegrundlage der Bildungs- und Sozialgeschichte, in: Herman Johan SELDERHUIS, Markus WRIEDT (Hgg.): Konfession, Migration und Elitenbildung. Studien zur Theologenausbildung des 16. Jahrhunderts (Brill's Series in Church History, 31), Leiden – Boston 2007, 209–230.

Ernst TROELTSCH: Die Soziallehren der christlichen Kirchen und Gruppen, Gesammelte Schriften Bd. 1, Tübingen 1919 (ND Aalen 1965, Tübingen 1994).

Ryuichi TSUNO (Hg.): Katalog juristischer Dissertationen, Disputationen, Programme und anderer Hochschulschriften im Zeitraume von 1600 bis 1800 aus den Beständen der Universität Rostock, 2 Bde., Tokio 1989.

Gerd UEDING (Hg.): Historisches Wörterbuch der Rhetorik, Bd. 7: Pos – Rhet, Tübingen 2005.

Peter VAN DAM: Sind Säulen noch tragfähig? „Versäulung" in der niederländischen Historiographie, in: Schweizerische Zeitschrift für Religions- und Kulturgeschichte 102 (2008), 415–443.

Ralf VANDERSTRAETEN: Versäulung und funktionale Differenzierung. Zur Enttraditionalisierung der katholischen Lebensform, in: Soziale Welt 50/3 (1999), 297–313.

Rob VAN DE SCHOOR, Reprints of Cassander's and Witzel's Irenica from Helmstedt. The Meaning of the Irenical Tradition for Georg Calixtus, Hermann Conring and Johannes Latermann, in: LIAS. Sources and Documents relating to the Early Modern History of Ideas 20 (1993), 167–192.

van STEKELENBURG, s. unter STEKELENBURG.

Friedrich VOLBEHR, Richard WEYL: Professoren und Dozenten der Christian-Albrechts-Universität zu Kiel 1665–1954, mit Angaben über die sonstigen

Lehrkräfte und die Universitäts-Bibliothekare u. einem Verzeichnis der Rektoren, 4. Aufl, bearb. von Rudolf BÜLCK, abgeschlossen von Hans-Joachim NEWIGER (Veröffentlichungen der Schleswig-Holsteinischen Universitätsgesellschaft, NF 7), Kiel 1956.

Hans VOLZ: Die Lutherpredigten des Johannes Mathesius. Kritische Untersuchung zur Geschichtsschreibung im Zeitalter der Reformation (Quellen und Forschungen zur Reformationsgeschichte, 12), Leipzig 1930 (ND New York – London 1971).

– –: Martin Luthers deutsche Bibel. Entstehung und Geschichte der Lutherbibel, Eingeleitet von Friedrich Wilhelm KANTZENBACH, hg. von Henning WENDLAND, Hamburg 1978.

Marc VON DER HÖH (Hg.): Traditionen, Zäsuren, Dynamiken. 600 Jahre Universität Rostock, Wien – Köln – Weimar 2019.

VON EHRENKROOK, s. unter EHRENKROOK.

VON HEUSINGER, s. unter HEUSINGER.

VON HUECK, s. unter HUECK.

VON KRUSENSTJERN, s. unter KRUSENSTJERN.

VON LENGNICK, s. unter LENGNICK.

VON MERVELDT, s. unter MERVELDT.

VON QUISTORP, s. unter QUISTORP.

VON SCHADE, s. unter SCHADE.

VON THIESSEN, s. unter THIESSEN.

Stefan WALLENTIN: Fürstliche Normen und akademische „Observanzen". Die Verfassung der Universität Jena 1630–1730 (Veröffentlichungen der Historischen Kommission für Thüringen, Kleine Reihe, 27), Köln – Weimar – Wien 2009.

Johannes WALLMANN: Artikel: *Großgebauer*, Theophil, in: RGG⁴ 3 (2000), Sp. 1301f.

– –: Union, Reunion, Toleranz: Georg Calixts Einigungsbestrebungen und ihre Rezeption in der katholischen und protestantischen Theologie des 17. Jahrhunderts, in: Heinz DUCHHARDT, Gerhard MAY (Hgg.): Union – Konversion – Toleranz. Dimensionen der Annäherung zwischen den christlichen Konfessionen im 17. und 18. Jahrhundert (Veröffentlichungen des Instituts für Europäische Geschichte Mainz, Beiheft 50), Mainz 2000, 21–37.

– –: Martin Luthers Judenschriften (Studienreihe Luther, 18), Bielefeld ²2019.

Wolfgang E. J. WEBER: Pikante Verhältnisse. Verflechtung und Netzwerk in der jüngeren historisch-kulturwissenschaftlichen Forschung, in: DAUSER / HÄCHLER / KEMPE / MAUELSHAGEN / STUBER 2008, 289–300.

Rudolf WEGENER, Karl-Heinz JÜGELT: Christian Ehrenfried Eschenbach (1712–1788). Ein verdienstvoller Rostocker Hochschullehrer und bedeutender Gerichtsmediziner, in: Beiträge zur Geschichte der Stadt Rostock 27 (2005), 68–86.

WEIJERT, s. unter DE WEIJERT.

Bernhard WEISSENBORN (Bearb.): Album Academiae Vitebergensis, Jüngere Reihe, Bd. 1 (1602–1660), 2 Teilbände (Geschichtsquellen der Provinz Sachsen und des Freistaates Anhalt, NR 14–15), Magdeburg 1934.

Gunther WENZ: Theologie der Bekenntnisschriften der evangelisch-lutherischen Kirche. Eine historische und systematische Einführung in das Konkordienbuch, 2 Bde., Berlin – New York 1996–1998.

Martina WERMES: Artikel: Olearius, in: NDB 19 (1999), 515f (URL: https://www.deutsche-biographie.de/pnd119410400.html#ndbcontent).

Ernst WIESE: Die Politik der Niederländer während des Kalmarkrieges (1611–1613) und ihr Bündnis mit Schweden (1614) und den Hansestädten (1616) (Heidelberger Abhandlungen zur mittleren und neueren Geschichte, 3), Heidelberg 1903.

Gustav WILLGEROTH: Die Mecklenburg-Schwerinschen Pfarren seit dem Dreissigjährigen Kriege. Mit Anmerkungen über die früheren Pastoren seit der Reformation, 3 Bde. + Anhang, Wismar 1924–1926.

– – : Die Lehrer der Großen Stadtschule in Wismar von ihren ersten Anfängen 1541 bis zum Ausgang des 18. Jahrhunderts, in: MJb 98 (1934), 157–206.

Wilhelm WINKLER: Der Güstrower Erbfolgestreit bis zum Ausscheiden Gutzmers (1695–1699), in: Mecklenburg-Strelitzer Geschichtsblätter 2 (1926), 185–257.

Susanne WITTEKIND: Wappen in der Stadt – als Medien der Kommunikation von Adeligen, Patriziern und Gilden, in: HEUSINGER / WITTEKIND 2019, 51–68.

Herbert WOLF: Marginalien der Lutherbibel. Ihre sprachwissenschaftliche Relevanz, in: Zeitschrift für germanistische Linguistik 16 (1988), 291–309.

Matthias WOLFES: Artikel: Schwollmann, Wilhelm Alexander, in: BBKL 20 (2002), Sp. 1323–1326.

Siegfried WOLLGAST: Zu Joachim Jungius' „Societas ereunetica". Quellen – Statuten – Mitglieder – Wirkungen, in: Klaus GARBER / Heinz WISMANN

(Hgg.): Europäische Sozietätsbewegung und demokratische Tradition: Die europäischen Akademien der Frühen Neuzeit zwischen Frührenaissance und Spätaufklärung, Bd. 1 (Frühe Neuzeit. Studien und Dokumente zur deutschen Literatur und Kultur im europäischen Kontext, 26), Tübingen 1996, 1179–1229.

Markus WRIEDT: Stadtrat, Bürgertum und Universität am Beispiel norddeutscher Hansestädte, in: Bernd MOELLER, Hans PATZE, Karl STACKMANN (Hgg.): Studien zum städtischen Bildungswesen der frühen Neuzeit. Bericht über Kolloquien der Kommission zur Erforschung der Kultur des Spätmittelalters 1978–1981 (Abhandlungen der Akademie der Wissenschaften zu Göttingen, Philologisch-Historische Klasse Folge 3, 137), Göttingen 1983, 499–523.

– – : Luther's Concept of History and the Formation of an Evangelical Identity, in: Bruce GORDON (Hg.): Protestant History and Identity in Sixteenth-Century Europe, Bd. 1: The Medieval Inheritance (St. Andrews Studies in Reformation History), Aldershot 1996, 31–45.

Doreen ZERBE: Reformation der Memoria. Denkmale in der Stadtkirche Wittenberg als Zeugnisse lutherischer Memorialkultur im 16. Jahrhundert (Schriften der Stiftung Luthergedenkstätten in Sachsen-Anhalt, 14), Leipzig 2013.

Ernst Heinrich ZOBER: Zur Geschichte des Stralsunder Gymnasiums. Dritter Beitrag: Die Zeit von 1617 bis 1679, Stralsund 1848.

3.4 Personenregister

Das Register verzeichnet alle Personennamen, die in der Einleitung (S. 6–10), in Teil I (*Einführung*, S. 11–170) und in Teil II der Studie (*Edition*, S. 171–288) vorkommen, mit Ausnahme der Namen Gottes bzw. der drei göttlichen Personen, der Personen biblischer Texte unter Einschluss der Verfasser bzw. der Namengeber biblischer Bücher, aller Heiligen und des Propheten Mohammed (*Mahomet*). Nicht berücksichtigt sind auch die Adressaten von Danksagungen sowie die Namen aller Autoren ab dem 19. Jahrhundert, die allein in den Fußnoten genannt sind. Seiten, die Informationen zu Biografie und/oder Werk der jeweiligen Person enthalten, sind als Hauptverweise *kursiv* gesetzt. Belege, die ausschließlich Personen-Nennungen in den Fußnoten betreffen, sind vor der jeweiligen Seitenzahl durch einen Asterisk (*) gekennzeichnet.

A

Adler, Johann Jakob, UNI-Drucker u. Buchhändler in Rostock (aktiv ab 1721, übernahm die Druckerei seines Schwiegervaters Weppling) *255

Alard; s. Alers

Albertiner (Linie des Hauses Sachsen-Wettin seit der Leipziger Teilung von 1485) 58

Albinus Nivemontanus, Petrus = Peter v. Weiße aus Schneeberg in Sachsen (1543–1598), Prof. in Wittenberg, Geschichtsschreiber 58f, 66

Alers (Alard), Johann Heinrich (* um 1710), Dr. iur., Advokat in Rostock 252

Amman, Jost (1539–1591), Illustrator in Nürnberg 35, 43, 94, 96

Andorff, Johannes Daniel (1765 – nach 1819), Zeichner in Rostock 132 Abb. 67

Andreae, Margarethe; s. Sperling, Margarethe, geb. Schwendy, verw. Andreae

–, Paul, Arzt *184

Appelboom, Adelheid; s. Domann, Adelheid, geb. Appelboom

–, Hinrich, 1547–1556 Richter der Altstadt Osnabrück *173

Arndt, Charlotte Marie (1780–1801), geb. Quistorp *251

–, Ernst Moritz (1769–1860), Dozent in Greifswald, Prof. der Geschichte in Bonn *251, *253

–, Karl Moritz (1801–1885), kgl. preuß. Forstmeister in Bad Bertrich *251

Asche, Matthias, Historiker (*1969) 82, 160

Azelt, Johann (1654–1692), Stecher in Nürnberg 127 Abb. 56

B

Bacmeister, Familie 204

–, Dorothea (1610–1679); s. Hauswedel, Dorothea, geb. Bacmeister; s. Schröder, Dorothea, geb. Bacmeister, verw. Hauswedel

–, Lucas d.Ä. (1530–1608), Prof. D. theol. u. Superintendent in Rostock *204

–, Matthäus (1580–1626), Dr. med., Arzt in Kiel, Rostock u. Lüneburg, Leibarzt Hzg. Augusts v. Sachsen-Lauenburg (1577–1656) und des dän. Kg.s Friedrich III. *204
Bade, Daniel 181
Balchenburg, Sille Tønnesdatter (1581–1661); s. Brochmand, Sille Tønnesdatter, geb. Balchenburg
Balemann, Hinrich (1692–1761), Hofprediger in Eutin, Kirchen- u. Konsistorialrat des Fbf.s v. Lübeck, Superintendent, Hauptpastor an der Stadtkirche Eutin 243f, 246
Barclay, Barclay de Tolly, Familie schottischer Herkunft, 1815 russischer Fürstenstand
–, Anna Elisabeth (†1693), geb. Hein *168, 212
–, Angela, geb. v. Vöhrden *212
–, Ludwig (1638–1687) MA, Diakon / Archidiakon an der Rostocker Marienkirche *212, 214
–, Peter (um 1600–1661) *212
Barner, Isabel; s. Lasius, Isabel, geb. Barner, Tochter eines Greifswalder Kaufmanns
Barnewitz, Friedrich Samuel *251
–, Ottilie (1826–1907); s. Quistorp, Ottilie, geb. Barnewitz
–, Wilhelmine Louise Henriette Amalie, geb. Gf.in v. Küssow *251
Barnstorff, Agnes (= Agneta, 1624–1694), geb. Scharffenberg; s. Weidenkopf, Agnes, geb. Scharffenberg, verw. Barnstorff
–, Anna Margaretha (1649–1724), geb. Willebrand *218
–, Bernhard (1645–1704), Prof. Dr. med. 217
–, Johann (1648–1705), Dr. iur., hzgl. meckl. Konsistorialadvokat, Prof. Dr. iur. in Rostock 218, 264
–, Peter (†1652), Ratsapotheker in Rostock *203, *217
Battus, Katharina (1597–1672); s. Fidler, Katharina, geb. Battus

–, Levin (†1643), Dr. iur. utr., Advokat, Prokurator u. Rat am meckl. Land- u. Hofgericht *180
Bauer, Johannes (†1754), Kaufmann, Ältester der Rostocker Schiffergesellschaft, Rh. in Rostock 232
Becker, Anna Dorothea (1736–1787), geb. Burgmann *256
–, Dorothea Gertrud (1664–1685); s. Klaprod, Dorothea Gertrud, geb. Becker
–, Heinrich Valentin (1732–1796), Prof. der Niederen Mathematik, Prof. der Astronomie in Rostock, Archidiakon / Pfr. an der Rostocker Jakobikirche 256
–, Hermann d.Ä. (1632–1681), MA, Prof. für Physik u. Metaphysik, Prof. für Niedere Mathematik, Pfr. an der Jakobikirche in Rostock 212
–, Johanna Magdalena (1707–1746), geb. Möller *256
–, Johann Hermann (1700–1759), Prof. D. theol. in Greifswald *256
Behr, Tugendreich Dorothea v. (1756–1796); s. Quistorp, Tugendreich Dorothea v., geb. v. Behr
Behrens, Anna Wilhelmina Theresia (1746–1782), geb. Quistorp 239, 242f
–, Bartholomäus (1740–1791) MA, Pastor zu Westenbrügge 239, *242
–, David, Kaufmann u. Ratsherr in Rostock *242
–, Johann Heinrich (1711–1781), Pastor u. Propst zu Grabow *242
–, Margarethe Catharina (1753–1828), geb. Hasse *242
–, Matthias Daniel (1728–1781), Pastor an St. Nikolai in Wismar *242
Bekker, Ernst Immanuel (1827–1916), Prof. Dr. iur. in Halle a. d. Saale, Greifswald u. Heidelberg *251
Below, Friederike Franziska v. (1797–1875); s. Quistorp, Friederike Franziska, geb. v. Below

Personenregister

Berckow, Familie 225
–, Catharina (1655–1700), geb. Hagemeister 209, *210, 211, *212, 214, 227
–, Daniel (1620–1670), Protonotar am meckl. Land- u. Hofgericht, dann Stadtsekretär in Rostock 209, *210f, 214, 227
–, Lorenz 212, 219
–, Margaretha Elisabeth (1656–1692); s. Quistorp, Margaretha Elisabeth, geb. Berckow
–, N. N. in Glückstadt 219, 222
Berg (ab 1742 v. Berg), Familie 101, 156
–, Agneta, geb. Krüger 234
–, Anna Elisabeth, geb. Lüschow 227, *228, 229, 239, 242
–, Anna Katharine; s. Wachenhusen, Anna Katharine, geb. Berg
–, Anna Maria (1695–1731); s. Quistorp, Anna Maria, geb. Berg
–, Carl Friedrich (v.) (†1752), hzgl. holsteinischer Hauptmann *229
–, Gustav Heinrich (v.) (†1752), kgl. schwed. u. hess. Hauptmann *229
–, Jacob, Kaufmann in Rostock 227f, *229f, 233, 239
–, Johanna Sophia (†1743), geb. Wetke *168, *231, 233
–, Johann Friedrich (†1724), Herr zu Poppendorf, Bussewitz u. Billenhagen, Kaufmann in Rostock, Vorsteher der Rostocker Jakobikirche 229, *231, 234
–, Johann Friedrich (*1698), Kaufmann in Rostock, Vorsteher der Rostocker Jakobikirche *230, 231f, *233, 249
–, Johann Heinrich (1693–1774), Pfandherr des hzgl. Kammergutes Lambrechtshagen bei Rostock 230, *236, 249
–, Margaretha Dorothea, geb. Koeckert *230f, 236
Bergmann (*Berchmann*), Claus *179
–, Matthias *234

–, Metta (†1631); s. Lohrmann, Metta, geb. Bergmann
–, Ursula, geb. Beselin *179
Beringer, Dr. iur. utr. Michael (1566–1625), Prof. für Hebräisch in Tübingen 63
Bernhorst, Albrecht (†1678) *186
–, Christina (1647–1696); s. Bernhorst, Christina, geb. Lindemann; s. auch Mensing, Christina, geb. Lindemann, verw. Bernhorst
Bernigeroth, Johann Martin (1713–1767), Kupferstecher in Leipzig 131 Abb. 65
Beselin, Familie *182
–, Agnete (1563–1624); s. Scharffenberg, Agnete, geb. Beselin
–, Catharina Margarete (1670–1731); s. Burgmann, Catharina Margarete, geb. Beselin
–, Margarethe (1587–1660); s. Hagemeister, Margarethe, geb. Beselin
–, Ursula; s. Bergmann, Ursula, geb. Beselin
Bindrim, Anna (1643–1712), geb. Sandhagen; s. Ellerhusen, Anna, geb. Sandhagen, verw. Bindrim
–, Johann Georg d.J. (1650–1678), Prof. D. theol. in Rostock *272
Bleiel, Johann Philipp (†1775), Maler in Lübeck, 1743 Hofmaler in Plön 130 Abb. 64
Block, Emanuel (1608 – nach 1688), Porträtmaler in Rostock 113, 129 Abb. 60
Blome, Adelheid Benedicta v. (1725–1776), auf Hagen, Dobersdorf u. Borghorst; Rumohr, Adelheid Benedicta v., geb. v. Blome
Bocksberger, Johann (= Hans) Melchior (um 1525/35–1587), Maler u. Zeichner 35, 96
Boeckel, Elisabeth Sophie v. (um 1640 – nach 1698); s. Fischer, Elisabeth Sophie, geb. v. Boeckel

Bödicker, Margarethe Sophie (1668–1722); s. Seelhorst, Margarethe Sophie, geb. Bödicker
Boethius; s. Boysen
Bohl, Anna, geb. Friedborn *194
–, Paul, Rh. u. Advokat in Greifenberg (Pommern) *194
–, Samuel (1611–1639), Hebraist, Prof. D. theol. in Rostock 145–148, 171, *194*
Bojemus (*Bohemus* = Böhme), Bernhard (†1631), Pfr. in Wittenburg 104ff, 171, *173, *176, *197
–, Catharina, geb. Dumrath, verw. Quistorp; s. Quistorp, Catharina, geb. Dumrath
–, Katharina (1554–1610), geb. Luther 104, 171, *173, *197
–, Nicolaus (1564–1635), Pfr. in Eilenburg 104, 171, *173, *197
Bolt, Johann Friedrich (1769–1836), Zeichner u. Kupferstecher in Berlin 132 Abb. 67
Bolte, Ursula (†1631); s. Tunder, Ursula, geb. Bolte
Bora, Katharina v. (1499–1552); s. Luther, Katharina, geb. v. Bora
Borchardt, Adam, Provisor des Rostocker Waisenhauses 188
–, Ehefrau (N. N.) 188
Bornefeldt (v.), Margaretha, geb. Brömbsen *222
–, Margarethe v. (1657–1716); s. Lente, Margarethe v., geb. Bornefeldt
–, Matthias (v.) (1616–1669), Rh. der Stadt Lübeck *222
Bornemann, Cosmas (1567–1612), Dr. med., Leibarzt des Hzg.s v. Pommern und des Fbf.s v. Osnabrück *185
–, Margarethe, geb. v. der Meden *185
–, Philipp Julius v. (1599–1652), Lic. iur., kgl. dän. Kammersekretär, Sekretär in der Deutschen Kanzlei in Kopenhagen 152, 185f

Botsack, Bartholomäus (auch: Barthold, 1649–1709), Pfr. an der Katharinenkirche in Braunschweig, Superintendent, Prof. D. theol. in Kopenhagen, Pfr. der dt. luth. Gemeinde an St. Petri in Kopenhagen und Konsistorialassessor *220
–, Cornelia Magdalena; s. Grape, Cornelia Magdalena, geb. Botsack
Boysen (*Boethius*), Johannes (1595–1657), kgl. dän. Pfennigmeister 151, 184
–, Margarethe Titusdatter (1609–1686), geb. Thombs 151, 184
Braëm, Cäcilie Jochumsdatter (†1642), geb. Brun 151, 184, *191
–, Gotthard (1601–1655), Kaufmann in Kopenhagen, Mitbegründer der Grönländischen Walfang-Kompanie 152, *183, *185
–, Johannes (1596–1646), Kaufmann in Kopenhagen, Reeder, kgl. dän. Faktor, Gründungsdirektor der Grönländischen Walfang-Kompanie 150ff, 183f, *185
Brandenburg, Kf.en v. 58f
Brandt, Carl Georg, meckl. Oberamtmann *246
–, Friedrich Benedikt, meckl. Regierungsrat *246
–, Harm, Hoffourier in Eutin *241
–, Johann Heinrich (†1780), Justiz- u. Kammerrat in Eutin, Stiftskanoniker, Amtsverwalter in Schwartau *246
–, Sophia Maria Elisabeth *246
–, Wilhelm Christoph Ludolf, Bgm. der Stadt Schwerin *246
Bremer, Christian Fredericksen (1635–1701), Pfr. in Kopenhagen *182
–, Ursula Catharina (1636–1677), geb. Lindemann, verw. Tarnow 153, 182
Brochmand, Jesper Rasmussen (1585–1652), Prof. D. theol., luth. Bf. v. Roskilde 150f, 183f

–, Sille Tønnesdatter (1581–1661), geb. Balchenburg 150f, 183
Brock; s. Brucäus
Brömbsen, Margaretha; s. Bornefeldt, Margaretha (v.), geb. Brömbsen
Brucäus (Brock), Anna (1570–1639); s. Gryphius, Anna, geb. Brucäus
Brun, Familie 118, *191
–, Cäcilie Jochumsdatter († 1642); s. Braëm, Cäcilie Jochumsdatter, geb. Brun
–, Dorothea, Braut v. Peter Rungius, MA 191
Buck (auch: Bueck), Angela Elisabeth, geb. Martens *270
–, David, Kaufmann in Rostock *270
–, Johann (1633–1701), Dr. iur. utr., hzgl. meckl. Konsistorialadvokat, Inspektor des Klosters Ribnitz, Rh. u. Kämmerer der Stadt Rostock 270f
Bugenhagen, Johannes (1485–1558), gen. *Doctor Pomeranus*, Prof. D. theol., Reformator u. Weggefährte Luthers 62f; s. auch Quistorp, Pfr. Wilhelm August Bernhard (1824–1887), Begründer des Bugenhagenstifts in Ducherow (heute: Ev. Diakoniewerk Bethanien Ducherow)
Bulten, Familie in Rostock 118
Buntzen, Anna Ilsabe (1723–1796); s. Wachenhusen, Anna Ilsabe, geb. Buntzen, Kaufmannstochter aus Mölln *253
Burgmann, Familie
–, Anna Christina (1714–1772), geb. Stein *252, 253
–, Anna Dorothea (1736–1787); s. Becker, Anna Dorothea, geb. Burgmann
–, Catharina Margarete (1670–1731), geb. Beselin 227, *235f
–, Christina Wilhelmina (1741–1806); s. Quistorp, Christina Wilhelmina, geb. Burgmann
–, Dorothea, geb. Kinder *221

–, Jacob (1659–1724), MA, Konrektor der Großen Stadtschule in Rostock, Diakon / Pfr. an der Rostocker Nikolaikirche, Prof. für Hebräisch u. Kathechese, Prof. für Griechisch an der UNI Rostock 221–224, 227, 235, *236
–, Johann Christian (1697–1775), Prof. der Physik u. Metaphysik, Prof. D. theol. in Rostock *229, *236*, *252
–, Johann Georg (um 1704–1781), Dr. iur., Anwalt in Rostock, Rh., Bgm. der Stadt Rostock 251, *253, *254, *256
–, Margaretha Ilsabe († 1776), geb. Dörcks 236
–, Peter, Kaufmann in Rostock *221
–, Regina Dorothea (1695–1781); s. Quistorp, Regina Dorothea, geb. Burgmann
Buys Gryphius, s. Gryphius

C

Cadovius (= Cadow), Matthias (1621–1679), D. theol., Hofprediger u. Superintendent der Gft. Oldenburg-Delmenhorst, Generalsuperintendent v. Ostfriesland in Aurich, Stiefsohn des Heinrich Quistorp (um 1583 – nach 1648) 145, *179
Cadow (s. Cadovius); s. Quistorp, Anna, geb. *Krudopp* [= Krauthoff], verw. Cadow
–, Niklas († 1622) *179
Calixt, Georg (1586–1656), Prof. D. theol. in Helmstedt 85f
Calov, Abraham (1612–1686), Prof. D. theol. in Königsberg 85f, *117
Carpzov, Familie, luth. Theologen und Juristen in Kft. Sachsen u. im Hgt. Sachsen-(Gotha-)Altenburg 80f, 102, 104f, 119
–, Benedikt I. (1565–1624), Prof. Dr. iur. in Wittenberg 105

–, Benedikt II. (1595–1666), Prof. Dr. iur. in Leipzig, Strafrechtler 119
Carstens; s. Karstens
Chytraeus (= Kochhafe), David (1530–1600), Prof. D. theol. in Rostock, Historiker u. Schulorganisator 64, 84, 86, *87, 139
–, Nathan (1543–1598), Theologe, Schulrektor, Prof. für Poetik in Rostock 84, 138f, 171
Clandrian, Daniel (1549–1612), Bgm. der Stadt Güstrow *182
–, Margarete (1591–1667); s. Scharffenberg, Margarete, geb. Clandrian
Claudius Caecus, Appius (um 340 – 273 v. Chr.) *134
Clausenheim, Johann v. (1653–1720), Etatrat *245
–, Johann Hinrich v. (*1713) *245
Cobabus, Elisabeth (1618–1703), geb. Krüger, verw. Niebauer 273
–, Michael (1610–1686), Rektor der Großen Stadtschule in Rostock, Prof. der Niederen Mathematik, Prof. D. theol. in Rostock *273
Corfinius (= Korff), Elisabeth (†1635), geb. Pauli 137, *191
–, Johannes d.Ä. (1574–1638), Diakon an der Rostocker Jakobikirche 137, *191
–, Johannes d.J. (1616–1664), Prof. D. theol. in Rostock, Diakon / Archidiakon / Pfr. an der Marienkirche in Rostock, Hauptpastor an der Katharinenkirche in Hamburg 105, *121, 136–140, 142, *191*, *195, 197f
–, Wendula (1602–1638); s. Kleinschmidt, Wendula, geb. Korff
Cothmann, Elisabeth (1622–1662); s. Willebrand, Elisabeth, geb. Cothmann
–, Ernst (1557–1624), Prof. Dr. iur. utr. in Rostock *22
–, Johann (1588–1661), Kanzler v. Mecklenburg-Güstrow *218

–, Johann (1595–1650), Prof. D. theol. in Rostock 194, *195, *200
Cruciger, Caspar d.Ä. (1504–1548), Prof. D. theol. in Wittenberg, Reformator 62f, 104
–, Elisabeth (um 1500–1535), geb. v. Meseritz, Kirchenlied-Dichterin 104
–, Elisabeth (1526–1576); s. Luther, Elisabeth, geb. Cruciger
Crull, Christian (1678–1748), Pfr. an der Rostocker Petrikirche *247
–, Dorothea Therese (1762–1844), geb. Crumbiegel *236
–, Johann Friedrich (1720–1757) MA, Diakon / Pfr. an der Rostocker Petrikirche 247
–, Matthias (1751–1824), Pastor in Bentwisch *236
Crumbiegel, Dorothea Therese (1762–1844); s. Crull, Dorothea Therese, geb. Crumbiegel
–, Johanna Friederike (*1767); s. Schmidt, Johanna Friederike, geb. Crumbiegel
–, Johann Gottfried, Rostocker Akziserat *237
–, Johann Joachim (1738–1797), Brauherr u. Kaufmann in Rostock, Vorsteher der Kirche St. Georg *168, 227, 235–238, 255
–, Margaretha Christina (1733 – nach 1767), geb. Quistorp *168, 227, 236ff, 249
–, Maria Elisabeth, geb. Früchtenicht 253
–, Tobias (*Krumbiegel von Bergen*), Brauherr u. Kaufmann in Rostock *253

D

Dänemark u. Norwegen
–, Kg. Christian IV. (*1577, reg. 1588–1648) 150, *175, *183f, 186
–, Kg. Friedrich III. (*1609, reg. 1648–1670) *184, *186

–, Kg.in Sophie (1557–1631), geb. Pz.in v. Mecklenburg *186
–, Kronprinz Christian (1603–1647) *184
–, Pz.in Anna Sophie v. (später Kf.in v. Sachsen; 1647–1717) *221
Dallin, Catharina Theresia (1722–1797); s. Quistorp, Catharina Theresia, geb. Dallin
–, Justina Dorothea (1701–1770), geb. Röhling 154, 239, 241, *246
–, Rudolph Matthias (um 1680–1743), schwed. Offizier, Hofbaumeister in Eutin und Kiel; Bauinspektor im Gottorfer Anteil des Hgt.s Holstein 75, 153, 166, 239, 241, *246
–, Rudolph Matthias (*1724) *246
Damm, Catharina (1633–1695) v.; s. Kellinghusen, Catharina, geb. v. Damm
Deiters, Maria (*1967), Kunsthistorikerin 95f
Dethloff, Gertrud (1585–1656); s. Wegener, Gertrud, geb. Dethloff
Deutsche, Catharina (1606–1668); s. Sibrand, Catharina, geb. Deutsche
Dickelen, Sara van († 1690); s. Lehn, Sara, geb. van Dickelen
Dietrich, Veit (1506–1549), Theologe u. Reformator in Wittenberg u. Nürnberg 26f, 33, 94
Ditmar, Ludwig Peter Friedrich (1784–1872), Jurist, Syndikus der Stadt Rostock, dann der Mecklenburgischen Ritterschaft 9
Dobbin, Familie 143
–, Anna (1573–1640), geb. Kellermann *143, *177, 178
–, Fricke (1545–1629), Brauherr in Rostock *177
–, Katharina († 1583), geb. Schröder *177
–, Konrad (um 1574–1629), Notar, Landschaftseinnehmer, Rh. der Stadt Rostock *143, 177f

Döderlein, Christian Albrecht (1714–1789), Prof. D. theol. in Rostock u. Bützow 78, *229, *236
Dörcks, Christoph Daniel, Rh. u. Münzmeister in Rostock 236
–, Margaretha Ilsabe († 1776); s. Burgmann, Margaretha Ilsabe, geb. Dörcks
Domann, Familie in Osnabrück, Rostock u. Stralsund 143
–, Adelheid, geb. Appelboom, in Osnabrück *22, 171, 173, 199
–, Angela (= Engel) in Stralsund 142, *143, 179, *181
–, Barbara (1597–1663); s. Quistorp, Barbara, geb. Domann
–, Engel; s. Angela
–, Hans, Bürger in Osnabrück *22
–, Johannes (1564–1618), Dr. iur. utr., Syndikus der Stadt Stralsund, Hansesyndikus, Syndikus der Stadt Rostock 22, 103f, 139–142, 171, 174f, *176, *179, *181, 199
–, Margarethe († 1625), geb. Hake 142, *143, 176
–, Stefan, Jurist in Osnabrück *22, 171ff, 199
Dorn, Amandus Christian (1711–1765), Prof. Dr. iur. in Kiel, Kanzleirat der hzgl. holsteinischen Kanzlei, Etatrat 243
Dorsche, Johann Georg (1597–1659), Prof. D. theol. in Straßburg u. Rostock 116
Dreyer, Anna (1578–1663); s. Ridemann, Anna, geb. Dreyer 189
–, Margarete, geb. Tape *189
–, Peter, Kaufmann in Eckernförde *189
Dürer, Albrecht (1471–1528), Maler u. Grafiker 96
Düring, Adolf Friedrich v. (1699–1767), Hofmarschall des Fbf.s v. Lübeck in Eutin 154, 244
Dumrath, Familie *173
–, Anna, geb. Haleke 171, *173, 196

–, Catharina (1562–1647); s. Quistorp, Catharina, geb. Dumrath; s. Bojemus, Catharina, geb. Dumrath, verw. Quistorp
–, Heinrich, Weißgerber (Beutler) in Rostock 171, *173, 196

E

Eggebrecht, Margarete (1603–1665), geb. Kichler, verw. Kleinschmidt *203; s. Kleinschmidt, Margarete, geb. Kichler
Eggers, Katharine Margarete (1660–1698); s. Krück, Katharine Margarete, geb. Eggers
–, Nikolaus (1593–1665), Dr. iur., Assessor am meckl. Land- u. Hofgericht *203
Eibelührs, Catharina Margaretha (1685–1762); s. Eschenbach, Catharina Margaretha, geb. Eibelührs
Eil (*Eyll, Eilen*), Anna (†1625), geb. Quistorp 172
Eitzing, Hedwig Christine; s. Klaprod, Hedwig Christine, geb. Eitzing
Elert, Werner (1885–1954), Prof. D. theol. u. Dr. phil., ev. Theologe u. Kirchenhistoriker 87
Ellerhusen, Anna (1643–1712), geb. Sandhagen, verw. Bindrim *272
–, Caspar (1659–1703), Dr. iur. utr., Advokat in Rostock 272
Endter, Johann Andreas d.J. (1653–1690), Drucker in Nürnberg 19f
Engel, Johann Ludwig (1699–1758), MA, Prof. f. Logik in Rostock 249
Ernestiner (Linie des Hauses Sachsen-Wettin seit der Leipziger Teilung von 1485) *20
Eschenbach, Catharina Margaretha (1685–1762), geb. Eibelührs *255
–, Christian Ehrenfried (1712–1788), Prof. der Niederen Mathematik, Prof. der Medizin u. Stadtphysikus in Rostock *255

–, Ehrenfried Christian (1677–1741), Kaufmann in Rostock *255

F

Faber (= Schmidt); s. Fabricius
Faber, Kammerrat des Fbf.s v. Lübeck in Eutin 154, 245
Fabricius [auch: Faber], Elisabeth (1618–1656); s. Pauli, Elisabeth, geb. Fabricius
–, Jacob (1576–1652), Dr. med., Prof. der Medizin u. der Höheren Mathematik in Rostock, Leibarzt der Hzge. v. Mecklenburg, dann der Kge. Christian IV. u. Friedrich III. v. Dänemark 151, *184*, *186
–, Margarethe, geb. Möller (Moller, Mylius) *184, *186
Falck, Maria (1632–nach 15. Nov. 1684), geb. Quistorp 145, 148, *157, 171, 181, 205, 216
–, Michael d.Ä. (†1622), Pfr. an St. Bartholomäus in Danzig 181
–, Michael d.J. 1622–1676), Prof. für Logik u. Metaphysik am Gymnasium in Danzig, Pfr. an St. Bartholomäus, dann an St. Katharinen in Danzig 148, 171, *181, 205
Fecht, Johannes d.Ä., Superintendent der Mgft. Baden-Hochberg *265
–, Johannes d.J. (1636–1716), 1666–1689 Pfr. in Langendenzlingen (Baden), ab 1688 Hofprediger des Mgf.en v. Baden-Durlach, Konsistorialrat, Prof. am Akad. Gymnasium in Durlach, 1688 Generalsuperintendent; dann Prof. D. theol. in Rostock, hzgl. meckl. Konsistorialassessor, Superintendent des Rostocker Kirchenkreises 265
–, Maria Magdalena (†1704), geb. Obrecht *265
Festing, Johann (um 1655–1691), Prof. Dr. iur. in Rostock, hzgl. Konsistorialassessor u. -rat 262

Feyerabend, Sigismund (1528–1590), Verleger in Frankfurt am Main 34ff, 43, 94, 96
Feyga, Anna Margarethe; s. Lindemann, Anna Margarethe, geb. Feyga *186
Fidler (= Fiedler), Katharina (1597–1672), geb. Battus 144, 180
–, Konstantin d.Ä. (1579–1644), Archidiakon / Pfr. an der Rostocker Marienkirche, Stadtsuperintendent 144, *180*
–, Margarete (1589–1619), geb. Westphal *180
–, Regina (1610–1638); s. Tunder, Regina, geb. Fidler
–, Valerius (1525–1595), Dr. med. in Rostock, Stadtarzt v. Königsberg *180
Finck (Fincke), Thomas (1561–1656), Prof. der Mathematik, Prof. der Rhetorik, Prof. Dr. med. in Kopenhagen 152, *185*
Fischer, Daniel (†1690), Dr. iur. utr., Rat der Hzge. v. Braunschweig-Lüneburg in Wolfenbüttel, Bgm. der Stadt Rostock *217
–, Elisabeth Sophie (um 1640 – nach 1698), geb. v. Boeckel 217
–, Katharina Christina (1662–1742); s. Willebrand, Katharina Christina, geb. Fischer
Förtsch, Anna Dorothea (†1741), geb. Thomsen *241, *245
–, Christina Dorothea († vor 1735), geb. Westermann *245
–, Francisca Catharina (1718–1762), geb. Rüder 154, *245*
–, Johann Philipp d.Ä. (1652–1732), Hofmedikus u. Justizrat des Fbf.s v. Lübeck in Eutin, Komponist *245, *246
–, Johann Philipp d.J. (*1683), Geheimer Kammersekretär, Kammerrat des Fbf.s v. Lübeck in Eutin, später Oldenburgischer Justizrat 154, *245*

–, Jacob Levin Friedrich (*1740) *245
Franck, Georg (1700–1768), Prof. Dr. med. in Kiel, Leibarzt, dann Hofrat, Justizrat d. Fbf.s v. Lübeck 154, 245
–, Wolfgang Christoph (1669–1716), Prof. D. theol. in Kiel *245
–, N. N. (= *Frau Professorin Francken in Kiel*) *245
Frankreich, Kg. Heinrich IV. v. (*1553, reg. 1589–1610) 175
Friedborn, Anna; s. Bohl, Anna, geb. Friedborn
Friedrich, Johann Gottlieb, 1774–1794 meckl. Superintendent in Sternberg *250
Fritzsch, Christian (1695–1769), Hofkupferstecher des Hzg.s v. Holstein-Gottorf 130 (Abb. 64)
Fröschel, Christoph, Rat u. Geheimsekretär der Schenken v. Limpurg *203
–, Hieronymus (1527–1602), Dr. iur., Syndikus der Stadt Augsburg *203
–, Martha Agnes; s. Weidenhaupt, Martha Agnes, geb. Fröschel
Früchtenicht, Maria Elisabeth; s. Crumbiegel, Maria Elisabeth, geb. Früchtenicht
Fueß (*Pedanus*), Joachim (1577–1634), UNI-Drucker in Rostock 257f

G

Geismer (Geismar), Familie 192
–, Elisabeth (1615–1657); s. Gerdes, Elisabeth, geb. Geismer; s. Schnitler, Elisabeth, geb. Geismer, verw. Gerdes
–, Heinrich, Vorsteher der Rostocker Jakobikirche *192
–, Maria (1585–1663), geb. Gerdes *192
–, Michael (1605–1668), Jurist, Rh. der Stadt Rostock, Vorsteher der Rostocker Jakobikirche 192

Gerdes, Familie 143, 148
–, Anna (1625–1664), geb. Quistorp 148, *157, *168, 171, 178f, 192
–, Barbara (1648–1655) *193, *194
–, Catharina Sophia; s. Redeker, Catharina Sophia, geb. Gerdes
–, Christoph (1590–1661), Dr. iur. utr., Sachsen-Lauenburgischer Rat, Syndikus des Lübecker Domkapitels, Rh., Bgm. der Stadt Lübeck 193
–, Elisabeth (1615–1657), geb. Geismer 193; s. Schnitler, Elisabeth, geb. Geismer, verw. Gerdes
–, Emerentia (1585–1632), geb. Prenger *192, *193
–, Hedwig, geb. Reiche *192
–, Helena (1615–1691), geb. Warkentin *192, *218
–, Joachim (1607–1668), Jurist u. Philologe *162
–, Johann (1604–1680), Dr. iur., Rh., Bgm. der Stadt Güstrow 192, *218
–, Margareta (1583–1648); s. Luttermann, Margareta, geb. Gerdes, verw. Moller; s. Moller, Margareta, geb. Gerdes
–, Margarethe (1625–1627) *192
–, Maria (1585–1663); s. Geismer, Maria, geb. Gerdes
–, Martin, Rh. v. Güstrow *193
–, Martin (1619–1666), Brauherr in Rostock, Mitglied im Hundertmänner-Kollegium und im Sechzehner-Kollegium 148, *168, 171, *178, *192*, 206
–, Matthäus (auch: Matthias) (†1626), Dr. iur., Syndikus der Städte Wismar u. Stralsund *192
–, Wienhold (†1644), Rh. in Rostock *192, 193
–, Wienhold (1646–1650) 193
Gerhard, Familie, luth. Theologen in Thüringen u. Hessen-Darmstadt 80f, 102
–, Johann (1582–1637), Prof. D. theol. in Jena 80

Gering, Christina Theresia Elisabeth (1762–1797), geb. Quistorp 239, 253
–, Hans Franz (1758–1823), Vikar zu Gützkow bei Greifswald 239, *253
–, Juliane Maria Johanna (†1859); s. Meinhold, Juliane Maria Johanna, geb. Gering
Gerling, Gerhard (*1651), Dr. med., Arzt in Rostock *233
–, Joachim Wilhelm (1695–1755), MA, Archidiakon / Pfr. an der Rostocker Marienkirche, Prediger an Hl. Kreuz in Rostock, Direktor des Geistlichen Ministeriums *233, 234, 236
–, Peter (1732–1778), Diakon / Archidiakon / Pfr. an der Rostocker Marienkirche *254
Gerstorff, Gregor *173
Gladow, Familie 143
–, Elisabeth, geb. von Hervorden *175
–, Heinrich (†1582), Rh. in Rostock *175
–, Margarethe (1559–1626), geb. Schacht *143, 176f
–, Vinzenz (1565–1631), Rh., Bgm. der Stadt Rostock 139, 142, *143, 175, *176
Goebel, Johannes MA, Theologe *85f
Goltermann, Anna Margarete (†1762); s. Quistorp, Anna Margarete, geb. Goltermann
–, Anna Margarete (1669–1738), geb. Knesebeck *234
–, Hans (1665–1733), Kaufmann u. Rh. in Rostock, Vorsteher der Rostocker Jakobikirche *234
Gottsched, Johann Christoph (1700–1766), Schriftsteller, Dramaturg, Literaturtheoretiker 166, *231
Grambs, Johannes (1624–1680), Prediger in Frankfurt am Main 116
Grape (*Grapius*), Catharina Sophia (1680–1706), geb. Quistorp 101, *168, 209, 213, 219f, 264

–, Cornelia Magdalena, geb. Botsack *220
–, Johann Samuel (1701–1750) Dr. med., Arzt in Rostock, Braunschweig, Landphysikus der Gft. Hoya 220
–, Margarete (1634–1716), geb. Rhaw, verw. König *219
–, Zacharias d.Ä. (1637–1679), Prof. für Logik, dann Prof. der Physik u. Metaphysik in Rostock, Pfr. an St. Katharinen u. der Rostocker Petrikirche, Superintendent des meckl. Kirchenkreises in Wismar *219
–, Zacharias d.J. (1671–1713), Prof. D. theol. in Rostock, Archidiakon an der Rostocker Jakobikirche 101, *168, 213, 219f, 224, 264
Greif, s. Gryphius
Großgebauer, Theophilus (1627–1661), MA, Diakon an der Rostocker Jakobikirche 90, *204*
Grotius, Hugo (1583–1645), Jurist, Philosoph und Theologe 86
Grube, Jürgen, Kirchenvorsteher in Sternberg *187
–, Margaretha, geb. Jordans 187
–, Margaretha; s. Schoff, Margaretha, geb. Grube
Grünenberg, Johann Peter (1668–1712), Prof. D. theol. in Rostock, hzgl. Konsistorialrat u. Superintendent 264f, 275
Gryphius, auch: Buys Gryphius, Familie ndl. Herkunft in Rostock 143, 176; s. Merula (*van Merle*), Paul
–, Anna (1570–1639), geb. Brucäus (Brock) 142, *143, 144, *176*
–, Johann Albert (1570–1627), Prof. Dr. iur. in Rostock, Rh. u. Syndikus der Stadt Rostock 139, 142, *143, 144, *176*
Güntherodt, Oberbereiter am Eutiner Hof *246
Güsebier, Elisabeth; s. Schnitler, Elisabeth, geb. Güsebier
Guhl (*Gule*), Agnes, geb. Kichler *203

–, Anna (1599–1638); s. Scharffenberg, Anna, geb. Guhl
–, Johann († vor 1674), Mitglied im Sechzehnmänner-Kollegium in Rostock, Kapitän *203
Gutzmer (1712 Adelsstand mit dem Prädikat Gutzmer v. Gusmann), Familie *212
–, Agnes Sophia, geb. Willebrand *168, *212, *214
–, Anna Regina (1623–1666), geb. Hagemeister *188, *212
–, Anna Sophia, geb. Schröder *216
–, Caspar Heinrich, Dr. iur., Advokat in Rostock *212, 216
–, Johann Georg (um 1645–1716), Dr. iur., Justizrat in Schwerin, meckl.-strelitz'scher Hofrat in Güstrow, Syndikus der Stadt Lübeck *168, *188, 212, 214
–, Johann Lorenz (*1684) *216
–, Laurentius (1636–1703), luth. Dompropst v. Ratzeburg 212
–, Michael, Pastor in Sternberg 212
–, Michael (1607–1648), Domprediger in Schwerin *212
–, Regina, s. Anna Regina
–, Simon Johannes (1608–1674), Dr. iur., Bgm. u. Syndikus der Stadt Stargard, Advokat am meckl. Land- u. Hofgericht 188, *212

H

Habichhorst, Andreas Daniel (1632 od. 1634–1704), Lic. theol., D. theol., Prof. der Eloquenz u. Geschichte, Prof. D. theol. in Rostock, hzgl. Konsistorialassessor 274
–, Anna Sibylla Hedwig, geb. Kohle 274
Haffner, Melchior (1660–1704), Stecher in Augsburg 127 Abb. 54
Hagemeister, Anna Regina (1623–1666); s. Gutzmer, Anna Regina, geb. Hagemeister

–, Catharina; s. Berckow, Catharina, geb. Hagemeister
–, Georg d.Ä. (†1645), Rh. in Rostock 211
–, Lorenz 211
–, Margarethe (1587–1660), geb. Beselin *211
–, Regina, s. Anna Regina
Hagen, Karl, Rittergutsbesitzer *251
–, Louise Friederike Johanne Caroline (1819–1888), geb. Quistorp *251
Hake, Margarethe (†1625); s. Domann, Margarethe, geb. Hake
Haleke, Anna; s. Dumrath, Anna, geb. Haleke
–, Joachim, Rh. u. Kämmerer der Stadt Riga *173
Haller v. Hallerstein, Frhr.en (Familie in Nürnberg) 95
Hallman, Daniel Zacharias (1722–1782), schwed. Legationsprädikant in Madrid, Dompropst v. Strängnäs 250
Hane, Elisabeth (1598–1667); s. Lindemann, Elisabeth, geb. Hane
–, Oelgard (1640–1697); s. Susemihl, Oelgard, geb. Hane
Hanff (auch *Hampf*), Johann Nicolaus (1663–1711), Organist, Komponist u. Musiklehrer in Hamburg, Hoforganist in Eutin, Domorganist in Schleswig *241
Hartmann, Joachim (1715–1795), Prof. D. theol. in Rostock, hzgl. Konsistorialassessor, Superintendent, Pfr. an der Rostocker Nikolaikirche, Direktor des Rostocker Geistlichen Ministeriums *242
–, Wolfgang, Stecher in Rostock 116, 126 Abb. 54, 127 Abb. 55
Hase, Ilsabe; s. Krüger, Ilsabe, geb. Hase
Hasse, Margarethe Catharina (1753–1828); s. Behrends, Margarethe Catharina, geb. Hasse
Hatzfeldt, Heinrich Ludwig v. (†1631), ksl. Obrist 162

Hausvogt, August Friedrich (†1739), Rektor, Bgm. in Eutin *241
Hauswedel (*Huswedel*), Conrad (1594–1635), Pastor an St. Georg in Rostock *204
–, Dorothea (1610–1679), geb. Bacmeister *204; s. Schröder, Dorothea, geb. Bacmeister, verw. Hauswedel
–, Johann Christoph (1618–1701), Vizepräsident des meckl. Land- u. Hofgerichts 199
Havemann, Familie
–, Dorothea (†1610), geb. Papke 158, *178
–, Katharina (†1638); s. Jungius, Katharina, geb. Havemann
–, Valentin (1579–1614), Brauherr in Rostock 158, *178
Hecht, Margarethe; s. Pape, Margarethe, geb. Hecht
Hein (*Heinius*), Familie
–, Anna Elisabeth (†1693); s. Barclay, Anna Elisabeth, geb. Hein
–, Catharina (1576–1662); s. Willebrand, Catharina, geb. Hein
–, Friedrich (1533–1604), Prof. Dr. iur. u. Bgm. in Rostock 217, *259
–, Georg 217
–, Heinrich, Sekretär der JUR. FAK., Ökonom des Kollegiums der hzgl. Prof.en in Rostock *212
–, Margarethe, geb. Hagemeister *212
–, Regina; s. Krauthoff, Regina, geb. Hein
Hennings, Ambrosius, Pfr. in Bergen (Norwegen) *184
–, Anna Christina (vor 1660–1718); s. Kohlblatt, Anna Christina, geb. Hennings; s. Redeker, Anna Christina, geb. Hennings, verw. Kohlblatt
–, Christoph (†1660), Dr. med., Leibarzt der Hzge. v. Schleswig-Holstein-Gottorf *222

–, Lucia (1634–1664), geb. Kohlblatt *222
–, Margaretha, geb. Lünsing 151, 184
–, Simon (1608–1661), zweiter Pastor an der St. Petri-Kirche der dt. luth. Gemeinde in Kopenhagen 151, 184
Hervorden, Elisabeth von; s. Gladow, Elisabeth, geb. von Hervorden
Hinckelmann, Anna (†1706); s. Stein, Anna, geb. Hinckelmann
Holdmann, Brigitta; s. Junge, Brigitta, geb. Holdmann
–, Joachim, Hauptpastor am Lübecker Dom *178
Hosmann, Gustav Christoph (1695–1766), Prof. D. theol. in Kiel 242
–, Sigismund, MA, Pastor an der Stadtkirche in Celle *242
Hundt, Anna Henriette (1754–1832); s. Quistorp, Anna Henriette, geb. Hundt
–, Johann Heinrich (1750–1831), Baurat im Hgt. Mecklenburg-Schwerin *244

J

John, Justina, Gattin eines Kammerrats in Eutin *241
Jordans, Barbara (*1643), geb. Schoff 187, *188
–, Barbara Dorothea *187
–, Christoph d.Ä. (in Lübeck) *187
–, Christoph d.J. *187
–, Daniel *187
–, Margaretha; s. Grube, Margaretha, geb. Jordans
Jülich, Kleve, Berg, Hzge. v., Gfn. von der Mark u. Ravensberg (Familie) 58
Junge (Jungius), Brigitta, geb. Holdmann; später Nortmann, Brigitta, verw. Junge (Jungius) *178
–, Nikolaus (†1589), Lehrer am Gymnasium Katharineum in Lübeck *178

Jungius, Joachim (1587–1657), Dr. med., Mathematikprof. in Rostock, Naturwissenschaftler 144, 158ff, 164, 166f, 178
–, Katharina (†1638), geb. Havemann 144, 158f, 178

K

Kaempffer, Elisabeth, geb. Plessing *249
–, Johannes (†1712), Pastor in Dreveskirchen *249
–, Peter Christian (1702–1755), D. theol., Prof. der Physik und Metaphysik in Rostock, Diakon an der Rostocker Marienkirche 249
Kamptz, Dorothea v.; s. Krauthoff, Dorothea, geb. v. Kamptz
Karstens (Carstens, Kerstens), Barbara (1642–1697); s. Sibrand, Barbara, geb. Karstens
–, Ilsabe (1603–1662), geb. von Wickede *214
–, Johannes (1596–1673), Syndikus der Stadt Lübeck *214
Kaufmann, Thomas (*1962), ev. Theologe u. Kirchenhistoriker 85, 88ff, 120f, 135, 160f, 167
Keil (*Kilius*), Johann (†1676), UNI-Drucker in Rostock 259ff
–, Katharina; s. Keilenberg, Katharina, verw. Keil
–, Nikolaus (1600–1655), UNI-Drucker in Rostock *121, 258f
Keilenberg, Friedrich (†1679), UNI-Drucker in Rostock, Ehemann der Witwe des Druckers Johann Keil, tätig ab 1677 262
–, Katharina, verw. Keil, führte die UNI-Druckerei in Rostock nach Keilenbergs Tod bis 1683 fort 262
Kellermann, Familie 143
–, Anna (1573–1640); s. Dobbin, Anna, geb. Kellermann
–, Johann, Bgm. der Stadt Rostock *143, *177

Kellinghusen, Catharina (1633–1695), geb. v. Damm *186
–, Daniel Hansen (1630–1677), Spezereyhändler in Kopenhagen *186
Kerstens; s. Karstens
Kichler, Agneta (= Agnes), geb. Klinge *203
–, Agnes; s. Guhl (*Gule*), Agnes, geb. Kichler
–, Barthold (†1605), meckl. Hofrat *203
–, Margarete (1603–1665); s. Eggebrecht, Margarete (1603–1665), geb. Kichler, verw. Kleinschmidt; s. Kleinschmidt, Margarete (1603–1665), geb. Kichler
Kilian, Johann Christoph (1647–1703), Rh. der Stadt Rostock 272
Kilius; s. Keil
Kinder, Dorothea; s. Burgmann, Dorothea geb. Kinder
Kirchner, Christian, Weinhändler in Kiel *189
–, Margarethe, geb. Ridemann *189
Klaprod, Catharina (1665–1690), geb. Quistorp 199, 206, 217, 262
–, Christian (1654–1701), Pfr. in Kessin 199, *206, *217, *262
–, Dorothea Gertrud (1664–1685), geb. Becker *206
–, Hedwig Christine, geb. Eitzing *206
–, Heinrich Luther, Pfr. *206
–, Margarethe Elisabeth, geb. König *206
Klein, Anna, geb. Smedes *224
–, Christian (1628–1664), Prof. Dr. iur. in Rostock *224
–, Johann (ab 1708: v. Klein) (1659–1732), Prof. Dr. iur. in Rostock, hzgl. meckl. Rat, hzgl. Konsistorialassessor, Direktor der Justizkanzlei in Schwerin u. Kanzler *224, 275
Kleinschmidt, Anna (1627–1667); s. Knesebeck, Anna, geb. Kleinschmidt

–, Joachim (1598–1652), Rh., Bgm. der Stadt Rostock, Scholarch der Großen Stadtschule in Rostock *202, *277
–, Johannes (1593–1638), Prof. Dr. iur. utr. in Rostock, Assessor beim meckl. Land- u. Hofgericht *203
–, Katharina (1635–1713), Stiftsdame im Kloster zum Hl. Kreuz in Rostock *206, 277
–, Margarete (1603–1665), geb. Kichler *203; s. Eggebrecht, Margarethe, geb. Kichler
–, Margarethe (1632–1676); s. Niehenck, Margarethe, geb. Kleinschmidt
–, Wendula (1602–1638), geb. Korff *206, *277
–, Wendula (1629–1690); s. Romberg, Wendula, geb. Kleinschmidt
Klepel, Anna; s. Süter (Suter), Anna, geb. Klepel
Klinge (*Cling, Clinge*), Familie 118
–, Agneta; s. Kichler, Agneta geb. Klinge
–, Bartholomäus (1535–1610), Prof. Dr. iur. utr. in Rostock *203
Klotz, Stephan (1608–1668), Prof. D. theol. in Rostock, dann Generalsuperintendent der dän. Anteile der Hgt.er Schleswig u. Holstein 120
Knesebeck, Anna (1627–1667), geb. Kleinschmidt *206
–, Anna Margarete (1669–1738); s. Goltermann, Anna Margarete, geb. Knesebeck
–, Anna Margarethe (1632–1681), geb. Sebes *274
–, Christian (1621–1704), Rh., Kämmerer der Stadt Rostock 274
–, Elisabeth, geb. Preuß *274
–, Heinrich (1586–1637), Kaufmann in Rostock *274
–, Jakob, Brauherr in Rostock *206
–, Margarete (1622–1707), geb. Schönlow *274

Koeckert, Margaretha Dorothea; s. Berg, Margaretha Dorothea, geb. Koeckert
König, Catharina (1654–1715); s. Niehenck, Catharina, geb. König
–, Johann Friedrich (1619–1664), Prof. D. theol. in Rostock, meckl. Konsistorialrat, Superintendent des Ratzeburger u. Mecklenburger Bezirks *206
–, Margarete (1634–1716); s. Grape, Margarete, geb. Rhaw, verw. König
–, Margaretha Elisabeth; s. Klaprod, Margaretha Elisabeth, geb. König
Koepke, Anna Catharina (1686–1713), geb. Pape 277
–, David Heinrich (1677–1731), Dr. phil, D. theol., Prof. der Philosophie, Prof. der Poesie in Rostock *277, 278
–, Johann Heinrich (†1684), Jurist in Lüneburg *277
–, Klara Margarete, geb. Scharf *277
Kohlblatt, Anna († vor 1674), *222, *225; s. Lente (Lenthe), Anna, geb. Kohlblatt
–, Anna Christina (vor 1660–1718), geb. Hennings; s. Redeker, Anna Christina, Hennings, verw. Kohlblatt
–, Joachim (1597–1675), Amtsschreiber in Trittau *222
–, Konrad (um 1645–1681) *222, *225
–, Lucia (1634–1664); s. Hennings, Lucia, geb. Kohlblatt
–, Maria Elisabeth; s. Mevius, Maria Elisabeth, geb. Kohlblatt
–, Paul (†1633), Rh., Bgm. der Stadt Kiel *222
Kohle, Anna Sibylla Hedwig; s. Habichhorst, Anna Sibylla Hedwig, geb. Kohle
–, Christian, Rektor der Domschule in Ratzeburg *274
Korff, s. Corfinius

Kosegarten, Gotthard Ludwig (Theobul) (1758–1818), Theologe u. Dichter, D. theol., Dr. phil., Rektor der Stadtschule in Wolgast, Pfr. in Altenkirchen auf Rügen, Prof. für Geschichte in Greifswald, Prof. D. theol. u. Pfr. an St. Jakobi in Greifswald *248, *253
–, Johann Gottfried Ludwig (1792–1860), Orientalist und Sprachforscher, Prof. in Jena u. Greifswald *248
–, Katharina (um 1760–1816), geb. Linde *248
Krafft, Hans (= *Johannes Crato*, †1578), Drucker in Wittenberg 27f
Krakewitz, Albrecht Joachim v. (1674–1732), Prof. D. theol. in Rostock, Generalsuperintendent v. Schwedisch-Pommern in Greifswald 84, 226, 265f
–, Barthold v. (1582–1642), Prof. D.theol. in Greifswald, Generalsuperintendent v. Schwedisch-Pommern in Greifswald *265, *270
–, Friedrich Georg v. (*†1701) 270
–, Margaretha v., geb. v. Voß *270
Krause, Jakob (1531/32–1585), Buchbinder am kursächsischen Hof in Dresden 56f, 59
Krauthoff
–, Anna; s. Quistorp, Anna, geb. *Krudopp*, verw. Cadow
–, Anna (um 1579 – nach 1643); s. Sander, Anna, geb. Krauthoff
–, Christoph (1601–1672), Dr. iur., Syndikus der Stadt Rostock, Bgm. v. Rostock, kgl. dän. Rat, Geheimer Rat, Vizekanzler, Kanzler des Hgt. Mecklenburg-Schwerin *179, *190*
–, Dorothea, geb. v. Kamptz *190
–, Emerentia, geb. Stoppel *190
–, Jacob I. (†1600), Bgm. der Stadt Neubrandenburg *179
–, Jacob II., Rh. der Stadt Neubrandenburg *190

–, Katharina (1611–1659), geb. Wilmes *190
–, Regina, geb. Hein *179
Krudopp; s. Krauthoff
Krück (auch: Krücke), Johann, Bgm. der Stadt Hamburg *268
–, Johann (1552–1694), Diakon an der Rostocker Jakobikirche *234, 268
–, Katharina Margarete (1660–1698), geb. Eggers *234
–, Maria Elisabeth (1672–1743); s. Quistorp, Maria Elisabeth, geb. Krück
–, Peter Johann (†1745), Kaufmann u. Bürger in Lübeck 155, 233
–, Theresia, geb. Strasser *233
Krüger, Elisabeth (1618–1703); s. Niebauer, Elisabeth, geb. Krüger; s. Cobabus, Elisabeth, geb. Krüger, verw. Niebauer
–, Ilsabe, geb. Hase *273
–, Peter, Präfekt v. Neukalen, dann v. Ivenack *273
Krull; s. Crull
Krumbiegel; s. Crumbiegel
Kümmerle, Julian (*1975), Historiker 93
Küssow, Wilhelmine Louise Henriette Amalie Gf.in v.; s. Barnewitz, Wilhelmine Louise, geb. Gf.in v. Küssow

L

Lafrenz; s. Laurenz
Lasius, Hermann Jakob (1715–1803), Prof. für Griechisch in Rostock, Rektor der Großen Stadtschule in Rostock 255
–, Isabel, geb. Barner *255
–, Johann Lorenz, Lehrer an der Greifswalder Stadtschule *255
Latermann, Johannes (1620–1662), Prof. D. theol. in Königsberg 86

Laurenz (Lafrenz), Michael (1631–1668), Diakon an der Rostocker Jakobikirche 205, 207
Lehn, Abraham (1643–1709) *186
–, Johann (1600–1684), Rh. u. Weinhändler in Kopenhagen 153, 186
–, Sara (†1690), geb. van Dickelen 153, 186
Lehsten, Georg Heinrich v. *270
–, Johann Friedrich v. (1683–1701), Student in Rostock 270
Lembke, Familie 118
–, Anna Maria (1664–1693), geb. Schwartzkopf *213
–, Elisabeth (1627–1716), geb. Schnitler 205, *213
–, Hermann (1619–1674), Prof. Dr. iur. in Rostock, Syndikus der Stadt Rostock *118, *213, 258
–, Jacob (1650–1693), Prof. Dr. iur. in Rostock *213, 261
–, Margarete (1655–1684), geb. Mevius *213
Lente (Lenthe), Familie
–, Anna († vor 1674), geb. Kohlblatt 209, *221, *222
–, Anna Christina (1669–1753); s. Quistorp, Anna Christina, geb. (v.) Lente
–, Dietrich Marcus (v.), kgl. dän. Geheimsekretär, Assessor der dän. Regierung in Glückstadt 223
–, Gerhard (1640–1719), Oberalter in Hamburg 223f
–, Johann Hugo (v.) (1640–1718), Erbherr auf Fresenburg u. Sarlhausen, Jurist, kgl. dän. Rat, Vizekanzler der kgl. dän. Kanzlei in Glückstadt, Kanzler der Hzgt.er Schleswig u. Holstein 156, 209, *221,
–, Margarethe (1657–1716), geb. v. Bornefeldt *221, 222
–, Margaretha Sophia (v.) 224
Lesch, Daniel, Notar u. Kämmerei-Sekretär in Rostock 208, 215
–, N. N. (Ehefrau) 208, 215

Leyser, luth. Theologen in Württemberg, Sachsen, Preußen u. Hannover 80f, 102
Liebeherr (Liebherr), Anna (1630–1678), geb. Sibrand *216
– , Dorothea, geb. Pansow *216
– , Matthäus (1622–1692), Bacc. iur., Bgm. u. Syndikus der Stadt Rostock *216
– , Matthäus (*† 1680) *216
Lilienthal, Michael (1686–1750), Theologe, Bibliothekar u. Historiker in Königsberg, Honorarprof. u. Ehrenmitglied der Russischen Akademie der Wissenschaften in St. Petersburg; Panegyriker der Familie Quistorp 8, *14, 23, *79–83*, 99f, 102ff, 106f, 133ff, 145f, 165f, 196, *265*
Linde, August Christian (*1725), Pastor in Kasnevitz auf Rügen 239, *248
– , Katharina (um 1760–1816); s. Kosegarten, Katharina, geb. Linde
– , Sarah Henriette (†1797); s. Quistorp, Sarah Henriette, geb. Linde
Lindemann, Familie
– , Agneta (1640 – um 1701); s. Meyer (Mejer), Agneta, geb. Lindemann
– , Anna Margarethe, geb. Feyga *186
– , Barbara (1639–1704); s. Moltzau, Barbara, geb. Lindemann
– , Bernhard I. (1610–1662), Protonotar, Rh. der Stadt Rostock *202
– , Catharina (1619–1684), geb. Quistorp 142, 144, 146f, 149–153, *157, *168, 171, 175, 182, *186, *187, 206, 212, *213
– , Christina (1647–1696); s. Bernhorst, Christina, geb. Lindemann; s. Mensing, Christina, geb. Lindemann, verw. Bernhorst
– , Elisabeth (1598–1667), geb. Hane 182, *183
– , Johannes (*†1645) 185
– , Johannes (1646–1698) 152, 185
– , Magdalene Danielsdatter (um 1660–1733), geb. Kellinghusen *186
– , Margaretha Elisabeth (*1637) 183
– , Stephan (1649–1711), Kaufmann u. Postunternehmer in Kopenhagen *186
– , Thomas d.Ä. (1575–1632), Prof. Dr. iur. in Rostock, Syndikus der Stadt Rostock, Hofpfalzgraf 147, *176, *182,* 182, *192, 257
– , Thomas d.J. (1609–1654), Prof. D. theol. in Rostock; ab 1638 Hauptpastor an der St. Petri-Kirche der dt. luth. Gemeinde in Kopenhagen, Domkapitular in Roskilde 145ff, 149–153, *168, 171, *176*, 182, *186, 187f, 190, 206
– , Thomas (1643–1686), Pfr. 185
– , Ursula (1585–1614), geb. Scharffenberg 147, *176, 182
– , Ursula Catharina (1636–1677); s. Tarnow, Ursula Catharina, geb. Lindemann
Linné, Carl v. (1707–1778), Naturforscher *250
Lobwasser, Ambrosius (1515–1585), Jurist und Psalmen-Übersetzer 27
Lönnies, Marie Christine (1771–1817); s. Quistorp, Marie Christine, geb. Lönnies
Loesel, Johannes (1607–1655), Prof. Dr. med. in Königsberg *85f
Lohrmann, Familie 118, 143
– , Joachim, Mitglied im Rostocker Zehnmännerkollegium, Vorsteher der Kirche St. Johannis in Rostock, Pfandherr zu Katelbogen *118, *143, 179
– , Metta (†1631), geb. Bergmann *143, 179
Lubin (Lubinus, Lübben), Eilhard (1565–1621), Prof. D. theol. in Rostock *22
Ludovici, Jakob Friedrich (1671–1723), Prof. Dr. iur. in Halle a. d. Saale u. in Gießen 83f

Lübbert, Joachim d.Ä. (1583–1626), Lehrer *in Schola triviali* 177

Lübeck, Fbf.e v.; s. Schleswig-Holstein-Gottorf

Lünsing, Margaretha; s. Hennings, Margaretha, geb. Lünsing

Lüschow, Elisabeth (1636–1678); s. Roloff, Elisabeth, geb. Lüschow

– , Anna Elisabeth; s. Berg, Anna Elisabeth, geb. Lüschow

Lütkemann, Joachim (1608–1655), Prof. D. theol. in Rostock, dann Hofprediger u. Generalsuperintendent im Hgt. Braunschweig-Wolfenbüttel, Abt v. Riddagshausen 105, 197

Lufft, Hans (1495–1584), Drucker in Wittenberg *26, 35

Luther (Familie = Lutheriden) 104ff

– , Elisabeth (1526–1576), geb. Cruciger 104

– , Johannes (1526–1575), Dr. iur., brandenburgischer Hof- u. Kanzleirat 104

– , Katharina (1499–1552), geb. v. Bora 104, *197

– , Katharina (1554–1610); s. Bojemus, Katharina, geb. Luther

– , Martin (1483–1546), Prof. D. theol., Reformator 23–33, 60–64, 94, 104f, *173, *197

Luttermann, Familie 118, 143

– , Agnes, geb. Stegemann *178

– , Johann (1581–1657), Bacc. iur., Rh., Bgm. der Stadt Rostock, Scholarch der Großen Stadtschule in Rostock, ksl. Hofpfalzgraf *118, *143, 157f, 178, 181, 193, 201, *202

– , Margareta (1583–1648), geb. Gerdes, verw. Moller *143, 181

– , Zacharias *178

M

Manilius, Marcus (1. Jhdt. n. Chr.), Schriftsteller 39

Mannius (= Mahn), Daniel, Student in Rostock 267

Marggraf, N. N. (Ehefrau des Vizepräsidenten in Eutin) *245

Martens, Familie in Rostock 118

– , Angela Elisabeth; s. Buck (auch: Bueck), Angela Elisabeth, geb. Martens

Mathesius, Johannes d.Ä. (1504–1565), Reformator, Pfr. in Sankt Joachimsthal/Böhmcn 62

Mauritius, Caspar (1615–1675), Prof. für Logik, dann Prof. D. theol. in Rostock, Archidiakon / Pfr. an der Rostocker Marienkirche, Stadtsuperintendent in Rostock, Hauptpastor an der Hamburger Jakobikirche *173, *181, *200, *258*

Mecklenburg, Hzge. v. (Familie) 21, 78, 89, 136, 138, *184

Mecklenburg-Güstrow (Linie des Hauses Mecklenburg)

– , Hzg. Gustav Adolf (1633–1695) 200, *265

– , Pz.in Sophia (1557–1631); s. Dänemark u. Norwegen, Kg.in Sophie v., geb. v. Mecklenburg

Mecklenburg-Schwerin (Linie des Hauses Mecklenburg)

– , Hzg. Adolf Friedrich I. (1588–1668) v. 125, 136, 175, 194

– , Hzg. Christian Ludwig I. (1623–1692) 200, *223, *276

– , Hzg. Friedrich Wilhelm I. (1675–1713) *223, *276

– , Hzg. Johann Albrecht II. (1590–1636) 175

– , Ghzg. Friedrich Franz II. v. (1823–1883) 112

Meden, Margarethe von der; s. Bornemann, Marg., geb. v. der Meden

Meibom (v.), Familie in den Hgt.ern Braunschweig-Lüneburg u. an der UNI Helmstedt 81, 102

Meincke, Familie in Rostock 118

Meinhardt, Anna Armgardt (1641–1698), geb. Wulffrath 269

– , Lorenz Arnold, Dr. iur. utr., meckl. Kanzleiadvokat in Güstrow *269
Meinhold, Johannes Wilhelm (1797–1851), D. theol., Pfr. u. Schriftsteller *253
– , Juliane Maria Johanna, geb. Gering *253
Melanchthon, Philipp (1497–1560), Prof. in Wittenberg, Humanist und Reformator 62ff, 86, *87, 139
Mensing, Christina (1647–1696), geb. Lindemann, verw. Bernhorst *186; s. Bernhorst, Christina, geb. Lindemann
– , Hans Jürgen *186
Merula (*van Merle*), Justina (1597–1668); s. Woltrich, Justina, geb. Merula; s. Petraeus, Justina, geb. Merula, verw. Woltrich
– , Paul (1558–1607), ndl. Jurist, Historiker u. Geograph *176
Mevius, Beate Elisabeth v. (1709–1767) *225
– , David (1609–1670), Dr. iur., Syndikus der Stadt Stralsund, Prof. Dr. iur. und Syndikus der UNI Greifswald, schwed. Geheimrat, Vizepräsident des Wismarer Tribunals *213, *225
– , David Conrad v. (um 1712–1761) *225
– , Heinrich Rudolf v. *225
– , Margarete (1655–1684); s. Lembke, Margarete, geb. Mevius
– , Maria, geb. Putz *213, *225
– , Maria Elisabeth, geb. Kohlblatt *225
– , Thomas Balthasar v. (nach 1655–1722) *225
Meyer (Mejer), Agneta (1640 – um 1701), geb. Lindemann 151, 184
– , Bernhard d.Ä. (1570–1634), Pastor an der St.-Petri-Kirche der dt. luth. Gemeinde in Kopenhagen *184
– , Bernhard d.J. *184
Mitgau, Hermann (1895–1980), Soziologe, Historiker, Genealoge 82

Möller, Caroline Wilhelmine (1801–1866) v.; s. Quistorp, Caroline Wilhelmine, geb. v. Möller
– , Gustav v., Landgerichtspräsident in Greifswald *251
– , Johanna Magdalena (1707–1746); s. Becker, Johanna Magdalena, geb. Möller
– , Katharina Caroline v., geb. v. Wahl *251
Moller; s. Müller
– , Margareta (1583–1648), geb. Gerdes; s. Luttermann, Margareta, geb. Gerdes, verw. Moller
– , Margarethe; s. Fabricius (Faber), Margarethe, geb. Moller (Möller)
– , Martin (†1604), *patricius* *143, *181
Moltzau, Barbara (1639–1704), geb. Lindemann 150f, 183
– , Heinrich (1636–1704) *183
Müller (*Moller*), Anna d.Ä., geb. Spliten 177
– , Anna d.J. *177
– , Franz 178
– , Heinrich (1631–1675), Prof. D. theol. in Rostock 90, *177, 260
– , Katharina; s. Senst, Katharina, geb. Müller
– , Peter (1590–1658), Kaufmann in Rostock, Vorsteher der Rostocker Marienkirche *177
Münster, Gertrud v. (1610–1663); s. Tunder, Gertrud, geb. v. Münster
Munk, Kirsten (1598–1658), 1615–1630 in morganatischer Ehe mit Kg. Christian IV. v. Dänemark verbunden; Mutter v. Gf.in Leonora Christina Ulfeldt, Gf.in v. Schleswig-Holstein 151, *183
Myslenta, Coelestin (1588–1653), Prof. D. theol. in Königsberg 86

N

Nasser, Johann Adolf (1753–1828), Prof. für Philosophie, klassische u.

dt. Literatur, Archäologie und Kunst in Kiel *243
–, Johann Leopold (1711–1784), hzgl. Kammerkopist *243
–, Margarethe Elisabeth, geb. Söhnlein 242f
Neubauer; s. Niebauer
Niebauer (auch: Neubauer, Niebaur), Elisabeth (1618–1703), geb. Krüger 273; s. Cobabus, Elisabeth, geb. Krüger, verw. Niebauer
–, Johann, Dr. iur. (1617–1750), Jurist in Rostock *273
Niehenck, Catharina (1654–1715), geb. König *228
–, Druda Lucretia (1700–1750), geb. Siricius *228
–, Georg (1628–1714), Rektor der Großen Stadtschule in Rostock, Diakon / Pfr. an der Petrikirche / Pfr. an der Marienkirche in Rostock *206, *228
–, Georg Veit Heinrich (1714–1795), MA, Diakon an der Rostocker Nikolaikirche 168, *248*, 250f, 253f
–, Johann Balthasar (1680–1738), MA, Diakon an der Rostocker Marienkirche 228ff, 232, *249, *252
–, Margarethe (1632–1676), geb. Kleinschmidt *206
Nitzsch, Gregor (1660–1705), Liz. iur., Prinzenerzieher in Darmstadt, Prof. für Ethik u. Politik in Gießen, Syndikus des Fbt.s Lübeck, ksl. Hofpfalzgraf, fbfl. Lübeckischer Geheimrat in Eutin *246
–, Margaretha Katharina (1693–1764); s. Wernsdorff, Margaretha Katharina, geb. Nitzsch
Nortmann, Brigitta, verw. Junge (Jungius), geb. Holdmann; s. Junge (Jungius), Brigitta, geb. Holdmann
–, Martin, Lehrer am Gymnasium *Katharineum* in der Hansestadt Lübeck *178

O

Obrecht, Maria Magdalena (†1704); s. Fecht, Maria Magdalena, geb. Obrecht
Österreich, Ehzg. Albrecht VII. v. (1559–1621), Statthalter der Span. Niederlande in Brüssel 175
Oexle, Otto Gerhard (1939–2016), Historiker 93
Oldenburg-Delmenhorst, Gf. Anton Günther (1583–1667) *179, 200
Olearius, Familie, luth. Theologen in Sachsen 80f, 102
Opitz, Martin (1597–1639), Dichter u. Theoretiker der Dichtkunst 116
Ostfriesland, Fürstin Christine Charlotte v. (1645–1699), geb. v. Württemberg, Regentin der Gft. Ostfriesland *179
Otto, David, Pastor in Goldebee *234
–, N. N. *234
–, Ulrich Friedrich (um 1665–1713), Pastor in Goldebee *234

P

Paneke, Sophie Marie; s. Senst, Sophie Marie, geb. Paneke, verw. Müller, verw. Petersen
Pansow, Dorothea; Liebeherr, Dorothea, geb. Pansow
Pape, Familie in Lüneburg
–, Anna Catharina (1686–1713); s. Koepke, Anna Catharina, geb. Pape
–, Johann, Advokat in Lüneburg *277
–, Margarethe, geb. Hecht *277
Papke, Dorothea (†1610); s. Havemann, Dorothea, geb. Papke
–, Katharina (1580–1650); s. Pauli, Katharina, geb. Papke
Pauli, Familie in Rostock und Kopenhagen, 1698 schwed. Adel als v. Rosenschild(t)-Paulyn 137, 158
–, Elisabeth (†1635); s. Corfinius, Elisabeth, geb. Pauli

–, Elisabeth (1618–1656), geb. Fabricius (Faber) 152, 186
–, Heinrich (1565–1610), Prof. Dr. med. in Rostock, Stadtarzt in Rostock, Leibarzt der dän. Königin-Witwe Sophie (1557–1631) auf Schloss Nyköping 144, 158, 177, *178, *186
–, Katharina (1580–1650), geb. Papke (1580–1650) 144, 158, 177, *178
–, Simon d.Ä. (1534–1591), Prof. D. theol. in Rostock 144, *177, *191
–, Simon d.J. (1603–1680), Prof. Dr. med. in Rostock, Prof. der Anatomie, Chirurgie u. Botanik in Kopenhagen, Leibarzt der dän. Kge. Friedrich III. u. Christian V. 144, 152f, 158, *177, 186
Pedanus; s. Fueß
Petersen; s. auch Petraeus
–, Anna Sophia (1674–1713); s. Senst, Anna Sophia, geb. Petersen
–, Johann Christian (1682–1766), Prof. Dr. iur. in Rostock, Bgm. der Stadt Rostock, Assessor am Ratzeburger Hofgericht, Kanzleirat des Hzg.s zu Mecklenburg-Schwerin, Wirklicher Regierungsrat *247, 266f
–, Sophia Wendula (1724–1771); s. Pries, Sophia Wendula, geb. Petersen
–, Ursula Charitas (1727–1810); s. Quistorp, Ursula Charitas, geb. Petersen
–, Wendula, geb. Wulffrath *247
Petraeus (= Petersen), Johann (1597–1670), Bacc. iur., Bgm. der Stadt Rostock *118, 202
–, Justina (1597–1668), geb. Merula (van Merle), verw. Woltrich *176, *202
–, Sophia (1580–1652), geb. Schrader *202
Pfalz-Neuburg, Hzge. v. (Familie) 58f
Pfinzing (Familie) 95f

–, Martin II. (1521–1572), Burgherr zu Henfenfeld bei Nürnberg, ab 1554 Pfinzing v. Henfenfeld 95f
–, Catharina Martha (1529–1591), geb. Scherl aus Leipzig 95f
Piscator, Johannes (1546–1625), ref. Theologe u. Bibelübersetzer 27
Plautus, Titus Macchius (†184 v. Chr.) *204
Plessen, Jacob Levin v. (1701–1761), Oberhofmarschall des Fbf.s v. Lübeck in Eutin, Dompropst in Lübeck *245
Poltz (Poltzius), Georg, Pfr. in Hof u. Schönwalde (Schlesien) *203
–, Johann (†1645) gen. *Bohemus*, Schulrektor in Prenzlau, Berlin u. Wismar *203
–, Johann Moritz (1638–1708), MA, D. theol., Pastor der Hospitalskirchen St. Georg, St. Johannis und Heilig-Geist in Rostock 113, 164f, 199, *203, *204, 217, 223
–, Johann Moritz (†1691) 113
–, Sophia (um 1656–1743), geb. Quistorp 113, 165, 199, 203, *204, 214, *217, 230
–, Sophie (1647–1685), geb. Schröder *204
Prenger, Familie 193
–, Emerentia (1585–1632); s. Gerdes, Emerentia, geb. Prenger
–, Heinrich, Brauherr in Rostock *193
–, Heinrich (1595–1667), Pfr. in Parchim, Superintendent des Parchimer Kreises *193
Preuß, Elisabeth; s. Knesebeck, Elisabeth, geb. Preuß
Pries, Dorothea Elisabeth (†1716), geb. Wulffleffen *247, *254
–, Joachim Heinrich d.Ä. (1681–1763), Bgm. der Stadt Rostock *247, *254
–, Joachim Heinrich d.J. (1714–1763), D. theol., Prof. der Moral in Rostock 247, *254

–, Johann Friedrich (1710–1781), Kaufmann in Rostock, Vorsteher der Rostocker Marienkirche 155, 254
–, Margaretha Elisabeth (um 1720–1795), geb. Quistorp 156, *254
–, Sophia Wendula (1724–1771), geb. Petersen *247
Pritzbuer, Anna Elisabeth, geb. Ottmann *200
–, Dorothea; s. Scharffenberg, Dorothea, geb. Pritzbuer
–, Joachim, Dr. iur. *201
Putz, Elisabeth Katharina; s. Schwartzkopf, Elisabeth Katharina, geb. Putz
–, Maria; s. Mevius, Maria, geb. Putz

Q

Quistorp, Familie passim
–, Achim v. (*1961) *98
–, Agneta Sophia Friederike Theresia (1786–1801) *244
–, Angela (= Engel) (*†1627) 171, 179f, *181, 257, 282
–, Angela (= Engel, *1635 – nach 1682); s. Wegener, Angela, geb. Quistorp
–, Anna, geb. *Krudopp* (= Krauthoff), verw. Cadow *179
–, Anna (†1625); s. Eil (*Eyll, Eilen*), Anna, geb. Quistorp
–, Anna (1625–1664); s. Gerdes, Anna, geb. Quistorp
–, Anna Christina (1669–1753), geb. (v.) Lente 209, 220f, *222, 228, 242, *245
–, Anna Christina (1695–1743); s. Schwollmann, Anna Christina, geb. Quistorp
–, Anna Henriette (1754–1832), geb. Hundt 239, *244
–, Anna Margarete (†1762), geb. Goltermann 155, *168, *233, 234, *254

–, Anna Maria (1663–1664) *118, 199, 205
–, Anna Maria (1695–1731), geb. Berg 74f, 156, 169, 227f, 231, 237, 239, *249
–, Anna Sophia (1724–1750); s. Wachenhusen, Anna Sophia, geb. Quistorp
–, Anna Wilhelmina Theresia (1746–1782); s. Behrens, Anna Wilhelmina Theresia, geb. Quistorp
–, Barbara (1597–1663), geb. Domann 22f, 103ff, 112, 140–143, 157ff, 169, 171–174, 182, 187, 189, 199, *257, *258, 259
–, Barbara (1622–1660); s. Ridemann, Barbara, geb. Quistorp
–, Barbara (*† um 1660) 199, 205
–, Barbara Margaretha (1682–1709); s. Stein, Barbara Margaretha, geb. Quistorp
–, Barthold v., preuß. Generalleutnant (1825–1913) 18, *118
–, Bernhard (*1951) *14, 76
–, Bernhard Balthasar (um 1658–1724), Apotheker in Rostock 18, 155, 199, *204*, 222, *223, 224, 229, *232, 233
–, Bernhard Friedrich (1718–1788), Prof. D. theol. u. Superintendent in Rostock, Prof. D. theol. in Greifswald, Pfr. an St. Jakobi, dann an St. Nikolai in Greifswald, Generalsuperintendent v. Schwedisch-Pommern und Fst. Rügen, Stadt-Superintendent v. Greifswald 75, 78, 98, 117, 132 Abb. 66, 227, *229f*, 237, 240, 243, *250, 251
–, Caroline Wilhelmine (1801–1866), geb. v. Möller *251
–, Catharina (1562–1647), geb. Dumrath 104ff, 144, 171, *173*, *176, *196f*; s. Bojemus, Catharina, geb. Dumrath, verw. Quistorp
–, Catharina (1619–1684); s. Lindemann, Catharina, geb. Quistorp

Personenregister

–, Catharina (1665–1690); s. Klaprod, Catharina, geb. Quistorp
–, Catharina Dorothea (1721–1771), geb. Wienke 227, *229, *235, 250
–, Catharina Sophia (1680–1706); s. Grape, Catharina Sophia, geb. Quistorp
–, Catharina Theresia (1722–1797), geb. Dallin 75, 153f, 239, 241, *246
–, Charlotte Marie (1780–1801); s. Arndt, Charlotte Marie, geb. Quistorp
–, Christian August Heinrich (1783–1853) *244
–, Christina Theresia Elisabeth (1762–1797); s. Gering, Christina Theresia Elisabeth geb. Quistorp
–, Christina Wilhelmina (1741–1806), geb. Burgmann *254
–, Daniel (*†1687) 100, 209, 216
–, Elise Auguste Caroline Ottilie (1840–1912); s. Schreiber, Elise v.
–, Engel; s. Angela
–, Ernst Friedrich (1781–1782) *244
–, Friedrich Wilhelm (1791–1816) *244
–, Friederike Franziska (1797–1875), geb. v. Below 19
–, Friedrich August (1751–1801), Kaufmann in Sternberg 154, 239, 244f
–, Georg Daniel (1688–1691) 100, 209, 217f
–, Hans Joachim (1920–2018), Pfr. in Brüssel, Saarbrücken, Refrath *14, 76, *85, *98, 113, *117
–, Heinrich, Bürger in Rostock 145, 179, 193, Stiefvater des Matthias Cadovius
–, Heinrich (1911–1987), D. theol., Pfr. in Neukirchen-Vluyn, Kleve, Minden/W. *19, 76, 97
–, Helena Dorothea (1694/95–1779), geb. Tarnow 199, *207
–, Hugo (1697–1701) 101, 209, 222f, 264
–, Hugo Theodor (1702–1732) 101, 210, 223f
–, Joachim (Jochim, um 1556–1604) aus Niendorf (Fbt. Lübeck), Weißgerber (Beutler) in Rostock 105, 171, *172, 173
–, Joachim (*† 1631) *157, 170f, 180f, 257f
–, Joachim (1766–1848), kgl. preuß. Landmesser in Stralsund 170, 239, 254f
–, Joachim Anton Friedrich (1792–1860), ghzgl. meckl. Major 19, 118
–, Joachim Friedrich Bernhard (1791–1879), Geheimer Justizrat am Hofgericht Greifswald, Kreisgerichtsdirektor in Greifswald *251
–, Jochim (†1619) 119, 172
–, Johann (1758–1834), Dr. med., Prof. der Naturgeschichte u. Ökonomie in Greifswald 239, 251
–, Johann Bernhard (1692–1761), Prof. Dr. med. u. Stadtarzt in Rostock 78, 108, 155, *168, *222, 233f, *254
–, Johann Christian (1737–1795, ab 1792 Edler v. Quistorp), Prof. Dr. iur. utr. in Bützow, Justizrat im Hgt. Mecklenburg-Schwerin, Assessor / Rat am Wismarer Tribunal, Strafrechtler 78, 116, 132 Abb. 67, 155, *254*
–, Johann Daniel (1679–1683) 100, 209, 211, 261f
–, Johannes d.Ä. (1584–1648), Prof. D. theol. in Rostock, Archidiakon / Pfr. an der Rostocker Marienkirche, Stadtsuperintendent 7f, 13f, 16f, 19, 21ff, 28, 33, 37, 52, 55–64, 73ff, 77f, *79, 80, 84ff, 89, 94f, 97ff, 102, 104f, 107–110, 116–121, 123–128, 133, 136–149, 153, 157–162, 166f, 170, *171–198*, 199, *200, *202, 257f, *259, 282ff
–, Johannes d.J. (1624–1669), Prof. D. theol. in Rostock, Archidiakon /

Pfr. an der Rostocker Jakobikirche 7f, 14, 16, 18f, 73f, 77, *79, 80, 84–87, 89f, 99, 102, 108–114, 116f, *118, 121, 129 Abb. 58–61, 136ff, 144, 147f, 157–161, 166, *168, 171, 174, 177f, *182, *183, *191, 194, *199–208*, 202, 259ff, 263, *273, 284

– , Johannes (*†1667) 112, 199, 207, 259

– , Johann Gottfried (1755–1835), Dr. phil., Architekt, UNI-Baumeister, akademischer Zeichenmeister, Adjunkt für Bau- u. Feldmesskunst an der UNI Greifswald 167, 239, *248*, *253

– , Johann Gottfried (1752–1825), MA, Erbherr auf Vorwerk u. Klein-Jasedow bei Lassan (1782 Adelsstand mit dem Prädikat v. Quistorp) *229, *251

– , Johann Gustav (1817–1886), Dr. med., Rittergutsbesitzer *251

– , Johann Jacob (1717–1766), D. theol., Prof. der Logik u. Metaphysik in Kiel, Prof. der Physik u. Metaphysik in Rostock, schleswig-holsteinischer u. fbfl. lübeckischer Kirchenrat in Eutin, Hofprediger, Konsistorialrat, Pfr. an der Nikolaikirche in Rostock 7f, 14, 16, 74f, 78, 98, 108, 117, 122, 130f Abb. 63–65, 153f, 163, 166, 170, 228, *230, 237, *239–256*, 287

– , Johann Nicolaus (1651–1715), Prof. D. theol. in Rostock, Diakon / Pfr. an der Rostocker Nikolaikirche, Stadtsuperintendent 7f, 14, 16, 74, 77, 79f, 83f, 99–103, 106, 111, 114, 117, 130 Abb. 62, 134, 138, 156, 165f, * 168, 196, 199, 201, *209–226*, 227, 263–281, 285

– , Johann Nicolaus d.J. (1684–1743), MA, *Magister legens* in Rostock 101f, 209, 215, 228

– , Johann Wilhelm (1748–1775), Schulleiter des Priesterseminars bei der Kreuzkirche in Bergen (Norwegen) 239, 243f

– , Johann Zacharias (1704–1711) 101, 210, 224f

– , Lorenz Gottfried d.Ä. (1691–1743), Kaufmann u. Rh. in Rostock 7f, 14, 16, 74, 100f, 156, 169, 209, 218f, *227–238*, 239, 286

– , Lorenz Gottfried d.J. (1720–1760), Kaufmann in Stettin 227, 230f, 249

– , Louise Friederike Johanne Caroline (1819–1888); s. Hagen, Louise Friederike, geb. Quistorp

– , Margaretha (*1622); s. Schoff, Margaretha, geb. Quistorp

– , Margaretha Catharina (1727–1796); s. Wachenhusen, Margaretha Catharina, geb. Quistorp

– , Margaretha Christina (1733 – nach 1767); s. Crumbiegel, Margaretha Christina, geb. Quistorp

– , Margaretha Elisabeth (1656–1692), geb. Berckow *168, 209f, 212, *213, 219, 225, 227, 263

– , Margaretha Elisabeth (um 1720–1795); s. Pries, Margaretha Elisabeth, geb. Quistorp

– , Margaretha Sophia Elisabeth (1793–1795) *244

– , Maria (1632 – nach 1663); s. Falck, Maria, geb. Quistorp

– , Maria Elisabeth (1672–1743), geb. Krück 155, 199, *204, *223, 232, *233

– , Marie Christine (1771–1817), geb. Lönnies 239, *251

– , Ottilie (1826–1907), geb. Barnewitz *251

– , Peter (1585 – nach 1648), Goldschmied in Rostock 145, 179, 193

– , Peter Hinrich (*†1725) 227, 233f

– , Regina Dorothea (1695–1781), geb. Burgmann *168, 169, 227, 235, 238, 243, *251, *254

– , Sarah Henriette (†1797), geb. Linde 239, *248

–, Sophia (1630–1691), geb. Scharffenberg 74, 147f, *168, *182, 199, *200*, *201, *202, 209, 211, 263
–, Sophia (um 1656–1743); s. Poltz (Poltzius), Sophia, geb. Quistorp
–, Sophia Catharina (1677–1678) 209, 211
–, Stephan (1654 – vor 1691) *118, 199, 202
–, Theodor (1669–1722), Rh. in Rostock 199, *207f*, 224, 232
–, Theodor Johann (1722–1776), Dr. iur. utr., Rat am Wismarer Tribunal, Rh. der Stadt Wismar 117, 166, 227, *231f*, 246, *250, 266f
–, Theodor Rudolf (1752–1780), Landwirt in Westenbrügge 239, 246
–, Theresia Dorothea Charitas (1757–1831); s. Vermehren, Theresia Dorothea Charitas, geb. Quistorp
–, Thomas (1652–1654) 112, 199, 201, 258
–, Tugendreich Dorothea (1756–1796), geb. v. Behr *251
–, Tugendreich Eleonore Luise Magdalene v. (1793–1866) 239, *250
–, Ursula Charitas (1727–1810), geb. Petersen 227, *231f*, 250
–, Walter Hinrich (*†1719) 227, 230
–, Wilhelm August Bernhard (1824–1887), Pfr., Begründer des Bugenhagenstifts in Ducherow *19

R

Rademann, Elsabe; s. Thombs, Elsabe, geb. Rademann
Radow, Anna Maria; s. Weiss, Anna Maria, geb. Radow
–, Georg (1635–1699), Prof. Dr. iur. in Rostock *216
Rahne / Rahn, Heinrich (1601–1662), Prof. Dr. iur. utr. in Rostock 105, *121, 195, *197

Ratke (*Ratichius*), Wolfgang (1571–1635), Bildungs- u. Schulreformer 159f, 166
Rebenstock, Heinrich Peter (1545–1591), Pfr. in Eschersheim bei Frankfurt am Main 35, 43
Redeker (*Redecker*), Anna, geb. von Anckum *218
–, Anna Christina (vor 1660–1718), geb. Hennings, verw. Kohlblatt *222, *225
–, Catharina Sophia, geb. Gerdes (nach 1631 – nach 1704) *192, 218, 273
–, Christoph (1652–1704), Prof. Dr. iur. in Rostock, hzgl. Konsistorialassessor; Rh., Bgm. der Stadt Rostock *192, *218, *223, 273
–, Gerhard, Bgm. der Stadt Osnabrück *218
–, Heinrich Rudolph d.Ä. (1625–1680), Herr auf Groß Potrems, Prof. Dr. iur. in Rostock, hzgl. Konsistorialassessor, meckl. Hofrat in Schwerin, kgl. dän. Rat *223, 259
–, Heinrich Rudolph d.J. (1658–1715), Herr auf Groß Potrems u. Scharfstorf, Jurist, Mitglied der meckl. Justizkanzlei in Schwerin, Hofrat *222, *223*, *245
Reiche, Hedwig; s. Gerdes, Hedwig, geb. Reiche
Reventlow, Familie, auf Gut Altenhof bei Eckernförde 153, 239
Rhaw (*Rhau, Rau*), Balthasar II. Rhaw (1601–1658) Prof. Lic. theol., in Greifswald, Pfr. u. Superintendent in Stralsund *219
–, Margarete (1634–1716); s. Grape, Margarete, geb. Rhaw, verw. König; s. König, Margarete, geb. Rhaw
Ridemann, Familie in Osnabrück, Kiel und Rostock
–, Anna (1578–1663), geb. Dreyer 189

–, Anna (1642–1651) 189
–, Barbara (1622–1660), geb. Quistorp 148, *157, *168, 171, *173, 176f, *181, *188, 189, *203, *205, 258
–, Barbara (*1644) 189
–, Christian *191
–, Dorothea (1656–1658) *190
–, Heinrich, Kaufmann u. Weinhändler in Kiel 148, *187, *189
–, Heinrich d.J. (1605–1693), Rh. in Rostock *189, *190*
–, Heinrich (*1647) *190
–, Johann (1645–1657) 190
–, Margarete (1627–1660), geb. Schröder 190f
–, Margarethe; s. Kirchner, Margarethe, geb. Ridemann
–, Margarethe Katharina (1639–1705), geb. Sandhagen *188
–, Nicolaus (1610–1662), MA, Lic. theol., Diakon an der Rostocker Marienkirche 145, 148, *168, 171, *187f*, 189, *190, 193, 204, 258
–, Nicolaus (*1648) 191
–, Peter *191
Ritter, Nicolaus, Student aus Lübeck 172
Roberts, Dorothea Augusta *241
Rödinger, Christoph d.Ä., Drucker in Magdeburg u. Jena († 1557) *62
Röhling, Justina Dorothea (1701–1770); s. Dallin, Justina Dorothea, geb. Röhling
–, Wilhelm, Kammersekretär, dann Kammerrat des Fbf.s v. Lübeck in Eutin 154, 239, 241ff
Rörer, Georg (1492–1557), Bibelkorrektor in Wittenberg *26
Roloff, Elisabeth (1636–1678), geb. Lüschow *214
–, Peter, Domküster in Güstrow *214
–, Peter (1635–1695), Pfr. an St. Katharinen, dann an St. Petri in Rostock 213f, 218
Romberg, Tobias († vor 1690), Stadtsekretär in Rostock *206

–, Wendula (1629–1690), geb. Kleinschmidt *206
Rosenschild(t)-Paulyn, v., Familie; s. Pauli, Familie
Ross, Familie in Rostock 118
Rudolf II., Ks. (*1552, reg. 1576–1612) 58, 174
Rüder, Francisca Catharina (1718–1762); s. Förtsch, Francisca Catharina, geb. Rüder
Rumohr, Adelheid Benedicta v. (1725–1806), geb. v. Blome 154, 244f
–, Cay (1688–1770) *244
–, Henning Benedikt (= Bendix) v. (1717–1776), Domkapitular, dann Thesaurar des Lübecker Domkapitels, Rat des Fbf.s v. Lübeck, Präsident der fbfl. Kollegien in Eutin 154, 244f
Runge (Rungius), Marcus († 1648), Pfr. in Gettorf (Hzt. Schleswig) *191
–, Peter († 1691), MA, Diakon / Pfr. in Gettorf 191
Russland, Zar Paul I. (Haus Romanow-Schleswig-Holstein) (*1754, 1762–1773 Hzg. v. Schleswig-Holstein-Gottorf, 1796–1801 Zar v. Russland, 1799–1801 Großmeister des Malteserordens) *245
–, Zar Peter III. (= Erbprinz Karl Peter Ulrich v. Schleswig-Holstein-Gottorf) (*1728, reg. † 1762) *242

S

Sachsen, Kf.en v., s. Albertiner 58ff
Sachsen, Kf. August v. (1526–1586) 13, 25, 56–61, 65ff, 69, 84, 95, 106
Sachsen, Hzge. v.; s. Ernestiner *20
Sachsen-Lauenburg, Hzg. August v. (1577–1656) *204
Sander, Anna (um 1579 – nach 1643), geb. Krauthoff 179
–, Friedrich (1576–1614), Protonotar am meckl. Land- u. Hofgericht 179
Sandhagen, Anna, geb. Wolters *211

–, Anna (1643–1712); s. Ellerhusen, Anna, geb. Sandhagen, verw. Bindrim
–, Margarethe Katharina (1639–1705); s. Ridemann, Margarethe Katharina, geb. Sandhagen
–, Paul, Pfr. *211
–, Rembert (1611–1683), Diakon / Pfr. an der Rostocker Nikolaikirche *188, *211*, 213, *272
Schacht, Margarethe (1559–1626); s. Gladow, Margarethe, geb. Schacht
Scharf, Klara Margarete; s. Koepke, Klara Margarete, geb. Scharf
Scharffenberg, Familie 147
–, Agnes (= Agneta, 1624–1694); s. Barnstorff, Agnes, geb. Scharffenberg; s. Weidenkopf, Agnes, geb. Scharffenberg, verw. Barnstorff
–, Agnete (1563–1624), geb. Beselin *182
–, Angela (= Engel), geb. Zölner *201
–, Anna (1599–1638), geb. Guhl 199, *200, *201, *203, 209
–, Bernhard (1544–1619), Rh. u. Bgm. der Stadt Rostock, Sekretär u. Quästor der UNI Rostock 147, *176, *182
–, Bernhard († 1638) *182
–, Bernhard Balthasar (um 1616/20–660) 201
–, Dorothea, geb. Pritzbuer *201
–, Engel; s. Angela
–, Margarete (1591–1667), geb. Clandrian *182
–, Nikolaus (1588–1651), Prof. Dr. iur. utr. in Rostock, ab 1626 Rh., Bgm. der Stadt Rostock, kgl. dän. Rat 147, *182, 199, *200*, *202, 209
–, Nikolaus d.J. († um 1654), Bacc. iur. *182, 193, 201
–, Sophia (1630–1691); s. Quistorp, Sophia, geb. Scharffenberg
–, Ursula (1585–1614); s. Lindemann, Ursula, geb. Scharffenberg

Scherl, Catharina Martha (1529–1591); s. Pfinzing, Catharina Martha, geb. Scherl
Schindling, Anton (1947–2020), Historiker 82
Schleff, Friedrich, Kaufmann in Hamburg *231
Schleswig-Holstein-Gottorf, Hzge. v. 75, *204
–, Erbprinz Karl Peter Ulrich; s. Russland, Zar Peter III.
–, Hzg. Adolf Friedrich (1710–1770), s. Schweden, Kg. v.
–, Hzg. Christian August (1673–1726) *241, *245
–, Hzg. Friedrich August (1711–1785) v., luth. Fbf. v. Lübeck, später Gf. v. Oldenburg u. Delmenhorst, Hzg. v. Oldenburg 154, 244, *245, 247
–, Hzg. Paul; s. Russland, Zar Paul I.
–, Hzg. Philipp v. (1570–1590) *185
Schlie, Friedrich (1839–1902), Kunsthistoriker u. Archäologe 113f
Schmidt, Johanna Friederike (*1767), geb. Crumbiegel *237
–, Johann Christian, Kaufmann in Rostock *237
–, Johann Peter (1708–1790), Jurist u. Regierungsbeamter 9f
–, Thomas 183
–, N. N. 183
Schnitler, Elisabeth (1615–1657), geb. Geismer, verw. Gerdes 193
–, Elisabeth (1627–1716); s. Lembke, Elisabeth, geb. Schnitler
–, Elisabeth, geb. Güsebier *205
–, Heinrich (1620–1652), Dr. iur. utr., Advokat in Rostock *193
–, Johann, Seidenhändler *205
Schoepffer, Johann Joachim (1661–1719), Prof. Dr. iur. utr. in Rostock, hzgl. Konsistorialassessor, hzgl. meckl. Rat, Vizedirektor der Justizkanzlei *271
Schoff, Barbara (*1643); s. Jordans, Barbara, geb. Schoff
–, Friedrich (*1647) 188

–, Heinrich (*†1654) *188
–, Jacob (1615–1666), Ratssekretär in Rostock 147f, *168, 171, 186, 193, 205
–, Jacob *188
–, Joachim Friedrich *188
–, Johann Nicolaus (1642–1720), Dr. med., Arzt in Hamburg 187, *188
–, Lucia *188
–, Margareta (*1622), geb. Quistorp 145–148, *157, *168, 171, 176f, 186, 194, 205
–, Margaretha, geb. Grube *187
–, Margaretha Justina *188
–, Maria *188
–, Nicolaus, Rh. in Sternberg *187
Schorler, N. N. (*Schärlersche*) 207
–, Vicke (1560–1625), Chronist, Schöpfer einer Rostocker Städteansicht *207
Schorn-Schütte, Luise (*1949), Historikerin 88
Schrader, Sophia (1580–1652); s. Petersen (Petraeus), Sophia, geb. Schrader
Schreiber, Elise Auguste Caroline Ottilie v., geb. Quistorp *19
–, Georg, aus Königsberg *85f
Schröder, Anna Sophia; s. Gutzmer, Anna Sophia, geb. Schröder
–, Dorothea (1610–1679), geb. Bacmeister, verw. Hauswedel *204
–, Hans, Brauherr in Rostock 190
–, Joachim (1613–1677), D. theol., Pfr. am St. Georg-Hospital / St. Johannis in Rostock 90, 204
–, Katharina (†1583); s. Dobbin, Katharina, geb. Schröder
–, Margarete, Witwe des Brauherren Hans Schröder 190
–, Margarete (1627–1660); s. Ridemann, Margarete, geb. Schröder
–, Sophie (1647–1685); Poltz (Poltzius), Sophie, geb. Schröder
Schuckmann, Anna; s. Wolff, Anna, geb. Schuckmann

–, Hermann (1616–1686), Prof. D. theol. in Rostock *121, *200
Schultetus, Stephan (1602–1654), Prof. Dr. med. u. Prof. der Höheren Mathematik in Rostock 191
Schwabe, Elisabeth (1680–1712), geb. Susemihl 275f
–, Johann, Pastor in Sternberg *275
–, Johann Konrad (†1716), Dr. iur. utr., Advokat, Rh. in Rostock *275, 276
Schwante, Enoch (1576–1624), Pfr. zu Güstrow *201
–, Enoch d.Ä. (*Swantenius*, 1618–1674) *201*, 202, *204, 205ff, 260f
–, Katharina (1627–1675), geb. Tarnow *201, *260
Schwartzkopf, Anna Maria (1664–1693); s. Lembke, Anna Maria, geb. Schwartzkopf
–, Elisabeth Katharina, geb. Putz *213
–, Kaspar, Bgm. v. Wismar *213
Schweden
–, Kg. Adolf Friedrich (*1710, reg. 1751–1770) v. 78, *244
–, Kg. Karl IX. (*1550, reg. 1604–1611) 175
–, Kg.in-Witwe Maria Eleonora, geb. Mgf.in v. Brandenburg 151, *184
Schwendy, Andreas, Domkapitular in Roskilde 152, *184
–, Margarethe; s. Sperling, Margarethe, geb. Schwendy, verw. Andreae
Schwiegerau (*Schwigerovius*), Nicolaus, Ratsdrucker in Rostock (aktiv 1699–1734) 265
Schönlow, Margarete (1622–1707); s. Knesebeck, Margarete, geb. Schönlow
Schwollmann, Anna Christina (1695–1743), geb. Quistorp 209, 221, 231, *233, *252
–, Christian Theophil (1697–1766), Diakon in Segeberg/Holstein, Compastor, dann Pastor in Fried-

richsberg, Schlossprediger in Gottorf, Konsistorialrat in Schleswig 209, *221, 233, 252
–, Maria Dorothea (1744–1820), geb. Struensee *221
–, Wilhelm Alexander (1734–1800), Pastor in Friedrichsberg u. Schlossprediger in Gottorf, Konsistorialrat u. Oberkonsistorialrat in Schleswig *221
Sebes, Anna Margarethe (1632–1681); s. Knesebeck, Anna Margarethe, geb. Sebes
Seeke (*Seck, Seke, Seeck, Seeckt*), Joachim, Kaufmann in Rostock *168, 213, 215
–, Ehefrau (N. N.) *168, 213
Seelhorst, Johann Christian (1699–1756), Pastor an St. Nikolai in Kiel, Oberkonsistorial- und Kirchenrat *242
–, Levin (1656–1721), Pastor in Kirchboitzen (Braunschweig-Lüneburg) *242
–, Margarethe Sophie (1668–1722), geb. Bödicker *242
–, Marianne, geb. Amelung 242
Selfisch, Samuel (1529–1615), Buchhändler, Verleger u. Rh. in Wittenberg 105
Senst (*Senstius*), Anna Sophia (1674–1713), geb. Petersen *230f, 276f
–, Johann (1650–1723), D. theol., Pfr. im meckl. Fürstenberg, Diakon / Archidiakon an der Rostocker Marienkirche, Prediger am Kloster zum Hl. Kreuz in Rostock 230ff, 276
–, Katharina, geb. Müller *230
–, Sophie Marie, geb. Paneke *230
Sibrand, Anna (1630–1678); s. Lieberherr, Anna, geb. Sibrand
–, Barbara (1642–1697), geb. Karstens 214
–, Catharina (1606–1668), geb. Deutsche *214

–, Heinrich Sibrand (†1647), Jurist, meckl. Landsyndikus *214
–, Joachim Heinrich Sibrand (1670–1743), Prof. Dr. iur. utr. in Rostock, Assessor beim Wismarer Tribunal *275
–, Johann d.J. (1637–1701), Prof. Dr. iur. in Rostock 214, 271
Siricius, Druda Lucretia (1700–1750); s. Niehenck, Druda Lucretia, geb. Siricius
Smedes, Anna; s. Klein, Anna, geb. Smedes
Söhnlein, Margarethe Elisabeth; s. Nasser, Margarethe Elisabeth, geb. Söhnlein
Sohm (*Sumen, Sumius*), Familie in Kiel
–, Michael, Student in Rostock *190
–, Valentin, Student in Rostock *190
Solis, Virgil (1514–1562), Zeichner u. Stecher in Nürnberg 36, 96
Soltau (*Soltovius*), Bernhard (1592–1667), Sohn eines Sekretärs der Hzge. v. Schleswig-Holstein-Gottorf in Schleswig, Dr. iur., Rat der Hzge. v. Schleswig-Holstein-Gottorf, Syndikus des Domkapitels Schleswig *204*
Spanien, Kg. Philipp III. v. (*1578, reg. 1598–1621) 174f
Sperling, Margarethe, geb. Schwendy, verw. Andreae 152, 184
–, Otto (1602–1681), Dr. med., Stadtarzt v. Kopenhagen, Leibarzt u. Botaniker Kg. Christians IV. v. Dänemark 152, 184f
–, Paul d.Ä. (1560–1633), Rektor der Gelehrtenschule *Johanneum* in Hamburg *185
–, Paul d.J. (1605–1679), Prof. D. theol. an der UNI Kiel *185
Spliten, Anna; s. Müller (*Moller*), Anna, geb. Spliten
Starck, Samuel (1649–1697), Prof. D. theol. in Rostock, Pfr. an der Rostocker Jakobikirche 269

Steenkuhl (= Steinkuhl), Johann (*1610), Kaufmann in Kopenhagen, Direktor der Grönländischen Walfang-Kompanie 152, 185
–, Maria 152, 185
Stegemann; s. Luttermann, Agnes, geb. Stegemann
Stein, Anna († 1706), geb. Hinckelmann *214
–, Anna Christina (1714–1772); s. Burgmann, Anna Christina, geb. Stein
–, Anna Dorothea (1679–1744), geb. Wolff *168, 169, 232, *253
–, Anna Elisabeth; s. Wienke, Anna Elisabeth, geb. Stein
–, Barbara Margaretha (1682–1709), geb. Quistorp 209, 213ff, 220, *230, *232
–, Johann (1661–1725), Prof. Dr. iur. in Königsberg *215
–, Johann Lucas (*†1709) *215, 220
–, Konrad (1774–1732), Prof. Dr. iur., Rh. in Königsberg *215
–, Matthias (1660–1718), Prof. Dr. iur. in Rostock *214f
–, Walther († 1680), Kaufmann und Brauherr in Rostock *214
–, Walther (1668–1739), Rh. u. Kaufmann in Rostock, Vorsteher der Rostocker Nikolaikirche 101, *168, 169, 209, *213, 214, 220, 230, 232, *253
Steinhagen, Johann Friedrich (1668–1694), Student in Rostock 268
Steinhausen, Martin (um 1610 – vor 1660), Dr. iur. utr., Rh., Bgm. der Stadt Wilster 183
–, Margaretha Elisabeth (*1618/19), geb. Lindemann 183
Stephani, Dorothea (1622–1663); s. Wegener, Dorothea, geb. Stephani
Stern (ab 1645 v. Stern), Familie, Inhaber der v. Stern'schen Druckerei in Lüneburg 24

–, Heinrich (1592–1665), Buchhändler, Drucker u. Verleger in Lüneburg 24
–, Johann (1582–1656), Buchhändler, Drucker, Verleger in Lüneburg 24f
Stint, Wolhard (1600–1661), Jurist, Bgm. der Stadt Rostock *202
Stockmann, Joachim (1592–1653), Prof. Dr. med. in Rostock *200
Stoppel, Emerentia; s. Krauthoff, Emerentia, geb. Stoppel
Strasser, Otto Christoph, Rittmeister *234
–, Theresia; s. Krück, Theresia, geb. Strasser, verw. Bergmann
Strom, Jonathan (*1961), ev. Theologe u. Kirchenhistoriker 90, 135, 160, 162
Struensee, Adam (1708–1791), kgl. dän. Oberkonsistorialrat, Generalsuperintendent der Hgt.er Schleswig u. Holstein *221
–, Carl August Struensee v. Carlsbach (1735–1804), kgl. preuß. Innenminister *221
–, Johann Friedrich Gf. (1737–1772), dän. Staatsmann *221
–, Maria Dorothea (1744–1820); s. Schwollmann, Maria Dorothea, geb. Struensee
Sturm, Johann (1507–1589), Humanist, Direktor des Straßburger Gymnasiums 139
Süter (Suter), Anna, geb. Klepel *207
–, Christian, Advokat in Wolgast *207
–, Theodor (1620–1673), Rh., Bgm. der Stadt Rostock 207
Sumius; s. Sohm
Susemihl, Elisabeth (1680–1712); s. Schwabe, Elisabeth, geb. Susemihl
–, Joachim Friedrich (1627–1699), Pfr. *275
–, Oelgard (1640–1697), geb. Hane *175
Swantenius; s. Schwante

T

Taddel, Bernhard (†1673), Küster in Gadebusch *276
–, Christina (1681–1762), geb. Vermehren *276
–, Elias (1601–1660), Prof. D. theol. in Rostock, Pfr. der luth. Gemeinde in Amsterdam *85f
–, Jacob (1648–1713), Schreiber in der meckl. Regierungskanzlei, Geheimsekretär, Geh. Kanzleirat, Regierungsrat in Schwerin 276
–, Margarethe, geb. Wegener (Wägener) *276
Tank, Hedwig (†1647); s. Wulffrath, Hedwig, geb. Tank
Tape, Margarete; s. Dreyer, Margarete, geb. Tape *189
Tarnow, Helena Dorothea (1694/95–1779); s. Quistorp, Helena Dorothea, geb. Tarnow
–, Johann (1586–1629), Prof. D. theol. in Rostock 153, *173, *182, 201, *207, *260
–, Johann Johannsen (1624–1661), Pfr. in Kopenhagen 153, *182, *207
–, Katharina (1627–1675); s. Schwante, Katharina, geb. Tarnow
–, Paul (1562–1633), Prof. D. theol. u. Schulrektor in Rostock *22, 84, 139, 153, 171, *207
–, Ursula Catharina (1636–1677), geb. Lindemann 153, 182, *207; s. auch Bremer, Ursula Catharina (1636–1677), geb. Lindemann, verw. Tarnow
Tellior, Anna, geb. N. N. *181
–, Jacob d.Ä., Rh., Stadtrichter, Bgm. in Prenzlau (Uckermark) 180
–, Jacob d.J., Lic. med., Stadtarzt u. Bgm. in Prenzlau *180
Terenz (= Publius Terentius Afer, †159/158 v. Chr.) *204
Thedens, Christina Elisabeth (*1751) *246
–, Hinrich, Amtsbote in Eutin *246
Thombs, Elsabe, geb. Rademann *184
–, Margarethe Titusdatter (1609–1686); s. Boysen, Margarethe Titusdatter, geb. Thombs
–, Titus: *184
Thomsen, Anna Dorothea (†1741); s. Förtsch, Anna Dorothea, geb. Thomsen
Thuresen, Frederik (1613–1676), Kaufmann in Kopenhagen, Direktor der Grönländischen Walfang-Kompanie 152, *185
Toppelius, Familie in Rostock 118
Troeltsch, Ernst (1865–1923), Prof. D. theol. in Bonn u. Heidelberg, ev. Theologe, Kulturphilosoph u. Politiker 87
Tscherning, Andreas (1611–1659), Prof. der Poetik in Rostock 116, 126 Abb. 54
Tunder, David (1583–1640), Diakon an der Rostocker Marienkirche 144, 148, 180, *187, 189
–, Gertrud (1610–1663), geb. v. Münster *180
–, Regina (1610–1638), geb. Fidler *180
–, Ursula (†1631), geb. Bolte *180

U

Ukert (Uckert), Georg Heinrich, Diakon, zweiter Pastor, Hauptpastor in Eutin 246
–, Georg Heinrich Albert (1745–1814), Hofprediger in Eutin *246
Ulfeldt, Corfitz Gf. (1604–1664), Reichsrat, Statthalter v. Kopenhagen, Reichshofmeister, war bis 1648 erster Minister u. Favorit Kg. Christians IV. v. Dänemark; Sturz 1651, Exil 150f, 183, *184
–, Jacob (1567–1630), dän. Kanzler *183
–, Leonora Christina (1621–1698), Gf.in v. Schleswig-Holstein

(Tochter des dän. Kg.s Christian IV. aus dessen morganatischer Ehe mit Kirsten Munk) 151, *183, *184

V

Varenius, August d.Ä. (1620–1684), Prof. D. theol. in Rostock, hzgl. Konsistorialrat 207f, *214, 260
Vartmeyer, Jacob, Gograf zu Osnabrück *173
Vermehren, August Arnold (1739–1811), Pastor in Güstrow 239, *250
–, Christina (1681–1762); s. Taddel, Christina, geb. Vermehren
–, Michael (1659–1718), Hauptpastor an der Lübecker Ägidienkirche *250
–, Michael Gottlieb (1699–1748), Dr. iur., Rh. in Lübeck *250
–, Theresia Dorothea Charitas (1757–1831), geb. Quistorp 239, 250
Vibe; s. Wibe
Vöhrden, Angela v.; s. Barclay, Angela, geb. v. Vöhrden
Voigt, Augustus, kgl. dän. Sekretär in der Deutschen Kanzlei in Kopenhagen 152, 185
–, Johannes (†1625), Drucker in Goslar: 6, 17, 21–36, 59, 61
Voß, Margaretha v.; s. Krakewitz, Margaretha v., geb. v. Voß

W

Wachenhusen, Anna Ilsabe (1723–1796), geb. Buntzen 253
–, Anna Katharine, geb. Berg *235
–, Anna Sophia (1724–1750), geb. Quistorp 227, 232f, *250, 253
–, Friederike Katharine Maria (1767–1770) *235
–, Friedrich Joachim (1711–1772), Kaufmann u. Bgm. in Sternberg 227, *232, *234, 235, 252
–, Helene Juliane Theresia (1760–1762) *235
–, Joachim Carl (1671–1749), Pastor in Kladrum *232, *235
–, Karl Friedrich (1719–1781), Kaufmann in Wismar 227, *232, *235, 250, *253
–, Karl Jacob (1748–1822), Kaufmann in Wismar *232
–, Margaretha Catharina (1727–1796), geb. Quistorp 227, 234f, 246, *252
–, Margarete Dorothea (1761–1762) *235
–, Oelgart Maria (†1725), geb. Wendt *232, *235
Wackerbarth, Ritter Jürgen (II.) *179
Wahl, Katharina Caroline v.; s. Möller, Katharina Caroline v., geb. v. Wahl
Walch, Christian Wilhelm Franz (1726–1784), Prof. D. theol., Kirchengeschichtler u. Theologe in Göttingen 252
Wallenstein (= Waldstein), Albrecht Wenzel Eusebius v. (1583–1634), Hzg. v. Friedland und Sagan, ksl. Feldherr 162
Walther, Christoph (um 1515–1574), Bibelkorrektor in Wittenberg 35f
Warkentin, Helena (1615–1691); s. Gerdes, Helena, geb. Warkentin
Wasmundt, Peter (1586–1632), Prof. Dr. iur. in Rostock, Mitglied im meckl. Land- u. Hofgericht, meckl. Rat in Güstrow, meckl. Rat u. Kanzler in Schwerin 257
Wegener (Wagener, Wagner, Wegner), Angela (= Engel, 1635 – nach 1682), geb. Quistorp 148, *157, 171, 181, 205, *207, 214
–, Dorothea (1622–1663), geb. Stephani *207
–, Gertrud (1585–1656), geb. Dethloff *207
–, Joachim, Kaufmann u. Brauherr in Rostock 148, 171, *181, 207, *214

Personenregister

–, Johann d.Ä. (†1653), Rh. in Rostock *207
–, Johann d.J. (nach 1607–1663), Fiskal am meckl. Land- u. Hofgericht *207
–, Margarethe; s. Taddel, Margarethe, geb. Wegener
Weidener, Johann Joachim (1672–1732), Prof. D. theol. in Rostock *245
Weidenkopf, Agnes (= Agneta, 1624–1694), geb. Scharffenberg, verw. Barnstorff *203, 213, *216, *217
–, Georg Heinrich (1619–1692), Ratsapotheker in Rostock *203, *213, *216
–, Jonas d.J. (um 1580–1622), Rat u. Geheimsekretär der Schenken v. Limpurg *203
–, Margarethe Agnes (1656–1726); s. Weiss, Margarethe Agnes, geb. Weidenkopf
–, Martha Agnes, geb. Fröschel *203
Weinsberg, Hermann (1518–1597), Rh. u. Hauschronist in Köln *92
Weiss, Anna Maria, geb. Radow *216
–, Crusius (= *Crusius Albinus*), Schulrektor u. Bgm. v. Preußisch-Holland *216
–, Gottfried (1659–1697), MA, Magister legens, Prof. für Griechisch in Rostock, D. theol., Diakon an der Rostocker Nikolaikirche, Superintendent in Lüneburg *216*, 217ff, 263
–, Margarethe Agnes (1656–1726), geb. Weidenkopf *216
Weiße, s. Albinus
Wendt, Joachim, Pastor in Kladrum *232, *235
–, Oelgart Maria (†1725); s. Wachenhusen, Oelgart Maria, geb. Wendt
Weppling, Johann, hzgl. meckl. Drucker, UNI-Drucker in Rostock (Geselle Keilenbergs, heiratete die Tochter der Witwe Keilenbergs aus deren erster Ehe mit Johann Keil u. übernahm 1683 die Druckerei, die er 1721 seinem Schwiegersohn J. J. Adler übergab) 262–281
Wernsdorff, Gottlieb (1668–1729), Prof. D. theol. in Wittenberg *246
–, Margaretha Katharina (1693–1764), geb. Nitzsch *246
Westermann, Christina Dorothea († vor 1735); s. Förtsch, Christina Dorothea, geb. Westermann *245
Westphal, Ernst Joachim; s. Westphalen, Ernst Joachim v. (Nobilitierung 1738)
–, Joachim (1551–1624), Diakon / Pfr. an der Rostocker Jakobikirche, Superintendent der Stadt Rostock *180
–, Margarete (1589–1619); s. Fidler, Margarete, geb. Westphal
Westphalen, Ernst Joachim v. (1700–1759), bis 1738 Ernst Joachim Westphal, Kurator der UNI Kiel, Hofkanzler und Kabinettsminister des Hzg.s v. Schleswig-Holstein-Gottorf *112
Wetke, Johanna Sophia (†1743); s. Berg, Johanna Sophia, geb. Wetke
–, Johann Georg (1662–1716), Rh. in Rostock *231
Wibe (Vibe), Michael, Bgm. v. Kopenhagen *183
Wickede, Ilsabe v. (1603–1662); Karstens, Ilsabe, geb. v. Wickede
Wienke, Albert (= Albrecht) Friedrich, Kaufmann in Rostock *229, 234f
–, Anna Elisabeth, geb. Stein *229
–, Catharina Dorothea (1721–1771); s. Quistorp, Catharina Dorothea, geb. Wienke
Wiesen, Carl Friedrich (*1725) *231
Willebrand, Familie
–, Agnes Sophia; s. Gutzmer, Agnes Sophia, geb. Willebrand
–, Albert d.Ä. (1608–1681), Prof. Dr. iur. utr. in Rostock, hzgl. Konsistorialassessor *212, *217, *218, *259*

–, Albert d.J. (1652–1700), Prof. Dr. iur. in Rostock *217
–, Anna Margaretha (1649–1724); s. Barnstorff, Anna Margaretha, geb. Willebrand
–, Catharina (1576–1662), geb. Hein *259
–, Elisabeth (1622–1662), geb. Cothmann *212, *218
–, Hermann (1816–1899), Architekt 112
–, Katharina Christina (1662–1742), geb. Fischer *217
–, Nicolaus (1566–1613), Dr. iur., Prof. der Moral in Rostock *217
–, Tobias (*1723) *231, *259
Wilmes, Katharina (1611–1659); s. Krauthoff, Katharina, geb. Wilmes
Witzendorff, August Christian v. (1704–1763), Domdekan in Lübeck, kgl. britischer u. hzgl. braunschweig-lüneburgischer Landrat, Oberhauptmann in Lauenburg, Hofrichter in Ratzeburg, Präsident des Lauenburgischen Gerichtshofs *245
Wolff, Anna, geb. Schuckmann *232
–, Anna Dorothea (1679–1744); s. Stein, Anna Dorothea, geb. Wolff
–, Franz (1644–1710), Prof. der Logik, Pfr. an der Rostocker Nikolaikirche, Prof. D. theol. in Rostock, Direktor des Geistlichen Ministeriums, Hauptpastor an der Hamburger Nikolaikirche *232, *249
–, Jakob Christoph (1693–1758), MA, Prof. für Griechisch in Rostock, Pfr. an der Rostocker Marienkirche 249
Wolters, Anna; s. Sandhagen, Anna, geb. Wolters
Woltrich (Woltreich), Anton (1593–1645), Dr. iur., Syndikus der Stadt Wismar, dann der Stadt Rostock *176, 187
–, Justina, geb. Merula (*van Merle*, 1597–1668) *176, *202; s. Petersen (Petraeus), Justina, geb. Merula, verw. Woltrich
Wulffrath (Wulffradt, Wolffradt, Wolffrath, Wulfrath), Anna Armgardt (1641–1698); s. Meinhardt, Anna Armgardt, geb. Wulffrath
–, Dietrich (1602–1667), Weinhändler in Lübeck u. Rostock, Rh. u. Kämmerer der Stadt Rostock *269
–, Dietrich (†1698), Bacc. iur., Rh., Bgm. der Stadt Rostock 215
–, Hedwig (†1647), geb. Tank *269
–, Wendula; s. Petersen, Wendula, geb. Wulffrath
Wulfleffen, Dorothea Elisabeth (†1716); s. Pries, Dorothea Elisabeth, geb. Wulfleffen

Z

Zanger, Melchior (1538–1603), röm.-kath. Propst zu Ehingen 63
Zinzendorf und Pottendorf, Nikolaus Ludwig Reichsgf. v. (1700–1760), Gründer u. Bf. der Herrnhuter Brüdergemeine 27
Zölner, Angela (= Engel); s. Scharffenberg, Angela, geb. Zölner
–, Conrad (†1625), Dr. iur., Domherr in Lübeck *201

Rostocker Studien zur Universitätsgeschichte

Band 1
Die Universität Rostock zwischen Sozialismus und Hochschulerneuerung.
Zeitzeugen berichten. Teil 1.
Herausgegeben von Kersten Krüger.
Rostock 2007.

Band 2
Die Universität Rostock zwischen Sozialismus und Hochschulerneuerung.
Zeitzeugen berichten. Teil 2.
Herausgegeben von Kersten Krüger.
Rostock 2008.

Band 3
Die Universität Rostock zwischen Sozialismus und Hochschulerneuerung.
Zeitzeugen berichten. Teil 3.
Herausgegeben von Kersten Krüger.
Rostock 2009.

Band 4
Martin Buchsteiner und Antje Strahl
Zwischen Monarchie und Moderne. Die 500-Jahrfeier der Universität Rostock 1919.
Rostock 2008.

Band 5
Kurt Ziegler
Zum 50-jährigen Bestehen der Tropenmedizin an der Universität Rostock.
Rostock 2008.

Band 6
Jobst D. Herzig und Catharina Trost
Die Universität Rostock 1945-1946. Entnazifizierung und Wiedereröffnung.
Herausgegeben von Kersten Krüger.
Rostock 2008.

Band 7
Anita Krätzner
Mauerbau und Wehrpflicht. Die politischen Diskussionen am Rostocker Germanistischen Institut in den Jahren 1961 und 1962.
Herausgegeben von Kersten Krüger.
Rostock 2009.

Band 8
Tochter oder Schwester – die Universität Greifswald aus Rostocker Sicht
Referate der interdisziplinären Ringvorlesung des Arbeitskreises „Rostocker Universitäts- und Wissenschaftsgeschichte" im Wintersemester 2006/07.
Herausgegeben von Hans-Uwe Lammel und Gisela Boeck.
Rostock 2010.

Band 9
Frauenstudium in Rostock: Berichte von und über Akademikerinnen.
Herausgegeben von Kersten Krüger.
Rostock 2010.

Band 10
Maik Landsmann
Die Universitätsparteileitung der Universität Rostock von 1946 bis zur Vorbereitung der Volkswahlen der DDR 1954.
Herausgegeben von Kersten Krüger.
Rostock 2010.

Band 11
Juliane Deinert
Die Studierenden der Universität Rostock im Dritten Reich. Herausgegeben von Kersten Krüger.
Rostock 2010.

Band 12
Wissen im Wandel – Disziplinengeschichte im 19. Jahrhundert. Referate der interdisziplinären Ringvorlesung des Arbeitskreises „Rostocker Universitäts- und Wissenschaftsgeschichte" im Wintersemester 2007/08.
Herausgegeben von Gisela Boeck und Hans-Uwe Lammel.
Rostock 2011.

Band 13
Angela Hartwig
Das Universitätsarchiv Rostock von 1870 bis 1990. Herausgegeben von Kersten Krüger.
Rostock 2010.

Band 14
Angela Hartwig, Bettina Kleinschmidt Bestandsübersicht des Universitätsarchivs Rostock. Herausgegeben von Kersten Krüger.
Rostock 2010.

Band 15
Universitätsgeschichte und Zeitzeugen. Die Verwaltung der Universität Rostock und Nachträge.
Herausgegeben von Kersten Krüger.
Rostock 2011.

Band 16
Frauen in der Wissenschaft. Referate der interdisziplinären Ringvorlesung des Arbeitskreises „Rostocker Universitäts- und Wissenschaftsgeschichte" im Wintersemester 2008/09.
Herausgegeben von Gisela Boeck und Hans-Uwe Lammel.
Rostock 2011.

Band 17
Gert Haendler
Erlebte Kirchengeschichte. Erinnerungen an Kirchen und Universitäten zwischen Sachsen und den Ostseeländern.
Herausgegeben von Hermann Michael Niemann und Heinrich Holze.
Rostock 2011

Band 18
Wie schreibt man Rostocker Universitätsgeschichte?
Referate und Materialien der Tagung am 30. Januar 2010 in Rostock.
Herausgegeben von Hans-Uwe Lammel und Gisela Boeck.
Rostock 2011.

Band 19
Benjamin Venske
Das Rechenzentrum der Universität Rostock 1964-2010.
Rostock 2012.

Band 20
Rostocker gelehrte Köpfe, Referate der interdisziplinären Ringvorlesung des Arbeitskreises „Rostocker Universitäts- und Wissenschaftsgeschichte" im Wintersemester 2009/2010.
Herausgegeben von Hans-Uwe Lammel und Gisela Boeck.
Rostock 2012.

Band 21
Die Universität Rostock in den Jahren 1933-1945.
Referate der interdisziplinären Ringvorlesung des Arbeitskreises „Rostocker Universitäts- und Wissenschaftsgeschichte" im Sommersemester 2011.
Herausgegeben von Gisela Boeck und Hans-Uwe Lammel.
Rostock 2012.

Band 22
Die Universitätsbibliothek Rostock. Aufbruch und Umbruch seit 1972.
Direktoren berichten.
Herausgegeben von Kersten Krüger.
Rostock 2013.

Band 23
Susi-Hilde Michael
Recht und Verfassung der Universität Rostock.
Im Spiegel wesentlicher Rechtsquellen 1419–1563. Teil 1: Darstellung.
Rostock 2013.

Band 24
Susi-Hilde Michael
Recht und Verfassung der Universität Rostock.
Im Spiegel wesentlicher Rechtsquellen 1419–1563. Teil 2: Quellen.
Rostock 2013.

Band 25
Henning Rohrmann
Forschung, Lehre, Menschenformung.
Studien zur „Pädagogisierung" der Universität Rostock in der Ulbricht-Ära. Rostock 2013.